Sokrates: Wer nicht gelebt hat,
was ich gelebt habe,
verlange nicht von mir,
anders gelebt zu haben.

Werner Eberlein

Geboren am 9. November

ERINNERUNGEN

DAS NEUE BERLIN

In Zusammenarbeit mit dem
SPOTLESS VERLAG Berlin

WARUM

habe ich mich entschlossen, einen Bericht über mein Leben zu Papier zu bringen? Es ist eine Frage, die viele andere Fragen aufwirft, auch solche, auf die es mir heute noch, zehn Jahre nach der „Wende“, sehr schwer fällt, mich selbst überzeugende Antworten zu finden.

Memoiren beinhalten Lebenslauf, Erinnerungen, Begegnungen. Wenn ich mir in meinen Aufzeichnungen herausnehme, Ausflüge in die Bereiche Politik und Geschichte zu unternehmen, so nicht, um Historikern ins Handwerk zu pfuschen. Vielmehr möchte ich dem Leser behilflich sein, Vergangenes im Gedächtnis zu beleben, ihm das gesellschaftliche Umfeld meines Lebens, das mit Politik und Geschichte untrennbar verknüpft war, deutlicher vor Augen führen und mein Handeln, die Motivation für mein aktives Leben verständlicher machen. Habe ich meine Kinder- und Schuljahre relativ nüchtern belichtet, so haben mich die Ereignisse von 1937 und später in Moskau auf brutale Art zum Nachdenken gezwungen und emotionale Reaktionen ausgelöst. Auch wenn ich bemüht war, diese und die folgenden Jahre objektiv darzustellen und zugleich subjektiv zu werten, haben meine Grübeleien mich damals noch nicht dazu gebracht, Stalin als Schuldigen zu erkennen. Dazu brauchte ich eine längere Zeit.

Ich war keineswegs der Ansicht, ich hätte Ungewöhnliches mitzuteilen, das der Nachwelt hinterlassen werden müsste. Es war eher die Hoffnung, durch Nachdenken und Niederschreiben die Vergangenheit zu analysieren, mit der Arbeit an diesem Manuskript mein eigenes Leben angesichts neuer Erkenntnisse in diesem oder jenem Sinne neu zu bewerten, da sich heute die Sicht und auch die Ansicht gegenüber früher in so manchem verändert hat. Ein Dilemma beim Schreiben ergab sich aus der Position, die ich zur Vergangenheit beziehe. Schildere ich sie aus damaliger Sicht, ist mein, ist unser Verhalten dem heutigen Leser unbegreiflich. Beschreibe ich sie aus jetziger kritischer und selbstkritischer Sicht, steht der Fakt im Raum, alles oder zumindest vieles mitgemacht und mit den Vertretern der Führungsgremien in trauter Gemeinsamkeit gehandelt zu haben. Ich will den

Versuch unternehmen, Glaubwürdigkeit dadurch zu erringen, dass ich beides miteinander verbinde.

In oftmals quälenden Überlegungen über die Ursachen der Niederlage kam ich zu sehr weit gehenden Konsequenzen. Es lag nicht allein an der Begrenztheit einzelner Personen, die die Führung ausübten. Die Niederlage hatte tiefer liegende Wurzeln, die im System verborgen waren. Doch meine Erfahrungen, die ich spezifischer und konkreter darlegen möchte, verbieten, daraus die unzulässige Verallgemeinerung abzuleiten, die DDR, ob sozialistisch, realsozialistisch, staatssozialistisch oder unsozialistisch deklariert, ob totalitär oder undemokratisch abqualifiziert, sei global ein Unrechtsstaat gewesen.

Es gilt die Frage zu beantworten, warum Chrustschow Stalin vom hohen Sockel gestoßen hat, aber weder er noch Breshnew volkswirtschaftliche Konsequenzen daraus ziehen konnten und ein Gorbatschow sich als Präsident Machtbefugnisse aneignete, die nicht nur einem Jelzin den Weg ebneten, sondern auch undemokratische Elemente des Stalinismus beinhalteten? Ich selbst habe Jahrzehnte unter Stalin gelebt und auch gelitten und fest geglaubt, dass mit dem XX. Parteitag der Stalinismus überwunden sei. Erst nach Chrustschow, erst mit Breshnew kamen die ersten Zweifel.

Ich habe mein Leben mit seinem schicksalhaften Auf und Ab niedergeschrieben, einen Lebensweg, der oftmals an die Fahrt auf einer halsbrecherischen Achterbahn erinnert, weil ich versuchen möchte, dabei Antworten auf viele Fragen zu finden, die mich und möglicherweise auch andere bewegen. Mögen meine Lebenserinnerungen dem einen oder anderen Denkanstöße vermitteln, mögen sie jenen neue Zuversicht geben, die angesichts der heutigen Verhältnisse resignieren und meinen, eine demokratische, sozial gerechte Gesellschaftsordnung sei eine Illusion und die „Wende“ sei das Ende einer Utopie gewesen. Und ich möchte denen, die meiner Vergangenheit mit Distanz begegnen, einen Blick oder Einblick in das Leben und Wirken eines „Ehemaligen“ gewähren.

Die Menschheit treibt heute in rauer See, man versucht, jede Welle so gut wie möglich zu kreuzen, aber der Kompass ist defekt, der Leitstern ist am wolkenverdeckten Himmel nicht zu erkennen, das neue Ufer ist nicht in Sicht.

Wenn ich jetzt eine Bilanz meines Lebens ziehe, so nicht, um meine schönen und schlechten Zeiten aufzulisten, sondern um mit der Analyse auch von mir begangener und zu verantwortender Fehler die Sicht in die Zukunft zu lichten – so gut ich das vermag.

Mit vierzehn Jahren floh ich in die Emigration, ging in die Fremde, lebte in der Sowjetunion. Mit siebzehn Jahren wurde ich von der Schulbank weg zu schwerer körperlicher Arbeit gezwungen, mit zwanzig in das sibirische Narym verbannt. Zur gleichen Zeit wurden mein Vater und zwei Onkel irgendwo bei Moskau erschossen und verscharrt. Mit achtundzwanzig kehrte ich nach Berlin zurück, sah meine Mutter wieder und Bruder und Stiefvater. Die Frage kommt auf: Waren es vierzehn verlorene Jahre? Nein. Denn: Die wohl schon mit der Muttermilch eingesogene Idee und der vom Vater übernommene Wille, der Sache der sozialen Gerechtigkeit zu dienen, saßen so tief in mir, dass sie alle Tiefen dieses Lebens überstanden. Und dann haben diese Jahre Charakter und auch Bewusstsein geprägt. Es wuchsen Härte und Flexibilität. Auch die Menschlichkeit der Arbeiter und der Verbannten formten den Menschen Werner Eberlein, der in der neuen Umgebung Kumpel, Kamerad und Genosse Wolodja wurde. Die stille Wärme dieser Menschen und ihre oft nicht auf den ersten Blick erkennbare Sympathie, die sie mir entgegenbrachten, glichen die negativen Erlebnisse aus und festigten – trotz alledem – meine Ideale. Ja, auch die politischen.

In einem Großteil des Buches werden die Sowjetunion, Russland und seine Menschen beschrieben. Denn ich habe ein Gutteil meines Lebens dort und mit diesen Menschen verbracht, habe die russische Seele kennen und lieben gelernt. Sie ist nicht mit einem Dietrich und schon gar nicht mit einem Stemmeisen zu öffnen. Sie entfaltet sich unter der Wirkung menschlicher Wärme und persönlicher Sympathie von selbst in ihrem ganzen Reichtum und ihrer Tiefgründigkeit.

Selbst wenn ich heute so manches anders sehe und daran zweifle, dass die russische Seele imstande sein könnte, die aktuellen Probleme Russlands zu lösen, ich habe meine Vergangenheit nicht zu bedauern. Dieses Russland wurde meine zweite Heimat, obwohl ich die Worte „Weine, weine russisches Volk, hungriges Volk“

aus dem Schlusschor der Oper „Boris Godunow“ zur Genüge am eigenen Leib zu spüren bekam. Es sind Worte, die für viele russische Menschen heute genauso aktuell klingen wie damals, als Rimski-Korsakow die Mussorgski-Oper vollendete. Bis zu meiner Rückkehr nach Berlin bewegte mich auch oft der Vers, den Puschkin den verbannten Dekabristen gewidmet hatte:

„Des Unglücks milde Schwester trägt
die Hoffnung in die nächt'gen Räume
des Kerkers lichte Zukunftsträume
bis die ersehnte Stunde schlägt.“

Nach meiner Erfahrung prägen schwierige Jahre bessere und festere Charaktere als „güldene“. Die elf Jahre schwerer physischer Arbeit – davon acht in sibirischer Verbannung – haben vielleicht Bildung im herkömmlichen Sinn verhindert, mir aber nicht nur die russische Sprache in all ihren Fein- und Grobheiten näher gebracht, sondern mir auch eine unersetzliche Lektion in Menschenkunde vermittelt, eine wichtige Voraussetzung für meine spätere Tätigkeit als „Parteiarbeiter“. Stalin stahl mir die wertvollen Jugendjahre und katapultierte mich geradewegs aus der Kindheit in brutale Männerjahre. Dass ich 1990 die durch eine inkomplette Querschnittslähmung bedingte Notoperation überstand und relativ schnell aus dem mir für den Rest der Lebenszeit prophezeiten Rollstuhl stieg, habe ich nicht zuletzt der in Sibirien erworbenen Fähigkeit zu verdanken, sich im Kampf ums Überleben zu behaupten.

Wenn ich im Freundeskreis aus meinem Leben erzählte, ob über jene Jahre als Verbannter in Sibirien oder als Dolmetscher Chrustschows oder Ulbrichts, des Kosmonauten Gagarin, Marschall Gretschkos, des Schauspielers Tscherkassow oder des Mitgliedes der Akademie der Wissenschaften Lawrentjew, hat man mich oft aufgefordert, diese Erlebnisse niederzuschreiben. In den drei Jahrzehnten, in denen ich als Dolmetscher tätig war, habe ich nicht nur prominente Persönlichkeiten kennen gelernt – von denen man einigen heute diesen Rang abspricht. Ich habe mit ihnen natürlich auch Erlebnisse gehabt, die es vielleicht wirklich wert sind, aufgezeichnet zu werden. Vermitteln sie doch einen Blick hinter die Kulissen und zeichnen ein der Öffentlichkeit nicht so bekanntes Bild dieses Milieus.

Mit sechzig Jahren wollte ich mich als Rentner an meinen Schreibtisch setzen und mit der Aufzeichnung meines Lebens beginnen. Die Arbeit im Apparat des Zentralkomitees der SED, die ich 1948 mit Schwung und Begeisterung begonnen hatte, machte 35 Jahre später nur noch wenig Freude. Die Dynamik von einst war der Routine gewichen. Politisch-ideologische Arbeit wurde immer mehr durch administrative Tätigkeit verdrängt. Als „Rädchen" im großen Getriebe sah ich keine Chance, daran etwas zu ändern. Deshalb wollte ich mich ins Rentnerleben zurückziehen. Es kam anders. Nachdem ich 1981 auf dem X. Parteitag zum Mitglied des ZK gewählt worden war, wurde ich 1983 als SED-Bezirkssekretär nach Magdeburg delegiert. Diese für mich und andere überraschende, auch ungewollte Funktion hatte ich zuerst abgelehnt. Dann habe ich sie aber doch sechs Jahre lang nach bestem Wissen und Gewissen ausgeübt. An Ort und Stelle wurde mir deutlich gemacht, dass man von mir Veränderungen in der Führungstätigkeit erwartete. So wurde dieser Lebensabschnitt nicht nur eine menschliche Herausforderung, vielmehr noch eine politische. 1985 wurde ich ins Politbüro nominiert. Wie und wo würde dieser rasante, von mir nie angestrebte Aufstieg enden? Er endete mit dem Bericht der Zentralen Parteikontrollkommission, deren Vorsitzender ich drei Wochen zuvor geworden war, an den Außerordentlichen Parteitag SED/PDS im Dezember 1989.

Nach einer missratenen Implantation eines Herzschrittmachers begann ich, querschnittsgelähmt, im Sommer 1990 im Krankenhaus Berlin-Friedrichshain mit Hilfe meines Bruders Episoden meines Lebens auf Band zu sprechen. Das von ihm mit viel Arbeit, Fleiß und literarischen Fähigkeiten fertig gestellte druckreife Ergebnis befriedigte mich jedoch nicht. Es waren zu viele Fragen unbeantwortet geblieben. Mit der noch intakten linken Hand vertraute ich dem Computer einen überarbeiteten Text an, mit dem ich mich dann jahrelang beschäftigte. Meine Gedanken mussten weiter reifen. In dieser Zeit absolvierte ich Dutzende von Lesungen meiner Taschenbücher „Ansichten – Einsichten – Aussichten" und „Begegnungen", die mein Bruder in seinem Spotless-Verlag herausgegeben hatte. Ich diskutierte mit Hunderten Lesern und kam so auch den Antworten auf viele Fragen näher. Immer wieder drängte man mich, meine Memoiren zu vollenden.

Wilhelm Raabe sagt in seiner Vorrede zur „Chronik der Sperlingsgasse“: „Ein Geschlecht gebe seine Arbeit an das folgende ab …“ Ein Motto auch für meine Erinnerungen und Gedanken.

Der Weg zu so mancher Erkenntnis ist mir schwer gefallen. Ich musste von zum Teil althergebrachten Thesen, die mir mit den Jahren in Fleisch und Blut übergegangen waren, trennen und sogar lossagen – zuweilen ein schmerzvoller Prozess. Während des Schreibens wurde mir bewusst, auf welch schmalem Grat derjenige wandert, der Vergangenes analysiert; er bewegt sich dabei immer zwischen Nostalgie und Verdammung, beides falsche Fährten.

Mögen dem Leser manche meiner Erkenntnisse logisch und akzeptabel erscheinen, andere wiederum unverständlich oder anfechtbar. Ich brauchte nicht nur achtzig Jahre, sondern auch den Schock der Niederlage des Sozialismus und die Denkanstöße der „Wende“, um zu diesen Erkenntnissen und Bekenntnissen zu kommen. Manch anderer brauchte nur Stunden oder wenige Tage, um unser Schiff zu verlassen und in ein – wie er glaubte – Rettungsboot umzusteigen. Für jene, die einen Platz auf der Kommandobrücke hatten und sich nun Hals über Kopf ins Wasser stürzten, um Reportern am anderen Ufer bereitwillig ihre Häutung zu erläutern, habe ich kein Verständnis, nur Verachtung. Ich habe dieses Manuskript vier Mal begonnen und drei Mal wieder beiseite gelegt, weil ich Antwort auf die Frage suchte, warum ich mich 1937 oder 1940, 1956 oder 1968, 1985 oder 1989 so und nicht anders verhalten habe.

Mein Leben reicht weit zurück in die Vergangenheit. Kann mich heute ein junger Mensch verstehen, der sich an die Lektüre dieses Buches heranwagt, aber keine Möglichkeit besitzt, aus eigener Erfahrung Vergleiche zwischen Vergangenheit und Gegenwart zu ziehen? Ich will versuchen, jüngeren Lesern zu erleichtern, sich in die Vergangenheit hineinzuversetzen.

Ich bin nun achtzig Jahre alt geworden, ein Alter, das es geraten erscheinen lässt, diese Erinnerungen zu beenden. Morgen werde ich es vielleicht nicht mehr können. Aber das Nachdenken über die Vergangenheit, die untrennbar mit der Gegenwart und Zukunft verflochten ist, wird dennoch weitergehen.

Einer meiner Freunde, der Glasermeister Fritz Lassan, hat mir in seiner Gratulation zum Geburtstag gewünscht, immer wieder eine stille Minute zu finden, in der ich in mich hineinhorche, mich selbstkritisch frage, ob der zurückgelegte Weg ein Gewinn war oder ob ich etwas versäumt habe. Er sprach mir aus dem Herzen. Denn genau das tat ich vor allem in all den Jahren, da ich meine Überlegungen und Erkenntnisse zu Papier brachte, und diesen Wunsch werde ich auch in Zukunft beherzigen.

Ich beginne meine Erinnerungen mit der Feststellung, dass ich als Kommunist zur Welt gekommen bin. Meine Vergangenheit beruht jedoch nicht auf Erbmasse. Meine erste Demonstration erlebte ich auf dem Buckel eines Rot-Front-Kämpfers. Die erste Zeitung, die ich in die Hand nahm, war die „Rote Fahne". In der ersten Versammlung der KPD saß ich bei meiner Mutter auf dem Schoß. Bin ich heute noch ein Kommunist? Wenn ja, was verstehe ich darunter? Meine Erinnerungen wollen auch darauf eine Antwort geben.

Berlin, im Jahr 2000

Werner Eberlein starb am 11. Oktober 2002.

„Der Eberlein hat einen Sohn ..."

Man erzählt, dass am 9. November 1919, einem kalten Sonntag, ein Genosse völlig außer Atem in eine Kneipe am Schlesischen Bahnhof stürmte und die Botschaft verkündete: „Der Eberlein hat einen Sohn – jetzt machen wir uns unsere Kader selbst!" Die typische Berliner Destille war ein Treff der Genossen der jungen Kommunistischen Partei.

Ausgerechnet am ersten Jahrestag des Beginns der Novemberrevolution in Deutschland war also Hugo Eberlein, dem Mitbegründer der Gruppe Internationale, Mitglied der Zentrale des Spartakusbundes und dann der KPD, ein Sohn geboren worden, der sogleich als einer aus den eigenen Reihen begrüßt wurde. Seitdem der Junge, der mit dem Namen Werner das Licht der Welt erblickt hatte, diese Episode kannte, ließ sie ihn nicht mehr los. Die humorig-optimistische Prophezeiung hat mich immer begleitet, ein wenig übertrieben formuliert – als Leitstern, der mir den Weg wies.

Die russische radikale Sozialrevolutionärin Wera Figner, die über zwanzig Jahre in der zaristischen Festung Schlüsselburg eingekerkert war, schrieb einmal: „Alles, was man war und hatte, gehörte der Partei, und nur wer alles, was er war und hatte, der Partei gab, gehörte auch zur Partei." Diese Worte mögen heute manchem fremd und unverständlich klingen. Ich habe mich Jahrzehnte daran gehalten und auch danach gelebt. Sicherlich wird man heute für das Verhältnis zu seiner Partei andere Maßstäbe anlegen, und das gilt auch für mich. Aber ich sehe keinen Grund, mein damaliges Verhältnis zu leugnen oder zu verschweigen.

Meine Geburt meldeten die Zeitungen 1919 nicht, stattdessen aber am nächsten Tag ein Ereignis, das die bürgerlichen Blätter einen „Skandal" nannten: Die Genossen landauf, landab aber jubelten still: Wilhelm Pieck, neben Karl Liebknecht, Rosa Luxemburg und Hugo Eberlein einer der Mitbegründer der KPD und nach 1949 Präsident der DDR, war während einer Gerichtsverhandlung aus dem Gerichtsgebäude in Moabit entflohen. Die Untersuchungen ergaben, dass sich die junge Genossin Lotte Pulewka, als Putzfrau verkleidet, Zugang zu dem Raum verschafft hatte, in dem Wilhelm Pieck auf die Fortsetzung der Verhandlung wartete, und ihn entkommen ließ ...

Rosas Order für meinen Vater

Kurz vor jenem Abend, dem 15. Januar 1919, an dem Rosa Luxemburg bestialisch ermordet wurde, hatte mein Vater sie eines Nachts von der Redaktion der „Roten Fahne“ zu ihrer Wohnung in Südende begleitet. Unterwegs teilte sie ihm mit, dass die KPD ein auf Initiative Lenins verfasstes Einladungsschreiben zu einer internationalen kommunistischen Konferenz erhalten habe und dass eine Vertretung der KPD zu dieser Tagung in Moskau erwartet würde. Da zu dieser Zeit in Berlin noch bewaffnete Kämpfe stattfanden und sie selbst und Karl Liebknecht nicht abkömmlich waren, beauftragte sie meinen Vater, dieses Mandat wahrzunehmen und sich auf den Weg nach Moskau zu machen. Aus den Erinnerungen meines Vaters an dieses Gespräch geht hervor, dass Rosa Luxemburg die Gründung einer neuen, revolutionären Internationale unbedingt befürwortete, eine sofortige Konstituierung aber für verfrüht erachtete. Sie war dafür, noch einige Monate zu warten, bis der Prozess der Konsolidierung der kommunistischen Parteien weiter fortgeschritten sei. In diesem Sinne war auch das Mandat formuliert, das Hugo Eberlein nach der Ermordung von Karl und Rosa auf einer Sitzung der Zentrale der KPD in der Kochstraße erhielt.

Als mein Vater von meiner Mutter Abschied nahm, wusste er nicht, dass sie schwanger war, obwohl er versprochen hatte, ihr einen Sohn zu hinterlassen. Wusste sie selbst noch nichts von der Schwangerschaft oder wollte sie es ihm nicht sagen, weil sie ahnte, welch gefährliches Abenteuer vor ihm lag? Er musste sich durch zwei Frontlinien nach Moskau durchschlagen und hatte nicht mehr bei sich als eine gehörige Portion Mut und den festen Willen, den Standpunkt der KPD in Moskau darzulegen.

In seinen Erinnerungen berichtet Hugo Eberlein, dass er in Berlin als weißgardistischer Offizier verkleidet abfuhr und so unbehelligt durch alle deutschen Kontrollen gelangte. Von einem Schmuggler ließ er sich nachts bei eisiger Kälte von Kowno (Kaunas) auf einem kleinen Schlitten durch die Wälder mitnehmen. Einem Einheimischen kaufte er Kleider und Passierschein ab und wurde von einem anderen Schmuggler an drei Doppelposten vorbei durch die deutsche Front geführt. Von den ersten Posten der

Roten Armee wurde er festgenommen, bis er sich als Mitglied der KPD legitimiert hatte. Dann ging es zu Pferd und zu Fuß nach Wilna (Vilnius) ins Hauptquartier und von dort nach Moskau, wo er zwei Wochen vor Beginn des Kongresses eintraf.

Mit dem Pseudonym seiner beiden weiteren Vornamen, Max Albert, nahm Hugo Eberlein Anfang März 1919 am Gründungskongress der Kommunistischen Internationale teil. Er war Mitglied der Mandatsprüfungskommission, verfasste gemeinsam mit Nikolai Bucharin die Richtlinien der Komintern und gab einen Bericht über die Lage in Deutschland. Als ständiges Mitglied des Präsidiums wirkte er an der Seite Lenins, der ihm ein Bild mit der handschriftlichen Widmung in deutscher Sprache schenkte: „Für den lieben Genossen Albert. Moskau, den 6. März 1919 Vl. Ulianoff (Lenin)."

Hugo Eberlein im Präsidium des Gründungskongresses der Kommunistischen Internationale neben Lenin und Fritz Platten

Als am dritten Sitzungstag der Antrag gestellt wurde, die Gründung der III. Internationale zu vollziehen, erläuterte Hugo Eberlein sein an die Meinung Rosa Luxemburgs gebundenes Mandat. In seinen Erinnerungen betonte er später, dass ihn Lenins Argumente zu Gunsten der sofortigen Gründung der Komintern überzeugt hätten. Da er jedoch keine Möglichkeit hatte, sich mit der Zentrale der KPD in Verbindung zu setzen, habe er nicht dagegen gestimmt, sondern sich der Stimme enthalten. In seiner Erklärung hierzu äußerte er die feste Überzeugung, dass sich die KPD dem Beschluss des Kongresses anschließen werde, was sie dann offiziell auch als eine der ersten Parteien tat.

Der Weg von Moskau zurück nach Berlin war für Hugo Eberlein nicht weniger gefährlich als die Reise von der Spree an die Moskwa. Man hatte sich wieder etwas einfallen lassen: Hugo Eberlein reiste als entlassener Kriegsgefangener über Kiew nach Österreich. So entging er den Kontrollen, die sicher sehr unangenehm für ihn hätten werden können, denn die Nachricht von der Gründung der Komintern war längst bis nach Berlin gedrungen. Die deutsche Sicherheitspolizei hatte überall ihre Spitzel.

Zwar war mein Vater noch vor meiner Geburt wieder nach Berlin zurückgekehrt, doch schon Mitte Juli 1919 wurde er verhaftet. Meine Mutter fürchtete schon, er würde am Tage ihrer Niederkunft hinter Gittern sitzen. Nach drei Monaten gelang es ihm jedoch, wie schon im Januar 1919, aus der „Schutzhaft“ zu fliehen. So konnte er am 20. Oktober 1919 am 2. Parteitag der KPD teilnehmen und auch am 9. November seinen Erstgeborenen auf dieser Welt begrüßen.

Die Jahre 1920/1921 waren turbulent. Mein Vater war als Mitglied der Zentrale der KPD nicht nur als Leiter der Geschäftsabteilung tätig, sondern zugleich auch an vielen Brennpunkten der politischen Kämpfe. 1920 wurde er Abgeordneter des Preußischen Landtags, dem er bis 1933 angehörte. Wieder verhaftet und des Hochverrats angeklagt, konnte er erneut fliehen. Er wurde nach Moskau delegiert und arbeitete als Vertreter der KPD im Exekutivkomitee der Komintern.

In seiner Kaderakte fand sich eine von ihm verfasste Kurzbiographie, in der es heißt: „Am 05. Mai 1887 wurde ich in Saalfeld (Thüringen) als Sohn eines Fabrikarbeiters geboren. Die Mutter entstammt einer kleinbürgerlichen Familie. Der Vater beteiligt sich an der ersten sozialistischen Propaganda in Deutschland, wurde arbeitslos, und da er auf die schwarze Liste der Unternehmer kam, bekam er keine Arbeit. Mit einer kleinen Erbschaft von der Mutter gründeten die Eltern ein kleines Handelsgeschäft. Nach der Volksschule kam ich mit 13 1/2 Jahren in die Lehre als Lithograf. Die Lehrzeit dauerte vier Jahre. Im letzten Jahr wurde ich Mitglied der freien Gewerkschaft der Lithografen und Steindrucker. Der Beruf war zu 90 Prozent freigewerkschaftlich organisiert. Nach beendeter Lehrzeit ging ich 1906 nach Berlin in Arbeit, nahm dort an den Kursen der Arbeiterbildungsschule teil, trat Mitte 1906 aus der Kirche aus und wurde im gleichen Jahr Mitglied der Sozialdemokratischen Partei. 1907 oder 1908 war ich Mitbegründer der ersten gewerkschaftlichen Jugendorganisation des Verbandes der Lithografen und Steindrucker. 1909 gründete ich die freigewerkschaftliche Organisation der grafischen Zeichner.

In der SPD absolvierte ich nach bekannter Entwicklung alle Funktionen vom Zahlgruppenleiter bis zum Ortsvorsitzenden und wurde 1912 Mitglied des Zentralvorstandes des Wahlkreises Teltow-Beeskow-Charlottenburg. 1911 oder 1912 kam ich in den Kreis um Rosa Luxemburg, war bald mit ihr befreundet und teilte ihre politischen Auffassungen. Nach Ausbruch des Krieges gehörte ich der kleinen Gruppe um Luxemburg und Liebknecht an, aus der später der Spartakusbund hervorging. In diesem war ich von Gründung an Mitglied der Zentrale.

Während des Krieges wurde ich 1915 wegen der Herausgabe von vier Spartakus-Broschüren verhaftet und dann zum Militärdienst einberufen. Da ich in meiner Jugend ein Asthmaleiden hatte, half mir diese Krankheit, mich von der militärischen Ausbildung zu befreien. Zwei Mal wurde ich während des Krieges zwangsweise an die Front transportiert, musste aber jeweils auf Grund der Krankheit zurückgebracht werden und wurde drei Mal als kriegsuntauglich vom Militärdienst entlassen, aber jedes Mal nach kurzer Zeit auf Grund politischer Ereignisse erneut verhaftet und vom Gefängnis zum Militärdienst gebracht.

1915 wurde ich in Berlin-Mariendorf als sozialdemokratischer Stadtverordneter gewählt. 1916, nach der Spaltung des Wahlvereins Teltow-Beeskow-Charlottenburg, wurde ich Vorsitzender des Wahlkreises in der Opposition. Im gleichen Jahr wurde ich Mitglied der Presse des ‚Vorwärts' an Stelle der verhafteten Genossin Luxemburg. Kurz vor Ausbruch der Revolution desertierte ich vom Militär in Ostpreußen, gründete in Danzig den Spartakusbund und wurde nach Ausrufung der Revolution 2. Vorsitzender des Arbeiter- und Soldatenrates. Doch auf Anforderung von Rosa Luxemburg und Karl Liebknecht ging ich bald nach Berlin, um die Herausgabe der ‚Roten Fahne' zu organisieren. Bei der Gründung der Kommunistischen Partei im Dezember 1918 wurde ich Mitglied der Zentrale. Während der Januarkämpfe um das ‚Vorwärts'-Gebäude wurde ich mit Jogiches zusammen verhaftet, konnte aber aus der Haft entfliehen. Im Auftrage der Partei nahm ich in ihrem Namen am Gründungskongress der Kommunistischen Internationale teil und vertrat dort den Standpunkt des Spartakusbundes. Hier kam ich zum ersten Mal mit Lenin und der bolschewistischen Partei in Berührung. Lenin war mir zwar von früher bekannt, aber seine politischen Auffassungen kannte ich nur aus dem Mund von Luxemburg und Jogiches.

Im Kapp-Putsch 1920 stand ich gegen das Zentralkomitee und die Parole ‚Gewehr bei Fuß' und habe entgegen diesem Beschluss im Ruhrgebiet mit den Parteiorganisationen den Generalstreik ausgerufen. In der Märzaktion in Mitteldeutschland vertrat ich die Auffassung der Mehrheit des ZK, die auf dem 3. Weltkongress der Komintern abgelehnt wurde, und nahm im Aufstand eine führende Funktion ein.

Während der sächsischen Regierungsperiode 1923 trennte ich mich von Brandler. Nach Übernahme der Parteileitung durch Ruth Fischer-Maslow wurde ich von der politischen Arbeit, d. h. von der Agitprop-Arbeit und als Sekretär des Polbüros entfernt und übernahm die Leitung der geschäftlichen Unternehmungen, Druckerei- und Zeitungsverlage, später der gesamten Finanzwirtschaft der Partei."

Mein Vater musste sich auch „selbstkritisch" zu seiner Haltung als „Versöhnler" bekennen, obwohl sich aus der geschichtlichen Betrachtung gerade diese Gruppe, zu der zeitweilig auch Wilhelm Pieck gehörte, sektiererischen Positionen innerhalb der KPD widersetzte und erste Ansätze einer flexiblen Einheitsfrontpolitik zeigte. Diese wurde viel später, wohl zu spät, dann auch von der Komintern vertreten.

Weiter heißt es in dem Lebenslauf meines Vaters: „Mitglied des Preußischen Landtages war ich seit 1921 bis zum Hitlerputsch. Seit dem 6. Weltkongress der Komintern wurde ich von der KPD mit Agitation beschäftigt. Bereits früher erledigte ich einzelne Aufträge zur Kontrolle der Finanzen und Wirtschaftsbetriebe in verschiedenen europäischen Ländern im Auftrage der Komintern. Nach dem Regierungsantritt Hitlers habe ich auf Beschluss des Präsidiums der Komintern Deutschland verlassen und arbeitete in ihrem Auftrag bei der Kontrolle und Organisierung von geschäftlichen Unternehmungen der europäischen kommunistischen Parteien.

Auf dem 6. Weltkongress wurde ich zum Mitglied der Internationalen Kontrollkommission gewählt. Auf dem 7. Weltkongress erfolgte meine Wiederwahl."

Rosa Meyer-Leviné, Frau des Führers der Bayrischen Räterepublik Eugen Leviné, der 1919 nach der Niederschlagung der Räterepublik hingerichtet worden war, hatte 1922 den Vorsitzenden der KPD, Ernst Meyer, geheiratet. Nachdem dieser 1930 gestorben war, emigrierte sie nach London. Hier schrieb sie ihre Erinnerungen „Im inneren Kreis", die 1979 in der BRD herausgegeben wurden. Die Wahl Thälmanns zum Vorsitzenden der KPD kommentierte sie mit den Worten: „Ich habe einmal gesagt, dass der viel erfahrenere und gebildetere Eberlein, dem der gleiche Vorzug der proletarischen Herkunft zu eigen war und der, anders als Thälmann, unter den ersten Spartakisten gewesen war, für diese Rolle doch viel besser geeignet sei. Darauf entgegnete Eberlein, er kenne seine Grenzen und hätte niemals angenommen."

Mutter Anna

Als ich groß genug war, verriet mir meine Mutter, dass ich schon sehr früh der bedrängten Arbeiterbewegung gedient hatte: Im hochschwangeren Zustand hatte sie ein paar Pistolen in ein Haus geschmuggelt, in dem Genossen um ihr Leben fürchten mussten. Die werdende Mutter hatten die Wachen nicht kontrolliert.

Anna Eberlein, geborene Harms, war eine Frau von stattlicher Figur. Dass ich bis zu einer Länge von 1,93 Metern heranwuchs, dürfte zu einem Teil ihrer „Erbmasse" zuzuschreiben sein.

Die konsequente Haltung, die sie in allen Fragen des Lebens an den Tag legte, hat mich immer sehr beeindruckt. Schon als junges Mädchen schloss sie sich der Arbeiterbewegung an und besuchte Bildungskurse. Dort wird wohl ihr Interesse am Lesen geweckt worden sein. Mein Bruder fand neulich ein Poesiealbum, auf dessen erster Seite die Worte zu lesen waren, die der Vater der Vierzehnjährigen mit auf den Lebensweg gab: „Edel sei der Mensch, hilfreich und gut; denn das unterscheidet ihn von allen Wesen, die wir kennen."

Die letzte Seite hatte die Achtzehnjährige am 24. Januar 1908 mit Versen von Heine, Goethe und Platen beschrieben. Ausdrücklich vermerkte sie: „Abends 10 Uhr." War es eine Stunde, die einer Enttäuschung folgte? Oder zog sie eine erste Bilanz ihres Lebens? Obenan steht jedenfalls Heine: „Freundschaft, Liebe, Stein der Weisen, diese dreie hört ich preisen. Und ich pries und suchte sie. Aber ach! Ich fand sie nie." Bis ins Alter bewahrte sie sich ihr Interesse an guter Literatur und beteiligte sich mit Engagement, wenn in einer Tischrunde bei uns zu Hause ein neues Buch erörtert wurde.

Mit Mutter

Auch sie gehörte zu den Gründungsmitgliedern der KPD und hat oft darauf verwiesen, wie sehr die damals relativ kleine Schar von Kommunisten ihr Leben prägte. Vor allem Hugo Eberlein, von dem sie sich allerdings mit ihrer schon erwähnten Konsequenz trennte, als sie feststellte, dass es noch eine andere Frau in seinem Leben gab. Diese entschiedene Haltung änderte jedoch nichts daran, dass sie in ihm weiterhin den Genossen und den Vater ihres Kindes sah, sich mit ihm traf und weiter politische Arbeit an seiner Seite leistete. Sie arbeitete in der IAH, der Internationalen Arbeiterhilfe, mit der russischen Bolschewikin Jelena Stassowa und mit Wilhelm Pieck. Ihrer Energie und ihrer alten Freundschaft mit Wilhelm Pieck habe ich es übrigens zu danken, dass ich „schon" 1948 Sibirien verlassen und nach Berlin zurückkehren konnte. Nach dem Krieg war sie im Apparat des Zentralkomitees der SED tätig. Sie war „Mama" und „Mutter" zugleich, und bis zu ihrem Tode – 1964 starb sie knapp fünfundsiebzigjährig an einem Herzinfarkt – war sie fest davon überzeugt, dass ihre Ideale eines Tages verwirklicht werden können. Es ist heute nicht ausgeschlossen, dass Geschichtsignoranten eines Tages ihre Grabstätte in Friedrichsfelde schleifen werden. Doch es gibt genug, was die Erinnerung an sie in den Herzen und Köpfen der Familie wach halten wird.

Volksschüler in Berlin

Ich wuchs in Berlin mitten in die „goldenen Zwanziger" hinein. Als ich acht war, überquerte der Amerikaner Charles Lindbergh im Alleinflug den Atlantischen Ozean von New York nach Paris. Sein Name war in aller Munde. Die Deutschen durften da nicht zurückbleiben: Hermann Köhl und Freiherr von Hünefeld überquerten zusammen mit dem Iren J. Fitzmaurice im April 1928 im ersten Ost-West-Flug in einem einmotorigen Landflugzeug in 36 Stunden den Nordatlantik von Irland nach Labrador. Nun hatte auch Deutschland die Luft erobert! Die nationale Woge schlug so hoch, dass sogar der ins Exil geflohene Kaiser Wilhelm II die Helden auszeichnete. Der erste für die Passagierluftfahrt gedachte Zeppelin war gestartet. Der Boxer Max Schmeling feierte im Sportpalast umjubelte Siege.

Die ersten Kindheitsjahre verbrachte ich in der Mariendorfer Ringstraße. Später zog meine Mutter mit mir nach Tempelhof zum Attila-Platz. Ostern 1926 wurde ich – die große bunte Tüte im Arm – auf meinem ersten Weg in die 8. Volksschule in Mariendorf begleitet. Das erste von Lehrer Henoch ausgestellte Zeugnis war nur mittelmäßig. Es pendelte zwischen Zweien und Dreien. Das lag aber wohl nicht nur an meinen Leistungen: Ein Schüler, der sich öffentlich als Dissident bekannte und deshalb vom Religionsunterricht befreien ließ, musste auffallen und hatte wenig Chancen, zu den „Guten" vorzustoßen. Niemand soll mir unterstellen, dass ich etwa dürftige Zensuren mit meiner politischen Haltung „kaschieren" wollte. Aber ich musste bald feststellen, dass Delikte, für die kein Schuldiger zu finden war, verblüffend oft mir angelastet wurden. Das prägte sich ein. Mancher Rohrstockhieb vertiefte solche Vermutungen.

1927 heiratete meine Mutter zum zweiten Mal. Willy Huhn kam in unsere Familie, die in die neu erbaute, von der SPD dominierte Zehlendorfer GAGFA-Siedlung im Waldhüterpfad, einzog.

Über den neuen Vater

Wer war dieser Stiefvater? Hier einige Sätze aus einem Lebenslauf, den mein Bruder im Nachlass fand: „Ich wurde als Sohn des Metallarbeiters Fritz Huhn am 3. Januar 1901 geboren. Meine gewerkschaftliche und politische Tätigkeit begann ich während meiner Lehrzeit. Von 1916 bis 1919 war ich Vorsitzender des Berliner Kommunistischen Jugendverbandes. In enger Zusammenarbeit mit dem Spartakusbund wurde unter meiner Leitung die Arbeit des Jugendverbandes durchgeführt. Als die KPD im Jahre 1923 verboten wurde, berief mich das Zentralkomitee in das ZK der Roten Hilfe und gab mir den Auftrag, als Hauptkassierer den Opfern des Justizterrors zu helfen."

Im Februar 1928 bekam unsere Familie Zuwachs: Bruder Klaus. Oft bekam ich den Auftrag, auf den Kleinen zu achten, was – im wahrsten Sinne des Wortes – meine Spielräume einengte. Klaus hat später gern behauptet, dass ich mir, statt mich um sein Wohl zu kümmern, manchen argen Scherz mit ihm erlaubt hätte. Das ist maßlos übertrieben, was man aber einem Journalisten vielleicht nachsehen sollte. Aber ich bekenne, dass ich für einen Streich auch heute noch zu haben bin. In der Zehlendorfer 1. Volksschule bekräftigte übrigens Lehrer Wernicke die Urteile seiner Mariendorfer Kollegen.

1928 war ich Mitglied der Roten Pionierorganisation geworden. Ich zog mit, wenn die KPD zu Kundgebungen oder Demonstrationen aufrief, und war dabei, wenn der Rote Frontkämpferbund marschierte. Es war das Jahr, in dem die KPD bei den Reichstagswahlen eine Viertelmillion Stimmen und damit 54 Sitze gewann. Einer der jungen Abgeordneten, der das erste Mal ins Parlament einzog, war Hans Jendretzky, mit dem ich nach dem Kriege im FDGB zusammenarbeitete.

Es war auch die Zeit, in der sich viele Intellektuelle und Künstler öffentlich für die Sowjetunion begeisterten. Ich nenne nur Albert Einstein, Lion Feuchtwanger, Heinrich und Thomas Mann, der Schauspieler Alexander Moissi, Käthe Kollwitz und Anna Seghers

Vom Kaiser zu Marx ...

Für mich ergaben sich in der Schule entscheidende Veränderungen: Nach Abschluss der 5. Klasse der Volksschule bot sich die Möglichkeit, in das Kaiser-Friedrich-Realgymnasium überzuwechseln. Und dafür war auch der tägliche strapaziöse Weg von Zehlendorf nach Neukölln nicht zu weit. 1929 wurde die U-Bahn, die zuvor nur bis zur Podbielskiallee verkehrte, bis zur Station Krumme Lanke verlängert und ich war ihr täglicher Fahrgast. Die Schule hatte einen sensationell zu nennenden Weg hinter sich. Ihr Leiter, der Sozialdemokrat Fritz Karsen, war einer der entschiedensten Schulreformer seiner Zeit. Er hatte dem Gymnasium mit dem Namen der Hohenzollern eine Oberschule, eine Aufbauschule und ein Abendgymnasium angegliedert. Dank der Unterstützung eines sozialdemokratischen Bezirksschulrats konnte er sogar erreichen, dass das Gymnasium in Karl-Marx-Schule umbenannt wurde. Dort entstand ein echtes Experimentierfeld der Bildung und der Schülerdemokratie. Karsens Traum war eine „Idealschule“, in der die traditionellen Klassenräume durch Lehrkabinette ersetzt werden sollten. Das Preußische Kultusministerium genehmigte am Dammweg sogar einen Sieben-Millionen-Mark-Bau. Doch ehe er eingeweiht werden konnte, kamen die Nazis an die Macht.

Für mich sind die Jahre in dieser Schule ein unvergesslicher Abschnitt meines Lebens. Sozialdemokratische und kommunistische Lehrer taten besonders im Sprachunterricht viel gegen das herkömmliche Büffeln und pflegten den freien Umgang mit Fremdsprachen. Die größte Errungenschaft der Schule war sozialer Natur: In eine von jeweils vier Parallelklassen wurden nur Arbeiterkinder aufgenommen, deren Eltern ein geringes Einkommen oder nur Arbeitslosenunterstützung hatten. Diese Kinder wurden vom Schulgeld befreit. Da der Andrang auf diese Stipendienplätze groß war, wurden alle Kandidaten in der Aula gewissenhaft geprüft, um die Begabtesten herauszufinden. Ich war unter die Kandidaten gelangt, weil mein Vater als Abgeordneter des Preußischen Landtags nur Diäten und kein zu versteuerndes Einkommen bezog. Ende Februar 1930 bestand ich die Aufnahmeprüfung.

Der Klassenleiter, Herr Kalaß, bestätigte mir dann auch meine Leistungen durch gute Noten. Aber mehr zu den Unterrichtsmethoden. Im Deutschunterricht teilte sich die Klasse oft in Gruppen auf, die über unterschiedliche Themen Aufsätze zu schreiben hatten. Diese mussten dann mündlich verteidigt werden. Einmal waren Arbeiten zu verschiedenen Ländern zu schreiben. Ich hatte die Sowjetunion gewählt, trat – vermittelt von der Jugendabteilung des ZK der KPD – mit Komsomolzen in Briefwechsel und konnte meine Arbeit dadurch sehr gegenwartsnah gestalten.

In der Quarta, der dritten Klasse des Gymnasiums, fuhren wir zur Vorbereitung eines Aufsatzes für mehrere Tage in eine Jugendherberge im Spreewald. Dort war die soziale Lage der Bauern mein Thema. Mag ein Dreizehnjähriger damit überfordert gewesen sein, aber es war ja meine Wahl. Die Absicht, die eigene Meinung in freier, schöpferischer Rede darzulegen, kann auch aus heutiger Sicht nur gutgeheißen werden.

Sicherlich stößt eine Demokratie, in der Schüler, nur weil sie in der Mehrzahl sind, auch über Lehrer entscheiden können, bei vielen auf Ablehnung. Folgendes gibt mir indes heute noch zu denken: Unsere Klasse, in der nur Arbeiterkinder aus meist links orientierten Elternhäusern zu finden waren, war in der Schule als „Rabaukenhaufen“ verschrien. Doch nicht ein einziges Mal hat sie von ihrem Recht Gebrauch gemacht, den Lehrer „abzuwählen“. Diese Schülerselbstverwaltung, wie ich sie kennen lernte, liegt zwar fast siebzig Jahre zurück, aber das Anliegen finde ich immer noch aktuell. Obwohl sich die berechtigte Frage stellt: Verfügt ein Zehnjähriger schon über die Reife für die Handhabung einer solchen Demokratie? Meine Erinnerung an die Jahre in der Karl-Marx-Schule sagt mir, dass solche Reife weniger eine Altersfrage als vielmehr das Ergebnis eines gesellschaftlichen Entwicklungsprozesses ist, der oft, gesteuert oder spontan, unabhängig vom Willen der Eltern verläuft. Es geht dabei nicht so sehr um eine politische „Ausrichtung“ als darum, wie das Kind seine Umwelt betrachtet.

In der Karl-Marx-Schule reflektierte sich – vielleicht stärker als in anderen Schulen – das politische Umfeld im damaligen Deutschland. Besonders in den älteren Klassen, aber auch bei uns Zwölf- und Dreizehnjährigen konfrontierten sich politische Gegensätze und manchmal mündete der politische Streit auch in Prügeleien. Dabei bemühte sich eine gewählte Schülervertretung, handgreiflichen Hader zu schlichten und Kompromisse zu finden, damit der Unterricht nicht behindert wurde.

Ich erwähne dies, weil ich kaum eine Erklärung dafür fand, dass sich 1996 nur noch sechs bis sieben Prozent der Studenten an Vertreterwahlen beteiligten. Zählten doch auch nach dem Kriege die Studenten zu den politisch aktivsten, waren sie doch die Initiatoren der Bewegung der Achtundsechziger. An sie erinnerte das Jahr 1997, als Studenten gegen die Hochschulpolitik der Regierung demonstrierten und an nicht wenigen Universitäten in den Streik traten. 1998 und 1999 folgten auch Schüler diesem Beispiel und demonstrierten gegen die Bildungspolitik und die zunehmenden Kürzungen des Haushalts. Wenn ein Teil der Jugend sich nicht mit einer regierenden Partei identifizieren will, so muss man die Hauptursachen dafür meiner Meinung nach darin suchen, dass ihnen der Blick in die Zukunft genommen wurde und sie weder politischen noch ökonomischen Versprechungen Glauben schenken konnten. Und Finanzaffären von Parteien oder kulturlose Streitereien im halbleeren Bundestag fördern zusätzlich Desinteresse und politische Abstinenz. Doch zurück zur Vergangenheit.

Harry Piel und Jack London

Ende der zwanziger Jahre kam der Tonfilm auf. Was das bedeutete, vermag sich heute kaum jemand vorzustellen, der in seinem Wohnzimmer sitzt, ein paar Knöpfe bedient und weltberühmte Schauspieler in ihren größten Rollen erleben oder, wenn dies eher sein Geschmack ist, Westernhelden durch die farbenprächtige Prärie hetzen sehen kann. Mich persönlich halten die ununterbrochenen Gewalttaten auf dem Bildschirm allerdings von diesem eher fern.

Mit der neuen Ära verschwanden die Stummfilmstars und mit ihnen die Klavierspieler in den Kinos, die bis dahin den „Ton" lieferten. Neue Schauspieler eroberten die Szene. Einer von ihnen war Harry Piel, meist in Rollen des alle Hindernisse und Widrigkeiten überwindenden Helden. Seine Triumphe waren in aller Munde, nur ich konnte nicht mitreden, weil meine Mutter mir keinen Groschen gab, um ihn im Kino erleben zu können. Stattdessen zahlte sie mir das Eintrittsgeld, damit ich mir im Planetarium am Bahnhof Zoo Filme über Länder, Völker und Natur ferner Kontinente ansah.

Bei meiner kritischen Haltung zu den heutigen Fernsehprogrammen gehören Filme über Land und Leute, über Flora und Fauna zu den von mir bevorzugten Sendungen, und dabei erinnere ich mich so manches Mal an die Ratschläge meiner Mutter.

Ähnlich war es mit den Groschenheften, die in der Klasse eifrig getauscht wurden. Zu Hause waren sie als „Schund" verpönt. Da ich das bald akzeptierte, entdeckte ich schon frühzeitig wirklich gute Literatur. Zu meiner Lieblingslektüre gehörten Jack Londons „Abenteuer des Schienenstranges", Bernhard Kellermanns „Tunnel", Maxim Gorkis „Mutter" und Fjodor Gladkows „Zement". Gern las ich auch Upton Sinclair, B. Traven, Erich Kästner und Gedichte von Erich Weinert. Natürlich gebe ich zu, dass ich sicherlich manchmal durch solche Bücher überfordert wurde.

Rummelplatz und Reichstagsbrand

Um auf keinen Fall den Eindruck entstehen zu lassen, dass ich vormittags in der Schule büffelte und nachmittags Gorki las, möchte ich ein Erlebnis einflechten, das mir beträchtlichen Ärger einbrachte. Meine Mutter hatte mich erwischt, als ich auf einem Rummelplatz einem Karussellbesitzer half. Ich schob das Karussell an, sprang dann auf, und nach dem entsprechendem Zeichen des Besitzers bremste ich es wieder ab. Das machte mir viel Spaß. Empört holte mich meine Mutter vom Karussell und steuerte mit mir geradenwegs nach Hause. Unterwegs erklärte sie mir, dass der Eigentümer mich ausgebeutet habe. Obendrein habe es sich um verbotene Kinderarbeit gehandelt. Ihre Argumente wollten mir nicht einleuchten, denn die für mich kostenlosen Karussellfahrten waren ein Heidenvergnügen und von „Ausbeutung" hatte ich nichts gespürt.

Das Interessanteste an dieser Geschichte ist weniger der missglückte Versuch, mir die Ausbeutung am eigenen Leibe zu erklären, als die Tatsache, dass diese Lektion über Jahrzehnte in meinem Gedächtnis haften blieb.

Während meine Mutter Erziehungsarbeit an mir praktizierte und wir uns in der Schule in Demokratie übten, begann sich auf der Straße die braune Diktatur durchzusetzen. In Neukölln vollzog sich das oft gewalttätig, und am Hermannplatz gab es auch einen Mord, den man den Kommunisten anlastete. An der Protestdemonstration beteiligte sich unsere ganze Klasse. In Zehlendorf dagegen wurde mehr Zurückhaltung geübt, um die Bürger nicht allzu sehr zu verschrecken; im „feinen Westen" Berlins hielten sich die faschistischen Schlägertrupps der SA zurück. Was die Karl-Marx-Schule in Neukölln anging, die wieder in Kaiser-Friedrich-Realgymnasium umbenannt worden war: Sie blieb unübersehbar rot.

Ich hatte den Eindruck, die Welt ändere sich über Nacht! Der Reichstag brannte. Ob in Neukölln oder Zehlendorf – überall rasten Verhaftungskommandos durch die Straßen, polterten die Treppenhäuser hinauf und zerrten alle aus den Wohnungen, die auf den lange vorbereiteten Listen standen.

Meinem Vater verhalf ein Unglück zum Glück. Er lag nach einer Darmoperation allein in seiner Wohnung. Seine zweite Frau, Inna Armand, und meine achtjährige Halbschwester Ines waren schon, als sich die ersten braunen Wolken über Deutschland zusammenballten, nach Moskau abgereist.

Als es klingelte und vom Flur her „Kriminalpolizei!" gerufen wurde, riss sich mein Vater den frischen Verband ab, humpelte zur Tür und stand in einer Blutlache, deren Spur bis zum Bett führte. Die verschreckten Polizisten – sein Glück, dass es nicht die SA war – entschuldigten sich und bemühten sich um einen Krankenwagen; Zeit genug für Hugo Eberlein zu fliehen. Es gelang ihm, einer sicheren Verhaftung durch die Flucht in die Schweiz zu entgehen. Bei uns in Zehlendorf drohte die gleiche Gefahr. Meine Mutter und mein Stiefvater waren als Kommunisten bekannt und einiges in unserer Wohnung hätte diesen Ruf bestätigt.

Gefährliche Asche

Mutter zog den Termin des monatlichen Waschtags vor. Vorsichtig schleppten wir, wie mir schien, Zentner von Drucksachen, Broschüren, Flugblättern und Plakaten – viele noch aus Vaters Zeit als Geschäftsführer der KPD – vom Boden und aus der Wohnung in die im Keller gelegene Waschküche. Ich musste die Schule schwänzen und mich als Heizer betätigen.

Als ich durchgeschwitzt frische Luft schnappen wollte, bekam ich draußen den Mund kaum wieder zu. Die verbrannten Schriften flatterten in großen Aschefetzen aus dem Schornstein auf die Straße. Mühelos konnte man den Text – nun weiß auf Schwarz – lesen. Es ging jedoch alles gut, nachdem ich die „Technologie" des Verbrennens geändert hatte.

Dann erschien aber doch die Kriminalpolizei, denn in Büros der Bank, in der Willy Huhn inzwischen arbeitete, waren kommunistische Flugblätter ausgelegt worden. Nach dem Klingelzeichen und der Anmeldung „Kriminalpolizei! Öffnen Sie!", hatte meine Mutter ein eventuell belastendes Papier unter die Stickdecke auf dem Korridortisch gelegt. Welch Glück, dass die Beamten ihre Hüte ausgerechnet auf diesen Tisch legten. Bei der Haussuchung fanden sie unter den zahlreichen Büchern allein

Wilhelm Liebknechts Fremdwörterbuch verdächtig. Doch für uns war das ein Motiv mehr, den Wohnort zu wechseln.

Bald danach zogen wir in einen Ortsteil Neuköllns, nach Britz. Dort war eine architektonisch einmalige Siedlung errichtet worden. Die Wohnungsbaugenossenschaft, die die Fläche südlich des Teltowkanals besiedeln wollte, hatte einen Wettbewerb ausgeschrieben und sich für eine originelle Lösung entschieden: im Zentrum ein riesiger Wohnblock in Form eines Hufeisens und in dessen Innenhof ein künstlicher Teich. Als wir alle Möbel in die neue Wohnung in der Parchimer Allee 53 eingeräumt hatten, fuhr uns ein gehöriger Schreck in alle Glieder: Wir hatten den Leuten, die nach uns in die Zehlendorfer Wohnung in der Spandauer Straße zogen, die Kohlen im Keller verkauft. In der Hektik des Umzugs hatten wir vergessen, dass zwischen den gestapelten Briketts ein Vervielfältigungsapparat versteckt war. Ich schwang mich auf das Rad und jagte nach Zehlendorf. Die Kellertür stand noch offen. Ein Dreizehnjähriger erweckte keinen Verdacht. Der schmale Kasten auf dem Gepäckständer fiel niemandem auf. So konnte ein Malheur verhindert werden.

Meine Tanten

An dieser Stelle möchte ich den Schwestern meiner Mutter einige Worte widmen. Mit der Mutter waren es vier Schwestern. Von deren einzigem Bruder habe ich selten etwas gehört. Man schwieg sich über ihn aus wie über das „schwarze Schaf" in der Familie. Die Schwestern waren alle in der kommunistischen Bewegung aktiv. Das Frauenquartett hielt bis ans Lebensende zusammen.

Die Älteste war Helene. So stand ihr Name auf dem Geburtsschein, genannt wurde sie aber nie anders als „Lene". Sie war Näherin, allein stehend und immer zur Stelle, wenn eine der drei anderen in Not geriet.

Jeder in der Familie erinnert sich eines abenteuerlichen Fluges von Lene zu Beginn der dreißiger Jahre, als der zivile Luftverkehr noch in den Kinderschuhen steckte. Die jüngste der vier Schwestern, Erna, war in Moskau an Typhus erkrankt und bedurfte dringend der Pflege. Lene nahm das Abenteuer des Fluges auf sich, um auf keinen Fall die Schwester warten zu lassen. Unterwegs geriet die Maschine in einen heftigen Sturm und musste notlanden. Es hieß, Lene habe, grün im Gesicht, den Piloten aufgefordert, sofort weiterzufliegen, weil ihre „kleine Schwester" sie dringend erwarte.

Meine Mutter war die zweitälteste Schwester. Dann folgte Elise – ihr Rufname war „Lieschen". Als Karl Liebknecht während der Antikriegsdemonstration am 1. Mai 1916 auf dem Potsdamer Platz in Berlin verhaftet wurde, stürzte sie aus der Menge heraus auf die Polizisten zu und wurde ebenfalls festgenommen und im Polizeipräsidium am Alexanderplatz in Gewahrsam gesetzt. Rosa Luxemburg rechnete ihr dies hoch an und beklagte sich hinterher, dass „dieses junge Mädchen" die Einzige war, die den Mut gefunden hatte, sich vor Karl Liebknecht zu stellen, während viele Männer sich aus dem Staube gemacht hatten.

Lieschen arbeitete von 1928 an bei der Komintern in Moskau. Sie lebte lange Jahre mit dem unverdientermaßen fast in Vergessenheit geratenen Leo Flieg zusammen, der zu den Gründungsmitgliedern der KPD gehörte. Von 1919 bis 1922 war er Mitglied der Kommunistischen Jugendinternationale, später Mitglied des ZK und des Politbüros der KPD. Ebenso wie mein Vater wurde er 1928 in die Internationale Kontrollkommission gewählt und war Mitarbeiter des Exekutivkomitees der Komintern. Auch er wurde, nachdem er 1937 in die Sowjetunion kam, unter falschen Anschuldigungen verhaftet und 1939 zum Tode verurteilt und hingerichtet. 1977 wurde er rehabilitiert. Später lebte Lieschen mit einem sowjetischen Eisenbahningenieur zusammen, der sich 1941 freiwillig an die Front meldete, obwohl er wegen seines Berufes vom Armeedienst freigestellt war. Als Angehöriger einer Volkswehrdivision kam er in der Kesselschlacht bei Smolensk ums Leben. Beider Sohn Karl war einer der ersten Jagdflieger der DDR, später Lehrstuhlleiter an der Militärakademie in Dresden, Dienstgrad: Oberst.

Auch Erna war in der kommunistischen Bewegung tätig. Als Siebzehnjährige wurde sie Mitglied des Kommunistischen Jugendverbandes. Nachdem sie zunächst als Buchhändlerin im Verlag „Junge Garde" und später, 1921, bei einer in deutscher und polnischer Sprache erscheinenden Zeitung in Gleiwitz tätig war, wurde sie ein Jahr später Mitarbeiterin der Komintern in Moskau. Ab 1924 arbeitete sie wieder in Berlin bei der Internationalen Arbeiterhilfe. In jenem Jahr heiratete sie das Mitglied des ZK der Kommunistischen Partei Polens, Gutek Rwal. Dieser war, nachdem er bei einer illegalen Sitzung in Warschau verhaftet worden war, zunächst durch einen Gefangenenaustausch nach Moskau gelangt und von dort nach Berlin gekommen. 1933 begleitete Erna ihren Mann nach Prag und später nach Paris, als er sich der polnischen Brigade der internationalen Freiwilligenverbände im Kampf für die Verteidigung der spanischen Republik anschloss. Von dort wurde er nach Moskau abberufen, in einem der Stalin'schen Prozesse vor Gericht gestellt und ebenfalls hingerichtet.

Nachdem die KP Polens im Sommer 1938 auf Geheiß Stalins aufgelöst worden war, blieb Erna zunächst in Paris. Sie ging dort eine Scheinehe mit einem dänischen Genossen ein, um dessen Staatsangehörigkeit zu erwerben. Bald darauf heiratete sie einen Genossen der KP der Tschechoslowakei und floh mit ihm vor der deutschen Wehrmacht nach Biarritz, von wo aus sich beide auf ein Frachtschiff schmuggelten, das nach Casablanca unterwegs war.

Diese Episode muss an den Filmklassiker mit Humphrey Bogart und Ingrid Bergman erinnern, denn seine Handlung bezieht sich auf jene Zeit, als Tante Erna dort an Land ging. 1942 besetzten angloamerikanische Truppen Casablanca, und im Januar 1943 fand dort das Treffen zwischen Churchill und Roosevelt statt.

Nachdem man Erna und ihren Mann aus Marokko ausgewiesen hatte, gelangten beide dank der Initiative eines jüdischen Hilfskomitees auf eine Schaluppe, die nach Lissabon segelte. Auch die Portugiesen erteilten nur Aufenthaltsgenehmigungen, wenn Flüchtlinge Einreisevisa für andere Länder vorweisen konnten. Einen der vielen Briefe, die Erna schrieb, beantwortete ein kanadischer Parlamentsabgeordneter. Einer seiner Freunde suchte gerade einen Maschinenbauingenieur. So konnten sich beide nach Kanada retten. 1948 kehrte Erna nach Deutschland zurück. Später arbeitete sie noch lange beim Deutschen Fernsehfunk.

Als Hugo Eberlein 1913 meine Mutter geheiratet hatte, übernahm er auch die Vormundschaft über Erna, die durch den frühen Tod der Eltern Vollwaise geworden war. Erna achtete Hugo sehr und schrieb einmal über ihn: „Ich verehrte ihn als meinen neuen Vater und war sehr stolz auf ihn. Er kontrollierte meine Schularbeiten, schenkte mir gute Bücher, besuchte mit mir Museen und Galerien und erklärte mir dort Bilder. Wenn er mit seiner Frau Wanderungen unternahm, machte er uns auf die Schönheiten der Natur aufmerksam. Doch mehr widmete er sich der Politik. Er organisierte Versammlungen, arrangierte Rezitationen, war ein brillanter Redner, der immer frei sprach. War auf Plakaten ein Streitgespräch mit einem Sozialdemokraten angekündigt, war die Schulaula überfüllt. Die Debatten waren noch am Tage darauf Gesprächsthema in Mariendorf ..."

Und wieder Kripo an der Tür

Die Einfügung passt an diese Stelle, denn Tante Ernas Flucht aus Deutschland zwang mich erneut, als Heizer in Aktion zu treten. Dieses Mal wollte Tante Lene, bei der Erna und Gutek als politische Asylanten zur „Untermiete" wohnten, das Feuer unter dem Kessel entfachen, aber wieder gab es eine böse Überraschung.

Als wir gerade die Vorbereitungen getroffen und alles verdächtige und belastende Papier in den Waschkeller geschleppt hatten, schreckte uns ein lautes Klopfen auf: „Kriminalpolizei! Öffnen Sie!"

Auf dem Tisch in der Küche, die gleich neben der Eingangstür war, lag nicht nur der Schlüssel vom Waschkeller, sondern auch eine in kleinem Format auf Zigarettenpapier gedruckte „Rote Fahne". In wilder Hast wurde der Schlüssel in die Zeitung gewickelt, und durch das offene Fenster auf den Rasen des Hofes geworfen. Dann erst öffnete Tante Lene. Ein Kriminalbeamter bellte sie an: „Warum haben Sie nicht sofort aufgemacht? Warum sind Sie so nervös?" Tante Lene hatte sich schnell gefasst. Ihre Antwort, sie würde ja schließlich nicht jeden Tag Besuch von der Kriminalpolizei erhalten und sei deshalb erschrocken gewesen, klang entwaffnend überzeugend. Die Beamten fragten nach dem Untermieter Rwal. Die verwandtschaftlichen Beziehungen waren ihnen verborgen geblieben. Man gab sich mit unserem Achselzucken nicht zufrieden und stellte immer neue Fangfragen. Doch Lene fiel nicht darauf herein. Auch die Wohnungsdurchsuchung erbrachte nichts. Als nächstes musste der Schlüssel wiedergefunden werden. Das war in dem hohen Gras auf dem Hof schwierig. Nachdem ich ihn endlich entdeckte und auch die Reste der kleinen Zeitung gefunden hatte, konnte die Verbrennungsaktion beginnen.

In der Schule änderte sich vieles. Fortschrittliche Lehrer, voran Direktor Karsen und unsere Klassenleiterin, Frau Rund, wurden fristlos entlassen, neue, nazifreundliche Lehrer eingestellt. Das Schülerkomitee rief zum Streik auf. Doch der wurde von der SA unterbunden. Einige der älteren Schüler wurden verhaftet.

Als sich Hitler im März 1933 mit Präsident Hindenburg am Grabe Friedrichs II. in Potsdam traf, hatte man alle Schüler in der Aula zusammengetrommelt, um die Rundfunkübertragung aus Potsdam anzuhören. Als der „Führer" über Lautsprecher angekündigt wurde, schrie ein neuer Lehrer „Heil Hitler!". Einige rissen, seinem Beispiel folgend, eilfertig den rechten Arm hoch. Da die überwiegende Mehrheit aber nicht reagierte, ließen auch die wenigen ihre Arme bald wieder sinken, so dass der Neue allein in der weitläufigen Aula mit ausgestrecktem Arm stand.

Wir hatten bei einem der neuen Lehrer, einem ausgedienten Offizier, Turnunterricht. Er ließ uns antreten und begrüßte uns mit „Heil Hitler!" Zwei Schüler rührten sich nicht. Die empörte Frage an den ersten nach dem Motiv seines Verhaltens beantwortete der lapidar mit den Worten: „Ich bin Jude!" Die Antwort wurde akzeptiert: „Das ist etwas anderes." Dann war ich, der zweite, der den Hitlergruß verweigert hatte, an der Reihe. Bei meinem „arischen" Äußeren, mein Haar war damals noch blond, musste ich schon politisch Farbe bekennen. „Ich habe eine andere Gesinnung!", sagte ich. Verblüffender Weise respektierte der Lehrer auch diese Erklärung. Es war wohl seinen Ansichten als Offizier alter Schule zuzuschreiben. Irgendwo achtete er den Gegner. Die vielen nun folgenden Rufe „Ich auch. Ich auch!" hat er allerdings nicht akzeptiert. Immerhin verkündete er seinen Kompromiss: Wir beide, die den Hitlergruß abgelehnt hatten, wurden von ihm für das laufende Schuljahr von dieser Pflicht entbunden.

Nach den Sommerferien – ich war in die Untertertia versetzt worden – eröffnete man meiner Mutter, dass sie fortan nicht mehr für mich erziehungsberechtigt sei. Meinem Stiefvater wurde die Vormundschaft verweigert. Ich sollte in eine Internatsschule eingewiesen werden, präziser in ein faschistisches Erziehungsheim.

Meine Mutter reiste in die Schweiz, um mein weiteres Schicksal mit dem Vater zu erörtern. Hugo Eberlein setzte sich mit seiner zweiten Frau in Moskau in Verbindung. Sie erklärte sich bereit, mich bei sich aufzunehmen.

Wie aber sollte ich nach Moskau kommen?

Inna Armand ließ ihre guten Beziehungen zu Lenins Witwe, Nadeshda Konstantinowna Krupskaja, spielen. Man erwartete mich bald darauf in der sowjetischen Botschaft in Berlin.

In einer Kiste nach Moskau?

Die erste Variante für meine Flucht war mehr als abenteuerlich: Ein diplomatischer Kurier sollte mich, versteckt in einer größeren Holzkiste, in seinem Eisenbahnabteil über die sowjetische Grenze bringen. Doch dieser Kurier wurde dann, statt nach Berlin nach Tokio beordert. An seine Stelle kam einer, der nicht bereit war, ein solches Risiko einzugehen. Sicher mit Recht, denn wer sollte garantieren, dass ich in der Kiste nicht niesen oder husten würde, während der Zug auf dem Grenzbahnhof hielt oder während das Gepäck in den sowjetischen Zug umgeladen wurde?

Es musste ein einfacherer und weniger gefahrvoller Weg gefunden werden, möglichst ein legaler oder zumindest annähernd legaler. Was nach längeren Überlegungen ersonnen wurde, schien vertrauenerweckend.

Vom sowjetischen Botschafter genau instruiert, meldete ich mich mit meiner Mutter im zuständigen Polizeirevier und beantragte einen Pass, weil mir der Arzt eine Kur in Italien empfohlen habe. Man habe uns gesagt, dass es für Minderjährige offiziell keine Pässe gab, dass aber eine Ausnahmeregelung existiere. Der Polizeibeamte wälzte Verordnungen und holte sich telefonisch Rat. Dann akzeptierte er den Wunsch meiner Mutter, mich aus ihrem Pass streichen und für mich eine „Kinderkarte“ als Passersatz ausstellen zu lassen. Diese Kinderkarte berechtigte zu selbstständigen Auslandsfahrten ohne Angabe des Landes. Das war haargenau das im „Drehbuch“ vorgesehene Ziel.

Die Karte trug die Nummer 1 – die erste Ausnahmeregelung also – und die Unterschrift des stellvertretenden Leiters des 218. Berliner Polizeireviers, Eickelt.

Einige Monate später – ich hatte meine gefährliche Reise längst hinter mir – bestellte die Gestapo meine Mutter zum Verhör. Als sie das Zimmer betrat – nervös, weil sie nicht wusste, worum es eigentlich ging –, bedeutete ihr der Beamte mit einer Kopfbewegung, Platz zu nehmen. Dann widmete er sich wieder den vor ihm liegenden Papieren. Seine Absicht lag auf der Hand: Er wollte sie verunsichern! Er breitete Abschriften der Briefe, die ich aus Moskau geschrieben hatte, auf dem Tisch aus. Ich hatte sie in Moskau jemandem zur Weiterleitung übergeben. Ihr Weg war mir zu damaliger Zeit nicht bekannt. Die seltenen Briefe meiner Mutter an mich, die unverfänglichen Inhalts waren, wurden auf normalem postalischen Weg übersandt. Später wurde mir klar, dass meine Briefe mit der diplomatischen Kurierpost nach Berlin gebracht und dort in verschiedenen Stadtbezirken in Briefkästen geworfen worden waren. Selbst diese kindlichen Grüße an die Mutter überwachte die Gestapo.

Nach einer längeren Pause fragte der Beamte meine Mutter, ob sie diese Briefe kenne. Sie bejahte: „Mein Sohn hat sie aus Moskau geschrieben.“

„Hatten Sie der Polizei nicht angegeben, dass er nach Italien reisen wollte?“ Meine Mutter schwor, dass sie mich in einen Zug nach Mailand gesetzt und zuvor den Vater informiert habe. Sie könne sich nur denken, dass der Vater die Reiseroute des Sohnes irgendwo unterwegs willkürlich geändert habe, so dass er nun zu seiner Stiefmutter nach Moskau gelangt sei. Da man meiner Mutter nicht nachweisen konnte, dass sie von dem Reiseziel Moskau gewusst hatte, musste man sie gehen lassen. Zwar beorderte man sie noch einmal in das Gestapobüro, doch das Ergebnis blieb das Gleiche. Ob der stellvertretende Vorsteher des Polizeireviers, Eickelt, wegen der Ausstellung des Kinderpasses Ärger bekam, vermag ich nicht zu sagen.

1934 – Abschied von Berlin

Mit vierzehn Jahren endete meine Kindheit, die ich in einem harmonischem Elternhaus verlebt hatte, das mir eine gute „Kinderstube“ mit auf den Lebensweg gegeben hatte. Im Grunde genommen war der Abschied von der Schule in diesem Alter damals nichts Ungewöhnliches. Mussten doch alle Volksschüler mit vierzehn Jahren, nachdem sie die letzte Klasse abgeschlossen hatten, ihre Lehre antreten. Der Unterschied für mich bestand darin, dass mir „Lehrjahre“ in einem fremden Land, inmitten von Menschen, deren Sprache ich nicht beherrschte, bevorstanden.

Doch zunächst musste die Reise dorthin bewältigt werden. Als Erstes begab ich mich mit dem Kinderpass in die sowjetische Botschaft Unter den Linden, die im Zweiten Weltkrieg von Bomben zerstört und nach 1945 in viel größeren Ausmaßen wieder aufgebaut wurde. Der Konsul wurde gerufen und verschwand mit meinem Pass. Als er bald darauf zurückkehrte, war das sowjetische Einreisevisum, auf ein extra Blatt gestempelt, säuberlich angeheftet.

Auf den ersten Blick musste man das Papier für ein komplettes Dokument halten. Guter Dinge suchte ich die polnische Botschaft auf und beantragte ein Durchreisevisum. Der polnische Beamte drehte die Kinderkarte misstrauisch hin und her und schüttelte den Kopf: „Wohin soll ich denn das Visum stempeln?“ Ich schlug ihm vor, er solle es doch ebenso handhaben wie die sowjetische Botschaft und eine Einlage einkleben. Mit dem eindeutigen Hinweis „Wir sind keine Sowjets!“, schickte er mich wieder weg. So stand ich ziemlich ratlos wieder Unter den Linden. Hilfe suchend kehrte ich zu dem sowjetischen Konsul zurück und schilderte ihm mein Erlebnis im polnischen Konsulat. Es beeindruckte ihn wenig. „Dann wählen wir einen anderen Weg“, machte er mir wieder Mut, „zum Beispiel durch Litauen und Lettland.“ Beide Länder forderten bei Durchreisen keine in ihren Botschaften beantragten Visa. Man erteilte diese für eine Mark direkt an der Grenze. Das sei kein Problem!

Die Vorbereitungen für die Reise wurden beschleunigt, um jedes weitere Risiko zu vermeiden. Ende März 1934 bestieg ich auf dem Bahnhof Friedrichstraße den Zug, der mich in eine ungewisse Zukunft bringen sollte. Meine Mutter hatte im Kursbuch eine Abfahrtszeit um Mitternacht herausgesucht. Sie versprach sich davon weniger Kontrollen und weniger neugierige Fragen von Mitreisenden, denn sie war nicht so sicher, ob ich immer auf Anhieb die richtigen Antworten geben würde.

Wir waren lange vor der Zeit zu Hause aufgebrochen. So blieb noch Zeit bis zur Abfahrt des Zuges. Ich sah Tränen in Mutters Augenwinkeln. Aber sie wollte jedes Aufsehen vermeiden und war hart genug, mit ihrer Energie ihre Gefühle zu zügeln. Der Zug fuhr ein, sie half mir, den Koffer ins Abteil zu bringen, schüttelte mir die Hand, als wäre ich nächste Woche wieder zu Hause, und ging mit schnellen Schritten zur Treppe. Vermutlich hatte sie auch bei mir Tränen erwartet und wollte mir das ersparen. Sie war schon die ersten Stufen hinabgestiegen, als sie sich noch einmal umsah. Unsere Blicke trafen sich. Keiner von uns beiden ahnte, dass vierzehn Jahre vergehen würden, ehe wir uns wieder in die Arme schließen konnten.

Ich machte es mir auf meinem Platz an der Tür bequem, überzeugt davon, meine „Legende“ so gut gelernt zu haben, dass niemand vorzeitig mein Reiseziel in Erfahrung bringen würde. Das war jedoch mehr Wunsch als Realität. Tatsächlich war meine Nervosität größer als mein Selbstbewusstsein. Die erste Prüfung sollte nicht lange auf sich warten lassen. Mir gegenüber nahm ein korpulenter Herr Platz, dessen Naziabzeichen unübersehbar war.

Aufregung im Zug

Der Mitreisende schien trotz später Stunde keineswegs müde zu sein, denn er nahm sofort ein inquisitorisches Gespräch mit mir auf. Meine Nervosität wuchs von Minute zu Minute, meine erste Unterhaltung mit einem Nazi! Plötzlich überraschte er mich mit der Forderung, ihm die Schuhe auszuziehen. Er hatte, wie er mir berichtete, im ersten Weltkrieg ein Bein verloren und trug eine Prothese. Beim Ausziehen der Schuhe beeilte ich mich nicht sonderlich, um weiteren Fragen zu entgehen.

Es dauerte nicht lange, bis mir ein grober Fehler unterlief. Der Mann fragte mich unvermittelt, wie weit ich denn eigentlich führe, und ich wich – verunsichert durch sein Abzeichen und

Verhalten – von meiner eingepaukten Version ab, ohne dass ich später eine Erklärung dafür hätte geben können. In meiner Aufregung nannte ich den Namen einer Stadt, und er antwortete: „Dann steigst du also vor mir aus."

Bald darauf schlief er ein und ich saß verzweifelt da und überlegte, wie ich meinen Fehler korrigieren könne. Ich zweifelte nicht daran, dass er mich verhaften lassen würde, wenn ich auf dem von mir eben genannten Bahnhof nicht ausstieg. Deshalb schlich ich am frühen Morgen, als er noch schlief, ohne mein Gepäck davon, begab mich in einen anderen Wagen am Ende des Zuges und wartete dort die Station ab, die ich ihm als Ziel angegeben hatte. Ich nahm mir vor, dort auszusteigen und den Nazi zu beobachten. Würde er die Polizei alarmieren, müsste ich versuchen, ohne mein Gepäck über die Grenze zu gelangen. Dabei hatte ich nicht die geringste Ahnung, wie weit es noch bis dorthin war. In meiner kindlichen Phantasie malte ich mir aus, die Grenze zu Fuß erreichen und überschreiten zu können.

Die Gefahr, vor der ich gezittert hatte, ging vorüber. Niemand beachtete mich. Der Zug rollte aus dem Bahnhof und bald darauf erreichten wir die Station, auf der mein Visavis aussteigen wollte. Ich verließ den Zug und beobachtete den Bahnsteig. Er stieg aus, rief lärmend einen Gepäckträger, der keuchend die schweren Koffer zum Ausgang schleppte. Dort standen Pferdedroschken, von denen er eine heranwinkte. Er ließ sein Gepäck sorgsam verschnüren, stieg mit Hilfe des Kutschers ein und fuhr davon.

Zurückgekehrt in mein Abteil, ließ ich mich aufatmend auf meinen Sitz fallen. Keiner von denen, die dort noch saßen oder inzwischen Platz genommen hatten – es waren nicht mehr viele –, ahnte, was in mir vorging! Ich war erfüllt von dem Gefühl, eben das größte Abenteuer meines Lebens erfolgreich bestanden zu haben.

Der nächste Halt war die Grenzstation. Der Zug leerte sich. Ich erinnere mich genau daran, was man mir eingeschärft hatte: sitzen bleiben und gelangweilt aus dem Fenster sehen.

Es dauerte nicht lange, bis die Grenzbeamten erschienen und meine Papiere forderten. Ich gab ihnen meine Kinderkarte, die sie zunächst staunend und ahnungslos von allen Seiten begutachteten. Obwohl sie das sowjetische Einreisevisum gesehen hatten, musste ich ihnen nochmals persönlich mein Reiseziel nennen. Ich zwang mich, so lässig wie möglich zu bleiben und obendrein Erstaunen zu heucheln: „Wohin? Na, nach Moskau!“ Sie befassten sich wieder mit meinem „Pass“ und entschlossen sich dann, ihren Vorgesetzten im Bahnhofsgebäude zu konsultieren.

Man hatte mich darauf vorbereitet, mit Komplikationen zu rechnen, mich aber auch beruhigt, dass die Gefahren nicht allzu groß wären. Ich konnte immerhin Kind deutscher Botschaftsangehöriger in Moskau sein. Würde man mich festhalten, konnten die Beamten Ärger bekommen. Es war allerdings auch nicht auszuschließen, dass sie vermuteten, ich hätte ein ganz anderes Ziel. In jedem Fall barg die Entscheidung der Grenzbeamten ein Risiko in sich. Wir waren davon ausgegangen, dass sie das kleinere wählen und mich weiterfahren lassen würden.

Von Grenze zu Grenze

So kam es dann auch. Aber bis die Entscheidung fiel, habe ich schwere Augenblicke durchlebt. Die Prozedur dauerte nicht länger als eine halbe Stunde, doch diese dreißig Minuten erschienen mir wie ein halber Tag. Als die Lokomotive den Pfiff ausstieß, der die Weiterfahrt verkündete, eilte einer der Beamten über den Bahnsteig, um mir wortlos meine Kinderkarte durch die Abteiltür zuzuwerfen. Geschafft!

Ein neuer Abschnitt in meinem Leben begann! Das faschistische Deutschland lag hinter mir. Während der Zug zur litauischen Grenze rollte, machte ich mich mit einem jüdischen Ehepaar bekannt, das aus Deutschland emigrierte. Dann gesellte sich noch ein Passagier zu uns, der bis dahin allein in seinem Waggon gewesen war. Es war ein sowjetischer Handelsvertreter, der von der Leipziger Messe zurückkehrte. Diese Begegnung erwies sich als ein besonderer Glücksfall, denn dieser Reisende nahm sich sofort meiner an. Er konnte mühelos alle meine Fragen in perfektem Deutsch beantworten. Ich hatte zu Hause mein ganzes „Vermögen“ – fünf Mark – investiert, um mir von einem sowjetischen Studenten wenigstens das russische Alphabet beibringen zu lassen. Eine zu dürftige Grundlage für die Kommunikation in einem fremdem Land.

Am Grenzbahnhof Bigossowo mussten wir den deutschen „Schmalspur“-Zug verlassen und in russische Wagen umsteigen. Der Handelsvertreter half mir, mein Gepäck zu transportieren. So sparte ich die Zigaretten, die meine Mutter mir als „Währung“ für solche Situationen vorsorglich mitgegeben hatte. Ich sollte sie später noch benötigen. Das Wichtigste aber, was der so hilfsbereite neue Bekannte für mich tat, war, dass er am Postschalter ein Telegramm an meine Stiefmutter in Moskau aufgab, in dem die Zugnummer und die genaue Ankunftszeit signalisiert wurden. Die Frage war allerdings, ob sich der Lokführer daran halten würde.

Die Schaffner des Wagens, in dem ich reiste, waren zwei ganz junge Burschen, nicht viel älter als ich. Wie ich später erfuhr, waren es ehemalige Besprisorniks, also Kinder, die obdachlos aufgewachsen waren, treffender: es waren jugendliche Vagabunden.

Die Millionen eltern- und obdachloser Kinder und Jugendliche – ein tragisches Ergebnis von Krieg, Bürgerkrieg und Hungersnöten – waren für das Land eine echte Plage. Man konnte ihnen jedoch ihr Schicksal nicht anlasten. Sie mussten sich aus eigener Kraft, oft auch mit Brutalität und Raffinesse, durchs Leben schlagen und hatten sich derart an das Vagabundendasein gewöhnt, dass sie oftmals immun waren gegen die vielfältigen Versuche, sie in die Gesellschaft einzugliedern.

In Deutschland hatte man die Besprisorniks in dem nach dem Roman von A. S. Makarenko gedrehten Film von W. I. Pudowkin „Der Weg ins Leben“ kennen gelernt, der damals großes Aufsehen erregt hatte. Es war der erste sowjetische Tonfilm, der im Filmstudio der Meshrabpom, der Internationalen Arbeiterhilfe, gedreht worden war, der größten internationalen proletarischen Hilfsorganisation, deren Auslandskomitee Willi Münzenberg als Generalsekretär vorstand.

Meine beiden Wagenbegleiter akzeptierten mich weniger als Altersgefährten, denn als großzügigen Zigarettenspender. Ich war zwar zur damaligen Zeit noch kein Raucher, hielt es aber für das klügste, mit ihnen zu paffen. Mit dem Rauchen habe ich erst 1937 begonnen, habe es aber auch in Sibirien fortgesetzt, wo der Tabak für die Machorka, ein elender Rachenputzer, wuchs. Das Problem im sibirischen Mogotschino, auf das ich noch zu sprechen komme, war damals nicht der Tabak, sondern das Papier. Allein der Parteisekretär, ein Nichtraucher, bezog eine „Prawda“, die er mir zum Lesen und Rauchen überließ. 1959 habe ich dann das Rauchen gänzlich aufgegeben.

Die Zugbegleiter revanchierten sich auf ihre Weise für meine Großzügigkeit. Sie verriegelten mein Abteil und wir saßen dann zu dritt in ihrem Dienstabteil. Selbst als in Minsk ein großer Ansturm auf die freien Plätze einsetzte, blieb ich allein und ungestört bis ans Ziel, dem Belorussischen Bahnhof in Moskau.

Vergeblich hielt ich Ausschau nach dem Handelsvertreter, der mir in Bigossowo so sehr geholfen hatte. Offensichtlich war er dort in den Zug nach Leningrad gestiegen und hatte keine Zeit mehr gefunden, sich von mir zu verabschieden. Nun war ich also ganz allein, abgesehen von meinen beiden „Schaffnern“, mit denen ich mich nur begrenzt mit Hilfe eines Wörterbuches verständigen konnte.

Es fällt mir heute schwer, meine Gefühle, Gedanken und Vorstellungen zu rekapitulieren, die mich damals bewegten. Ich glaubte daran, in der Sowjetunion, der politischen Heimat aller Werktätigen, nun auch eine gastfreundliche neue Heimat für mich zu finden, obwohl meine Mutter einige Andeutungen gemacht hatte, die mich vor paradiesischen Vorstellungen bewahren sollten.

Jedenfalls hatte ich während der 48 Stunden Bahnfahrt kein Auge geschlossen, was wohl schlussfolgern lässt, dass mich die Zukunft intensiv beschäftigte.

Guten Tag, Moskau!

In Moskau verabschiedete ich mich von meinen jugendlichen Wagenbegleitern und schleppte mein Gepäck auf den Bahnsteig, wo ich dann ziemlich verloren inmitten der vielen dem Ausgang zustrebenden Menschen stand. So mancher Fahrgast wurde von Verwandten oder Bekannten begrüßt, umarmt und geherzt. Nur ich hielt vergeblich Ausschau nach Tante Lieschen und Inna Armand, die mich abholen wollten. Oder hatte sie etwa das Telegramm gar nicht erreicht? Der Bahnsteig leerte sich. Ich stand neben meinem Koffer und war ziemlich ratlos.

Plötzlich tauchte ein Riese auf – oder erschien er mir nur so groß in meiner Angst? –, bekleidet mit einer weißen Schürze und einer überdimensionalen Blechmarke auf der linken Brustseite. Er langte nach meinem Koffer und trug ihn davon. Da ich mir das nicht erklären konnte, redete ich wild auf ihn ein, er solle gefälligst meinen Koffer stehen lassen. Woher sollte ich wissen, dass Gepäckträger in Moskau solche „Uniform" trugen?

Der gute Mann antwortete nicht minder wortreich. Unser beider Nachteil bestand darin, dass keiner von uns auch nur ein einziges Wort des anderen verstand. Der Disput nahm an Heftigkeit zu, bis schließlich der Gepäckträgerriese meinen Koffer auf den Bahnsteig knallte und wutschnaubend davonstürmte. Ich setzte mich augenblicklich drauf, nicht bereit, ihn noch einmal herzugeben. Und damit war ich endgültig mutterseelenallein auf diesem großen Bahnsteig.

Schwer zu sagen, wie lange ich dort zubrachte. Für mich war es jedenfalls eine Ewigkeit. Ich grübelte. Wen sollte ich fragen, wen um Hilfe bitten? Wie konnte ich erwarten, jemanden zu finden, der mir auf dem Belorussischen Bahnhof in dieser Millionenstadt Auskunft geben konnte, wo die blieben, die mich abholen wollten? Die Lage erschien ziemlich aussichtslos, und als Vierzehnjähriger hatte ich da schon Mühe, nicht die Nerven zu verlieren ...

Aber dann kamen endlich Tante Lieschen und Stiefmutter Inna ziemlich aufgelöst angerannt. Sie schlossen mich in ihre Arme, nahmen Koffer und Beutel, und als ich mit ihnen in der Straßenbahn saß – oder mussten wir stehen? –, hatte das Leben doch wieder andere Farben.

Wir fuhren die Twerskaja entlang, die damals natürlich ganz anders aussah als heute. Sie wurde später verbreitert, erhielt ein vollkommen neues Gesicht und auch einen neuen Namen: Gorkistraße. Jetzt hat sie übrigens wieder den alten Namen. Damals war sie besonders bei den Droschkenkutschern und ihren Fahrgästen wegen des holprigen Kopfsteinpflasters berüchtigt. Der seinerzeit zu ihr passende Triumphbogen wurde an anderer Stelle wieder aufgebaut.

Wir kamen am Strastnoikloster vorbei, 1934 war es ein „Museum für streitbaren Atheismus". Das Puschkindenkmal stand noch auf der anderen Straßenseite, auf dem Mittelstreifen des Boulevards „A". Kloster und Museum wurden abgetragen. Das Verhältnis zur Kirche hat sich seitdem, auch schon während des Krieges, besonders aber nach 1990, radikal geändert. So wurde die auf Anweisung von Stalin abgetragene Erlöserkirche am Ufer der Moskwa, in deren Fundamente Chrustschow ein Schwimmbad installieren ließ, unter Jelzin wieder aufgebaut.

Inzwischen hatte die etwas klapprige Straßenbahn die Mochowaja erreicht, wo wir ausstiegen und vor einem riesigem Gebäude standen: der Manege. Das war die Reithalle aus der Zeit der Zaren. Sie war seinerzeit für den Adel und die reichen Moskauer Kaufleute errichtet worden und diente dann als Großgarage für die Autos, die zum Fuhrpark des Kreml gehörten. Später wurde sie für Ausstellungen genutzt. Wir passierten die Frontseite des imposanten Baus und kamen an dem Gebäude vorbei, in dem die Komintern ihren Sitz hatte. Dann bogen wir in die gegenüber dem Alexandergarten gelegene Maneshnaja ein und näherten uns dem Haus, in dem die Armands wohnten.

Wer waren die Armands?

Vermutlich werden 95 von 100 Moskauern heute darauf keine Antwort mehr geben können. Dabei verdient die Frau, die diesen Namen in die Geschichte der revolutionären Arbeiterbewegung einbrachte – Inès Armand, genannt Inessa –, auch heute noch größte Hochachtung. Sie spielte während und nach der Oktoberrevolution eine wichtige Rolle und hatte auch schon vorher, als sie in der Schweiz und in Frankreich eng mit Lenin zusammenarbeitete, bedeutende Verdienste erworben. Ihrem außergewöhnliches Leben seien hier einige Gedanken gewidmet. Man könnte Inessa durchaus mit der jungen Clara Zetkin vergleichen. Die Tragik bestand darin, dass sie jung starb.

Geboren wurde Inessa Armand am 8. Mai 1874 in Paris. Ihr Vater, Theodore Stephane, war ein französischer Opernsänger, ihre Mutter Nathalie eine Schauspielerin, die später als Gesanglehrerin ihr Geld verdiente. Beide waren 24 Jahre alt, als die Tochter Inès Elisabeth zur Welt kam.

Der Vater, dessen Künstlername Peche Herbanville lautete, feierte auf den Pariser Bühnen Triumphe, starb aber früh und ließ seine Witwe mit dem Mädchen fast ohne Mittel zurück. So kam Inès Elisabeth zu ihrer Tante nach Moskau. Diese hatte dort als angesehene Hauslehrerin bei der sehr wohlhabenden Familie Armand ein Auskommen. Sie konnte es sich leisten, Inessa nicht nur selbst zu unterrichten, sondern sie auch auf eine gute Schule zu schicken. Inessa beherrschte schon als Kind drei Sprachen: Französisch, Englisch und Russisch. Dazu kam noch die deutsche Sprache. Mit siebzehn Jahren legte sie ihr Examen als Hauslehrerin ab, und mit neunzehn Jahren heiratete sie in die Familie der Armands, die ihren Hauptsitz in Puschkino hatte, rund vierzig Kilometer von Moskau entfernt.

Im Kirchenbuch der dortigen Nikolaikirche wird bestätigt, dass der Gemeindepriester Ignati Kasanski am 3. Oktober 1893 die Trauung erster Ehe zwischen Alexander Jewgenew Armand, Sohn eines erblichen Ehrenbürgers und Kaufmanns der ersten Moskauer Gilde, rechtgläubigen Bekenntnisses, und der französischen Bürgerin, Jungfrau Inès Elisabeth, anglikanischen Glaubensbekenntnisses, vollzog. In seinem 1965 in Moskau und 1987 im Dietz Verlag in Berlin erschienenen dokumentarischen Bericht „Inessa“ hat Pawel Podljaschuk ihr Leben anschaulich beschrieben.

Inessa hatte in eine der wohlhabendsten Familien geheiratet. Am Rande sei erwähnt, dass das Domizil des Handelshauses „Jewgenij Armand und Söhne“ am Staraja Plostschad, am Alten Platz, in der Nähe des Roten Platzes stand. Es war später umgebaut und erweitert worden und bis zur Einstellung der Tätigkeit der KPdSU der Sitz des Zentralkomitees. Danach beherbergte es den umfangreichen Beraterstab des Präsidenten Jelzin. Im Scherz habe ich im Kreise von Freunden einmal die Frage aufgeworfen, ob ich heute nicht meine erblichen Besitzansprüche geltend machen sollte?

Inessa Armand wurde wegen ihrer revolutionären Tätigkeit 1905 zum ersten Mal verhaftet, 1907 zum zweiten Mal. Ihr berühmter Schwiegervater besuchte die „Aufrührerin“ im Polizeigefängnis, eine Geste, die ihm in seinen Kreisen sicher keinen Beifall einbrachte.

Im Juli 1907 wurde sie ins Gouvernement Archangelsk verbannt. Ein Jahr später gelang ihr die Flucht, und sie kam im Januar 1909 illegal über Finnland in die Schweiz.

1910 lernte Inessa Lenin und die Krupskaja in Paris kennen. Danach war sie oft an Lenins Seite zu sehen. Im Sommer 1912 verwandelte sich Inessa in die Bäuerin Franziska Jankiewicz, die sich nach St. Petersburg auf den Weg machte. Die Reise führte sie über Kraków, wohin Lenin und Krupskaja übergesiedelt waren, um Russland näher zu sein. Von Lenin empfing sie dort die konkreten Aufträge für ihre illegale Tätigkeit in Russland. Die Geheimpolizei des Zaren, die Ochrana, verhaftete sie jedoch schon nach kurzer Zeit. Monatelang saß Inessa in Untersuchungshaft. Das Gericht setzte eine maßlos hohe Summe, 5400 Rubel, als Kaution für ihre Freilassung fest. Die Familie Armand zahlte, obwohl sie sich klar darüber gewesen sein dürfte, dass sie davon keine Kopeke wieder sehen würde. Alle waren überzeugt, dass Inessa nur den einen Wunsch hatte, wieder ins Ausland zu entkommen. Nachdem sie Frühjahr und Sommer 1913 bei ihrer Familie verbracht hatte, gelang ihr dies auch.

Im Februar 1917 wollte sie nach dem Sturz des Zaren sofort aus der Schweiz nach Russland zurückkehren. Es gab jedoch keinen anderen Weg als den durch die Fronten des Krieges. Der deutsche Kommunist Willi Münzenberg suchte vergeblich nach einer Möglichkeit. Der Schweizer Sozialist Fritz Platten brachte es schließlich zuwege, für Lenin und seine Genossen, unter ihnen Inessa Armand, die berühmt gewordene Reise mit dem verplombten Zug durch Deutschland zu organisieren.

Am späten Abend des 3. April 1917 – nach altem russischen Kalender – kam es dann zu dem historischen Empfang auf dem Platz vor dem Finnischen Bahnhof in Petrograd. Inessa reiste am selben Abend weiter. Sie wollte zu ihren Kindern. In Moskau wurde sie zum Mitglied der Exekutive des Gouvernementssowjet gewählt, gab eine Frauenzeitschrift heraus und übernahm Ende 1918 den Vorsitz des Volkswirtschaftsrates des Moskauer Gouvernements. Ab 1919 war sie Leiterin der Frauenabteilung des Zentralkomitees der KPR(B).

Die Fülle der Aufgaben unter den schwierigen Bedingungen des beginnenden Bürgerkrieges und der Intervention überforderten Inessas Kräfte. Sie musste zur Kur nach Kislowodsk. Doch auch im Kaukasus holte sie der Bürgerkrieg ein. Sie wurde mit den anderen Kurgästen evakuiert, zuerst nach Naltschik, von dort nach Baslan. Dort blieb der Zug hängen, und Inessa wurde mit Verdacht auf Cholera ins Krankenhaus gebracht. Am 23. September 1920 verlor sie das Bewusstsein. Am nächsten Morgen versagte ihr Herz. Am 12. Oktober begleitete ein langer Trauerzug – Lenin und Krupskaja gehörten dazu – den Sarg in Moskau zum Kolonnensaal. Lenin und andere Kampfgefährten Inessas hielten Ehrenwache. Auf dem Roten Platz, an der Kremlmauer, wurden drei Ehrensalven abgegeben. Das Leben von Inessa Armand hatte sich erfüllt.

Inessa Armand und Wladimir Lenin

Da mein Vater mit Inna Armand, der Tochter von Inès (Inessa) Armand, verheiratet war und ich nach meiner Emigration nach Moskau zunächst in deren Haus gelebt hatte, möchte ich kurz auf die früher nur selten erwähnten und mit vielen Legenden umwobenen Beziehungen zwischen Lenin und Inessa eingehen.

In der Literatur wird Inessa Armand nicht selten als Freundin und Geliebte Lenins beschrieben, und in dem Fernsehfilm des bekannten italienischen Regisseurs Damiano Damiani „Der Zug" wurde sie auch in dieser Rolle dargestellt. Das ist wohl vor allem dem oft auch persönliche Dinge betreffenden Inhalt und dem sehr herzlichen, vertrauten, vielfach besorgten Ton der Briefe zuzuschreiben, die Lenin an Inessa Armand schrieb. Auskunft hierüber geben neben den bereits aus der Ausgabe der Werke Lenins bekannten Briefen besonders die früher nicht oder nicht vollständig veröffentlichten Briefe Lenins an Inessa und ein längerer Auszug aus dem einzigen erhalten gebliebenen Brief von Inessa an Lenin vom Dezember 1913. Letztere wurden nun ebenfalls in dem im Mai 1999 in russischer Sprache in Moskau herausgegebenen Band „W. I. Lenin. Unbekannte Dokumente. 1891-1922" publiziert.

Aus diesen, zum Teil in englischer Sprache verfassten Briefen wie auch aus anderen bereits lange veröffentlichten Dokumenten wird deutlich, dass Lenin und Inessa über Jahre enge, sehr vertrauensvolle Beziehungen pflegten. In Lenins Auftrag übernahm Inessa zahlreiche verantwortungsvolle Aufgaben. So organisierte sie im Frühjahr 1911 in Lonjumeau (Frankreich) eine Parteischule und übernahm deren Leitung. Lenin und Inessa führten einen intensiven, offenen Gedankenaustausch über viele Fragen. Er betraf vor allem die konkrete Parteiarbeit, Probleme der Theorie und Praxis der russischen und der internationalen sozialdemokratischen Bewegung, Literatur, die sie sich gegenseitig empfahlen oder zusandten, die Situation der russischen Emigranten, aber auch ganz persönliche Erlebnisse, Eindrücke und Stimmungen. Unter den dreißig in diesem Band abgedruckten Briefen aus den Jahren 1914 bis 1920 sind fünf, die Lenin ihr im Februar 1920 nach ihrer Erkrankung an einer schweren Grippe schickte. Sie sind durchdrungen von tiefer Sorge um ihren Gesundheitszustand und dem Wunsch, ihr unter den schwierigen Lebensbedingungen dringend notwendige Hilfe zu erweisen.

Die persönlichen Briefe von Inessa an Lenin sind nicht erhalten geblieben mit Ausnahme des oben erwähnten Briefes, der mit Fortsetzung an zwei Tagen im Dezember 1913 geschrieben wurde. Zu dieser Zeit war sie nach der illegalen Mission in Russland 1912/1913 und dem Aufenthalt bei Lenin und Krupskaja in Kraków im Herbst 1913 gerade esrt mit dem Auftrag in Paris angekommen, bei der Gründung der legalen sozialdemokratischen Frauenzeitschrift „Rabotniza“ (Die Arbeiterin) mitzuwirken. Der Brief, den sie Lenin nach ihrer Ankunft in Paris sandte, lässt erkennen, wie sehr sie ihn als erfahrenen sozialdemokratischen Parteiführer schätzte, aber auch, welch tiefe Gefühle sie ihm entgegenbrachte und wie sehr sie darunter litt, dass die Entfernung, die sie trennte, nach ihrer Übersiedlung von Arosa (Schweiz) nach Paris noch größer geworden war.

In Erinnerung an die Zeit, als sich Lenin ebenfalls in Paris aufhielt, schrieb sie: „Ich dachte an die Stimmungen, Gefühle und Gedanken von damals und bedauerte, dass diese niemals wiederkehren werden. Vieles erschien jugendlich-unbeschwert, das ist vielleicht eine Stufe, die vorüber ist; aber dennoch ist es schmerzlich, dass man niemals mehr so denken und fühlen kann, dass man die Wirklichkeit niemals mehr so wahrnehmen kann, – man bedauert, dass das Leben vergeht. Es stimmte traurig, weil Arosa etwas Zeitweiliges, Vorübergehendes war; Arosa war ja noch ganz in der Nähe von Kraków, aber Paris – das ist schon etwas Endgültiges. Wir haben uns voneinander getrennt, ja getrennt, mein Lieber! Und das tut so weh. Ich weiß, ich fühle, daß Du niemals wieder hierher kommst. Als ich die altbekannten Orte erblickte, wurde mir deutlich bewusst, deutlicher als je zuvor, welch bedeutenden Platz du noch hier, in Paris, in meinem Leben eingenommen hattest, dass die ganze Tätigkeit hier in Paris tausendfach mit dem Gedanken an dich verknüpft war. Ich war damals überhaupt nicht in dich verliebt, habe dich aber auch damals sehr gern gehabt. Auch jetzt käme ich ohne Küsse aus; es wäre eine Freude, wenn ich dich nur sehen und bisweilen mit dir reden könnte – und das könnte doch niemanden kränken. Warum wurde mir das genommen? Du fragst, ob ich böse bin, weil du die Trennung ‚vollzogen' hast? Nein, ich glaube, dass du das nicht deinetwegen getan hast ..."

Voller Hochachtung spricht Inessa in diesem Brief über Nadeshda Krupskaja: „Auch in den Beziehungen zu N. K. gab es in Paris viel Schönes. In einer unserer letzten Unterhaltungen sagte sie mir, dass sie mich erst in letzter Zeit besonders schätzen gelernt habe und ich ihr näher gekommen sei. Ich dagegen hatte sie etwa zu der Zeit lieb gewonnen, als wir uns kennen lernten. In ihren Beziehungen zu den Genossen ist sie von einer besonderen gewinnenden Milde und Güte. In Paris bereitete es mir Freude, zu ihr zu gehen und bei ihr im Zimmer zu sitzen. Meist war es so, dass man in die Nähe ihres Tisches Platz nahm und zuerst über die Arbeit sprach, dann blieb man noch eine Weile sitzen und unterhielt sich über die unterschiedlichsten Dinge. Vielleicht hat man sie bisweilen auch angestrengt. Dich habe ich damals mehr als das Feuer gefürchtet. Ich hätte dich gern gesehen, wäre aber wohl lieber auf der Stelle gestorben, als dass ich zu dir hineingegangen wäre; und wenn du aus irgendeinem Grunde zu N. K. ins Zimmer kamst, wurde ich gleich verlegen und verhielt mich irgendwie komisch. Ich war immer verwundert und neidisch über den Mut der anderen, die direkt zu dir hineingingen und mit dir redeten. Erst in Lonjumeau und dann im folgenden Herbst im Zusammenhang mit den Übersetzungen u. a. hatte ich mich etwas an dich gewöhnt. Ich habe dir nicht nur gern zugehört, sondern dich auch gern angesehen, wenn du sprachst. Erstens lebt dein Gesicht so auf und zweitens konnte man mühelos hinschauen, weil du es in diesem Augenblick nicht bemerkt hast ..."

Wie aus Band III der Briefe hervorgeht, bestätigte Lenin am 26. Januar 1914, dass er Inessas Brief erhalten hatte: „Liebe Freundin! Über deinen freundschaftlichen, lieben, guten und warmherzigen Brief habe ich mich schrecklich gefreut. Ich bin dir dafür unsäglich dankbar."

Als Inessa Armand starb, verfasste Nadeshda Konstantinowna Krupskaja einen liebevollen Nachruf und bewahrte die freundschaftlichen Beziehungen zu Inessas Kindern.

In diesem Zusammenhang ist auch das Verhältnis von Nadeshda Krupskaja zu Stalin erwähnenswert. Es ist allgemein bekannt, dass Stalin Nadeshda Konstantinowna während Lenins Krankheit übel beleidigt hatte, weil sie ihm den direkten Zugang zu Lenin verweigerte. Lenin, der über Stalins Reaktion erbost war, forderte ihn auf, sich bei Nadeshda Konstantinowna zu entschuldigen. Er drohte, sonst die Beziehungen zu ihm abzubrechen. Stalin hat sich dieser Forderung zwar gebeugt. Aber er rächte sich, indem er in einem anderen Kreis die Bemerkung fallen ließ, dass man für Wladimir Iljitsch auch eine andere Frau finden könne. Diese Intrige entsprach dem Charakter des Dshugaschwili.

Es sei noch eine Episode erwähnt, die Einblick in die Arbeits- und Handlungsweise Lenins vermittelt. Am 25. Februar 1921 war Inna, die Tochter von Inessa Armand, abends bei Nadeshda Konstantinowna zu Gast. Lenin platzte in den Plausch der beiden hinein und erkundigte sich bei Inna nach dem Befinden von deren jüngster Schwester, Warwara, die an einer Kunstschule studierte. Inna erzählte, was sie für besonders wichtig hielt, nämlich dass die Gemeinschaftswohnung der Studenten ausreichend beheizt sei und dass es auch sonst keine Probleme gebe. Lenin war skeptisch. Er schlug unvermittelt vor, dies in Augenschein zu nehmen, und forderte Nadeshda Konstantinowna und Inna auf, mit ihm Warwara in der Studentenwohnung zu besuchen. Nachdem sie zu dritt die Außentreppe in der Mjasnizkaja Uliza gefunden hatten, die zu den Räumlichkeiten nach oben führte, gelangten sie über vereiste Stufen zu der Studenten-Unterkunft. Dabei hatte Lenin auf der Treppe fast eine ganze Schachtel Streichhölzer verbraucht, um den Aufgang für die Frauen notdürftig zu beleuchten. Die Studenten begrüßten die Besucher freudig. Zuerst wurde über die allgemeinen Lebensbedingungen der Studenten diskutiert. Die fasste einer mit den Worten zusammen: „Die monatliche Brotration reicht in der Regel für 25 Tage. Also muss man höchstens fünf Tage hungern!"

Dann kam man auf die Kunst zu sprechen. Die Studenten forderten, ihre revolutionäre Euphorie zum Ausdruck bringen zu dürfen. Gegenüber den zwei Dutzend Studenten hatte Lenin wenig Chancen, mit seinem Standpunkt durchzukommen, die Kunst müsse realistisch sein. Das nächste Thema war der Futurismus. Lenin bekannte, dass er zu wenig über diese Kunstrichtung wisse. Er versprach aber, sich sachkundig zu machen und dann wiederzukommen. Spät in der Nacht brach er mit seiner Frau und Inna Armand auf.

Eine Wohnung mit 18 Mietern

Die schon mehrfach erwähnte Inna Alexandrowna, Tochter von Inessa Armand, war die zweite Frau meines Vaters. Er hatte sie 1919 anlässlich eines Besuchs bei Lenin im Kreml kennen gelernt. Beide hatten eine Tochter, Ines, die 1923 in Berlin geboren wurde.

Zu ihnen sollte ich also ziehen! Die Wohnung lag, wie schon beschrieben, in einer bekannten Gegend. Sah man an der Fassadenseite aus dem Fenster, fiel der Blick auf den Alexandergarten, auf die Kremlmauern, das Troizki-Tor und einige Gebäude des Kreml, die später dem Kremlpalast weichen mussten.

Ungeachtet aller Freundlichkeit, mit der man mich empfing, und der imposanten Umwelt, war ich doch von meiner neuen Umgebung schockiert. Es handelte sich um eine so genannte kommunale Wohnung, die der Familie von Inessa Armand 1917 zur Verfügung gestellt worden war. Seitdem waren fast zwei Jahrzehnte vergangen, und die Verhältnisse hatten sich verändert, vor allem die Anzahl der Bewohner.

Von den fünf Kindern Inessas lebte nur der älteste Sohn, Alexander, mit seiner Familie „außerhalb", in der Jakimanka Uliza.

Das erste Zimmer, gleich gegenüber der Wohnungstür, gehörte Dmitri und seiner Frau, das nächste Zimmer Andrej mit seiner vierköpfigen Familie. Dann folgte ein größeres Zimmer, das zur Kremlseite hin gelegen war. Dort logierte der Direktor des Flughafens Bykowo mit seiner Frau. Gegenüber befand sich die Gemeinschaftstoilette und das von allen benutzte Bad. Zum Hof hinaus wohnte die Hauswartsfrau mit ihren zwei Söhnen. Daneben lag das Zimmer von Inna Alexandrowna oder „Baba Ina", wie die Kinder sie nannten. Sie wohnte hier mit ihrer Tochter Ines, meiner Halbschwester. Und hier sollte ich nun mit einziehen. Die Küche wurde von allen gemeinsam genutzt. Es blieben noch eine Kammer für Natascha und Schura, die beiden Haushälterinnen, und ein größeres Zimmer nach vorn hinaus für Innas Schwester Warwara und deren Tochter Blona.

Alles in allem lebten 18 Personen hier. An der Wohnungstür stand hinter den Namensschildern, wie oft man klingeln musste, um den Gewünschten zu erreichen. Wenn Besuch kam, zählte jeder gespannt, wie oft die Klingel anschlug.

Beim Telefon war es komplizierter. Der erste, der zur Stelle war, musste das Gespräch weiter vermitteln.

Für mich war das eine völlig neue Welt. Ich kam aus einer Familie, die zu viert in zweieinhalb Zimmern wohnte. Hier waren sieben Familien hinter einer Wohnungstür. Das war nicht problemlos. Aber ich entdeckte sehr schnell, dass alle relativ harmonisch miteinander lebten, von den kleinen Ärgernissen des Tages abgesehen. Auch ich begann mich bald dort wohl zu fühlen, obwohl mich anfangs einige Male Heimweh überfiel.

Jeder wusste, dass diese Situation durch die allgemeine Wohnungsnot bedingt war. In den frühen zwanziger Jahren meinte man vielleicht auch, dass solche kommunalen Wohnungen ein erster Schritt auf dem Wege zum kommunistischen Gemeinleben wären. Diese Vorstellung erwies sich sehr bald als absurd. Die kommunale Wohnung als die Wohnung der Zukunft war schon längst kein Thema mehr, als ich nach Moskau kam.

Schule, Markt und Tram

Noch in der ersten Woche brachte mich meine Stiefmutter, Inna Alexandrowna, in die Karl-Liebknecht-Schule, die vornehmlich für Kinder deutscher Facharbeiter und Emigranten sowie Wolgadeutscher eingerichtet worden war. Sie lag am Sadowoje Kolzo, dem „Gartenring", unweit des damals leerstehenden Sucharewski-Klosters. Dieser Ring war fünfzehn Kilometer lang und bildete früher einmal die äußere Verteidigungslinie um die Stadt. Später wurde sie zu einer sechzig Meter breiten Straße mit markanten Gebäuden und Grünanlagen rekonstruiert. Hier befand sich das Sklifassowski-Krankenhaus, die Moskauer Garnison, der Zoo, das Planetarium, das Außenministerium. Am anderen Ufer der Moskwa lag der Kulturpark, in dem stets reges Treiben herrschte.

Die Gegend um das Kloster hatte damals, 1934, keinen guten Ruf. In den unterirdischen Räumlichkeiten des Klosters sollen obdachlose Jugendliche gehaust haben. Das Kloster stand mitten auf der Straße. Straßenbahnen, Fuhrwerke und der geringe Autoverkehr, die alten Leyland-Busse eingeschlossen, mussten in großem Bogen um die Gebäude herumfahren.

In der Nähe des Klosters gab es einen berühmt-berüchtigten Markt, auf dem Bauern und Hehler ihre Waren feilboten. Es kursierte die Legende, dass ein Ahnungsloser, der den Markt betrat, schon nach einigen Metern seine Geldbörse oder seine Uhr los würde. Wenige Schritte weiter würde ihm beides zum Kauf angeboten.

Aber das war wohl mehr Gerücht als Wahrheit, widerspiegelt aber den Ruf des Marktes. Anders verhielt es sich mit einer Geschichte, von der alle schworen, sie habe sich tatsächlich zugetragen: Einem Amerikaner – damals wurden alle westlichen Ausländer als Amerikaner bezeichnet – erzählte man von diesem Markt, und der schloss eine Wette ab, dass man ihn nicht bestehlen könne.

Kaum auf dem Markt angelangt, stieß er auf eine Bäuerin, die mit Daunen handelte. Lärmend wirbelte sie plötzlich Bettfedern durch die Luft, so dass der Amerikaner in eine Wolke geriet. Im Nu war seine Jacke von oben bis unten mit Federn bedeckt. Sogleich stürzte sich eine Schar „Hilfsbereiter" auf ihn, um ihn abzuklopfen. Ringsum kein Milizionär, kein Polizist. Sekunden später stand er im Hemd da, und ein Wettpartner trat auf ihn zu und bot ihm die Jacke zum Kauf an. Sie war blitzsauber, aber es fehlten zwei Knöpfe. Der wetteifrige Ausländer hatte sie an den Knopflöchern festgenäht und geglaubt, damit vor den Dieben sicher zu sein. Die aber hatten keine Mühe, mit ihrem stets griffbereiten Handwerkszeug die Knöpfe zu entfernen.

Die ersten drei Wochen waren für mich die schwersten. Die Straßenbahn, die ich benutzen musste, um in die Schule zu gelangen, war meist überfüllt und oft hingen an den Türen noch Trauben von Menschen. Es galt die Regel, durch die hintere Tür in den Wagen einzusteigen und durch die vordere wieder auszusteigen. Das hieß, dass man bis zu der Haltestelle, an der man die Bahn verlassen wollte, bis nach vorn gelangt sein musste.

Mein Problem war, dass ich die bei diesem System unvermeidliche Frage an den Vordermann: „Steigen Sie jetzt aus?", noch nicht beherrschte. Wenn ich mich heute daran erinnere, kann ich das nicht begreifen, denn es ist ein harmlos leichtes Wort: „Wychoditje?" Es wollte und wollte mir damals aber nicht gelingen, es so auszusprechen, dass die Menschen mich verstanden. Die meisten starrten mich verständnislos an. Dabei lebten in Moskau schon damals Bürger vieler Nationen und Völker, die kein perfektes Russisch sprachen.

Da nur die wenigsten Fahrgäste Platz machten, versuchte ich mich durchzudrängeln, was aber in dem Gedränge und auf Grund der „Spielregeln" erst recht nicht glückte. So blieb mir nichts anderes übrig, als immer wieder zu üben, bis ich das „Zauberwort" beherrschte und die Gefragten entweder den Kopf schüttelten und versuchten, mir den Weg nach vorn freizugeben, oder aber nickten und ich mich dann dem Vordermann anschließen konnte.

Das war mein erster Erfolg! Nun konnte ich immerhin schon mit der Straßenbahn fahren!

Njanja Natascha und die Kopierstiftmethode

Eines Tages kam ich nach Hause, ging in die Küche und überraschte Natascha, die sich gerade bemühte, ihre mit Kopierstift verschmierten Hände zu säubern. Natascha war in Personalunion Kindermädchen und Haushälterin. Diesem Berufszweig möchte ich hier, stellvertretend für viele andere, einige Worte widmen.

Im Russischen nennt man sie „Njanja". Dieser Begriff ist besonders durch Puschkin populär geworden. Seine Njanja hatte ihm viele Märchen erzählt und bei ihm das Interesse geweckt, aufzuschreiben, was er gehört hatte. Damit hatte sie gewiss einen nicht unwesentlichen Beitrag geleistet, Puschkin zu den ersten Schritten zu verhelfen, die ihn auf den Weg zum bekanntesten und beliebtesten Dichter Russlands führten.

Die wichtigste Aufgabe dieser Njanjas bestand zunächst darin, die Kinder zu betreuen. Die meisten von ihnen waren als junge Mädchen bei Gutsbesitzer- oder Landadelfamilien in Dienst getreten und später mit denen in die Städte gekommen. Andere hatten nach den Wirren des Bürgerkrieges und der Kollektivierung der Landwirtschaft den Weg in die Städte gesucht und dort eine Stellung bei Familien mit Kindern gefunden. Traditionsgemäß wurden sie in die Familie eingegliedert und blieben dort, wenn sie nicht heirateten, oft bis ans Lebensende. So zogen sie zwei, wenn nicht gar drei Generationen von Kindern auf und formten sie auch. Stalins Tochter, Swetlana Alilujewa, schrieb den letzten ihrer „Zwanzig Briefe an einen Freund" über ihre Kinderfrau Alexandra Andrejewna. Deren Tod hatte sie mehr bewegt als der Tod des Vaters.

Unsere Kinderfrau hieß Natascha. Sie führte den Haushalt und kümmerte sich um uns Kinder. Inna Armand kehrte häufig erst spätabends von ihrer Arbeit im Marx-Engels-Lenin-Institut zurück. So verbrachten wir die meiste Zeit mit Natascha.

Staunend sah ich sie an jenem Nachmittag in der großen Küche zwischen den sieben Tischen hantieren. Jede Familie hatte ihren eigenen Petroleum- oder Spirituskocher auf einem kleinen Tisch oder auf dem großen, nicht mehr benutzten Herd zu stehen. Ich wunderte mich, warum Natascha sich so intensiv mit ihren Händen beschäftigte, die hoffnungslos mit lila Farbe beschmiert waren. Wie war die an ihre Finger geraten? Ich erfuhr es und dabei auch ein interessantes Detail des Haushaltssystems: Das Kostgeld für die gesamte Familie wurde in der Regel von den Kinderfrauen verwaltet. Die trugen damit auch die Verantwortung dafür, dass es bis zum nächsten Zahltag reichte. Das war oft nicht einfach. Erstens galt 1934 noch das so genannte „Partmaximum", was übersetzt bedeutete, dass ein Parteifunktionär nicht mehr verdienen durfte als ein Facharbeiter. Und zweitens gehörte 1934 noch zu den bitteren Hungerjahren. Als Ursache wurde eine schreckliche Dürre genannt. Dass es auch Folgen der administrativen, vielfach zwangsweise vollzogenen Kollektivierung waren, erfuhr ich erst viel später.

Natascha hatte sich vormittags auf ihren Einkaufsweg begeben, hatte zuerst den Brotladen angesteuert, wo sich eine lange Schlange von Kindermädchen und Großmüttern mit Lebensmittelkarten in der Hand aufgereiht hatte. Die Letzte hielt einen Kopierstift in der Hand, spie der neu Hinzugekommenen auf den Handrücken, verrieb den feuchten Fleck ein wenig und malte dann eine Zahl auf die Haut. Zum Beispiel: 323. Die gab den Platz in der Schlange an. Dann drückte sie Natascha den Stift in die Hand und eilte in den nächsten Laden, wo man nach Milch oder Quark, Buchweizengrütze, Kartoffeln, Kohl oder manchmal auch Wurst anstand. Dort vollzog sich die gleiche Prozedur. Der einzige Unterschied: War beim Bäcker der rechte Handrücken der „Ausweis", wurde im Milchladen die Fläche unterhalb des linken Handgelenks markiert. In der Regel waren es fünf bis sechs Lebensmittelläden, in denen man im Laufe der Woche Einkäufe tätigte. Die Frauen mussten sich beeilen und immer darauf achten, ihre „Schlangennummern" nicht zu verpassen und sich rechtzeitig wieder einzureihen. Das System funktionierte reibungslos. Später, etwa ab 1936/1937, als es in Moskau genug zu essen gab und der Volkskommissar für Lebensmittelindustrie, Anastas Mikojan, seine ersten Erfolge verbuchen konnte, blieben die Hungerjahre, die viele Menschenleben gekostet haben, in trauriger Erinnerung. Wer konnte damals ahnen, dass der Hunger keine fünf Jahre später, als der Krieg begann, erneut über die Menschen hereinbrechen und, wie bei der Blockade Leningrads, Tausende und Abertausende dahinraffen würde.

Doch zurück zu unserer Natascha. Mittags mussten dann die mit Kopierstift „tätowierten" Zahlen mit Scheuersand entfernt werden, und nachmittags führte die zweite Tour, je nach der Fülle des Geldbeutels, in Läden, in denen Konsumgüter verkauft wurden. Die Njanjas oder Großmütter begnügten sich zunächst damit, herauszufinden, was es überhaupt in dem Laden gab, vor dem die Schlange stand. Oft aber konnten die hinten Anstehenden diese Frage gar nicht beantworten. Zuweilen war nicht einmal zu ergründen, in welchem Geschäft die Schlange überhaupt endete. Also stellte man sich auf gut Glück an.

Bewundernswert war die Geduld, mit der die Menschen anstanden, bis sie endlich die Ladentür erreichten. Erst dann kamen sie möglicherweise dahinter, dass es sich um einen Buchladen handelte, in dem gerade Balzacs Werke verkauft wurden. Das konnte ein durchaus erfolgreicher Einkauf sein, über den sich viele Familienmitglieder, insbesondere die jüngeren, freuten. Es konnte einem allerdings auch widerfahren, dass die Schlange, in der man stand, in einem Geschäft für Haushaltswaren mündete und man dort einen Kochtopf „erstehen" konnte. Da freuten sich dann wieder andere in der Familie, jeder aber wusste den Wert eines Topfes zu schätzen. Unabhängig davon brachten die Kinderfrauen und Großmütter immer eine Fülle von Nachrichten und neuesten Informationen aus diesen Schlangen mit nach Hause. Es war chaotisch, aber die Lauferei war lebensnotwendig und das Geld musste nützlich für die Familie angelegt werden.

Immer, wenn ich später nach Moskau kam, warf ich einen Blick zu den Fenstern hinauf, hinter denen ich meine ersten Moskauer Jahre verbracht hatte. Anfang der siebziger Jahre wurde die Wohnung der Armands in Büroräume aufgeteilt und die Enkel von Inessa Armand bekamen eigene Wohnungen.

Im Spiegel des XVII. Parteitages

Langsam begann ich mich in Moskau heimisch zu fühlen. Viele Fragen, die sich aufdrängten, beantwortete mir meine „neue" Mutter. Manchmal fand sie dabei auch keine überzeugenden Argumente, aber sie ließ auch keine Gelegenheit aus, mir Hinweise zu geben, die sie für wichtig hielt. So empfahl sie mir zum Beispiel, unbedingt den Rechenschaftsbericht Stalins an den XVII. Parteitag zu lesen, der im Januar 1934 stattgefunden hatte. Der Wortlaut war auch in deutscher Sprache erschienen. Schon als Kind mit dem Lesen von Zeitungen vertraut gemacht – sicherlich auch ein Stück „Erbmasse" meines Vaters –, folgte ich ihrem Rat, politische Literatur zu lesen. „Baba Inna" versorgte mich nicht nur mit dem „Kommunistischen Manifest" in deutscher Sprache, sondern auf meine Bitte auch mit dem „Kapital", von dem ich damals allerdings kein Wort verstand und es bald beiseite legte.

Der XVII. Parteitag wurde in der Presse als der Kongress der Sieger gefeiert. Ich las den von Stalin erstatteten Bericht, konnte aber nur die Dinge herauslesen, die mit der deutschen Frage in Verbindung standen. Vieles andere habe ich erst fast zwanzig Jahre später als Schüler der Moskauer Parteihochschule exakt und kritisch zur Kenntnis genommen. Besonders aufgefallen war mir damals die in dem Stalin'schen Bericht enthaltene Formulierung, dass der Faschismus keineswegs von langer Herrschaftsdauer sein werde. Bei uns zu Hause – noch betrachtete ich Berlin und die Berliner Familie als mein Zuhause – wurde diese auch in Deutschland teilweise verbreitete Auffassung nicht akzeptiert. Zu denken gab mir Stalins Feststellung, es ginge offensichtlich einem neuen Krieg entgegen und zugleich reife die Idee des Sturmangriffs auf den Kapitalismus im Bewusstsein der Massen heran, so dass ein Krieg die Revolution auslösen und die Existenz des Kapitalismus in einer Reihe weiterer Länder in Frage stellen würde. Die Arbeiterklasse dieser Länder werde den Weg der Revolution gehen.

In dem Teil zur inneren Lage beeindruckte der Bericht mit einer respektablen Aufzählung konkreter Erfolge, die einerseits nicht zu leugnen waren, sich aber andererseits nicht im Schaufenster oder auf dem Mittagstisch widerspiegelten, da sie sich ausnahmslos auf die Schwerindustrie bezogen. Es war schon imponierend zu lesen, dass dieses einst reine Agrarland inzwischen eine Werkzeugmaschinenindustrie, Automobil- und Flugzeugwerke und eine chemische Industrie errichtet hatte. Moderne Industriewerke wie die Magnitogorsker Hütten, das Dnepr-Wasserkraftwerk, die Tscheljabinsker Traktorenfabrik, das Ural-

Kusnezker Kombinat, die Industriezentren in Transkaukasien, in Kasachstan und im Fernen Osten waren aus dem Boden gestampft worden. Erdöl wurde nicht mehr nur in Baku, sondern auch im Uralgebiet, in Baschkirien und in Kasachstan gefördert.

Die Industrieproduktion hatte sich seit 1930 verdoppelt. Verglichen mit dem Jahr 1913, also dem Stand Russlands vor dem ersten Weltkrieg, bedeutete dies eine Vervierfachung. Das musste angesichts der verheerenden Wirtschaftskrise in Deutschland und in anderen kapitalistischen Staaten imponieren.

Obwohl ich mit vielen der Zahlen, die der Bericht an den XVII. Parteitag enthielt, erst später konfrontiert wurde, herrschte damals in Moskau echte Aufbruchstimmung. Man nahm die Siegesmeldungen als eine bald Realität werdende Zukunftsvision ernst, man identifizierte sich damit. Zwar war meist Schmalhans noch Küchenmeister, doch bei uns in der Maneshnaja und auch in der Schule spürte man Stolz. Man nahm die oft kargen Mahlzeiten und den Mangel an Bekleidung relativ gelassen und in dem festen Glauben hin, dass der stürmische Aufbau der Schwerindustrie die Grundlagen für eine bessere Versorgung in der Zukunft schuf.

Weniger erfolgreich wurde auf dem Parteitag die Entwicklung in der Landwirtschaft dargestellt. Die Anbaufläche war zwar 1933 um 25 Millionen Hektar größer als zu zaristischen Zeiten, aber um sieben Millionen geringer als 1931. Das wurde mit qualitativen Faktoren begründet, waren doch die Getreideerträge um hundert Millionen Doppelzentner höher als 1913. Da aber selbst in Moskau das Kartensystem die tägliche Brotration bestimmte, wurden bestimmte Erfolgsmeldungen angezweifelt, besonders in den Schlangen, wo man nach Brot anstand. Was die Viehzucht betraf, so wurde auf dem Parteitag offen zugegeben, dass der Viehbestand zurückgegangen war, bei Pferden um die Hälfte, bei Rindern um zwanzig Millionen, bei Schafen und Ziegen sogar von 115 auf 50 Millionen Stück. Schweine gab es in der riesigen UdSSR zu diesem Zeitpunkt ganze 12,2 Millionen, und das war nicht nur dem mohammedanischen Teil der Bevölkerung zuzuschreiben, der kein Schweinefleisch aß.

Dafür war die Zahl der Kollektivwirtschaften und Staatsgüter enorm gestiegen. Um das Bild abzurunden, sei erwähnt, dass

11000 Mähdrescher, deren Produktion in der Sowjetunion erst 1930 aufgenommen worden war, 50000 Dreschmaschinen, 200000 Traktoren und 13000 LKWs auf den Feldern von 224000 Kollektivwirtschaften eingesetzt waren. Auch das waren Zahlen, die damals Begeisterung auslösten.

Die Kollektivierung war abgeschlossen, die Industrialisierung zeigte ihre Ergebnisse, in Moskau verkehrten zwar noch die zur Zeit des Zaren aus England importierten Busse und Droschken, aber der Bau der Metro ging voran. Sowjetische LKWs, im Stalin-Werk SIS in Moskau gebaut, fuhren die feuchten Erdmassen an den Stadtrand, noch feucht, weil sich die Tunnelbauer durch den Fließsand bohrten, auf dem Moskau stand. Der Untergrund musste entweder vorher vereist oder nach dem Caisson-Verfahren unter so starken Druck gesetzt werden, dass ein Eindringen des Wassers verhindert wurde. Es fuhren auch schon die ersten PKWs aus der Eigenproduktion an der Wolga. Sie wurden liebevoll „Emmotschka" genannt, denn sie trugen das Markenzeichen „M 1", nach dem „Molotow-Werk" in Gorki, heute wieder Nishni Nowgorod. 1934 rollten insgesamt 117800 PKWs und LKWs auf den Straßen und Wegen der Sowjetunion.

Die Hauptstadt wuchs vor meinen Augen, die Twerskaja wurde zu einer breiten asphaltierten mehrspurigen Straße, von der man die Straßenbahn verbannt hatte. Der Mossowjet, das Moskauer Rathaus, wurde, ohne dass der Besucherverkehr unterbrochen werden musste, weit ins Hinterland der Gorkistraße geschoben, ein Bauvorhaben, das in ähnlicher Weise 1997 mit dem Kaisersaal des Hotels „Esplanade" am Potsdamer Platz in Berlin großes Medieninteresse fand. Das Leben in Moskau wurde lebendiger und vielfältiger, das Warenangebot wurde reicher und besser. Der „Gastronom Nr. 1", wie das neu eröffnete Lebensmittelgeschäft, der ehemalige „Jelissejew", nunmehr genannt wurde, prunkte im Glanz der Wand- und Deckengemälde und der riesigen Kronleuchter. Aber auch die vielseitige Warenpalette zu absolut bezahlbaren Preisen beeindruckte die Käufer. Und jeder sicht- und spürbare Erfolg wurde Stalin zugeordnet und von vielen Bürgern auch so angenommen. Hätte man mir damals Details kundgetan, die ich nunmehr einem jetzt in Moskau erschienenem Buch „Die Beichte der Geliebten Stalins" entlehnt habe, ich hätte kein Wort der Sängerin Wera Alexandrowna Dawydowa, die 19 Jahre in einem intimen Verhältnis mit Stalin gelebt hatte, geglaubt und es als böswillige Verleumdung abgetan.

Die meisten Menschen freuten sich über die Fortschritte und waren überzeugt davon, dass die Schwierigkeiten bald überwunden sein würden. Wie ich später in Sibirien feststellen musste, gab es auch nicht wenige Andersdenkende, aber von denen war weder bei uns zu Hause noch in der Schule die Rede.

Anlass zu Überlegungen gab auch der Abschnitt der Rede Stalins über die Partei und die ideologische Arbeit. Was sich tatsächlich dahinter verbarg, wurde allerdings erst später klar, nach den Verhaftungen und den Schauprozessen. 1934 auf dem XVII. Parteitag, hatte Stalin gesagt, die Feinde der Partei, die Opportunisten aller Schattierungen, die nationalistischen Abweichler aller Art, seien geschlagen, der Kampf jedoch keineswegs beendet. Die klassenlose Gesellschaft könne nur durch die Stärkung der Organe der Diktatur des Proletariats, durch die Entfaltung des Klassenkampfes, durch die Liquidierung der Überreste der kapitalistischen Klassen, im Kampf gegen innere und äußere Feinde errichtet werden.

Gerade erst aus Deutschland geflohen und dem Terror des Hitlerfaschismus entronnen und in den Kategorien der damaligen Zeit über den Klassenkampf denkend, war ich nicht in der Lage, den Hintergrund dieser drohenden Worte zu erahnen, die dann, wenige Jahre später, eine so grausame Praxis offenbarten.

Die wirtschaftliche und die politische Krise in Deutschland, das Auseinanderdriften von Reich und Arm, die Massenarbeitslosigkeit, das alles konnte nicht geleugnet werden und unterstützte in mir den Traum von einer klassenlosen Gesellschaft. So nahm ich manche Mängel, auch Unzulänglichkeiten, in dem festen Glauben in Kauf, dass der in Russland entstandene Sozialismus das reale Zukunftsbild einer sozial gerechten Menschengemeinschaft, ein Beispiel für die ganze Welt sei. Da der Hunger wie auch die noch bestehende Not und das Elend von allen gleichermaßen getragen wurden, da es keine sichtbare Differenzierung in Arm und Reich gab – wovon ich mich ja auch in unserer „Wohnungsgemeinschaft" überzeugte –, hielt ich die Entbehrungen für einen unvermeidlichen Abschnitt des Weges.

Mehr Zeit für das Studium der mich oft verblüffenden Gewohnheiten der Moskauer benötigte ich, um meine Probleme in der Schule zu lösen. Schon bald nach meiner Ankunft gab es die ersten Prüfungen. Zum Beispiel in Geschichte. Ich muss nicht erklären, wie sehr sich der Geschichtsunterricht in der Sowjetunion von dem in Nazideutschland unterschied. Man machte mir den Vorschlag, während der Sommerferien den Stoff zu büffeln und mich im Herbst erneut prüfen zu lassen. Doch die Alternative reizte mehr: Ich fuhr mit den anderen Schülern ins Pionierlager nach Kaluga an der Oka.

Es kam der 7. November 1934. Dieser erste Feiertag der Oktoberrevolution, den ich erlebte, bleibt mir für mein Leben unvergesslich. Zwei Tage vor meinem 15. Geburtstag war ich gemeinsam mit meiner Schwester Ines zu Lenins Witwe in den Kreml eingeladen worden. Um halb zehn Uhr wurden wir erwartet. Um nicht zu spät zu kommen, brachen wir um acht Uhr auf. Es waren nur ein paar Schritte von unserer Wohnung bis zur Kremlwache am Troizki-Tor. Doch zu diesem Zeitpunkt war bereits eine dichte Postenkette aufgezogen, die uns nicht passieren ließ. Keiner der Milizionäre wollte uns glauben, dass wir von Nadeshda Krupskaja eingeladen worden waren. Sie schüttelten den Kopf und ihre Mienen verrieten, dass sie glaubten, wir wollten uns einen Scherz mit ihnen erlauben. Meine Schwester, damals elf Jahre alt, versuchte es russisch zu erklären, ich in deutscher Sprache. Nichts half. In meiner Not – wir wollten doch auf keinen Fall auf die einmalige Gelegenheit eines Kremlbesuches verzichten – holte ich einen Schein aus meiner Jackentasche, den ich als „Ausweis“ bei mir trug: meinen Geburtsschein. Ein grünes Formular mit einem schönen großen Stempel des Standesamtes Berlin-Neukölln. Das Siegel verfehlte seine Wirkung nicht. Wir durften passieren.

An der Wache wusste man über unseren Besuch Bescheid und stellte uns die Passierscheine aus. Dann bummelten wir beide durch den menschenleeren Kreml. Allein ihn zu betreten empfand jeder damals als unvorstellbar. Wir kamen zu dem Gebäude, das man uns bezeichnet hatte, und der Posten am Eingang griff zum

Mit 14 Jahren

Telefon. Er fragte N. K. Krupskaja nach den Namen der Besucher, die sie erwarte, und verglich ihre Angaben mit unseren Papieren. Dann führte er uns zum Fahrstuhl. Er ließ uns einsteigen und drückte von außen den Knopf der Etage, in der wir aussteigen mussten. Dort nahm uns ein anderer Posten in Empfang und die Zeremonie wiederholte sich. Am Ende eines langen Korridors informierte dann der nächste Posten Lenins Witwe: „Ihr Besuch ist da!“ Sie holte uns ab und wir gingen an den Arbeitszimmern der Mitglieder des Politbüros vorbei – ich las die Namen an den Türen, vermisste aber den von Stalin – und gelangten schließlich zu Nadeshda Konstantinowna, die in einem relativ kleinen Zimmer wohnte. Sie bat uns, möglichst leise zu sein, weil Anna Iljinitschna, Lenins Schwester, krank im Nebenzimmer lag.

Wir wussten nicht recht, wo wir uns hinsetzen sollten, denn auf allen Stühlen türmten sich Berge praller Kissen. Nadeshda Konstantinowna entschuldigte sich für die Unordnung, klärte uns aber auf, dass Kissen in Russland, vor allem aber in der Ukraine, ein Symbol des Wohlstands seien und oftmals gar nicht benutzt würden. Sie bekomme aus allen Landesteilen Kissen als Geschenke und Symbole des Wohlergehens geschickt, mit denen die nach wie große Sympathie für Lenin bekundet würde. Sie behalte sie eine Weile, und gebe sie dann an Alters- und Kinderheime oder Krankenhäuser weiter.

In ihrem Arbeitszimmer nahmen wir auf ihrem Schreibtisch Platz. Von dort hatten wir einen herrlichen Ausblick auf den Roten Platz und konnten so die Militärparade und die anschließende Demonstration zum 17. Jahrestag der Oktoberrevolution verfolgen. Nadeshda Krupskaja bewirtete uns mit belegten Brötchen und Tee und zeigte uns danach das Arbeitszimmer Lenins, wo alles noch so aussah wie an dem Tag, an dem er es zum letzten Mal verlassen hatte.

Das Überraschende für mich war, dass uns Nadeshda Konstantinowna nicht wie Kinder, sondern wie Erwachsene behandelte. Sie war als leitende Mitarbeiterin im Volkskommissariat für Bildungswesen auch eine hervorragende Pädagogin. Das spürten wir auch, als sie sehr impulsiv von Lenin erzählte. Zum Abschied lud sie uns ein, die Winterferien in Leninskije Gorki zu verbringen, jenem Landgut, in dem Lenin nach dem Attentat auf ihn und während seiner Krankheit gewohnt hatte und das nun leer stand. Pläne, dort ein Museum einzurichten, wurden erst nach dem Kriege realisiert.

Lenin hatte in einem Notizbuch festgehalten, dass man, um nach Gorki zu gelangen, etwa 20 bis 23 Werst entlang der

Serpuchower Chaussee fahren müsse. Hinter der Eisenbahnbrücke und einer weiteren müsse man nach links abbiegen und dann die schmale Chaussee bis Gorki nehmen. Von Moskau seien es insgesamt fast 40 Werst.

Diese Reiseroute sollten wir schon wenige Wochen nach unserem Besuch im Kreml benutzen. Gorki heißt auf russisch „Die Hügel", und das Herrenhaus stand auch auf einem Hügel, während sich die Dörfer Gorki und Kuprijanicha an dem kleinen Fluss Pachra entlang zogen. Im Herbst und Winter war das Herrenhaus geschlossen, da die Heizung defekt war. Daher bewohnte die Familie Lenin in dieser Zeit den Nordflügel, das frühere Gesindehaus. Dort erlebten wir herrliche Tage, liefen im Park Ski und auf dem großen Teich, der wohl angestaut war, auch Schlittschuh. Abends saßen wir mit dem alten Hausmeister, der schon zu Lenins Zeiten hier tätig war, am Samowar. Er erzählte uns unter anderem, wie Wladimir Iljitsch immer wieder versucht habe, seinen Leibwächtern zu entfliehen, um allein zu sein und vom Park her den Gesängen der Dorfjugend zu lauschen. Angebote, das Landgut für seine Bedürfnisse umzubauen, habe er strikt abgelehnt, weil er es nicht als seinen Besitz, sondern lediglich als „Leihgabe" betrachtete. Ich war später in den Datschen von Stalin, Chrustschow und Breshnew. Sie waren zwar großzügiger eingerichtet als das Landgut in Gorki, in dem Lenin damals Ruhe und Erholung suchte, standen aber in keinem Verhältnis zu den – mir zwar nur vom Bildschirm bekannten – Palästen, die sich dann Gorbatschow und Jelzin einrichten ließen.

Noch vor den Winterferien ereignete sich Folgendes: Als ich am 2. Dezember früh in die Schule kam, informierte uns die Pionierleiterin Assja Steiner erregt, dass Kirow in Leningrad, im Smolny, ermordet worden sei. Noch heute habe ich ihr verwundertes Gesicht vor Augen: Ich hatte damals keine Ahnung, wer Sergej Mironowitsch Kirow war.

Man klärte mich auf und ich erfuhr, dass er nicht nur Mitglied des Politbüros und Erster Sekretär der Leningrader Parteiorganisation war, sondern auch als Mensch und Persönlichkeit sowohl in Partei wie überall im Volk sehr beliebt. Niemand von uns ahnte damals, wie und warum Kirow tatsächlich ums Leben gekommen war.

Erst 1956, also Jahrzehnte später, brachte der XX. Parteitag der KPdSU einige Klarheit. Aus der Rede Chrustschows wurde die tragische Tatsache bekannt, dass von den 1966 Delegierten des XVII. Parteitages 1108 und von den 139 gewählten ZK-Mitgliedern 98 erschossen worden waren. Überlebende Delegierte haben später von Fälschungen der Wahlergebnisse berichtet: Bei der Wahl der Mitglieder des Zentralkomitees sei Sergej Mironowitsch Kirow mit übergroßer Mehrheit der Stimmen gewählt worden. Stalin habe „offiziell" elf Gegenstimmen erhalten. In Wirklichkeit seien es aber, wie sich unter den Delegierten herumgesprochen hatte, über zweihundert gewesen. Stalins Rache war grausam.

Andere Zeitzeugen gehen davon aus, dass für den Mord an Kirow private Gründe maßgebend waren, wobei man berücksichtigen muss, dass die Enthüllungsliteratur boomt. Alexander Orlow hat in seinen „Kremlgeheimnissen" viele Details beschrieben, das meiste weiß er auch deshalb nur vom Hörensagen, weil Stalin Mittäter und Mitwisser umbringen ließ. 1961, auf dem XXII. Parteitag der KPdSU, sagte Chrustschow: „Es wird noch vieler Anstrengungen bedürfen, um wirklich zu erfahren, wer an seinem (Kirows. W. E.) Tode schuldig war. Je gründlicher wir die mit Kirows Tod zusammenhängenden Materialien studieren, desto mehr Fragen ergeben sich."

Die Aufregung am Morgen dieses Dezembertages – acht Monate nach meiner Ankunft in der Sowjetunion – war meine erste Konfrontation mit den politischen Entwicklungen jener Jahre. Sie waren sozusagen der Auftakt für eine dramatische Zuspitzung der Ereignisse, in deren Strudel ich mit hineingerissen wurde.

Vater zwischen Paris und Moskau

Am 25. Juli 1935 wurde in Moskau der VII. Kongress der Komintern mit dem von Wilhelm Pieck gegebenen Bericht über die Tätigkeit des Exekutivkomitees eröffnet. Mein Vater kam aus Paris und wohnte bei uns. Es waren schöne Tage. Wir feierten alle ein herzliches Wiedersehen in Moskau, hatten wir uns doch über zwei Jahre nicht mehr gesehen. Versüßt wurde unsere Begegnung mit einigen Leckereien, die Vater mitgebracht hatte und die es damals in Moskau nicht zu kaufen gab.

Mit großem Interesse verfolgten wir den Verlauf des Kongresses, der nicht weit von uns entfernt, im Kolonnensaal des Hauses der Gewerkschaften, stattfand. Inzwischen beherrschte ich auch schon recht gut die russische Sprache, allerdings besser im Wort als in der Schrift.

Ich will nicht näher auf die Ergebnisse des Kongresses eingehen. Als knapp Sechzehnjähriger wusste ich ohnehin nur relativ wenig über den Inhalt und die Bedeutung dieses Kongresses, auf dem wichtige strategische und taktische Orientierungen für die kommunistischen Parteien im Kampf gegen den Faschismus und die drohende Kriegsgefahr sowie die Prinzipien der Politik der antifaschistischen Volksfront diskutiert wurden. Ich erinnere mich nur, dass wir uns über Vaters Wiederwahl in die Internationale Kontrollkommission sehr freuten. Ich hatte zu dem Zeitpunkt keine Ahnung, dass er in Paris mit einer anderen Frau zusammenlebte. Wahrscheinlich wusste auch Inna Armand davon nichts.

Nach dem Kongress kehrte mein Vater nach Paris zurück, wo er im September 1935 in der Wohnung seiner Gefährtin unter dem Vorwand eines Passvergehens gemeinsam mit ihr verhaftet wurde. Charlotte Scheckenreuter, Tochter eines sozialdemokratischen Bergarbeiters aus Essen, war seit 1927 Mitglied der KPD und seit 1933 mit meinem Vater befreundet. Als er auf Beschluss der Komintern Mitte 1933 in die Emigration ging, folgte sie ihm und war in Frankreich als seine Sekretärin tätig.

Acht Monate verbrachten beide in Untersuchungshaft. Die Hitlerregierung verlangte von den Franzosen ihre Auslieferung. Die Französische Kommunistische Partei bemühte sich, die Volksfront-Regierung zu bewegen, dem Antrag nicht stattzugeben. Die entschloss sich, beide auszuweisen, sie an die luxemburgische Grenze zu bringen und dort abzuschieben. Die Luxemburger beeilten sich, sie an die Belgier loszuwerden. Von dort wollte mein Vater nach Spanien, aber die belgische Regierung hatte ihre Aufenthaltsgenehmigung auf zwei Wochen beschränkt. In dieser Zeit waren die erforderlichen Papiere nicht zu beschaffen.

In letzter Stunde retteten sich beide im Hafen von Antwerpen auf ein sowjetisches Schiff. Der Kapitän sandte einen Funkspruch nach Moskau und bekam sehr schnell die Antwort, er solle die beiden Flüchtlinge nach Leningrad bringen. Dank einer Befürwortung Wilhelm Piecks konnte Charlotte Scheckenreuter zusammen mit meinem Vater in die Sowjetunion einreisen. Von Leningrad kamen sie nach Moskau und zogen in das Hotel „Lux“, in dem viele Emigranten, zumeist Mitglieder und Mitarbeiter der Komintern, wohnten.

Dieses Hotel in der damaligen Twerskaja 36 hatte der Bäckermeister Filippow im 19. Jahrhundert erbauen lassen, und es beherbergte noch in den dreißiger Jahren im Erdgeschoss eine seinen Namen tragende Konditorei und Bäckerei. Neben der Bäckerei befand sich ein für damalige Verhältnisse komfortables Restaurant.

Das Hotel war in den frühen zwanziger Jahren für die Komintern geräumt worden und diente noch über deren Auflösung hinaus als Unterkunft für Emigranten.

Einzug ins Hotel „Lux“

Ich erfuhr zunächst nichts davon, dass mein Vater wieder in Moskau weilte, und war dementsprechend überrascht, als mich Inna Armand zur Seite nahm und mir mitteilte, dass er im „Lux“ wohne.

„Und warum?“, wollte ich wissen. Schonend versuchte sie mir zu erklären, dass er dort mit einer anderen Frau lebe, wobei sie ihre Empörung nicht verbergen konnte. Die begreiflicher Weise erzürnte Stiefmutter bat mich, meine Sachen zusammenzuräumen und zu meinem Vater zu ziehen. Schockiert, aber wortlos packte ich meinen Koffer und fuhr ins Hotel. Mein Vater empfing mich herzlich, merkte aber, dass ich von dieser neuen Situation nicht begeistert war. Ich dachte auch nicht daran, die „Neue“, die nur neun Jahre älter war als ich, als Mutter zu betrachten. Allerdings beanspruchte sie diese Position auch nicht.

Das Leben im „Lux“ unterschied sich beträchtlich von dem in der Wohnung der Armands. Ich traf Menschen aus aller Herren Länder, doch nur wenige Gleichaltrige.

Die Deutschen bildeten wohl die größte Ausländergruppe. Unter ihnen waren Wilhelm Pieck, Herbert Wehner, Walter Ulbricht, Wilhelm Florin und Heinz Neumann.

Mein Vater erzählte mir, dass man ihn in den zwanziger Jahren, während eines Kongresses der Komintern, zum „Hauskommandanten" ernannt hatte. Eines Nachts hatte er sich auf einen Streifengang durch die Flure begeben, um die Männer einer Wach- und Schließgesellschaft, denen die Bewachung des Hauses offiziell übertragen war, zu kontrollieren. Nirgendwo fand er jemanden, bis er schließlich auf einen Mann stieß, der ihm verdächtig vorkam. Dieser hatte sich die Kontrolluhren aller Stockwerke, die als Nachweis für den Wächterrundgang bedient werden mussten, umgehängt und seinen Arbeitsmarsch darauf reduziert, seine eigene Uhr und die seiner Kollegen zur vorgegebenen Zeit zu schalten, um sie am nächsten Morgen in den einzelnen Etagen wieder anzubringen.

Ein anderes Mal war jemand zum „Hauskommandanten" gekommen und hatte ihm gemeldet, dass auf dem Dachboden zwei Säcke mit Eipulver versteckt worden seien. Vater ließ sie in die Küche schaffen. Der Koch machte ihm gegenüber kein Hehl daraus, dass das kaum Eipulver sein konnte, sondern eher Sägespäne. Es entspann sich jedoch kein Streit darüber, denn die Mahlzeiten waren zu jener Zeit so dürftig, dass man auch mit diesen „Sägespänen" vorlieb nahm.

Wie hart die ersten Jahre nach dem ersten Weltkrieg und der Revolution waren, illustriert eine andere Geschichte, die mir mein Vater erzählte. Eines Abends war er zu Lenin zum Tee eingeladen. Wladimir Iljitsch bat seine Frau Nadeshda, dem Gast Zucker zu reichen. Sie gestand ihm, dass in der Wohnung kein Zucker vorhanden sei. Lenin war das peinlich. Am nächsten Tag kam ein Bote aus dem Kreml in das Hotel „Lux" und brachte eine Tüte mit 50 Gramm Zucker.

Doch es blieb wenig Muße, sich alte Geschichten anzuhören, denn mit dem Jahr 1936 begann die Zeit der großen Schauprozesse und der nächtlichen Verhaftungen.

Es zeugt von der Atmosphäre der damaligen Zeit, dass selbst innerhalb der Familie über solche Fragen, die doch die meisten Menschen, besonders im „Lux“, bewegten, kaum gesprochen wurde. Auch in der Schule war dieses Thema ein Tabu. So wusste ich nicht viel mehr als das, was in den Zeitungen darüber geschrieben wurde, und da war nur von „Verrätern“ und „Volksfeinden“ die Rede.

Am 5. Mai 1937 feierte Vater seinen 50. Geburtstag. Es wurde kein großes Fest, aber es kamen doch so viel Gäste, dass sie in unserem Zimmer kaum Platz fanden. So erinnere ich mich, dass Wilhelm Pieck und Bohumir Šmeral, ein Mitbegründer der Kommunistischen Partei der Tschechoslowakei, erschienen waren.

Šmeral ist mir auch in Erinnerung geblieben, weil er eine sehr amüsante Begebenheit schilderte, die sich Anfang der zwanziger Jahre zugetragen hatte. Als er einmal bei Lenin war, fragte ihn dieser, ob er bereit sei, am Nachmittag auf einer Arbeiterversammlung in einem Werk am Stadtrand zu sprechen. Šmeral willigte ein, fuhr in diesen Betrieb und hielt dort auch eine Rede. Sie wurde gut aufgenommen, noch dazu, weil der ausländische Gast russisch sprach. Zum Abschluss erntete er nicht nur stürmischen Beifall, sondern auch noch ein Riesengelächter, als er verkündete, er sei bereit, seinen Bauch – und Šmeral hatte einen ansehnlichen Schmerbauch – für die Weltrevolution zu opfern. Das Missverständnis bestand darin, dass Šmeral an Stelle des russischen Wortes das tschechische Wort für „Leben“ benutzte, das im Russischen für „Bauch“ steht.

Doch weit wichtiger als diese Episode war der Trinkspruch, den Wilhelm Pieck auf meinen Vater ausbrachte. Er setzte darauf, dass früherer Zwist – er meinte die innerparteilichen Auseinandersetzung um „Abweichungen“ – der Vergessenheit anheimfallen solle, und bat meinen Vater, doch wieder aktiv in der deutschen Sektion der Komintern mitzuarbeiten. Wilhelm Piecks Worte waren so warmherzig, dass ich fortan von seinem guten Verhältnis zu meinem Vater überzeugt war. Und das war ein wichtiger Halt für mich, als er verhaftet wurde.

Diese Verhaftung geschah in der Nacht vom 27. zum 28. Juli 1937. Ich war zu diesem Zeitpunkt in einem Steppendorf am Don bei Bauern. Die Mutter einer Schulkameradin hatte mich in den Schulferien mitgenommen. So erfuhr ich erst nach meiner Rückkehr davon.

Vater war nicht der erste ausländische Genosse, den man aus dem „Lux" heraus verhaftet hatte und der dann spurlos verschwand. Die Situation mag heute kaum vorstellbar sein: Zwei Dutzend ausländische Genossen werden nachts verhaftet, in einen in der Querstraße parkenden Bus geladen und bleiben verschwunden, als hätte sie der Erdboden verschluckt. Kein Wort, keine Mitteilung, kein Brief eines Staatsanwalts.

Charlotte Scheckenreuter, mit der mein Vater in so genannter freier Ehe, also ohne Trauschein, zusammenlebte, trug in Moskau wie die meisten politischen Emigranten zum Schutz vor Nachstellungen der Gestapo und um die Angehörigen vor Unannehmlichkeiten zu bewahren, einen Decknamen. Sie hieß kurz: Lotte Reuter. Wie aus einem in einer Archivakte des „Russischen Zentrums zur Aufbewahrung und zum Studium der Dokumente der neuesten Zeit" überlieferten Brief hervorgeht, unterrichtete Lotte Reuter noch am selben Tag Wilhelm Pieck von der Verhaftung meines Vaters. Sie teilte ihm mit, dass Hugo Eberlein sie dringend gebeten habe, ihm und Georgi Dimitroff sofort davon Mitteilung zu machen. „Ich selbst, und noch mehr mein Mann", schrieb sie, „waren entsetzt, denn ich bin fest überzeugt, dass er ganz unschuldig ist. Er selbst hat mir immer wieder versichert, dass er nichts gemacht habe, was die Ursache haben könnte, ihn zu verhaften."

Lotte Reuter glaubte offensichtlich selbst noch an ein Versehen, denn in einem Schreiben an die deutsche Parteivertretung in der Komintern vom 17. August 1937 äußerte sie ihr „volles Vertrauen zum NKWD" und brachte die Hoffnung zum Ausdruck, „dass sich die Angelegenheit zum Guten aufklären wird". (RZASDNZ 495/205/2759/55)

Die einzige Möglichkeit, irgendetwas über einen Verhafteten zu erfahren, war, sich in die endlos lange Schlange vor dem Auskunftsbüro in der Nähe des NKWD-Gebäudes einzureihen, das unter dem Namen „Lubjanka" bekannt und berüchtigt geworden ist. Die Schlange wand sich bis zu einem winzigen Schalterfenster. Hier konnte man sich nach dem Verschwundenen erkundigen. Entweder bekam man die Antwort: „Ist uns nicht bekannt!“, oder man erfuhr, dass der Betreffende hier in Haft war. Es konnte Tage dauern, bis man den Verschwundenen wenigstens ausfindig gemacht hatte. Lotte Reuter ging, nachdem sie in der Ljubjanka eine abschlägige Antwort bekommen hatte, zum Lefortowo-Gefängnis. Als auch dabei nichts herauskam, suchte sie ihn im Butyrka-Gefängnis. Hier bestätigte man ihr, dass Vater Insasse der Haftanstalt war. Sie durfte fünfzig Rubel für ihn einzahlen. Im nächsten Monat habe ich diese Summe für ihn abgeliefert. Dies war nicht nur eine materielle Hilfe, sondern auch das einzige Lebenszeichen, das er von seinen Angehörigen erhielt.

Im Büro der Ljubjanka erfuhren wir eines Tages sein Urteil: 15 Jahre Lagerhaft nach Paragraph 58, Artikel 1/11 des Strafgesetzbuches. Darin war alles gebündelt: von der Konterrevolution bis zum Antisowjetismus, vom Verrat bis zur Spionage, von der Mordabsicht bis zum Trotzkismus. Das erfuhren wir 1939.

Zwei Jahre später wurde das Verfahren erneut aufgerollt, weil angeblich neues, meinen Vater „belastendes“ Material gefunden worden sei. Der ehrliche und treue deutsche Kommunist und Internationalist sollte für Deutschland spioniert haben. Das Urteil gegen den „Verräter“ lautete: Todesstrafe. Doch davon erhielt die Familie nie eine Nachricht, so dass über viele Jahre immer noch ein Fünkchen Hoffnung vorhanden war, er könnte überlebt haben.

In meinem Auftrag hat die deutsche Historikerin Ruth Stoljarowa, die bereits früher über das Leben meines Vaters geforscht und publiziert hat, 1997 und 1998 im Zentralen Archiv des Föderativen Sicherheitsdienstes Russlands in die 450 Blätter der Strafakte Hugo Eberlein Einsicht genommen und einen Großteil davon fotokopiert oder abgeschrieben. Auch die meinen Vater betreffenden früher nicht voll zugänglich gewesenen Akten, Protokolle, Briefe, Artikel u. a., die sich im Russischen Zentrum zur Aufbewahrung und zum Studium der Dokumente der neuesten Geschichte in Moskau befinden und Auskunft über seine Tätigkeit im Exekutivkomitee der Komintern geben, wurden bis 1999 weitgehend ausgewertet. Diese Dokumente geben nun endlich Aufschluss über das tragische Schicksal meines Vaters und fließen in einen Abriss über sein Leben ein, an dem wir zur Zeit gemeinsam arbeiten.

Viele Rätsel um meines Vaters Tod

1956 erhielt meine Halbschwester Ines in Moskau eine offizielle Sterbeurkunde für unseren Vater, auf der vermerkt war, dass Hugo Eberlein am 12. Januar 1944 verstorben sei. Dieses „Dokument" enthielt weder eine Angabe zur Todesursache noch zum Beerdigungsort.

Aus Erinnerungen von Mitgefangenen in Arbeitslagern geht hervor, dass sie meinem Vater während seiner Haftzeit begegnet waren. Doch diese Aussagen widersprachen sich. Aino Kuusinen zum Beispiel berichtete in ihren Memoiren davon, dass sie der Überzeugung sei, mein Vater sei 1939 umgekommen. Sie selbst war ebenfalls nach § 58 verurteilt und hat siebzehn Jahre in Haft und Lagern verbracht, obgleich ihr Mann, Otto Kuusinen, hohe Funktionen bekleidete. Er gehörte zu den Mitbegründern der Kommunistischen Partei Finnlands, war achtzehn Jahre lang Sekretär des Exekutivkomitees der Komintern, dann siebzehn Jahre Stellvertreter des Vorsitzenden des Präsidiums des Obersten Sowjets und von 1957 bis zu seinem Tode im Jahre 1964 Mitglied des Präsidiums des ZK der KPdSU. Weil er sie nicht vor dem Schicksal dieser völlig unrechtmäßigen Verurteilung bewahrt hatte, trennte sie sich nach ihrer Freilassung von ihm. Aino Kuusinen erinnerte sich, vor ihrer Einschiffung nach Workuta Hugo Eberlein krank und geschwächt am Kai in Archangelsk gesehen und kurz mit ihm gesprochen zu haben. Dort sei er wahrscheinlich wie alle, die wenig Aussichten hatten, die Weiterreise zu überstehen, erschossen worden. Da mein Vater aber, wie später bekannt wurde, 1941 zum zweiten Mal in Moskau verurteilt und dann dort hingerichtet wurde, ist anzunehmen, dass sich Aino Kuusinen zumindest hinsichtlich der Erschießung in Archangelsk geirrt hat.

Dafür spricht auch eine Unterhaltung, die ich mit einem anderen Mithäftling, Frau Erna Kolbe hatte. Sie war in der Komintern und in der deutschen Redaktion des Internationalen Rundfunkkomitees tätig gewesen und im September 1937 verhaftet und im Februar 1938 zu Lagerhaft verurteilt worden.

Nach der Unterzeichnung des sowjetisch-deutschen Abkommens 1939 wurde nach ihren Worten in dem GULAG, in dem sie die Haft verbrachte, ein Transport nach Moskau zusammengestellt. Auf einem LKW ging es zunächst nach Marijsk. Als sie eintraf, habe mein Vater dort schon monatelang in einem Krankenhaus gelegen und sei von einer jungen jüdischen Genossin aus Berlin-Neukölln betreut worden. Man habe von ihm ein Geständnis über eine angebliche Agententätigkeit Wilhelm Piecks für Hitlerdeutschland erpressen wollen und ihm bei Verhören einen Lungenriss zugefügt. Dennoch soll er ständig von einer geplanten Flucht aus diesem Lager gesprochen haben, ein Vorhaben, das in dieser Situation irreal war und ihm auch von seinen Freunden ausgeredet wurde. Ein LKW, auf dem sich außer Hugo Eberlein und vier weiteren Männern noch Erna Kolbe und Adele Schiffmann befunden haben sollen, habe sie nach Kotlas gebracht, der nächstgelegenen Eisenbahnstation, die unmittelbar an der Einmündung der Wytschegda in die Nördliche Dwina gelegen ist. Da während der LKW-Fahrt klirrender Frost herrschte, so berichtete Erna Kolbe, hätten die anderen Häftlinge meinen Vater, dem es sehr schlecht ging, mit ihrem Körper vor dem Erfrieren geschützt.

Der Transport landete im Butyrka-Gefängnis in Moskau. Hier wurden die weiblichen Häftlingen in Einzelzellen untergebracht. Sie wurden besser beköstigt. Man gestattete ihnen längere Spaziergänge auf dem Gefängnishof und ließ ihnen andere Vergünstigungen zuteil werden. Nach mehreren Wochen wurden einige Frauen, unter ihnen Margarete Buber-Neumann an die Grenze gebracht und der Gestapo übergeben. Die anderen Frauen wurden nach Kasachstan transportiert. Von den Männern, die diese Reise ebenfalls mitgemacht hatten, ist niemand mehr gesehen worden. Daraus zog Erna Kolbe die Schlussfolgerung, dass man diese 1940 in Moskau erschossen hatte.

In den meinen Vater betreffenden Dokumenten der Akte des Zentralen Archivs des Föderativen Sicherheitsdienstes Russlands ist nachzulesen, dass die Sache Eberlein zunächst am 7. Januar

1938 behandelt wurde. Angesichts der Tatsache, dass er es hartnäckig ablehnte, „Aussagen über seine verbrecherische Tätigkeit zu machen, die Entlarvung aber noch eine Reihe von Untersuchungsmaßnahmen erforderlich mache, wurde beschlossen, dem Staatsanwalt der UdSSR das Ersuchen zuzuleiten, die Untersuchungsfrist und die Haftzeit von Eberlein um zwei weitere Monate, bis zum 07.03.1938, zu verlängern". (ZAFSB, Akte Eberlein, Bl. 220/221)

Am 5. Mai 1939, dem 52. Geburtstag Hugo Eberleins, fand die Geschlossene Sitzung des Militärkollegiums des Obersten Gerichts der UdSSR statt. Den Vorsitz führte Brigade-Militär-Jurist Alexejew. Nach Verkündung der Anklage erklärte Hugo Eberlein auf die Frage, ob er sich schuldig bekenne: „Nein!" Von Aussagen aus der Voruntersuchung distanzierte er sich mit dem Hinweis, dass sie unter physischem Druck zustande gekommen wären. In seinem Schlusswort erklärte er: „Ich habe mein ganzes Leben der Arbeiterbewegung gewidmet. Ich habe zwar auch politische Fehler gemacht, aber an unserer Sache niemals Verrat geübt. Verbrechen gegen die Sowjetunion habe ich niemals begangen." (ZAFSB, ebenda, Bl. 351)

Michail Schrejder, der seit dem Bürgerkrieg etwa zwanzig Jahre Mitarbeiter des NKWD war und 1938 ebenfalls verhaftet wurde, schildert in seinem in Moskau herausgegebenen Buch „NKWD intern", er sei am 6. Juli 1938 im Lefortowo-Gefängnis verhört worden und danach wieder in die Krankenstation des Butyrka-Gefängnisses gebracht worden. Als er aus seiner Bewusstlosigkeit erwachte, habe er im Nebenbett einen gequälten Menschen liegen sehen, der weder Hände noch Füße bewegen konnte. Es sei ein Deutscher gewesen, der leidlich russisch sprach und einen starken Akzent hatte. „Wir kamen ins Gespräch und freundeten uns an. Es war der bekannte deutsche Kommunist, ein Freund und Kampfgefährte Lenins, Hugo Eberlein." Hugo habe über seine Begegnungen mit Lenin und Krupskaja gesprochen und über seine große Liebe zu ihnen. Er habe mitgeteilt, dass viele führende Mitglieder der Komintern verhaftet worden seien. Er wisse nicht, ob Wilhelm Pieck ebenfalls verhaftet worden sei. Béla Kun sei in einem sehr schlimmen Zustand aus demselben Krankenzimmer herausgebracht worden. Er sollte anderswo gezwungen werden, sich selbst, andere ungarische Kommunisten und führende Funktionäre anderer Parteien, die in sowjetischer Emigration waren, durch Falschaussagen zu belasten.

Schrejder nennt auf den ersten dreizehn Seiten seiner Aufzeichnungen über dreißig Namen führender Mitarbeiter des NKWD. Die meisten von ihnen wurden 1938-1940 erschossen, zwei kamen im Lager um und einer beging Selbstmord. Schrejder blieb am Leben, weil er nach einer Auseinandersetzung mit seinem Chef in die Organe der Miliz überführt wurde. Im „neuen“ NKWD wurde mit dem „alten“ NKWD „aufgeräumt“.

Nach dem Tode Dzierzynskis und seines Nachfolgers, Menshinski, kamen nicht nur Jagoda und Jeshow, die Hauptvollstrecker der Massenrepressionen, an die Machthebel der Sicherheitsorgane und des Innenministeriums, sondern mit ihnen auch willige Erfüllungsgehilfen auf allen Ebenen, die vor Verleumdungen und Fälschungen nicht zurückschreckten. So begannen Mitte der dreißiger Jahre diejenigen Oberwasser zu gewinnen, die mit Geständnissen von Verhafteten glänzen wollten. Geständnisse wurden mit physischem Druck erpresst. Stalin selbst gab eine Anweisung heraus, die die Anwendung der Folter gegenüber Inhaftierten rechtfertigte. Dies wurde damit begründet, dass kapitalistische Geheimdienste solche Methoden gegen Kommunisten anwenden würden und darum diese Maßnahmen auch von Seiten des NKWD zu billigen seien.

Als man in der Sowjetunion dem Chef des NKWD, Feliks Dzierzynski, die Arbeit zur Eingliederung der Besprisorniks übertrug, wurde mit großem geistigen und materiellen Aufwand viel getan, um die zum Teil verrohten und verdreckten, in Lumpen durch die Lande vagabundierenden Kinder und Jugendlichen von der Straße zu holen und in produktive Arbeit einzugliedern. Wie brutal diese Herumtreiber vorgingen, ist kaum vorstellbar. Nach der Vorstellung im berühmten Moskauer Bolschoi-Theater lauerten sie den Besuchern auf, um ihnen mit einer Streichholzschachtel voller Läuse zu drohen oder mit teertriefenden Händen nach den Abendkleidern zu greifen. Mit einem Zehnrubelschein konnte man sich „freikaufen“, und die meisten taten es.

Als die ersten Fotoapparate „made in UdSSR“ verkauft wurden, trugen sie die Initialen „FED“ für Feliks Edmundowitsch

Dzierzynski. Es mag heute nach Personenkult klingen, aber wir haben es damals nicht so empfunden. Dzierzynski war es gelungen, die Besprisorniks in die Gesellschaft zu integrieren, und dazu gehörten relativ leicht zu meisternde Aufgaben in der Fein-mechanik, die schließlich bis zur Herstellung der Kamera führten.

Der Ostsee und Weißes Meer verbindende Weißmeerkanal, der 227 Kilometer lang ist, von denen 37 Kilometer künstliche Wasserwege darstellen und der mit neunzehn Schleusen ausgerüstet ist, der Wolga-Moskwa-Kanal, der nicht nur Moskau zur Hafenstadt machte, sondern gleichzeitig die Wasserversorgung der Hauptstadt sicherte, waren Bauobjekte des NKWD. Und in den Jahren 1930 bis 1935, da sich der NKWD solchen Aufgaben widmete, war man stolz darauf, dass Kriminelle – und in diesen Jahren rekrutierten sich die Häftlinge vornehmlich aus diesem Milieu – durch produktive Arbeit sozialisiert wurden. Die meistgerauchte Papirossa hieß „Belomor", benannt nach dem Häftlingsobjekt „Weißmeerkanal".

Das 1934 erschienene umjubelte Theaterstück von Nikolai Pogodin „Die Aristokraten" hat diesen Prozess der Integration von Kriminellen zum Inhalt.

1933 besuchten 120 sowjetische Schriftsteller die Baustellen am Weißmeerkanal. Einige von ihnen schrieben ein umfassendes Buch über die Großbaustelle, auf der 120 000 Häftlinge tätig waren. Andere verweigerten sich als Autoren. Das Vorwort schrieb Maxim Gorki.

Man mag diese Häftlingsbaustellen unterschiedlich beurteilen. Aber schon Ende der dreißiger Jahre wäre es unvorstellbar gewesen, eine Sorte der Papirossa „GULAG" oder „Magadan" zu nennen. Ebenso unvorstellbar wäre es gewesen, dass ein Berija auch nur einen Schriftsteller eingeladen hätte, um auch nur eine Zeile über GULAGs zu schreiben. Nicht nur die Zeiten hatten sich geändert.

So hatte ich zu Beginn meiner „Emigrantenjahre" die Sowjetunion erlebt und mich mit ihr identifiziert.

Die ersten Massenverhaftungen lösten unzählige Fragen aus. Verhaftet worden waren vorwiegend Funktionäre. Arbeiter und Angestellte, also der „kleine“ Mann, war nicht davon betroffen. Da ausländische Sender über die wenigen Rundfunkgeräte kaum empfangen werden konnten und allen nur die offiziellen Nachrichten zugänglich waren, glaubte der „Normalbürger“ durchaus die Version der „Volksfeinde“. Denen wurde auch die Verantwortung für die noch reichlich vorhandenen Mängel zugeordnet. Man distanzierte sich von den „Verrätern“, betraf es doch zunächst auch weder Angehörige noch Kollegen.

Im November 1939 gelang es meinem Vater, einen Brief für Lotte Reuter aus dem Gefängnis zu schmuggeln. Sie war jedoch, nachdem sie keine Chance mehr sah, am 1. November 1939, aus der Sowjetunion nach Deutschland ausgereist.

Sie hatte zunächst als Bibliothekarin in der Lenin-Schule gearbeitet. Doch nach Hugo Eberleins Verhaftung wurde sie dort Ende August 1937 „wegen Personalabbaus“ entlassen. Ein knappes Jahr nach der Verhaftung meines Vaters, am 20. Juni 1938, wurde auch sie in Untersuchungshaft genommen und der „Beihilfe zur Spionage“ beschuldigt. Nachdem sie ein halbes Jahr im Butyrka-Gefängnis zubringen musste, kam sie überraschend am 18. Januar 1939 wieder frei.

Ihre zahlreichen Anstrengungen, Arbeit zu finden, scheiterten. Mittellos und krank wandte sie sich schließlich Anfang September 1939 um Hilfe an die deutsche Vertretung beim EKKI. Diese lehnte jede Unterstützung ab, „da sie nicht Mitglied der KPD“ sei. (RZASDNZ 495/205/2759/20)

Sie war zu diesem Zeitpunkt tatsächlich nicht mehr Mitglied, denn nach Hugo Eberleins Verhaftung hatte sie nicht nur ihre Arbeit, sondern auch die Parteimitgliedschaft verloren. Da die Gültigkeitsdauer ihres Passes 1940 ablief, blieb ihr nur noch die Ausreise nach Deutschland. Das war für sie eine schwere Entscheidung, denn sie musste ihren Mann, ohne ihm ihren Schritt erklären zu können, in der Sowjetunion zurücklassen. Und sie ging einem Schicksal entgegen, das ihr in Deutschland auch nur Haft und Verfolgung eintrug.

Der Brief meines Vaters hatte Lotte Reuter also nicht mehr erreicht; seine darin geäußerte Hoffnung, er möge in ihre Hände gelangen, hatte sich nicht erfüllt. Er landete bei der Frau von Fritz Schulte, die unter dem Namen Emmi Schweitzer mit Lotte Reuter im „Lux" in einem Zimmer gewohnt hatte. Ihr Mann war von 1927 bis 1935 Mitglied des Polbüros der KPD, nach seiner Emigration in die Sowjetunion Kandidat des Präsidiums des EKKI und seit 1938 ebenfalls in Haft. Emmi Schweitzer übergab den Brief dem Vertreter der KPD im EKKI, Wilhelm Pieck, und teilte diesem mit, sie habe ihn im November 1939 per Post erhalten. Und von dort gelangte er in einer damals angefertigten Übersetzung in das Archiv der Komintern. Das Original ist bisher nicht aufgefunden worden.

In diesem Brief schildert Hugo Eberlein die unter Anwendung von Foltermethoden durchgeführten Verhöre und auch den Verlauf des Gerichtsprozesses vom 5. Mai 1939. Die Verhöre bestanden darin, „mir die unsinnigsten Anschuldigungen vorzuwerfen, begleitet von Faustschlägen und Fußtritten ... Einige Male wurde ich ohnmächtig ... und fiel hin ... Man verlangte von mir zu unterschreiben, dass ich ein Spion und Terrorist sei, dass ich für Pjatnizki im Ausland den rechtstrotzkistischen Block organisiert hätte. Davon ist kein Wort wahr. Ich lehnte es ab, diese Anschuldigung zu unterschreiben ... Es gab Tage, an denen man mir drei oder vier Morphiumspritzen verabreichte, und dennoch prügelte man nach den Spritzen weiter auf mich ein ... In diesem Zustand der Unzurechnungsfähigkeit schrieb ich nach Diktat des Untersuchungsrichters alle möglichen Beschuldigungen nieder, Spionage und Terror habe ich nicht gestanden ... Ich habe einen Brief an das Politbüro der KPdSU und an das Präsidium des EKKI geschrieben, in dem ich den Genossen mitteilte, dass von dem, was ich geschrieben hatte, kein Wort wahr ist. Am 5. Mai [1939] kam ich vor das Militärkollegium. Die Sache dauerte 3 bis 4 Minuten, und ich wurde zu 15 Jahren Lagerhaft verurteilt. Es mag seltsam klingen, aber ich war sehr froh, denn die Schläge und Qualen waren nun vorbei. Ich habe die Hoffnung nicht verloren, dass die Partei Lenins und Stalins diese furchtbare Ungerechtigkeit nicht zulassen wird und der Tag nicht fern ist, an dem die Partei Wahrheit und Gerechtigkeit wiederherstellen wird ..."

Mein Vater berichtete auch, dass er am 1. Juni 1939 mit Arrestantentransporten in Richtung Workuta gebracht worden sei. In Archangelsk wäre er jedoch krankheitshalber von einer Ärztekommission zurückgeschickt worden und Ende Juli an dem von ihm nicht genannten Ort, von wo er den Brief abgesandt hatte, angekommen. Nach wenigen Tagen sei er ins Krankenhaus eingeliefert worden. Er habe neun Kilogramm an Gewicht verloren, leide an Skorbut und Gicht, einer Herzkrankheit und Asthma. Er erkundigte sich nach Lotte Reuters Befinden, fragte, ob sie Arbeit habe und über das Lebensnotwendige verfüge, ob sich Freunde um sie kümmern würden und ob sie mit mir und meiner Halbschwester Ines in Verbindung stehe. „Ich erinnere mich der schönen Tage, die ich mit dir gemeinsam verbracht habe", schrieb er, „in den schlaflosen Nächten stelle ich mir vor, ich wäre mit dir in Paris und Straßburg." (RZASDNZ 495/205/6225/317-320)

Aus Archivmaterialien geht hervor, dass Hugo Eberlein 1941 aus einem Lager 100 Kilometer nördlich von Syktywkar in der Komi-Republik nach Moskau ins Butyrka-Gefängnis „abberufen" wurde, wo er in der Zelle 251 saß. Dies hing mit dem zweiten Prozess gegen ihn zusammen. (ZAFSB, Akte Eberlein, Bl. 329)

Diese als geschlossene Sitzung tagende zweite Gerichtsverhandlung fand am 30. Juli 1941 unter Vorsitz des Divisionsmilitärjuristen Orlow statt. Das war wenige Wochen nach dem Überfall der deutschen Wehrmacht auf die Sowjetunion. Anfangs lief alles wie beim Prozess 1939, selbst die Beisitzer waren dieselben.

Nachdem die um den Spionagevorwurf erweiterte Anklage verlesen worden war und ihm erpresste Aussagen anderer Mitarbeiter der Komintern vorgehalten worden waren, erklärte Hugo Eberlein: „Seit nunmehr vier Jahren befinde ich mich in Haft. Ich halte mich für unschuldig. Mein ganzes Leben habe ich nur ehrlich gearbeitet und der Sache der Arbeiterklasse gedient. Es ist daher sinnlos, mich als Spion zu bezeichnen. Als ich in Deutschland lebte, habe ich etwa fünfzehn Mal dafür im Gefängnis gesessen, dass ich für die Sowjetunion Agitation betrieben hatte."

Er betonte nochmals, dass er sich der ihm vorgeworfenen Straftaten nicht schuldig gemacht habe, und bat, die Materialien seiner Akte nochmals gründlich zu prüfen. (ZAFSB, ebenda, Bl. 359)

Dennoch wurde Hugo Eberlein durch ein unanfechtbares Urteil zum Tod durch Erschießen verurteilt. In einer lakonischen Mitteilung bestätigte der Erste operative Bevollmächtigte der 5. Abteilung der 1. Spezialabteilung des NKWD der UdSSR, Unterleutnant der Staatssicherheit Saschenkow, mit seiner Unterschrift, dass das am 30. Juli 1941 vom Militärkollegium des Obersten Gerichts der UdSSR gefällte Urteil gegen Hugo Eberlein zum Höchstmaß der Strafe, zum Tode durch Erschießen, am 16. Oktober 1941 vollstreckt wurde. (ZAFSB, ebenda, Bl. 362)

Das waren die Tage, an denen die faschistischen deutschen Truppen kurz vor Moskau standen, was den unbeschreiblichen Widersinn dieses Urteils in tragischer Weise unterstreicht.

Am 15. Oktober 1956 wurde mein Vater durch die Zentrale Parteikontrollkommission der SED rehabilitiert. In dem Protokoll der 137. Sitzung der ZPKK heißt es: „Parteiausschluss wird aufgehoben. Wird nach mutmaßlichem Tode rehabilitiert.“ Zu diesem Zeitpunkt waren die tatsächlichen Umstände und das Datum seines Todes auch mir noch immer nicht bekannt. Am 31. Oktober 1956 folgte die Rehabilitierung durch das Militärkollegium des Obersten Gerichts der UdSSR. Moralische Schritte, die das Geschehene nicht in Vergessenheit geraten lassen können.

Mir fehlen die Worte, um die Ereignisse zu kommentieren! Wie viel Gedanken wirbelten im Sommer 1937 durch meinen Kopf!

Vater hatte sein Leben der Partei gewidmet.

Wie oft war er von Kommunistenjägern verfolgt und verhaftet worden, war geflohen, hatte sich verbergen müssen!

Wer immer versucht, für diese Ereignisse in der Sowjetunion eine Erklärung zu finden, wird eines Tages aufstecken.

Aber diese Einsicht hindert mich nicht daran, oft darüber nachzudenken.

Damals, als ich noch nichts wusste, zermarterte ich mir das Hirn: Lenin hatte meinen Vater auf der Bildwidmung einen Freund genannt. Und nun sollte er an einer antisowjetischen Verschwörung beteiligt gewesen sein?

Georgi Sinowjew, 1917 Vorsitzender des Petrograder Sowjets, von 1919 bis 1926 Vorsitzender des Exekutivkomitees der Komintern, Karl Radek, der von 1919 bis 1924 Mitglied des EKKI und später Redakteur der „Iswestija" war, Nikolai Bucharin, seit 1917 Mitglied des ZK und Redakteur der „Prawda", seit 1919 Mitglied des Politbüros der Partei der Bolschewiki, von 1919 bis 1929 Mitglied und jahrelang Stellvertreter des Vorsitzenden des EKKI, Nikolai Krestinski, jahrelang sowjetischer Botschafter in Deutschland und Volkskommissar für Auswärtiges, alle waren Freunde meines Vaters gewesen und waren nun als Trotzkisten angeklagt und verurteilt worden.

Walter Laqueur beschreibt in seinem 1990 im Kindler Verlag erschienenen Buch „Stalin. Abrechnung im Zeichen von Glasnost", wie Stalin Nadeshda Krupskaja ins Politbüro zitierte, weil sie den Beschuldigungen, Pjatnizki habe Verrat geübt, keinen Glauben schenkte. Man präsentierte ihr einen gewissen Melnikow als „Zeugen", der ihr gegenüber belastende Aussagen machte. Sie blieb bei ihrem Standpunkt, wodurch sie bei Stalin erneut in Ungnade fiel. Gegenüber den Armands bekannte sie aufrichtig, dass sie weder Hugo Eberlein noch mir helfen könne.

Als sie im Februar 1939 starb, defilierte trotz eisiger Kälte eine unübersehbare Menschenmenge an ihrem im Kolonnensaal aufgebahrtem Sarg vorbei.

Als ich viele Jahre später einmal Walter Ulbricht in den Urlaub auf die Krim begleitete, lernte ich in Nishnjaja Oreanda den weltberühmten Flugzeugkonstrukteur A. N. Tupolew kennen. Seinen Namen tragen viele Flugzeugtypen, so die ANT, mit der die russischen Flieger Valeri Tschkalow und Michail Gromow ohne Zwischenlandung über den Nordpol bis auf den amerikanischen Kontinent flogen, zahlreiche Kampf- und Bombenflugzeuge, die im Zweiten Weltkrieg zum Einsatz kamen und die ersten reaktiven Passagierflugzeuge der TU-Serie. Am Rande eines Volleyballspiels erfuhr ich, dass auch er, der viele sowjetische und internationale Ehrungen erfahren hatte und mehrfach mit dem Lenin- und dem Stalinorden ausgezeichnet worden war, von 1937 bis 1941 verfolgt worden war und in der Haft Bombenflugzeuge konstruierte. Welche Perversion und welche menschliche Haltung!

In diesem Zusammenhang möchte ich eine Begebenheit anführen, die den sowjetischen Flugzeug-Bordingenieur L. Kerber betraf und die ich in einer russischen Zeitschrift las. Kerber hatte seinerzeit mit Tupolew im Spezialgefängnis des NKWD in der Moskauer Saltykowstraße zusammengearbeitet. Außer ihnen gehörte auch Sergej Pawlowitsch Koroljow, der später weltberühmt gewordene Konstrukteur der sowjetischen Sputnik- und Kosmos-Raketen, den man aus einem Gefangenenlager im Fernen Osten, aus Kolyma, zurückgeholt hatte, zu der über tausend Mann starken Gruppe, die unter Haftbedingungen Flugzeuge konstruierte. Kerber schilderte, wie eines Tages, als die technischen Zeichnungen für den ANT 58 fertig waren, Tupolew zum NKWD-Chef Berija zitiert wurde. Dieser teilte ihm mit, dass ein derartiges Flugzeug nach Stalins und seiner Meinung nicht gebraucht werde, wohl aber ein hochfliegender viermotoriger Sturzbomber, der zu Ehren des Politbüros „PB 4" getauft werden sollte. Er erteilte dem anwesenden Offizier die Order, Maßnahmen zu ergreifen, damit innerhalb eines Monats die Vorschläge für den „PB 4" vorlägen.

Akkurat vier Wochen später musste Tupolew erneut bei Berija erscheinen. Als er dort ernste Bedenken vortrug, wurde ihm am nächsten Tag mitgeteilt, Stalin und Berija hätten beschlossen, dass das zweimotorige Flugzeug schnell vollendet werden solle und dann mit dem „PB 4" zu beginnen sei. Die von Tupolew genannten Parameter für Geschwindigkeit, Entfernung und Tragfähigkeit wurden einfach ignoriert und willkürlich erhöht.

Als Hitler am 22. Juni 1941 die Sowjetunion überfallen hatte, wurde Tupolew freigelassen und mit seiner Frau und der gesamten Mannschaft des Konstruktionsbüros nach Omsk, weit hinter dem Ural, evakuiert. Dort wurden ab 1942 in einem unvollendeten Montagewerk für Automobile, in dem es an Wasser und Strom mangelte, täglich zwei Bomber vom Typ TU 2 hergestellt. Das klingt unvorstellbar, aber ich habe Ähnliches in der Verbannung in Sibirien erlebt und glaube es aufs Wort.

Nachdem mein Vater verhaftet worden war, hätte ich gern mit jemandem wenigstens darüber gesprochen. Aber wem hätte ich meine Fragen stellen sollen? Es ist heute sicher schwer zu schildern, was ich als Siebzehnjähriger durchlitt. Viele Gedanken schwirrten durch meinen Kopf, aber einer war nicht darunter, nämlich der, dass Stalin und seine Umgebung Schuld an den Verfolgungen sein könnten.

Ich gelangte zu dem Punkt, an dem ich mir ausmalte, mein Vater sei vielleicht ohne eigene Schuld schuldig geworden. Das konnte ich mir zwar kaum erklären, aber ich dachte daran, das er ja in der Komintern eng mit Sinowjew und Radek zusammengearbeitet hatte, die sich in den Prozessen selbst ungeheuerlichster Vergehen bezichtigt hatten. Im Auftrag der Komintern hatte mein Vater in verschiedenen westlichen Ländern linke Zeitungen unterstützt. Vielleicht hatten diese etwas mit Trotzkismus zu tun gehabt? So malte ich mir fiktive Bilder aus, die meinen Vater von jeglicher Schuld freisprachen. Ich bastelte mir eine Vorstellung, die mir den Vater als Vorbild ließ und das Unbegreifliche als eine mögliche Variante offerierte. Es war ein Versuch von Selbstbehauptung, der nichts mit der Realität zu tun hatte.

Damals musste das Leben für mich weitergehen, obgleich mir dies zunächst unvorstellbar erschien. Ich war vor den deutschen Faschisten in die Sowjetunion geflohen und stand dort nun mutterseelenallein als Sohn eines angeblichen Verräters, dessen Bilder über Nacht aus dem Revolutionsmuseum verschwunden waren und dessen Name nirgendwo mehr erwähnt wurde. Es war so, als hätte mein Vater nie gelebt.

Ich aber wollte und musste leben!

Der Kreis um mich wurde immer kleiner. Schon im Oktober 1936 war Heinz Lüschen, der uns in der Schule in Geographie und Geschichte unterrichtet hatte, spurlos verschwunden. Unser Chemielehrer Franz Kaufmann wurde im November 1937 verhaftet und zu Lagerhaft verurteilt. Auch Schüler, unter ihnen mein Freund Jonny Degraf, wurden verhaftet. Ich verließ, wie gesagt, ohne Abschied, ohne ein „Auf Wiedersehen“ die Schule. Mit manchem Schulfreund gab es erst nach fünfzehn oder gar zwanzig Jahren in der DDR ein Wiedersehen. So wurde aus Moritz der durch Nierentransplantationen bekannt gewordene Professor Moritz Mebel. Auch seine Frau wurde Professorin. Aus Mischa wurde der nicht minder bekannte Chef der Aufklärung im Ministerium für Staatssicherheit der DDR Markus Wolf. Stefan

Doernberg wurde Professor für Geschichte und Botschafter der DDR in Helsinki. Peter Korn war später im Büro des Ministerrats aktiv. Peter Florin vertrat die DDR als stellvertretender Außenminister. Poldi Fiedler wurde Lehrerin und Annemarie Radünz Übersetzerin. Als ich 1998 ein Treffen ehemaliger Schüler der Karl-Liebknecht-Schule organisierte, versammelten sich über vierzig „Ehemalige". Nicht dabei war Professor Wolfgang Leonhard, der unseren Kreis verlassen hat. Bei unserem Treffen gedachten wir auch derjenigen Schulfreunde, die nicht mehr am Leben waren, Eugen Classe, Konrad Wolf, Friedrich Möller, Ursula Lode, Ljowa Gurwitsch, Werner Albrecht und anderer.

Arbeiterwohnheim und Kautschukfabrik

Was sollte aus mir werden? Ich musste Schule und Schulfreunde verlassen, ohne mich zu verabschieden, musste irgendwo und irgendwie ein paar Rubel verdienen, um mir am nächsten Tag ein Stück Brot zum Überleben kaufen zu können. Mein Vater hatte mir nichts hinterlassen. Ein Parteifunktionär verfügte damals nicht über Bankkonten, Hugo Eberlein nicht einmal über ein Sparkassenbuch. Ich fasste den Entschluss, bei Lotte Reuter auszuziehen und in das Wohnheim für Arbeiter der Komintern auf dem Hof des „Lux" überzusiedeln und dann vor allem arbeiten zu gehen. Aber würde dieser Plan aufgehen und mir das Überleben garantieren? Ich hatte keine andere Wahl! Später sind dann auch Frauen von Verhafteten in dieses Nebengebäude einquartiert worden, unter ihnen Lotte Reuter und die Frau von Heinz Neumann, Margarete Buber-Neumann, die gemeinsam ein Zimmer bezogen, bis auch sie verhaftet wurden.

Mich hatten die Arbeiter bald integriert. Ich brach alle Brücken zur Vergangenheit ab, zeitweilig auch zu den Armands. Mir wurde nicht nur der Zutritt zum „Lux" verweigert, ich musste durch eine Seitengasse über den Hof in mein neues „Quartier" gehen.

Mein erster Gang führte mich in die Gewerkschaftszentrale, wo man sich aufgeschlossen zeigte und ich einem Kollegen freimütig mein Schicksal schilderte. Er machte mir den Vorschlag, als Hotelboy zu arbeiten. Aus seiner Sicht mochte das eine gute Idee gewesen sein, noch dazu, da ich ja deutsch und einigermaßen englisch sprach. Doch ich lehnte sogar ein wenig empört ab, denn ich konnte mir beim besten Willen nicht vorstellen, vor Gästen aus dem kapitalistischen Ausland zu katzbuckeln und vielleicht noch ihre Schuhe putzen zu müssen.

Mein Freund Ljowa Gurwitsch wandte sich an das Rayonkomitee des Jugendverbandes Komsomol, und dort sagte man Hilfe zu. Im Oktober wurde ich im Kautschukwerk eingestellt und arbeitete zunächst in der Schlauchabteilung. Die Schläuche wurden in der Etage über unserem Arbeitsplatz auf Rohre gewickelt, dann vulkanisiert und gelangten schließlich über eine Rutsche zu uns. Zwischen zwei langen Tischen mussten wir die zehn Meter langen Schläuche, die ineinander verwickelt waren, auf die Tische hieven. Dann mussten wir sie sortieren, versandfertig zusammenrollen und verschnüren. Das war für mich eine sehr schwere Arbeit, war ich doch nie zuvor körperlich derart gefordert worden. Es waren meine ersten Schritte ins Arbeitsleben, die Lehr- und Gesellenjahre. Für die ersten drei Tage wurden mir 27 Rubel ausgezahlt. Es war mein erstes selbst erarbeitetes Geld! Es enthob mich der Sorge, wie ich am nächsten Tag nicht nur zu meinem Brot, sondern auch zu den anderen Dingen kommen würde, die man zum Leben benötigte. Aber das war nicht das Besondere an diesen 27 Rubeln. Ich hatte mich damit unter die Arbeiter begeben und werde mich deshalb bis an mein Lebensende an den Tag erinnern, an dem ich stolz meinen ersten, schwer erarbeiteten Arbeiterlohn in Händen hielt. Ich war nicht nur froh, absolut ungewohnte körperliche Arbeit gemeistert zu haben, sondern auch ehrlich stolz darauf, vom abhängigen Schüler in die Kategorie der selbständigen Menschen aufgerückt und Arbeiter geworden zu sein, jemand, der in der Lage war, für sich selbst zu sorgen. Elf Jahre, die mir zuweilen endlos lang erschienen, hat dieses Arbeiterleben gedauert. Es waren schwere Jahre, Jahre, die reich waren an wichtigen Lebenserfahrungen. Wenn man mir heute, mit nunmehr achtzig Jahren, bestätigt, dass meine Wirbelsäule und auch mein Herz abgenutzt sind, so ist mir klar, dass die Ursachen dafür sicherlich über sechs Jahrzehnte zurück liegen. Doch ich glaube, ich habe meinen Körper in diesen Jahren auch so gestählt, dass er so manche Strapaze gut gemeistert hat.

Mit dem Umzug aus dem Hotel „Lux“, in dem viele kommunistische Emigranten wohnten, in das Arbeiterwohnheim auf den Hinterhof hatte ich also einen entscheidenden Schritt in die Zukunft getan. Doch meine Vorstellungen von dieser Zukunft waren überschattet von der Tatsache, dass nach wie vor des Nachts Busse durch die Straßen rollten, die nicht die Nummern von Linienbussen trugen und oftmals neben dem „Lux“ parkten. Am Morgen wurde dann bekannt, wer abgeholt worden war. Es war eine furchtbare Zeit, in der viele in Unsicherheit lebten und nicht wenige in Angst dem nächsten Morgen entgegensahen.

Schwer traf mich in dieser Zeit auch das Schicksal meiner Onkel Leo und Gutek. Leo Flieg, der in Saarbrücken, Prag und Paris tätig gewesen war, wurde 1937 von Paris nach Moskau beordert. Man hatte ihn gewarnt und ihm von der Reise abgeraten. Dennoch fuhr er und wurde noch in der Nacht nach seiner Ankunft im „Lux“ verhaftet. Gutek Rwal war in Spanien Kommissar der Polnischen Brigade. Ihm wurde in Paris ebenfalls von Genossen geraten, nicht nach Moskau zu fahren, aber auch er setzte sich in den Zug und fuhr in den Tod.

Soll man sie aus heutiger Sicht unbekehrbare Fanatiker nennen? Ich glaube, sie wollten sich vor dem Vorwurf schützen, die Verweigerung der Reise als Schuldbekenntnis deuten zu lassen. Ihr gutes Gewissen, ihre oft bewiesene Treue zu den kommunistischen Idealen und die feste Überzeugung von der Gerechtigkeit des Sozialismus schien ihnen eine sichere Garantie dafür, dass man ihnen ihre Unschuld glauben würde. Und auch ich war lange Zeit fest überzeugt, dass man sie und meinen Vater eines Tages aus der Untersuchungshaft entlassen würde.

Tagtäglich stellte ich mich am Zeitungskiosk am Puschkin-Platz in eine lange Schlange, um eine „Prawda“ zu „erstehen“. Ich hoffte, in den Berichten über die Schauprozesse Antworten auf meine vielen Fragen zu finden. Doch die weitschweifigen, nicht sehr glaubwürdig klingenden Anklagen und die noch unwahrscheinlicher anmutenden „Geständnisse“ und Selbstbezichtigungen ehemaliger prominenter Politiker, die fast alle zur „Leninschen Garde“ gehörten, ließen meine Zweifel nur noch wachsen. Als ich las, dass so prominente und geachtete Vertreter der internationalen Öffentlichkeit wie der britische Kronanwalt Pritt, die deutschen Schriftsteller Heinrich Mann, Bertolt Brecht und Lion Feuchtwanger und der Philosoph Ernst Bloch diese Prozesse rechtfertigten, wurde ich immer unsicherer.

Oft habe ich mich gefragt, ob mein Vater etwas von diesen Dingen geahnt hatte. Ich erinnere mich an ein Gespräch über meine berufliche Zukunft und meinen Wunsch, Ingenieur im Automobilbau zu werden. Ich wollte im NAGI, einem wissenschaftlichen Institut für Automobil- und Traktorenbau, als Lehrling beginnen, um mich dann weiter ausbilden zu lassen. Der Vorschlag meines Vaters, Agrarwissenschaften zu studieren, verblüffte mich damals. Wie konnte er auf diese Idee kommen? Ich fragte mich oft, ob er damit erreichen wollte, dass ich Moskau verließ und einen Beruf erlernte, der mir das tägliche Brot sichern würde? Leider konnte ich ihn nie mehr danach fragen.

Die Russen und ich

Für mich hatte ein neues Lebenskapitel begonnen. Die Kindheit war rigoros beendigt worden. Mich erwarteten harte Herausforderungen, geprägt von dramatischen Ereignissen, zu denen sehr bald auch meine eigenen Begegnungen mit dem allgegenwärtigen NKWD gehörten.

Mehrmals in der Woche musste ich mich am Sadowoje Kolzo, dem Gartenring, in einer geräumigen ehemaligen Villa an der Ecke Samotjotschnaja, melden. Hier befand sich das „OWIR", die Abteilung des NKWD für Visafragen und die Registrierung von Ausländern. Da ich erst mit meinem achtzehnten Lebensjahr, also im November 1937, den Antrag auf sowjetische Staatsbürgerschaft stellen konnte, besaß ich lange weder Ausweis noch andere Papiere. Die deutschen Behörden hatten mir, nachdem sie von meiner Emigration Kenntnis erhalten hatten, die deutsche Staatsbürgerschaft entzogen. Die sowjetische Staatsbürgerschaft zu erhalten war nach der Verhaftung meines Vaters ausgeschlossen. Die Beamten des OWIR händigten mir eine „Aufenthaltsgenehmigung für Staatenlose" aus. So stand es auf dem Umschlag, so stand es quer gedruckt auf jeder Seite. Das war ein „Wolfsbillett", wie man zu zaristischen Zeiten Ausweispapiere bezeichnete, die einem nur Nachteile verschafften. Im Westen nannte man derartige Dokumente „Nansen-Pass". Elf Jahre begleitete er mich, bis ich in Berlin wieder deutscher Staatsbürger wurde.

Der „Hauskommandant" Gurewitsch, Leiter des „Lux", wies mir in dem schon erwähnten, auf dem Hof gelegenen Wohnheim, ein Bett zu. Das Mobiliar des Zimmers bestand aus zehn Betten, einem Tisch und einigen Stühlen. Meinen Koffer schob ich unters Bett. Dann musste ich zur Spätschicht. Als ich kurz vor Mitternacht heimkehrte, empfing mich unbeschreiblicher Lärm. Ich zählte mindestens zwanzig Personen, die es sich in dem Zimmer gemütlich gemacht hatten.

Niemand nahm mich zunächst zur Kenntnis, bis mir endlich einer die Frage stellte, was ich denn eigentlich hier wolle. Ich versuchte ihm in dem Trubel begreiflich zu machen, dass ich jetzt auch zu den Mitbewohnern dieses Zimmers gehörte. Dies hielt er für wichtig genug, um auf einen Stuhl zu steigen und sich Gehör zu verschaffen. Er stellte mich als Wolodja, den Neuen, vor, und im Nu stand die für Neuankömmlinge obligatorische Wodkaflasche auf dem Tisch. Ich wurde aufgeklärt, dass einer aus ihrer Runde zur Armee verabschiedet würde und deshalb die große Gesellschaft zusammengekommen sei. Man goss mir ein Glas Wodka ein – es könnten knapp zweihundert Gramm gewesen sein –, und ich sollte es traditionsgemäß in einem Zuge, „do dna", auf das Wohl aller Mitbewohner leeren. Bis zu dieser Stunde hatte ich noch nie einen Tropfen Alkohol zu mir genommen. Meine Überlegung war: Wenn du jetzt nicht austrinkst, verscherzt du dir jede Chance, von deinen Zimmerkameraden anerkannt und akzeptiert zu werden. Das Bett stand nur wenige Meter entfernt. Was auch immer passieren mochte, bis dahin konnte ich es immer schaffen. Also goss ich den Inhalt des Glases durch die Kehle und wünschte allen Gesundheit und ein kameradschaftliches Zusammenleben. Dann fiel ich in tiefen Schlaf. Am nächsten Morgen versuchte ich vergeblich zu rekapitulieren, wie ich in mein Bett geraten war.

Nach und nach lernte ich meine neuen Gefährten kennen. Es waren Kraftfahrer aus der Komintern, Maler, Tischler, auch ungelernte Arbeiter. Alle waren älter als ich, manche beträchtlich älter. Es gab unter ihnen auch einige Familienväter aus dem Westen und Norden des Landes, deren Frauen und Kinder jeden

Monat auf die Geldüberweisung aus Moskau warteten, um ihr Leben im Dorf fristen zu können. Manche von ihnen waren Bauern aus kürzlich kollektivierten Dörfern oder Tagelöhner aus Dörfern, die schon während der Zarenzeit ihre Bewohner nicht ernähren konnten und die Männer deshalb in die Städte zwangen. Meist überwiesen die Männer ihren vollen Lohn an ihre Angehörigen und bestritten ihren eigenen Unterhalt aus Einkünften von Nebenarbeiten.

In dieser Runde sollte ich nun Auskunft geben, wer und wessen Kind ich war. Ich tat es und die Auskünfte wurden akzeptiert. Vielleicht verschafften sie mir sogar Sympathie oder wenigstens Mitgefühl. Die Frage nach meinem Namen brachte mich etwas in Verlegenheit. Für Russen ist es schwer, den Namen Werner Eberlein auszusprechen. Da ich keine zusätzliche Barriere aufbauen wollte, antwortete ich auf die Frage nach meinem Namen nach kurzer Überlegung: Wolodja. Ich könnte heute nicht mehr sagen, wie ich ausgerechnet auf „Wolodja" kam. Es geschah impulsiv, und es ist müßig, heute nach den Hintergründen zu forschen. Dennoch war dieser Augenblick für mich bedeutungsvoll, denn dieser Name sollte mich fünf Jahrzehnte durch die Sowjetlande begleiten.

Als sich die Armands nach der Verhaftung des Vaters auf die Suche nach mir begaben, gelangten sie auch an jene Hofeinfahrt zum „Lux", die ich täglich benutzte, doch kein Pförtner hatte je den Namen Eberlein gehört. Erst die Beschreibung meiner Person führte auf die Spur zu „Wolodja", den bereits jeder auf dem Hof kannte. Ich sprach ihre Sprache und war als Kamerad, als Kumpel, anerkannt.

Hier sei mir ein Vorgriff gestattet. 1951 kam ich als Hörer der Parteihochschule der KPdSU wieder nach Moskau. Ich war mit sowjetischen Journalisten in einer Studiengruppe. Alle älter als ich, die meisten waren als Soldaten oder Offiziere im Krieg gewesen und redeten sich, wie das im Russischen üblich ist, mit Vor- und Vatersnamen an. Wieder stand ich vor dem gleichen Dilemma: „Wehrnehr Gugowitsch", mit Müh und Not ausgesprochen, und schon war eine Barriere errichtet. Ich wollte aber Gleicher unter Gleichen sein, dasselbe Leben wie sie führen und in ihre Gedankenwelt eindringen. Der bewährte „Wolodja" sollte mir wieder den Weg dazu ebnen. Doch der sprengte diesmal den Rahmen und das „Protokoll“. Wolodja, die „Koseform“ des Namens Wladimir schien für einen erwachsenen Ausländer nicht anwendbar. Unbeirrt duzte ich alle, sprach sie mit ihren Vornamen an – Lehrer und Dozenten bildeten eine Ausnahme – und setzte mich durch. Nach einem halben Jahr war ich für alle wieder „Wolodja“.

Als ich nach Beendigung der Parteihochschule 1954 mit dem Dolmetschen begann, nahm ich den Namen mit und wurde selbst von Chrustschow, Andropow und anderen führenden sowjetischen Politikern, sogar von dem Ungarn János Kádár so angesprochen. Ich glaube heute noch, dass dieser Name meine guten Beziehungen auch im „erlauchten“ Kreis der Generalsekretäre und Ministerpräsidenten mit geprägt hat.

Doch zurück zu meiner damaligen Gemeinschaft im Wohnheim. Wir kamen gut miteinander aus. Das einzige Problem war der Wodka. Nachdem ich mich eingelebt hatte und von allen Wohngenossen akzeptiert worden war, dachte ich darüber nach, ob man der Freizeit nicht auch ein anderes Gesicht geben könnte. Ich kaufte eine Teekanne, um Sud brühen zu können. Der Tee war spottbillig, und es gab viele Sorten. Abends präsentierte ich der Runde dann Tee. Alle nahmen Platz und tranken. Einer lobte mich sogar für die gute Idee. Vorher hatte man, wie dies im Lande damals üblich war, nur „Kipjatok“, das heißt, heißes Wasser, getrunken und dabei ein Stück Zucker zwischen die Zähne geklemmt, um den süßen Geschmack besser auszukosten.

Damals gab es Zuckerhüte, von denen man sich mit einer speziellen Zange ein Stück abzwicken konnte. Maxim Gorki hat den Wert dieses Zuckers in seinem Theaterstück „Die Kleinbürger“ ausführlich beschrieben. „Kipjatok“ ist ein Begriff im ganzen Land. Es gab keinen ordentlichen Bahnhof, auf dem nicht ein großes Schild den Weg zum Wasserhahn für „Kipjatok“ wies. Deshalb gehörte zum Reisegepäck eines jeden Russen ein Teekessel.

Die öffentlichen Boiler erfüllten auch eine wichtige hygienische Aufgabe. Niemand sollte unabgekochtes Wasser trinken. Während des Bürgerkrieges waren durch Seuchen mehr Menschen umgekommen als durch die Kugeln der Kriegsparteien oder der Interventen. Doch damals und auch noch in den ersten Jahren nach den Krieg war die Bereitstellung von abgekochtem Wasser nicht die einzige Hygienemaßnahme der Eisenbahn. Eine Fahrkarte konnte nur kaufen, wer am Schalter einen Entlausungsschein vorwies ...

Das Teebrühen im Wohnheim hätte keine drei Worte verdient, wenn es nicht zu einer Debatte gekommen wäre, als der von mir spendierte Tee zu Ende gegangen war.

Schach und die Welt

„Wir werden wieder heißes Wasser trinken müssen!", gab ich zu bedenken, aber unsere Runde protestierte energisch. Einer musste schwarzen Tee kaufen gehen, denn das Teetrinken gehörte nun zu unserem Lebensstil. Darauf wollten wir nicht mehr verzichten. Meine Initiative war akzeptiert, man hatte wieder etwas dazugelernt, war „kultivierter" geworden.

Man hatte mich, aus welchen Gründen auch immer, anerkannt, und ich merkte, dass man mir Gehör schenkte. Deshalb begann ich, über den nächsten Schritt nachzudenken, welchen Beitrag ich zu einem niveauvolleren gemeinschaftlichen Leben beisteuern konnte.

Ich kaufte ein Schachspiel und holte es am nächsten Abend hervor. Sofort war der Tisch umlagert. Schach war für meine Zimmergenossen bisher nicht zugänglich gewesen, quasi etwas Unerreichbares. Und nun bot sich plötzlich die Gelegenheit, in die Geheimnisse dieses Spiels einzudringen. Einer hatte sich bereit erklärt, eine Partie gegen mich zu wagen. Ich versuchte, allen die Regeln und auch einige Zugvarianten beizubringen, obwohl ich selbst ein nur mittelmäßiger, eher sogar schlechter Spieler war. So kam nun Schach in Mode. Bald wurde das leidige Kartenspiel Siebzehnundvier etwas verdrängt, bei dem immer um Geld gespielt wurde und bisweilen, wenn die Barschaft verspielt war, auch um Kleidungsstücke oder andere Sachwerte.

Als einmal die „Bank" sehr hoch war, fegte ich das Geld und auch ein Paar eingesetzte Lederstiefel vom Tisch. Da sah ich mich einer aufgebrachten Schar gegenüber, die handgreiflich werden wollte. Nur meine Körpergröße verhinderte Arges, und mir fiel auch nichts Besseres ein als der Vorschlag, den Einsatz in ein üppiges Abendbrot umzusetzen, bei dem wiederum der Wodka nicht fehlen durfte. Dieser Vorschlag wurde akzeptiert, wenn auch anfangs mit großem Widerwillen. Am nächsten Tag sprachen mir einige – nicht nur der Besitzer der Schaftstiefel – Anerkennung und Lob für diese mutige Aktion aus. Es wurde seltener Karten gespielt.

Das nächste „Planvorhaben" war die Beschaffung einer großen Weltkarte, die ich über meinem Bett anbrachte. Alle bestürmten mich, ich solle ihnen die Welt erklären. Nachdem ich sie überzeugt hatte, dass dies in einer halben Stunde unmöglich war, organisierten wir eine „Lektionsreihe": Jede Woche hielt ich einen Vortrag über ein Land. Bald kamen auch die Verheirateten aus den anderen Zimmern. Der Zuspruch wurde so groß, dass sich bald kein leeres Plätzchen mehr fand.

Das wurden höchst bewegte Seminare. Man unterbrach mich und stellte mir viele, auch völlig unerwartete Fragen. Ich musste nicht nur meine Schulkenntnisse mobilisieren, sondern mein Wissen vertiefen und erweitern, um Rede und Antwort stehen zu können. Über dieses Interesse war ich natürlich sehr froh. Wieder hatte sich mir ein Kapitel russischer Seele erschlossen.

Es würde ein dickes Buch füllen, wollte ich beschreiben, was sich da in einem äußerlich unscheinbarem Menschen an Widersprüchlichem offenbarte, was sich in einer Person und mehr noch im ganzen Kollektiv an Konservatismus und Avantgardismus paarte, was sich in einem Zimmer, auf engstem Raum, an menschlichen Schicksalen und unterschiedlichen Charakteren zusammenballte und was doch fest zusammenhielt. Ich war in diesem Kreis der Jüngste, das Küken, aber in ihren Augen auch ein Opfer. Sich selbst sahen meine Zimmergenossen jedoch nicht so.

Mir wurde damals selbst von Analphabeten so mancher weise Rat zuteil, der mich erkennen ließ, dass ich zwar Schulbank und gebildete Lehrer verloren, aber hier im Wohnheim viele kluge Lehrmeister des Lebens gewonnen hatte.

Wer allerdings glaubt, ich hätte mit Schach und Geographie einen erfolgreichen Feldzug gegen das Wodkatrinken geführt, der irrt. Dieser unseligen Gewohnheit wurde weiter gefrönt. Und wenn der Schnaps die Zungen gelöst hatte, fielen auch viele kritische Worte. Man schimpfte auf Vorgesetzte, auf die Verhältnisse, auf Schlamperei und Not.

Aber der Name Stalin fiel nie! Ich will nicht behaupten, dass das landesüblich oder typisch war, aber es war nicht nur für dieses Wohnheim, sondern gleichermaßen für meine damaligen und späteren Arbeitsstellen, für meine Arbeitskollektive charakteristisch. Und das lag keineswegs daran, dass ich ein Deutscher war.

Wagte man es nicht, den Namen Stalins zu nennen, oder hatte man Angst? Ich möchte behaupten: Nein! Denn es wurde vieles ausgesprochen, was niemals über jemandes Lippen gekommen wäre, der Angst gehabt hätte. Stalin war für alle etwas Fernes, ein Gott, unerreichbar weit, ihrer Welt entrückt.

Niemand konnte sich einen Kontakt zu ihm vorstellen! Je größer die Denkmale auf den Plätzen, je zahlreicher die Büsten in Grünanlagen und öffentlichen Gebäuden wurden, je mehr Plakate und Bilder, ihn, „Väterchen", in grellen Lackfarben zeigten, desto weniger wurde in meinem Kreis über ihn gesprochen.

Er hatte mit dem Leben dieser Menschen nichts gemein. War er je in einem Betrieb gewesen? Hatte er je mit einfachen Bauern diskutiert, sich ihre Sorgen erzählen lassen? Hatte er Soldaten oder gar Techniker besucht? Davon war uns nichts bekannt.

Nur wenn ein Allunionstreffen der Kolchosbauern oder Stachanow-Arbeiter stattfand, hörte man von Begegnungen Stalins mit Werktätigen. Und selbst dann traf er nur mit einer ausgesuchten Gruppe zusammen, die durch Rekordleistungen und besonders hohe Arbeitsdisziplin bekannt geworden war. Aber das war weder für die sowjetische Landwirtschaft noch für die Industrie typisch. Und deshalb bewegte es mit Ausnahme der unmittelbaren Teilnehmer niemanden, wenn über derartige Begegnungen berichtet wurde. Als „Woshd" (Führer) des Volkes, wie er sich nennen ließ, wurde Stalin in meiner Umgebung, die zu diesem werktätigen Volk zählte, ignoriert und totgeschwiegen.

Die gleichen Erfahrungen habe ich ebenfalls in den späteren Jahren gemacht, auch in den acht Jahren, als ich in Sibirien war. Nie fiel irgendwo Stalins Name. Er war nicht zuständig für unsere Probleme, er stand in keinem Verhältnis zu der Welt, in der wir lebten.

Ich will mich vor grober Verallgemeinerung hüten. Es gab Menschen, und es mögen nicht wenige gewesen sein, die Stalin verehrten. Manche liebten ihn abgöttisch und betrachteten, wie dies in der „Prawda" täglich geschah, alle Errungenschaften des Landes als seine alleinigen Verdienste. Doch das war eine Minderheit.

Die meisten Menschen, die ich kennen gelernt habe, dachten wie meine Zimmergenossen im Wohnheim. Dabei rede ich nicht von den Verfolgten und deren Angehörigen, den Opfern der Verhaftungen, die nach der Ernennung von Nikolai Jeshow zum Chef des NKWD weiter zugenommen hatten. Der Inhalt des russischen geflügelten Wortes von den „Stachelhandschuhen", das von „Josh", der „stachelige Igel", abgeleitet ist und bedeutet, dass jemand streng und kurz gehalten wird, erweiterte sich in dieser Zeit in Anlehnung an den Namen Jeshow im Sinne eines Marterinstruments des NKWD.

Im März 1938 fand einer der größten Schauprozesse, der so genannte „Prozess der 21" statt, in dem unter anderen Bucharin, Rykow und Jagoda angeklagt waren. Ihnen wurde Hochverrat und Mordverschwörung gegen Stalin, Zusammenarbeit mit Hitlerdeutschland und die Absicht, die Sowjetmacht stürzen zu wollen, vorgeworfen.

Der Prozessablauf wurde täglich in der Zeitung in allen Details geschildert. Die „Prawda" druckte den Wortlaut der Vernehmungsprotokolle ab. Es war eine Sensation, aber kein Gegenstand des Disputes, schon gar nicht in unserem Wohnheim oder im Betrieb. Je mehr ich darüber las, desto mehr Fragen hatte ich, und diese wurden immer größer und komplizierter. Wie konnte sich Nikolai Bucharin, der eng mit Lenin zusammengearbeitet hatte und nach der Oktoberrevolution führende Funktionen in der Partei, im Staat und in der Kommunistischen Internationale inne hatte, der als „Liebling der Partei“ galt, selbst bezichtigen, Agent für eine ausländische Macht gewesen zu sein, parteifeindliche, antisowjetische Tätigkeit ausgeübt zu haben? Wie konnte Rykow, nach Lenins Tod Vorsitzender des Rates der Volkskommissare, ein Mann von hohem Ansehen, sich selbst als Verräter geißeln?

Hitler hatte im Reichstagsbrandprozess van der Lubbe als Kronzeugen auftreten lassen, obgleich unschwer zu erkennen war, dass dieser Mann entweder geistesgestört oder mit Drogen manipuliert war. Hier aber, in Moskau, gab es keine Anzeichen für Ähnliches, und dennoch konnte es bei diesen propagandistisch groß angelegten Schauprozessen nicht mit rechten Dingen zugehen, auch wenn die Medien sich geradezu überschlugen und Stimmen zitierten, die Todesurteile verlangten.

Jagoda ließ unzählige Menschen verhaften und erschießen, und schließlich wurde er selbst erschossen. Jeshow, der die Repressalien noch verstärkte, wurde im Dezember 1938 von seiner Funktion entbunden. Er verschwand von der Bildfläche und wurde ebenfalls erschossen. An seine Stelle trat Lawrenti Berija. Die Verhaftungswelle ebbte erst einmal ab. Es wurde berichtet, dass es auch in den Gefängnissen und Lagern humaner zugehen solle. Im Februar 1939 verurteilte ein Plenum des ZK der KPdSU Auswüchse und Übergriffe des NKWD. Hoffnung kam auf. Einige Angehörige von Verhafteten, darunter auch die Frau meines Vaters, Lotte Reuter, wurden aus dem Gefängnis entlassen. Aber die meisten blieben eingekerkert. An der Grausamkeit des Regimes, auch wenn das damals von mir noch nicht in dieser Verallgemeinerung so gesehen wurde, hatte sich nichts geändert.

Vom Kautschuk zum Stahl

Das Leben offenbarte mir aber schon bald neue und andere „Überraschungen“. Im Kautschukwerk war jemandem aufgefallen, dass ich alle drei Tage ins OWIR, das heißt, zum NKWD musste, um mich zu melden und mir einen Stempel abzuholen. Man hielt es offenbar für falsch und gefährlich, einen wie mich in einem Betrieb von fast militärischer Bedeutung arbeiten zu lassen. Wobei das ganze „militärische Geheimnis“ darin bestand, dass Stücke von den Schläuchen auch für Motoren von Panzern und Armeefahrzeugen gebraucht wurden. Schon stand ich auf der Straße – ohne Arbeit und ohne Brot. In der kurzen Zeit meiner Tätigkeit hatte ich mir keine finanziellen Reserven anlegen können.

Wieder begab ich mich auf die Suche nach Arbeit. Angebote gab es zuhauf. Aber wer war bereit, einen staatenlosen Deutschen und noch dazu den Sohn eines „Volksverräters" einzustellen?

Doch ich hatte Glück. Ein Bekannter hatte mir von einem Betrieb, einer „Scharaschkina Fabrika", einer „Bruchbude", erzählt, die dringend Arbeiter brauchte und auch jeden einstellte. Das Werk lag im Stalin-Bezirk, irgendwo am Stadtrand. Es hieß „Komega", eine Abkürzung für Kessel- und Gasgeneratorenwerk. Und wirklich, niemand interessierte sich dort für Herkunft oder Vergangenheit. Ich wurde anstandslos als Transportarbeiter eingestellt. Doch schon nach kurzer Zeit fragte mich ein Meister, ob ich nicht Lust hätte, an einer Stanze zu arbeiten. Heute würde man den Beruf wohl Umformtechniker nennen. Ich sagte sofort zu, und der Wechsel zur neuen Arbeitsstelle vollzog sich in zehn Minuten. Es war eine 120-Tonnen-Presse, für meine Begriffswelt eine Riesenmaschine, die ich nun in meiner Gewalt hatte. Die Ausbildung dauerte keine fünf Minuten: das Blech auf die Matrize legen und mit einem Hebel den Stempel regulieren, um das Werkstück abzukanten.

Ich kam damit gut zurecht und schaffte auch bald die Norm. Später musste ich dann auch glühende Werkstücke bearbeiten. Doch eines Tages kam eine Kommission. Man hatte festgestellt, dass die gepressten Stücke nicht den vorgegebenen Maßen entsprachen. Die Presse wurde stillgelegt, dann von Einrichtern auseinander genommen, um den Fehler oder den Schuldigen zu ermitteln. Es stellte sich heraus, dass die Presse durch den Zunder „Fehlformen" lieferte. Verglühte Metallteilchen, die sich beim Verformen lösten, fielen in die Matrize herab, wurden zusammengepresst und gaben dieser und den zu bearbeitenden Teilen eine andere Konfiguration. Ein Ausweg wurde bald gefunden, indem man eine Druckluftleitung legte, die den Zunder ständig ausblies. Das war nur ein winziges Kapitel technischer Entwicklung in der Sowjetunion der dreißiger Jahre. Die Fehlerkorrektur kostete nur ein paar Rubel. In anderen Betrieben, in denen es an Qualifikation der Arbeiter und Ingenieure mangelte, wurden sicher viele Millionen der sehr knappen Rubel und auch Dollar vergeudet. Es fehlte generell an Erfahrung mit der Technik, vor allem mit moderner. Insbesondere aber war die Berufsausbildung unzureichend.

Im Wohnheim hatte ich mich gut eingelebt und wurde von allen Mitbewohnern und Nachbarn akzeptiert.

Gern ging ich ins Kino. So sah ich zum Beispiel die damals sehr populäre Trilogie „Maxim“ und den Lustspielfilm „Wolga-Wolga“, bei dem erstmals ein sowjetisches Jazzorchester unter Leitung des Solisten Leonid Utjossow auftrat. Die Filme über die revolutionäre Vergangenheit blieben mir in ihrer künstlerischen Gestaltung und ihrer Aussagekraft besser und deutlicher in Erinnerung als viele in späteren Jahren gedrehte Filme. Ich denke dabei nicht nur an Eisensteins „Panzerkreuzer Potjomkin“ und „Oktober“, sondern auch an „Tschapajew“, den „Mann mit dem Gewehr“ und die „Matrosen von Kronstadt“, um nur einige zu nennen. Mögen diese Filme bei Historikern Einwände hervorrufen, die sicherlich berechtigt sind; bei uns Jugendlichen fanden sie damals ungeteilte Zustimmung.

All dies konnte jedoch auch mein Interesse am Theater nicht verdrängen. Dabei zog es mich weniger ins „Bolschoi“ oder in das am Majakowskiplatz neu erbaute Konservatorium als in die Sprechbühne, insbesondere ins Künstler-Theater „MCHAT“ oder ins Wachtangow-Theater. Einen guten Ruf genoss damals auch das Meyerhold-Theater in der Gorkistraße. Später wurde dessen Leiter, der weltbekannte Regisseur Wsewolod Meyerhold, ebenfalls verhaftet und das Theater geschlossen. Das gleiche Schicksal ereilte das Jüdische Theater und das Zigeunertheater. Die Repressalien verschonten Kunst und Künstler nicht, und das reiche Moskauer Kulturleben war durch diese brutalen Eingriffe stark in Mitleidenschaft gezogen.

Da meine besondere Liebe dem „MCHAT“ galt und ich diese Liebe mit vielen Moskauern teilen musste, blieb mir nichts anderes übrig, als mich nach der Abendschicht gegen 23.00 Uhr in die Schlange vor der Theaterkasse einzureihen, um gegen Mittag des nächsten Tages eine Eintrittskarte zu ergattern. Es blieb gerade noch die Zeit, um zum Schichtbeginn wieder im Werk zu sein. Ich glaube, dass auch derartige Episoden das Moskauer Leben der dreißiger Jahre charakterisieren, das heute oft als trist und erbärmlich dargestellt wird. Stark beeindruckten mich „Die Tage der Turbins" von Michail Bulgakow, ein Revolutionsstück, in dem nicht ein einziger Revolutionär auf der Bühne erscheint. Die Handlung spielt 1917/1918 im Hause der weißgardistischen Offiziersfamilie Turbin. Die einzelnen Mitglieder dieser Familie haben eine sehr differenzierte Einstellung zur Oktoberrevolution. Aus ihrem Verhalten, ihren Worten und ihrem Gebaren kann man die damalige Entwicklung im Lande und die divergierenden Standpunkte und Einsichten der Menschen exakt verfolgen. Heute drängt sich ein Vergleich zu Boris Pasternaks „Doktor Shiwago" auf.

Es ist mir unverständlich, dass dieses beeindruckende und die damalige Realität nüchtern widerspiegelnde Werk seinerzeit in der Sowjetunion verboten wurde. Im „MCHAT" dominierte im Spielplan aber Tschechow, der mit seiner „Möwe" dem Theater auch das Emblem verliehen hatte.

August 1939: Hitler-Stalin-Pakt

Eines Abends, während der Spätschicht, berichtete ein Kollege aufgeregt, dass er am Portal der deutschen Botschaft eine große Hakenkreuzfahne habe hängen sehen. Das überraschte uns alle, denn die Botschaften durften nur an den Nationalfeiertagen der betreffenden Länder oder des Gastgeberlandes beflaggt werden. Da das Gebäude nicht weit von unserer Arbeitsstelle entfernt war, machte ich mich gleich auf den Weg. Der Kollege hatte Recht. Mir fiel auf, dass dort außer den beiden obligatorischen Milizionären, die das in einer recht einsamen Nebengasse gelegene Gebäude bewachten, außergewöhnlich viele Zivilisten herumstanden. Am nächsten Tag hieß es, der deutsche Außenminister Ribbentrop sei in Moskau eingetroffen. Es gab ein allgemeines Rätselraten, war doch immer öfter von einem bevorstehenden Krieg die Rede.

Der am 23. August 1939 abgeschlossene sowjetisch-deutsche Nichtangriffspakt wurde von vielen als eine Chance aufgefasst, der UdSSR den Frieden zu bewahren. Der Abschluss eines Freundschaftsvertrages, von dem man ebenfalls unter vorgehaltener Hand sprach, passte jedoch ganz und gar nicht in die politische Landschaft.

Dem Abschluss des Nichtangriffspaktes folgten Schritte, die mich und nicht nur mich stutzig werden ließen. Der Film „Professor Mamlock" nach dem Theaterstück von Friedrich Wolf, in dem die Judenverfolgung in Deutschland angeklagt wurde, verschwand aus den Kinos. Die „Prawda" wählte neue Vokabeln, wenn von Deutschland die Rede war. Das verunsicherte mich; und wieder fehlte mir jemand, mit dem ich hätte reden können. Im „Lux" wohnte zwar noch meine Tante Lieschen mit ihrem kleinen Sohn Karl. Doch um das Hotel betreten zu können, musste ich mir einen Passierschein ausstellen lassen. Das aber wollte ich nur in äußerst dringenden Fällen tun, um ihr keine Schwierigkeiten zu bereiten.

So musste ich auch mit diesem Problem allein fertig werden. Meine Zimmergenossen waren in solchen Fragen nicht die richtigen Gesprächspartner. Ich rief mir in den Sinn, was Stalin in seinem Referat am 26. Januar 1934 auf dem XVII. Parteitag über das faschistische Regime in Deutschland gesagt hatte: „Nach dem Machtantritt der jetzigen deutschen Politiker hat sich die Politik Deutschlands geändert. Die ‚neue' Politik, die im Wesentlichen an die Politik des ehemaligen deutschen Kaisers erinnert, der eine Zeit lang die Ukraine besetzt hielt, einen Feldzug gegen Leningrad unternahm und die baltischen Länder in ein Aufmarschgebiet für einen solchen Feldzug verwandelte, gewinnt in offenkundiger Weise die Oberhand."

So Stalin am 26. Januar 1934. Und nun dieser Vertrag. Das löste Fragen über Fragen aus, die mir auch später, in den Jahren 1951 bis 1954, als ich an der Moskauer Parteihochschule studierte, nicht zufriedenstellend beantwortet wurden.

Doch all das wurde von der Nachricht übertroffen, dass Stalin nach der Unterzeichnung des Vertrages am 24. August 1939 den Trinkspruch auf Hitler ausgebracht haben soll: „Gitler Molodez!" Diese ungeheuerliche Bemerkung, Hitler sei ein tüchtiger Kerl, wird auch dadurch nicht entschärft, dass Hitler laut Henry Picker in seinen „Tischgesprächen im Führerhauptquartier“ am 22. Juli und am 22. September 1941 Stalin einen „genialen Kerl“ und „den größten lebenden Staatsmann“ genannt haben soll.

Der Pakt hatte aber noch andere Auswirkungen. Man stellte deutschen Emigranten anheim, wieder nach Deutschland zurückzukehren. Andere, wie zum Beispiel Lotte Reuter, sahen wegen Arbeitslosigkeit und Repressionen keine andere Wahl. Margarete Buber-Neumann wurde, wie bereits gesagt, direkt der Gestapo überstellt. Wie lange meine Galgenfrist dauern würde, wusste ich nicht, den Weg zurück nach Hitlerdeutschland schloss ich für mich aus.

Das Leben ging weiter, Kapriolen wie die folgende eingeschlossen. Wir hatten im „Komega“-Werk Zahltag. Ich arbeitete in der Spätschicht und anschließend sollte der Lohn begossen werden. Meine Kollegen und ich fanden am Nordbahnhof noch ein geöffnetes Restaurant. Ich weiß nicht mehr, wie ich mit anderen mir unbekannten Tischnachbarn ins Gehege kam, aber die Sache endete damit, dass wir Freundschaft schlossen und sie mir vorschlugen, bei ihnen zu arbeiten. Auf meine Frage: „Wer seid Ihr?“, antworteten sie voller Stolz: „Lastenträger.“ Das klang so animierend, dass ich zusagte.

Am nächsten Tag arrangierte ich meine Kündigung. Das war nicht ganz einfach, denn dem standen Gesetze entgegen. Aber nach der Devise, dass man Gesetze auch umgehen kann, landete ich schließlich im Artel „Fünfjahrplan“, einer Arbeitergenossenschaft, die über tausend Mitglieder zählte und für gutes Geld Schwerstarbeiten übernahm.

Am nächsten Tag meldete ich mich als Mitglied dieser Genossenschaft in der Schokoladen- und Konfektfabrik „Roter Oktober“. Diese war 1867 von einem deutschen Unternehmer gegründet worden und hatte 1918 den Namen „Roter Oktober“ erhalten. Sie lag unmittelbar an der Moskwa, dicht hinter dem Wohnhaus der Regierungsmitglieder. Schokolade klingt süß, doch die Arbeit war bitter. Die Bonbonkisten, immer zwei auf der Schulter, mussten in eine Transportstraßenbahn verladen werden. An Lastwagen mangelte es damals. Meine körperliche Länge war ein echtes Handicap, denn ich musste mit der Last tief in die Knie gehen, um durch die Eingangstür zu kommen.

Die Kniegelenke machten sich bald bemerkbar. Es sollte aber noch viel schlimmer kommen.

Nachdem die Kisten im Umschlagbahnhof entladen waren, musste ein Waggon Zucker in die Straßenbahn umgeladen werden. Sechs Pud wog jeder Sack, ein knapper Doppelzentner. Und eine rund achtzehn Tonnen schwere Waggonladung sollte von sechs Mann in zwanzig Minuten verladen sein. Dann kam zwar die Fahrt zur Fabrik und mit ihr eine Ruhepause. Aber der Arbeitstag dauerte zwölf Stunden, zwanzig Tage im Monat.

Anfangs nahm man auf meine Jugend und Unerfahrenheit Rücksicht. Mir wurden alle Tricks der Arbeit beigebracht, was, wie ich später erfahren sollte, nur in Ausnahmefällen geschah, denn die Mitglieder dieses exklusiven Klubs von Muskelprotzen und Schwerverdienern wollten unter sich bleiben. Auf der Rückfahrt zum Betrieb kamen mir große Zweifel hinsichtlich meiner Entscheidung, die Arbeit gewechselt zu haben.

Für mich, der ich als Hänfling in diese kraftstrotzende Runde aufgenommen wurde, war es nicht leicht, mit diesen Sechspudsäcken fertig zu werden. Aber es war nicht nur der Zwang, das Stück Brot zu verdienen, es kam auch der Wille, vor diesen Arbeitern und mit diesem Volk zu bestehen, mich zu behaupten. Es waren neue Menschen, die sich durch ihre Körperkraft anderen überlegen fühlten und ein großes Selbstbewusstsein an den Tag legten.

Während ich noch mit mir ins Gericht ging, stieß mich einer an und sagte: „Los! Zehn Rubel her!“ Ich konnte mich nicht erinnern, dass ich ihm diese Summe schuldig war. Da ihm aber alle anderen wortlos das Geld aushändigten, gab auch ich ihm meinen Schein. An der nächsten Straßenkreuzung sprang er vom Trittbrett und verschwand. Wir mussten zu fünft die Säcke ausladen, neue Fracht stapeln und fuhren dann los. Als unsere Straßenbahn um jene Ecke bog, bremste der Fahrer ab und unser sechster Mann stieg wieder zu. Aufspringen konnte er keinesfalls, denn seine Taschen waren mit Essen und Wodkaflaschen vollgestopft.

Mittagszeit. Wir hockten uns auf den Boden im hinteren Führerstand der Straßenbahn. Sorgfältig wurde eine Zeitung ausgebreitet, Schinkenspeck wurde in Scheiben geschnitten. Dazu kam derbes Schwarzbrot auf den „Tisch“. Statt eines „Guten Appetit“ hob einer seine Flasche, schlug mit der Handfläche kräftig gegen den Boden und drückte dadurch Pappkorken und Siegellackverschluss heraus. Das war auch mir schon bekannt. Dann aber tat er etwas, was ich überhaupt nicht begriff. Mit einer fast feierlichen Geste versetzte er die Flasche in kreisende Bewegung. Einer nach dem anderen tat das Gleiche. Dabei folgte ich gespannt dem weiteren Ablauf, bis sie plötzlich ihre Flaschen zum Mund führten und den halben Liter Wodka ohne abzusetzen austranken.

Wohl oder übel tat auch ich das Gleiche, und siehe da, es ging. Eine Halbeliterflasche in einem Zug, ohne zu schlucken, einfach durch die Kehle laufen lassen! Und dann richtig mit Speck oder Schinken, Brot und Butter nachsetzen. Der Kniff, den ich erst später begriff, bestand darin, dass durch die kreisende Bewegung ein Sog, ähnlich dem Abfluss in der Badewanne, erzeugt wird. So konnte der Wodka ungehemmt den Schlund hinunterfließen.

Im Grunde genommen war das eine widersinnige Steigerung des Alkoholkonsums, an der aber so mancher Russe aus überlieferter Tradition seine Männlichkeit maß. Der Vorteil bestand darin, dass der Alkohol nicht gleich in den Kopf stieg und die Arbeit ungehindert, sicherlich sogar zügiger, fortgesetzt werden konnte.

Sie flutschte mit dem halben Liter im Bauch sogar besser als vor dem Essen oder, besser gesagt, dem Trinken. Da gab es nun verschiedene „Theorien“, die das begründen sollten. Lassen wir sie beiseite, Tatsache ist jedoch, dass niemand bei der Schwerstarbeit aus der Reihe tanzte. Bloß mein Muskelkater am nächsten Tag warf nochmals die Frage auf, ob meine voreilige Entscheidung richtig war.

Meine neuen Kollegen bemühten sich sehr um mich und erklärten mir wortreich: „Die ersten drei Tage spürst du nur noch Schmerzen. Danach hast du den Muskelkater überwunden, und deine Knochen sind eingearbeitet. Das Wichtigste ist, beim Aufhocken immer den Sack genau in der Mitte zu erwischen, dann lastet er gleichmäßig auf dem ganzen Körper und du kannst aufrecht gehen.“ Wunderbare Aussichten! Kopf hoch!

Wieder musste ich zur Kenntnis nehmen, dass selbst die primitivste Arbeit Verstand, zumindest Geschick, verlangt. Als wir einmal am Umschlagbahnhof waren, hörten wir vom Kai her lauten Gesang, der uns neugierig machte. Dann sahen wir, wie Tataren aus einem Schleppkahn große und offensichtlich sehr schwere Kisten herausbeförderten, Kräne gab es nicht. Und so zogen sie mit dicken Seilen unter Gesang die Kisten ans Land. Wie ich beobachten konnte, war ihnen dabei nicht lustig zumute. Aber der Gesang bestimmte den Rhythmus ihrer Bewegung. Das war eine Erfahrung, die mir später bei Entladearbeiten in Sibirien sehr zugute kam.

Doch zurück zu meiner Moskauer Genossenschaft und den zweihundert Tonnen Zucker, den der „Krasny Oktjabr“ täglich verarbeitete. Wir waren dort rund hundertzwanzig Mann, alle Transportarbeiter und doch in unterschiedliche Kategorien untergliedert. An der Spitze standen die Straßenbahner, die stärksten, die auch das meiste Geld verdienten. Dann kam die zweite Gruppe, die alle übrigen Arbeiten erledigte, vornehmlich auf den 1,5- und 3-to-LKWs.

Die untere Gruppe waren die „Kolchosniki“, ehemalige Mitglieder einer Kollektivwirtschaft. Ihnen überließ man Schmutzarbeit, die am schlechtesten bezahlte Tätigkeit. Die „erste Gilde“ wollte unter sich bleiben und absahnen. Da wurden dann auch mal Wetten abgeschlossen, wer drei Säcke auf einmal wegschleppt, dreihundert Kilogramm. Und wenn sich ein „Neuer“ bewarb oder der Brigade gegen ihren Willen zugeteilt wurde, so musste er damit rechnen, dass man ihm den Sack kreuz oder quer auf die Schultern hievte und er ihn nicht bis in die Bahn brachte. Die meisten zogen sich dann schnell zurück. Der Weg blieb nur „Bevorzugten“ offen, so wie es mir bei meiner Aufnahme am Nordbahnhof ergangen war.

Ein Hüne aus Ossetien

Eines Tages wurde der Straßenbahnbrigade ein Kaukasier, Bund Klimentowitsch Missikow, zugewiesen. Er war auch knapp zwei Meter groß. Schon beim Beladen nahm er die Bonbonkisten nicht auf die Schulter, sondern vor die Brust und stemmte sie dann auf den Stapel. Bei der Beladung mit Zuckersäcken hatte man ihm, wie in solchen Fällen üblich, einen Sack so verquer aufgehuckt, dass er ihn fallen lassen musste. Unbeeindruckt griff er sich den heruntergefallenen Sack, riss ihn hoch und schleppte ihn, vor die Brust gedrückt, den Steg hinauf in die Bahn. Dort stemmte er ihn dann in den Stapel. Das beeindruckte selbst die gewieften Lastenträger. „Das ist unser Mann!", urteilten sie. Und ab sofort wurde er gewissenhaft in die Feinheiten des groben Gewerbes eingewiesen.

Eines Tages saßen wir vor der Tür unseres Büros neben dem Werktor und plauderten. Direkt vor uns stand der PKW des Betriebsleiters. Der Fahrer rechnete offensichtlich damit, dass sein Chef jeden Augenblick erscheinen würde. Plötzlich erhob sich Missikow und trat stillschweigend an das Heck des Direktorenwagens heran. Als der Direktor erschien und seinen Wagen bestieg, hob unser Freund die Hinterachse hoch. Der Chauffeur startete, legte den Gang ein, doch vergebens. Er merkte nicht, dass die Hinterräder vom Boden abgehoben waren. Nervös schaltete er den nächsten Gang, mit gleichem Ergebnis. Bund Klimentowitsch hielt den Wagen, auch wenn er vor Anstrengung langsam im Gesicht rot anlief. Wir schütteten uns aus vor Lachen. Missikow ließ den Wagen los, dieser machte einen Sprung nach vorn und der Fahrer ein verdutztes Gesicht.

Leider hielten sich die Kraft dieser Kumpel und ihr Durst die Waage. Vor dem Geldtag führte der Brigadier vorsorglich mit einigen von uns dringende Unterredungen, damit am nächsten Tag wenigstens so viel Mann zur Arbeit erschienen, dass der normale Betriebsablauf gewährleistet werden konnte und der Genossenschaft nicht die Verluste angerechnet wurden. In der Regel gehörte ich dazu. Aber es kam auch vor, dass von den über einhundert Mann nur vier oder fünf zur Arbeit antraten und wir dann allein das Reservelager, das in unmittelbarer Nähe des Betriebes lag, räumen mussten, um Produktionsstillstand zu verhindern. Das hieß, in zwölf Stunden mussten mindestens einhundert Tonnen Zucker be- und entladen werden. Da war der Rubel dann oftmals schon nicht mehr das vordergründige Ziel.

Viele Kollegen erschienen am dritten oder vierten Tag nach der Lohnzahlung wieder zur Arbeit, meist mit leeren Taschen. Ein Teil des Geldes war zu Hause abgeliefert worden, der größere Rest aber die Kehle hinuntergelaufen. Dann half einer dem anderen, gestohlen wurde nicht. Es gab ungeschriebene Gesetze. Wer sie verletzte, wurde rigoros gemaßregelt. Die meisten verfügten über keine oder nur sehr geringe Bildung. Viele waren bereits mit den Gesetzen in Konflikt geraten. Keiner stellte besondere Ansprüche an das Leben. Aber alle lebten nach jenen Moralprinzipien, die sie sich selbst diktiert hatten und strikt achteten.

Eines Tages, mitten im tiefsten Winter, störte uns der Leiter einer weit auswärts liegenden Wohnunterkunft des Betriebes bei dem in Russland beliebtem Dominospiel. Die Straßenbahn war ausgefallen und wir vertrieben uns die Zeit. Seine Bitte, einen LKW mit Brennholz zu beladen, wurde abgelehnt, weil es dafür keine Normen gab. Den Zeittarif bekamen wir aber sowieso auch im Warteraum. Außerdem unterstanden wir nicht dem Betrieb, sondern nur unserer Genossenschaft und ihrem Polier im Betrieb. Doch das Wohnheim musste geheizt werden. So engagierte ich zwei „Kolchosniki" zur Hilfe und wir gingen, um den LKW zu beladen. Nach gut einer halben Stunde kehrten wir zurück. Da konnte sich einer der Dominospieler die Frage nicht verkneifen, wie viel wir verdient hätten. Er habe, so sagte er, immerhin zwei Spiele und somit zwei Rubel gewonnen. Als ich erklärte, dass wir über hundert Rubel verdient hätten, blickten alle verdutzt auf und wollten das erläutert haben. Ich zeigte ihnen die Rechnung. Daraus ging hervor, dass wir den Heimleiter aufs Kreuz gelegt hatten. Ich hatte Brennholz als Schnittholz deklariert und auch die Hin-und Rückfahrt in Rechnung gestellt. Die Achtung mir gegenüber war mächtig gestiegen, und es verging kaum ein Fall, da ich nicht bei Abrechnungen konsultiert wurde. Die Sache hatte aber noch andere, nicht ganz so günstige Folgen.

Bald darauf wurde die gesamte Leitung der Genossenschaft abgelöst. Das hing aber nicht mit meinem „Schnittholztransport" zusammen. Man hatte in unserem Objekt Unregelmäßigkeiten in Höhe von 65000 Rubel festgestellt. Da wir eine Genossenschaft mit über tausend Mitgliedern waren, mussten Vertreter für eine Delegiertenkonferenz gewählt werden, die über eine neue Leitung befinden sollte. Zu dieser Konferenz, zu deren Delegierten auch ich gewählt worden war, erschienen Vertreter der Kreisleitung der KPdSU, des örtlichen Sowjets und auch der Vorsitzende einer Friseurgenossenschaft, der von der Obrigkeit auserkoren war, den Vorsitz unserer Genossenschaft zu übernehmen.

Die alte Leitung hatte vor der Versammlung zu einem Umtrunk eingeladen, und die Stimmung war dementsprechend. So wurde der „Friseur", als sein Name fiel, sofort mit Fragen nach seiner Vergangenheit vom Bürgerkrieg bis zum Friseurhandwerk bombardiert. Er wurde so in die Klemme genommen, dass er den Rückzug antreten musste. Als neue Namen für den neu zu wählenden Vorstand genannt wurden, fiel auch meiner. Damit hatte ich nicht gerechnet. Darüber hatte auch niemand mit mir gesprochen. Das wäre das Ärgste gewesen, was mir in dieser Situation hätte widerfahren können: Ich als Deutscher ein Gegenkandidat des von der Rayonleitung der Partei empfohlenen Vorstandes. Also erhob ich mich und bat, meinen Namen von der Kandidatenliste zu streichen, was Gott sei Dank wortlos akzeptiert wurde. Der von der Rayonleitung der Partei empfohlene Kandidat wurde abgelehnt, „unser Mann" kam durch, aber die Leitung wurde personell verändert.

Erfrorene Füße

An das Datum des nächsten gravierenden Tages kann ich mich gut erinnern: Es war der 11. Januar 1940. Sehr genau weiß ich auch, dass an diesem Tage das Thermometer in Moskau auf minus 44 Grad fiel – ein Kälterekord! Niemand war bereit und auch nicht verpflichtet, bei diesen Temperaturen auf offenem LKW oder in ungeheizter Straßenbahn durch die Stadt zu fahren und im Freien zu arbeiten. Die Werkleitung beschwor uns, die notwendigen Rohstoffe, vornehmlich Zucker, heranzuholen, da sonst der Betrieb stillgelegt werden müsste. Wieder einmal gehörte ich zu den Einsichtigen und meldete mich freiwillig. Da die Straßenbahn ausgefallen war, mussten wir den Zucker mit LKWs aus dem Umschlaglager holen. Kurz vor Mittag hatte ich bereits so eiskalte Füße, dass ich sie nicht mehr spürte. Da ich mir keine Blöße geben wollten, arbeitete ich weiter und stieg mit meinen Halbschuhen wieder auf den LKW.

Gegen vier Uhr nachmittags hatte ich dann endgültig genug, obwohl die Schicht eigentlich erst um 19 Uhr zu Ende war. Ich setzte mich zu den Dominospielern, aber bald begannen meine Füße stark zu schmerzen. Weil ich fürchtete, in der Straßenbahn stehend diesen Schmerz nicht ertragen zu können, lief ich zu Fuß nach Hause. Als ich mir Schuhe und Socken von den Füßen zog, musste ich zu meinem Schrecken feststellen, dass drei Zehen, darunter die beiden großen, schwarz waren. Das heißt, sie waren erfroren.

Mit meinen zwanzig Jahren war ich medizinisch nicht sehr bewandert. Auch war ich noch nie mit solchen Fragen konfrontiert gewesen und dachte mir in meinem jugendlichen Leichtsinn: Ob zehn Zehen oder sieben, das ist im Grunde genommen gleichgültig. Deshalb sah ich die Angelegenheit nicht allzu tragisch. Ich bereitete mir mein Abendbrot, saß mit den anderen noch eine Weile zusammen und ging dann ins Bett. Am nächsten Morgen wollte ich mich dann auf den Weg zum Arzt ins Ambulatorium machen. Die beiden Ältesten unserer Gruppe, Gorelow und Golubjew, sahen früh auf meine Füße und prophezeiten mir, dass der Arzt nicht zaudern würde, die Zehen zu amputieren. Sie beschworen mich: „Lass dich auf keinen Fall darauf ein!"

Die Poliklinik war überfüllt; viele Patienten hatten Erfrierungen. Jeweils zehn wurden in das Zimmer des Arztes eingelassen. Da ich meine Füße nicht mehr in meine Schuhe hineinzwängen konnte, hatte ich Galoschen angezogen, das heißt Gummiüberschuhe. Ich zog sie aus, als der Arzt zu mir herankam. Dieser warf aber nur einen flüchtigen Blick auf meine Zehen und entschied: „Abnehmen!" Es dauerte nur Sekunden, dann war er schon beim nächsten Patienten neben mir.

Ich aber erinnerte mich der dringenden Mahnung meiner älteren Freunde und bat ihn zu mir zurück. Halb im Ernst, halb im Scherz fragte ich ihn: „Meinen Sie mich, Genosse Doktor? Haben Sie eben von meinen Zehen gesprochen? Abnehmen? Sie verfügen hier mit einem Wort über fremdes Eigentum. Woher nehmen Sie das Recht?"

Er hatte wenig Lust und Zeit, mit mir zu streiten, und ließ sich auf einen Kompromiss ein. Die Schwester wies er an: „Schmieren Sie dick Vaseline darauf!" Und zu mir gewandt sagte er: „Sie kommen auf jeden Fall morgen früh wieder hierher!" Das war, wie ich später erfuhr, die einzig richtige Entscheidung, denn die Gefahr des Wundbrandes oder des Starrkrampfes war groß. Am nächsten Tag hätte der Arzt dem noch beikommen können. Aber das Glück war mir hold. Wochenlang bin ich in diese Poliklinik gegangen und mit Vaseline behandelt worden. Haut, aber auch Fleisch lösten sich im Laufe der Zeit, bis sich alles erneuert hatte.

Was mir widerfahren wäre, wenn die beiden Kumpel mich nicht so eindringlich gewarnt hätten, habe ich erst einige Jahre später begriffen, als ein guter Freund aus dem Kriege zurückkehrte. Er konnte sich nur mühsam, ganz vorsichtig Schritt für Schritt vorwärtsbewegen, denn ihm waren nach einer Erfrierung beide großen Zehen amputiert worden.

Eine Weisung der Abteilung für Visafragen

Die Füße waren jedoch in jenen Tagen bald nicht mehr meine einzige Sorge. Während ich noch in Behandlung war, informierte mich ein Mitarbeiter des OWIR, der Abteilung des NKWD für Visafragen, dass ich auf schnellstem Wege Moskau zu verlassen hätte, da die Hauptstadt zur „Regimestadt" erklärt worden sei. Ich wusste nicht, dass nicht nur Moskau, sondern die meisten Großstädte diesem „Regime" unterstellt worden waren. Das bedeutete, dass sich – ich will einen behutsamen Ausdruck verwenden – „Missliebige" nicht in der Stadt und nicht in einem Umkreis von hundert Kilometern um diese Städte aufhalten durften. Letztlich war es die Verbannung, obwohl man dieses Wort natürlich vermied. Man war so großzügig, den Betroffenen selbst die Wahl zu lassen, wohin sie sich begeben wollten. Die Bestätigung und die Genehmigung für den Ort erteilte aber allein das OWIR. Und diese war bindend. Ich durfte mich nur an dem vom OWIR genehmigten Ort, sonst nirgendwo in der Sowjetunion aufhalten. Ich – wie andere Gleichgestellte auch – wurde vor die Alternative gestellt, entweder nach Deutschland zurückzukehren oder Moskau in nördlicher oder östlicher Richtung zu verlassen.

Die erste Variante kam für mich nicht in Frage. Ein Gespräch mit Genossen der Komintern endete mit dem Versprechen, für mich hundert Kilometer von Moskau entfernt einen Wohnort zu suchen und Arbeit zu beschaffen. Ich bedankte mich für den guten Willen und erklärte, dass ich diese Situation nutzen und in der Ferne Land und Leute kennen lernen möchte. So habe ich auch ein weiteres Angebot ausgeschlagen. Auf dem Hof des „Lux" wohnte ein Schlosser, dem es gelungen war, seine Familie mit in seinem Zimmer unterzubringen. Er wollte mir seine leerstehende Bauernkate in der Nähe von Rjasan schenken. Als eine der Folgen der Kollektivierung und der damit im Zusammenhang stehenden Landflucht standen in den Dörfern so manche Häuser leer, in den Städten aber drängten sich die Menschen auf engstem Raum. Auch dieses gut gemeinte Angebot musste ich ablehnen, denn ich war in Fragen Agronomie und Landarbeit absolut unwissend.

Mein erster Gedanke war, auf einer der Winterstationen am Nördlichen Seeweg anzuheuern. Für einen jungen Menschen war das damals nicht nur äußerst aktuell, sondern auch abenteuerlich. Allen war das Drama der „Tscheljuskin" noch in frischer Erinnerung, eines sowjetischen Dampfers, der auf einer von O. J. Schmidt geleiteten Expedition von Murmansk nach Wladiwostok durch den Nördlichen Seeweg von Eisschollen zerdrückt wurde und am 13. Februar 1934 gesunken war. Die 111 Mann starke Besatzung konnte sich auf das Eis retten und wurde in einer gewagten Aktion Anfang April 1934 von sowjetischen Fliegern ans Festland gebracht. O. J. Schmidt wurde danach Chef der neue Behörde „Glawsewmorput", der Hauptverwaltung Nördlicher Seeweg im Ministerium für Seeflotte der UdSSR, die für die Erschließung der Schifffahrtsstraße durch das nördliche Eismeer verantwortlich zeichnete. Hier zu arbeiten wäre für mich eine Herausforderung gewesen. Dazu kam die Überlegung, dass ungeachtet des Nichtangriffspaktes mit Hitlerdeutschland ein Krieg dicht vor der Tür stand und ich weit von allen Fronten entfernt sein würde. Aber mein Antrag wurde abgelehnt, weil ich keinen der Berufe beherrschte, die auf einer solchen Polarstation gefordert wurden.

Meine nächste Überlegung war nicht weniger abenteuerlich, entsprach aber meinem Alter und den Spekulationen: Ich wollte auf die fernöstlichen Goldfelder an der Lena. Dies wurde ohne Begründung vom OWIR abgelehnt.

In jenen Tagen traf ich den Mann meiner Tante Lieschen, einen Russen, der als Disponent viel im Lande herumkam und mit dem ich offen über meine Probleme reden konnte. Er empfahl mir den Ort Mogotschino am Mittellauf des Ob, rund vierhundert Kilometer von Nowosibirsk entfernt. Die Lebensbedingungen seien dort gut, so behauptete er. Der gut gemeinte Rat beruhte auf der Tatsache, dass er auf einer Dienstreise einen Tag zum Abschluss eines Liefervertrages an diesem Ort verbracht hatte. Ich verließ mich auf sein Urteil, noch dazu, da die Zeit drängte.

Um allem vorzugreifen: Es war ein Fehlurteil. Und dennoch weiß ich nicht, welches Schicksal mir ein anderer Ort beschert hätte. Als ich mit dem Orts- und Gebietsnamen auf dem Zettel beim OWIR erschien, stimmte der Beamte auf der Stelle zu. Nie hatte ich eine derart schnelle Entscheidung erlebt. Das hätte mich stutzig machen sollen, aber die Zeit lief mir davon, und die mir wegen meiner erfrorenen Füße zugebilligte Galgenfrist ging zu Ende.

Vorerst aber musste ich mich gedanklich von Moskau trennen, der Stadt, in der ich sechs Jahre verbracht und viel erlebt hatte. Die Stadt hatte sich in den Jahren verändert, sehr zu ihrem Gunsten. Der Generalbebauungsplan von Moskau fand – bei allem Gigantismus – bei der Bevölkerung große Zustimmung. Hofften doch viele, aus den beengten Kommunalwohnungen herauskommen und in eine eigene Wohnung einziehen zu können. Die Metro, die erste Strecke der in Betrieb genommenen U-Bahn war ein imposantes Bauwerk. Doch es gab auch so manchen, der gegen die zu großzügige Ausstattung Einspruch erhob. Das Argument, eine solche künstlerische Gestaltung habe großen erzieherischen Wert und niemand würde es wagen, auf den Fußboden zu speien oder die Schalen von Sonnenblumenkernen zu verstreuen, überzeugte viele. Einige Bürger stellten sogar ihre Wohnungsansprüche zurück. Wie lange? Andere schimpften über den Abriss der schönsten der 1750 Moskauer Kirchen, zum Beispiel der Erlöserkathedrale, auf deren riesigem Vorplatz sich regelmäßig zu Ostern Tausende und Abertausende Menschen, Gläubige und Nichtgläubige, versammelten, um in den Osterchor mit einzustimmen. Selbst die Armands, die sich sonst strikt an die Parteidisziplin hielten, erzählten voller Begeisterung von diesen Erlebnissen. Und nun begann man dort mit Arbeiten zur Ausschachtung für die Fundamente eines zukünftigen dreihundert Meter hohen Sowjetpalastes. Dieser Abriss, veranlasst von Stalin, war meines Erachtens damals genauso so falsch und geschichtsfeindlich wie der heutige sehr aufwendige Neuaufbau dieser Kathedrale, zu einer Zeit, da das russische Volk von ganz anderen Problemen heimgesucht wird.

Albert Speer, der Chefarchitekt Hitlers, schrieb in seinen Erinnerungen, Hitler habe erst nach Fertigstellung des Projekts eines überdimensionalen Kuppelbaus für Berlin von dem Moskauer Bauwerk erfahren. Hitler habe aber sein Projekt nicht noch einmal überarbeiten lassen wollen, zumal er glaubte, mit dem Saal, der ein Fassungsvermögen von 200000 Menschen haben und dessen Kuppel 220 Meter hoch aufragen sollte, eine unübertreffliche Einmaligkeit zu schaffen. Dafür schickte er eine Architekturausstellung nach Moskau, ließ aber die größten Gebäude nicht zeigen, um Stalin nicht zu provozieren. Beide Bauwerke sind auf dem Papier geblieben. Es musste, wie schon erwähnt, ein Chrustschow kommen, um kurzerhand zu entscheiden, dass aus der alten Baugrube an der Moskwa ein Freiluftschwimmbad wurde, das man im Winter beheizte.

Im Sommer 1937 empfing ganz Moskau den Flieger Valeri Pawlowitsch Tschkalow, der mit seinen Gefährten Baidukow und Beljakow mit seiner ANT-25 in 63 Stunden und 25 Minuten ohne Zwischenlandung 12 000 Kilometer über den Nordpol zurückgelegt hatte.

Im Moskau der dreißiger Jahre hatten sich aber nicht nur die Straßen und viele Häuser gewandelt. Den Menschen ging es jetzt weitaus besser als früher, sie waren besser gekleidet, die Lebensmittelkarten gehörten der Vergangenheit an, im Angebot gab es Dutzende Fleisch-, Wurst- und Käsesorten, Obst, Schokolade und viele andere Süßigkeiten, sogar Kaffe, Weine und Liköre. Einige Verknappungen traten mit den Kriegshandlungen gegen Finnland ein. Sie wurden aber in Moskau schnell überwunden. Im Lande sollen sie länger angedauert haben.

1940: Moskau – Sibirien

Für mich begann nun die unmittelbare Reisevorbereitung. Da ich noch immer Probleme mit meinen Füßen hatte, zog sich der Aufbruch noch einige Zeit hin, aber in Gedanken war ich schon immer öfter in Sibirien.

An Geld mangelte es mir nicht, denn die Genossenschaft zahlte mir meinen Anteil an dem eigentlich „unteilbaren Fonds“ aus. Das war im Grunde genommen rechtswidrig. Doch es bewies mir, wie viel Sympathie ich in der relativ kurzen Zeit bei den Kumpeln, aber auch im Vorstand erworben hatte. Manchmal fragte ich mich aber auch, ob es Zuneigung und materielle Hilfestellung für einen Verbannten war. Wann würde ich mir das nächste Geld verdienen können, und würde es mir zum Leben reichen?

Als ich Ende Februar meine Koffer gepackt hatte, musste ich mich mit den Vorbereitungen des Abschiedsabends befassen. Der Wodka, das Hauptattribut eines „Wetschers“, war in jenen Monaten des Finnlandkrieges knapp geworden. Ich brauchte eine ganze Weile, ehe ich die zwölf Flaschen beisammen hatte, die ich für meine elf Gäste als angemessene „Ration“ kalkuliert hatte.

Die elf Gäste kamen dann auch, und jeder brachte eine Flasche mit, so dass wir nun 23 Flaschen zur Verfügung hatten. Das war ein Liter pro Person. Diese Menge reichte, um einige in der Stunde des Aufbruchs am frühen Morgen schnarchend im Zimmer zurücklassen zu müssen. Diejenigen, die noch imstande waren, mich zum Kasaner Bahnhof zu begleiten, hatten weniger einen letzten Händedruck im Sinn als die Theke des Bahnhofsrestaurants, um mit „Pochmelje“, einem Nachtrunk, den Kater zu bekämpfen. Zu dieser „Mitropa“ hatte aber nur Zutritt, wer eine Fahrkarte vorweisen konnte. Die Kumpel bestürmten mich also, ihnen meine Fahrkarte auszuleihen. Da ich in guter Erinnerung bleiben wollte, gab ich ihnen meine Fahrkarte. Nur einer, Grischa Loginow, der den Eindruck vermittelte, er sei als Alkoholiker gerade eben Gorkis „Nachtasyl" entstiegen, blieb an meiner Seite, um die Koffer am Gepäckschalter abzugeben. Doch dort eröffnete man uns, dass nur in Sackleinen eingenähte Gepäckstücke angenommen würden. Selbst Koffer mussten als Schutz gegen Diebstähle eingenäht sein. Da standen aber auch schon „Helfer in der Not" bereit, um für fünfzig Rubel einen Koffer einzunähen. Die Zeit der Abfahrt nahte. Das Problem war nur: Ich hatte keine Fahrkarte, und meine Freunde hatten es sich inzwischen im Restaurant gemütlich gemacht. Alle Versuche, den „Rausschmeißer", der den Eingang bewachte, zu überreden, mich ohne Fahrkarte wenigstens bis an ihren Tisch zu lassen, scheiterten. Meine Verzweiflung wuchs. Ich kehrte zu Grischa zurück, der auf meine übrigen Sachen aufpasste. Was nun, was tun? Grischa blieb gelassen und entwickelte folgenden Plan: „Das klären wir in einer Minute! Ich werde dem Mann am Eingang eine Ohrfeige geben. Er wird mit mir eine Prügelei beginnen, und du kannst die Gelegenheit nutzen, um ins Restaurant zu kommen. Dort lässt du dir die Fahrkarte geben und sagst den anderen, sie mögen mir zu Hilfe kommen. Dann rennen wir zum Bahnsteig und werden deinen Zug noch erreichen!"

Die Aktion verlief, wie er sie geplant hatte. Ich kam zu meiner Fahrkarte, und wir alle stürmten auf den Bahnsteig. Dort erwartete mich allerdings die nächste Überraschung: Man wollte mich nicht einsteigen lassen, weil ich mehr als die zulässigen sechzehn Kilogramm Handgepäck hatte. Einige Rubelscheine für den Wagenbegleiter beseitigten auch dieses Hindernis. Atemlos, mit stark strapazierten Nerven, erreichte ich mein Abteil. Der Zug fuhr los, die Freunde winkten, und langsam verschwand die Silhouette Moskaus hinter mir. Wir haben uns nie wiedergesehen und nie wieder voneinander gehört. Meine Gedanken eilten dem Zug voraus und waren schon mitten in Sibirien, das ich allerdings nur aus Büchern und Erzählungen kannte.

Die Fahrt nach Omsk

Ich hatte mir fest vorgenommen, ein völlig neues Leben zu beginnen, und ahnte nicht, dass dieses neue Leben ganz anders verlaufen würde, als ich es mir ausgemalt hatte.

Eine Hand mit einem gefüllten Becher schreckte mich aus meinen Gedanken auf. Mir gegenüber saß ein Leutnant der Sowjetarmee, der mit mir auf unsere Bekanntschaft anstoßen wollte. Ich hatte gerade mein Gepäck verstaut und es mir auf meinem Platz bequem gemacht, um in Muße noch einmal meine Moskauer Jahre in Gedanken an mir vorbeiziehen zu lassen. Wie konnte ich der Feldflasche und dem Becher des Leutnants entkommen? Ich hatte doch soeben beschlossen, ein neues Leben zu beginnen? Ich konnte ihn aber auch nicht beleidigen, würde ich doch tagelang mit ihm reisen müssen. Dennoch schlug ich seine Einladung aus: „Vielen Dank! Ich trinke keinen Alkohol."

Er sah mich einen Augenblick verdutzt an, dann brach er in schallendes Lachen aus. Langsam begann ich zu verstehen. Ich hatte nach diesem Abend sicher eine entsprechende „Fahne". Tapfer versuchte ich ihm zu erklären, dass ich in der vergangenen Nacht den letzten Alkohol meines Lebens getrunken hätte und in diesem Zug ein neues Leben beginnen wolle.

Sichtlich beeindruckt, beglückwünschte er mich zu diesem Entschluss und wünschte mir Erfolg. Er gab aber zu bedenken, ob der Termin glücklich gewählt sei. Warum damit im Schatten Moskaus beginnen? Wäre nicht Omsk, die Station, auf der er aussteigen musste, auch ein geeigneter Ort für mich, das neue Leben zu beginnen? Ich vermochte diesem entwaffnenden Argument nicht lange zu widerstehen

In Omsk nahmen wir nach drei Tagen gemeinsamer Fahrt Abschied. Der Leutnant bat mich um zehn Kopeken für die Straßenbahn. Wir waren so gute Freunde geworden, dass ich es als Demütigung für ihn empfunden hätte, ihn mit zehn Kopeken abzuspeisen. Ich holte einige Rubel aus der Tasche. Doch er winkte ab: „Ich brauche nur das Straßenbahngeld. Mein Vater ist Schuldirektor, meine Mutter Lehrerin. Mach dir keine Sorgen um mich. Wer weiß, in welche Lage du noch kommst." Ich gab ihm zehn Kopeken.

Nowosibirsk – Tomsk – Mogotschino

Seit der Abfahrt in Moskau war klar, dass ich in Nowosibirsk in eine äußerst heikle Situation geraten würde. Dort wurde das Gepäck jedes Reisenden nachgewogen. Wer mehr als die erlaubten sechzehn Kilogramm hatte, musste eine Strafe zahlen, deren Summe sich aus der Multiplikation des Übergewichts mit der Kilometerzahl Moskau–Nowosibirsk ergab. Meine zwei Koffer und ein Bündel wogen mindestens einhundert Kilogramm. Das wäre mein Ruin gewesen.

Ich ging zum Waggonschaffner und bat ihn um Rat. Geld hatte er ja schon reichlich von uns abkassiert. Er hob gelangweilt die Schultern. Wollte er mir nicht helfen oder konnte er wirklich nicht? Ich wurde etwas eindringlicher. Da griff er hinter seine Kopfstütze, zog wohl ein Dutzend alte Fahrscheine hervor und drückte sie mir in die Hand. Ich wusste zwar nicht, was ich damit anfangen sollte, steckte sie aber vorerst ein.

In Nowosibirsk wollte ich einen Gepäckträger mit fünfzig Rubel bestechen, notfalls gar auf hundert erhöhen. Aber ich hatte die Rechnung ohne den Wirt gemacht. Wegen der stundenlangen Verspätung traf der Zug früh um fünf Uhr ein. Weit und breit war kein Gepäckträger zu sehen. Ich hatte mit ihnen eben kein Glück. Ich stieg als letzter aus, sah die Reisenden zu einem großen Eisentor strömen, über dem das Schild „Ausgang“ hing. Neben diesem Tor wachte ein Männchen argwöhnisch darüber, dass niemand unkontrolliert den Bahnhof verließ. An der danebenstehenden Waage hatte sich eine ziemlich lange Schlange mit Koffern und Säcken beladener Fahrgäste gebildet.

In diesem Augenblick kam mir der rettende Gedanke. Ich, schwer beladen, schrie auf dem inzwischen fast menschenleeren Bahnsteig: „Wasja! Grischa! Manja! Wanja! Mischa!“ Ein gutes Dutzend Namen fiel mir ein. Zwischendurch rief ich immer wieder lauthals: „Bleibt doch stehen! Wartet auf mich!“ Niemand reagierte, denn es war ja niemand da, der hätte reagieren können.

Inzwischen erreichte ich das Bahnsteigtor, stapelte meine Sachen vor dem ältlichen Kontrolleur. Ich schaute ihn nicht an, sondern richtete meinen Blick immer wieder auf den Bahnhofsvorplatz und trompetete lauthals weiter: „Wanja, Manja, wartet doch endlich!“ Gleichzeitig stopfte ich dem Mann die alten Fahrscheine in die Hände. Dann lud ich mir mein Gepäck wieder auf und marschierte mit einem neuen Ruf los, um so schnell wie möglich aus dem Blickfeld des Eisenbahners zu gelangen. Kein Blick zurück, auch von dort kein Ruf. Mein Ruin war abgewendet! Dann begab ich mich von der Vorderfront in das Bahnhofsgebäude und gab Koffer und Beutel in der Gepäckaufbewahrung ab. Dass ich acht Jahre später auf der Rückfahrt aus der Verbannung in Nowosibirsk ein noch viel schlimmeres Abenteuer zu bestehen hatte, konnte ich 1939 nicht ahnen.

Zunächst machte ich mich auf den Weg zur Hauptverwaltung für Holz und Holzverarbeitung. Dort legte ich meine Papiere vor, die mir das zuständige Ministerium in Moskau ausgestellt hatte. Ich erklärte mein Anliegen und die Kollegen waren sehr hilfsbereit. Sie versprachen, ein Telegramm an das Sägewerk in Mogotschino zu senden, damit der Betrieb einen Pferdeschlitten nach Tomsk schicke. Dann gaben sie mir die Adresse, wo sich die Schlafstelle des Betriebes befand. Hier konnte ich bis zum Eintreffen des Schlittens übernachten. Niemand konnte mir allerdings eine Fahrkarte nach Tomsk beschaffen. Glücklicherweise hatte ich die Adresse des Mannes meiner Tante Lieschen, der zu dieser Zeit in Nowosibirsk weilte. Es gelang mir, ihn ausfindig zu machen, und ich lud ihn zum Essen ein. Er versprach, mir beim Erwerb einer Fahrkarte behilflich zu sein. Das war kein leichtes Unterfangen. In der Bahnhofshalle stand ein knappes Dutzend Schlangen vor verschiedenen Fahrkartenschaltern. Alles war genau kategorisiert: Abgeordnete, Dienstreisende, Ordensträger, Frauen mit Kindern und Schwangere, Urlaubsreisende mit Ferienscheck. Die vorhandenen Fahrkarten wurden nach einem unergründlichen Schema an die einzelnen Schalter verteilt. An manchen wurde man sofort abgefertigt, an anderen musste man vierundzwanzig oder gar achtundvierzig Stunden warten, bis man sich eine Fahrkarte beziehungsweise Platzkarte lösen konnte.

Mein Onkel war von all dem Trubel wenig beeindruckt. Er ging an der Schlange für Dienstreisende entlang, drängelte sich frech an den Schalter und schüttete der Frau hinter der Luke des Fensters den Inhalt seiner Aktentasche auf das Brett. Dabei behauptete er ununterbrochen, von Lasar Moissejewitsch – das war der Vor- und Vatersname von Kaganowitsch, dem damaligen Volkskommissar für Verkehrswesen und Vorsitzenden des Rats der Volkskommissare der UdSSR – persönlich einen wichtigen Auftrag erhalten zu haben. Dieser zwinge ihn, sofort nach Tomsk zu fahren und dort eine dringende Angelegenheit zu regeln. Mit seiner lauten, beschwörenden Rede gelang es ihm, nicht nur die Frau hinter dem Schalter, sondern obendrein die halbe Schlange von der Bedeutung seiner Mission zu überzeugen. Nach wenigen Minuten gab er mir die Fahrkarte und bald darauf saß ich mit meinen sieben Sachen im Zug nach Tomsk. Auf in die Verbannung!

Die Sonne hatte an Kraft gewonnen, es war März, aber die Dreitagereise von Tomsk nach Mogotschino musste ich mit dem Schlitten zurücklegen. Noch waren der Ob und die Taiga in Eis und Schnee gefesselt. Gut verpackt, über den Mantel noch einen dicken Pelz, einen Tulup, gestülpt, saß ich endlich im Schlitten. So widersinnig es auch klingen mag, meine Fahrt in die sibirische Verbannung, von der ich mir nicht allzu viel vorstellen konnte, gehört zu den schönsten Erinnerungen meines Lebens. Es war eine wunderschöne Reise durch eine herrliche Natur. Es war so, und so ist sie mir auch in der Erinnerung haften geblieben. Vielleicht hätte man die Strecke auch in zwei Tagen zurücklegen können, aber weder der Schlittenführer noch ich hatten es sonderlich eilig.

Eine solche Fahrt durch die Taiga ist unbeschreiblich reizvoll. Unendlicher Wald, vornehmlich Nadelbäume, Kiefern und Fichten, manchmal auf hügeligem Grund auch stattliche Zedern, und immer wieder führt der Weg auf das schneeverwehte Eis des Ob oder einer „Stariza“, wie alte Flussläufe genannt werden, von denen sich der Ob verabschiedet hatte. Die Kufen des Schlittens liegen sehr eng beieinander, weil die schmalen Wege in der Taiga von Pferdehufen getreten werden. Dementsprechend ist auch die Konstruktion des Schlittens. Am vorderen Teil des Schlittens werden zwei Rundhölzer montiert, die nach hinten bis zu zwei Meter ausladen und, nach unten geneigt, dicht über die Schneefläche gleiten. Sie sind mit Strippen verspannt und bilden eine Lade- oder Liegefläche. Der Schlitten kann so in Kurven oder bei schnellen Abfahrten in ein Flusstal nicht umkippen, denn die Ausleger sorgen immer wieder für Gleichgewicht.

Ich weiß nicht, wie es meinem Reiseführer ging, ich jedoch genoss die Reise durch die endlos anmutende Landschaft mit ihren weiten Flächen, die lediglich alle fünfzig Werst oder in noch größeren Abständen von einem Dorf am Ufer des Ob unterbrochen wurden. Überall, wohin das Auge blickte, war die Taiga mit ihren Hügeln. Das rechte flache und das linke steile Ufer des majestätischen, in Eis geschlagenen, stellenweise kilometerbreiten Ob war gesäumt von Bäumen und Sträuchern, die noch in tiefem Schnee steckten.

Damals ahnte ich noch nicht, dass ich hier acht lange Jahre verbringen würde, acht Jahre, die mich auch belehrten, dass diese Taiga nicht nur romantisch, sondern für Zuwanderer oder Verbannte auch menschenfeindlich ist. Die Einheimischen allerdings fühlen sich hier zu Hause und würden die Taiga wohl nicht einmal gegen die Hauptstadt Moskau oder so ehrwürdige Gebietsstädte wie Tomsk oder Nowosibirsk eintauschen.

Im Verbannungsort

Wir kamen durch den Rayonort Moltschanowo, ein trübes Nest, in das ich später noch oftmals sommers in großer Hitze, aber auch winters durch Eis und Schnee pilgern musste, um mir beim NKWD meinen Aufenthaltsstempel abzuholen. Das Ziel war nun nicht mehr fern, zumindest für sibirische Verhältnisse, knappe zwanzig Kilometer. Der Weg wich wieder vom Ob ab, und wir folgten einem Plateau und danach dem Flussbett eines seiner Seitenarme. Die Pferde waren, dem schmalen Weg angepasst, hintereinander geschirrt. Sie spürten wohl den heimatlichen Stall. Und was erwartete mich? Würde dieses Mogotschino auch mir eine Heimat sein können?

Die Fahrt war wunderbar, etwas vollkommen Neues, Schönes, und doch war es eine Fahrt in eine ungewisse Verbannung! Das bekam ich jedoch erst in den folgenden Tagen zu spüren!

Wir gelangten an die Mündung eines Seitenarmes und sahen den kilometerbreiten Ob, den wir schräg überqueren mussten. Am anderen Ufer lag mitten in der Taiga Mogotschino. Verglichen mit den zuvor durchquerten kleinen Dörfern und Orten bot sich ein auf den ersten Blick ungewöhnliches Bild: das große steinerne Maschinenhaus, der riesige Schornstein, das wohl dreißig Meter lange Sägewerk selbst und ein Verladekai, der – weit über hundert Meter lang und über zehn Meter hoch – wie eine riesige Wand in die Dämmerung ragte. Erst beim Näherkommen sah man, dass diese vermeintliche Mauer aus gestapeltem schlichten Schalholz bestand, dessen Hohlräume mit Sägespänen ausgefüllt waren.

Nachdem die Eisdecke im Frühjahr gebrochen war, machten dort die großen, Tausende Kubikmeter Holz fassenden Lastkähne fest und luden Bretter, Bohlen und Schwellen. Im Mai und Juni ragten die Kähne weit über den Kai hinaus. Im September und Oktober lagen sie zehn Meter tiefer an der Sohle des Kais. Dieser widerstand jedem Sturm, jeder Welle, selbst den Eisschollen. Im Frühjahr, während des Tauwetters, hob sich die Eisdecke um einige Meter und brach dann auf. Die Schollen, die anfangs einen Durchmesser von bis zu einem Kilometer hatten, drifteten dann auf den Kai zu, denn er lag genau in der Strömung. Vielleicht hatte er gerade wegen seiner Elastizität eine bessere Widerstandskraft als ein starrer, betonierter Kai.

Wir kamen zur Arbeitersiedlung. Sie war größer als die Kreisstädte, die den Fluss flankierten. Als erstes fiel mir auf, dass die Gehsteige auf dickem Rundholz lagerten, über dem Bretter vernagelt waren. Erst später verstand ich den Sinn dieser Konstruktion. Der Ort geriet in den Wochen der Schneeschmelze, wenn der Flusspegel rapide stieg, unter den Wasserspiegel. In früheren Jahren hatte man sich damit abgefunden, dass der Ort in jedem Frühjahr überschwemmt wurde. Nur das Sägewerk mit seinem Maschinenhaus stand so hoch, dass es verschont blieb. Die Gehsteige wurden bei Überschwemmungen zu Pontonbrücken, auf denen man von Haus zu Haus gehen konnte. Wenn die Häuser unter Wasser standen, wurden sowohl die Haustiere als auch Kühe, Schafe und Hühner auf das Dach des Stalles gehievt. Dort verblieben sie, bis der Wasserspiegel wieder sank.

Der Kutscher brachte mich zunächst ins Gästehaus des Werkes, einer der vielen, von außen wenig Vertrauen erweckenden Baracken. Doch der Schein trog. Innen waren die Wände verputzt und sauber geweißt. Hinter der äußeren Bretterwand war der Hohlraum in einem Abstand von zwanzig bis fünfundzwanzig Zentimeter mit den reichlich vorhandenen Sägespänen gefüllt. Somit waren die Wände der Baracke bestens gegen den sibirischen Frost isoliert. Dascha und Schura, die beiden Betreuerinnen des Gästehauses, die, wie ich später erfuhr, Töchter von verbannten Kulaken waren, empfingen mich sehr freundschaftlich. Ich fühlte mich gleich wohl, und meine nicht zu leugnende Unsicherheit wich.

Mein erster Weg am nächsten Morgen führte mich zum Werkleiter Bobnjew. Ich hatte die feste Absicht, auch beruflich ein neues Leben zu beginnen. Körperliche Arbeit hatte ich kennen gelernt, jetzt wollte ich mich in der Büroarbeit versuchen. Sicherlich war das in der sibirischen Kälte auch das Beste. Vielleicht konnte man einen Buchhalter gebrauchen? Der Werkleiter sah sich meine Papiere an und schien mir wohlgesonnen. Er rief den Hauptbuchhalter und teilte ihm mit, dass ich mich um eine Arbeit in seinem Bereich beworben hätte. Der Mann schien nicht sonderlich begeistert und fragte nach meinen Fachkenntnissen. Als ich ihm gestand, dass sie neben meiner acht Klassen Schulbildung, die ich genossen hatte, minimal seien, machte er den Vorschlag, mich als Lehrling mit einem Gehalt von 180 Rubel einzustellen. Noch im Dezember hatte ich in Moskau über tausend Rubel verdient und hatte mir einen dementsprechenden Standard, auch im Essen, zugelegt. Ich verzichtete auf diesen Job und landete wieder unter den Transportarbeitern.

Vorladung zum Kommandanten

Bevor ich mit der Arbeit beginnen konnte, stieß ich noch auf eine besondere, von mir nicht einkalkulierte Hürde: Man teilte mir mit, dass ich mich beim Kommandanten zu melden habe.

Wer war dieser Kommandant? Was hatte er hier in der Taiga für eine Funktion, welche Vollmachten? Was wollte er von mir? Der Versuch, im Gästehaus bei Dascha und Schura mehr zu erfahren, schlug fehl. Wer würde auch einem verbannten Deutschen erklären, dass der Kommandant für Tausende oder gar Zehntausende verbannte ehemalige Kulaken zuständig war? Wer würde mir berichten, dass in diesem Mogotschino rund neunzig Prozent der Einwohner Verbannte oder so genannte „Spezialumsiedler" waren? Erst als ich dies erfuhr, wurde mir klar, dass dies wohl auch der Grund für die zügige Zustimmung des OWIR in Moskau war.

Als ich das Büro des Kommandanten betrat, verlangte er in barschem Ton meinen Pass, womit er wohl mein „Wolfsbillett" meinte. Dass ich mich prompt weigerte, ihm mein Papier auszuhändigen, hing einerseits mit seinem Ton, andererseits aber auch mit meinem als Lastträger gewonnenem Selbstbewusstsein zusammen. Ich fragte ihn, wer ihm das Recht gäbe, mir meinen Ausweis abzuverlangen. Er sei weder mein Vorgesetzter noch sonst jemand, dem eine solche Forderung zustünde. Darauf antwortete er mit wenigen Worten, die er aussprach, als würden sie ihn für jede nur denkbare Amtshandlung legitimieren: „Ich bin der Kommandant!"

Darauf reagierte ich mit der in russischer Sprache flüssig und akzentfrei vorgetragenen Bemerkung, dass ich Deutscher und des Russischen nicht mächtig sei. Deshalb sei ich auch von der Bezeichnung „Kommandant" nicht sonderlich beeindruckt. Mir seien Begriffe wie „Sowjetmacht", „Kommunist" und „Bolschewik" bekannt, aber den Begriff „Kommandant" würde ich zum ersten Mal hören.

Er begriff, dass ich mich ihm nicht beugen wollte, ein Vorgang, der ihm in seinem Dienstleben sicherlich erstmalig widerfahren war. Wutschnaubend schrie er: „Du wirst hier in Sibirien verrecken, dafür werde ich sorgen!"

Meine Antwort dürfte ihn noch mehr schockiert haben: „Ich bin zwar unmusikalisch, aber Sie können sicher sein, dass ich zu Ihrer Beerdigung einen Hopak tanzen werde." Im gleichen Augenblick wurde mir klar, dass ich mich da auf eine unsinnige Kraftprobe eingelassen hatte. Es musste ein Kompromiss gefunden werden, der es auch ihm gestattete, sein Gesicht zu wahren.

Offenkundig war der Kommandant durch mein forsches Auftreten unsicher geworden und gab mir meinen Staatenlosenpass mit der Bemerkung zurück, dass ich demnächst benachrichtigt würde, wann ich mich bei der Rayonverwaltung des NKWD anmelden müsse.

Mein Glück bestand darin, dass weder der Werkleiter noch der Chefingenieur, weder der Parteisekretär noch der Gewerkschaftsvorsitzende etwas mit diesem NKWD-Kommandanten zu tun haben wollten und mir später ihre offene Sympathie, aber auch ihre Ohnmacht gegenüber diesem Kommandanten bekundeten. Im Unterschied zu den „Spezialumsiedlern" waren sie alle „Freie" wie die Einheimischen, ehemalige Fischer, beziehungsweise gehörten zu der aus dem Zentrum hierhin delegierten „Obrigkeit". Doch zu diesem Zeitpunkt wusste ich das noch nicht. Die ersten Schritte in Mogotschino waren also nicht problemlos. Ich habe später öfter darüber nachgedacht, ob meine erste Kontroverse mit dem Kommandanten ein Fehler war, ob es nicht besser gewesen wäre, moderater aufzutreten? Dabei gelangte ich zu der Überzeugung, dass sich mein Aufenthalt in Sibirien möglicherweise um Jahre verkürzt hätte, wenn ich dem Kommandanten ohne den leisesten Widerspruch geltend zu machen entgegengetreten wäre. Vielleicht hätte dann schon vor Kriegsende die erste Aufforderung der Komintern, mich aus Mogotschino zur Parteischule oder zur politischen Arbeit in einem deutschen Kriegsgefangenenlager abzuberufen, Erfolg gehabt. Eine Voraussetzung dafür wäre aber die Zustimmung des OWIR gewesen. Ich betone: vielleicht! Aber auch heute noch glaube ich, dass mein Verhalten richtig war, sicherlich weniger aus praktischer Sicht, aber auf alle Fälle aus dem Blickwinkel meiner eigenen Würde, der Achtung vor mir selbst.

Nachdem ich das Büro des Kommandanten verlassen hatte, ging ich ins Sägewerk. Ich wollte meine Probleme mit Arbeit überwinden. Für einen Gedankenaustausch fehlte mir wieder ein Partner. Wieder war ich allein und nur auf mich selbst angewiesen. Für mich gab es erstmals nur das Werk mit seinen sechs Sägegattern, den beiden „Börsen", die eine für Roh- beziehungsweise für Rundholz, die andere für Schnittholz, Bretter, Bohlen und Schwellen. Eine allgemeine technisch-mechanische Abteilung vereinigte Maschinisten, Heizer, Dreher, Elektriker, Sattler, Schmiede, Gießer und Schlosser.

Ich hatte mich als Transportarbeiter verdingt. Das war, wie sich später herausstellte, kein sehr kluger Entschluss. Ich kam zur Schnittholzbörse. Kein Mensch konnte mir die Herkunft dieses

Begriffes erklären. Er ist sicherlich schon in der Zeit vor der Revolution geprägt worden. Es genügte ein halber Monat Arbeit, und mir wurde klar, dass der vom Werkleiter genannte Lohn nur in der entscheidenden Verladezeit zu verdienen ist, das heißt in der Zeit des Hochwassers, wenn die Lastkähne ein Vielfaches dessen transportieren können, was im Herbst beladen werden kann.

Wieder Knochenarbeit. Jeweils zwei Mann stapelten Bretter von kleinen Loren auf einen Bock, um dann die acht, zehn oder zwölf Bretter, je nach ihrer Stärke, auf den Schultern auf große Lastkähne zu schleppen. Das Holz lastete schwer auf den Schultern. Nur ein kleines Kissen federte die Last etwas ab. Die Kunst bestand darin, die Bretterstapel auf Deck so abzuwerfen, dass sie sich einordneten und nicht auseinander fielen. Das hätte nur zusätzliche Arbeit verursacht und die nachfolgenden Schlepper behindert. Da der eine Arbeiter die Bretter auf der linken und der andere auf der rechten Schulter trug, um das Gleichgewicht des Stapels zu sichern, musste jeweils einer über seinen Kopf abladen. Auch hier waren also wieder Übung und Geschicklichkeit gefragt. Im Mai und Juni, während des Hochwassers, war Hochsaison. Im Frühjahr mussten die Bretter auf einem Steg steil nach oben getragen werden, während man sie bei Niedrigwasser vom Kai auf einer Rutsche nach unten gleiten ließ. Und doch wurde das Geld im Frühjahr gemacht, weil der Betrieb materiell daran interessiert war, kurzfristig den ganzen Wintervorrat zu verladen. In dieser Zeit wurden auch die technischen Anlagen überholt und alle freien Kräfte zur Verladung eingesetzt.

Elektriker im Sägewerk

Auf die Dauer war die Schnittholzbörse mit Bretterstapeln und -verladen nicht der richtige Platz für mich. Hatte ich doch den Wunsch gehabt, auch ein neues Berufsleben zu beginnen. So schrieb ich an den deutschen Sektor der Komintern und bat, mir behilflich zu sein, eine andere Arbeit zu bekommen. Als die „Hochwasserflotte“ unseren Kai verlassen hatte und die größten Schnittholzvorräte abtransportiert worden waren, rief mich der Chefingenieur zu sich. Er zeigte mir den Antwortbrief aus Moskau: Der Betrieb möge eine andere Arbeit für mich finden. Der

Chefingenieur war bereit, mir ein Angebot zu machen, und erkundigte sich nach meinen Vorstellungen. Ich musste auch an den sibirischen Winter denken und an eine Arbeit in warmen Räumen: „Vielleicht Dreher?“ Er riet mir zum Elektriker. Da ich von dem einen so wenig verstand wie vom anderen, sagte ich zu. So einfach war das damals in Sibirien.

Am nächsten Morgen sollte ich mich bei meiner neuen Arbeitsstelle melden. Da ich skeptisch war, ob ich mich dort behaupten könne, ging ich noch am Abend ins Sägewerk, um die technischen Anlagen zu „inspizieren“. In der Maschinenhalle standen zwei 120-PS-Dampfmaschinen, die mit Sägespänen befeuert wurden. Die eine trieb die Wellen für die Sägegatter und die Rollbänder mittels Transmissionsriemen an. Die andere diente dazu, einen 120-kW-Siemens-Schuckert-Dynamo aus vorrevolutionärer Zeit in Schwung zu bringen und mit der Umdrehungszahl auch die 220-Volt-Spannung zu sichern. Ich stellte fest, dass der Generator Gleichstrom erzeugte. Das bedeutete, dass alle Motoren mit Gleichstrom liefen. Am nächsten Morgen fragte man mich in der mit acht Mann besetzten Elektroabteilung verständlicherweise nach meinen Erfahrungen. Ich setzte auf eine Notlüge: „In Moskau hatte ich nur mit Wechselstrom zu tun.“ Meine stille Hoffnung, diese Ausrede würde mir eine „Schonzeit“ sichern, erfüllte sich nicht. Die Kollegen zeigten sich erfreut: Die Kinovorführungen im Klub liefen über ein Wechselstromgerät, und das übergab man sofort meiner Obhut. In meiner Not schrieb ich an die Armands in Moskau und bat dringend um ein paar Bücher, damit ich mich sachkundig machen konnte.

Verhaftung am 23. Juni 1941

Ein Tag, den wohl niemand der damals Lebenden vergessen kann, war der 22. Juni 1941. Es war ein Sonntag. Wir waren am Abend gerade im Klub, als uns die Nachricht vom Überfall der deutschen Wehrmacht auf die Sowjetunion erreichte. Der Krieg hatte um 3.15 Uhr MEZ begonnen. Erst mittags sprach Molotow im Moskauer Rundfunk und verkündete, dass das faschistische Deutschland die Sowjetunion überfallen hatte. Stalin meldete sich erst Anfang Juli zu Wort. Da in Mogotschino der Zeitunterschied zu Moskau vier Stunden betrug, wurden wir gegen Abend von dieser grausamen Nachricht überrascht. Sofort versammelten sich meine Freunde, um prophylaktisch Abschied zu feiern. Auch ich glaubte, dass schon am nächsten Morgen die ersten Einberufungen erfolgen würden. Wie konnte ich ahnen, dass dies in Sibirien erst nach einem halben Jahr geschah. Doch unabhängig davon war meine Situation auch sonst nicht beneidenswert. Obwohl ich in dieser relativ kurzen Zeit viele Freunde gewonnen hatte, blieb ich ein Deutscher, der inmitten von Sowjetmenschen lebte.

Schwer vorstellbar: Zwischen meiner Mutter und mir verlief nun eine Front, nicht mehr nur eine politische, sondern nunmehr auch eine Kriegsfront, an der täglich Tausende starben. Obgleich ich fest an den Sieg der Sowjetunion glaubte, konnte ich mir nicht vorstellen, wie sich das eines Tages wieder ändern sollte.

An dem Montag, der auf diesen furchtbaren Sonntag folgte, arbeitete ich in der Nachtschicht. Gegen Mitternacht rief mich der Chefmechaniker in sein kleines Büro, um mit mir über Hitler, Deutschland und den Krieg zu diskutieren. Mitten in der Arbeitszeit. Das überraschte mich schon deshalb, weil er sonst nie nachts im Werk anzutreffen war. Ich beantwortete seine Fragen offen und freimütig und kehrte danach in die Maschinenhalle zurück. Das Gespräch ging mir noch durch den Kopf, als sich die Tür öffnete und der Kommandant mit einem mir Unbekannten eintrat. Ich verabschiedete mich von meinen Kollegen, denn es konnte keinen Zweifel geben, dass der „Besuch" mir galt. Die beiden begleiteten mich, durchsuchten zu Hause meine Koffer und beschlagnahmten ein Fotoalbum und die zwei einzigen deutschen Bücher, die ich bei mir hatte: Heines Werke.

Ich musste meine Sachen packen. Dann gingen sie mit mir zum Ufer, wo ein Motorkutter auf uns wartete. Wir stiegen an Bord und fuhren zur Kreisstadt Kriwoschejno. Im dortigen Gebäude des NKWD fand ein kurzes Verhör statt. Ich wurde aufgefordert, das Protokoll zu unterschreiben. Darin hieß es, ich sei angeklagt, deutscher Staatsbürger zu sein. Man beschuldigte mich also keiner kriminellen oder gar konterrevolutionären

Handlung. Trotzdem weigerte ich mich zu unterschreiben. Und dafür hatte ich auch einen triftigen Grund: Ich war längst aus der deutschen Staatsbürgerschaft „entlassen" und damit staatenlos.

Der mich Vernehmende nestelte an seiner Revolvertasche. Ich sagte ihm kühl, ich würde derartige Drohgebärden nur von den Nazis kennen und dass er sich mit denen auf eine Stufe stellen wolle, könne ich nicht glauben. Seine Hand fuhr von der Tasche zurück, und von diesem Augenblick an zwang er sich zur Ruhe. Ich wiederum tat mein Möglichstes, um ein sachliches Gespräch zu führen. Vor allem legte ich es darauf an, herauszufinden, warum ihm so sehr an meiner Unterschrift gelegen war. Ich erfuhr, was ich wissen wollte: Er brauchte sie für einen „Spezkonvoi" nach Nowosibirsk. Ein Sonderkommando sollte mich dorthin bringen, und die Begleitpapiere mussten meine Unterschrift tragen! Ich machte ihm einen Vorschlag, den er sofort akzeptierte. Ich schrieb unter das Papier: „Gelesen und mit dem Inhalt nicht einverstanden, Werner Eberlein." Er war zufrieden, weil er offensichtlich die Order hatte, das Protokoll unterzeichnen zu lassen. Der Text interessierte ihn nicht. Er hatte meinen Namenszug, und ich hatte vielleicht einer Internierung vorgebeugt. Der Fall war für ihn erledigt, das Schiff konnte kommen.

Nach Nowosibirsk und zurück

Noch am selben Abend ging es auf das Schiff. Das Begleitkommando bestand aus einem NKWD-Offizier, der sich sofort in seine Erste-Klasse-Kabine zurückzog, und einem Milizionär, der noch nie in einer Gebietsstadt gewesen war. Er hatte seine Frau mitgenommen und nichts anderes im Sinn, als mich schnell „abzuliefern", um dann mit ihr den Basar in Nowosibirsk besuchen zu können. Der Gipfel war, dass der Milizionär seine paar Kopeken, die er in der Tasche hatte, für die Einkäufe seiner Frau hütete und mir nichts anderes übrig blieb, als im Schiffsrestaurant auch noch das Essen für die beiden zu bezahlen.

Wir schliefen unter Deck, wo die meisten Passagiere die Nacht in Matrosenkojen verbrachten oder auf Säcken, Jacken und Mänteln, die auf den Boden gelegt wurden. Niemandem war meine

Situation aufgefallen. Die meisten mochten sogar geglaubt haben, wir seien untrennbare Freunde und befänden uns auf einer gemeinsamen Reise. Erst in der zweiten oder dritten Nacht änderte sich dies. Da ich zur Toilette musste, weckte ich vorsichtshalber den Milizionär, denn ich befürchtete, er könne aufwachen und wegen meiner Abwesenheit Alarm schlagen. Das muss wohl einer der Passagiere beobachtet haben. Am nächsten Morgen bestürmte man mich von allen Seiten. Man wollte wissen, was ich verbrochen hätte und warum man mich nach Nowosibirsk eskortierte. Ich erzählte die halbe Wahrheit und stillte damit die Neugier der meisten, so dass wir unbehelligt weiterreisen konnten – wie drei Freunde. Und diese Freundschaft lebte nicht nur aus meiner Geldbörse, sie atmete auch sibirische Verhältnisse der damaligen Zeit.

Nach einigen Tagen machte das Schiff in Nowosibirsk fest. Der Offizier ließ uns wissen, dass er zunächst in die zuständige Instanz müsse und wir am Hafen auf ihn warten sollten.

Es vergingen einige Stunden, und meine beiden „Aufpasser" wurden unruhig. Vor allem die Frau drängelte, denn es zog sie zum Basar. Ich versuchte sie mit einer Portion Eis zu beruhigen. Doch das hielt nicht lange vor. Ihr lag nur daran, dass ihr Mann diesen Deutschen endlich irgendwo ablieferte, um den ersehnten Einkaufsbummel beginnen zu können. Der Milizionär spielte schon mit dem Gedanken, ihrem Drängen nachzugeben, wusste aber nicht, wo er mich hinbringen sollte. Ich machte mir seine Unkenntnis und die daraus resultierende Unsicherheit zu Nutze und bestand darauf, am Kai auf den NKWD-Mann zu warten. Das gelang denn auch. Meine Bemerkung, er dürfe sich keine Gesetzesverletzungen zuschulden kommen lassen, da dies eine sofortige Entsendung an die Front zur Folge haben könne, beeindruckte beide tief. Nach Stunden kehrte der Offizier zurück. Er gab mir meine Fotoalben und Heine-Bücher zurück und erklärte knapp: „Die Sache ist geklärt, wir fahren mit dem nächsten Schiff zurück."

Was man ihm gesagt hatte, erfuhr ich nie. Vielleicht hatte einer der Vorgesetzten zu bedenken gegeben, dass es absurd sei, jemanden aus dem einen Verbannungsort zu holen, um ihn dann in einen anderen zu schicken.

Hätte ich dem Milizionär oder seiner Frau nachgegeben und er hätte mich in irgendeinem Gefängnis abgeliefert, hätte mich der NKWD-Offizier wohl nie wiedergefunden, um mir die für mich so erleichternde Botschaft zu übermitteln. Vielleicht hätte er auch gar keinen Versuch unternommen, mich ausfindig zu machen. Kaum vorstellbar, wie mein weiteres Leben dann verlaufen wäre. Darüber habe ich später oft nachgedacht.

Am späten Abend gingen wir wieder an Bord eines Schiffes und fuhren nun stromab. Allerdings tauchten bald neue Schwierigkeiten auf. Der Offizier beorderte mich in Kriwoschejno von Bord, um mir im NKWD-Amt meine Papiere, den Staatenlosen-Pass, auszuhändigen und seinem Chef Bericht zu erstatten. Das dauerte eine Stunde. Als ich an die Anlegestelle zurückkehrte, hatte das Schiff bereits abgelegt. Ich sah nur noch in der Ferne die Rauchfahne. Meine Lage war bedenklich: Keine Kopeke in der Tasche, also weder Fahrgeld noch eine Chance, mir etwas zu essen kaufen zu können. Niemand wusste, wann das nächste Schiff kommen würde. Damals verkehrten acht Raddampfer auf dem Ob. Sie beförderten sowohl Passagiere als auch Fracht. Einige dieser Dampfer fuhren bis zum Unterlauf, also über tausend Kilometer. In der in diesen nördlichen Breitengraden nur kurzen Saison konnten sie also nur zwei längere und vielleicht drei kürzere Routen bewältigen. Was sollte ich tun?

Es war dieselbe Frage, wie schon so oft. Ich hielt mich an die Parole: Frechheit siegt.

Ich ging wieder in das NKWD-Büro und bat um Geld. Schließlich war ich ja durch sie in diese Situation geraten. Doch der Offizier lehnte ab und fragte mich: „Kannst du mir verraten, wie ich dieses Geld verbuchen soll?" Doch er nahm meinen Vorschlag an, mir etwas Geld zu leihen. Ich versprach, es ihm garantiert bei seinem nächsten Besuch in Mogotschino zurückzugeben. Er händigte mir fünfzig Rubel aus, und ich verabschiedete mich zum zweiten Mal von ihm. Auch das war Sibirien!

Damit war das Fahrgeld gesichert. Aber noch immer war weit und breit kein Schiff in Sicht. So verbrachte ich die meiste Zeit auf dem „Debarkader", einer schwimmenden Anlegestelle, die neben der Kasse auch ein Restaurant beherbergte. Hier konnte man in diesen Tagen noch etwas zu essen bekommen. Da ich mich mit dem Personal schnell angefreundet hatte und ihnen mein Schicksal bekannt wurde, beköstigten sie mich gratis. Wieder hatte ich eine Seite der russische Seele und ein Beispiel der sibirischen Tradition des Umgangs mit Verbannten kennen gelernt.

Begegnung mit den Bojenwärtern

Das Schiff, das mich aus meiner Not erlöste, war eine motorgetriebene Schaluppe, deren Aufgabe es war, die Bojenwärter, die Bakenstschiks, mit Mehl, Salz, Petroleum und anderen notwendigen Dingen zu versorgen. Ich muss gestehen, dass ich nie zuvor von diesen Leuten gehört hatte. Nun erfuhr ich: Wie in allen anderen größeren Flüssen gab es auch im Ob schwimmende Bojen. Sie wurden nachts beleuchtet, um den Schiffsführern Sandbänke und die Trassenführung zu signalisieren. Der extrem wechselnde Wasserstand, auch die unterschiedlichen Strömungsbedingungen machten es erforderlich, die Positionen der Bojen zu wechseln.

Die Lampen der Bojen wurden am Abend angezündet und am Morgen wieder gelöscht. Von Zeit zu Zeit musste Petroleum nachgefüllt werden. Das besorgten die Bakenstschiks, deren Bezeichnung von dem russischem Wort „Baken“, die Boje, herrührte. Sie lebten mit ihren Familien mutterseelenallein am Ufer, und einmal im Jahr wurden sie von einer Schaluppe versorgt. Bis zum nächsten Ort waren es oft sehr viele Kilometer, so dass sie im Grunde genommen immer allein waren.

Bei einem dieser Bakenstschiks legten wir an, und ich unterhielt mich kurze Zeit mit ihm. So lernte ich einiges von seinem einsamen Leben kennen. Er war zufrieden. Ich spürte, dass er dies nicht sagte, weil er mit einem Fremden sprach. Noch lange Zeit danach habe ich mir den Kopf darüber zerbrochen, ob man überhaupt so leben kann.

Es fiel mir schwer, mir ein solches Leben vorzustellen. Später wurden sowjetische Kosmonauten lange und gründlich auf solche Ein- oder Zweisamkeit vorbereitet, obwohl ein Raumschiff und seine Enge nicht mit Sibiriens Weiten zu vergleichen sind. Aber die Einsamkeit, der Kontakt zu nur wenigen Mitbewohnern ließen mich zu einem derartigen Vergleich gelangen. Jeder Kosmonaut würde ihn wohl für absurd halten.

Das Grübeln darüber berührt wohl auch die Frage nach dem Glück des Menschen. Dieses wird bekanntlich sehr unterschiedlich interpretiert, insbesondere heute, da die Entfremdung größer geworden ist und die Solidarität rapide abgenommen hat. Bei diesem Mann, seiner Frau und den Kindern am abgelegenen Ufer des Ob hatte ich jedenfalls den Eindruck, dass sie glücklich und zufrieden waren. Glück wird oft nur an materiellen Werten gemessen, und sicherlich ist Glück in Armut und Not kaum vorstellbar. Aber dort habe ich es erlebt. Geld ist ein wichtiger Faktor im Leben der Menschen. Versuche, dem Geld den leistungsfördernden Stimulus abzusprechen, waren falsch. Aber genauso inakzeptabel ist die Vorstellung, dass „money“ das einzig selig machende Kriterium im Leben ist. Gibt es nicht genug Millionäre oder Milliardäre, die in und mit ihrem Leben todunglücklich waren und sind? Und gibt es nicht auch Menschen, die für ihre Ideen leben und dafür Geldverluste in Kauf nehmen, weil sie überzeugt sind, dass ihr Leben so viel sinnvoller ist? Bei William Shakespeare heißt es: „Gold? ... Zuviel hiervon macht schwarz weiß, hässlich schön, schlecht gut, alt jung, niedrig edel ... Verdammt Metall, gemeine Hure du der Menschen, die du die Völker törst.“ Prophetische Worte, die 385 Jahre nach seinem Tode nichts an ihrer Bedeutung und Aktualität eingebüßt haben.

Das Schiff, das uns die Begegnung mit den Bakenstschiks bescherte, war eine Schabracke und hatte eine kuriose „technische Einrichtung“. Über dem Heck waren zwei Bretter befestigt, die an beiden Seiten weit über die Bordwände hinausragten. Darauf lag eine schwere, verschlossene Tonne. Sobald der Schiffsführer das Boot hart in eine andere Richtung bringen musste, drohte es zu kentern. In diesem Augenblick rief der Kapitän lauthals „Steuerbord“ oder „Backbord“. Er hätte dies auch unterlassen können, denn jeder spürte das drohende Unheil. Sofort war einer der Matrosen oder auch die Köchin, deren Kombüse sich am Heck befand, zur Stelle und schob die Tonne in die vorgegebene Richtung, um das Gleichgewicht des Schiffes wieder herzustellen. Man erzählte mir, dass es sich bei dieser Schaluppe um eines der ältesten Schiffe handelte, das schon seit dem vorigen

Jahrhundert auf dem Ob verkehrte. Ob es seit seinem Stapellauf so gesteuert worden war, ob es sich um einen Konstruktionsfehler handelte oder ob spätere Umbauten diese „Anlage" notwendig gemacht hatten, konnte mir niemand sagen. Es interessierte auch niemanden an Bord. Seit Jahren lebte man mit dieser Tonne.

An der nächsten Anlegestelle erreichte ich eines der regulären Fahrgastschiffe und traf an einem Sonntag wieder in Mogotschino ein. Zwei Wochen hatte mein unfreiwilliger Ausflug gedauert.

Die Ankunft jedes Schiffes wurde mit lauten Sirenentönen angekündigt und war immer ein besonderes Ereignis in der sonst mehr oder weniger von der Welt abgeschnittenen Siedlung. Das hing auch damit zusammen, dass die Schaufelraddampfer, die auf ihrer Route von Nowosibirsk nach Alexandrowo im Ob-Delta monatelang unterwegs waren, zuweilen im Schiffsrestaurant Leckerbissen im Angebot hatten, die im Ort nicht zu haben waren. Hunderte standen an diesem Sonntag am Ufer, und als sie mich sahen, applaudierten sie. „Wolodja" wurde wie einer der ihren freudig begrüßt. Die Nachricht von meiner Verhaftung hatte sich natürlich schnell im ganzen Ort herumgesprochen.

In meiner Tasche hatte ich nur noch den kargen Rest des „Kredits", den mir der NKWD-Offizier gewährt hatte. Daher ging es jetzt erst einmal um die Frage, wie ich kurzfristig zu Geld kommen konnte, denn bis zur nächsten Lohnzahlung würde noch einige Zeit vergehen. Obendrein fehlten mir vierzehn Arbeitstage.

Ich versuchte es beim Werkleiter und forderte meinen Lohn für die vergangenen zwei Wochen. Ich hatte eine handfeste Begründung: „Man hat mich unschuldig verhaftet, und nach dem Gesetz steht mir in diesem Fall der volle Lohnausfall zu!" Der Werkleiter sah mich zunächst halb belustigt, halb fassungslos an. Als er merkte, dass ich es ernst meinte, sagte er: „Gut, Wolodja, wenn du mir das Gesetz zeigst, auf das du dich berufst, dann bekommst du dein Geld!"

Mein nächster Weg führte mich in das Büro der Gewerkschaft. Dort blätterte ich das Gesetzbuch durch und fand auch eine Bestimmung, die man auf meinen Fall anwenden konnte. Der

Werkleiter las sie sich durch und wollte mir den Lohnausfall bewilligen. Doch der Hauptbuchhalter, der das Papier abzeichnen musste, schüttelte den Kopf: „Erst wenn du uns eine Bescheinigung vom NKWD vorlegst, in der bestätigt wird, dass du unschuldig verhaftet warst, zahlen wir dir dein Geld aus."

Er wuss-te sehr gut, wie absurd diese Forderung war, und hätte ebenso von mir verlangen können, dass ich einen zahmen Bären aus der Taiga hole solle. Ich brauchte aber mein Geld, denn ich wusste nicht, wann mein Gläubiger in Mogotschino auftauchen würde.

Nach einigem Nachdenken kam ich auf eine andere Idee. Ich wollte mir das Gesetz zu Nutze machen, nach dem Arbeitsbummelei strafbar war, und forderte vom Werkleiter eine entsprechende Anzeige. „Bist du verrückt?", herrschte mich Bobnjew an. „Jeder im Betrieb und in der Siedlung weiß, wo du warst. Wenn ich dich anzeige, wird der Richter fragen: ‚Genosse Bobnjew, Ihnen ist wohl nicht bekannt, wo Wolodja war?' Was soll ich denn darauf antworten?" – „Das ist mir egal", erwiderte ich. „Ich brauche den Richterspruch, damit ich endlich zu meinem Geld komme. Wenn eine solche Anklage eingereicht wird, werde ich freigesprochen. Die Urteilsbegründung ist dann für den Buchhalter das gewünschte Dokument, um meinen Lohn auszuzahlen." Bobnjew weigerte sich weiter. Ich aber ließ nicht locker: „Dann werde ich dich anzeigen, weil du den Bummelanten Eberlein gedeckt und dich damit strafbar gemacht hast ."

Er kapitulierte. „Hören wir auf! Hier hast du deinen Lohnzettel, hol' dir dein Geld und verschone mich künftig mit solchen Sachen." So bin ich dann doch aus dem Schlamassel herausgekommen.

Kulakenwirtschaft

Niemand rundum interessierte sich für meinen Streit. Der Krieg war das Thema, das alle und alles beherrschte. In Mogotschino und anderen Orten Sibiriens fanden die ersten Einberufungen erst im Dezember 1941 statt. Anfangs wurden nur „Freie" einberufen, die „Spezialumsiedler" blieben vorerst unbehelligt.

Auch unser Abteilungsleiter, der Elektromechaniker Makarow, bekam eine Einberufung. An seine Stelle trat zunächst Dmitri Perewalow.

Der Mann war ein Phänomen. Er war als Sohn eines Großbauern, eines Kulaken, verbannt worden. Die Axt beherrschend, hatte er die Arbeitersiedlung mit errichtet. Als bester Mann seines Fachs wurde er, nachdem die Gießerei aufgebaut war, Modellbauer. Da er seine selbst gedrehten Zigaretten aus selbst angebauter „Machorka" oft bei den Elektrikern rauchte, bat er bald um Arbeit als Elektromonteur. Obwohl er nur schlecht lesen und schreiben konnte, meisterte er die Technik nicht schlechter als der Elektromechaniker, in Fragen der Improvisation sogar besser. Das Problem war: Er brauchte viel Zeit, um Papiere, Arbeitsaufträge, Abrechnungen und dergleichen auszufüllen. Und um Havarien, die er allein meistern konnte, kümmerte er sich nicht.

Man bot mir an, die Abteilung zu übernehmen. Mein Einwand, dass ich Deutscher sei, wurde vom Chefmechaniker und vom Werkleiter abgewiesen. Man schenkte mir volles Vertrauen. In vollem Einvernehmen mit Dmitri sagte ich zu, obwohl ich Angst vor unvorhersehbaren Konsequenzen hatte.

Im Werk, das nunmehr als Rüstungsbetrieb eingestuft worden war, vollzogen sich einige Veränderungen. Gefragt waren jetzt Bretter für Munitionskisten, Schwellen für die Eisenbahn, besonders solide Stücke für Versteifungen der Flügel in der Flugzeugproduktion. Die Arbeitszeit wurde auf zwölf Stunden täglich festgelegt, und die Urlaubssperre, die verhängt wurde, dauerte bis 1947.

Ich machte mich näher mit meinen Kollegen bekannt. Es waren fast alles ehemalige Kulaken, die aus dem südlichen Teil Sibiriens kamen, vornehmlich aus der Gegend um Barnaul und aus der Barabinsker Steppe. Sicherlich waren ihre Berichte stark subjektiv gefärbt, aber von jenen, die damals zu Kulaken, zu „reichen" Bauern, erklärt worden waren, hatte, wie sie sagten, kaum einer Reichtümer angehäuft oder etwas mit Ausbeutung zu tun. Hinzu kam, dass es in Sibirien im Unterschied zum europäischen Teil Russlands schon zur Zarenzeit gar keine freien Arbeitskräfte gegeben hatte.

Dem einen Ex-Kulaken hatte der Bruder sein Haus zur Beaufsichtigung überlassen, als er im ersten Weltkrieg eingezogen wurde. Er fiel, und so besaß der Bruder nun zwei Häuser. Also war er ein Kulak.

Ein anderer war vor dem ersten Weltkrieg Kellner in einem vornehmen Petersburger Hotel gewesen und hatte sich wohl einiges Geld zurückgelegt. Ein angesehener Hotelgast, mit dem er sich angefreundet hatte, riet ihm, wegen des bevorstehenden Krieges nach Sibirien zu gehen, und gab ihm auch noch ein ansehnliches Startkapital. Also kaufte er sich einige landwirtschaftliche Geräte, die andere nicht besaßen. Auch er wurde zum Kulaken erklärt.

Ein Dritter hatte von seinem Vater eine gut florierende Mühle geerbt. Jetzt stempelte man ihn zum Kulaken ab.

Der Vierte wurde mit einem hohen Ablieferungssoll für Getreide beauflagt. Als er die volle Menge ablieferte, wurde das Soll erhöht. Wiederum lieferte er die geforderte Menge ab. Als man das dritte Mal bei ihm erschien, hatte er den Rest des Getreides vergraben. Nun war auch er zum Kulaken geworden.

Derartige Beispiele gab es viele. Alle wurden mit Sack und Pack umgesiedelt. Sie sollten die Taiga urbar machen oder aber Sibirien industrialisieren. Auch unter Stalin blieb der imperiale Anspruch gültig, das große Sibirien zu erschließen. Wenn es an Freiwilligen mangelte, wurden andere dorthin verbannt.

Wenn ich diese Beispiele schildere, so will ich nicht in Frage stellen, dass so mancher Kulak nach der Oktoberrevolution gegen das Sowjetregime opponierte, im Bürgerkrieg auf Seiten der Weißen stand und sich später der Kollektivierung widersetzte, die keineswegs immer freiwillig erfolgte, wie dies von Lenin vorgesehen war. Zugleich muss ich aber auch der später in Umlauf gesetzten Behauptung widersprechen, alle Kulaken seien all ihrer Habe beraubt worden, in Viehwagen in sibirische Zwangslager verschleppt worden und dort zum Großteil umgekommen. Die sibirischen Kulaken mussten ihre Pferde vor die Schlitten spannen, ihr Hab und Gut verladen und mit Kind und Kegel im Konvoi Hunderte Kilometer nordwärts ziehen. Dort wurden sie in der Taiga angesiedelt. Einige Hundert landeten als Arbeiter im Sägewerk von Mogotschino.

Als ich dorthin kam, hatten sich die „Spezialumsiedler" bereits eingelebt. Einige hatten sich qualifiziert und lebten nicht schlechter als Einheimische. Sie blieben aber unter sich. Selbst beim Tanzabend im Klub saßen auf der einen Seite die „Freien", auf der anderen die Umsiedler. Als ich später im Auftrag der Rayonleitung der Partei mit der Kulturbrigade durch die Taigadörfer kam, konnte ich schon am Aussehen der Häuser erkennen, ob man in ein Kulakendorf gekommen war. Dort war alles stabiler, solider, sauberer.

Würde man sich allerdings auf diese wenigen Eindrücke und Begebenheiten beschränken, so würde man das Kulakenproblem und die Art und Weise der Kollektivierung der sowjetischen Landwirtschaft in unzulässiger Weise bagatellisieren. Die blutigen Auseinandersetzungen, die Michail Scholochow im „Stillen Don" so treffend beschrieb, hat es tatsächlich gegeben. Die Antipathie gegen die so genannten NÖP-Leute, die sich an der von Lenin initiierten NÖP, der „Neuen Ökonomischen Politik", bereicherten, war groß. Die NÖP hatte 1921 die Politik des „Kriegskommunismus" abgelöst. Sie verfolgte das Ziel, die Volkswirtschaft nach den Zerstörungen des Weltkrieges und des Bürgerkrieges wieder herzustellen und Voraussetzungen für den Übergang zum Sozialismus zu schaffen. Die Ablieferungspflicht für Getreide wurde durch die Naturalsteuer ersetzt. Freier Markt und verschiedene Eigentumsformen wurden zugelassen. Ausländisches Kapital kam in Form von Konzessionen ins Land. Es gab eine Währungsreform, durch die der Rubel konvertierbar gemacht wurde. Doch schon bald nach Lenins Tod, ab Mitte der zwanziger Jahre, begannen die ersten Versuche, die NÖP wieder abzuschaffen. Das Privatkapital wurde auf administrativem Wege aus der Industrie verdrängt und ein streng zentralisiertes Wirtschaftssystem eingeführt. Stalin und seine Umgebung gingen zur zwangsweisen Eintreibung von Getreide und zu einer rigorosen Kollektivierung der Landwirtschaft über. Es begannen erste Repressionen gegen leitende Verwaltungskader. Hierbei nutzte Stalin geschickt auch die Unzufriedenheit innerhalb der Bevölkerung, vor allem der ländlichen.

Für mich waren die Gespräche und Bekanntschaften mit Kulaken ein Anlass, mich intensiver mit dieser Problematik zu befassen, spielte sie doch im Leben der Sowjetmenschen eine enorme Rolle, weil sie mit den brennenden Fragen von Hunger und Not verknüpft waren.

Ich stieß auf interessante Zahlen: Im zaristischen Russland betrug der Anteil der Landwirtschaft an der Bruttoproduktion 60 Prozent, der Anteil des Getreides am Gesamtexport 41,7 Prozent. 65 Prozent der Bauernhöfe gehörten armen Bauern, die die Oktoberrevolution begrüßten, denn sie gab ihnen Millionen Hektar Boden. Doch das Problem bestand nicht nur darin, dass durch Krieg und Bürgerkrieg die Aussaatfläche von 105 auf 77 Millionen Hektar im Jahre 1922 zurückgegangen war, sondern auch darin, dass die Warenproduktion der Gutsbesitzer 47 Prozent, der Kulaken 34 Prozent, der Mittel- und Kleinbauern aber nur 14 Prozent betrug. Mit der Aufteilung des Bodens der Gutsbesitzer und der Kirchengüter betrug der Anteil der Klein- und Mittelbauern 95 Prozent. Nur 5 Prozent waren Kulaken. Aber die Warenproduktion war um die Hälfte gesunken, weil einerseits der Eigenverbrauch enorm gestiegen war und andererseits die Industrie dem Handel nicht genügend Konsumgüter zur Verfügung stellte. Das bewirkte, dass der Bauer wenig materielles Interesse an der Getreideablieferung hatte. Da die ersten Genossenschaften 47 Prozent Warenproduktion lieferten, die Klein- und Mittelbauern aber nur 11,2 Prozent, wurde 1929 der Beschluss über die Kollektivierung der Landwirtschaft gefasst, nach der Industrialisierung der zweite „Sprung“ in den Sozialismus. Stalins Begründung schien verständlich: Der Weg führe zum Zusammenschluss der kleinen Bauernwirtschaften in großen Kollektivwirtschaften, und diese müssten im Interesse der erweiterten Reproduktion mit den Errungenschaften von Wissenschaft und Technik ausgerüstet sein. Unverständlich blieb mir jedoch die unter Zwang vollzogene Art und Weise der Kollektivierung und ihre ersten Konsequenzen. Dies widersprach nicht nur den von Lenin begründeten Prinzipien der Umgestaltung der Landwirtschaft und der Einführung des Genossenschaftswesens auf dem Lande, die davon ausgingen, dass die Ummodelung des kleinen Landwirts und die Umgestaltung seiner ganzen Mentalität Generationen erfordern würde. Das entsprach auch den von Friedrich Engels in seiner Arbeit „Die Bauernfrage in Frankreich und

Deutschland" geäußerten Erkenntnis, dass man dem Kleinbauern den Übergang zur Genossenschaft erleichtern müsse und ihm, „falls er diesen Entschluss noch nicht fassen kann, eine verlängerte Bedenkzeit auf seiner Parzelle" ermöglichen solle. In einer Rede, die Stalin Ende 1929 zu Fragen der Agrarpolitik in der UdSSR hielt, zitierte er zwar diesen Gedanken, setzte sich aber einfach darüber hinweg, indem er erklärte, dies gelte nur für die Bauernschaft in kapitalistischen Ländern, in denen Privateigentum an Grund und Boden besteht. Für die UdSSR, in der der Boden nationalisiert wurde, sei dies nicht zutreffend. Stalin behauptete, der Bauer habe mit der materiell-technischen Basis, wie sie in der Sowjetunion geschaffen worden sei, seine ursprüngliche Bindung an die Scholle verloren, und das erleichtere den Übergang des Einzelbauern auf die Bahnen des Kollektivismus. Was die Großbauern anbetraf, hielt er die Zeit für gekommen, zur „Liquidierung des Kulakentums als Klasse" überzugehen. Im Januar 1930 ging er dann noch weiter und forderte, den Widerstand dieser Klasse in offenem Kampf zu brechen und ihr die Quellen ihrer Existenz und Entwicklung in der Produktion (freie Bodennutzung, Produktionsinstrumente, Pacht, Recht auf Anwendung von Lohnarbeit usw.) zu entziehen. Zu diesem Zeitpunkt waren Stalins Opponenten im Politbüro, Bucharin, Rykow und Tomski, die diese Politik nicht unterstützten und eine Abkehr von der Neuen Ökonomischen Politik verhindern wollten, bereits als „rechte Opposition" aus der Partei ausgegrenzt worden und hatten ihre Funktionen verloren.

Das war politischer Extremismus, der Versuch, ökonomische Probleme mit „außerordentlichen Maßnahmen", mit administrativem und gerichtlichem Druck zu lösen. Administrative Kommandomethoden in der Wirtschaft waren zu üblicher Politik geworden. Diese Methode wurde nicht nur in der Sowjetunion praktiziert, sondern, wenn auch in anderer Form und Größenordnung, ebenfalls in der DDR und in anderen Ländern des RGW. Dazu kam in der UdSSR noch die unheilvolle „theoretische Begründung" Stalins, dass sich mit der Entwicklung des Sozialismus der Klassenkampf verschärfe.

Ende 1929 betrug die Zahl der Kollektivwirtschaften zwei Millionen, im Jahr zuvor waren es 33000. Viele Bauern schlachteten ihr Vieh ab, um es nicht in die Genossenschaft einbringen zu müssen. Offiziell machte man dafür aber die „Kulakenpropaganda“ und die Kleinproduktion verantwortlich.

Stalin erkannte offensichtlich die Gefahr, schob die Schuld aber anderen, vornehmlich der Basis, in die Schuhe. 1930 betrachtete er in seinem Artikel „Von Erfolgen von Schwindel befallen“ die grundlegende Wendung des Dorfes zum Sozialismus schon als gesichert. Notgedrungen, weil überall bekannt, musste er aber auch „Schattenseiten“ dieser Erfolge zugeben, nämlich dass die Freiwilligkeit der Kollektivierung verletzt und die Mannigfaltigkeit der Bedingungen ungenügend berücksichtigt wurden. Als er auf dem Parteitag 1934 voller Stolz verkündete, dass in den Staatsgütern sechzig Millionen Tonnen Warengetreide erzeugt worden seien, verschwieg er bewusst, dass allein die Kulaken vor dem Weltkrieg die doppelte Menge produziert und verkauft hatten.

Vergleicht man die Produktionsziffern der Kollektivwirtschaften von 1550 Millionen Pud Getreide im Jahr 1930 mit den 2500 Millionen Pud Getreide, die von den armen Bauern und den Mittelbauern im Jahr 1913 geerntet wurden, so zeigt dies das wahre Bild der von Stalin so gepriesenen Erfolge der Kollektivierung. Waren zu diesem Zeitpunkt auch erst fünfzig Prozent der Bauern in Kollektivwirtschaften organisiert und die Kollektivierung 1931 abgeschlossen, so musste Stalin doch eingestehen, dass die Aussaatfläche in zwei Jahren um sieben Millionen Hektar zurückgegangen war. Wem diente die mit Beifall aufgenommene Aussage, dass der Fünfjahrplan in zwei Jahren erfüllt worden sei? Die Menschen wussten doch, dass Hungersnot und knappe Rationen nicht nur durch negative Witterungseinflüsse verursacht worden waren, sondern auch durch die rigiden Maßnahmen der Kollektivierung und durch die durch Verbannung von Bauern verursachte Landflucht. Sie wussten, dass die Versorgung in keiner Weise den Bedürfnissen entsprach.

Die Geschichte hat gezeigt, dass die Probleme der Landwirtschaft in der Sowjetunion bis heute nicht gelöst wurden – nicht durch Stalin mit der Kollektivierung, nicht durch Chrustschow mit der Erschließung des Neulandes, nicht durch Breshnew mit der Einführung vielfältiger materieller Vergünstigungen, nicht durch Gorbatschow mit der Perestroika. Und auch Jelzin, unter dessen Regime der Lebensmittelimport so hoch wie nie zuvor war, konnte sie mit Einführung der Marktwirtschaft und Privatisierung nicht lösen.

Elektriker, Gießer und Hammerschläger

Für mich ergab sich damals in Mogotschino eine fast kuriose Situation. Die „Freien“, vom Werkleiter bis zum Parteisekretär, hatten mich als Menschen und Kollegen anerkannt, aber auch die umgesiedelten Kulaken betrachteten mich als einen der ihren, denn ich war demselben Kommandanten unterstellt wie sie. So wurde ich auch manchmal eingeschaltet, wenn direkte Kontakte zwischen beiden „Parteien“ umgangen werden sollten.

Inzwischen ging das Leben weiter, doch immer stärker drückte ihm der Krieg seinen Stempel auf. Das Sägewerk brauchte nicht nur Baumstämme zum Sägen. Es benötigte auch Schleifsteine, denn ein Sägeblatt war nach zwei Stunden stumpf. An jeder Maschine gab es Verschleißteile, die Kettenbahnen für das geflößte Holz waren kilometerlang und mussten jedes Jahr neu ausgerüstet werden. Die Verbrennungsmotoren brauchten Treibstoff. Aber nichts kam mehr – keine Ersatzteile, kein Benzin. Unter normalen Bedingungen hätte man die Produktion stilllegen müssen. Aber daran dachte niemand. Im Gegenteil. Als Erstes wurde die Gießerei erweitert, ein Vier-Tonnen-Hochofen gemauert und der gesamte Schrott gesammelt, der in der Taiga herumlag. Die Kollektivwirtschaften lieferten jedes überflüssige Stück Eisen ab, weil auch sie wiederum auf Hilfe angewiesen waren. Die Devise lautete: Ersatzteile im Eigenbau!

Eines Tages war der Koks alle, und die Gießerei schien am Ende. Aber ein Zufall kam uns zu Hilfe. Ich gehörte zur Laienspielgruppe des Werkes, und wir wurden des Öfteren von der Rayonleitung der Partei auf Tourneen in Kollektivwirtschaften oder Fischergenossenschaften geschickt. An einem Wochenende gastierten wir an einem Ort „in der Tiefe“. So wurden die im Hinterland des Ob, in der Ebene der Taiga gelegenen Orte genannt. Sie lagen außerhalb des einzigen Verbindungsweges, der sowohl im Sommer als auch im Winter Kommunikation ermöglichte. Man quartierte uns im Haus des örtlichen Sowjets ein und riet uns: „Wenn es nach der Vorstellung hier kalt sein sollte, holt euch etwas von dem Zeug, das vor der Tür liegt. Das heizt gut." Am Abend schleppten wir dann ein paar der undefinierbaren dunklen Klumpen herein. Wir steckten sie in den Kanonenofen, machten Feuer, und im Nu begann das Ofenrohr zu glühen. Im Raum verbreitete sich eine tropische Hitze. Wir fürchteten schon, das ganze Haus in Brand zu setzen. Am nächsten Morgen erkundigten wir uns nach der Herkunft dieses „Superkokses". Man erklärte uns, dass eine Genossenschaft im Ort aus dem Harz der Bäume der Taiga Teer und Schmieröle produzierte. Die dunkelbraunen Klumpen seien Rückstände der Destillation, die sich, wenn man gut dosiert mit ihnen umgeht, hervorragend zum Heizen eigneten.

Helden der Arbeit

Zu Hause meldeten wir unsere Entdeckung. Der Werkdirektor schickte sofort den Gießer und Fuhrwerke los, die den „Baumkoks" heranholten. Die Versuche zeitigten verblüffende Ergebnisse: Mit Hilfe eines mit einem Elektromotor betriebenen Ventilators, der für die erforderliche Sauerstoffzufuhr sorgte, wurde ein Hitzegrad erreicht, der tatsächlich ausreichte, um den Schrott zu schmelzen! Wieder war ein Problem gelöst! Einen Nachteil hatte unser neuer „Koks" allerdings: Er qualmte infernalisch. Der Gießraum war aber kaum drei Meter hoch und befand sich noch dazu in einem Holzhaus. Im Winter mussten wir diesen Gießraum immer schon nach kurzer Zeit wieder verlassen, da die Luft knapp wurde. Wir wälzten uns dann im Schnee, um nach dieser „Sauerstoffkur" den nächsten Abstich vorzunehmen.

Als ein stämmiger Kerl wurde ich verständlicherweise immer dorthin geschickt, wo starke Hände gebraucht wurden. Im Frühjahr stand ich auf der Laderampe am Kai, um mit „ranzuklotzen", die Hunderttausende Kubikmeter Schnittholz zu verladen. Ich wurde zum „Abstich" in die Gießerei gerufen und in die Schmiede delegiert, wenn große Stücke zu bearbeiten waren und ein starker Hammerschläger gebraucht wurde. Die härteste Arbeit war die in der Gießerei. Bei kleinen Gussstücken ging es noch, denn wir brauchten dann nur die kleine Pfanne. Wenn es aber um große Stücke von 100 bis 300 Kilogramm ging, brauchten wir die große Pfanne. Sie wurde an einem Ende von zwei Mann getragen und am anderen nur von einem. Und dieser eine Mann – meistens war ich es – musste den Gießvorgang so steuern, dass das flüssige Metall genau ins Gießloch lief.

Oft habe ich mir die Frage gestellt: Was motivierte uns zu solchen „Heldentaten"? Das Geld war es nicht, denn dafür gab es nichts zu kaufen. Zum nötigen Kleingeld kam man auch bei der „normalen" Arbeit. Es war auch niemand da, der uns hätte zwingen können! Im Gegenteil, Bobnjew hatte nicht ohne Grund panische Angst, dass irgendwann einmal eine Kommission auftauchen könnte, die ihn belangen würde, weil er in einem Holzschuppen Eisen schmelzen ließ. Denn das widersprach jedem Paragrafen der Brandschutzbestimmungen. Seine Angst war so groß, dass er mich sogar überreden wollte, im Ernstfall die ganze Verantwortung zu übernehmen und mich auf pure Unkenntnis herauszureden.

Auch der Kommandant, den ich übrigens nie im Betrieb sah, spielte bei unserem Engagement keine Rolle. Die Motivation war wohl nur mit dem Krieg zu erklären und dem damit verbundenen Nationalstolz. Auch wenn viele Kulaken ein gestörtes Verhältnis zu diesem Staat und seinem Gesellschaftssystem hatten, jetzt war es ihr Staat. Auch der spätere Wiederaufbau des zerstörten Landes, dessen Schäden bekanntlich 2,6 Billionen Dollar betrugen, wurde zu einer Angelegenheit, mit der sich der überwiegende Teil der Menschen identifizierte. Es ging um die eigenen Zukunftschancen und die ihrer Kinder. Dass diese innere Motivation später verloren ging, geht auf das Konto von Leonid Breshnew. Aber über den redete damals noch niemand.

Schleifscheiben aus Quark

Die Baumstämme wurden im Gatter von bis zu einem Dutzend Sägeblättern bearbeitet, die besonders im Winter schnell stumpf wurden. Es half auch nichts, wenn die Stämme zuvor in einem Warmwasserbecken aufgetaut wurden. So mussten die Sägeblätter ständig in einem mit Schleifscheiben bestückten Automaten wieder geschärft werden.

Eines Tages waren die letzten Schleifscheiben verbraucht. Wieder die Frage: Den Betrieb stilllegen? Daran dachte niemand. Da meldete sich der Spezialumsiedler Subkow und versicherte, er könne Dreikantfeilen herstellen, mit denen das Problem zu lösen sei. Gemeinsam richteten wir bei uns in der Elektroabteilung einen Arbeitsplatz für ihn her. Das Ganze erinnerte mehr an Karl Mays Abenteuer als an Betriebstechnologie. Ich verzichte auf die Details. Aber dieser Subkow schaffte es tatsächlich, mit einem scharf geschliffenen Meißel die aus Eisenbahnschienen gefertigten Rohlinge zu bearbeiten, die dann in der Schmiede gehärtet wurden. Es reichte jedoch nicht aus, die Rohlinge wie üblich zu erhitzen und bei einem bestimmtem Farbton danach im Wasser abzukühlen. Wieder wurde ein „Hausmittel" gefunden: Waren die Rohlinge glühend, wurden sie mit einem Pulver aus geriebenen Kuhhörnern bestreut und abgekühlt. Man mag es mir glauben oder nicht, am Ende hatten wir Dreikantfeilen, die den industriell gefertigten in nichts nachstanden. Die Zahl der Arbeiter, die benötigt wurden, um die Sägeblätter mit den Feilen zu schärfen, war nicht gering. In dieser Zeit mussten die Automaten jedoch eine gewisse Zeit stillstehen. Eines Tages meldete sich eine ältere Frau beim Werkleiter und fragte: „Stimmt es, dass ihr Probleme mit den Schleifsteinen habt? Ich weiß, wie man solche Dinger herstellen kann." Ungläubig fragte man sie: „Richtige Schleifscheiben?" Sie erklärte ihre Kenntnisse auf diesem Gebiet: „Früher, vor der Verbannung, haben wir bei uns zu Hause Schleif- oder Wetzsteine zum Schärfen der Sensen selbst gemacht. Der Unterschied zu Schleifscheiben liegt doch nur in der Form."

Der Werkleiter verzichtete auf weitere Fragen, obwohl der Unterschied zwischen Steinen und Scheiben erheblich war. Er übertrug dieser Frau die Leitung der Abteilung Schleifscheibenproduktion. Sie glaubte ihren Ohren nicht zu trauen und protestierte lautstark: „Wo denken Sie hin? Mein Mann arbeitet täglich zwölf Stunden im Werk! Was soll aus meinen Kindern werden? Wer soll den Haushalt führen und das Vieh versorgen?" Bobnjew beeindruckten ihre Fragen nicht im Geringsten, er schickte sie zu uns in die mechanische Abteilung.

Wie wollte diese Frau Schleifscheiben fertigen? Wir hatten keine Vorstellung und wussten nicht recht, ob wir es mit einer Schamanin oder einer Gaunerin zu tun hatten. Am nächsten Tag begann sie mit der Arbeit und gab ihre ersten Bestellungen auf: weißer Käse und weißer Sand. Vielleicht genügte das, um „zu Hause" Schleifsteine herzustellen. Den Schleifscheiben im Automaten jedoch wurde bei hoher Umdrehung eine enorme Fliehkraft verliehen. Ob diese Kräfte nicht stärker wirkten als Quark? Wir wollten die „Masse" in vorgefertigte Formen pressen und dann im Ofen trocknen. Der erste Versuch lockte viele Zuschauer an, doch sie mussten sich sehr schnell zu Boden werfen, weil die Stücke der geborstenen Scheiben wie Geschosse durch den Raum flogen.

Niemand lachte, keiner gab sich schadenfroh. Im Gegenteil: alle grübelten, wie man eine höhere Standfestigkeit erreichen könnte. Die meisten waren überzeugt, dass uns die Frau einen realistischen Weg gewiesen hatte. Es würde zu weit führen, alle Ideen und Vorschläge, alle Versuche aufzulisten, die nötig waren, bis wir endlich verwendbare Schleifscheiben produzieren konnten. Aber eines Tagen liefen die Sägegatter wieder auf Hochtouren und die Rüstungsbetriebe und vor allem die Front erhielten das Holz, das sie benötigten.

Das waren zwei Beispiele für kühne Improvisationen; ich könnte ein ganzes Buch mit ähnlichen Experimenten füllen. Dank der vielfältigen Initiativen war der Betrieb imstande, auch ohne Zulieferungen von Monat zu Monat seine Produktion zu steigern.

Die „gekenterte" Erfindung

Ich möchte aber doch noch über eine andere Erfindung berichten, die ich jedoch erst 1964 kennen lernte, als ich mit einer SED-Delegation zum Baikalsee reiste. Eine sehr schwere Arbeit war schon immer die Entladung der großen Lastkähne, die die Baumstämme aus dem Norden brachten. Ein Großteil der Stämme, die man am oberen Ob, insbesondere aus dem Nebenfluss Tschulym flößte, wurde zunächst am Werk in Becken „eingefangen", die mit dicken Stahltrossen gesichert waren. Dann wurden sie an

Am Baikalsee, 1964

Land gebracht. Auf den vom Unterlauf des Ob kommenden Kähnen waren die Baumstämme jeweils in Längs- und Querrichtung haushoch gestapelt. Die eine Schicht brauchte man nur über die Bordkante zu rollen, die andere aber musste in Schwerstarbeit so weit geschoben werden, bis das Übergewicht den Stamm ins Wasser stürzen ließ.

Dazu waren mehrere starke Männer vonnöten, die jedoch, je länger der Krieg dauerte, immer rarer wurden. Also arbeitete ich damals in der Regel mit einer Frauenbrigade, deren Leistung oft höher war als die der Männerbrigaden. Das war der Erinnerung an die Brigade tatarischer Arbeiter zuzuschreiben, die in Moskau mit ihrem rhythmischem Gesang schwere Kisten aus den Schiffen geladen hatten.

Der Brigadier hielt nicht nur mit seiner Picke die am Stammende befestigten Seile, er gab auch singend das Kommando für die „Hauruck-Aktion". Alles hing davon ab, wie man es verstand, der Arbeit mit dem „Lied" jenen Rhythmus zu verleihen, der alle Kräfte im entscheidenden Moment bündelte. Und das gelang uns besser als den kräftigsten Männern.

Weniger beim Entladen als beim Flößen geschah es, dass ein Baumstamm den Hafen verfehlte und das „Weite“ suchte. Nach Jahren, die er irgendwo, am Ufer hängend, verbracht hatte, nahm er im Wasser ein solches spezifisches Gewicht an, dass er sich in ein Unterwassertorpedo verwandelte und fortan eine große Gefahr für die Schiffe darstellte.

Eines Tages stieß ein solcher Baumstamm auf dem Jenissej ein Leck in einen großen, mit Baumstämmen beladenen Lastkahn. Er drohte zu kentern. In einer bestimmten Schräglage entlud sich jedoch der Kahn und kam wieder ins Gleichgewicht.

Der Bootsmann sollte vor Gericht gestellt werden. Es war Krieg und überall spukte der Begriff „Sabotage“. Doch hier war man an einen wirklich findigen Kopf geraten. Er ließ die Beinahe-Katastrophe patentieren. Neue Lastkähne wurden mit doppeltem Boden gebaut; sie wurden solange geflutet, bis sie die vorher bestimmte Schräglage erreichten und in Minuten ihre Fracht „abwarfen“. Früher hatte man Stunden schwerer Arbeit dafür gebraucht.

Der eisglatte Kuhmist

Das wichtigste Beförderungsmittel in der Taiga ist im Winter der Schlitten. Die Sibirier behaupten, bei ihnen regiere zwölf Monate im Jahr der Winter, die übrige Zeit sei Hochsommer. Das ist natürlich ein Scherz, denn im Juli und August herrschen wirklich hochsommerliche Temperaturen. Und in dieser Zeit ersetzt der Einbaum den Schlitten. Sprachlos sah ich in meinem ersten sibirischen Winter, wie eine alte Frau fast mühelos einen großen Schlitten zog, der mit einem ganzen Heuschober beladen war.

Mich interessierte, wie ihr das möglich war. Man weihte mich in das „Geheimnis“ ein. Die breiten Holzkufen wurden im Winter sehr sorgfältig mit frischem, noch warmen Kuhmist bestrichen, zwei bis drei Zentimeter dick. Der Kuhmist gefriert, wird dann mit Wasser übergossen, das wiederum vereist, und diese Eisschicht reduziert die Reibung zwischen Schnee und Kufe auf ein Minimum.

Auf die Frage, warum es denn Kuhmist sein müsse, lautete die Antwort, dass sich das Eis auf den blanken Holzkufen nicht halten würde! Sicherlich werden die heutigen Rodelsportler diese Erfindung nicht aufgreifen, aber diese „Kufentechnik" wurde offensichtlich schon zu einer Zeit praktiziert, da in Sibirien den Einheimischen keine Metallkufen zur Verfügung standen und in Europa der Schlittensport noch keine olympische Disziplin war.

Für die Produktion in unserem Werk war das alles ohne Belang, aber für die Menschen war es lebenswichtig. Denn im Winter hatte jeder Arbeiter nach der Schicht einen Schlitten voll Schalbretter mit nach Hause zu schleppen, die gestapelt wurden und ein Jahr trockneten, um im nächsten Winter verheizt zu werden. Und bei vierzig und manchmal auch mehr Grad unter Null brauchte man selbst in einer wärmeisolierten Baracke schon eine ganze Menge Brennstoff.

Es gab auch Faulpelze, die sich nicht den erforderlichen Jahresvorrat anlegten. Sie mussten sich dann mit nassem Holz herumplagen oder sich beim Nachbarn mit trockenem Brennholz „versorgen". Ich erinnere mich an einen Fall, als ein Bestohlener in ein dickeres Stück Holz ein Loch bohrte und es mit Pulver füllte. Sein Fehler bestand darin, dass er seine Frau von dem geplanten Racheakt nicht in Kenntnis gesetzt hatte. So sprengte sie ahnungslos den eigenen Ofen in die Luft.

Nicht nur im Winter muss man jeden Tag Feuer anzünden. Was aber tun, wenn über Jahre keine Streichhölzer geliefert werden, obwohl in der Tomsker Streichholzfabrik rund um die Uhr gearbeitet wurde?

Offensichtlich sind auch in einem wenig gebildeten Menschen Erfahrungswerte gespeichert, die sich Generationen zuvor in der Auseinandersetzung mit der Natur angeeignet hatten. Den funkenspendenden Stein fand man am Ufer des Ob. In der Schmiede wurde aus einem Stück Eisen ein handliches gestähltes Schlagstück.

Der nächste Weg führte in die Taiga, wo man von kranken Bäumen Auswucherungen abschnitt. Diese wurden ausgekocht, und man gewann auf diese Weise eine gelbliche „Watte", die auch bei stürmischem Wetter jeden Funken auffing und zu glimmen begann.

In der Sowjetunion wurden viele Bücher über den Krieg, über

die Heldentaten von Soldaten, Offizieren und Generalen geschrieben. Marschälle haben ihre Erinnerungen veröffentlicht. Aber den Sieg über die deutsche Wehrmacht hat die Sowjetarmee nicht nur gemeinsam mit den Alliierten, sondern in großem Maße auch dank des Hinterlandes errungen. Das kann ich an Hand der praktischen Erfahrungen meines Aufenthalts und meiner Tätigkeit in Sibirien tausendfach bezeugen.

Als ich mit meiner Frau 1978, nach dreißig Jahren, Mogotschino noch einmal einen Besuch abstattete, wurden wir überaus herzlich empfangen. Der Kommandant lebte nicht mehr. Man zeigte mir manche Neuerung. Die Dampfmaschinen wurde nicht mehr mit Sägespänen, sondern mit Heizöl betrieben. Vieles andere mehr war modernisiert. Aber die Produktion war niedriger als im Krieg. Am Sägegatter klafften zwischen den Baumstämmen breite Zwischenräume. Seinerzeit stieß ein Stamm an den anderen.

Und es war nicht nur dies, was mir auffiel. Vor allem sah ich, dass nicht allein die Technik entscheidet, sondern sehr viel vom Menschen und seiner Motivation abhängt. Damit will ich nicht sagen, dass wissenschaftlich-technischer Fortschritt allein mit Enthusiasmus zu meistern ist. Der Übergang von der extensiven zur intensiven Produktion ist ein qualitativer Prozess.

In den vierziger bis sechziger Jahren wurden in der Sowjetunion viele Beispiele für einen solchen qualitativen Schritt in ein neues Zeitalter gegeben: zum Beispiel mit der Überwindung des US-amerikanischen Atomwaffenmonopols, insbesondere mit der friedlichen – heute heftig umstrittenen – zivilen Nutzung der Atomenergie, mit der Eroberung des Kosmos, der bemannten Raumfahrt und der damit verbundenen Werkstoffentwicklung, mit den Erfolgen im düsengetriebenen Flugzeugbau, mit der Meisterung der Mikroelektronik, der Kybernetik und Fortschritten in anderen wissenschaftlich-technischen Bereichen.

Dies sind wesentliche Errungenschaften. Dennoch gelang es in den späteren Jahren nicht, mit der internationalen Entwicklung Schritt zu halten. Der sich in den entwickelten Industrieländern vollziehende bestimmende Übergang von der extensiven zur intensiven Entwicklung wurde versäumt. Doch dazu mehr in einem anderen Kapitel.

Ungeachtet der Tatsache, dass flussaufwärts, bei Nowosibirsk, ein Zentrum der modernsten Wissenschaft und Technik, ein ganzes Städtchen der Akademie der Wissenschaften entstanden war, schien der Vormarsch von Technik und Technologie an Mogotschino vorbeigegangen zu sein.

Gottesdienst in Mogotschino

Es wäre falsch zu behaupten, dass die „Spezialumsiedler" die Sowjetmacht in jeder Hinsicht akzeptiert hätten. Niemand von ihnen zollte der Politik Stalins Beifall oder akzeptierte nachträglich die Kollektivierung der Landwirtschaft. Aber sie hatten sich ihr Leben eingerichtet, so gut es möglich war. Manche hatten sich ein eigenes Haus gebaut, die meisten wohnten in einer der von mir bereits beschriebenen Holzbaracken.

Diejenigen, die es verstanden, die Axt zu handhaben und genügend Helfershelfer in der Familie hatten, errichteten sich Blockhäuser. Sie hatten eine besondere Wärmeisolierung aus getrocknetem Moos, das zwischen die Baumstämme gestopft wurde.

Alle Häuser und Baracken umgab eine „Sawalinka", ein mit Brettern eingezäunter Erdwall um das Haus herum, der den Frost nicht unter das Haus ließ. Das war auch schon deshalb so wichtig, weil sich unter jedem Haus auch ein geräumiger Keller befand, in dem tonnenweise Kartoffeln und Kohl überwinterten. Das waren absolut wohnliche und warme Unterkünfte, wenngleich die Inneneinrichtung in der Regel spärlich war. Der Zwang, auch in sehr schwierigen Situationen einen Ausweg zu finden, führte die „Spezialumsiedler" letztlich zu ihrem Arrangement mit der Gegenwart, in der sie lebten. Hinzu kam, dass sie damals viele Söhne oder Ehemänner an der Front hatten.

Bei meinem Besuch 1978 stellte ich fest, dass zwar viele von jenen Mogotschino verlassen hatten, die nach dem XX. Parteitag im Jahr 1956 Pässe bekamen. Aber überraschend viele waren auch geblieben. Sie hatten sich in den 45 Jahren Verbannung eingelebt. Viele fühlten sich auch für eine Rückkehr in ihre Heimatorte schon zu alt. Selbst die hier Geborenen waren zum Teil über vierzig und wollten nicht noch einmal von vorn anfangen.

Ich erinnere mich noch des Wortspiels: Was ist der Unterschied zwischen dem Narymski Krai und dem Krimski Rai, also zwischen dem, schon zu Zarenzeiten existierenden, sibirischen Verbannungsgebiet Narym und dem Paradies auf der Krim? Die Antwort, „Keiner, denn beide haben die gleiche Zahl von Sonnentagen“, war recht schwarzer Humor.

Die Kirche muss ich noch erwähnen, obwohl es in Mogotschino keine gab und auch nie eine gegeben hat. Wie es mir anfangs schien, spielte sie im gesellschaftlichen Leben auch keine Rolle. Das einzige Kirchengebäude stand in der Kreisstadt. Es war als Kirche geschlossen und wurde als Kulturhaus genutzt. Auch ich habe mit unserem Laienspielensemble so manches Mal auf der „Bühne“ dieses Klubs gestanden.

Mit Beginn des Krieges nahm der Einfluss der Kirche wieder zu. Viele Frauen klammerten sich an die Kirche wie an einen Strohhalm und hofften auf Gottes Hilfe für die Angehörigen, die sie an der Front wussten. Dann waren da auch noch Traditionen. So hatte in Zeiten, die für das Vaterland kritisch waren, zum Beispiel 1812, während des Einfalls der Napoleonischen Armee in Russland und der zeitweiligen Besetzung Moskaus, die russisch-orthodoxe Kirche immer eine patriotische Rolle gespielt. Während der Oktoberrevolution und des Bürgerkriegs stand sie allerdings auf der anderen Seite der Barrikade.

Es ist hier nicht der Platz, den für diese Situation Schuldigen zu benennen. Einerseits war die orthodoxe, rechtgläubige Kirche mit dem Zarismus arrangiert, und andererseits hatten die Bolschewiki den Ausspruch von Marx, die Religion sei „das Opium des Volkes“, als allgemeine Losung postuliert und der Kirche den Kampf angesagt. Kirchen wurden geschlossen, zweckentfremdet genutzt, manche in „Museen für streitbaren Atheismus“ umgewandelt, viele Pfarrer wurden verfolgt. Als Transportarbeiter in Moskau hatte ich strapazierfähige Arbeitshandschuhe bekommen, die aus Priesterkutten genäht und mit Silber- oder Metallfäden durchwoben waren. Obwohl sich damals kein Arbeiter darüber beklagte oder gar ihre Benutzung ablehnte, war dies ein ungehöriger Affront gegen die Kirche, wenn nicht gar Frevel.

Während des Großen Vaterländischen Krieges gab es ein weitgehendes Einvernehmen zwischen Kirche und Sowjetmacht, und die Kirche organisierte zahlreiche Sammlungen für die Front. 1943 wurde auch ein staatliches Organ ins Leben gerufen, das die Verbindung zwischen dem Ministerrat und der russisch-orthodoxen Kirche herstellte.

Mit dem wachsenden Einfluss der Kirche fanden sich auch selbsternannte Pfarrer, die Gottesdienste abhielten. Die einen taten dies, weil sie ihr Glaube dazu bewegte, andere eher aus egoistischem Interesse. Alle jedoch verschafften sich dadurch einen relativ guten Lebensunterhalt, denn vor allem die Besucherinnen der Gottesdienste entrichteten ihr Scherflein in Form von Milch, Butter, Kartoffeln und anderen nützlichen Dingen. Bald tauchten auch Sekten auf. Das waren jedoch nicht jene religiösen Gruppen, die einst vom Zaren, der nur die rechtgläubige Kirche duldete, verfolgt und nach Sibirien geflohen waren, wie zum Beispiel die Altgläubigen, sondern oft neue, sehr zwielichtige Gruppen.

Wir hatten im Ort inzwischen einen Milizionär. Es war ein verwundeter Offizier, der aus dem Krieg heimgekehrt war. Er hatte keinen rechten Arbeitsplatz gefunden und war so zu dieser Funktion gelangt. Dieser Milizionär sollte seinem Vorgesetzten eines Tages Auskunft über die Tätigkeit der Kirche in Mogotschino geben. Doch ihm war nicht bekannt, ob es eine Kirche gab, und, sollte es eine geben, wo sich diese befand. Also führte ihn sein Weg zu Wolodja, der über vieles Bescheid wusste. Ich zog Dascha und Schura aus dem Gästehaus ins Vertrauen, die, wie man munkelte, nicht nur Kulakentöchter waren, sondern auch Nonnen gewesen sein sollten. Von ihnen bekam ich die erwünschte Information. Da der Milizionär diese heikle Mission nicht allein erfüllen wollte, gingen wir gemeinsam zu einem der „Gotteshäuser“. Von innen war Gemurmel zu hören. Wir öffneten die Tür und traten ein. Frauen knieten am Boden, uns den Rücken zugewandt. Als uns der Pope erblickte, dessen Tochter, Marina Popowa, mit mir in einer Abteilung als Maschinistin arbeitete, unterbrach er für Sekunden sein Gebet. Lauthals stimmte er in Anlehnung an die monarchistische Hymne „Gott schütze den Zaren“ den Gesang „Gott schütze Stalin!“ an. Der Milizionär musste laut lachen. Die Frauen drehten sich erschreckt um und wir flohen aus dem Haus. Dieser Auftrag war beendet.

In diesem Zusammenhang möchte ich erwähnen, dass mein Vater 1906 und meine Mutter noch früher aus der Kirche ausgetreten war. Ich war nicht getauft und war in der Schule als Dissident vom Religionsunterricht befreit. Bei einem Schulausflug in den Spreewald hatte ich mich konsequent geweigert, eine Kirche zu betreten, obwohl der Lehrer aufklärerische und keineswegs religiöse Motive für den Kirchenbesuch hatte. Kurzum, die Konfrontation mit der Kirche in Sibirien löste bei mir einen Prozess, wenn nicht des Umdenkens, so doch zumindest des Nachdenkens aus.

Bei den Altgläubigen

Die Altgläubigen sind eine kirchlich-soziale Bewegung, die Mitte des 17. Jahrhunderts entstanden war und sich gegen die offizielle Kirche wandte. Auslöser waren die liturgischen Reformen des Patriarchen Nikon von Moskau, die den Gottesdienst im ganzen Staat vereinheitlichten und die russische Kirche den anderen orthodoxen Kirchen annähern sollte. Die Bewegung der Altgläubigen, auch Raskolniki, Spalter, genannt, wurde von der zaristischen Regierung gewaltsam unterdrückt. Viele von ihnen gingen nach Sibirien, um in der fernen Taiga ungehindert nach ihrem Glauben leben zu können. Eines Tages „reisten" wir mit unserer Laienspieltruppe den Fluss Tschulym aufwärts durch Fischerdörfer. Als Leiter der Gruppe war mir in der Kreisleitung der Partei eingeschärft worden, in Streshnoje, einer von Altgläubigen besiedelten Ortschaft, die Sitten und Gepflogenheiten der Gläubigen unbedingt zu achten und ihre religiösen Gefühle nicht zu verletzen. Wir wurden bei einer, dem Haus nach zu urteilen, soliden Familie untergebracht. Hier lernte ich an Ort und Stelle die religiösen Regeln der Altgläubigen näher kennen.

Es war ihnen zum Beispiel strikt untersagt zu rauchen. Ein anderes Gebot lautete, dass Messer, Gabel, Löffel, aber auch Teller und Tassen nur von einer Person benutzt werden durften. Andernfalls galt das Geschirr als entweiht. In der Familie, bei der wir untergebracht waren, nahm man es mit den Bestimmungen schon nicht mehr so genau. Der Alte rauchte seine Machorka, setzte sich allerdings zuvor auf den Fußboden vor die offene Ofentür und blies den Rauch in den Ofen. Solange er rauchte, stand seine Frau vor der Ikone und betete laut zu Gott, er möge die Sünde verzeihen. Ihr Mann sei alt und nicht mehr Herr seiner Sinne, was das Vergehen in gewisser Hinsicht entschuldbar mache. War die Kippe der selbstgedrehten Zigarette im Ofenloch verschwunden, beendete sie das Gebet.

Am nächsten Tag zogen wir mit unserem Boot weiter. Nur manchmal konnten wir rudern, oftmals mussten wir das Boot flussaufwärts wie Treidler vom Ufer aus ziehen. Dieses Mal saß ich als Steuermann im Heck des Bootes. Als der Ort außer Sicht war, ertönte plötzlich ein schallendes Gelächter. Es dauerte eine Weile, bis ich erfuhr, was geschehen war. Einer aus unserer Gruppe hatte gestanden, er habe die halbe Nacht kein Auge zugemacht, bis er sicher war, dass alle fest schliefen. Dann habe er sich erhoben, sei zum Küchenschrank geschlichen und habe alle Messer, Gabel und Löffel mit seiner Zunge berührt, um so den Aberglauben zu widerlegen. Mit Genugtuung hätte er am Morgen festgestellt, dass jeder sein Besteck benutzte, als ob nichts geschehen sei. Es machte mir einige Mühe, meine Freunde zu überzeugen, dass das kein sehr gelungener Streich war.

Während dieser „Tournee“ spielten wir den Einakter „Der Idiot“, jedoch nicht nach Dostojewski. Das Zwei-Personen-Stück handelte vom Vorsitzenden einer Kollektivwirtschaft in dem von der deutschen Wehrmacht besetztem Hinterland. Um einen deutschen Offizier, der ihn vernahm, in die Irre zu führen, verstellte sich dieser Vorsitzende als Idiot, was ihm auch gelang. Als ich nach zwei Jahren wieder mit unserer Kulturtruppe den Ort besuchte, schrien mehrere Kinder schon am Ufer: „Der Idiot ist wieder da.“ Ich wertete es als ein Kompliment

Hochwasser

Dramatische Stunden erlebten wir im Frühjahr 1942. Wir hatten einen sehr strengen Winter hinter uns. Das Thermometer war oft bis unter minus 40 Grad gefallen, und es gab wenig Schnee. Wenn sonst Ende April die Sonne stark genug war und der Schnee zu schmelzen begann, floss er als Oberflächenwasser in die Flüsse. Dieses „erste Wasser“, wie es die Sibirier nennen, ließ die meterdicke Eisdecke des Ob steigen, bis sie dann etwa Mitte Mai bei einem Pegelstand von fünf bis sechs Metern zu brechen begann. Dann setzte in der Regel ein Naturschauspiel ein, wie ich es kaum beschreiben kann. Die ersten Schollen hatten noch einen Durchmesser von einem Kilometer. Wenn die barsten, hallte donnernder Lärm über den Fluss, der immer mächtiger drängte. Bisweilen dehnte er sich bis zu vierzig Kilometer in die Breite aus.

Im Frühjahr 1942 verlief alles ganz anders. Das Eisdecke war so dick, dass das „erste Wasser“ nicht die Kraft hatte, sie aufzubrechen. Das Eis stieg bis auf zehn Meter gegenüber dem Herbstpegel und brach erst durch die Kraft des „zweiten Wassers“, der Schneeschmelze, die über das Grundwasser in den Fluss gelangt. Eine Rettung über das Eis ans hohe Ufer war nicht mehr möglich, und wir hockten, wie in einem Suppenteller, umringt von Eisschollen und Wasser. Alle wurden mobilisiert, die Erdwälle, die man erst 1937 aufgeschüttet hatte, zu erhöhen. In den Jahren zuvor hatte man sich mit der alljährlichen Überschwemmung abgefunden und nichts Ungewöhnliches darin gesehen, wenn die ersten Schiffe im Mai auf dem Marktplatz ankerten.

Aber woher sollten wir die Erde nehmen, um die Dämme aufzuschütten? Der Boden war tief gefroren. Um bei Regen Pfützen zu vermeiden, breitete man überall einen Teppich von Sägespänen aus. Der ganze Ort schuftete rund um die Uhr. Wir Elektriker sorgten dafür, dass auch nachts die gefährdeten Stellen hell genug beleuchtet waren, um Holzbohlen legen zu können und den Weg für die mit der mühsam geborgenen Erde beladenen Karren freizuhalten.

Der Zufall wollte es, dass ich eines Nachts gerade dort arbeitete, wo das Wasser den Damm zu überspülen drohte und die Gefahr bestand, dass es sich einen Weg in den Ort bahnen würde. Eine Überschwemmung hätte Hunderte Menschen das Leben kosten können. Jemand war zufällig mit dem Fuß von einer Holzbohle geglitten und spürte Wasser. Der Fluss hatte die niedrigste Stelle des Erddamms erreicht.

Wir benahmen uns wie Kinder in einer Buddelkiste. Aus dem Erdwall heraus schippten wir einen kleinen Damm auf die Krone, der zunächst nicht höher als zehn Zentimeter war. Kaum einer glaubte, dass das einen Sinn hätte. Doch das Wunder geschah: Nachdem der Fluss die Höhe von 11,62 Meter erreicht hatte, stieg er nicht mehr! An unserem kleinen Damm konnten wir freudig erkennen, wie das Wasser erst stehen blieb, um dann Zentimeter um Zentimeter wieder zu fallen. Vielleicht war unterhalb der Siedlung irgendwo eine Eisbarriere gebrochen.

Und wer gab uns die Garantie, dass sich nicht neue auftaten? Die Gefahr war keineswegs gebannt. Sowie sich große Schollen zwischen Ufer und einer Insel verklemmten und die starke Strömung die Schollen hochkant aufrichtete, zwängten sich die darauffolgenden unter diesem Hindernis hindurch und bildeten eine Eisbarriere, die, wenn sie brach, eine verheerende Flutwelle auslöste. In Friedenszeiten hatte man in solchen Situationen Flugzeuge alarmiert, die die Eiswälle sprengten. Doch 1942 wurden die Bomber an der Front gebraucht und wir mussten selbst mit unseren Problemen fertig werden.

Einige Bürger von Mogotschino wohnten außerhalb des Dammes. Der örtliche Sowjet ordnete jedes Jahr zu Beginn des Hochwassers schulfrei an und erneuerte seinen Beschluss, diese Bürger in die Schule zu evakuieren, doch die wenigsten folgten dieser Order. Die Menschen blieben in ihren Hütten, auch wenn das Wasser schon um die Fensterbretter spülte.

In ihren Einbäumen fuhren sie nach der Arbeit zu ihren „Inselhütten“, paddelten durch die Fenster und schliefen in ihren Betten, die sie entsprechend dem Pegelstand aufbockten.

Ihre Boote waren reine Wunderwerke. Die Bootsbauer, die nur Äxte zur Verfügung hatten, verstanden es, die Holzwände so dünn zu halten, dass das Boot leicht genug war, um von einem Mann über ausgetrocknete Flussarme zum nächsten wasserführenden Fluss oder See getragen zu werden.

Einmal kam es zu einem Zwischenfall, der für einen Mitteleuropäer kaum nachvollziehbar ist. Ein Einwohner, dessen Haus außerhalb der Wälle stand, wurde während des Schlafes vom Wasser überrascht, als es schon bis über die Oberkante des Fensters gestiegen war. Er musste mit fremder Hilfe die Stubendecke aufbrechen, um sich in Sicherheit zu bringen. Daraufhin wurden die Kontrollen verschärft.

Bei allen ihren Widersprüchlichkeiten lernte ich in Sibirien gerade in derartigen Situationen auch Widerwärtigkeiten zu lieben, die die Menschen und das Land durchzustehen hatten. Ich habe erlebt, wie Katastrophen die Menschen in wenigen Tagen so fest zusammenschmiedeten, wie dies in „normalen" Zeiten nur in Jahren möglich gewesen wäre.

Die Ob-Schiffe waren allesamt Raddampfer. Sie hatten einen flachen Tiefgang, damit der Verkehr bis in den Herbst hinein aufrechterhalten werden konnte. Wenn der Fluss im Frühjahr Hochwasser führte und kilometerweit das Ufer überschwemmte, mussten die Bojenwärter, die Bakenstschiks, ganze Arbeit leisten, um den richtigen Weg zu weisen. Wenn aber im Herbst der Wasserstand um zehn Meter und mehr fiel, war am Bug jedes Schiffes ein Matrose postiert, der mit einer langen Stange den Tiefgang kontrollierte. Seine Aufgabe war es, rechtzeitig Sandbänke zu signalisieren. Das tat er mit dem Ruf „Pod tabak!"

Als ich diesen Ruf einmal hörte, übersetzte ich ihn mir zunächst wörtlich: „Bis unter den Tabak!" Ein alter Kapitän erzählte mir dann, dass dieses Signal von den Wolgatreidlern mit an den Ob gebracht worden sei.

Ich interpretierte ihn mit selbstgebastelter Etymologie, dass das Wasser nur noch bis zur Höhe einer Tabakspfeife reichte. Der Sinn wurde mir jedoch erst klar, als ich erfuhr, dass das russische Wort „Tabak" auch noch die Bedeutung „Holzknopf der Bootsstange" hatte.

Auf dem Ob erlebte so mancher Kapitän böse Überraschungen, denn der Fluss war nicht nur reich an Stromschnellen, sondern ebenso reich an Sandbänken, und die einen wie die anderen wechselten je nach Wasserpegel häufig ihren Standort.

Unweit von Mogotschino rief eines Nachts im Herbst der mit dem Staken beauftragte Matrose zur Brücke, dass nichts mehr „unter dem Tabak" sei. Der Kapitän stoppte sofort die Maschinen und ließ die Radschaufeln rückwärts laufen. Doch auch da war kein ausreichender Tiefgang mehr. Alle Versuche scheiterten. Er wollte den Morgen abwarten, um neue Entscheidungen zu treffen.

Die aufgehende Sonne offenbarte die Größe der Katastrophe. Das Schiff stand in einer Lache nahe des Ufers. Der Flusslauf war weit entfernt, denn der Wasserspiegel in diesen Stunden erheblich gefallen. Der Versuch, mit Spaten einen Kanal zu schaufeln, missglückte, das Schiff saß hilflos fest. Die Passagiere mussten auf eines der nachfolgenden Schiffe warten und der Kapitän hatte sich vor Gericht zu verantworten.

Meine Armee-„Laufbahn“

Ab Sommer 1942 wurden in Mogotschino die Einberufungen in die Armee immer häufiger. Auch die ersten „Spezialumsiedler“ wurden eingezogen. Doch als auch ich einen Einberufungsbefehl erhielt, war das für mich eine Überraschung, denn es war bekannt, dass selbst Wolgadeutsche, auch Offiziere der Roten Armee, die schon länger gedient hatten, entlassen und nach Sibirien geschickt worden waren. Zwei von ihnen waren bei uns im Werk gelandet, ich hatte jedoch keinen näheren Kontakt zu ihnen gefunden.

So ging ich mit meinem Einberufungsbefehl zum Werkleiter, zu dem ich ein gutes Verhältnis hatte. Auch er schien überrascht und schickte mich hinaus, um mit dem Wehrkreiskommando im Rayon zu telefonieren. Als er ich mich wieder hereinbat, stellte er mir die Frage, ob ich bereit wäre, freiwillig an die Front zu gehen. Ohne mir der Konsequenzen bewusst zu sein, antwortete ich mit „Ja!“, denn der Hitlerfaschismus war auch mein Feind. Erst zu Hause, als ich wieder zur Ruhe gekommen war, wurde mir klar, dass ein Fronteinsatz, so unwahrscheinlich er für mich staatenlosen Deutschen auch war, zur Folge haben könnte, eventuell auf meinen Bruder oder Stiefvater, auf ehemalige Schulkameraden oder Freunde schießen zu müssen. Diese Konsequenz war Anstoß für neue Überlegungen, die änderten aber nichts an meiner Einstellung.

Am Morgen nach dem Gespräch mit dem Werkleiter brachten uns Pferdeschlitten in die Kreisstadt Moltschanowo. Dort hatten sich vor dem Klub, der ehemaligen Kirche, die Einberufenen bereits versammelt.

Der Chef des Wehrkreiskommandos forderte uns auf, in Reih und Glied anzutreten. Das scheiterte daran, dass einige wohl zu heftig Abschied gefeiert hatten und kaum wahrnahmen, was um sie herum geschah. Der Chef des Wehrkreiskommandos kannte offensichtlich nur einen der Einberufenen, und das war ich. Er forderte mich auf herauszutreten und ernannte mich zum Chef der „Hauptwache“. Dieser Begriff war unter Peter dem Großen aus dem Deutschen ins Russische übernommen worden war, hatte aber inzwischen die zusätzliche Bedeutung „Arrestraum“ angenommen.

Als mir der Chef des Wehrkreiskommandos ein Vorhängeschloss und einen Schlüssel aushändigte, war mir klar, was das bedeuten sollte und dass dieser Vorgang aus früheren Erfahrungen offenkundig vorprogrammiert war. Dann zeigte er mir die fünf, die ich in den Arrest bringen sollte. Sie folgten mir auch willig in die Kirche und dann in den Raum hinter der Kanzel. Erst als ich sie einschloss, schienen sie den Vorgang verstanden zu haben, denn nun begann ein Tumult.

Der eine wollte heraus, um seinen Wehrpass holen zu können. Auf die Frage, wo er wohne, antwortete er: „Einige Werst oberhalb der Mündung des Tschulym.“ Das Anliegen wurde abgewiesen: „An der Front braucht keiner mehr einen Pass.“

Ein Zweiter tobte und verlangte, auf die Toilette gehen zu können. Um sein Anliegen zu verdeutlichen, ließ er auch gleich die Hosen fallen. Das ging zu weit, ich glaubte, man müsse seinem Wunsch, auch wenn er arretiert war, entsprechen, und ließ ihn heraus. Doch er verschwand, noch ehe ich den Raum wieder verschlossen hatte, in einer ganz anderen Richtung.

Vor der Tür erfuhr ich, dass er geradewegs zur Wehrkreiskommandantur geeilt war. Als ich dort eine Erklärung abgeben wollte, herrschte mich der Chef an, den Schreihals augenblicklich gewaltsam wieder in den Arrest zu bringen.

Kaum hatte ich diesen Befehl ausgeführt, war meine „Blitzkarriere“ in der Roten Armee auch schon beendet. Der Chef ließ mich wissen, dass eine andere „Institution“ – wir beide wussten, dass es sich um das NKWD handelte – Einspruch gegen meine Einberufung erhoben hatte und ich sofort nach Hause zurückkehren müsse.

Im Winter zu Fuß durch die Taiga

Die zwanzig Kilometer von Mogotschino entfernte Rayonstadt ist mir auch noch in anderer Hinsicht in Erinnerung geblieben. Dies hing damit zusammen, dass ich mir mitten im tiefsten Winter wieder einmal beim NKWD einen Stempel abholen musste. Am Abend zuvor hatte ich meine „Pimy", meine Filzstiefel, zu einem Freund zur Reparatur gebracht. Der Hacken an einem der Stiefel war durchgescheuert, und er sollte einen Flicken aufsetzen. Nachdem ich mir die Stiefel am Morgen wieder abgeholt hatte, machte ich mich auf den Weg in die Kreisstadt und holte mir meinen Stempel. Aber es gab Verzögerungen, so dass ich den Rückweg mit gehöriger Verspätung antrat. Bald dunkelte es, und man konnte die Hand nicht mehr vor Augen sehen, geschweige denn den Weg unter den Füßen. Jeder Fehltritt auf dem schmalen, von Pferdehufen getretenen Pfad endete aber mit einer Bruchlandung im tiefen Schnee. Um wieder auf die Beine und den Weg zu kommen, musste ich wie ein Blinder erst einmal den Pfad ertasten. Ein paar Schritte weiter wiederholte sich das Malheur. Der Weg bis Mogotschino war noch weit, zurück nach Moltschanowo war es nicht viel näher. Ich verzweifelte. Erstmalig überkam mich der Gedanke an den Tod. Sollte mein Leben hier in der Taiga enden? Sollte ich mich mitten auf den Weg legen und darauf hoffen, dass noch ein Fuhrwerk des Weges kam? Ich wusste: Pferde treten nie auf einen Menschen. Aber wie lange kann man bei so starkem Frost im Schnee liegen?

Ich vertrieb die Gedanken, der Wille zum Leben war stärker. So lief ich – genauer: kroch ich – um mein Leben. Bald gelangte ich an ein Flussbett, und die steilen schneebedeckten Ufer reflektierten das geringe Licht genügend, um den Weg wieder zu erkennen. Ich kam besser voran, aber die Schmerzen an der Ferse, denen ich anfangs keine Beachtung geschenkt hatte, nahmen zu.

Unterhalb des Ortes Maikowo, in dem alle Bewohner Maikow hießen, ließ ich mich an einem Eisloch nieder, aus dem die Einwohner ihr Trinkwasser schöpften. Nachdem ich meinen Durst gelöscht hatte, wollte ich mich vergewissern, woher die Schmerzen an der Ferse kamen. Ein fataler Einfall, denn als ich den Filzstiefel ausgezogen hatte und die schmerzende Stelle betrachtete, musste ich entsetzt feststellen, dass ich mir die Ferse wund gelaufen hatte. Mein Freund hatte zwar den Flicken angenäht, aber vergessen, die mit Teer getränkten Nähte mit einem Hammer breit zu klopfen. Während ich mich vorwärts bewegte, war der Schmerz erträglich, ab jetzt „lief" jedoch nichts mehr.

Von der „Tränke" aus waren in etwa drei Kilometer Entfernung die Lichter unserer Siedlung zu sehen. Doch das waren sehr lange Kilometer. Ich lief einige Schritte barfuß mit dem rechten Fuß, steckte ihn dann in den Filzstiefel und hüpfte auf dem linken, bis der rechte wieder einigermaßen warm war, und so wiederholte ich diesen Hindernislauf, bis ich endlich zu Hause angelangt war.

In Russland werden vor allem auf dem Lande im Winter üblicherweise Walenki getragen. Das sind gewalkte Filzstiefel, die in Sibirien „Pimy" genannt werden. Sie wurden früher in Handarbeit hergestellt. Für einen Stiefel wurde etwa ein halbes Kilogramm Schafwolle benötigt. Diese wurde zunächst in der Sauna mit kochendem Wasser zu einem Fladen gewalkt, an einigen Stellen dicker, an anderen dünner. Das alles wurde dann um einen Stiefelleisten gewickelt und mit einem Knüppel so lange bearbeitet, bis daraus ein Stiefel ohne jede Naht wurde. Diese Filzstiefel haben eine so dicke Sohle, dass man jahrelang auf Eis und Schnee laufen kann. Man muss sie nur jede Nacht auf dem russischen Ofen trocknen, um so der Fäulnis vorzubeugen. „Pimy" sind in Sibirien unentbehrlich. Selbst ohne Strümpfe oder Fußlappen behält man in ihnen auch bei über vierzig Grad Frost warme Füße. Sibirische Winter wären für mich ohne diese „Pimy" nicht vorstellbar.

Hungerrationen

Bald machte sich der Krieg auch auf andere Weise bemerkbar: Von der Front trafen immer öfter Todesnachrichten ein, und der zunehmende Hunger forderte erste Opfer. Die Familien, die noch beisammen waren, in denen die Frau oder größere Kinder bei der Heu- und Kartoffelernte zupacken konnten, wurden noch am ehesten mit den Problemen fertig. Wurden aber die Männer eingezogen, mussten die Frauen schon wegen der Lebensmittelkarten ins Sägewerk arbeiten gehen. Ein Arbeiter bekam 600 Gramm feuchtes Roggenbrot pro Tag – ein Bestarbeiter 800 Gramm –, erwachsene Familienangehörige erhielten 400 Gramm, Kinder die Hälfte. Und das war alles! Im Werk gab es in der Pause einen Teller Suppe, in der ein paar Kohlblätter und einzelne Kartoffelstücke schwammen. Der Geschmack ließ vermuten, dass man sie mit kleinen Fischen, die durch den Fleischwolf gedreht wurden, zubereitet hatte.

Auf die Lebensmittelkarten sollte es eigentlich noch verschiedene andere Dinge geben, doch diese standen nur auf dem Papier. Neben 400 Gramm Salz monatlich galt zum Beispiel ein Kilogramm Graupen als ein ungewöhnliches Ereignis des Jahres. Ich musste wenigstens so viel Kartoffeln anbauen, dass ich etwa eine halbe Tonne ernten konnte. Das waren die Varianten: Kartoffeln gekocht, Kartoffeln geröstet, Kartoffelpuffer, ohne Fett zubereitet. Davon konnte man bei der schweren körperlichen Arbeit kaum leben, aber man überlebte.

Manche versuchten, zusätzlich etwas heranzuschaffen, um den langen Winter und den kurzen Frühling zu überstehen. Dabei musste nicht nur der Magen gefüllt werden, sondern es ging auch darum, dem Skorbut vorzubeugen. Salz erfüllte eine Schlüsselfunktion. Es ist eine alte russische Tradition, dass die Bauern alles, was wächst und essbar ist, für das ganze Jahr konservieren. Dabei ist Salz das natürlichste Konservierungsmittel. Grüne Tomaten – in Sibirien wurden sie selten rot –, Mohrrüben, Kohl, Moosbeeren, das alles wurde schichtweise in Fässern eingesalzen. Dafür reichte die Monatsration von 400 Gramm nicht aus, und auf dem Basar wurde ein Glas Salz zu sechs Rubel gehandelt.

Eines Abends machte ein Lastkahn fest, von dem die Jahresration Salz für Mogotschino entladen werden sollte. Es hatte sich eingebürgert, dass mich der Leiter des Betriebskonsums als Verhandlungspartner dazuholte, da die Arbeiter mich als Brigadier für zusätzliche Entladearbeiten akzeptierten. Diesmal kamen die Verhandlungen nicht voran. Meine Forderung nach Salz als Entgelt wurde abgelehnt, sein Geldangebot wiederum von mir nicht angenommen, denn für Rubel hätte niemand Salzsäcke geschleppt. Nach langem Hin und Her – die Wartezeit für den Lastkahn kostete Geld – schlossen wir einen Kompromiss. Der Leiter des Betriebskonsums holte alle ihm unterstehenden Frauen, Köchinnen, Verkäuferinnen und Büroangestellten zusammen. Sie füllten das Salz in Säcke und luden mir diese auf die Schultern. Ich schleppte sie dann ans Ufer, das ziemlich steil war. Über den Preis gab es zunächst keine Verständigung.

Nachts, bei einer Verschnaufpause, griff der Leiter des Konsums das Thema wieder auf. Er bot mir einen prallen Sack Salz, wenn ich es schaffen würde, diesen ohne abzusetzen bis nach Hause zu tragen. Das hieß, ich sollte den Sack das steile Ufer hinauf, dann über den Damm und noch einen knappen halben Kilometer weiter schleppen. Er glaubte nicht daran, dass ich diese Last nach den vielen Tonnen, die ich schon bewältigt hatte, noch bis nach Hause bringen würde. Dann hätte er die Bezahlung gespart. Ich willigte ein. Die Frauen füllten den Sack auf sein Geheiß bis zum Rand, und ich wuchtete ihn mit letzten Kräften tatsächlich bis nach Hause.

Die nächste Frage lautete: Wohin damit? Auf den Basar wollte ich nicht gehen, obwohl der Sack viele Tassen Salz enthielt. Tassen und Wassergläser waren das übliche Maß auf dem Markt. Es war kaum auszurechnen, wie reich ich dadurch hätte werden können. Eines Tages sprach mich eine Frau an und erbot sich, fortan meinen Kartoffelacker zu bearbeiten, wenn ich sie dafür mit Salz bezahlen würde. Das war ein gutes Geschäft. So bescherte mir der Sack Salz von nun an ein gepflegtes Kartoffelfeld, das eine gute Ernte versprach.

Heute frage ich mich zuweilen, wie der menschliche Körper mit einer so geringen Menge an Kalorien die schwere Arbeit bewältigen konnte, und das jahrelang. Der Mensch ist offenkundig bis zu einem sehr hohen Grade anpassungsfähig. Dennoch: Auch dem sind Grenzen gesetzt. Hungertote gab es vor allem unter den Moldawiern, die 1939 nach der Einnahme Bessarabiens durch die Rote Armee als „unzuverlässig“ eingestuft und nach Sibirien gebracht worden waren. 1813 wurde Bessarabien dem Osmanischen Reich entrissen und Russland einverleibt. 1918 schloss es sich Rumänien an, von Sowjetrussland nie akzeptiert, und wurde 1939 im deutsch-sowjetischen Vertrag als Moldawien der UdSSR zugeordnet.

Ärzten, Rechtsanwälten und anderen, die nie zuvor schwere körperliche Arbeit verrichtet hatten, fiel es sehr schwer, mit diesen Umständen fertig zu werden. Sie verkauften von ihrer Habe alles, was sie in Sibirien nicht unbedingt brauchten, aber eines Tages war auch diese Reserve erschöpft. Man konnte auch versuchen, in den mitten in der Taiga gelegenen Dörfern zu „hamstern", aber die Kolchosbauern hatten selber kaum etwas zu essen und waren an Rubeln nicht sonderlich interessiert.

Der Traum von der dreifachen „Ucha"

Und der Ob? Konnte er in einem so dünn besiedeltem Gebiet die an seinem Ufer wohnenden Menschen nicht mit Fisch ernähren? Die Aussicht war gering. Die Fischer und die Genossenschaften mussten die gefangenen Fische abliefern. Und das taten sie auch, weil es nur für den Fang das für sie lebensnotwendige Mehl und Salz gab. Hinzu kam, dass Raubbau getrieben wurde. Man fischte mit so engen Netzen, dass selbst die kleinsten Fische hängen blieben. Sie wurden mit Schuppen und Gräten durch den Fleischwolf gedreht und dienten der Ernährung.

So sah man am oder auf dem Ob kaum einen Angler. Der zwölfstündige Arbeitstag ließ auch gar keine Zeit dafür. Nur wenige besaßen einen Einbaum, mit dem sie auf fischreicheren Seen angeln oder mit Netzen fischen konnten. Nur im Winter, wenn der Ob gefroren war, sah man hin und wieder Angler an Eislöchern sitzen. Sie hatten Schnüre versenkt, an denen ein Dutzend lange Angelhaken befestigt waren. Eine andere Fangmethode bestand darin, dass man in einer Entfernung von gut einem Meter mit der „Peschnja" – einem speziellen Eispickel, der das reichliche Holz mit dem raren Eisen klug verband – zwei Löcher in Strömungsrichtung ins Eis hackte, die durch eine Rinne verbunden waren. Fische, die nach Luft schnappen wollten, schwammen durch die Rinne vom einem zum anderen Loch. Doch „unterwegs" warf ihn der Angler mit einem Stück Holz aufs Eis, wo er sich in der Kälte sehr schnell selbst konservierte. Wenn ein Fischer seinen Fang nicht selbst verbrauchen, sondern verkaufen wollte, so versuchte er es in Tomsk oder Nowosibirsk. Dort konnte er ein Vielfaches des üblichen Preises verlangen und vom Erlös lebensnotwendige Einkäufe tätigen. Wie ein Fischer seine geräucherten Fische jedoch im Sommer im Einbaum stromauf bis nach Nowosibirsk bringen konnte, ist mir bis heute ein Rätsel geblieben.

Ich bin ein einziges Mal mit einem derartigen Boot zum Fischen gefahren. Das aber war nur möglich, weil wir 72 Stunden ununterbrochen eine Havarie beseitigt hatten und dafür zwei freie Tage bekamen. Maikow, ein Kollege, der zu den „eingeborenen“ Fischern gehörte, nahm mich mit. Die erste Schwierigkeit bestand schon darin, in den Einbaum zu gelangen, der bei der geringsten Gewichtsverlagerung zu kentern drohte. Die Fahrt zu zweit war relativ einfach und ist mit zwei Rudern im Geradeauskurs auch von Laien zu meistern. Da der Fluss restlos abgefischt war, mussten wir auf einem Nebenarm bis zu dessen Ende rudern. Von dort schleppten wir den Einbaum bis zum nächsten Wasserarm. Das geschah so oft, bis wir glaubten, an einen fischreichen See gelangt zu sein. Dort wurde als Erstes ein Feuer entzündet, denn nur Rauch vertreibt den „Gnus“, den Schwarm vielfältiger Insekten, winziger blutsaugender „Raubtiere“, die einem in Mund, Nase, Ohren und Augen krochen. Wollte man sie mit der Handfläche verjagen, war diese sofort voller Blut. Ein mit Teer getränktes Netz vor dem Gesicht schuf ein wenig Ruhe. Doch diese unbarmherzigen Quälgeister suchten sich dann weniger geschützte Körperteile. Also kippte man den Einbaum am Ufer so zur Seite, dass der Wind den Rauch in das Bootsinnere trieb, in das man sich verkroch. Als Nikolai Maikow das erste Mal die Netze einzog, war die Ausbeute gering und unsere Ucha, die Fischsuppe, demzufolge nicht von der erhofften Qualität.

In Sibirien wurde früher besonders die dreifache Ucha geschätzt. Man kochte die minderwertigen Fische aus und warf sie weg, um die besseren Fische in die Brühe zu geben. Diese wurden dann als Vorspeise gegessen und der nunmehr doppelte Sud benutzt, um mit den edelsten Fischen die dreifache Ucha zu kochen. Als besondere Delikatesse galt der Sterlet, eine etwa siebzig Zentimeter lange Störart. Von derartigen Delikatessen konnte man in den Kriegsjahren nur träumen. Dreißig Jahre später aß ich sie in Streshewoje, dem Erdölfördergebiet.

Bei dem Ausflug erfuhr ich noch eine andere Geschichte, die ich erst für Anglerlatein hielt. Zur Zeit des Zaren, als noch kaum Schiffe auf dem Ob verkehrten, gab es im Winter regelrechte Fischlöcher. Unter der dicken Eisschicht, durch die kaum Sauerstoff drang, sammelten sich die Fische zu Tausenden an bestimmten Stellen. Vielleicht waren dort Unterwasserquellen, aus denen sauerstoffreiches Wasser kam. Die Fischer vereinbarten einen Termin, und auf ein Signal, das der Pfarrer gab, der auch als Schiedsmann bei etwaigen Streitigkeiten fungierte, begannen alle mit ihrem Eispickel die vorgegebene Zahl von Eislöchern zu hacken. Dann ließen sie lange Angelschnüre mit zehn bis fünfzehn selbst geschärften Angelhaken ohne jeden Köder hinab. Wenige Minuten später zogen sie die Schnüre wieder hoch und warfen die von den Haken geholten Fische in den bereitstehenden Schlitten, auf dem ein großer geflochtener Korb befestigt war. War der Korb, der mehre hundert Kilo fasste, gefüllt, wurde er von einem Familienmitglied nach Hause gefahren, um bald darauf die nächste Fuhre abzuholen. Man sprach von Fängen, die Tonnen wogen und dann nach Tomsk gebracht wurden. Ein ungeschriebenes Gesetz verlangte es, den größten und besten Fisch für sich selbst zu behalten. Vielleicht aber wuchsen in den Hungerjahren, wenn diese Geschichten erzählt wurden, sowohl die Dimension der Fische als auch die der Fänge ...

Und die Jagd? Mogotschino lag doch mitten in der Taiga. Das traf zu, hieß aber nicht, dass Bären oder Wölfe im Ort spazieren gingen. Vor allem war die Jagd auch zeitaufwendig, und Zeit hatte keiner von uns. Im Sommer war es zudem schwer, durch die Taiga zu kommen. Flüsse und Moraste sperrten die Wege, und auf die wenigen benutzten Wege verirrte sich selten Wild. Die Hauptjagdzeit war der Winter, wenn der Jäger die Fährte sah und er das Wild überall auf Skiern verfolgen konnte. Der Bär, der Winterschlaf hält, verriet sich bei Frost zuweilen durch eine kleine Atemwolke, die aus seiner Winterbehausung drang. Dann war er dort durchaus aufzustöbern. Der Elch, das begehrteste Wild, unterlag dem Abschussverbot. An ihm schätzte man nicht nur das wohlschmeckende Fleisch, sondern auch das Fell, aus dem man sehr weiches Leder gerben konnte. Die Fischer brauchten es für ihre Stiefel, in denen sie Strümpfe aus Hundefell trugen.

Um die Elche vor Ausrottung zu schützen, drohten den Wilderern drastische Gefängnisstrafen.

Ich habe mir später manchmal den Kopf darüber zerbrochen, was ein Mensch alles aushält. Man sollte annehmen, dass sich Belastbarkeit in so harten Zeiten enorm reduziert. Aber: Ich habe von den acht Jahren, die ich in Sibirien verbrachte, sieben ohne einen Tag Urlaub gearbeitet, die beiden schon erwähnten Tage ausgenommen. Täglich wurde zwölf Stunden schwer geschuftet.

Und abends? Todmüde ins Bett gefallen? Nein, wir wuschen uns – ohne Seife – und gingen in den Klub, wo unsere Laienspielgruppe eine neue Inszenierung einstudierte. Blieb noch die Nacht. Wie oft habe ich über Büchern gesessen, neue Stücke ausgesucht oder die Texte meiner Rollen, die ich zu spielen hatte, abgeschrieben. So half mir das Theaterspielen, die russische Sprache nicht nur mündlich, sondern auch schriftlich besser zu beherrschen. Dies war nicht nur ein sinnvoller Zeitvertreib. Man konnte Wissen erwerben, Einblicke in die reiche russische und sowjetische Kunst und Kultur gewinnen und vieles auch an andere weitergeben. Um Fehldeutungen vorzubeugen: Es gab natürlich auch Nächte, in denen sich anderes zutrug ...

Held auf der Bühne?

Das Theaterspielen hatte mich schon als Kind fasziniert. In der Karl-Marx-Schule in Neukölln musste ich in einer Jungenklasse in dem Stück von Erich Kästner „Emil und die Detektive" sowohl die Großmutter als auch den Kellner spielen. In der deutschen Schule in Moskau meldete ich mich sofort für den „Dramatischen Zirkel". In Mogotschino verfügte das Kulturhaus des Sägewerkes über einen großen, gut eingerichteten Klub mit einem vielseitigen kulturellen Leben. Dort wurde ich sehr bald aktiver „Schauspieler".

Auf unserem Spielplan standen neben aktuellen Stücken wie Leonid Leonows „Der russische Wald" und unzähligen Einaktern über Krieg und Partisanenbewegung viele Stücke russischer Klassiker, zum Beispiel Maxim Gorkis „Kleinbürger", Alexander Ostrowskis „Gewitter" und „Armut ist kein Laster", Nikolai Go-

gols „Revisor“, Anton Tschechows „Bär“. Mit dem bereits erwähnten „Idiot“ fuhren wir zum Wettbewerb der Laienspielgruppen nach Kolpaschewo, einem noch weiter nördlich gelegenen größeren Ort, in dessen Nähe man in den achtziger Jahren Massengräber von Häftlingen entdeckte. Damals wusste ich nichts von diesen GULAG-Lagern, und als wir dort waren, sprach auch niemand darüber.

Da uns die Leitung des kleinen Festivals nichts zu essen geben konnte, empfahl man uns, in dem Ort Eintrittskarten zu verkaufen und uns für den Erlös etwas Essbares zu kaufen. Ich wählte für den Auftakt am Sonntag die Aufführung des Stücks „Der Idiot“, musste aber zu meinem Schrecken feststellen, dass auch andere Gruppen das gleiche Stück bringen wollten. Da sich einige in ihren Aufführungen stark auf das äußere Bild, also die Kostüme, verließen, versuchte ich vor allem durch die Darstellung zu überzeugen. Wir erhielten den ersten Preis, eine Urkunde.

Beim Abschluss unterbreiteten mir Mitglieder der Jury ein Angebot für das Theater. Das Leningrader Ensemble war nach Tomsk evakuiert worden und durch Einberufungen offensichtlich dezimiert. Meine Zusage war nicht viel wert, denn nachdem sie meinen Namen erfahren und sich über mein Schicksal informiert hatten, fanden sie nur noch freundliche Worte für mich.

Der NKWD-Kommandant in Mogotschino verfolgte meine Schauspielerei mit großem Unbehagen und verbot mir eines Tages weitere Auftritte. Seine Begründung: Es sei nicht zu billigen, dass mitten im Krieg gegen die Deutschen ein Deutscher auf der Bühne bejubelt würde.

Da ich aber nach der Einberufung unseres zuvor hauptamtlichen Regisseurs dessen Funktion ehrenamtlich übernommen hatte, drohte seine Anweisung die Klubarbeit bis auf gelegentliche Tanzabende oder Kinovorführungen lahm zu legen. Die Rayonleitung der Partei, die daran interessiert war, dass die Einwohner ihre Freizeit im Klub verbrachten, erhob dagegen Einspruch. Der mich belustigende Kompromiss lautete, ich dürfe künftig nur noch negative Figuren darstellen.

Befiel mich in all den Jahren nie der Gedanke, aus Mogotschino zu fliehen? Es gab ja weder Stacheldraht noch Posten. Aber wohin und wie sollte ich fliehen? Die Verbannung war zwar anders als in dem von Alexander Solshenizyn beschriebenen „Archipel GULAG", aber gleichzeitig so perfekt, dass eine Bewachung gar nicht notwendig war. Es gab sowohl im Sommer wie im Winter nur einen einzigen Fluchtweg – den Ob. Alle anderen Varianten mussten in den unübersehbaren Weiten und Tiefebenen der Taiga enden. Selbst wenn man das Geschick oder das Glück gehabt hätte, sich durchzuschlagen, wäre man spätestens in Tomsk oder Nowosibirsk gescheitert: keine Papiere, keine Weiterfahrt und garantiert vom NKWD bereits gesucht. Ich erinnere mich keines einzigen Beispiels, dass jemand die Flucht versucht hätte. So konnte sich der für Tausende Verbannte zuständige Kommandant mit einem Stellvertreter und seiner Sekretärin begnügen.

Ich musste auch mit der Befürchtung leben, selbst nach Kriegsende nicht sofort aus der Verbannung zurückkehren zu können. Wilhelm Pieck hatte bei der Führung der KPdSU einen Antrag gestellt, der mit einer Befürwortung leitender Mitarbeiter nach Mogotschino geschickt wurde. Als dieses Schreiben eintraf, lud mich der Kommandant vor, verlas den Brief und zerriss ihn vor meinen Augen. Er konnte oder wollte mir unsere erste Begegnung nicht verzeihen und drohte, seine Prophezeiung Wirklichkeit werden zu lassen.

Warum dieses Hassgefühl inmitten all der Sympathie, die man mir entgegenbrachte? Vielleicht war ihm aber auch gerade die Tatsache, dass ich überall beliebt war, ein Dorn im Auge. Als ich in Mogotschino angekommen war, mochte der Kommandant, ein mittelgroßer, stämmiger Mann, den ich nie in Uniform sah, etwa vierzig Jahre alt gewesen sein. Ich glaube nicht, dass er mich persönlich hasste, auch wenn er mich auf Grund meines Verhaltens verständlicherweise nicht sonderlich mochte. Ich war sein Untergebener, ein Verbannter, und er behandelte mich dementsprechend. Vielleicht sah er in mir sogar einen Feind der Sowjetunion und hatte deswegen gedroht, mich in Sibirien verrecken zu lassen.

Unser Verhältnis steigerte sich bis zu dem Kuriosum, dass er mich einmal, als er recht betrunken war, mit gezücktem Revolver von der Bühne holen wollte. Ich reagierte gar nicht darauf, bis ihn der Parteisekretär, der in der vordersten Reihe saß, hinausbegleitete. Wir spielten weiter, als sei nichts geschehen, ernteten Beifall und der Kommandant war blamiert. Ich wusste, dass der Applaus zu einem guten Teil mir galt, aber nicht nur meinem Spiel, sondern auch meiner Zurückhaltung. Ich drängte mich ohnehin nie in den Vordergrund. Heute scheint dies kaum noch üblich. Es gehört zum Leben, sich selbst, die eigenen Fähigkeiten und Vorzüge offen zu preisen. Auch ein Symptom der neuen Zeit, in meinen Augen kein sonderlich gutes.

Mutter Plotnikowa

Doch kehren wir zurück zu dem Brief von Wilhelm Pieck und der Verlängerung meiner Verbannung. Das NKWD, inzwischen vom Volkskommissariat zum Ministerium aufgestiegen, stellte eine Macht im Staate dar, die weder ein übergeordnetes Organ noch eine wie immer geartete „führende Rolle der Partei" kannte. Es unterlag keinerlei gesellschaftlicher Kontrolle und zeigte auch nicht die geringsten Hemmungen, seine uneingeschränkte Machtposition öffentlich zu demonstrieren.

Nachdem ich aus dem Gästehaus des Betriebes ausziehen musste, lebte ich bei Frau Plotnikowa, der Mutter meines Freundes Gerassim, der bis zu seiner Einberufung Filmvorführer im Klub war. Sein Vater, ein im Ort geborener Fischer, war verstorben. Die Schwiegertochter hatte einen Geliebten und wurde von der Plotnikowa samt Enkelkindern auf die Straße gesetzt. Nun wurde ich als Untermieter aufgenommen. Unser Verhältnis gestaltete sich wie zwischen Mutter und Sohn. Ich lieferte meinen Lohn ab, sie führte die Wirtschaft und sorgte sich um mich. Im Stall stand eine Kuh, und deshalb musste sie sich auch in den Sommermonaten um das Heu auf den Wiesen vor den Toren des Ortes kümmern. Eines Tages erzählte sie mir, dass sie mit einer befreundeten Frau und deren drei noch kleinen Kindern am Morgen zur Heumahd gegangen sei. Die Kinder waren am Waldrand sitzen geblieben und spielten. Die Mutter entfernte sich beim

Mähen immer weiter von den Kindern, und als sie sich einmal umschaute, sah sie mit Entsetzen, dass sich ein Bärenjunges zu ihnen gesellt hatte. Die Frau zwang sich zu eiserner Ruhe, rührte sich nicht vom Fleck und erlebte dann aufatmend, wie die Bärenmutter ihren Sprössling aufforderte, zu ihr zu kommen. Er trollte von dannen. Das war keineswegs ein Ereignis, das im Ort für Gesprächsstoff gesorgt hätte. Derlei gehörte zum sibirischen Alltag. Wenn die Alten aber berichteten, wie ihre Väter noch mit Messer oder Dolch bewaffnet auf Bärenjagd gegangen waren, fanden sich immer genügend Zuhörer.

Der Krieg dauerte an. Der Kontakt zu den Armands, die zeitweilig auch in den Ural evakuiert worden waren, erfolgte wieder über Moskau. Neben Lebenszeichen bekam ich auch Literatur, so die von den Gewerkschaften herausgegebene Zeitschrift „Krieg und Arbeiterklasse". Darin fand sich manches, was nicht in der „Prawda" stand, zum Beispiel die dringende Forderung an die Alliierten, so schnell wie möglich die zweite Front zu eröffnen.

Auch wir in Sibirien merkten, dass allein mit Erfindungen kluger Köpfe der Betrieb nicht mehr mit voller Leistung lief. Schlimmer war es um die Menschen bestellt. Zu der absolut unzureichenden Ernährung kam das Problem der Kleidung. Selbst Lumpen können eines Tages den Körper nicht mehr bedecken, geschweige denn wärmen. Und wenn das letzte Tischtuch und das letzte Laken zum Rock oder Kleid umgeschneidert worden sind, ist ein Ende erkennbar. Man kann den fehlenden Knopf an der Wattejacke auch durch einen Holzknebel ersetzen, doch wie lange?

Hin und wieder gab es Warenzuteilungen. Die Entscheidung darüber, wie sie aufgeteilt werden sollten, oblag mir, denn ich war Vorsitzender der Abteilungsgewerkschaft. Diese Funktion war mir übrigens durch eine spontane Entscheidung der Gewerkschaftsgruppe zugefallen und hatte den Parteisekretär in Verlegenheit gebracht. Mein Angebot, zurückzutreten und Neuwahlen durchzuführen, schlug er jedoch aus, denn er wollte sich nicht gegen den Wunsch der Arbeiter stellen.

Bei der anstehenden Verteilung einiger Kleidungsstücke hielt sich der für uns zuständige Chef, der Hauptmechaniker, zurück. Die Angelegenheit war ihm zu heikel. Ein Kleid für fünfzig Frauen, eine Hose für hundert Männer. Wer soll sie bekommen?

Das sollte der Gewerkschaftsobmann entscheiden! Da ich mir selbst nie etwas nahm und meine Begründungen für die Verteilungen stichhaltig waren, wurden meine Entscheidungen, die ich übrigens in den Pausen vor dem jeweiligen Kollektiv begründete, stets gebilligt. Das war nicht in allen Abteilungen so, es gab auch viel böses Blut.

Wenn ich behaupte, ich hätte nie etwas bekommen, so stimmt das nicht ganz. Ein einziges Mal habe ich beim Werkleiter einen Antrag gestellt: auf zwanzig Zentimeter Stoff. Der Grund hierfür war, dass ich mir einmal beim Gießen die Hose im Zwickel verbrannt hatte. Der Werkleiter schaute mich ungläubig an. „Wozu brauchst du ausgerechnet zwanzig Zentimeter?“ Meine Antwort verwirrte ihn endgültig: „Genosse Bobnjew, beim Gießen ist meine Hose genau im Schritt verbrannt.“ Ich berichtete ihm, dass die Feuerwehrfrau – denn Männer standen für diese Funktion schon lange nicht mehr zur Verfügung – es nicht gewagt hatte, den Brand an dieser Stelle zu löschen. Um mir einen neuen Zwickel einzunähen, brauchte ich genau zwanzig Zentimeter Stoff. Bobnjew war dies doch zu blamabel und ich erhielt eine neue Hose.

Inzwischen kamen aber auch die ersten Soldatenpakete von der Front. Ich weiß nicht, wer diesen Befehl gegeben, wer die Normen oder Quotierung festgelegt hatte und wer darüber eine Kontrolle ausübte. Aber ich weiß, dass es für viele wirklich allerhöchste Zeit war, dass etwas geschah. So manche Frau wusste mit ihren Kindern nicht mehr ein noch aus. Viele hatten keine Schuhe und nicht mehr als ein Hemdchen am Leibe. Auch im Winter mussten sie barfuß zur Notdurft vor die Haustür gehen. Die Unterhaltungen über diese Pakete waren für mich äußerst lehrreich. Alle interessierten sich dafür, was die Pakete für einen Inhalt bargen. Ein Stück Seife, ein paar Sicherheitsnadeln, ein Stück Stoff oder gar ein Paar Schuhe – das waren für die Empfänger Reichtümer. Schmuck, Gold, Silber oder Brillanten hätten weit niedriger im Kurs gestanden.

Trotz aller Not wurden die Gegenstände kritisch bewertet. Ein paar Meter neuer Stoff, ein neues Kleid wurden unbesehen verwendet, denn alles Neue musste aus Geschäften stammen, und diese waren Staatsbesitz. Aber bei einem alten Anzug oder getragener Kinderbekleidung gab es Zweifel. Waren diese Sachen etwa anderen Menschen weggenommen worden?

Mich beeindruckte es sehr, wie diejenigen, die selbst fast nichts mehr am Leibe hatten, urteilten. Immer wieder versetzten mich diese Menschen mitten in der Taiga, denen so mancher nach „europäischen Maßstäben" Mangel an Kultur zuschrieb, durch ihre Ansichten und Reaktionen in Erstaunen.

Wenn ich heute mit wenig positiven Informationen aus Russland überflutet werde, die vornehmlich von Zwietracht und Konfrontation berichten, habe ich oft die Gesichter meiner Mitmenschen von damals vor Augen. Wieder ein Kapitel „russischer Seele", mit der ich mich immer verbunden fühle, auch wenn in ihr das Emotionale oft stärker hervortritt als das Rationale. Wer das Gefühlsmäßige abwertet, wertet unweigerlich den Menschen ab.

Um es hier schon anzumerken: die heutigen Probleme in Russland sind mit der russischen Seele nicht zu lösen. Es bedürfte dazu grundlegender gesellschaftlicher Veränderungen. Die letzten Jahre haben bewiesen, dass Privatisierung und gewaltsames Überstülpen der Marktwirtschaft kein Allheilmittel sind. Schon gar nicht in einem so großen und komplizierten Land wie Russland. Und erst recht nicht mit einem Zar Boris an der Spitze, der nicht nur krank, süchtig und hinfällig war, sondern auch als „Präsident" mehr Macht an sich gerissen hatte als je ein Zar aus dem Hause der Romanows. Dass er seine Präsidentschaft mit der Forderung beendete, ihm lebenslange Immunität zu gewähren, also vor jeglicher Strafverfolgung zu bewahren, beseitigt jeden Zweifel am Charakter seiner Herrschaft. Ob Präsident Putin den Weg zur Lösung der nationalen und internationalen Probleme finden wird, bleibt heute, Mitte des Jahres 2000, abzuwarten. Auf alle Fälle setzt eine große Mehrheit der Russen erhebliche Hoffnungen auf ihn.

Das lang ersehnte Ende des Krieges

Zurück zu der Zeit, in der sich der Zweite Weltkrieg seinem Ende näherte. Ich hatte große Probleme zu verstehen, was in Deutschland geschah, beziehungsweise, was nicht geschah! In den Meldungen des amtlichen sowjetischen Informationsbüros tauchten immer häufiger Namen von Orten auf, die ich persönlich kannte. Die Rote Armee kämpfte also bereits auf deutschem Boden, aber es gab keinen Hinweis darauf, dass deutsche Soldaten Hitler endlich den Gehorsam verweigerten. Ich konnte nicht begreifen, wie Deutsche vor den Toren Berlins, meinem Zuhause, einen längst verlorenen Krieg fortsetzen konnten?

Die Frauen in Mogotschino bewegten ganz andere Gefühle. Frau Plotnikowa bekam Gerassims „Dreieck" von der Insel Saaremaa. Diese dreieckigen Briefe waren auch eine aus der Not geborene Erfindung: man faltete den Briefbogen zu einem Dreieck, das man mit einem Stück gekochter Kartoffel verklebte. Denn es gab keine Briefumschläge.

Alle warteten nur auf das Ende des Krieges, auf die Heimkehr der Männer und Söhne. Selbst die Frauen der Gefallenen erhofften sich vom Kriegsende eine Erlösung von nicht mehr zu ertragenden täglichen Belastungen.

Und endlich war es so weit: das bekannte Signal im Rundfunk, dem die Siegesmeldungen folgten; die bekannte Stimme des Rundfunksprechers Lewitan. Und dann die Mitteilung: der Krieg mit Hitlerdeutschland ist beendet, Hitler und Goebbels haben Selbstmord begangen. In Moskau wurde Salut geschossen und es fand eine Siegesparade statt.

Später habe ich in den im Propyläen-Verlag in Frankfurt am Main erschienenen Spandauer Tagebüchern Albert Speers gelesen, dass Hitler Anfang 1945 gesagt haben soll: „Wenn der Krieg verloren geht, wird auch das deutsche Volk verloren sein. Es ist nicht notwendig, auf die Grundlagen, die das deutsche Volk zu seinem primitivsten Weiterleben braucht, Rücksicht zu nehmen. Im Gegenteil ist es besser, selbst diese Dinge zu zerstören. Denn das Volk hat sich als das schwächere erwiesen, und dem stärkeren Ostvolk gehört ausschließlich die Zukunft. Was nach diesem Kampf übrig bleibt, sind ohnehin die Minderwertigen, denn die

Guten sind gefallen." Das war die Konsequenz der faschistischen Ideologie, der so viele Deutsche gefolgt waren.

Meine Mutter hatte mich mit Tante Lieschens Hilfe bald aufgestöbert, und so erreichten mich erste Informationen aus Berlin. Die alles beherrschende Frage lautete: Wann werden wir uns wieder sehen?

Ich war optimistisch. Nun konnte es nicht mehr allzu lange dauern.

Karl Harms, Lieschens Sohn, erinnert sich: „1945 oder 1946, bevor wir nach Deutschland ausreisten, fasste meine Mutter den Entschluss, einen Brief an Stalin zu schreiben. Sie wollte ihn zusammen mit den Armands verfassen, aber das Gespräch in der Wohnung gegenüber dem Kreml verlief in einer nicht sehr herzlichen Atmosphäre, es war eher frostig. Für mich blieben die mir unbekannten Leute und das Herumsitzen in einer – wie mir schien – unfreundlichen Atmosphäre ein Rätsel. Wir hatten schon auf die Gesprächspartnerin ziemlich lange warten müssen. Meine Mutter hatte auf Grund ihrer schlechten Sprachkenntnisse Mühe zu argumentieren und war sehr ärgerlich über die ablehnende Haltung. Sie schrieb Tage später den Brief an Stalin selbst. Eine Antwort hat sie nicht erhalten."

Die erste Einladung an mich, nach Hause zurückzukehren, war zwar vom ZK der KPdSU unterschrieben worden, landete aber dort, wo alle anderen Briefe gelandet waren: Im Papierkorb des Kommandanten. Seine Macht war ungebrochen. Sollte er wirklich triumphieren?

Mein Freund Gerassim

Nach Kriegsende kehrte Gerassim wohlbehalten nach Hause zurück. Die Familie – eine große Schar alteingesessener Sibirier – versammelte sich in fröhlicher Runde. Doch da war etwas, was allen am Herzen lag, was ihm aber niemand sagen wollte. Für diese Männersache wurde ich auserkoren: „Wolodja, du musst darauf achten, dass er nicht etwa wieder zu dieser Frau geht! Wir erwarten von dir, dass du ihn nicht aus den Augen lässt!" Ja, strenge Sitten herrschten damals in Sibirien. Ich erwies mich des Vertrauens der Familie würdig: obwohl er sich auf den Weg zu ihr machte, konnte ich ihn unterwegs von seinem Vorhaben abbringen.

Bald darauf lernte er eine andere Frau kennen. Sie hieß Shenja, war an der Front gewesen und schwanger aus dem Krieg zurückgekehrt. Die Hochzeit wurde anberaumt, und als einziger Verdiener in der Familie hatte ich sie auszurichten. Die Mutter hatte wieder das Zepter in ihre Hand genommen und organisierte alles. Wichtig waren die geladenen Gäste. Je zahlungskräftiger sie waren, desto höher war der Erlös aus der Versteigerung des Hochzeitskuchens, der mit Fisch gefüllt war. Als bester Freund des Bräutigams hatte ich ihn zu versteigern. Dabei musste ich darauf achten, dass der Kuchen – und das Recht, ihn unter den Meistbietenden zu verteilen – dem nächsten Verwandten zugesprochen wurde. Die durch die Versteigerung eingenommene Summe spielte übrigens auch für mich keine unwesentliche Rolle, da ich meine ganzen Ersparnisse in die Hochzeit investiert hatte. Ich durfte ja auch den Fonds für meine Heimreise nicht aus den Augen verlieren.

Gerassim gehörte als Alteingesessener zu den „Freien". Also konnte er standesgemäß die gesamte Prominenz des Ortes einladen, vom Werkleiter bis zum Parteisekretär, und natürlich seine Freunde und Verwandten. Als alle versammelt waren, begann ich mit der Versteigerung.

Vor der Revolution war es üblich gewesen, nicht blankes Geld zu bieten, sondern eher Dinge, die das junge Paar für die künftige Wirtschaft benötigte: Pflug, Kalb, Schwein, Fischernetz oder einen Einbaum. Niemand konnte 1945 solche Geschenke machen. Man zahlte mit klingender Münze. Der eine gab zwanzig, der andere fünfzig oder manch einer gar hundert Rubel. Das hing nicht zuletzt vom Versteigerer und der Stimmung ab, die er erzeugte. Ich ließ das Tablett mit den Geldscheinen kursieren und steckte meinen Freunden heimlich bereits eingenommene Rubelscheine zu, damit sie das Angebot höher trieben. Dabei spielte auch die Erwartung eine Rolle, dass sich der Werkleiter sicher nicht von einem jungen Arbeiter überbieten lassen würde. So kamen über zweitausend Rubel zusammen. Auch mein Vorschuss kam wieder zu mir zurück. Zum Schluss der Versteigerung erteilte ich dem Onkel das Wort, also dem nächsten Verwandten.

Er bot sechs Pud Edelfisch. Dafür gab es keinen Preis, und so blieb es das höchste Angebot. Die Bräuche waren gewahrt. Es wurde ein für damalige Verhältnisse rauschendes Fest.

Für mich änderten sich die Verhältnisse bald nach der Hochzeit. Gerassim zog mit Shenja und ihrem Kind in den bis dahin von mir bewohnten Nebenraum, den sein Vater nach Gerassims erster Heirat angebaut hatte. Die neue Frau brachte aber nicht nur das Kind, sondern auch noch Mutter und Bruder mit. Wir alle hausten in einem ungefähr dreißig Quadratmeter großen Raum, der als Küche, Wohn- und Schlafzimmer diente.

Eines Tages erschienen dann auch noch der Bruder von Shenja mit seiner Frau und bald danach Gerassims Bruder mit Frau und zwei Kindern. Wo bis vor kurzem Oma Plotnikowa und ich allein gelebt hatten, waren nun dreizehn Personen einquartiert.

Das musste zu Reibereien und Streit führen. So erlebte ich bald „Emanzipation auf sibirisch". Mutter Plotnikowa, die über Jahrzehnte den Haushalt geführt hatte, fühlte sich aus dieser Position verdrängt. Eines Tages griff sie nach einem Hocker, hob ihn über den Kopf und drohte ihrem Sohn, zuzuschlagen, wenn er nicht mit seiner Sippe verschwände. Sie wolle wieder mit Wolodja allein sein!

Ich hatte einige Mühe, die Plotnikowa zu beruhigen und ihr deutlich zu machen, dass sie sich nicht auf mich verlassen könne, denn ich würde sicher über kurz oder lang wieder nach Deutschland zurückkehren. Ich packte meinen Koffer, verabschiedete mich herzlich, hinterließ den Plotnikows meine Kartoffeln und fand bei einer älteren alleinstehenden Frau Quartier.

Nach Hause, nach Deutschland!

Zwei Jahre waren seit dem Ende des Krieges vergangen. Aus Briefen hatte ich erfahren, dass meine Mutter, mein Stiefvater und mein Bruder den Krieg überlebt hatten. Ich bekam dann auch Post aus Berlin-Britz, Parchimer Allee 53, aus der Wohnung also, die ich vor vierzehn Jahren verlassen hatte. Verständlich, wie sehr mich die Frage bewegte: Wann würde ich meinen Verbannungsort endlich verlassen können? Ich war knapp dreißig Jahre alt und sehnte mich nach einem dritten, „neuen" Leben.

Im Herbst 1947 wurde Wilhelm Piecks schwerstes Geschütz aufgefahren. Er schrieb direkt an Stalin, wohl auch aus alter Freundschaft zu meiner Mutter und aus Achtung vor meinem Vater. Im November lud mich der Werkdirektor in sein Büro ein und eröffnete mir, dass meine Ausreise genehmigt sei und er schon einen Pferdeschlitten nach Tomsk bestellt habe. Zwei Tage später setzte er mich mit echtem Bedauern davon in Kenntnis, dass es noch ein paar „Schwierigkeiten" gäbe. Mehr brauchte er nicht zu sagen. Offenkundig war die erste Information von der Rayonleitung der Partei gekommen, und danach hatte sich mein „Gegenspieler" noch einmal durchsetzen und seine Macht demonstrieren können. Es vergingen noch gut zwei Wochen, bis mir dann mitgeteilt wurde, dass die endgültige Genehmigung erteilt worden sei. Dem Werkleiter war allerdings untersagt worden, mir den Pferdeschlitten nach Tomsk zur Verfügung zu stellen.

Unverdrossen packte ich meine Siebensachen und verkaufte oder verschenkte meine Arbeitskleidung. Ich konnte nicht ahnen, dass ich sie in Tomsk noch einmal dringend brauchen würde. Der Abschied von meinen Freunden und Freundinnen war herzlich. Niemand glaubte an ein Wiedersehen. Der Werkleiter hatte veranlasst, dass mich ein Pferdeschlitten wenigstens bis zum Rayonzentrum brachte. Dort konnte ich meinen Koffer bei einer mit Fischen beladenen Schlittenkarawane verstauen, die Tomsk zum Ziel hatte. Ich warf einen letzten Blick auf die endlose Taiga und blickte in Richtung Mogotschino, das mich acht Jahre beherbergt hatte.

Doch dann waren meine Blicke nur noch nach Süden gerichtet, mein Ziel hieß Tomsk, und das bedeutete die Rückkehr in die Welt. Unsere Schlittenfahrt war eher ein Marsch, denn bei dreißig Grad Frost konnte man nur dann auf dem Schlitten sitzen, wenn man in einen Pelz oder in eine wattierte Jacke eingehüllt war und noch unter einem weiteren Pelz, einem „Tulup", steckte. Obendrein waren die Pferde mit ihrer Fischladung schon über Gebühr beansprucht. Wir konnten nicht in den Dörfern übernachten, sondern mussten dort unser Quartier aufschlagen, wo das Futter für die Pferde deponiert war. Das waren Lagerschuppen für Fische, Netze und anderes Zubehör. Dazu gehörte auch ein winziger Verschlag für den Wächter, in dem ein primitiver Kanonenofen stand. Als erstes galt es also, ein Feuer zu entfachen und den „Kipjatok", heißes Wasser, zu bereiten. Dann aßen wir – im wahrsten Sinne des Wortes – „Brot vom Leibe", denn wir mussten uns am Morgen das Brot auf den Leib binden, damit es bis zum Abend nicht zu Stein gefror.

Wieder in Tomsk und über Nacht arm

Am Abend des fünften Tages – wir waren von früh bis spät in die Nacht unterwegs – kamen wir in die Stadt. Rund dreihundert Kilometer durch die Taiga hatten wir hinter uns. Die beiden Kutscher luden ihre Fracht ab, und wir begaben uns in einer Unterkunft zur Ruhe. Es war ein sparsam eingerichteter Raum im Souterrain eines stabilen Hauses, ausgerüstet mit einem Tisch, einigen Stühlen und Bänken. Im Vergleich zu den vorangegangenen Unterkünften wirkte es vornehm und gemütlich und war sogar geheizt. Nachts musste ich zur Toilette, wenn man diesen Ort so bezeichnen darf. Als ich vor die Tür trat, überraschte mich der schrille Pfiff einer Lokomotive, der mir heute noch in den Ohren klingt, denn damals war es Musik für mich, ein ganzes Festkonzert. Die erste Lokomotive nach acht Jahren! Ihr Signal war das unwiderrufliche Zeichen, dass ich auf dem Weg nach Hause war! Es war der Abpfiff aus der Verbannung!

Doch ich freute mich zu früh. Am nächsten Morgen meldete ich mich im Büro des MWD, des Ministeriums des Innern. Was man mir dort eröffnete, machte mir klar, dass der Kommandant aus Mogotschino immer noch seine Hände im Spiel hatte und noch nicht aufgab. Man empfahl mir, mich vorerst möglichst „zu Hause" aufzuhalten und auf weitere Mitteilungen zu warten. Jede Frage war überflüssig. So begab ich mich in das vor acht Jahren bereits benutzte „Gästehaus", das Reisenden aus unserem Sägewerk eine eisenbeschlagene Truhe im Korridor als Liegestatt bot.

Nachdem ich also für mein Quartier gesorgt und den Koffer verstaut hatte, bummelte ich durch die Stadt, um Bekannte oder Freunde zu suchen. Am nächsten Morgen traf mich ein Schlag, mit dem ich überhaupt nicht gerechnet hatte: Währungsreform. In Mogotschino hatte ich alles, was ich nicht mehr zu brauchen glaubte, verkauft, auch um die Reise zu finanzieren. Nun stand ich mit einem Bündel fast wertlosen Papiers auf der Straße. Freunde, die ich in Tomsk fand, wollten mir Arbeit als Elektriker vermitteln, aber ich hätte frühestens am Ende des Monats den Lohn bekommen. Wovon sollte ich die vier Wochen bis dahin leben? Der letzte Ausweg war eine Brotfabrik, in der man nicht verhungerte. Eine Anstellung dort als Transportarbeiter löste das Problem, obwohl mir die Beschaffung der Arbeitskleidung erhebliche Kopfschmerzen bereitete. Auch die Wohnungsfrage war prekär, nachdem man mir die „Betriebsunterkunft" gekündigt hatte, die nur für jeweils ein bis zwei Tage gedacht war. Man erlaubte mir nur, mein Gepäck dort zu deponieren. Die Suche nach einer Wohngelegenheit schien sich zu klären, als ich auf dem Basar Sascha Tschernow begegnete. Er war eine der schillerndsten Figuren, die mir in Sibirien begegnet waren. Der Maskenbildner aus dem Altai war aus mir unbekannten Gründen Anfang des Krieges nach Mogotschino verbannt worden. Dort arbeitete er im Dienstleistungsbetrieb als Schuhmacher und war für unsere Theatertruppe als Maskenbildner tätig gewesen.

Eines Nachts war im Klubhaus ein Brand ausgebrochen. Es war an einem Sonntag, nach einer Vorstellung, in der ich – dem Drehbuch folgend – geraucht hatte. Bei der Vernehmung, die zu meinem Glück nicht vom Kommandanten, sondern von einem auswärtigen Offizier geführt wurde, konnten Zeugen bestätigen, dass ich nach der Vorstellung sofort den Klub verlassen musste, weil ich noch in der Nacht einen Elektromotor im Werk 2 aufzustellen hatte. Das lag relativ weit vom Klub entfernt, und ich konnte für jede Stunde bis zum Ausbruch des Feuers Namen von Personen nennen, die mich gesehen hatten. Mein Alibi war einwandfrei. Verhaftet wurde Tschernow, der aber auch bald wieder freigelassen wurde und – für uns alle unbegreiflich – nach Tomsk zog. Übrigens war er mit einer Deutschen verheiratet.

Wir begegneten uns auf dem Markt, wo er sich unter freiem Himmel als Schuhmacher etabliert hatte. Ich schilderte ihm meine Situation. Er war sofort bereit, mir Unterkunft zu gewähren, und gab mir seine Adresse: Uferstraße 33. Ich war hocherfreut, ein Dach über dem Kopf gefunden zu haben. Abends suchte ich ihn nach der Adresse, fand auch ein solides Blockhaus, aber niemand kannte dort einen Mann namens Tschernow oder Sascha. Was konnte ihn bewogen haben, mir eine falsche Adresse zu geben?

Als ich schon in der Tür stand, riet mir eine Frau: „Sehen Sie doch einmal unter uns nach?“

Ich verstand sie nicht. Das Haus stand zu ebener Erde.

Dreimal schlich ich in der Dunkelheit um das Haus, bis ich eine Schräge entdeckte, die tatsächlich unter das Haus führte. Dort fand ich auch eine Tür, klopfte und eine freundliche Frauenstimme bat mich einzutreten. Das war nicht einfach, da man die Behausung nur tief gebückt betreten konnte. Als ich dann auf dem mir angebotenen Hocker saß, blieben tatsächlich zwischen meinem Haarschopf und der Zimmerdecke nur noch einige Zentimeter. Ich sah mich um. Der Raum war groß, maß mindestens fünf mal fünf Meter, beherbergte eine Schuhmacherwerkstatt, eine Wohn- und eine Schlafecke sowie eine Kochnische. Hier wohnte Sascha mit seiner Frau und seinen beiden Kindern. Wo konnte da noch ein Schlafplatz für mich sein? Sascha, der ebenfalls zu Hause war, aber noch arbeitete, verstand meinen unsicheren Blick. Seelenruhig erklärte er mir, dass zwischen dem Ofen und der Wand, dort, wo das Feuerholz gestapelt lag, noch genügend Platz sei, um eine Schlafstatt herzurichten. Und beiläufig gab er mir zu verstehen, dass dort schon jemand einquartiert sei, den ich aus Mogotschino kennen würde. Und wo einer unterkommt, da sei immer auch noch Platz für einen zweiten.

Diese Logik war überzeugend, und ich fand mich wortlos damit ab. Dass ich meinen Mantel als Matratze und die Ärmel als Kopfkissen benutzen musste, dass wir mit den Füßen zuerst in dieses Loch krochen und jede Bewegung den anderen aufweckte, das waren Lappalien, mit denen wir uns schnell abfanden. Eine andere Wahl hatte ich sowieso nicht.

Erst später, als ich mir das alles noch einmal durch den Kopf gehen ließ, befiel mich eine gewisse Skepsis wegen des so eiligen Angebots von Tschernow. Hatten mich nicht schon vorher Zweifel geplagt, warum dieser Verbannte, ein der Brandstiftung Verdächtiger, der mit einer Wolgadeutschen verheiratet war, Wohnrecht in der Gebietshauptstadt bekommen hatte? Hatte er mir die Unterkunft nur aus Menschenliebe oder in einem bestimmten Auftrag angeboten? Dieser Verdacht lag nahe, blieb aber eine müßige Frage, denn niemand hätte sie mir je beantwortet. Jedenfalls hat Sascha Tschernow, sollte er Informationen geliefert haben, keine negativen über mich fabriziert, denn sonst hätte sich meine Abreise noch weiter verzögert.

Mein nächstes Problem war, wie bereits gesagt, die Beschaffung von Arbeitskleidung. Ich besaß einen dicken wattierten Wintermantel, den mir Professor Rudolf Lindau bei meiner Abreise aus Moskau geschenkt hatte, ein damals großartiges Geschenk. Aber in dem Mantel konnte ich keine Mehlsäcke schleppen. Für die Rückfahrt wäre er dann jedenfalls nicht mehr als Bekleidungsstück in Frage gekommen. So entschloss ich mich, alle Unterwäsche, Hemden und den Pullover übereinander zu ziehen und mich dann in einen schon etwas abgetragenen Sommeranzug zu zwängen. Als ich in der Brotfabrik aufgerufen wurde, einen LKW zu besteigen, um ins Getreidelager zu fahren, forderten die Kollegen mich auf, mich doch erst anzuziehen. Als ich ihnen klarzumachen versuchte, dass ich doch hinreichend angezogen sei, starrten sie mich während der Autofahrt mitleidig an. Sie trugen über ihren gesteppten wattierten Jacken noch Fellmäntel. Ich ahnte nicht, dass ich durch meine Aufmachung bald zu einem „Heiligen“ aufsteigen sollte. Im alten Russland – zuweilen soll es auch später noch geschehen sein – hatten arme Familien geistig behinderte Kinder ausgesetzt, um sich von nutzlosen Essern zu befreien. Die liefen dann bettelnd durch die Dörfer, meist auch im Winter barfuß. Man behauptete, sie hätten sich nur deshalb nicht die Füße erfroren, weil Gott seine schützende Hand über die armen Kreaturen wie über Heilige gehalten habe. Da ich in meiner Sommertracht aus jedem Rahmen fiel, war einer im Mehllager arbeitenden Frau die Vermutung gekommen, ich müsste so ein „Heiliger“ sein.

In der Tomsker Brotfabrik, die später als historisches Bauwerk unter Denkmalschutz gestellt wurde, schleppte ich meine Säcke. Die Kollegen gewöhnten sich an meine Kluft. Und wenn sie sich bei dreißig oder vierzig Grad Kälte während der Fahrt auf dem LKW hinter den Säcken versteckten, ich aber mit einem Gefühl von Trotz oben auf dem Stapel thronte, nahmen sie das staunend, aber wortlos hin. Wozu sollte ich mich hinter den Säcken verstecken, da der Frost mich sowieso überall zwickte. Ich wollte ihn mit meinem Willen besiegen. Das war recht unüberlegt, aber ich wollte mich wieder einmal beweisen. Tagsüber konnte ich genug Brot essen, um meinen Hunger zu stillen, und abends füllte ich Mehl in einen alten Damenstrumpf, den ich, zwischen den Beinen versteckt, aus der Fabrik schleuste, um mir in Tschernows Verschlag eine Mehlsuppe zu kochen. Das verdiente Geld musste ich für die Fahrkarte sparen. Berlin war noch weit entfernt, fast unerreichbar weit.

So verging der Winter. Ende März erreichte mich die Aufforderung, mich sofort beim MWD zu melden. Ob meine sibirische „Laufbahn" nun wohl endgültig beendet war? Im Büro schob man mir meinen Staatenlosen-Pass über den Tisch und erklärte mir, dass der für die Einreise nach Moskau nötige Vermerk eingestempelt sei. Ich glaubte in ihren Gesichtern zu lesen, dass sie zufrieden waren, mich endlich los zu sein.

Hindernislauf nach Moskau

Jetzt konnte die Jagd nach der Fahrkarte beginnen. Der Betrieb zahlte mich aus, das „Rote Kreuz", das nach der Auflösung der MOPR, der Internationalen Arbeiterhilfe, deren Funktion übernommen hatte, steuerte einige Rubel zur Fahrkarte bei. Doch am Fahrkartenschalter in der Stadt – der Bahnhof lag weit außerhalb – gab es für diesen Tag keine Fahrkarten nach Moskau mehr. Der nächste Zug fuhr in zwei Tagen. Aber ich wollte nun weg. Deshalb versuchte ich mein Glück auf eigene Faust. Ich verabschiedete mich auf alle Fälle von den Tschernows und zog mit meinen Habseligkeiten zum Bahnhof. Dort hatte ich den Eindruck, dass der Vorsteher zwar schon einige Gläschen Wodka zu sich genommen, seinen Durst aber noch nicht gelöscht hatte. Ich sah eine Chance! In seinem Dienstraum zeigte der Vorsteher Verständnis, nachdem ich eine Anspielung auf ein „Trink"geld gemacht hatte – hier im wahrsten Sinne dieses Wortes. Er verriet, dass es noch fünf Karten gebe, die aber für das Gebietskomitee der Partei reserviert seien. Als ich ihm meinen Pass mit dem dicken Stempel unter die Nase hielt und erklärte, im Auftrage des MWD nach Moskau reisen zu müssen, schimpfte er auf das säumige Gebietskomitee und ging mit mir hinter einen Schuppen. Dort nahm er das Geld für den halben Liter Wodka und für die Fahrkarte in Empfang. Dann verlangte er auch noch meinen Pass. Den wollte ich zwar nicht aus der Hand geben, aber ich musste das Risiko eingehen. Als ich in einigem Abstand nach ihm die Bahnhofshalle betrat, war er in einen lauten Disput mit den Genossen des Gebietskomitees verwickelt. Er erklärte ihnen, er habe, da sie zu spät erschienen seien, die Fahrkarten an Genossen des MWD verkauft. Dann brach er den Streit ab, indem er die Vertreter des Gebietskomitees stehen ließ und hinter einer Tür verschwand.

Plötzlich öffnete sich eine Schalterklappe und eine dröhnende Stimme rief in den überfüllten Saal: „Wer ist hier vom MWD, der nach Moskau muss?“ Was tun? Wenn mich jetzt jemand erkannte! Aber es gab für mich keinen anderen Weg als den zum Schalter und dort mein lautes: „Ich!“

So saß ich zwar im Zug nach Nowosibirsk, war aber erst am Beginn eines Kampfes, dessen Ziel ein Platz im Zugabteil nach Moskau war. Meine Fahrkarte war letztlich nicht mehr als ein Etappenbillett, ich aber brauchte eine Platzkarte. In Nowosibirsk verlangte man auch einen neuen Entlausungsschein. Dort erfuhr ich auch, dass man nach der Platzkarte eine Woche oder länger anstehen müsse. Herrliche Aussichten mit meinen paar Kopeken in der Tasche! Ich erinnerte mich daran, dass ich auf der Hinfahrt vor acht Jahren das Glück auf meiner Seite hatte. Warum sollte es mir nun, da ich Sibirien überstanden hatte, verlassen?

Nachdem ich auf dem Bahnhof das Gepäck aufgegeben hatte, suchte ich nach einer Sauna. Jemand wies auf einen qualmenden Schornstein hinter den vielen Gleisen. Der kürzeste Weg ist immer der beste, glaubte ich, und zog los. Ich kroch unter stehenden Zügen hindurch, bis zwei auf mich gerichtete Maschinenpistolen und der Ruf, „Hände hoch! Mitkommen!“, meinen Marsch stoppten. Eine Diskussion schien aussichtslos, aber auch ein Mitgehen hätte verhängnisvoll für mich enden können. Adieu Deutschland! Ich musste mir etwas einfallen lassen: „Jungs, hört mit dem Quatsch auf, ich habe meine Knarre erst vor ein paar Wochen aus der Hand gelegt. Mir könnt ihr damit nicht imponieren.“

„Hände hoch!", war ihre Reaktion, meine Chancen schwanden. Sogar mein Tabakangebot wurde ausgeschlagen. Ich überlegte fieberhaft: Was ging hier vor? Woher dieser Übereifer? Militärische Geheimnisse, jetzt, Jahre nach dem Kriege? Oder ist es die verständliche Absicht, Zoll für einen Umtrunk zu kassieren? Wer nicht wagt, der nicht gewinnt! Mein Geldangebot wurde sofort akzeptiert. Wenige Minuten hatte die Unterbrechung gedauert, doch für mich waren es Minuten des Schreckens. Was hätte alles passieren können, wenn man mich zum Kommandeur gebracht und ich dem meinen Staatenlosen-Pass hätte zeigen müssen? Die Freikaufsumme von zehn Rubel war sehr gut angelegt.

Endlich stand ich vor der Sauna und las das Schild: „Derzeit nur für Frauen!" Jede Warteminute konnte zu Wartestunden auf dem Bahnhof werden. Im Heizungskeller verkaufte mir der Maschinist der Sauna dann einen gestempelten Entlausungsschein. Mein Rubelvorrat schmolz dahin. Mit dem Schein hastete ich zum Bahnhof, diesmal nicht über die Gleise. Dort sicherte ich mir einen Platz in der Schlange. Als ich mich mit dem Vordermann und dem nach mir Gekommenen bekannt gemacht hatte, konnte ich getrost wieder gehen. In der Tasche hatte ich eine Adresse der Schwester von Dascha, der Hausherrin des Gästehauses in Mogotschino. „Besser hundert Freunde als hundert Rubel" – das alte russische Sprichwort war noch immer gültig. Die Frau war Geologin bei der Eisenbahn. Sie war zu Hause, lud mich zum Abendessen ein und bereitete mir auch eine Schlafstatt. Obendrein versprach sie, mir am nächsten Tag bei der Jagd um die Platzkarte zu helfen. Wenn die Reise mehrere Tage dauert, ist eine Fahrkarte ohne Platzkarte wertlos. Von Nowosibirsk bis Moskau waren es damals vier Tage.

Wie vor acht Jahren erwies sich der Kampf um die Platzkarte als äußerst kompliziert. Der Chef der Geologin hatte zwar das Recht, ohne sich in der Schlange anstellen zu müssen eine Platzkarte zu erwerben, aber er durfte das Dienstgebäude nicht vor 16 Uhr verlassen. Noch galten bei der Eisenbahn Bestimmungen aus der Kriegszeit. Der Zug nach Moskau fuhr jedoch schon ein paar Minuten nach 16 Uhr ab.

Erwartungsvoll harrte ich bereits eine Viertelstunde früher mit meinem Koffer in der Hand der Dinge, die da kommen würden. Wenige Minuten nach Feierabend hastete meine Bekannte mit ihrem Chef auf den Bahnhof. Wir hatten kaum Zeit für eine Begrüßung. Er holte die heiß ersehnte Platzkarte. Ich bedankte mich rasch, jagte auf den Bahnsteig und schwang mich in den Zug. Im nächsten Augenblick setzte er sich auch schon in Bewegung.

Nun, endlich aller Sorgen ledig, machte ich mich in Ruhe daran, die obere Bank herzurichten, auf der ich die nächsten Tage und Nächte verbringen würde. Als ich Platz nahm, sah ich, wie sich auf der Bank mir gegenüber eine Mutter bemühte, sich mit drei Kindern auf der schmalen Liege einzurichten. Ich bot ihr an, die etwa dreijährige Tochter mit bei mir unterzubringen. Froh willigte sie ein. In meinem Proviant fand ich auch noch ein Stück Zucker und etwas Brot für sie. Als die Frau 48 Stunden später in Kasan den Zug verlassen wollte, weigerte sich die Kleine beharrlich, sich von dem „Onkel" zu trennen.

Den ganzen Waggon bewegte die Affäre. Schließlich nahm das Mädchen, tränenüberströmt, von mir Abschied. Ich hatte in Mogotschino nicht oft mit kleinen Kindern zu tun gehabt. Wer hatte sich schon in der Verbannung und gar im Krieg Kinder angeschafft? Das Erlebnis im Zug prägte sich mir tief ein. Mit der Heimkehr nach Deutschland verband sich nun noch intensiver der Wunsch nach einer Familie.

Die vier Tage Fahrt boten reichlich Gelegenheit, eine persönliche Bilanz der letzten acht Jahre zu ziehen. War es nur verlorene Zeit? Sicherlich hätte ich mir in diesen Jahren viel Wissen aneignen können. Aber es waren die Kriegsjahre, in denen gerade der Jahrgang 1919 einen hohen Blutzoll zahlen musste. Hatte ich mir nicht ein große Menschenkenntnis erworben? Ist das oft nicht wertvoller als Fachwissen? Man sollte aber beides nicht gegenüberstellen, denn erst in der Wechselwirkung beider Faktoren gewinnt der Mensch die für ihn erforderliche Kompetenz.

Würden mir die sibirischen Erfahrungen in Deutschland in irgendeiner Weise nützen? Welchen Beitrag konnte ich zu Hause leisten, um die faschistische Vergangenheit überwinden zu helfen und dem Neuen, Humanen, Progressiven zum Durchbruch zu verhelfen?

Der Zug traf pünktlich auf dem Kasaner Bahnhof in Moskau ein. Im Büro des „Roten Kreuzes“, das die Betreuung der politischen Emigranten übernommen hatte, händigte man mir einen Übernachtungsschein für ein „Hotel“ aus. Es war ein ausgebauter Dachboden, auf dem rund dreißig Betten standen. Ich stellte meinen Koffer ab und fuhr als erstes zu den Armands in die Maneshnaja. Tante Lieschen hatte mit Karl inzwischen Moskau in Richtung Berlin verlassen.

Es war ein schöner Abend mit langen Gesprächen. Ich erfuhr auch, dass die Staatsanleihen, die jeder Werktätige während des Krieges hatte zeichnen müssen, nicht mit ins Ausland genommen werden durften. Man konnte sie sich auszahlen lassen. So war ich am nächsten Tag für meine Verhältnisse zwar relativ reich, aber die Regale in den Läden waren leider leer. Eine Ausnahme bildeten die Kommissionsläden. Hier wurden Waren angekauft und mit einem Aufpreis wieder weiterverkauft. Da mussten irgendjemandem Schuhe der Größe 46 zu groß gewesen sein. So erwarb ich ein Paar nagelneuer Lackschuhe in meiner Größe und kam mir vor wie ein Gentleman.

Mein nächster Weg führte mich ins „Lux“. Ich wollte sehen, ob noch alte Freunde anzutreffen waren. Ein glücklicher Zufall wollte, dass mir Vera Sass, eine ungarische Schulkameradin, über den Weg lief. Sie freute sich mit mir, dass ich nun endlich nach Hause fahren konnte. Ihre Schwester wohnte in Berlin und sie wollte bei ihr anrufen und sie bitten, meine Familie von meiner Ankunft zu informieren. Wieder schienen sich die Worte zu bewahrheiten, dass die Welt ein Dorf ist: Agi, die Schwester von Vera, arbeitete bei der „Täglichen Rundschau“, der Zeitung der sowjetischen Militärverwaltung, mein Bruder beim „Neuen Deutschland“, und beide kannten sich ganz gut. Der Draht nach Berlin, eine wichtige Voraussetzung für eine glückliche Heimreise, war gefunden.

Noch einmal musste ich zum OWIR. Dort nahm man mir den Pass ab, vierteilte ein Blatt aus einem Schulheft und vermerkte darauf ohne Unterschrift und obligatorischen Stempel nur meinen Namen und die Worte „Flug nach Berlin“. Man teilte mir mit, wann und wo ich mich auf dem Flugplatz Wnukowo einzufinden habe. Dort wurde alles Weitere erledigt.

Ich stieg in eine LI 2, die auf dem Rollfeld bereitstand. Doch ich war ein wenig skeptisch, denn es war mein erster Flug, ausgenommen ein Rundflug über Moskau, an dem ich 1935 in einer offenen U2-Maschine teilgenommen hatte. Außerdem sah das Fluggerät, das mich nach Berlin bringen sollte, nicht sehr vertrauenswürdig aus, denn an der Aluminiumverkleidung der Tragflächen fehlte schon so manche Niete. Da dies die anderen Passagiere nicht störte, beruhigte ich mich.

Die Maschine hob ab. In der Ferne sah ich Moskau liegen. Und mir kamen viele Ereignisse in den Sinn, die sich seit jenem Tag zugetragen hatten, als ich vierzehn Jahre zuvor auf dem Belorussischen Bahnhof aus dem Zug gestiegen war. Jahrzehnte schienen seitdem vergangen. Ich hatte schöne wie bittere Stunden erlebt. Auch manche Illusionen waren zerstoben. 1948 sah ich Stalin schon mit anderen Augen als 1934, und das nicht nur, weil ich vierzehn Jahre älter geworden war.

Acht dieser vierzehn Jahren hatte ich in sibirischer Verbannung verbracht. Das waren bewegte Jahre, die nicht aus meiner Erinnerung zu löschen sind. Und ich wollte sie auch nicht löschen, war ich doch in diesen Jahren zum deutschen Sibirier geworden.

Als ich später Memoiren ehemaliger Häftlinge las, die unter falschen Anschuldigungen verurteilt worden waren und viele Jahre im GULAG zubringen mussten – zum Beispiel das 1992 im Molden-Verlag, Wien/München, erschienene Buch von Aino Kuusinen „Gott schützt seine Engel“ – konnte ich mehr Verständnis als vielleicht andere Leser für ihre Antipathie, ihren Groll, ja ihren Hass auf ihre Peiniger aufbringen. Das trifft auch auf das 1985 vom Verlag Busse-Sewald herausgegebene Buch „Als Gefangene bei Hitler und Stalin“ von Margarete Buber-Neumann zu, die voller Groll und Verbitterung schilderte, wie sie an der Grenze vom NKWD direkt an die Gestapo übergeben wurde und anschließend in ein faschistisches Konzentrationslager gelangte. Ich habe auch die Erinnerungen von Susanne Leonhardt und von Trude Richter gelesen. Letztere, deren Bericht „Die Plakette“ 1976 im Mitteldeutschen Verlag in Halle erschienen war und der es in Kolyma vielleicht sogar noch schlechter ergangen war als ihren Leidensgenossinnen, schrieb darüber aus einer Position, die mir näher war.

Aus den 1990 unter dem Titel „Unter falscher Anschuldigung" im Aufbau Verlag postum publizierten Schilderungen des Mitbegründers und Leiters der Theatergruppe „Kolonne Links" Helmut Damerius sowie aus den Mitteilungen von Andrej Eisenberger, Sohn des früheren Mitglieds des Zentralausschusses der KPD und späteren Mitarbeiters des Exekutivkomitees der Komintern Josef Eisenberger, der nach den Jahren in Sibirien und Fernost nicht nach Moskau oder Deutschland zurückkehrte, wird deutlich, dass sich zwei Schicksale niemals gleichen, dass jeder Mensch unterschiedlich reagiert und unterschiedliche Narben davonträgt.

Ein Mithäftling Hugo Eberleins erzählte mir, dass dieser ihm gesagt hätte, Stalin sei schlimmer als Hitler. Ein deutscher Kommunist, der in einem deutschen Konzentrationslager eingekerkert war, der dort drangsaliert und misshandelt wurde, habe gewusst, dass es seine Feinde waren, die ihn quälten. Ihm war klar, dass sie es taten, weil er Kommunist und Antifaschist war. Aber für einen Kommunisten, der in einem sowjetischen GULAG Drohungen, Drangsal und Repressalien erdulden musste, war der innere Schmerz, dies als überzeugter Kämpfer für den Sozialismus und als Freund der Sowjetunion erdulden zu müssen, ärger als Hunger, Kälte, Entbehrungen und physischer Schmerz.

Ich verstehe den von Aino Kuusinen beschriebenen finnischen Häftling, der sich nichts sehnlicher wünschte, als jene Kiefer in Petsamo umarmen und küssen zu können, die sich seinem Gedächtnis eingepflanzt hatte. Meine Mutter wiederum konnte nicht verstehen, dass ich wenige Wochen nach meiner Rückkehr von Heimweh nach Mogotschino sprach. Sie betrachtete solche Worte wohl als Affront und Verletzung ihrer mütterlichen Liebe gegenüber ihrem Erstgeborenen, den sie vierzehn lange Jahre sehr vermisst hatte. Vielleicht wird auch mancher Leser vieles nicht nachvollziehen können. Doch vierzehn Lebensjahre prägen einen Menschen. Und die von mir beschriebenen Jahre hatten tiefe Spuren in meinem Leben und in meiner Seele hinterlassen. Dazu gehörte meine Liebe zu den russischen Menschen, die mit mir durch alle Schwierigkeiten gegangen waren, mit denen ich – wie man im Russischen sagt – mehr als nur ein Pud Salz gegessen hatte und an deren Seite ich herangewachsen und gereift war. Diese Liebe und diese Achtung wiegen schwerer als Unbill und Ungerechtigkeiten, die ich erlebte.

Auch die heutigen Verhältnisse in Russland, die ich nur mit Abstand verfolgen kann, können nicht mein Verhältnis zum russischen Volk trüben.

Der Flug nach Berlin wurde durch eine Zwischenlandung in Tallinn unterbrochen. Dann ging es weiter nach Berlin. Es waren fast auf den Tag vierzehn Jahre vergangen, seit ich die deutsche Grenze im Zug überquert hatte. Dieses Mal saß ich in einem Flugzeug und überflog sie in umgekehrter Richtung. Das alte Deutschland gab es nicht mehr, und mein Bestimmungsort war nicht mehr eine Vier-Millionen-Metropole, sondern eine Vier-Sektoren-Stadt.

Die Bilanz der Vergangenheit und der Rückblick gerieten in den Hintergrund. Meine Gedanken konzentrierten sich auf das Wiedersehen mit der Mutter, dem Bruder und dem Stiefvater sowie auf meine Zukunft. Ich hatte die vierzehn Jahre bewältigt – wie würde ich die nächsten Jahre und meine neuen Aufgaben meistern?

Wieder und wieder drängte sich jedoch die Vergangenheit in die Gegenwart: Hinter mir lag das Land, in dessen Erde mein Vater, meine beiden Onkel und viele Tausende oder gar Hunderttausende namhafte und namenlose Opfer Stalin'scher Willkür umgekommen waren, in dessen Erde aber auch Millionen sowjetischer und deutscher Soldaten, Millionen ziviler Opfer des von Hitlerdeutschland inszenierten grausamen Krieges lagen.

Kann ich mich als Deutscher, der ich immer geblieben bin, von dieser Last – auch Schuld – freisprechen? Gibt es eine Kollektivschuld für Deutsche? Darf man alle Deutschen über einen Kamm scheren, oder können wir, die ausgebürgert waren und auf der anderen Seite der Barrikade standen, uns selbst anders einstufen? Müssen wir uns nicht genauso wie jeder andere Deutsche für das an anderen Völkern begangene Unrecht, für die begangenen Verbrechen mit verantworten?

Und: War ich in diesen vierzehn Jahren, die damals die Hälfte meines Lebens ausmachten, nicht viel enger mit dem Sowjetvolk verwachsen? Hatte ich nicht zusammen mit ihm gelitten, gehungert und schwer gearbeitet, um die Front zu unterstützen? Waren die Bande zwischen mir und den am Leben gebliebenen Freunden und Genossen, Kollegen und Kameraden nicht stärker als die meiner frühen Jugend, die weit zurücklagen? Würde ich in Deutschland, wo ich geboren war und zu dem ich auch gehören wollte, wieder so gute Freunde und Kameraden finden? War nicht der Weg vieler Deutscher, denen ich bald begegnen würde, ein ganz anderer gewesen? Hatten viele Deutsche „mein" Russland nicht auf ganz andere Art und Weise erlebt als ich? Würde ich in Berlin noch Schulfreunde aus der Moskauer Karl-Liebknecht-Schule oder andere Emigranten wieder treffen, die die sowjetische Staatsbürgerschaft erworben hatten und mir vielleicht den schwierigen Übergang erleichtern könnten?

Ich hoffte darauf, dass die gemeinsamen Erinnerungen alles Bittere in den Hintergrund drängen würden.

Mit jedem Blick aus dem Flugzeug zur Erde wuchs die Gewissheit, in wenigen Minuten wieder deutschen Boden zu betreten. Und damit wuchs auch Spannung. Wer würde mich erwarten? Hatte der Anruf meinen Bruder erreicht? Würde ich die Straßen meiner Kindheit wiedererkennen? Wie schwer würde es mir fallen, mich wieder an das Leben in Deutschland zu gewöhnen?

Um es vorweg zu nehmen: Ich habe seitdem viele Freunde gewonnen, vom Parteifunktionär bis zum Gärtnermeister, vom Schauspieler bis zum Professor der Philosophie, vom Mediziner bis zum Agrarwissenschaftler. An meinem 80. Geburtstag kamen über hundert meiner Freunde, um mir zu gratulieren. Und mehr als hundert übermittelten mir telefonisch oder in Briefen ihre Glückwünsche.

Einigen möchte ich einen Platz in meinen Erinnerungen einräumen, andere bitte ich um Verständnis, dass es den Rahmen des Buches sprengen würde, wollte ich alle zu Wort kommen lassen. Aber an dem Tag, den ich jetzt schildere, war ich erst 28 Jahre alt ...

Ankunft Berlin 1948

Die Maschine landete in Diepensee an der Südseite des Schönefelder Flugplatzes, der damals noch der sowjetischen Armee unterstand. Als Erstes sah ich zwei Männer in ehemaligen Wehrmachtsuniformen mit schmalen, ausgemergelten Gesichtern auf das Flugzeug zukommen. Dann machte ich meinen Bruder aus, der, als wir uns damals verabschiedet hatten, erst sechs Jahre alt war. Meine Mutter erkannte ich erst, als ich ausgestiegen war. Sie hatte sich – vielleicht ihrer Gefühle in diesem Augenblick nicht mächtig – im Hintergrund gehalten und kam mir erst entgegen, als ich mit meinen beiden Lackschuhen wieder auf deutschem Boden stand. Tränen der Freude.

Es dauerte nicht lange, bis wir in Berlin-Britz waren. Ich stand beklommen vor der Parterrewohnung in der Parchimer Allee 53 und dann vor der Tür, die ich vierzehn Jahre zuvor hinter mir ins Schloss gezogen hatte.

Plötzlich fiel mir ein: Ich besaß nichts, womit ich nachweisen konnte, woher ich kam, nicht einmal, wer ich war und wie ich hieß. Doch es kam noch schlimmer. Als ich meinen Koffer öffnete, entdeckte ich, dass alles, was meinen Aufenthalt in der Sowjetunion hätte belegen können, von den Urkunden und der Auszeichnung bis zum Gewerkschaftsbuch, spurlos verschwunden war. Auf dem Flugplatz aber hatte man genau gewusst, welche Wege ich zu gehen hatte. Alle schienen im Bilde.

Mein Bruder hatte nicht nur den Anruf erhalten, wann und wo ich eintreffen würde, sondern auch noch die Einladung zu einer zünftigen Maifete, die wir ausgiebig in der Wohnung von Veras Schwester feierten.

Es war meine erste Begegnung mit dem neuen Deutschland. Agi Nelken, die Gastgeberin, lebte mit dem aus der englischen Emigration zurückgekehrten Peter Nelken zusammen, der später viele Jahre Chefredakteur des „Eulenspiegel" war. Zu der Gesellschaft gehörte auch eine der interessantesten Persönlichkeiten im Nachkriegs-Berlin: Graf Heinrich von Einsiedel, der ständig als ein Urenkel Bismarcks tituliert wurde. Er hatte sich während des Krieges dem Nationalkomitee „Freies Deutschland" angeschlossen, war dann als Kommentator bei der „Täglichen

Rundschau“ tätig und schrieb dort wirkungsvolle Artikel. Einsiedel war einigen wegen seiner Herkunft ein Ärgernis, weshalb man ihn gern den „roten Grafen“ nannte. Während einer Dienstreise nach Westdeutschland wurde er verhaftet und der Spionagetätigkeit beschuldigte. Als er mit viel Medienaufwand freigekämpft war, kehrte er nach Berlin zurück, wechselte aber noch in der nächsten Nacht in den Westen. Nach der üblichen Propagandawoge wurde es still um ihn, er stieß zur Friedensbewegung, betätigte sich als Friedensforscher und kam nach über vierzig Jahren in die Noch-DDR, um an einem Seminar teilzunehmen. Seit der Bundestagswahl 1994 saß er mit dem Mandat der PDS im Bundestag. Für die Wahl 1998 erreichte er in Sachsen jedoch nur einen hinteren Listenplatz und verzichtete auf seine Kandidatur.

Ich erinnere mich noch gut daran, dass er sich in jener Nacht 1948 als blendender Gesellschafter und trinkfester Partner erwies. In unserer Runde saß auch Tatjana, die Witwe des Schauspielers Heinrich Greif, der 1933 in die Sowjetunion emigriert war und oft im Moskauer Rundfunk gesprochen hatte. Nach der Wiedereröffnung des „Deutschen Theaters“ hatte er unter Gustav von Wangenheim zum Ensemble dieser Bühne gehört und in der unvergesslichen ersten Hamlet-Aufführung nach dem Krieg den Fortinbras gespielt. Durch den Fehler eines Arztes war er bei einer Blinddarmoperation ums Leben gekommen.

Einige in der Runde unserer Maifeier, neben besagter Agi auch Ruth Holm, hatten früher mit mir die Schule in Neukölln besucht. Das lieferte Stoff für viele Gespräche, die bis zum Morgengrauen dauerten. In dieser Nacht schlug man mir auch vor, mich bei der SMAD, der Sowjetischen Militäradministration, zu bewerben. Doch der Vorschlag begeisterte mich nicht. Ich wollte mit Deutschen zusammenarbeiten, auch wenn das anfangs vielleicht mit einigen Verständigungsschwierigkeiten – nicht so sehr sprachlicher Natur – verbunden sein sollte. Mich reizte gesellschaftliche Arbeit. Ich wusste, dass ich mich auf diesem Gebiet fordern und den Weg meines Vaters fortsetzen konnte. Die Frage war für mich jedoch, ob ich dieser Herausforderung gewachsen sein würde.

Während Moskau bei mir einen friedlichen Eindruck hinterlassen hatte und ich auch auf dem Rückflug von den Kriegszerstörungen kaum etwas sah, war ich nun in Berlin hautnah mit dem Krieg und seinen Folgen konfrontiert. War Britz von Bombenangriffen noch einigermaßen verschont geblieben, so waren viele Straßen im Zentrum drei Jahre nach Kriegsende noch unpassierbar.

Und dann waren da noch die in Berlin aufeinander prallenden politischen Fronten. Am Potsdamer Platz stießen drei Sektorengrenzen aufeinander. Das war auch ein Eldorado für Schwarzhändler. Wenige Schritte genügten ihnen, um beim Erscheinen der Polizei oder einer Militärstreife in einen anderen Sektor zu gelangen, wo sie sich in diesem Augenblick sicher fühlen konnten. Die Camel-Zigaretten wurden zum Beispiel mit zehn Reichsmark das Stück gehandelt.

Die Sowjetunion hatte eine spezielle Organisation, „Rasnoexport", geschaffen, um den Amerikanern nicht allein den Schwarzhandel zu überlassen. Eine Flasche Wodka kostete hundert Mark, sowjetische Zigaretten der Marke „Drug" mit dem Symbol eines Hundekopfs lagen unter dem Preis der Camel.

Zwar wurde mancher Schwarzmarkthändler reich, aber die meisten, die etwas offerierten, hofften, für Eheringe, Porzellan oder Gemälde etwas Geld zu bekommen, mit dem sie die kärgliche Lebensmittelration aufbessern konnten.

Rings um den Potsdamer Platz standen verkohlte Ruinen. Die Reichskanzlei war zerstört und wurde abgetragen, vom „Führer-Bunker" ragte gesprengter Beton aus der Erde. Das „Haus Vaterland", das Kaufhaus „Wertheim" lagen in Trümmern; der ehemalige Preußische Landtag war zerbombt. Die Ruine des Reichstags trug die Schriftzeichen von Sowjetsoldaten, die, als sie ihn erobert hatten, sicher zu sein glaubten, der Krieg wäre endgültig zu Ende. Unter den Linden stand schon eine neue sowjetische Botschaft, denn die frühere war den Bomben zum Opfer gefallen war. Die Innenstadt mit Friedrichstraße, Französischer Straße und Leipziger Straße bot ein triste Trümmerlandschaft.

Ein Versuch, unsere Wohnung in Zehlendorf anzusehen, scheiterte daran, dass Stacheldraht das dort entstandene Camp amerikanischer Offiziersfamilien hermetisch abriegelte. Der Auftrag meiner Halbschwester Ines, den Vater ihrer Freundin in Karlshorst zu besuchen, war auch ein Hindernislauf, denn dort waren die Quartiere der sowjetischen Offiziersfamilien nur mit Passierschein zu betreten. Ich schaffte es. Er bewirtete mich, und wir tranken einige Gläschen Wodka. Er redete sich seinen Kummer von der Seele: „Mit meinen sechzig Jahren möchte ich endlich nach Hause und in Moskau Metro fahren. Hier muss ich als Offizier Auto fahren lernen. In Moskau sitzen Frau, Tochter und Enkel, ich aber soll hier klären, warum die deutschen Hühner weniger Eier legen als die sowjetischen. Soll ich vielleicht die Hähne verhören?" So klagte er mir den ganzen Abend lang sein Leid. Ich hörte ihm zu, wusste ich doch, wie wichtig es zuweilen war, wenigstens mit einem Zuhörer am Tisch zu sitzen.

Nicht selten hörte ich Leute auf die Sowjetarmee schimpfen. Man redete von Übergriffen auf Frauen, von Uhren- und Fahrraddiebstählen. Auch die Reparationslieferungen wurden kritisiert. Das war verständlich, denn es gab nicht wenige Fälle, da deutsche Arbeiter ihre eigenen Arbeitsplätze demontieren mussten. Ich verteidigte die Reparationen und schilderte die ungeheuren Zerstörungen, die die Deutschen in der Sowjetunion angerichtet hatten.

Horst Drinda, ein in der DDR sehr populärer und beliebter Schauspieler und seit langen Jahren mit mir befreundet, erinnerte sich an diese Zeit aus seiner Sicht. Wir kommen aus einem ganz unterschiedlichen Milieu.

„1941! Es war also Krieg. Mit 14 Jahren kam ich als Militärschüler auf die Fliegertechnische Vorschule Köthen, um einmal Ingenieur zu werden. Wir waren dort natürlich alle einem faschistischen Lehrkörper ausgesetzt, sind, vom Leben außerhalb der Schule ziemlich isoliert, ausgebildet worden. Ausländische Arbeiter, denen wir im Junkerswerk begegneten, wurden als ‚Feinde' und Kriminelle beschrieben. Der außerdienstliche Kontakt mit ihnen war streng verboten. Nach Abschluss meiner Ausbildung wurde ich sofort eingezogen, kam auf die Kriegsschule Rahmeln bei Danzig, nach wenigen Wochen an die Front, die zu dieser Zeit bei Marienburg/Ostpreußen verlief.

Wir sollten den Vormarsch der Roten Armee stoppen. Sehr schnell hatten wir große Verluste und mussten dem Angriff der Roten Armee nachgeben. Unsere sich zurückziehenden Truppen vermischten sich bald mit den Frauen und Kindern der großen Flüchtlingstrecks, die mit Sack und Pack westwärts zogen. Noch im März 1945 wurde ich bei Waldkämpfen verwundet und hatte das Glück, auf einem Zerstörer über Dänemark in ein Lazarett nach Thüringen zu kommen. Im April bekam ich Genesungsurlaub für Berlin, als sich alle waffenfähigen Männer und Wehrmachtsangehörige zur ‚Schlacht um Berlin' stellen mussten. Die SS ging durch die Häuser und bestrafte die Hausbewohner, die Soldaten verstecken wollten. Meine Mutter wollte es für mich trotzdem tun. Ich hatte Angst um sie und meinen kleinen Bruder, zumal mich auch schon so viele Nachbarn wahrgenommen hatten, die mich denunzieren könnten. Also ging ich.

So überlebte ich die Kämpfe um die Friedrichstraße, um das Luftfahrtministerium, um den Zoo, um das Landwehrkasino im Zoologischen Garten. Im Zoobunker erlebte ich meinen 18. Geburtstag. Am 3. Mai wurde ich im rußgeschwärzten S-Bahnhof Zoo gefangen genommen, in dem Hunderte Ausgebombte kampierten. Ein paar Stunden später gelang es mir zu fliehen. Eine Frau verhalf mir zu ziviler Kleidung, die von ihrem gefallenen Sohn stammte. Zwei Tage später stand ich wieder im Wedding vor der Wohnungstür meiner Mutter, Otawistraße 19, und fiel in ein tiefes schwarzes Loch.

In der folgenden Zeit begriff ich mehr und mehr, wozu man uns missbraucht hatte. Ich hatte allen Glauben verloren und wurde misstrauisch gegen jedermann. Aber es war Frieden in den Ruinen.

Es begann eine schöne, aber strapaziöse Lehrzeit: Trümmer beseitigen, hungern, Ursachen ordnen, die Tatsache begreifen, dass der Krieg für manche nur ein Geschäft war, aber auch schön, weil man in den Nächten ohne Angst durchschlafen konnte. Täglich kamen neue Nachrichten, Bilder, Filmdokumente über die Verbrechen Hitlerdeutschlands und der Rüstungsindustrie. Allmählich nahmen die Stimmen der politischen Gruppierungen Konturen an und provozierten eine persönliche Meinung. Ich misstraute jedem Argument.

Es dauerte über ein Jahr, bis ich am Deutschen Theater Gustav und Inge von Wangenheim traf. Sie antworteten mir auf meine vielen Fragen. Den Schilderungen ihrer persönlichen Lebensumstände vor und während der Hitlerzeit in der Sowjetunion konnte ich glauben. Heinrich Greif, Lotte Loebinger bezeugten und ergänzten diese Berichte. Wolfgang Langhoff wurde 1947 als Intendant des Deutschen Theaters berufen. Ich hörte von seiner ‚Moorsoldatenzeit', von der Emigration in die Schweiz, von den gemeinsamen politischen Aktionen, die Langhoff, Wolfgang Heinz, Karl Paryla und die anderen Emigranten unternommen hatten, um mit Geldspenden deutschen Antifaschisten zu helfen. Es war nicht Langhoffs Art, darüber selbstgefällig zu berichten, aber er gab gründliche Antworten, wenn man darum bat. Er wurde für mich in mehrfacher Hinsicht ein Vorbild. Wir kamen durch die Jahre gemeinsamer Arbeit zu einem vertrauensvollen Verhältnis. Zu meinem großen Bedauern musste ich dann erleben, wie man ihn erst verdeckt, dann öffentlich politisch diskreditierte. Ich wollte nicht wahrhaben, dass es intrigante Auseinandersetzungen und Misstrauensbekundungen der antifaschistischen, deutschen Emigranten aus dem sowjetischen Exil gegen Genossen gab, die in westliche Länder emigriert waren. Die Art und Weise des Umgangs hat mich abgestoßen und neues Misstrauen geweckt.

Man ging also auch in der deutschen Einheitspartei ziemlich rabiat miteinander um. Ähnliche Wahrnehmungen waren in der kleinen und großen Umgebung jetzt häufiger zu erkennen, wenn der Blick erst einmal dafür geschärft worden war. Hatte ich zuviel erwartet? Waren die politischen Gemeinsamkeiten nur vorgegeben? Sah ich die Menschen zu realistisch?

Ich hatte inzwischen deinen Bruder Klaus kennen gelernt, mit dem ich mich gut verstand. Irgendwann erwähnte er eure Verwandtschaft und erzählte deinen Lebensweg. Bald darauf lernte ich dich in eurer Wohnung persönlich kennen. Es gab selbstgebackenen Kuchen, deinen berühmten Tee, gute Gespräche und unerwartet gute politische Witze. Wir haben uns auf Anhieb bei euch wohl gefühlt. Aber das Wichtigste für mich war deine Toleranz, mit der du Einwendungen, Fragen, ungeduldiger Kritik in all den Jahren begegnetest. Ich war nicht in der Partei. Aber trotzdem konnte ich immer in deinen Antworten die ernsthafte und vor allem ehrliche Auseinandersetzung mit dem Problem spüren. Das war für uns, wir waren 1952 inzwischen Bürger der DDR geworden, besonders in den Tagen des Mauerbaus von großer Bedeutung. Die Zweideutigkeit dieser politischen Maßnahme enttäuschte mich tief, weil sie ja nicht nur den Ausverkauf der DDR, sondern auch, obwohl darüber offiziell nicht gesprochen wurde, die Abwanderung in den Westen verhindern sollte. Es wurde eine schwere, tränenreiche Zeit für die getrennte Familie, die das Leben und auch die Arbeit sehr belastete. Wie gut taten uns da unsere freundschaftlichen Zusammenkünfte und Gespräche. Das blieb in allen Jahren unverändert gut und vertraut."

So weit unser guter Freund, der Schauspieler Horst Drinda, der mit seinen Erinnerungen schon der Zeit weit vorausgeeilt ist. Aber er hat mir ein gutes Stichwort geliefert: 1948 stellte sich mir nämlich auch unverhofft die Frage: Schauspieler oder Dolmetscher.

Schauspieler Eberlein?

Das war in den Wochen, als ich mich um meine berufliche Entwicklung kümmerte. Ich brauchte nicht nur Geld, sondern auch Lebensmittelkarten. Ein Angebot, das man mir in der Kaderabteilung des Zentralkomitees der SED machte, in der Holzindustrie zu arbeiten und meine Taiga-Kenntnisse zu verwerten, lehnte ich behutsam ab. Ich hatte genug vom Holz. Schließlich begann ich als Übersetzer und Dolmetscher im Bundesvorstand der Gewerkschaften. Als erste Amtshandlung musste ich den Empfang einer ausländischen Delegation vorbereiten. Mit zahllosen Durchschlägen beantragte ich bei der zuständigen sowjetischen Behörde die Zuteilung von Tee, einem Pfund Kekse, einem Kilo Äpfel und zwei Schachteln Zigaretten. Einige Tage später bekam ich Genehmigung und Ware. Kurz vor dem Empfang der Delegation musste ich zu meinem Entsetzen feststellen, dass der von mir so mühsam gedeckte Tisch völlig leer war. Alles war gestohlen worden! Mein erstes Lehrgeld in der neuen Umgebung.

Eines Tages erhielt ich im Büro in der Wallstraße unverhofften Besuch: Hans Rodenberg, Schauspieler und Regisseur, der an unserer Moskauer Schule die Theaterlaientruppe betreut hatte. In Berlin leitete er das Theater der Freundschaft. Nach einer längeren Unterhaltung bot er mir eine Rolle in seiner Inszenierung des Stücks „Ljubow Jarowaja" von Konstantin Trenjow an. Meine Zustimmung verknüpfte ich mit der Überlegung, dass, falls mein „sibirisches Talent" die Berliner Prüfung nicht bestehen werde, ich ja immer noch meine Arbeit als Übersetzer hätte, die mir trotz des Diebstahls Spaß machte.

Aber aus meiner Schauspielkarriere wurde nichts. Ich bekam nie eine Einladung zu einer Probe. Hans Rodenberg kam nie wieder auf dieses Thema zu sprechen. Viele Jahre später habe ich ihn dann doch einmal danach gefragt, und er sagte mir ziemlich unverblümt: „Als ich 1948 mit dir sprach, hörte ich deine Starallüren heraus. Da ich jedoch ein harmonisches Ensemble aufbauen wollte, verzichtete ich auf dich." Ich war mir zwar keiner „Starallüren" bewusst, jedoch immer davon überzeugt, dass ein Theater von namhaften, begnadeten Schauspielern nicht minder getragen wird wie vom Intendanten und Regisseur. Ich nahm die Antwort von Hans Rodenberg nicht allzu ernst, glaubte dann eines Tages aber, dass sich dahinter vielleicht ein ganz anderes Problem verbarg: das ablehnende Verhältnis der KPD zum Individuum und ihr Bekenntnis zum Kollektiv. Die Übertreibung dieser Haltung war nicht immer hilfreich.

So habe ich nie auf einer deutschen Bühne gestanden, es sei denn später als Dolmetscher. Und dabei war ich ein so begeisterter Theaterspieler!

Auch Wolfgang Leonhard, mit dem ich die Karl-Marx-Schule in Neukölln und dann die Karl-Liebknecht-Schule in Moskau besucht hatte und der 1948 als Lektor an der Parteihochschule der SED tätig war, besuchte mich in der Wallstraße. Die nächste Begegnung mit ihm fand erst zweiundvierzig Jahre später statt. Er gehörte nach dem Kriege der ersten Delegation aus der SBZ an, die Jugoslawien besuchte. Sehr angetan von der weitreichend eigenständigen Befreiung von der Okkupation durch die Hitler-Wehrmacht und dem Aufbauelan des Vielvölkerstaates, entwickelte Leonhard eine Theorie der Verlagerung des Schwerpunktes der Revolution von der Sowjetiunion nach Jugoslawien. Das rief nicht nur an der Parteihochschule Widerspruch hervor, es drohten parteiliche Konsequenzen, denen er mit seiner Flucht nach Jugoslawien entging, um dann in die USA und später in die BRD zu ziehen. Beim Wiedersehen schien er sehr euphorisch und begrüßte mich als seinen „besten Freund". Ich antwortete ihm, dass meine besten Freunde in ihm einen Verräter gesehen hätten. – „Und du?" – „Komm herein, wir trinken einen oder mehrere Kognaks und sprechen miteinander." Wir redeten und begannen sogar eine Korrespondenz, die aber bald wieder einschlief. Das Leben bewies, dass wir in verschiedenen Sphären lebten und kaum Brücken sahen.

Meine dritte „Qualifikation", die allein in der Praxis erworbene Kenntnis der russischen Sprache, hatte mir nicht nur zur ersten Arbeit verholfen, sie hat auch in starkem Maße mein weiteres Leben mitbestimmt. Hans Jendretzky, einer der drei Vorsitzenden des FDGB – die beiden anderen waren Bernhard Göring als Vertreter der SPD und Ernst Lemmer von den christlichen ehemaligen Hirsch-Dunkerschen Gewerkschaften – hatte mich eines Tages eingeladen, mit ihm nach Eisenach zu einer Beratung der Gewerkschaft Bildung und Erziehung zu fahren, an der auch eine sowjetische Delegation teilnahm. Es blieb nicht bei einem Gespräch, ich musste die ganze Konferenz simultan übersetzen und am Abend noch den Empfang, den der sowjetische Armeechef des Landes Thüringen, General Kolesnitschenko, gab. Als mir ein Offizier die Einladung dazu mündlich übermittelte, hatte ich sie erst abgelehnt. Wie kam ich dazu, auf einem sowjetischen Empfang zu dolmetschen? Der Offizier nahm meinen Einwand überhaupt nicht zur Kenntnis, und Jendretzky klärte mich auf, dass der Befehl, ja selbst das Angebot eines Generals in einer Besatzungszone für jedermann bindend sei. Ungeachtet dieser Regeln missfiel mir der mir ungewohnte Befehlston. Als ich für eines seiner Worte nicht sofort den deutschen Begriff fand – immerhin hatte ich elf Jahre kein deutsches Wort gehört, gesprochen oder gelesen –, unterbrach ich den Redeschwall des Generals. Aber er hatte dafür Verständnis. Ich musste wohl einen relativ guten Eindruck hinterlassen haben, denn nun wurde ich immer öfter als Dolmetscher eingesetzt.

Das Triumvirat an der Spitze der Gewerkschaften widerspiegelte das politische Umfeld der Nachkriegszeit. Am 10. Juni 1945 hatte die Sowjetische Militäradministration ihren Befehl 2 erlassen, der die Bildung antifaschistischer Parteien und freier Gewerkschaften gestattete. Schon am nächsten Tag, am 11. Juni 1945, wandte sich das Zentralkomitee der KPD mit einem Aufruf an das deutsche Volk, in dem die Schuldigen für den Krieg, für Ruinen, Schutt und Asche, für die Katastrophe unvorstellbaren Ausmaßes beim Namen genannt wurden. In dem Aufruf hieß es: „Jetzt gilt es, gründlich und für immer die Lehren aus der Vergangenheit zu ziehen. Ein ganz neuer Weg muss beschritten werden! ... Wir sind der Auffassung, dass der Weg, Deutschland das Sowjetsystem aufzuzwingen, falsch wäre, denn dieser Weg entspricht nicht den gegenwärtigen Entwicklungsbedingungen in Deutschland. Wir sind vielmehr der Auffassung, dass die entscheidenden Interessen des deutschen Volkes in der gegenwärtigen Lage für Deutschland einen anderen Weg vorschreiben, und zwar den Weg der Aufrichtung eines antifaschistischen, demokratischen Regimes, einer parlamentarisch-demokratischen Republik mit allen demokratischen Rechten und Freiheiten für das Volk." Eine Woche später, am 19. Juni 1945, unterzeichneten das ZK der KPD und der Zentralausschuss der SPD eine Vereinbarung, in der gefordert wurde, eine „enge Zusammenarbeit bei der Durchführung der gemeinsam beschlossenen dringlichen Aktionsaufgaben zur Liquidierung der Überreste des Nazismus und zum Wiederaufbau des Landes auf sicherer Grundlage" zu organisieren und „alle notwendigen Schritte zu unternehmen, um mit allen anderen antifaschistischen, demokratischen Parteien Vereinbarungen über die Bildung eines festen Blocks zu treffen". Diese meldeten sich dann auch mit Aufrufen an die Öffentlichkeit zu Wort.

So hieß es im Aufruf der Liberal-Demokratischen Partei: „Als nächste Ziele der zu leistenden Arbeit erkennen wir Folgendes: ... 8. Schutz und Förderung jeder schaffenden Arbeit in Handwerk und Kunst, in Handel, Industrie und Landwirtschaft, in Büro und Werkstatt. Ungehinderter Zusammenschluss zu berufsständischer und gewerkschaftlicher Vertretung. Die Erhaltung einer einheitlichen deutschen Volkswirtschaft, des Privateigentums und der freien Wirtschaft ist die Voraussetzung für die Initiative und erfolgreiche wirtschaftliche Betätigung."

Im Aufruf der Christlich-Demokratischen Union las man: „Das Recht der Eltern auf die Erziehung der Kinder muss gewahrt werden, die Jugend in Ehrfurcht vor Gott, vor Alter und Erfahrung erzogen werden. Der von der Kirche geleitete Religionsunterricht ist Bestandteil der Erziehung. Das unermessliche Elend in unserem Volke zwingt uns, den Aufbau unseres Wirtschaftslebens, die Sicherung von Arbeit und Nahrung, Kleidung und Wohnung ohne jede Rücksicht auf persönliche Interessen und wirtschaftliche Theorien in straffer Planung durchzuführen." Darunter standen die Unterschriften von Andreas Hermes, Jakob Kaiser, Otto Nuschke, Ferdinand Sauerbruch und Graf York von Wartenburg.

Demgegenüber veröffentlichte im Namen der westdeutschen SPD Kurt Schumacher, der sein Büro in Hannover etabliert hatte und sich gegen jede Vereinbarung mit der KPD sträubte, im Juli 1945 den Aufruf „Konsequenzen deutscher Politik", in dem er Grundsätze der Politik der Sozialdemokratie im Nachkriegs-Deutschland darlegte. Er versicherte, der Kapitalismus sei als System zusammengebrochen, auf der Tagesordnung stehe der Sozialismus, und formulierte wörtlich: „Die programmatische Betonung des Sozialismus ist unverzichtbar." Zugleich lehnte er, wie Erich W. Gniffke in seinen Erinnerungen bestätigt, sogar Zusammenarbeit mit dem Berliner SPD-Vorstand, also mit Otto Grotewohl, Max Fechner und Erich W. Gniffke ab. Im Januar 1946 organisierte Schumacher in Frankfurt am Main eine Konferenz gegen die Vereinigung der beiden Arbeiterparteien. Genossen erinnerten ihn vergeblich daran, dass der Sozialdemokrat Wilhelm Leuschner bei seiner Hinrichtung durch faschistische Scharfrichter gerufen hatte: „Einheit!"

Selbst Konrad Adenauer plädierte 1946 lautstark für einen christlichen Sozialismus. Im Ahlener CDU-Programm vom 3. Februar 1947 trat seine Partei für die Abschaffung des Kapitalismus ein: „Das kapitalistische Wirtschaftssystem ist den staatlichen und sozialen Lebensinteressen nicht gerecht geworden. Inhalt und Ziel einer Neuordnung kann nicht mehr das kapitalistische Gewinn- und Machtstreben sein."

Dem sowjetischen Angebot zur Schaffung eines einheitlichen deutschen Staates hatte Adenauer in einem Interview für die „News Chronicle" im Oktober 1945 seine Position gegenübergestellt: „Nach meiner Ansicht sollten die Westmächte die drei Zonen, die sie besetzt halten, tunlichst einem staatsrechtlichem Verhältnis zueinander belassen. Das Beste wäre, wenn die Russen nicht mittun wollten, sofort wenigstens aus den drei westlichen Zonen einen Bundesstaat zu bilden; der von Russland besetzte Teil ist für eine nicht zu schätzende Zeit verloren."

Stalin hatte im November 1943 in Teheran erklärt, dass sich die deutsche Frage nicht dadurch lösen lässt, dass man den deutschen Einheitsstaat zerstückelt. Die Lösung müsse in der Entmilitarisierung und Demokratisierung Deutschlands als Ganzes gesucht werden. Dagegen verkündete der US-Außenminister James F. Byrnes am 6. September 1946 in einer Rede in Stuttgart die Gründung der Bi-Zone, die wirtschaftliche Vereinigung der englischen und amerikanischen Besatzungszonen, und damit den ersten Schritt zur Bildung zweier deutscher Staaten.

Das aufmerksame Lesen von Zeitdokumenten, der Reden und Aufsätze von Politikern, die sich ja oftmals widersprachen und die gegeneinander polemisierten, zwang mich zu neuen Überlegungen. Derartige politische Polemik hatte ich in der Sowjetunion nicht kennen gelernt. Der öffentliche und – ich war fest überzeugt davon – auch ehrliche Meinungsstreit, der Wunsch nach einer demokratischen Zusammenarbeit, all das schuf meiner Meinung nach – auch wenn noch längst nicht alle Spuren des Faschismus und Antikommunismus überwunden waren – günstige Voraussetzungen für den Aufbau eines neuen friedlichen Deutschlands.

Natürlich können ein paar Zitate nicht die ganze Kompliziertheit der damaligen Lage in Deutschland widerspiegeln. Ich habe auch gar nicht den Ehrgeiz, diesen widersprüchlichen, vornehmlich durch die Interessen der Besatzungsmächte geprägten politischen Prozess nachzuvollziehen oder gar zu analysieren. Man könnte mir auch zu Recht vorwerfen, dass meine politische Erfahrung in deutscher Politik damals noch sehr begrenzt war.

Ich wollte mit diesen Zitaten nur daran erinnern, dass 1945 nicht nur KPD und SPD, sondern auch die CDU dem Kapitalismus keine Entwicklungschancen mehr einräumte. Es ist nicht zu übersehen, dass er danach – schon um sich im Wettkampf der Systeme behaupten zu können – Reformfähigkeit demonstrierte und auch die Kraft, härtere Krisen zu überwinden. Heute steckt er wieder in einer tiefen gesellschaftlichen Krise und niemand findet ein Konzept zur Lösung der sozialen Probleme.

Ich wollte aber auch daran erinnern, dass dem Sozialismus nach dem Kriege eine Chance gegeben war, die er nicht zu realisieren vermochte. Die heute des öfteren kolportierte These, der Sozialismus sei schon am Ende des Krieges chancenlos gewesen, stimmt nicht mit den historischen Erfahrungen überein. 1945 war die Sowjetunion zwar wirtschaftlich geschwächt und die Industrie einseitig auf die Rüstung eingestellt, die Bevölkerung litt Hunger und Not, insbesondere in den vom Krieg heimgesuchten Gebieten, aber das Land gehörte militärisch und politisch zu den führenden Staaten dieser Welt.

Der Sozialismus war 1945 in der Welt ungleich populärer als etwa 1917 nach der Oktoberevolution. Nicht nur dank des Sieges der Sowjetarmee wurden osteuropäische Staaten gebildet, die entsprechend dem Abkommen von Jalta zur sowjetischen Einflusssphäre gehörten. Der gestärkte Sozialismus hatte auch den weltweiten Untergang des Kolonialsystems und das Entstehen sozialistisch orientierter asiatischer Staaten unter Mao Zedong und Ho Chi Minh, später in Afrika unter Patrice Lumumba und im arabischen Raum unter Führung von Gamel Abdel Nasser zur Folge. Der Niedergang der Sowjetunion und mit ihr des Sozialismus begann erst in den siebziger Jahren unter Breshnew.

Die Sowjetunion gehörte zu den Siegermächten des Zweiten Weltkriegs und hatte am Erfolg der Anti-Hitler-Koalition entscheidenden Anteil, zum Verlierer wurde sie im Kalten Krieg. Dieser begann schon 1945, als der amerikanische Präsident Truman, entgegen den Vorschlägen der Atomphysiker der USA, ihre Entdeckung den alliierten Mächten zugänglich zu machen, in Potsdam das Atomwaffenmonopol demonstrierte und den Befehl zum Abwurf einer Atombombe auf Hiroshima gab.

Lagen die Keime eines Zerwürfnisses, auf das Hitler so sehr gehofft hatte, nicht schon im Bruch der Allianz, die die Hitlergegner zusammengehalten hatte? War man noch in Teheran und Jalta, nicht zuletzt dank der konsequenten Haltung Roosevelts über die bedingungslose Kapitulation Hitlerdeutschlands einig, so änderte sich unter Truman die Situation. Die Atombombenabwürfe waren auch als Warnung gegenüber der Sowjetunion zu verstehen. Die verbale Kriegserklärung lieferte Churchill im März 1946 mit seiner Fulton-Rede. Im März 1947 verkündete der amerikanische Präsident seine antikommunistische Truman-Doktrin. In den USA wütete der McCarthyismus, der nicht nur das gesellschaftliche Leben im Nachkriegsamerika, sondern auch die Haltung und Reflexion Stalins beeinflusste. Sicherlich war nicht nur der US-amerikanische militärisch-industrielle Komplex krampfhaft bemüht, seine im Krieg eroberte Stellung zu behaupten. Hätte Stalin einem Wettrüsten ausweichen und anders reagieren können? Sollte er das Atomwaffenmonopol der USA einfach akzeptieren oder musste er mit dem Versuch antworten, eine sowjetische Atombombe zu bauen? Im November 1950 verlangte der amerikanische General MacArthur im Korea-Krieg den Einsatz der Atombombe gegen China. Im Oktober 1947 wurde GATT, das Allgemeine Zoll- und Handelsabkommen ins Leben gerufen, 1949 COCOM formiert, um damit der UdSSR und den anderen mit der Sowjetunion liierten Staaten den Zugang zu westlicher Technik zu versperren und einem Embargo zu unterwerfen. Das sind Fragen, die einer historisch begründeten Antwort bedürfen, aber heute leider zu oft von parteipolitischen Erwägungen überschattet werden.

Ich erwähnte bereits, dass die Reparationsleistungen der Sowjetischen Besatzungszone an die UdSSR damals oft diskutiert wurden. Obwohl die Mehrzahl der Bürger die Rechtmäßigkeit der Reparationen nicht in Frage stellte, waren Ausmaß und Praxis der Abwicklung ständiger Gesprächsstoff. Abbau und Abtransport der Einrichtungen und Ausrüstungen der Rüstungsbetriebe erschienen zwar legitim, aber warum wurden auch Gebäude, die angesichts der Zerstörungen in Deutschland dringend für eine Friedensproduktion erforderlich waren, in die Luft gesprengt? Die Demontage des zweiten Gleises der deutschen Eisenbahn zur Wiederinbetriebnahme der von Deutschen zerstörten sowjetischen Eisenbahnlinien wurde angesichts der gewaltigen Zerstörungen in der Sowjetunion von vielen Menschen gebilligt, aber niemand begriff, warum Masten elektrifizierter Bahnlinien über ihren Fundamenten abgeschweißt wurden. Es blieb nur noch der Schrott.

Wir, die Genossen der SED, versuchten diese Handlungen mit dem Hinweis auf die von Deutschen angerichteten verheerenden Kriegsschäden zu rechtfertigen, die mit 140 Milliarden Dollar beziffert wurden. Wir waren von der Schuld und der Pflicht der Wiedergutmachung fest überzeugt, obwohl wir nicht immer auf alle konkreten Fragen konkrete Antworten wussten. Wenn ich heute die Nummern der zwanziger Jahre des internationalen Presseorgans der Kommunistischen Internationale, der Internationalen Presse-Korrespondenz, durchblättere, lese ich mit besonderem Interesse die Berichte des ungarischen Professors Eugen Varga über die Weltwirtschaft. Er war seinerzeit Wirtschaftssachverständiger der Komintern und Mitglied der Akademie der Wissenschaften der UdSSR und publizierte eine ständige Rubrik über Reparationen. Heute stellt sich mir im Zusammenhang mit den Reparationen nach dem Zweiten Weltkrieg die Frage: Warum hat man die damaligen Erkenntnisse, auch wenn die Bedingungen nicht vergleichbar waren, nicht besser berücksichtigt?

Die Situation in den USA und in der UdSSR war in keiner Weise vergleichbar. Die USA verfügten 1945 über zwei Drittel der Goldreserven der Welt, erzeugten ein Drittel der Weltproduktion aller Güter. Fünfzig Prozent der Industrieproduktion der Welt entfiel auf die USA. Die Sowjetunion konnte an keine Marshall-Pläne für Osteuropa, auch nicht für die sowjetische Besatzungszone denken. Dennoch wäre sicherlich eine frühere Umstellung der ostdeutschen Industrie auf die Bedürfnisse der UdSSR und die Entnahme der Reparationen aus der laufenden Produktion für beide Seiten effektiver gewesen.

In diesem Zusammenhang erhebt sich die Frage, ob nicht die 1945 angewandte Methode ein Zeichen dafür war, dass Stalin an ein einheitliches Deutschland glaubte und vor dessen Bildung noch seine Reparationsforderungen realisieren wollte. Als dann deutlich wurde, dass die westlichen Alliierten gemeinsam mit den deutsche Separatisten unter Konrad Adenauer an einem einheitlichen deutschen demokratischen entmilitarisierten Staat nicht interessiert waren, sondern der Losung „Lieber das halbe Deutschland ganz, als das ganze Deutschland halb!“ folgten, änderte die Sowjetunion ihre Reparationspolitik und ließ im Dezember 1945 SAG-Betriebe, Sowjetische Aktiengesellschaften, gründen. Der BRD wurden 1951 auf der Londoner Schuldenkonferenz dreißig Milliarden Dollar Schulden halbiert. Die Reparationsfrage wurde „zurückgestellt“.

Die Diskussionen über die Reparationsleistungen hatten angesichts der in Deutschland herrschenden Not vornehmlich einen materiellen Hintergrund. Aber auf Grund der sowjetischen Besatzungsgewalt und des jahrzehntelang geschürten Antikommunismus besaßen sie auch eine internationale Komponente, obwohl sich Roosevelt, Churchill und Stalin im Vertrag von Jalta geeinigt hatten, nach der bedingungslosen Kapitulation Deutschland mit zwanzig Milliarden Dollar Reparationen – nach Weltmarktpreisen von 1938 – zur Wiedergutmachung zu verpflichten. Der UdSSR waren davon fünfzig Prozent zugesprochen worden, wobei aus dieser Summe auch die Ansprüche Polens befriedigt werden sollten. Churchill hatte Einwände und erinnerte an die Auswirkungen der Reparationsleistungen nach dem Versailler Vertrag, die zur Zuspitzung der revolutionären Situation in Deutschland führten. Auch Botschafter Maiski warnte Molotow vor übertriebenen Reparationsforderungen, da 1918 dabei die Zahlungsfähigkeit Deutschlands nicht berücksichtigt wurde. Er empfahl Stalin, die deutsche Kriegswirtschaft, speziell die Metallurgie und den Maschinenbau, auf 25 Prozent des Vorkriegsniveaus zu reduzieren und eine Summe von zehn Milliarden Dollar zu fordern.

Nach dem Kriege ersannen die US-Amerikaner das so genannte Erstkostenprinzip, nach dem Güter, die aus den USA importiert worden waren, mit Exporterzeugnissen aus den Westzonen bezahlt werden konnten. Das war ein gewaltiger Gewinn für die US-Industrie. Die schon bis dahin spärlichen Lieferungen an die Sowjetunion versiegten Anfang 1947 gänzlich. Für die Reparationen an die Sowjetunion musste allein die Ostzone aufkommen. In der sowjetischen Führung gab es zu dieser Frage unterschiedliche Ansichten. Anastas Mikojan plädierte nur für Warenleistungen, während Georgi Malenkow auf Demontage von Betrieben und Lieferungen bestand und seinen Standpunkt auch gegenüber Stalin durchsetzte. So wurden rund 2500 Betriebe demontiert und dadurch die Industrieproduktion auf 50 Prozent des Standes von 1936 reduziert. In Wirklichkeit wurden bis 1953 fünfzehn Milliarden Dollar Reparationen geleistet, fünf Milliarden Dollar mehr als in Jalta vereinbart. Dazu kamen jährliche Besatzungskosten in Höhe von zwei Milliarden Mark.

Reparationen und Besatzungsgeld beliefen sich ohne Besatzungskosten pro Einwohner der BRD auf 23 Reichsmark, in der DDR auf 1.349 RM. Grundlage der Berechnung waren die Preise von 1944. Die DDR beglich 98 Prozent der von der Sowjetunion geforderten Reparationen! Es muss wohl kaum darauf verwiesen werden, dass sie damit schon am Tage ihrer Gründung im Jahr 1949 von ungleich schlechteren Bedingungen als die BRD ausging, die durch den Marshallplan beträchtliche Investitionshilfen erhalten hatte. Der innerdeutsche Handel erreichte bis 1950 weniger als zehn Prozent des Vorkriegsniveaus, obwohl die DDR aus Devisenmangel oft gezwungen war, ihre Waren zu Dumpingpreisen zu offerieren und damit einen nicht unwesentlichen Beitrag zum wachsenden Wohlstand in der BRD leistete. Es sei daran erinnert, dass selbst Adenauer nicht allzu überzeugt von seiner Fähigkeit war, die bevorstehenden Aufgaben lösen zu können.

Der bereits am 5. Juni 1947 in Kraft gesetzte Marshallplan (European Recovery Program) wird gern als humanistische Hilfsleis-tung der USA gegenüber Deutschland und Westeuropa ausgegeben. In Wirklichkeit diente er aber der Erholung des westeuropäischen, und vor allem des westdeutschen Kapitalismus. Der Nationalökonom Paul Anthony Samuelson, späterer Berater von Präsident Kennedy und Nobelpreisträger, hatte bereits 1943 prophezeit, dass die USA in eine Periode einer so großen Arbeitslosigkeit und so starker Erschütterungen in der Industrie geraten würden, wie sie noch niemals eine Wirtschaft erlebt habe. Diese Voraussage war nach dem zweiten Weltkrieg Tatsache geworden, und dem sollte nun entgegengewirkt werden. So sollte der Marshallplan als Rettungsanker für die Konzerne in den USA fungieren, die nach dem rapiden Rückgang der Rüstungsproduktion in eine Krise geraten waren. Da die „großzügigen" Marshallplan-Kredite nur in den USA realisiert werden konnten, erlebten diese Konzerne einen Aufschwung.

Die USA fanden den Weg, die Krise zu dämpfen, indem sie den westeuropäischen Markt intensiv nutzten. Schon in der Anfangsphase der Teilung Deutschlands wurden nicht nur politische, sondern auch ökonomische Unterschiede zementiert, die die DDR nie auszugleichen vermochte. Walter Ulbricht erinnerte in seiner Rede am 3. August 1961 in Moskau daran: „Nach der Neufestlegung der Grenzen und der Rückgabe Oberschlesiens und Schlesiens an Polen und danach seit der Spaltung Deutschlands befanden sich auf dem Gebiet der DDR nur 2,7 Prozent der deutschen Steinkohlenförderung, 6,6 Prozent der Stahlproduktion, 0,6 Prozent der Kokserzeugung."

Der besondere Weg?

Bei der Verfolgung dieser Spuren forschte ich in Zeitungen und Zeitschriften der ersten Nachkriegsjahre. Nur dort waren die Wurzeln vieler Probleme zu finden, die uns später so intensiv beschäftigten und die, wenn sie heute nicht berücksichtigt werden, zu irrigen Urteilen über die Ursachen des Untergangs der DDR führen.

Die erste Ausgabe der Zeitschrift „Einheit" erschien im Februar 1946. Sie sollte vor allem dazu dienen, die ideologischen Voraussetzungen für eine Vereinigung von SPD und KPD zu schaffen. Führende Funktionäre beider Parteien legten ihre Ansichten und Gedanken zu aktuellen Problemen und zu den Voraussetzungen für eine Vereinigung dar.

Helmut Lehmann, Mitglied des Zentralausschusses der Sozialdemokratischen Partei Deutschlands – ich hatte ihn noch persönlich kennen und schätzen gelernt, nachdem er auf eine unbedeutende Funktion abgeschoben worden war –, hatte in Heft 1 unter der Überschrift „Von der Demokratie zum Sozialismus" geschrieben: „Heute aber will die Arbeiterschaft, gewitzigt durch die Erfahrungen der letzten dreißig Jahre, wissen, was die Partei tun wird, wenn sie im Besitz der politischen Macht ist. Ob es dann wieder, wie 1918, zu Kompromissen mit der am Boden liegenden bürgerlichen Klasse kommt, oder ob dann die ‚politische Übergangsperiode' beginnt, die Marx als die ‚revolutionäre Diktatur des Proletariats' bezeichnet ... Stehen wir in diesem Augenblick auch nicht im Kampf um die unmittelbare Verwirklichung des sozialistischen Endzieles, so dürften wir uns doch den Weg dahin nicht unnötig erschweren. Daher ist die Aufgabe eines Parteiprogramms auch, was Ferdinand Lassalle seinem Heraklit mit den Worten ausdrückte: ‚Das Ziel nicht zeige, zeige auch den Weg!' Diesem Zweck dienen die Gegenwartsforderungen des Programms."

Anton Ackermann, Mitglied des Zentralkomitees der KPD, hatte Helmut Lehmann im gleichen Heft geantwortet und seinen unter den Kommunisten erregt diskutierten Artikel mit der Frage überschrieben: „Gibt es einen besonderen deutschen Weg zum Sozialismus?"

Darin heißt es: „Da nun Genosse Lehmann über den Weg von der Demokratie zum Sozialismus schreibt und mir die Aufgabe zufällt, eine, wenn auch nicht umfassende Antwort auf die Frage zu geben, ob es einen besonderen deutschen Weg zum Sozialismus gibt, berühren sich beide Artikel ganz außerordentlich." Ackermann befasste sich ausgiebig mit Erkenntnissen von Marx und Engels und folgerte: „Gehen wir nun, mit diesen historischen Erfahrungen ausgerüstet, zu den gegenwärtigen grundlegenden Verhältnissen in Deutschland über. Zweifellos haben wir es gegenwärtig in jeder Beziehung mit ganz außergewöhnlichen Umständen zu tun, die keinen Vergleich mit irgendeiner Situation in irgendeinem Land zu irgendeiner anderen Zeit zulassen. Vor allem ist Deutschland ein besetztes Land. Die oberste Gewalt und den entscheidenden Machtfaktor stellt die Alliierte Militärverwaltung dar, in den vier Besatzungszonen die vier verschiedenen Besatzungsmächte. Unser Verhängnis ist es, dass das Hitlerregime nicht durch eine revolutionäre, antifaschistisch-demokratische Umwälzung von innen heraus aus den Angeln gehoben wurde. Aber die reaktionäre Staatsmaschinerie ist trotzdem weitgehend zerschlagen; nämlich durch die Gewalt der stärkeren Waffen der Alliierten bzw. durch die Maßnahmen der alliierten Kontrollbehörden nach der Besetzung Deutschlands. Der reaktionäre preußisch-deutsche Militarismus soll laut den Beschlüssen der Potsdamer Konferenz bis auf den Rest liquidiert werden. Dem deutschen Volk ist die Möglichkeit zugesichert, ein neues demokratisches Deutschland aufzubauen. Folglich löst sich die Frage nach dem weiteren Weg in die folgende Frage auf: Entwickelt sich der neue demokratische Staat als ein neues Gewaltinstrument in den Händen reaktionärer Kräfte, so ist der friedliche Übergang zur sozialistischen Umgestaltung unmöglich. Entwickelt sich aber die antifaschistisch-demokratische Republik als ein Staat aller Werktätigen unter der Führung der Arbeiterklasse, so ist der friedliche Weg zum Sozialismus durchaus möglich, insofern dann die Gewaltanwendung gegen den (übrigens vollkommen legalen, vollkommen gesetzmäßigen) Anspruch der Arbeiterklasse auf die ganze Macht unmöglich ist. Die Frage nach einem besonderen deutschen Weg zum Sozialismus ist infolgedessen weniger eine theoretische Frage als die der praktischen Politik, d. h., es ist die Frage, ob die deutsche Arbeiterschaft im Bunde mit allen fortschrittlichen Schichten des schaffenden Volkes den entscheidenden Einfluss auf die demokratische Neugestaltung Deutschlands gewinnt oder nicht."

Das waren Worte und Gedanken, die schon in der Emigration in Moskau gereift waren. Heute werden sie oftmals allein der Person Anton Ackermann zugeordnet, der zweifellos als einer der theoretischen Köpfe der KPD-Führung auch für die Autorschaft verantwortlich zeichnete und später sogar gezwungen wurde, sich selbst ob dieses besonderen deutschen Weges anzuklagen und persönliche Reue zu bekunden.

Ich bin überzeugt, dass sowohl der Aufruf der KPD vom Juni 1945, als auch die Grundgedanken dieses Artikels von der KPdSU gebilligt wurden. KPdSU hieß aber letztlich Stalin. Er hatte also für das deutsche Volk eine Konstellation akzeptiert, die er im eigenen Lande den Sowjetbürgen nie zugebilligt hatte. Räumte er dem Sozialismus auf deutschem Boden keine Zukunft ein und wollte lediglich ein entmilitarisiertes und neutrales Deutschland, oder räumte er, umgekehrt, einer sozialistischen Gesellschaftsordnung auf deutschem Boden eine einmalige Chance ein?

Was konnte Stalin 1945 zu diesem Schritt bewogen haben? Der wichtigste Aspekt war offenkundig, dass die UdSSR an ihrer Westgrenze dringend Ruhe und Sicherheit brauchte, um die verwüstete Sowjetunion wieder aufbauen zu können. Darum glaube ich, dass er ein einheitliches Deutschland anstrebte, das der UdSSR wenn auch nicht freundschaftlich, so doch zumindest so neutral wie Österreich gegenüber stand. So wurde in der sowjetisch besetzten Zone ein Mehrparteien-System zugelassen, dem zunächst außer KPD und SPD die bürgerlichen Parteien CDU und LDPD angehörten. Die Männer an deren Spitze verdankten ihr Ansehen bei der Besatzungsmacht ihrer demokratischen Vergangenheit und ihrer antifaschistischen Haltung, die sie mit nicht weniger Mut vertraten als Sozialdemokraten und Kommunisten.

Demokratisch auseinandersetzen

Kontroversen mit ihnen konnten nicht ausbleiben. Man durfte zum Beispiel nicht erwarten, dass alle Parteien begeisterte Anhänger der Boden- und Schulreform sein würden. Auch andere Schritte der neuen Verwaltungen fanden nicht ihren Beifall. Die Protokolle der Landtage der fünf ostdeutschen Länder und Provinzen geben hinreichend Aufschluss darüber. Und dennoch bleibt die Frage, warum wir später von diesen demokratischen Auseinandersetzungen abgegangen sind und die „führende Rolle“ der SED zu Ergebenheitsbekundungen degradierten, wobei SED-hörige Personen in diesen Parteien nicht selten versuchten, die SED links zu überholen. Der Name „Blockpartei“ resultierte bekanntlich aus der Bildung des antifaschistischen demokratischen Blocks am 14. Juli 1945, doch wurde oft – auch von mir – gedankenlos übersehen, dass nach dieser Vereinbarung KPD und SPD – später SED – ebenso Blockparteien waren wie zum Beispiel die CDU.

Manche Auseinandersetzungen resultierten allerdings nicht aus unterschiedlichen Standpunkten, sondern waren Vorboten des Kalten Krieges, der auf deutschem Boden mit allen Mitteln geführt wurde. Es fehlt nicht an Belegen dafür. Aus der umfangreichen Literatur, die in der Ex-BRD dazu erschien, will ich nur den Titel „Kalter Krieg als antikommunistischer Widerstand" von Kai-Uwe Merz erwähnen, der eine umfangreiche und aufschlussreiche Dokumentensammlung dieses Kampfes enthält.

Der Apparat, der in Bonn entstand, um den Kalten Krieg professionell zu führen, war am 26. Februar 1955 von der „Deutschen Zeitung und Wirtschaftszeitung", einer der Sympathie für die DDR unverdächtigen Stimme, als eine „eigenartige Mischung zwischen Informationsamt, Werbebüro, Beratungsagentur, Abwerbungszentrale, Hilfswerk, Volkstum- und Grenzlandbetreuungsstelle" charakterisiert.

In jener Zeit, am 30. Januar 1955, musste die BRD-Filmgesellschaft NDF auf Veranlassung des Bundesministeriums für gesamtdeutsche Fragen ihre mit der DEFA getroffene Vereinbarung kündigen, gemeinsam den Thomas-Mann-Roman „Die Buddenbrooks" zu verfilmen. Das wird oft am Rande erwähnt, verdient aber aus meiner Sicht Aufmerksamkeit. Ein Film, der auf einem der Klassiker der deutschen Literatur basierte, wurde aus politischen Gründen von der Bonner Regierung verboten. Das Motiv für dieses Verbot war nicht der Inhalt des Films, sondern die Tatsache, dass er in Zusammenarbeit mit den „Schwestern" und „Brüdern" entstehen sollte. Noch aufschlussreicher ist, dass der am 24. März 1952 unter Mitwirkung des CDU-Ministers Jakob Kaiser – er gehörte zu den Unterzeichnern des Abkommens über die Bildung des Demokratischen Blocks 1945 – gegründete „Forschungsbeirat für die Fragen der Wiedervereinigung" in seinem ersten Tätigkeitsbericht das Programm für die deutsche Wiedervereinigung auf dem Gebiet der Landwirtschaft mit der Maßnahme konzipierte: „Liquidierung der sozialistischen, staatlichen und genossenschaftlichen Struktur der Landwirtschaft der DDR." Und nicht minder lehrreich war die Prognose von K. C. Thalheim auf mehreren Sitzungen des Forschungsbeirates 1952, dass nach der Wiedervereinigung mit Arbeitslosigkeit in der sowjetischen Besatzungszone gerechnet werden müsse. Für Beschäftigte in den neuen volkseigenen Großbetrieben kündigte er Dauerarbeitslosigkeit an. Das liest sich heute mit besonderem Interesse. Ob Ex-Kanzler Kohl das zu lesen vergessen hatte, als er „blühende Landschaften" versprach? Oder hatte er es gelesen und versprach dies dennoch?

In den DDR-Gründerjahren gab es allerdings auch so manches von uns oder der UdSSR „hausgemachte" Problem. Oft stand das nach der Niederlage des Hitler-Faschismus verständliche Misstrauen der UdSSR den Deutschen gegenüber dabei Pate. Dieses eskalierte zusätzlich noch wegen des Argwohns, den Stalin und sein Handlanger Berija gegenüber allen und allem hegten.

So kam es zu den unsinnigen Entscheidungen über die entlassenen Kriegsgefangenen. Sie wurden nach sowjetischer oder westlicher Gefangenschaft katalogisiert und auch danach beurteilt, wenn sie Aufgaben übernehmen sollten. Wer aus amerikanischer, britischer oder französischer Gefangenschaft gekommen war, wurde in der „zweiten Kategorie" eingeordnet und kam für bestimmte Funktionen nicht in Frage. Gleiches wurde sehr bald auch bei den Emigranten praktiziert. Wer nicht wie Walter Ulbricht, Anton Ackermann, Johannes R. Becher, Willi Bredel, Hans Rodenberg, Erich Weinert und andere aus der sowjetischen Emigration zurückkehrte, sondern wie Albert Norden, Paul Merker, Alexander Abusch, Gerhart und Hanns Eisler, Anna Seghers, Bertolt Brecht, Stephan Hermlin, Ludwig Renn, Arnold Zweig und Lea Grundig aus den USA, England, Mexiko oder Palästina, hatte nicht nur mit misstrauischen Fragen zu rechnen. Nicht allen fiel es leicht, sich einzuleben, und nicht immer hat man es ihnen – trotz intensiver Bemühungen vieler Offiziere der sowjetischen Administration – dabei leicht gemacht. So berechtigt Wachsamkeit war, so sehr musste vor allem von den Berija-Leuten geschürter Verdacht zu politischer und persönlicher Voreingenommenheit führen. Hier wurde viel Schaden angerichtet, viel Sympathie in Skepsis verwandelt.

Es lohnt sich, die Frage genauer zu prüfen, warum so viele linke Intellektuelle, die Hitler in die Emigration getrieben hatte, trotz der ihnen nicht ganz unbekannt gebliebenen Verbrechen des Stalin-Regimes ihre Rückfahrkarten nach Ostdeutschland buchten. Den Ausschlag gab für viele nicht nur die Heimatstadt Berlin mit seinem einstigen künstlerischen Milieu, sondern das humanistische, antifaschistische Anliegen, das sie im Osten besser vertreten sahen. Das wog schwerer als Care-Pakete oder schnelle Autos. Niemand kann leugnen, dass Ostberlin, obgleich es noch in Schutt und Asche lag, schon ein Zentrum für die Künste war. Nicht nur die ersten, sondern auch die bedeutendsten Nachkriegsfilme wurden hier gedreht. Ich hörte einmal, wie Hildegard Knef in einer Talkshow darüber klagte, dass man in Hollywood in erster Linie ihre Rolle in dem Film „Die Mörder sind unter uns" kannte, den Wolfgang Staudte mitten in den Berliner Trümmern gedreht hatte. Damals entstanden auch so bedeutende Streifen wie „Affaire Blum" oder „Der Untertan", die sich einen Platz unter den deutschen Filmklassikern gesichert haben. Hans Fallada wurde von Johannes R. Becher gewonnen, zur literarischen Arbeit zurückzukehren, und schrieb seinen großartigen Roman „Jeder stirbt für sich allein". Sein Schlussappell in diesem Buch an das „über Elend und Not triumphierende Leben" darf als sein humanes Vermächtnis betrachtet werden. Dass damals einige Widerstandskämpfer mit diesem Werk nicht einverstanden waren und Fallada vorwarfen, den organisierten Kampf gegen den Faschismus nicht genau beschrieben zu haben, fällt nicht ins Gewicht. Allerdings waren das erste Symptome für die Gängelei von Künstlern, die uns, als sie in größeren Dimensionen praktiziert wurde, später viel Kummer bereiten sollte. Parteisekretäre sollten eingeladen werden, ihre Meinung zu Kunstwerken zu äußern, aber nicht als Schiedsrichter zu fungieren. Ich erinnere mich der Empörung meines Bruders über das Umfeld der Aufführung von Peter Hacks' Stück „Die Sorgen und die Macht" im Deutschen Theater. Man hatte Protestierer dorthin delegiert. Hinterher fand eine Diskussion statt, in der bestellte Redner über die ungenügend gewürdigte „Rolle der Partei" plapperten. Wolfgang Langhoff, der das Stück inszeniert hatte, und Peter Hacks saßen sprachlos an ihrem Tisch. Langhoff war ein so disziplinierter Genosse, dass er sich am Ende zu diesem Unfug auch noch äußerte.

Und wie haben wir darauf reagiert? Ungenügend, wenn ich mich auch darauf berufen könnte, dass sich mein Bruder dort zu Hacks bekannte. Aber der galt immer als Außenseiter. Ich jedenfalls habe nirgendwo mit der Faust auf den Tisch geschlagen. Wenigstens bin ich Peter Hacks unlängst begegnet, als er mich besuchte, um Details über Ulbrichts Sturz zu erfahren. Ich war froh festzustellen, dass unsere politischen Ansichten über die Gegenwart nicht weit voneinander entfernt lagen.

Tante Frieda und Vaters Nachlass

Nachdem ich mich halbwegs wieder in Berlin eingelebt hatte, verspürte ich Lust und Bedürfnis, die jüngste Schwester meines Vaters zu besuchen. Frieda Steiner wohnte in Saalfeld, wo meine Großeltern gelebt hatten, bis sie in den Kriegsjahren verstorben waren. Da sie schon hoch betagt waren, war mein Stiefvater auf die Idee gekommen, meinen Bruder nach Saalfeld zu schicken, damit er sich um sie kümmerte.

Er kam nun also mit. Die Begegnung mit der Tante verlief keineswegs so herzlich wie vierzehn Jahre zuvor der Abschied. Der Krieg und die Nachkriegsentwicklung hatten recht unterschiedliche Reaktionen bei vielen ausgelöst. Vielleicht fürchtete man auch, ich würde irgendwelche Erbforderungen anmelden. Ich wollte aber nur die Unterlagen in die Hand bekommen, die mein Vater vor seiner Reise ins Schweizer Exil seiner Schwester zu treuen Händen übergeben hatte. Diese Papiere waren von ihrem Mann in einem Nebengebäude ihres Wohnhauses eingemauert und so dem Zugriff der Gestapo entzogen worden. Bei Durchsicht dieser Dokumente war ich nicht nur sehr froh über das Original des schon erwähnten Lenin-Porträts mit der Widmung, sondern auch erstaunt, vielleicht sogar erschrocken über Fotos von Leo Trotzki, Grigori Sinowjew und anderen Politikern, die in den Moskauer Prozessen eine so große Rolle gespielt hatten.

Und dann war unter den Papieren auch der Bericht über die „Wittorf-Affäre“ aus dem Jahr 1928. Dabei handelte es sich um die Untersuchung der Unterschlagung von Parteigeldern durch den Politischen Sekretär der Bezirksleitung Wasserkante, John Wittorf, was von Ernst Thälmann gegenüber den leitenden Parteiinstanzen verschwiegen worden war. Diese Angelegenheit hatte im ZK der KPD schwere Auseinandersetzungen um eine Änderung der Parteiführung ausgelöst und zu einer zeitweiligen Entbindung Ernst Thälmanns von seiner Funktion geführt. Die Angelegenheit wurde schließlich durch einen Beschluss des Exekutivkomitee der Komintern „entschärft“, in dem Thälmann verpflichtet wurde, seine Funktionen weiter wahrzunehmen, und die KPD-Führung aufgefordert wurde, einen konsequenten Kampf gegen die „rechtsopportunistische Fraktion“ und die

„Versöhnler" im ZK zu führen. Zu letzteren gehörte auch Hugo Eberlein, der wenige Wochen zuvor vom VI. Kongress der Komintern in die Internationale Kontrollkommission gewählt worden war und die Sache zu prüfen hatte. Das Material zum „Fall Wittorf" wurde in der Komintern dann streng geheim gehalten und spielte auch bei den Angriffen gegen Bucharin und seiner Entbindung von seinen Funktionen in der Redaktion der „Prawda", im Präsidium des EKKI und im Politbüro im Jahr 1929 eine nicht unwesentliche Rolle. Eine Kopie des Berichtes, den mein Vater damals im Auftrag der Internationalen Kontrollkommission der Komintern verfasst hatte, war von ihm sorgfältig aufbewahrt worden. Was sollte damit geschehen?

Vielleicht verwundert es heute, dass ich mich dieser Zeitdokumente, die unmittelbar mit dem Namen meines Vaters verknüpft waren, entledigen wollte. Das widerspiegelte nur die allgemeine Atmosphäre jener Zeit. Stalin regierte noch im Kreml, und ich hatte acht Jahre Sibirien hinter mir, die reichten.

Ich übergab bis auf das Bild Lenins und einige persönliche Papiere alles an Wilhelm Pieck, der die Dokumente, wie ich später erfuhr, sofort nach Moskau an das Archiv des ZK der KPdSU weiterleitete.

Heute frage ich mich, wie er dieses Dokument, aber auch die Fotografien, wohl aufgefasst haben mag. Spielten für ihn nicht auch Rückerinnerungen an gemeinsame politische Positionen in den dreißiger Jahren eine Rolle? Hatte Wilhelm Pieck damals nicht auch wie Hugo Eberlein, Arthur Ewert, Gerhart Eisler, Lex Ende, Georg Krausz, Ernst Meyer und andere zu den „Versöhnlern" gehört? Zu denen, die wie Georgi Dimitroff, Palmiro Togliatti, Klement Gottwald oder Egon Erwin Kisch mit dem „Hauptversöhnler" Bucharin sympathisierten, für eine Einheitsfront mit den Sozialdemokraten und gegen die These vom „Sozialfaschismus" plädierten? Und die Bilder? Hatte er nicht auch enge Kontakte zu vielen von jenen, die auf den Fotos abgebildet und auf Befehl Stalins erschossen wurden?

In mir riefen die Alben und Bilder Erinnerungen an meinen Vater und das Jahr 1937 wach. Was wusste ich zum Beispiel von Leo Trotzki? Als ich in den fünfziger Jahren in der Parteihochschule in Moskau war, wurde er in den Vorlesungen nur knapp erwähnt und ohne Beweise zu nennen als Feind der Sowjetunion und Antileninist abgestempelt.

Seine Person und seine historische Rolle sind bis heute Gegenstand kontroverser Diskussionen. Für mich ist unbestreitbar, dass er in der Geschichte der russischen revolutionären Bewegung den ihm gebührenden Platz einnehmen muss. Ich verurteile die heimtückische Ermordung Trotzkis im mexikanischen Exil, auch wenn der berühmte mexikanische Maler und Kommunist David Alfaro Siqueiros in seinen Erinnerungen manche Gründe geltend macht, die ihn bewogen, an der Aktion teilzunehmen. Gleichermaßen verurteile ich die Tatsache, dass Trotzkis Name für die Repression und Hinrichtung Tausender ehrlicher Kommunisten während der Zeit des stalinistischen Terrors in der Sowjetunion missbraucht wurde. Da auch mein Vater am 30. Juli 1941 unschuldig „als aktiver Teilnehmer" einer imaginären „antisowjetischen, rechtstrotzkistischen Organisation" zum Tode verurteilt und am 16. Oktober 1941 hingerichtet wurde, haben mich diese Zusammenhänge stets besonders bewegt, vor allem die Gründe, warum die Verfolgungen mit bekannten Namen alter Bolschewiki verknüpft wurden und wie es zu den ungeheuerlichen Selbstbezichtigungen kommen konnte. In seinem mit zahlreichen Unterbrechungen geschriebenen Buch „Stalins Verbrechen", das in deutscher Übersetzung 1937 in Zürich erschienen war und vom Dietz Verlag 1990 nachgedruckt wurde, versucht Trotzki selbst, diese Frage zu beantworten.

Er schrieb: „Um den Inquisitionsprozessen auch nur eine äußere Wahrscheinlichkeit zu verleihen, braucht Stalin möglichst bekannte und autoritäre Gestalten der alten Bolschewiki. ‚Es ist nicht möglich, dass diese erprobten Revolutionäre sich so ungeheuerlich verleumden', sagt der Durchschnittsspießer. ‚Es ist andererseits nicht möglich, dass Stalin seine alten Genossen, die keine Verbrechen begangen haben, erschießen lässt.' Auf der Uniformiertheit, Naivität und Vertrauensseligkeit dieser Durchschnittsbürger beruhen eben die Spekulationen des Hauptorganisators dieser Prozesse, des Cäsar Borgia unserer Tage." Was die Selbstbezichtigungen anbetrifft, führte Trotzki zwei wesentliche Ursachen an, einmal, dass diejenigen, die sich weigerten, unter Diktat des Staatsanwalts Reuebekenntnisse abzulegen, zugleich als Abschreckung für andere ohne Gericht erschossen wurden, und, zum anderen, dass man den Opfern einredete, sie könnten der Partei einen Dienst erweisen. „... auf der einen Seite steht vor ihnen der sichere, unvermeidliche und sofortige Tod, auf der anderen ... auf der anderen ebenfalls der Tod, jedoch von einigen Funken Hoffnung bestrahlt." (S. 117, 119/120.)

Immer wieder habe ich auch Quellen gesucht, die über das Verhältnis zwischen Lenin und Trotzki berichten. Als 1990 im Dietz-Verlag die Lizenzausgabe des bereits 1929 im S. Fischer Verlag erschienenen Buches „Mein Leben" von Leo Trotzki alias Lew Dawydowitsch (Leib) Bronstein erschien, las ich es mit großem Interesse. Wohl wissend, dass Memoiren, auch wenn sich der Verfasser um Objektivität bemüht, stets subjektiv gefärbt sind, konnte ich dem Buch und weiteren Veröffentlichungen entnehmen, dass sich Trotzki oft als Schüler Lenins bekannt hatte. Das hinderte ihn nicht daran, bisweilen auch „ich und Lenin" zu sagen oder von der „Lenin-Trotzki-Position" zu sprechen und zu betonen, dass er in der Emigration in den USA zu den gleichen Erkenntnissen wie Lenin gekommen war. Er verwies auch ausdrücklich darauf, dass er nur deshalb, weil er in Kanada verhaftet worden war, nach der Februarrevolution später als Lenin in Petrograd eintraf. Er überlässt es dem Leser, sich auszumalen, wie sich der geschichtliche Verlauf möglicherweise entwickelt hätte, wenn er vor Lenin russischen Boden betreten hätte.

In seinem Buch, das den Untertitel trägt „Versuch einer Autobiographie", heißt es: „Ich war mir dessen klar bewusst, was Lenin für die Revolution, für die Geschichte und für mich persönlich bedeutete. Er war mein Lehrer. Das heißt nicht, dass ich mit Verspätung seine Worte und seine Gesten wiederholte. Aber ich habe bei ihm gelernt, selbständig zu jenen Schlüssen zu kommen, zu denen er zu kommen pflegte."

Es wird aber auch deutlich, dass er diese Darstellung seines Verhältnisses zu Lenin nutzte, um seinen Abstand, seine Gegnerschaft zu Stalin hervorzukehren. Dabei ist aus seinen eigenen Worten ersichtlich, dass er in seinen politischen Positionen weit radikaler war als Stalin. Es sprach für Lenin und seinen Charakter, dass er nach den Brester Verhandlungen mit Deutschland, die Trotzki als Volkskommissar für Auswärtige Angelegenheiten von Seiten der Sowjetregierung leitete und bei denen er sich bekanntlich vom Leninschen Standpunkt und der vorgegebenen Verhandlungsstrategie weit entfernte, mit Beginn des Bürgerkrieges den Vorsitz des Kriegsrates anvertraute.

Ich bin kein Anhänger Trotzkis, vor allem wegen seiner Worte: „Man kann eine Armee nicht ohne Repressalien aufbauen. Man kann nicht Menschenmassen in den Tod führen, ohne im Arsenal des Kommandos die Todesstrafe zu haben." Heute, da zahlreiche noch in der fünften russischen Ausgabe der Werke Lenins verschwiegene Äußerungen Lenins über Trotzki und eine Reihe seiner Briefe an diesen allgemein zugänglich gemacht wurden, ist deutlich geworden, dass die rigorosen Methoden Trotzkis bei der Leitung der Roten Armee, vor allem während der komplizierten Situation an der Ostfront im Sommer 1919, auch von Lenin mitgetragen wurden. Das geht zum Beispiel aus einem früher nur in den „Trotsky Papers" veröffentlichen, jetzt aber auch in dem 1999 in Moskau erschienenen Ergänzungsband „W. I. Lenin. Unbekannte Dokumente" erschienenen Schreiben an leitende Mitarbeiter hervor, das Lenin Trotzki im Juli 1919 persönlich in die Hand gab. Zu diesem Zeitpunkt hatte es Differenzen in der Parteiführung zu strategischen Fragen der Kriegführung gegeben. Er wisse, so schrieb Lenin, von dem strengen Charakter der Anweisung Trotzkis, sei aber absolut davon überzeugt, „dass die von Genossen Trotzki erteilten Anweisungen für den Erfolg der Sache richtig, zweckmäßig und notwendig sind, und ich unterstütze diese Anweisung voll und ganz". (S. 294/295.)

Der Kalte Krieg beginnt

Die Arbeit im FDGB machte mir Spaß. Ich war auch stolz auf manches kleine Husarenstück, das mir gelang. Zwei sind mir besonders in Erinnerung geblieben. Nach der Währungsreform 1948 lagerten in der Kasse des Bundesvorstandes zehn Millionen Mark, die wohl auf die Bank gehört hätten. Da es sich um Mitgliedsbeiträge handelte, musste schnell eine Entscheidung getroffen werden, um den Umtausch des Geldes noch zu regeln. Deshalb drang ich in Karlshorst bis zu General Maletin vor, um ihn zu bewegen, dem FDGB das Geld umzutauschen. Normalerweise wäre ich nie in das Zimmer des Generals gelangt, aber ich versicherte dem Diensthabenden am Passierscheinschalter, der General hätte mir am Telefon gesagt, der Offizier in diesem Büro möge sich die Ohren waschen. Das war frech und riskant, aber am Ende erfolgreich. Die zehn Millionen wurden gerettet.

Als dem FDGB Unter den Linden ein saniertes Haus übergeben wurde, fehlten dort Telefonanschlüsse. Der Umzug sollte an einem Wochenende stattfinden. In der Kommandantur in der Luisenstraße war sonnabends wegen politischer Schulung geschlossen. Im Passierscheinbüro war es an Werktagen immer überfüllt, und an Sonnabenden war es nicht besetzt. Dem sich langweilenden Posten rief ich energisch zu: „Den Chef!" Ein Offizier erschien. Ich forderte: „Eberlein zu Kotikow." Widerspruchslos griff er zum Telefonhörer und wiederholte der Sekretärin meine Worte. So stand ich nach wenigen Minuten vor dem ranghöchsten Mann der Stadt und begann, ohne mich lange vorzustellen, meine Klage vorzutragen: Amerikaner, Engländer, Franzosen haben den FDGB verboten. Nur General Kotikow kümmert sich um die Gewerkschaften. Er hat ihnen sogar ein renoviertes Haus verschafft, aber ein Haus ohne Telefone! Welch ein Skandal! Kotikows Reaktion: „Wirklich, ein Skandal!", und er befahl: „Den Chef des Nachrichtenwesens zu mir!" Dann wandte er sich an mich: „Setzen Sie sich und erklären Sie mir, wer Sie überhaupt sind." Ich erzählte ihm ziemlich ausführlich über mein Leben. Viel geschah dann nicht mehr, aber am Montag waren vierzig Telefonapparate installiert. Das waren damals mehr als gewagte Schritte, um die oft undurchdringliche Besatzungsbürokratie zu überwinden. Sie verschafften mir bald einen guten Ruf im Bundesvorstand. Dabei haben mir weniger Frechheit, als die Sprache und die Kenntnis der russischen Mentalität geholfen.

In der Freizeit besuchte ich Berlins Theater. Mein Nachholebedarf an Kultur war groß, obwohl man Mogotschino keineswegs als kulturelles Ödland einstufen konnte. Andere Abende verbrachte ich in Versammlungen, die mir halfen, mich schrittweise in das gesellschaftliche Leben zu integrieren. Vor allem aber wurde ich mit den aktuellen Problemen konfrontiert. Das Leben normalisierte sich zunehmend. Auch wenn die Lebensmittelzuteilungen keine üppigen Soupers zuließen, hungern musste niemand mehr. Die Normalisierung galt allerdings nicht für alle Bereiche. Das hing wesentlich damit zusammen, dass sich die westlichen Alliierten nicht tatenlos mit dem Aufschwung in der Sowjetischen Besatzungszone abfanden. Man muss, glaube ich, immer wieder daran erinnern, dass mit dem Sieg über Hitlerdeutschland auch dem Antikommunismus und dem Antisowjetismus eine empfindliche Niederlage bereitet worden war. Immerhin hatte der Kapitalismus faktisch elf Staaten mit insgesamt 700 Millionen Einwohnern verloren. In neun Ländern West-, Nord- und Südeuropas saßen Kommunisten als Minister in bürgerlichen Regierungen.

Das alles löste Alarm aus: Der Antikommunismus wurde neu belebt. In den USA führten die Republikaner schon 1946 den Wahlkampf unter der Losung „Schlagt die Kommunisten!".

Winston Churchill hatte, wie bereits erwähnt, den Startschuss zu einem neuen Kreuzzug gegen den Kommunismus gegeben. Er war von US-Präsident Truman zu einem „Privatbesuch" in die USA eingeladen worden. Zum Programm gehörte ein Vortrag im Westminster-College in Fulton (Missouri). Diese Gelegenheit nutzte Churchill, um vor einem großen Forum, zu dem auch Hunderte Journalisten gehörten, faktisch den Beginn des Kalten Krieges zu erklären. Der Rundfunk übertrug die Rede auf alle Kontinente. Hier prägte Churchill die Vokabel vom „Eisernen Vorhang". Er redete von „der wachsenden Bedrohung und einer Gefahr für die christliche Zivilisation" durch die „Hand Moskaus". Sein Fazit: „Wir können es uns nicht leisten, mit einer knappen Überlegenheit an Macht zufrieden zu sein."

1947 verkündete Andrej Shdanow, damals Erster Sekretär des Leningrader Gebietskomitees der KPdSU und im Kreml faktisch der zweite Mann, die These von den „zwei Lagern". Im Herbst desselben Jahres wurde auf einer Beratung in Polen ein Informationsbüro der kommunistischen und Arbeiterparteien (Kominform) ins Leben gerufen, das als Nachfolgeorganisation der im Mai 1943 auf Drängen Stalins aufgelösten Komintern gedacht war.

Im Februar 1948 versuchten in Prag zwölf Minister bürgerlicher Parteien die Regierung Klement Gottwald zu stürzen. Ein

Warnstreik von 2,5 Millionen Werktätigen zwang Präsident Beneš, eine neue Regierung unter Vorsitz des Kommunisten Gottwald zu bestätigen.

Im März 1948 wurde in Brüssel eine ständige Militärorganisation für Westeuropa ins Leben gerufen, eine Vorläuferin der NATO.

Von der Londoner Separatkonferenz der Westmächte wurde im Juni 1948 die Ausarbeitung einer Verfassung für einen westdeutschen Staat, die Koordinierung der Wirtschaftspolitik zwischen der damaligen Bizone und der französischen Besatzungszone und die Einbeziehung der „Trizone" in den Marshall-Plan beschlossen.

Am 23. und 24. Juni kamen die Außenminister der Sowjetunion und der östlichen Nachbarstaaten Deutschlands, der europäischen volksdemokratischen Staaten, in Warschau zusammen, um die „Spaltung ganz Europas in zwei einander gegenüberstehende Lager" zu verurteilen und zum Abschluss eines Friedensvertrages mit Deutschland aufzurufen.

Die Situation spitzte sich insbesondere in Berlin immer mehr zu. Der Kulturbund wurde in den Westsektoren verboten, die Berliner Gewerkschaftsorganisation gespalten, das Volksbegehren für einen Volksentscheid über die Einheit Deutschlands behindert und Wahlhelfer verhaftet.

Der neue US-amerikanische Oberkommandierende der Streitkräfte, General Lucius D. Clay rief zum „Crash", zum offenen Schlagabtausch mit der Sowjetunion auf.

Das sowjetische Oberkommando in Deutschland reagierte mit Maßnahmen „zur Verstärkung des Schutzes und der Kontrolle der Demarkationslinie der SBZ" und „an den Außenbezirken von Groß-Berlin". Bis auf gelegentliche Kontrollen funktionierte der Transitverkehr von und nach Westberlin reibungslos.

Die Westalliierten hatten im Kontrollrat eine Viererlösung für eine Währungsreform blockiert. Am 18. Juni 1948 verkündeten die Militärgouverneure der USA, Großbritanniens und Frankreichs um 18 Uhr die Abschaffung der bis dahin in ganz Deutschland gültigen Reichsmark und die Einführung einer neuen Währung in ihren Besatzungszonen. Die Spaltung Deutschlands war mit diesem Schritt faktisch vorprogrammiert. Die drei Hohen Kommissare General Clay (USA), General Koenig (Frankreich) und General Robertson (Großbritannien) teilten Marschall Sokolowski (UdSSR) mit, dass sie die Einführung der neuen Währung in den Berliner Westsektoren abgelehnt hätten.

Um das Einströmen der im Westen wertlos gewordenen Reichsmark in den Osten zu verhindern, sperrte die SMAD den gesamten Personenzugverkehr von und nach den Westzonen, den Kraftfahrzeugverkehr in die Sowjetische Besatzungszone, auch auf der Autobahn Helmstedt-Berlin, den Fußgängerverkehr aus den West- in die Ostzone und ordnete strenge Kontrollen im Güterzug- und Schiffsverkehr an.

Als weitere Schutzmaßnahmen hatten die sowjetischen Organe in der Nacht zum 24. Juni den Personen- und Güterverkehr auf der Eisenbahnstrecke Helmstedt-Berlin in beide Richtungen eingestellt. Auch der Frachtverkehr auf dem Wasserwege kam zum Erliegen.

Auf Anweisung der Westalliierten wurde daraufhin der Interzonenhandel und der Transitverkehr aus der Bizone in die SBZ gesperrt und die Gaslieferungen in die SBZ eingestellt. Daraufhin wurden die Stromlieferungen aus der SBZ in die Westsektoren Berlins eingeschränkt. Die Berliner Krise steuerte auf einen Höhepunkt zu. Über 90 Millionen illegal eingeschmuggelter Reichsmark wurden beschlagnahmt.

Marschall Sokolowski beauftragte meinen Stiefvater Gegenmaßnahmen einzuleiten. Willy Huhn war zunächst in dem alliierten Bankenkonsortium der deutsche Vertreter der UdSSR und fungierte dann als Chef einer in Gründung begriffenen Landesbank in der SBZ. Um der Lawine des über Nacht in den Westzonen ungültig gewordenen und in der Sowjetischen Besatzungszone gültigen Geldes Herr zu werden, galt es augenblicklich, wirksame Maßnahmen zu treffen. Es war eine Situation entstanden, in der nicht nur die ersten Erfolge des wirtschaftlichen Neuaufbaus gefährdet waren, sondern es war auch zu erwarten, dass alles, was nicht niet- und nagelfest war, nun in der Ostzone verkauft wurde. Die Banknoten der Westmark waren unter größter Geheimhaltung in den USA gedruckt und in die Trizone verschifft worden. Es war undenkbar, in wenigen Tagen neue Banknoten für die SBZ zu drucken. Nachdem die

Deutsche Wirtschaftskommission am 21. Juni eine entsprechende Verordnung erlassen hatte, ließ Willy Huhn rund um die Uhr Millionen Coupons drucken und organisierte einen Umtausch, der am 26. Juni stattfinden sollte. Am 23. Juni wurde mitgeteilt, dass die Westmark auch in den drei Westsektoren eingeführt würde. Die Stadt war durch diesen Schritt endgültig gespalten. Die am 5. Juni 1945 vereinbarte Verwaltung durch die vier Mächte war faktisch beendet.

Dann fand der Geldumtausch in der Sowjetischen Besatzungszone statt. 70 Mark wurden 1:1 umgetauscht, Summen darüber 10:1, Spareinlagen bis 100 RM 1:1, darüber 5:1. Beträge von 1000 bis 5000 RM wurden 10:1 umgetauscht, alle alten Konten über 3000 RM überprüft. Das abgelieferte Geld wurde faktisch mit den Coupons beklebt und war danach wieder gültig.

Im Westen spottete man über die „Tapetenmark", aber mit dieser Über-Nacht-Aktion konnte das Schlimmste verhindert werden. Marschall Sokolowski sprach meinem Stiefvater Dank und Anerkennung aus. Ich beschreibe das hier etwas eingehender, weil es zur korrekten Aufarbeitung des Themas der Spaltung Deutschlands gehört.

Im Juni beendete die Alliierte Kommandantur der Stadt Berlin ihre Tätigkeit. Während am 24. Juli die Sowjetregierung das Angebot unterbreitete, „eine ausreichende Versorgung von ganz Groß-Berlin aus ihren eigenen Mitteln zu gewährleisten" – ein Angebot, das unbeantwortet blieb –, plädierte General Clay für einen bewaffneten Durchbruch nach Westberlin.

US-Präsident Truman entschied sich jedoch am 28. Juni für die „Operation Vittles", die Luftbrücke, die durch Beschluss des Nationalen Sicherheitsrates der USA vom 23. Juli mit weiteren 160 Maschinen ausgebaut wurde. Da nur die Flugplätze Tempelhof und Gatow, die mitten in der Stadt gelegen waren, zur Verfügung standen, wurde noch ein weiterer in Tegel ausgebaut.

Die Maschinen flogen rund um die Uhr im Abstand von Minuten. Obwohl die Frachtleistungen pro Tag bis zu 12000 Tonnen erreichten, konnte der Bedarf Westberlins nicht befriedigt werden.

Nach 462 Tagen wurde die „Operation Vittles" eingestellt und der Straßen- und Wasserstraßenverkehr zwischen Westdeutschland und Westberlin wieder aufgenommen. Der Graben zwischen Ost und West war aber damit nicht zugeschüttet worden.

Verschiedene in der Zwischenzeit von der UdSSR unterbreitete Angebote zur Lösung der Berlinkrise wurden von den Westmächten ignoriert, Vermittlungsversuche des UNO-Generalsekretärs Trygve Lie scheiterten, Verhandlungen im Sicherheitsrat der UNO wurden durch die Westmächte zu Fall gebracht. Die Spaltung Berlins und Deutschlands war lange vor der Mauer schon zementiert worden.

Am 6. September 1948 wurde die Stadtverordnetenversammlung von Groß-Berlin gespalten. Nach einer turbulenten Sitzung im Neuen Stadthaus in Ostberlin zogen die Abgeordneten der CDU, der SPD und der LDP am Nachmittag in das Studentenhaus am Steinplatz Taberna academica und konstituierten dort ihr Rumpf-Stadtparlament.

Im Kommuniqué vom 4. Mai 1949, bekannt als das New Yorker Abkommen, verständigten sich die Regierungen Frankreichs, der Sowjetunion, Großbritanniens und der Vereinigten Staaten auf folgende Punkte:

„1. Alle Einschränkungen, die seit dem 1. März 1948 von der sowjetischen Regierung über Handel, Transport und Verkehr zwischen Berlin und den westlichen Besatzungszonen Deutschlands sowie zwischen der Ostzone und den westlichen Besatzungszonen verhängt wurden, werden am 12.Mai 1949 aufgehoben.

2. Sämtliche seit dem 1. März 1948 von den Regierungen Frankreichs, Großbritanniens und den USA verhängten Beschränkungen werden aufgehoben.

3. Am 23. Mai findet die Pariser Konferenz um Deutschland berührende Fragen sowie Probleme, die sich aus der Situation in Berlin ergeben, statt."

An diesem Tage traten dann auch die vier Außenminister in Paris zusammen. Der sowjetische Außenminister Wyschinski legte ein Memorandum zur Frage der wirtschaftlichen und politischen Einheit Deutschlands vor. Der Westen verlangte den Beitritt der „Staaten der Ostzone" zum Bonner Grundgesetz. In der Berlinfrage verlangte der Westen einen „Korridor" nach Westberlin.

Am 20. Juni wurde die Konferenz beendet, nicht aber die Spaltung überwunden.

Präsident Truman vermerkte dazu in seinem Tagebuch: „Habe hinterher das unheimliche Gefühl, dass wir ganz dicht vorm Krieg stehen ... Berlin ist ein Pulverfass."

Als Mitarbeiter ins Zentralkomitee der SED

Meine Familie musste angesichts der zugespitzten Situation im Sommer 1948 aus der Wohnung in Britz, die im amerikanischen Sektor gelegen war, in den sowjetischen Sektor Berlins umziehen. Wir zogen nach Adlershof. Im Dezember 1948 sollte ich eine höhere Funktion im FDGB übernehmen. Doch die für alle Kaderentscheidungen zuständige Abteilung des Zentralkomitees lehnte den Vorschlag ab und versetzte mich in die Presseabteilung des ZK in der Wallstraße.

Elf Jahre hatte ich kein Wort Deutsch gesprochen und nun, kein halbes Jahr wieder in Deutschland, sollte ich außenpolitische Kommentare für den Pressedienst der SED schreiben. War das nicht zu viel von mir verlangt? Aber wer fragte damals schon danach.

Meine erste Amtshandlung bestand darin, dass ich eine Reihe zentraler sowjetischer Zeitungen abonnierte, alle größeren außenpolitischen Beiträge nach Ländern untergliedert in ein dickes Heft eintrug und mir so ein kleines Archiv anlegte. Wenn ich früh um acht Uhr in der von Otto Winzer geleiteten Redaktionssitzung einen Auftrag bekam, las ich die aktuelle Meldung, der der Kommentar galt, in der Westzeitung und suchte mir in der sowjetischen Presse allgemeine politische, historische oder ökonomische Wertungen über das im Kommentar zu behandelnde Land. So versuchte ich, die Brücke zu dem aktuellen Ereignis zu schlagen und schrieb meinen Kommentar. Um zwölf Uhr musste er dem Chefredakteur Wilhelm Eildermann, einem alten und erfahrenen „Rote-Fahne"-Redakteur, vorliegen, der ihm den letzten Schliff gab.

So qualifizierte, lebenserfahrene und politisch gebildete Journalisten wie Otto Winzer, später Außenminister der DDR, Robert Korb, später Chef der Auslandsaufklärung der DDR, Georg Krausz und Georg Hansen, später Kollegiumsmitglieder der Redaktion des „Neues Deutschland“ und Hermann Axen, der dann Mitglied des Politbüros der SED wurde, halfen mir, schnell in die neuen Aufgaben hineinzuwachsen und haben auch zu meiner politischen Bildung beigetragen.

Im Apparat des Zentralkomitees herrschte die nach der Gründung der SED geschaffene Parität zwischen Mitgliedern der ehemaligen SPD und der KPD. Alle Funktionen, vom Vorsitzenden und dem Vorstand bis zu den Abteilungsleitern und Mitarbeitern waren paritätisch besetzt. In späteren Jahren wurde viel über eine „Zwangsvereinigung“ gesprochen und geschrieben. Ich persönlich habe weder im Wohngebiet in Britz, wo die Vereinigung dann allerdings von der Besatzugsmacht verboten wurde, noch in Adlershof und schon gar nicht im Apparat des ZK etwas erlebt, was das Wort „Zwang“ rechtfertigen würde. Ich erlebte eine ehrliche und offene Gemeinsamkeit zwischen den früheren Kommunisten und Sozialdemokraten. Ich war mit dem Kommunisten Bruno Rauchbach genauso eng befreundet wie mit dem Sozialdemokraten Günther Radünz. Im Wohngebiet in Adlershof saß ich in der Parteiversammlung neben dem sozialdemokratischen Bürgermeister. Zwei Zitate mögen die Situation charakterisieren: Willy Brandt hatte schon 1944 in Norwegen in „Efter Segern“ geschrieben: „Ob sich die Bildung einer einheitlichen Arbeiterpartei verwirklichen lässt, wird zum großen Teil auf dem Umstand beruhen, der außerhalb Deutschlands entschieden wird.“ Wilhelm Pieck erklärte auf der 13. Tagung des Parteivorstandes im September 1948: „Wir haben uns vereinigt unter den Möglichkeiten, die uns die sowjetische Besatzungsmacht gab ...“ Zwei kompetente Stimmen, die das damalige Kräfteverhältnis nüchtern widerspiegeln.

Die SED war für mich eine echte Einheit aus 650000 Sozialdemokraten und 550000 Kommunisten. Das Fundament war bereits in den Jahren des Hitlerfaschismus gelegt worden. Die Atmosphäre war ehrlich, antifaschistisch und humanistisch, den demokratischen Zielen zugewandt.

Erich W. Gniffke, von der SPD auf dem Vereinigungsparteitag in das paritätische Zentralsekretariat der SED gewählt, schilderte, nachdem er im Dezember 1948 die damalige Sowjetische

Besatzungszone verlassen hatte, diese Zeit und diesen Verschmelzungsprozess in seinen Erinnerungen „Jahre mit Ulbricht" anders. Das liegt meines Erachtens nicht allein an der Animosität des Autors gegenüber Ulbricht. Es widerspiegelt zugleich, dass sich der Einigungsverlauf an der Basis anders vollzog als im Vorstand und dass ältere Sozialdemokraten und Kommunisten wohl größere innere Hemmungen und Vorbehalte zu überwinden hatten als ihre unvoreingenommenen jüngeren Genossen, was auf ihren geschichtlichen Erfahrungen beruhen mochte.

Mit all diesen Feststellungen will ich nicht bestreiten, dass es gegenüber entschlossenen Gegnern der Vereinigung auch Übergriffe gab. Aber die vom einstigen Ostbüro so vehement verbreiteten Nachrichten über Massenverhaftungen sollte man auch unter dem Aspekt sehen, dass sich dieses Büro mit Spionage befasste. Zahlreiche Historiker haben dafür handfeste Beweise geliefert. Genügt nicht schon die Tatsache, dass den verurteilten Ostbüro-Mitarbeitern keine Haftentschädigung in der BRD gezahlt wurde, weil die dafür zuständige Instanz befand, dass sie für eine Partei und nicht für Bundesbehörden spioniert hätten ...?

Partei neuen Typs

Im Sommer 1948 fasste die 12. Tagung des Parteivorstandes den Beschluss „Für die organisatorische Festigung der Partei und für ihre Säuberung von feindlichen und entarteten Elementen". Die 13. Tagung bildete eine Zentrale Parteikontrollkommission und Kontrollkommissionen in den Landes- und Kreisleitungen. Vorsitzende der Zentralen Parteikontrollkommission wurden paritätisch Hermann Matern und Otto Buchwitz. Die Untersuchungs- und Schiedsorgane stellten ihre Tätigkeit ein.

1948 mehrten sich Austritte aus der Partei, sie stiegen monatlich bis auf 7000. Die Partei verzeichnete mehr Aus- als Eintritte. Dies hing auch mit den Diskussionen um die Frage zusammen, ob die SED eine Kader- oder Massenpartei sein sollte.

Im Januar 1949 fand die 1. Parteikonferenz der SED im Haus der Deutschen Wirtschaftskommission statt. Ich war damals ungeachtet meiner Tätigkeit im ZK-Apparat politisch viel zu unerfahren, um das eigentliche Anliegen dieser Konferenz zu erfassen. Und sicherlich ging es nicht nur mir so, denn in den ersten beiden Jahren nach ihrer Gründung waren der SED viele beigetreten, die zuvor keiner Partei angehört hatten.

Es wurde festgestellt, dass die SED durch den Zusammenschluss von Kommunisten und Sozialdemokraten nun zu einer Partei neuen Typs geworden sei. So sah auch ich das, ohne den tieferen Sinn dieses Begriffes und seinen historischen Ursprung zu kennen. Der Einigungsprozess verlief an der Basis organisch und harmonisch, was nicht heißt, dass es keine polemischen Auseinandersetzungen gab.

Unmittelbar vor der 1. Parteikonferenz erklärte Anton Ackermann auf der 16. Tagung des Parteivorstandes, dass das Anliegen des Begriffs ‚Partei neuen Typs' darin bestehe, „eine Partei nach dem Vorbild der bolschewistischen Partei der Sowjetunion zu schaffen". Das erschien logisch, denn diese Partei hatte die Oktoberrevolution organisiert und unter Stalin den Hitlerfaschismus besiegt. Ältere Genossen erinnerten an die „Bolschewisierung" 1923, tatsächlich aber war es damals wohl eher eine „Stalinisierung". Doch solche Fragen stellte ich mir 1949 nicht, manche drängten sich erst auf, als ich meine Erinnerungen niederschrieb.

Das gestehe ich ohne die geringsten Hemmungen und betone es sogar. Denn ich halte wenig von jenen „Weisen", die die Ereignisse der frühen fünfziger Jahre mit dem Wissen des Jahres 2000 bewerten. Sie blättern in alten Akten, rügen die Schritte von damals und geben nicht selten zu verstehen, dass ihnen solche „Fehler" nie unterlaufen wären.

Lenin hatte 1902 in seinem Werk „Was tun?" und 1904 in „Ein Schritt vorwärts, zwei Schritte zurück" die Grundlagen und Prinzipien einer Partei neuen Typs formuliert. Aber das war die Zeit der Gründung einer revolutionären Partei und der Vorbereitung einer Revolution im politisch und ökonomisch rückständigen Russland. Damals herrschten ganz andere innere und äussere Bedingungen als knapp fünf Jahrzehnte später in Deutschland.

Die 1. Parteikonferenz, an der übrigens mit Michail Suslow der Sekretär für ideologische Fragen im ZK der KPdSU teilnahm, beschloss jedenfalls die Umgestaltung der SED zu einer Partei neuen Typs. Dies war auch der Vorwand, die vom Vereinigungsparteitag beschlossene Parität von Sozialdemokraten und Kommunisten abzuschaffen. Die Kommunisten dominierten fortan. In der entsprechenden Entschließung hieß es: „Die SED steht vor der großen historischen Aufgabe, den demokratischen Aufbau in der Ostzone zu festigen und von dieser Basis aus den Kampf für die demokratische Einheit Deutschlands, für den Frieden und für die fortschrittliche Entwicklung zu verstärken. Die Partei kann diese Aufgabe nur erfüllen, wenn sie unermüdlich weiter daran arbeitet, die SED zu einer Partei neuen Typus, zu einer marxistisch-leninistischen Kampfpartei zu entwickeln." Bei der Sympathie, die die überwiegende Mehrheit der Parteimitglieder den sowjetische Kommunisten und Lenin gegenüber empfanden, wurde diesem Beschluss zugestimmt.

Eine maßgebliche Rolle bei der Entwicklung in dieser Richtung spielten damals die Ereignisse in Jugoslawien. Tito hatte angekündigt, unabhängig von Stalin und der Sowjetunion einen „besonderen Weg zum Sozialismus" zu beschreiten. Heute spricht vieles dafür anzunehmen, dass Stalin mit den Beschlüssen der 1. Parteikonferenz eine analoge Entwicklung in Ostdeutschland verhindern wollte. Aber auch das kann man nur im Umfeld der politischen Großwetterlage verstehen. Der Kalte Krieg verschärfte sich und Westberlin spielte eine besondere Rolle. Längst war das Wort von der „Frontstadt" im Umlauf, man rühmte den „Pfahl im Fleisch des Sozialismus" und nannte die Stadt sogar die „billigste Atombombe". Das sollte man heute nicht als absurde Losungen extremer Politiker lesen oder gar deuten. Sie illustrieren die damalige Situation und bestätigen, dass die DDR schon vor ihrer Geburtsstunde von energischen Störenfrieden befehdet wurde.

Das hatte ich übrigens im Jahr vor dieser Parteikonferenz bereits am eigenen Leib zu spüren bekommen. In der Nacht zum 6. September 1948 wurde ich aus dem Bett geholt und ins Parteilokal beordert. Die Eisenbahn, zu der auch die in ganz Berlin verkehrende S-Bahn gehörte, unterstand laut Potsdamer Abkommen der sowjetischen Verwaltung. Aus diesem Grunde wurden die Angehörigen der Reichsbahn in Ostmark entlohnt. Von dem Zeitpunkt an, da die S-Bahn in Westberlin den Fahrpreis von zwanzig Pfennigen in Westmark erhob, erklärte sich die Verwaltung der Reichsbahn bereit, ihren in Westberlin wohnenden Mitarbeitern achtzig Prozent des Lohns in Westmark zu zahlen. Die restlichen zwanzig Prozent sollten in Ostmark vergolten werden. Diese Regelung war die Folge der Tatsache, dass die westlichen Kommandanten die Eisenbahner von jenem Lohnumtausch ausgeschlossen hatten, der allen im Osten Arbeitenden und im Westen Wohnenden gewährt wurde. Die durch die Einnahmen der Eisenbahn bedingte 80:20-Lösung war sozial völlig korrekt, da die Betroffenen zwar Miete, Strom, Gas und andere Dienstleistungen in Westmark bezahlen mussten, sich aber zusätzlich Lebensmittel im Osten kaufen konnten.

Die inzwischen in Westberlin entstandene so genannte Unabhängige Gewerkschafts-Opposition (UGO) sah endlich einen Vorwand, einen Streik zu inszenieren. Sie forderte demagogisch eine hundertprozentige Entlohnung in Westmark. Der Streikaufruf wurde nur mäßig befolgt, die meisten S-Bahn-Züge verkehrten weiter und wurden von Westberliner Fahrgästen benutzt. Sehr bald hatte die UGO zwielichtige Gestalten mobilisiert, die die Einstellung des Verkehrs mit Gewalt erzwingen sollten. Wir Genossen wurden aufgerufen, den arbeitswilligen Eisenbahnern bei ihrer Fahrt durch Westberlin zur Seite zu stehen und taten es auch.

Ich stieg in Baumschulenweg in einen S-Bahnzug und fuhr mit anderen Genossen in Richtung Westberlin. Wir kamen unbehelligt bis zum Bahnhof Hermannstraße im Stadtbezirk Neukölln. Dort warnte man uns vor der Weiterfahrt zum nächsten Bahnhof, nämlich Tempelhof. Der Bahnsteig sei von Randalierern und Polizei besetzt. Die Polizisten wurden damals in ganz Berlin nach dem Westberliner Polizeipräsidenten Stumm-Polizisten genannt und hatten nicht gerade einen guten Ruf. Reporter, Fotografen und Kameramänner stünden auch bereit, um über die Ankunft des ersten Zuges zu berichten. Wir stiegen aus dem Zug und gingen die Schienen entlang nach Tempelhof. Man hatte nicht übertrieben. Die Stumm-Polizisten hatten ihre Pistolen gezückt, die Schlägertrupps erwarteten uns johlend. Ich hatte in meinem Leben ja schon einiges erlebt, aber einen bewaffneten Streik hielt ich für unvorstellbar. Ich habe eine Weile überlegt,

Beim UGO-Putsch

ob ich den Sachverhalt schildern soll, wie er war, weil ich mich vielleicht nicht ganz der ernsten Situation angepasst hatte. In der Hoffnung, den Polizisten überzeugen zu können, dass man in solcher Lage nicht zur Waffe greift, riss ich mein Hemd auf und schrie: „Schieß doch, wenn du einen Bruder erschießen willst." Glücklicherweise hatte mein echter Bruder erkannt, dass der Polizist nicht mehr ganz nüchtern war, riss mich zur Seite und stieß den Polizisten in den Rücken. Die Szene muss den Kommandierenden des Trupps zum Nachdenken gebracht haben. Er pfiff und rückte mit seinen Leuten ab. Die Randalierer sahen sich plötzlich von unseren „Mitläufern" umringt und von den Polizisten verlassen. Sie flohen.

Die Nachricht gelangte durch den Bahnhofsvorsteher nach der Hermannstraße und bald darauf rollte der Zug in Tempelhof ein. Mein Bruder hatte einen unschlüssigen Schalterbeamten überzeugt, dass er sein Fenster wieder öffnen könne, und kurz darauf strömten die Fahrgäste die Treppe hinauf. Als alle eingestiegen waren, fuhr der Zug korrekt abgefertigt weiter. Wir glaubten, das

Problem wäre vorerst gelöst. Doch im Laufe des Tages änderte sich die Situation radikal. Pflastersteine wurden von Brücken auf die Gleise geworfen, abgestellte Züge demoliert, Bremsschläuche zerschnitten, schließlich sogar die Anlagen der Umspannwerke zerstört. Am späten Abend bekamen wir einen Anruf über die Fernsprechleitung der Bahn. Man riet uns, den Bahnhof zu räumen, da eine Einheit der so genannten Industriepolizei zu uns unterwegs sei.

Wir verabredeten uns, am nächsten Morgen erneut zu versuchen, den S-Bahnbetrieb wieder in Gang zu setzen. Als wir nach Hause kamen, fiel meiner Mutter ein Stein vom Herzen, denn eine Abendzeitung hatte auf der ersten Seite ein Bild veröffentlicht, auf dem ich, von jenem Stummpolizisten bedroht, zu sehen war. Die Unterschrift lautete: „Kommunistische Halbwüchsige stürmen S-Bahn." Am meisten regte mich der Begriff „Halbwüchsige" auf!

Am nächsten Morgen fuhren wir mit der Stadtbahn bis zum Bahnhof Zoo. Es gelang uns, den Pendelverkehr zwischen Friedrichstraße und Zoo aufrechtzuerhalten. Dann wurden Freiwillige gesucht, die bereit waren, nachts die Gleise auf der Strecke nach Wustermark zu bewachen, aber man zerschlug im Dunkeln die Isolatoren der Stromschienen. Wir hörten die Geräusche, konnten aber nicht eingreifen. Der S-Bahnverkehr kam in Westberlin endgültig zum Erliegen. Später traf ich einmal einen verantwortlichen Eisenbahner, der mir erzählte, dass dieser unsinnige „Putsch" einen Schaden von mehr als drei Millionen Westmark angerichtet hatte, die die Eisenbahn aufbringen musste, um die Strecken wieder in Gang zu setzen. Der Streik endete übrigens mit der Vereinbarung, dass die Westberliner Eisenbahner 80 Prozent in Westmark und 20 Prozent in Ostmark ausgezahlt bekamen ...

Da man heutzutage so oft hört, dass wir uns für dies und das endlich entschuldigen sollten, fiel mir ein, diese Aktion wäre doch wohl auch eine Entschuldigung wert.

Die Härte der damaligen Auseinandersetzungen kann man sich heute kaum noch vorstellen. Und da derlei Frontstadterinnerungen im Fernsehen heutzutage nicht „in" sind, werden sie wohl bald in Vergessenheit geraten.

Manchmal frage ich mich, ob ich heute wieder so gehandelt hätte?

Dann stoße ich darauf: Schon die Frage enthält einen Irrtum. Jede Haltung und Handlung kann nur aus ihrer Zeit, ihrem Umfeld und dem jeweiligen Wissensstand gedeutet werden. Damals tobte der Kalte Krieg, ich war lebenserfahren genug, um die politische Demagogie dieses Putsches zu erkennen, und war innerlich davon überzeugt, dass man für eine gerechte Sache kämpfen müsse. Allerdings glaubte ich wohl auch, andere, selbst diesen Polizisten, davon überzeugen zu können, dass unser Anliegen gerechtfertigt war.

Die DDR wird gegründet

Der Kalte Krieg hinterließ auch seine Spuren in der Wirtschaft, was die „Stuttgarter Zeitung" ohne viel Umschweife mit den Worten charakterisierte: „Wenn Europa dem Kommunismus nicht als reife Frucht in den Schoß fallen soll, müssten rasche und drastische Maßnahmen zu seiner wirtschaftlichen Erholung ergriffen werden."

Und die BRD-Professorin Renate Riemeck formulierte später vielleicht noch unmissverständlicher: „Westdeutschland war des Marshall-Planes nicht bedürftig, um aus seiner Notlage herauszukommen. Die Amerikaner brauchten ihn. Sie brauchten ihn, um Europa in zwei Blöcke zu spalten und den Kalten Krieg eröffnen zu können."

Am 7. September 1949 konstituierte sich der Bundestag, Bonn wurde zur provisorischen Hauptstadt der Bundesrepublik Deutschland erklärt. Am 15. September wurde Konrad Adenauer mit 202 von 402 Stimmen zum Kanzler der Bundesrepublik Deutschland gewählt.

Ein leitender Beamter des US-Außenministeriums hatte schon 1945 notiert: „Die Idee, Deutschland gemeinsam mit den Russen regieren zu wollen, ist ein Wahn. Besser ein zerstückeltes Deutschland, von dem wenigstens der westliche Teil als Prellbock für die Kräfte des Totalitarismus wirkt, als ein geeintes Deutschland, das diese Kräfte wieder bis an die Nordsee vorlässt ..."

Am 7. Oktober wurde die Deutsche Demokratische Republik ins Leben gerufen. Mit Freuden und Fackelzug begrüßten wir „unsere" Republik. Tausende feierten den Präsidenten Wilhelm Pieck. Er, ein kommunistischer Arbeiter, an der Spitze eines deutschen Staates und Otto Grotewohl, ein für die Einheit der Arbeiterklasse kämpfender Sozialdemokrat, an der Spitze der Regierung. Vor uns der Weg zur Demokratie, zur Macht der Arbeiter und Bauern, ein deutsches Land, beseelt von Humanismus und Völkerverständigung.

Und das soll alles falsch gewesen sein? – Nein! – Oder steckten bereits Wurzeln von Fehlern im Fundament der DDR?

Dass die BRD trotz aller früheren Kritik am Kapitalismus ein straff organisierter kapitalistischer Staat sein würde, war jedem klar. Adenauer hatte seine Erfahrungen mit dem Regieren in einem kapitalistischen Staat, auch wenn er „nur" Oberbürgermeister einer Großstadt war.

Welche Erfahrungen hatten eigentlich Pieck und Grotewohl mit dem Regieren eines antikapitalistischen Staates? Der einzige derartige Staat, den es auf der Welt gab, war die Sowjetunion. Die hatte ich intensiv erlebt, und ich konnte, wie der Leser weiß, nicht nur jubilieren. Folgt man diesem Gedanken bis an irgendein Ende, stellt sich die Frage: Sollte Pieck vielleicht aufgrund seiner Erfahrungen im „Lux" dafür plädieren, in der DDR alles ganz anders zu machen?

Die DDR konnte die in der deutschen Geschichte einmaligen Ziele nur in Kooperation mit der Sowjetunion realisieren. Zum Beispiel: Die im Herbst 1945 durchgeführte demokratische Bodenreform. Wunschtraum von Generationen. Wer hätte sie veranlassen können, wenn nicht die Besatzungsmacht? Heute Urteile darüber fällen zu wollen, ob sie in jedem Dorf mit Akribie durchgeführt wurde, empfinde ich als nahezu unsinnig. Über Nacht hatten sowjetische Offiziere Bürgermeister ernennen und Landräte in ihre Ämter einführen müssen. Wer stand ihnen zur Verfügung? Kommunisten, Menschen also, denen sie vertrauten, waren noch nicht aus den Konzentrationslagern zurück, wenn sie sie überlebt hatten. Meine Mutter hat mir erzählt, dass sie in den ersten Nachkriegstagen mit sowjetischen Soldaten in Streit geraten war, der jedoch in dem Augenblick beendet war, als sie ihr altes KPD-Parteibuch hervorholte. Festzustellen, dass zum Beispiel die Bodenreform nicht überall mit preußischer Korrektheit durchgeführt wurde, ist das eine. Aber darüber zu lamentieren, dass das hätte vermieden werden können, geht an den Realitäten vorbei.

Soviel hier nur zu den „Geburtsfehlern" der DDR. Man wird schon noch weitere entdecken ...

Aber die Ausrufung der DDR kann wohl nur im Zusammenhang damit gesehen werden, wie die andere Seite darauf reagierte. USA, Großbritannien und Frankreich warnten während der New Yorker Außenministerkonferenz im Herbst 1950 alle NATO-Länder davor, diplomatische Beziehungen zur DDR herzustellen. In der BRD wurde diese Aufforderung noch verschärft und trug fortan den Namen Hallstein-Doktrin. Allen Staaten der Welt wurde kundgetan, dass die Aufnahme diplomatischer Beziehungen zur DDR von der BRD als „unfreundlicher Akt" betrachtet würde. In der Geschichte der Diplomatie keine absolute Neuerung, aber bis dahin nicht allzu oft praktiziert. So reagierten also unsere Landsleute, die sich auch gern „Schwestern" und „Brüder" nannten, auf die Gründung der DDR. Es herrschte Kalter Krieg zwischen zwei Ländern, deren Grenze im Vergleich zu der US-amerikanisch-mexikanischen an Gartenzäune einer Laubenkolonie erinnerte.

Und wieder nach Moskau

Einige Worte über mein Privatleben sind hier einzufügen. Niemand soll glaubten, ich hätte mich rund um die Uhr mit Politik befasst. Eines Tages hatte ich etwas im Büro des Mitgliedes des Politbüros der SED Franz Dahlem zu erledigen. Ich betrat das Vorzimmer und stand einer Sekretärin gegenüber, die – ich will mich kurz fassen – später meine Frau wurde.

Wie unsere „Affäre" richtig begann, beschrieb sie selbst so: „Eines Tages war ich mit der FDJ-Gruppe des ZK Unter den Linden entlang gezogen, um auf dem August-Bebel-Platz an einer Kundgebung anlässlich des Internationalen Frauentags teilzunehmen, zu der erstmalig Delegationen aus zahlreichen Ländern gekommen waren. Kurz vor dem Ziel stob plötzlich die Schar auseinander und lief auf eine lange männliche Gestalt zu, die uns an der Ruine der Staatsoper mit einem freundlichen Lächeln erwartete. Meine Mahnung, den Platz doch in einer halbwegs ordentlichen Formation zu betreten, verhallte ungehört, weil besagte Gestalt inzwischen von einem HO-Verkäufer mit Bauchladen dessen Vorrat an sündhaft teuren Sahnebonbons und Pralinen erworben hatte und freigebig an die Mitglieder unserer Gruppe verteilte. Ich hielt einigen Abstand und beobachtete irritiert die Szene. Ein Mädchen riet mir, doch auch einen Bonbon zu holen, was ich empört ablehnte. Schließlich brachte sie mir eine Praline und drückte sie mir mit den Worten ‚Hab dich nicht so doof' in die Hand. Als ich unsicher fragte, wer denn jener Süßigkeitenverteiler sei, wurde ich beschieden: ‚Na, der Lange aus der Wallstraße!' Da war ich auch nicht klüger, zumindest nicht an diesem 8. März 1950. Für mich war dieser Mann erst einmal ein Störfaktor meiner FDJ-Arbeit.

Hätte mir damals jemand gesagt, dass ich ihn noch im gleichen Jahr um Hilfe bei der Vorbereitung eines öffentlichen Auftritts unserer Kulturgruppe bitten und Jahre später heiraten würde, hätte ich ihn garantiert für verrückt erklärt!“

Rosemarie Buhr, eine Freundin meiner Frau und auch Mitglied dieser FDJ-Gruppe, hatte damals im Freundeskreis als wichtige Neuigkeit verkündet: „Erika geht mit dem Langen!“ Heute erinnert sie sich: „Was haben wir damals nicht alles gemeinsam gemacht: Von Steinen aus den Ruinen den Mörtel abgeklopft, Kakao in der Toilettenspülung gekühlt, wenn Werner in unserem Ledigenheim frühstückte und es wieder einmal furchtbar eilig hatte. Wir haben irgendwann ein verfallenes Gartenhaus repariert, das Wasser aus dem vollgelaufenen Keller geschöpft und Obst in verwilderten Gärten gepflückt, wenn Werner und Erika wieder einmal in eine andere Datscha wechselten. (Werner nannte sie immer ‚Laube'. Präzise waren beide Begriffe nicht ...)

Bei Eberleins war trotz knapper Kasse immer ein volles Haus und immer etwas los. Es wurde erzählt und gesungen – wobei Werners Begeisterung, wenn er mitsang, größer war als seine Musikalität –, und zuweilen wurde auch gestritten. Allerdings war es so gut wie unmöglich, sich mit Werner anzulegen. Mir gelang es nie. Mit seinem phänomenalen Gedächtnis konnte er jeweils von den Steigerungsraten der industriellen Warenproduktion der DDR bis zum Wachstum der Arbeitsproduktivität alle Fakten präsentieren. Dazu kam seine Schlagfertigkeit. Was bewogen da schon meine Zweifel? Es waren Lappalien gegenüber dem großen Überblick.

Heute leben wir in einer anderen, keiner neuen, sondern eher alten Welt. Werner blieb der ‚Turm' in der Brandung, gesellig, Berge von Witzen in seinem Kopf und selten allein."

Schluss mit den Komplimenten, zumal ein neuer Abschnitt meines Lebens heranrückte.

Die heutzutage schlicht, aber nicht sonderlich zutreffend als „Parteisäuberung" bezeichneten Aktivitäten begannen im ZK 1950. Ich hatte einige Sorgen, wie ich dem zuständigen Gremium meine bewegte Vergangenheit, das Schicksal meines Vaters und meine Verbannung erklären sollte. Man darf nicht vergessen: Im Kreml herrschte immer noch Stalin. Aber ich bin der Kommission nie begegnet, denn unversehens wurde ich eines Tages zum Studium nach Moskau delegiert.

Das ZK hatte eine Einladung von der sowjetischen Partei erhalten, dreißig Genossen zum Studium an die Moskauer Parteihochschule zu schicken. Eine Bedingung war mit der Einladung verknüpft: Es sollte niemand darunter sein, der in der faschistischen Wehrmacht an der Ostfront gekämpft hatte. Und ein Wunsch lautete, dass ein Mitglied der russischen Sprache mächtig sein möge. Die Wahl fiel auf mich, und ich nahm die Chance wahr, mich endlich um eine fundierte politische Bildung zu kümmern. Auf der Tagesordnung stand jetzt das Studium der Klassiker, wissenschaftlich denken, abstrahieren, verallgemeinern und auch polemisieren zu lernen. Heute fragt man sich: War das zu Stalins Zeiten überhaupt möglich? Ich glaube ja. Ich dachte natürlich darüber nach, was ich alles in diesem Land erlebt hatte, aber die Zukunft sollte nicht unter der Vergangenheit leiden. Und die Tatsache, dass das ZK der KPdSU meinen Namen auf der Liste akzeptiert hatte, zeugte zumindest von einem neuen Verhältnis zu dem Namen Eberlein.

Moskau empfing uns im Frühjahr 1951 freundschaftlich. In der Parteischule spürten wir keinerlei Ressentiments. Wenn solche vorhanden waren, verbarg man sie. Ich war rund um die Uhr eingespannt. Ich musste nicht nur büffeln, was nach sechzehnjähriger Unterbrechung einige Schwierigkeiten bereitete, sondern anfangs auch noch die Lektionen übersetzen. In der Pause musste ich allen Deutschen, von denen niemand die russische Sprache beherrschte, im Speisesaal zum Essen verhelfen. Wir brachten zuweilen die ganze Kantine durcheinander: Es gab nämlich eine für damalige Verhältnisse ungewöhnlich reichhaltige Speisekarte, die natürlich jeder übersetzt haben wollte. Ich suchte nach einem Ausweg und brachte allen die beiden Wörter „toshe samoje“ bei. Wenn sich jemand hinter mir an der Kasse anstellte und diese beiden Wörter benutzte, wurde ihm „das gleiche“ serviert wie mir. Den Kellnerinnen gefiel meine Idee gut.

Annelies und Dieter Müller, mit denen ich die Parteihochschule der KPdSU besuchte und später im ZK der SED arbeitete, bis sie nach Neubrandenburg, er als Kreissekretär, sie in den Bezirksvorstand des FDGB versetzt wurden, erinnerten sich: „Am Anfang unserer Freundschaft stand das Erlebnis Sowjetunion. Ich denke an den Tag Anfang September 1953 als wir – kaum angekommen – gemeinsam über den Roten Platz bummelten und dann im Gorki-Park in einem Restaurant landeten, wo du mir russische ‚Tischsitten‘ beigebracht hast. Das Leben in der Sowjetunion prägte entscheidend unser weiteres Leben. Aus der Sicht von heute gab es viel Unwissenheit, oberflächliche Urteile, auch devote Ergebenheit und Kritiklosigkeit. Aber was ist heute aus diesem Land geworden?“

War die DDR reif für den Sozialismus?

Das Studium an der Parteihochschule nahm uns voll in Anspruch. Früh um 7 Uhr rollte der Bus vor unsere Tür. Wir wohnten hinter dem Dynamo-Stadion in der Pestschannaja Uliza. Dann fuhren wir in die Schule und kehrten nicht vor 23 Uhr zurück. Wir Deutschen waren die Fleißigsten. Manche bestaunten, andere belächelten uns. Immerhin war der Eifer begründet, denn wir hatten sicherlich die größten Bildungsmängel. Die Nazizeit hatte viele Lücken nicht nur im Fach Geschichte, sondern sogar in der Geographie hinterlassen. Eines Tages wurden Moskauer Dolmetscher für unsere Gruppe eingesetzt. Ich wechselte in eine sowjetische Journalistengruppe, um mich in diesem Fach zu qualifizieren.

So aufmerksam, wie uns das möglich war, verfolgten wir die Vorgänge in der DDR und diskutierten oft mit den sowjetischen Freunden darüber. Man fragte uns: Was übt ihr für eine Macht aus? Ist das Diktatur des Proletariats?

Meine Argumente, dass nach diesem Krieg, nach der Hitlerdiktatur, in einem gespaltenen Land, das noch keinen Friedensvertrag hatte, unter Berücksichtigung der demokratischen Traditionen und einer vereinigten Arbeiterpartei in einem Mehrparteiensystem ein antifaschistisch-demokratischer Staat die geeigneteste Staatsordnung sei, passten nicht in die Schemata unseres Lehrstoffs und wurden stark angezweifelt.

Im Sommer 1952 musste ich meine Argumente korrigieren: Die 2. Parteikonferenz der SED hatte den Aufbau der Grundlagen des Sozialismus beschlossen.

1991 wurden von Historikern Aufzeichnungen von Wilhelm Pieck in Archiven gefunden, aus denen hervorgeht, dass im März 1952 eine Kommission gebildet wurde, die die Thesen zur Perspektive der DDR erarbeitete. Danach war die DDR-Führung zu diesem Zeitpunkt noch im Einvernehmen mit Moskau für gesamtdeutsche Wahlen. Stalin spekulierte wohl darauf, dass die separatistische Politik Adenauers bei solchen Wahlen keine Mehrheit bekommen würde, während die SED-Führung offenkundig den möglichen Ausgang der Wahlen nicht einschätzen wollte. Am 31. März 1952 trafen Wilhelm Pieck, Otto Grotewohl und Walter Ulbricht in Moskau ein, um mit Stalin, Bulganin, Molotow, Mikojan und Malenkow über aktuelle Probleme zu diskutieren. Auf der Tagesordnung stand ein weiterer Vorschlag der UdSSR an die Westmächte, gesamtdeutsche Wahlen durchzuführen, wenn die Neutralität eines gesamtdeutschen Staates gesichert sei. Das heißt, im Kreml stand der einheitliche deutsche Staat weiterhin auf der Tagesordnung. Ungeachtet dieses Vorschlags wurden auch die Perspektiven der DDR erörtert.

Die Vorschläge der UdSSR in den Noten vom 10. März und 9. April 1952 wurden von den Westmächten abgelehnt. Später haben viele westliche Politiker und Historiker diese Haltung als Fehler bewertet. Folgen wir dem Gedanken, es wäre zu einer

Einigung und zu jenen Wahlen gekommen. Man muss nicht über ihren Ausgang spekulieren, aber doch feststellen, dass die UdSSR die DDR faktisch damals schon zur Disposition gestellt hatte. Drei Jahre nach ihrer Gründung! Das Motiv für diese Haltung war zweifellos im Sicherheitsstreben der UdSSR begründet. Man wollte um jeden Preis alle Voraussetzungen dafür schaffen, ein neutrales Deutschland zum Nachbar zu haben. Natürlich lag Polen dazwischen, aber das hinderte die Sowjetunion nicht daran, derartige politischen Überlegungen anzustellen.

Zurück zu den Beschlüssen der 2. Parteikonferenz im Juli 1952. War der Beschluss, mit dem Aufbau der Grundlagen des Sozialismus zu beginnen, der den Vorstellungen Stalins zuwiderlief, ein Alleingang Ulbrichts, wie gegenwärtig behauptet wird, oder die Widerspiegelung unterschiedlicher Auffassungen in der sowjetischen Führung? Meine Antwort würde lauten: weder – noch. Ausgehend von meinen Erfahrungen glaube ich persönlich nicht daran, dass Pieck oder Ulbricht einen solchen Alleingang gewagt hätten. Man muss auch Folgendes in Betracht ziehen: Mit der Entscheidung der Westmächte vom April 1952 in New York, die BRD in die Aufrüstung einzubeziehen, und mit den Erklärungen Bonner Politiker, den Pariser Verträgen beizutreten, waren Stalins Hoffnungen von einem entmilitarisierten deutschen Staat begraben worden. Als Gegenmaßnahme wurde die stärkere Einbeziehung der DDR in den Einflussbereich der UdSSR beschlossen. Damit erfüllten sich zugleich die Hoffnungen einer Reihe politischer Funktionäre der SED über den Aufbau des Sozialismus in der DDR. Man könnte darüber fabulieren und käme nicht an der Tatsache vorbei, dass die DDR letzten Endes ein „Kind" des Kalten Krieges war, den die Großmächte untereinander austrugen.

Im Grußtelegramm der KPdSU an die 2. Parteikonferenz wurde der Begriff „Sozialismus" nicht erwähnt. Stimmte das nicht mit der Aufzeichnung Wilhelm Piecks über sein Gespräch mit Stalin überein, nicht vom Sozialismus zu reden, ihn aber in Angriff zu nehmen? Die Entscheidung Stalins ist deutlich: Als in der BRD die Entscheidungen für den Anschluss an das westliche Bündnis getroffen waren, entschloss sich Stalin als Gegenmaßnahme zur engeren Bindung der DDR an die Sowjetunion.

Das Thema wurde weder in der Partei noch in der Öffentlichkeit diskutiert. Man berief sich darauf, dass die Einberufung eines Parteitages nach den Statuten zu lange dauern würde und setzte kurzfristig die 2. Parteikonferenz fest.

Stimmte die im Referat von Walter Ulbricht verkündete These, dass „die politischen und ökonomischen Bedingungen sowie das Bewusstsein der Arbeiterklasse und der Mehrheit der Werktätigen so weit entwickelt sind, dass der Aufbau des Sozialismus zur grundlegenden Aufgabe in der Deutschen Demokratischen Republik geworden ist" tatsächlich mit den Realitäten überein?

Ich gestehe, dass ich mir diese und andere Fragen erst viel später gestellt habe. Auch das ist leicht mit dem Hinweis auf den Kalten Krieg erklärbar, denn dessen Auswirkungen bestimmten unser Leben und natürlich auch unsere Politik.

Der Beschluss führte, dem sowjetischem Muster folgend, zu einer verstärkten Konzentration auf die Schwerindustrie, was zu Lasten der Leichtindustrie ging. Allerdings wird den Realitäten nur gerecht, wer diese Entscheidung im Lichte des westdeutschen Boykotts des innerdeutschen Handels sieht.

In der Landwirtschaft der DDR wurden die Schritte zur Vergenossenschaftlichung beschleunigt. Es gab „Überspitzungen", wie man die Verstärkung des Drucks bezeichnete, wenn er gewisse Grenzen überschritt. Die innere Situation in der DDR spitzte sich zu. Das haben wir in Moskau jedoch nicht gespürt.

Damals, im Sommer 1952, begrüßten nicht nur die Delegierten und Gäste der Parteikonferenz, sondern auch wir, die Parteihochschüler in Moskau, die Entscheidung über den Aufbau des Sozialismus. Auch die sowjetischen und anderen ausländischen Studenten der „WPSCHA", fanden das logisch und notwendig.

In Berlin riefen 13 000 Bauarbeiter zum Wettbewerb um höhere Produktivität auf. Auf dem Strausberger Platz feierten 80 000 Berliner die Erfolge der Bauarbeiter. Zehn Monate später hatte sich das Bild hier grundlegend gewandelt. Offenkundig wurde auch in Berlin, in der Parteiführung die negative Stimmung und Entwicklung nicht erkannt oder nicht richtig eingeschätzt. Entscheidungen des Politbüros über zehnprozentige Normerhöhung, Tarifveränderungen und gekürzte Lebensmittelzuteilungen für bestimmte Bevölkerungsgruppen hatten erhebliche Unzufriedenheit geschürt und Signale gesetzt, die vom politischen Gegner schnell erkannt, aufgegriffen und ausgenutzt wurden.

In der Partei hatten die „Säuberungen" Spuren hinterlassen. Von den 1950 gewählten 81 Mitgliedern und Kandidaten des ZK gehörten 1954 nur noch 52 diesem Gremium an. Zwei Drittel der 1952 gewählten 1. und 2. Sekretäre der Kreisleitungen und Mitglieder der Bezirksleitungen waren 1953/54 ausgewechselt worden.

Stalin ist tot!

Wir, die Parteihochschüler in Moskau, gehörten mit zu den ersten Deutschen, die die weltbewegende Nachricht von Stalins Tod erreichte. Es war der 5. März 1953. Wir glaubten, die Welt müsse stehen bleiben. Wenn man das heute liest, mag man mich einen Erzstalinisten schimpfen, aber ich fühle mich in keiner Weise „schuldig". Der Mann hatte die Politik der Welt über Jahrzehnte mit bestimmt und hatte auch in einem Maße den Alltag dominiert, dass die Frage, wie es weitergeht, Millionen beherrschte. In der Parteihochschule fiel der Unterricht aus, alle strömten zum Kolonnensaal, um am Sarg des Toten vorbeizudefilieren. Wir liefen Kilometer an der Menschenschlange entlang. Uns wurde klar, dass kaum Aussichten bestanden, den Kolonnensaal je zu erreichen. Ich lief zurück, um mich irgendwo irgendwie noch in die endlose Kette schmuggeln zu können. Am Trubnaja Platz gelang es mir, die Absperrungen zu durchbrechen. Zwischen Häuserwand und Bürgersteig waren dicht an dicht LKW und Autobusse geparkt. Dazwischen eingekeilt warteten die Menschen. Das Gedränge war lebensgefährlich. Es kam auch zu Todesfällen. Zwei habe ich selbst miterlebt, Hunderte sollen es gewesen sein.

Findet man eine Antwort auf die Frage der Motivation dieser Menschenmassen?

Am späten Abend wurde der Kolonnensaal geschlossen. Hunderttausende verharrten die ganze Nacht auf der Straße ungeachtet der Kältegrade. Ich konnte damals nicht wissen, was ich viel später bei Christian Neef in seinem Buch „Russland" lesen konnte. In dieser Nacht sollte Sergej Debrow, der zu der Gruppe gehörte, die für die Einbalsamierung Lenins zuständig gewesen war, die Leiche Stalins für den nächsten Tag wiederherrichten und seine Pockennarben, die bisher nur wenige Menschen zu Gesicht bekommen hatten, wegschminken.

Ich verbrachte mit Hunderten die Nacht auf einem Hof, wo wir uns an einem Feuer aus Papier, Gerümpel und Abfall erwärmten. Was bewog mich, fast mein Leben zu riskieren, um die Leiche Stalins zu Gesicht zu bekommen? Was bewog die anderen? Zweifellos wollten ihm viele die letzte Ehre erweisen, aber wussten sie alle nicht, dass er Massenmorde auf dem Gewissen hatte? Sicher wussten die wenigsten, welches Ausmaß sein Terror angenommen, wie viel Opfer er gefordert hatte. Viele tausend Familien waren betroffen. Die Praxis der Sicherheitsorgane, die Existenz von GULAGs und Millionen Verfolgter waren kein Geheimnis mehr. Wladimir Nekrassow beziffert in seinem 1992 bei Edition q. Berlin erschienenen Buch „Berija" die Zahl der Opfer mit sieben Millionen und die Zahl der Inhaftierten mit sechzehn Millionen. Allein 1944 sollen zweieinhalb Millionen Menschen in Zwangslagern zugebracht haben.

Vadim Medwedjew, der als Berater Gorbatschows Zugang zum Archiv des Generalsekretärs hatte, nennt in seinen Erinnerungen „Ansichten eines Insiders" folgende Zahlen: „Insgesamt wurden von 1917 bis 1990 3853900 Menschen wegen Staatsverbrechen verurteilt, davon wurden 827995 erschossen. Dazu kommen noch 2300000 Verbannte, die Opfer von Hunger und Not nicht gerechnet.

Unabhängig von den Zahlen und meinen persönlichen Problemen mit dieser Vergangenheit ist und bleibt Stalin für mich ein Verbrecher. Ich weiß, dass es heute in Russland und anderswo noch viele Menschen gibt, die ihm und der Zeit nachtrauern, in der vermeintlich „Ordnung" herrschte. Andere schreiben ihm persönlich die Zerschlagung des Hitlerfaschismus zu und ignorieren oder leugnen aus diesem Grunde seine Untaten.

In den veröffentlichten Briefen Stalins an Molotow, die sich leider nur auf die Zeit bis 1935 beziehen, heißt es schon 1930, dass „alle achtundvierzig Personen, die an der Misere der Arbeiterversorgung schuld sind, als Saboteure zu erschießen sind". In einem Brief vom 6. August forderte er, Kondratjew (Professor und stellvertretender Minister für Versorgung, Experte in der Staatlichen Plankommission und in der Zentralverwaltung für Statistik), Gromann und „einige andere Halunken unbedingt zu erschießen. Die ganze Gruppe um die Saboteure in der Fleischindustrie muss man unbedingt erschießen und in der Presse darüber berichten." In einem Brief vom 13. September 1930 heißt es: „Alle Aussagen der Saboteure bei der Versorgung mit Fleisch, Fisch, Konserven und Gemüse müssen unverzüglich veröffentlicht werden ... Eine Woche später muss dann die Bekanntmachung der OGPU folgen, dass alle diese Kanaillen erschossen worden sind."

Ich wiederhole meine Frage: Wollten jene Hunderttausende, die sich zum Kolonnensaal drängten, einem Verbrecher die letzte Ehre erweisen? Die Antwort lautet „nein". Unter ihnen waren viele, die in den dreißiger Jahren enthusiastisch an den Großbaustellen des Sozialismus gearbeitet hatten, und auch viele, die mit dem Ruf „Für Stalin!" gegen die deutschen Eindringlinge in die Schlacht gestürmt waren. Und: War die Sowjetunion zum Zeitpunkt von Stalins Tod nicht politisch und militärisch, ökonomisch und auf wissenschaftlich-technischem Gebiet eine Großmacht?

Sicher machte sich ein Großteil derjenigen, die in diesen Tagen in der endlosen Menschenkette standen, keine allzu bewegenden politischen Gedanken. Viele wollten wohl auch aus purer Sensationslust Stalin wenigstens als Toten gesehen haben, den Mann, den sie lebend nie zu Gesicht bekommen hatten, es sei denn am 1. Mai aus weiter Entfernung auf dem Roten Platz. Andere wollten sich möglicherweise später nur rühmen können, dass sie damals auch im Kolonnensaal waren und Stalin gesehen haben.

Dennoch zogen viele mit Tränen in den Augen am Sarg vorbei. Und das waren Menschen, die Sorge um die Zukunft befiel. Sie waren überzeugt, dass allein Stalin der Sieg über den Hitlerfaschismus und allein ihm auch die sozialistischen Errungenschaften zu danken waren. Das waren Erfolge, die bei allen Opfern und Mängeln unübersehbar waren! Und was bewog mich dazu, die Absperrungen zu durchbrechen, um Stalins Leichnam in Augenschein zu nehmen? Heute, fast ein halbes Jahrhundert danach, ist es schwer, eine plausible Antwort auf diese berechtigte Frage zu finden. Sicherlich muss man davon ausgehen, dass alle Parteihochschüler aufgefordert wurden, sich an der Kondolenz zu beteiligen. Wie wohl alle Bürger, die sich in die Menschenschlange einreihen wollten, war auch ich über die Nachricht von Stalins Tod überrascht. In den Tagen zuvor hatte es keine ärztlichen Verlautbarungen über seinen Gesundheitszustand gegeben, die auf dieses Ereignis vorbereitet hätten. So waren Gedanken, die man sich im Nachhinein machte, in diesem Augenblick noch nicht gegeben. Und man war sich auch nicht der Tragweite und der Konsequenz bewusst, die sich aus dem Tode Stalins ergaben. Ich war in der damaligen Situation auch nicht imstande, den vermutlichen Tod meines Vaters und der Onkel sowie meine eigene Verbannung mit dem Toten in direkte Verbindung zu bringen. Andererseits gehörte ich auch nicht zu jenen, die zum Kolonnensaal pilgerten, um tränenerstickt von einem „geliebten Führer“ Abschied zu nehmen.

Der hochgezüchtete Kult um Stalin hatte – wie später auch der bei Mao Zedong oder Kim-Il-sun – nicht nur einen propagandistischen, sondern auch einen sozial-ökonomischen Hintergrund. Und dennoch bin ich überzeugt davon, dass von den Arbeitern, die 1937 in Moskau meine Freunde geworden waren, keiner in der Schlange gestanden hat. Ihr Verhältnis zu Stalin wird sich wohl kaum verändert haben.

Während ich mir in der drängelnden Menschenschlange Mantel und Anzug zerriss, um am dritten Tag doch noch an dem Sarg vorbeiziehen zu können, spielten sich im Hintergrund ganz andere Szenen ab. Chrustschow hat sie in späteren Gesprächen des Öfteren preisgegeben, und ich habe ihn dabei oft übersetzt.

Der genaue Zeitpunkt von Stalins Tod konnte nie exakt angegeben werden, denn die Mitglieder der Wachmannschaft durften sein Zimmer nicht betreten, wenn sie nicht ausdrücklich gerufen wurden. Erst nachdem der Leiter dieser Mannschaft die Haushälterin gebeten hatte, nach Stalin zu sehen, fand man den Toten. Die Mitglieder des Parteipräsidiums wurden informiert und eilten zur „Blishnjaja Datscha“, zu dem in der Nähe

Moskaus gelegenen Landhaus Stalins. Man verharrte in Schweigen. Dann wurde die Kommission für die Vorbereitung und Durchführung der Trauerfeierlichkeiten benannt und die Trauerredner bestimmt, die auf dem Roten Platz sprechen sollten.

Offen blieb, wer ihm als Erster folgen sollte. Würde es Wjatscheslaw Molotow sein, der älteste Weggefährte, der schon mit Lenin zusammengearbeitet hatte? Oder Grigori Malenkow, der in den letzten Jahren aufgerückt war und auf dem XIX. Parteitag den Rechenschaftsbericht gehalten hatte? Oder Lawrentij Berija, Stalins Exekutor, der starke Mann im Hintergrund? Würde sich Letzterer dank des ihm unterstehenden Sicherheitsapparates durchsetzen? Der Diadochenkampf war eingeleitet.

An der Spitze derjenigen, die den Sarg aus dem Kolonnensaal trugen, waren alle drei, auf dem Roten Platz sprachen alle drei, Molotow übrigens mit tränenerstickter Stimme. Doch im Hintergrund dieser Troika regte sich ein anderer, dem es wohl weniger um den ersten Platz in der Machthierarchie als um die Ausschaltung des machtlüsternen Berija ging. Der hatte Stalins Terror mit zu verantworten, auch wenn die anderen Mitglieder des Politbüros ihre Hände keineswegs in Unschuld waschen konnten. Und der aus dem Hintergrund Kommende war Chrustschow.

Erst seine „Erinnerungen" offenbarten, welche Auseinandersetzungen sich in den politischen und staatlichen Sphären des Landes abspielten, bis es gelang, Berija zu entmachten und seiner Strafe zuzuführen. Chrustschow war zwar als früherer Sekretär der Moskauer Parteiorganisation und aus den Jahren seiner Tätigkeit von 1938 bis 1947 als Erster Sekretär in der Ukraine kein Unbekannter. Aber dennoch stand er immer im zweiten Glied. Deshalb hätte niemand mit seiner Wahl zum Ersten Sekretär des ZK der KPdSU gerechnete. Aber offensichtlich hatten auch diejenigen, die ihm die Parteifunktionen übertrugen, nicht geglaubt, dass der „kleine Pinja" – er nannte sich selbst gern „das kleine Schneiderlein", das in heiklen Situationen von den Großen vorgeschickt wurde – den anderen den Rang ablaufen und sich zum ersten Mann im Staate küren lassen könnte. Georgi Malenkow war Vorsitzender des Ministerrates der UdSSR und nahm eine Schlüsselposition ein. Molotow, Berija, Kaganowitsch und Woroschilow waren in der Sowjetunion weit populärer als Nikita Sergejewitsch Chrustschow.

Dieser hat später oft seinen Aufstieg geschildert. Als das Parteipräsidium in der „Blishnjaja Datscha“ versammelt war, forderte Berija, der als erster nach Moskau zurückfahren wollte, Malenkow auf, ihn zu begleiten. War damit eine kollektive Entscheidung von diesen beiden vorweggenommen? Chrustschow wollte sich damit nicht abfinden, dass Berija wieder eine Führungsfunktion übernahm und begann das für ihn lebensgefährliche Ränkespiel gegen Berija. Erste Kontakte, die Chrustschow in dieser Angelegenheit mit Molotow und Bulganin suchte, wurden positiv aufgenommen. Auch sie waren davon überzeugt, dass Berija eine Gefahr bedeutete. Andere, zum Beispiel Woroschilow und Kaganowitsch, reagierten zurückhaltend und wollten erst das Kräfteverhältnis im Präsidium ausloten. Das Hauptproblem war Malenkow, von dem man glaubte, er sei mit Berija befreundet. Chrustschow ging das Risiko ein und stieß – für ihn überraschend – auch bei Malenkow auf Zustimmung.

Am 26. Juni 1953 wurde Berija während einer Sitzung des Präsidiums des ZK im Kreml verhaftet. Chrustschow hatte unter Umgehung der Berija hörigen Kremlwache die Festnahme mit Hilfe treu ergebener Militärs unter Führung von Marschall Shukow veranlasst. Die Ermittlungen dauerten ein halbes Jahr. Am 23. Dezember wurde das Todesurteil gesprochen und sofort vollstreckt.

Natürlich sind diese Ereignisse in den letzten Jahren von vielen „enthüllt“ worden. Es steht mir nicht zu, und ich halte es auch nicht für so wichtig, wer bei der Wahrheit blieb und wer, um den Marktwert seiner Erinnerungen zu steigern, einiges erfand.

Das gilt aus meiner Sicht für das Buch des Sohnes von Berija. Die blutige Mitschuld Berijas an Stalins Verbrechen ist heute hinreichend belegt. Gorbatschow berichtet in seinen Erinnerungen, dass die Erschießung polnischer Offiziere in Katyn von Berija veranlasst und von Stalin sanktioniert worden war. Das entsprechende Dokument hat er zusammen mit Hunderten anderer, die sich im Archiv des Generalsekretärs befanden, an Jelzin übergeben.

Andrej Gromyko vermerkte in seinen Erinnerungen, dass Berija in einer Präsidiumssitzung zum Thema DDR gesagt habe: „DDR? Was ist sie wert? Nicht einmal ein richtiger Staat, nur sowjetische Truppen halten sie am Leben." Gromykos Kommentar: „Alle waren schockiert. Molotow wies ihn zurecht und verteidigte die Souveränität der DDR als sozialistischer Staat. Malenkow unterstützte Molotow, auch Bulganin, Kaganowitsch, Mikojan sprachen positiv und herzlich über die DDR." Wie die Reaktion auf Berijas Ausfall auch gewesen sein möge, es gab jedenfalls im Kreml damals Kräfte, die die DDR als Spekulationsobjekt betrachteten.

Wie man aus den glaubwürdigen Erinnerungen Chruschtschows weiß, durfte zu Stalins Zeiten nur dieser selbst „seine Nase in die Angelegenheiten der osteuropäischen Länder stecken". Deshalb trat Berija auch erst nach dem Tode Stalins gegen die DDR auf, vermutlich zu dem Zeitpunkt, als Semjonow zum Hohen Kommissar der UdSSR in Deutschland avanciert war und Generaloberst Gretschko Armeegeneral Tschujkow in Deutschland abgelöst hatte.

Es gibt Gerüchte, Berija habe – nach Absprache mit Churchill – durch die Preisgabe der DDR für Malenkow und sich Eintrittskarten für eine geplante Vier-Mächte-Konferenz erwerben wollen.

Beenden wir den Abschnitt um Stalins Tod. Die Geschichte hat ihr Urteil über ihn gefällt. Dass sich in Russland mancher, der durch die Politik Gorbatschows und Jelzins in fatale Armut geraten ist, heute an Stalins Zeit mit Sympathie erinnert, mag überraschen, ist aber menschlich wohl verständlich. Wenn man heute sachlich feststellt, dass die Sowjetunion zur Zeit von Stalins Tod eine weltweit anerkannte Großmacht war, so darf diese objektive Wertung die Verbrechen Stalins weder beschönigen noch verschleiern.

Ich kümmerte mich wieder um mein Studium an der Parteihochschule. Ich las auch, dass sich die Industrieproduktion der UdSSR gegenüber 1929 um 2000 Prozent, die der USA aber nur um 230 Prozent gesteigert hatte. Der jährliche Produktionszuwachs betrug ab 1930 in der UdSSR 12,3 Prozent, in den USA aber nur 3,3 Prozent. Diese Zahlen verschweigen zwar die absoluten Größen, waren aber dennoch beeindruckend. Sie bestätigten die Lebenserfahrungen der Sowjetbürger, denn die verheerenden Schäden des Krieges wurden systematisch überwunden, das Angebot in den Läden verbesserte sich zusehends, zumindest in Moskau, obwohl das Stalin'sche Gesetz von der vorrangigen Entwicklung der Schwerindustrie weiter verfolgt wurde. Ich konnte von meinem Stipendium in Moskau für meine zukünftige Frau in Berlin kaum erschwingliche Kleiderstoffe und für die künftige Familie Essbesteck und Geschirr kaufen.

Die Frage, warum sich das später radikal änderte und Kossygin, als Ministerpräsident, Ulbricht inständig um Lieferung von Konsumgütern bat, beantwortet auch die Frage nach den Ursachen des Niedergangs der UdSSR. Doch darauf werde ich noch eingehen.

Inzwischen sind Dokumente zugänglich geworden, aus denen hervorgeht, dass am 5. und 6. Juni 1953 im Politbüro der SED die Auswertung eines Beschlusses der KPdSU über „die fehlerhafte politische Linie" der DDR stattgefunden hatte.

Darin war die Tatsache erwähnt, dass von Januar 1951 bis April 1953 fast eine halbe Million Menschen aus der DDR geflüchtet war, allein in den ersten vier Monaten des Jahres 1953 waren es 120000. Als Ursache wurde der beschleunigte Aufbau des Sozialismus genannt.

Der Schwerindustrie war der absolute Vorrang eingeräumt worden. Die Privatinitiative kleiner Unternehmer wurde unterdrückt. Die Gründung der landwirtschaftlichen Produktionsgenossenschaften war derart forciert worden, dass viele Bauern die DDR verließen und rund 500000 Hektar Ackerland nicht bearbeitet wurden.

In dem Dokument war auch davon die Rede, dass sich das Verhältnis zur Kirche und zu den Geistlichen zugespitzt hatte, dass es zu unverantwortlichen Repressalien gekommen und gegenüber der Intelligenz eine falsche Politik betrieben worden sei. Daraus wurde eine Gefahr für die politische Stabilität der DDR abgeleitet. Die SED wurde aufgefordert, auch in der Partei die Propaganda für einen übereilten Übergang zum Sozialismus einzustellen und der SPD gegenüber keine feindliche Haltung einzunehmen. Als Hauptaufgabe wurde der Kampf für die Vereinigung Deutschlands auf demokratischer, friedlicher Grundlage genannt.

Soweit zum Inhalt des Protokolls einer Sitzung des Politbüros, die zehn Tage vor dem 17. Juni 1953 stattfand. Es erhebt sich logischerweise auch die Frage, ob die nachfolgenden Ereignisse in der DDR in irgendeiner Beziehung zum Tode Stalins standen.

Die Kritik der KPdSU an der SED offenbarte auch, dass sich im Kreml wieder einmal diejenigen durchgesetzt hatten, die nach wie vor auf ein neutrales, einheitliches Deutschland setzten. Das blieb den Mitgliedern der SED natürlich verborgen, offenkundig aber auch den Politikern der BRD, es sei denn, man geht davon aus, dass Bonn weiter auf die Formel vom halben, aber sicheren Deutschland setzte.

Die Kritik der sowjetischen Parteiführung an den Verhältnissen in der DDR zeigte unbestritten Realitätssinn. Im Grunde genommen ist sie aber auch eine Analyse der Fehler der KPdSU zu Stalins Zeiten und damit eine erste selbstkritische Einschätzung der eigenen Vergangenheit.

Vorerst standen Ereignisse in der DDR an, die die Historiker und Politiker noch heute bewegen. Die überhastete Durchsetzung der Beschlüsse der 2. Parteikonferenz hatte die allgemeine Stimmung aufgeheizt. Als das Politbüro am 9. Juni 1953 mit einem Beschluss zum „Neuen Kurs“ die Fehler korrigierte, war es zu spät. Der politische Gegner nutzte seine Medienwaffen und blies zum Halali. Allen voran ging der „Rundfunk im amerikanischen Sektor“, der Sender RIAS. Er verbreitete die angeblich von einem „Streikkomitee“ in der DDR formulierten Losungen, die zu Demonstrationen und schließlich sogar zum Generalstreik aufriefen.

Es kam zu Demonstrationen und auch Streiks, an einen Generalstreik war allerdings nicht zu denken. Das bestätigte eine später von der Bonner Regierung angestrengte Untersuchung der Ereignisse, die feststellte, dass sich insgesamt nur sechs Prozent der arbeitenden Bevölkerung an Arbeitsniederlegungen beteiligt hatten.

Ich saß damals in Moskau und konnte mir als Leser der „Prawda“ nur ein sehr unvollkommenes Bild von den Ereignissen machen, die mit dem Einsatz sowjetischer Panzer beendet worden waren und leider auf beiden Seiten zu Opfern geführt hatten.

Dass die andere Seite den 1917 in Petrograd gestürzten und seit langem in den USA lebenden russischen Ministerpräsidenten Kerenski aus New York einflog und ihm auf dem Potsdamer Platz eine Tribüne einräumte, um russische Panzerfahrer zum Überlaufen zu bewegen, illustriert die Situation hinreichend. Kaum einer der jungen Soldaten wusste, wer Kerenski war.

Ich erlaube mir hier dennoch nach dem Studium zahlreicher Augenzeugenberichte ein Urteil: Der 17. Juni 1953 war weder ein „spontaner Volksaufstand", noch ein „faschistischer Putsch". Die wohl irgendwo in der Mitte dieser beiden Pole liegende Wahrheit bedarf einer differenzierteren Wertung und keiner Schwarzweißmalerei. Als einen von vielen Kronzeugen will ich Stefan Heym nennen, der sich aus meiner Sicht mit seinem Buch „5 Tage im Juni" solcher Globalurteile enthielt. Er schilderte die Lage in einigen Schwerpunktbetrieben realistisch und gab zugleich auch die RIAS-Verlautbarungen im Wortlaut wieder. Dass dieses Buch in der DDR nicht erscheinen durfte, muss man den kleinkarierten Entscheidungen von Genossen zuschreiben, die ihre Macht – um es knapp und deutlich zu sagen – missbrauchten.

Ulbricht und der Kreml

Im Juli 1953 fand die 15. Tagung des ZK statt. Der „Prawda" war zu entnehmen, dass unter Ulbrichts Leitung das Zentralkomitee eine Fraktion von „Kapitulanten" in der Parteiführung „zerschlagen" habe. Wer hätte mir in Moskau die Frage beantworten können, was da in Berlin vor sich gegangen war?

Aus dem so genannten „Herrnstadt-Dokument" geht hervor, dass Rudolf Herrnstadt, Kandidat des Politbüros und Chefredakteur des „Neuen Deutschlands", Kritik an der Arbeitsweise des Sekretariats des ZK geübt und ihm vorgeworfen hatte, sich vom Politbüro gelöst zu haben. So sei eine dualistische Führung entstanden. Zudem hatte er die Verhaltensweise von Walter Ulbricht kritisiert und seinen Rücktritt verlangt. Mehrere Mitglieder des Politbüros hätten einen Brief an das ZK der KPdSU gesandt, in dem diese Forderungen unterstützt wurden. Allen war klar: Derartige Entscheidungen wurden in Moskau gefällt. Der Kreml wollte in dieser Situation aber keinen Führungswechsel riskieren. Ulbrichts Linie und Tätigkeit wurden bestätigt.

Nachdem Rudolf Herrnstadt und Wilhelm Zaisser, Minister für Staatssicherheit der DDR, auf der 17. Tagung des ZK im Januar 1954 aus der Partei ausgeschlossen und ihrer Funktionen enthoben worden waren, gab es im ZK-Apparat Gerüchte, Herrnstadt sei mit Berija liiert gewesen. Es war bekannt, dass er schon vor Beginn des Krieges mit der sowjetischen militärischen Aufklärung zusammengearbeitet hatte, doch Komplizenschaft mit Berija konnte daraus keinesfalls abgeleitet werden. Verschiedene Quellen lassen darauf schließen, dass sich Wladimir Semjonow, seinerzeit Hochkommissar der Sowjetunion in Deutschland, gegen Ulbricht gestellt hatte. Anlass dafür war die nach seiner Meinung zu großzügig geplante Feier zum 60. Geburtstag Ulbrichts. Diese Version halte ich für sehr wahrscheinlich, denn ich habe oft erlebt, dass Ulbricht nicht gut auf Semjonow zu sprechen war.

Die Tragödie des 17. Juni bestand darin, dass die Ereignisse nicht genutzt wurden, um in der Partei und in der Öffentlichkeit ausgiebig über die inneren Probleme der DDR zu diskutieren, wie es in dem sowjetischen Dokument verlangt worden war. Warum wurde zum Beispiel aus der Loyalitätserklärung Bertolt Brechts ausgerechnet der Satz: „Ich erwarte nun, dass die große Aussprache mit den Arbeitern und der Bevölkerung beginnt", gestrichen? Hing der Schatten Stalins noch so tief über der DDR?

Die Parteien des noch immer intakten demokratischen Blocks wären bei einer gründlichen, sachlichen Aussprache sicher zu Erkenntnissen gelangt, die den Weg einer flexibleren, toleranteren Entwicklung geebnet hätte.

Andererseits kann auch heute niemand bei der Beurteilung der Situation die Zwänge ignorieren, die durch den zunehmenden Wirtschaftskrieg der BRD gegen die DDR entstanden. Es entstanden Kosten, die unkalkulierbar waren. Während ich diese Zeilen schrieb, fiel mir ein im April des Jahres 2000 gefälltes Gerichtsurteil in die Hände: Ein hessischer Unternehmer war zu 27000 DM Geldstrafe verurteilt worden, weil er in den achtziger Jahren Teile für Computerchips in die DDR geliefert hatte, die auf der Embargo-Liste standen. Der dem Betrieb durch diesen Handel entstandene Gewinn von 1,5 Millionen DM muss nachträglich an die Staatskasse überwiesen werden.

Eine zügige Entwicklung der Schwerindustrie in der DDR als Voraussetzung auch für den Aufbau einer modernen Konsumgüterindustrie wurde durch das Embargo massiv behindert. Noch einmal ein Beispiel zur damaligen Industriegeographie: fünf Hochöfen im Osten, einhundertzwanzig im Westen. So litt die Produktion von Konsumgütern weiter, während im „Schaufenster" Westberlin das Warenangebot immer attraktiver wurde und so manche DDR-Mark in die westberliner Wechselstuben wanderte.

Erster Sekretär Nikita Sergejewitsch Chrustschow

Die Komplikationen in der Parteiführung eskalierten durch den Umstand, dass man schon vor der 15. Tagung des ZK die Ausläufer der Prozessserie zu spüren bekommen hatte, die in zahlreichen anderen osteuropäischen Länder inszeniert wurden und angeblich die Bindungen zu dem der Spionage für die USA verdächtigten Noël H. Field aufdecken und ahnden sollte. Rudolf Slánsky, früherer Generalsekretär der Kommunistischen Partei der Tschechoslowakei und stellvertretender Ministerpräsident, und mehrere andere Genossen wurden in Prag wegen angeblicher Verschwörung hingerichtet. Die Liste aller bei diesem Berija-Coup ums Leben Gekommenen und später Rehabilitierten ist sehr lang ...

Franz Dahlem, bis dahin zweiter Mann im SED-Politbüro, wurde wegen angeblicher Kontakte zu Field von seiner Funktion entbunden. Seinen Platz nahm Karl Schirdewan ein. Anton Ackermann, von dem schon die Rede war, wurde ebenfalls aus der Parteiführung „entlassen", nachdem man ihn gezwungen hatte, sich von seinen Worten und Gedanken über einen besonderen deutschen Weg zum Sozialismus zu distanzieren. Bekanntlich stammte die Idee zu diesem Vorschlag gar nicht von ihm, und obendrein konnte er sich auf Lenin beziehen, der ausdrücklich formuliert hatte, dass jedes Land den seinen Bedingungen entsprechenden Weg zum Sozialismus beschreiten sollte.

Walter Ulbricht hat sich später darauf berufen, dass er Schauprozesse in der DDR verhindert habe. Mir liegt es fern, Ulbricht zu beschuldigen, zumal er insofern Recht hatte, dass es tatsächlich keine Schauprozesse gegeben hat. Aber übersehen werden sollte nicht, dass es auch in der DDR ungerechtfertigte Verhaftungen und Verurteilungen gab. So wurde Paul Merker, Mitglied des Politbüros, der bereits 1950 wegen Verbindung zu Noël H. Field aus der SED ausgeschlossen worden war, 1952 verhaftet und 1955 zu acht Jahren Zuchthaus verurteilt. Ein Jahr später wurde er wieder aus der Haft entlassen und rehabilitiert. Der Philosoph Wolfgang Harich wurde wegen „Bildung einer konspirativen staatsfeindlichen Gruppe" zu 10 Jahren Zuchthaus verurteilt. Er kam 1964 durch Amnestie frei; erst 1990 erfolgten Kassation des Urteils und Freispruch. Walter Janka, Leiter des Aufbau-Verlags und früherer persönlicher Mitarbeiter Paul Merkers im Parteivorstand, wurde 1957 zusammen mit Gustav Just, Heinz Zöger und Richard Wolf wegen „Boykott-Hetze" zu einer mehrjährigen Haftstrafe verurteilt und saß bis 1960 im Zuchthaus Bautzen. Erst 1990 wurde das Urteil aufgehoben. Max Fechner, 1945 Mitglied des Zentralausschusses und einer der drei Vorsitzenden der SPD, später Minister für Justiz der DDR, wurde nach dem 17. Juni 1953 wegen Eintretens für das Streikrecht seines Amtes enthoben und zu einer Haftstrafe verurteilt; 1958 wurde er wieder in die SED aufgenommen.

Die personellen Veränderungen im Politbüro, die auch Hans Jendrezky, Edith Baumann, Franz Dahlem und Anton Ackermann, später auch Fred Oelßner und Karl Schirdewan betrafen, wird man aus heutiger Sicht zumindest als Abkehr von leninistischen Prinzipien werten müssen. Lenin hatte seinerzeit nicht nur die Berufung Trotzkis, sondern auch Sinowjews und Kamenews, die vor der Oktoberrevolution gegen ihn aufgetreten waren, in führende Funktionen vorgeschlagen. 1953 gab es in der DDR zwar weder Prozesse noch Todesurteile, aber Entbindung von Funktionen in Parteigremien und Zwangsversetzungen. Dahlem wurde stellvertretender Staatssekretär für Hochschulwesen, Ackermann Leiter der Hauptverwaltung Film im Ministerium für Kultur, Jendretzky Mitglied des Nationalrats der Nationalen Front und Staatssekretär für die Angelegenheiten der örtlichen Räte. Herrnstadt wurde ins Deutsche Zentralarchiv nach Merseburg versetzt, wo er einige exzellente Bücher schrieb, und Oelßner wurde Direktor des Instituts für Wirtschaftswissenschaft an der Akademie der Wissenschaften.

Bemerkenswert, dass im außenpolitischen Teil des Beschlusses über den „Neuen Kurs" wieder alt bekannte Formulierungen auftauchten. So wurde die „Herstellung der Einheit Deutschlands durch die Annäherung der beiden Teile Deutschlands" bekräftigt. Die „Tägliche Rundschau", noch immer Organ der Besatzungsmacht, kommentierte das so: „Die Beschlüsse [des Politbüros] sind auf das große Ziel der Wiedervereinigung des deutschen Volkes in einem geeinten, nationalen deutschen Staat ausgerichtet."

Um in der Chronik der Ereignisse keine Lücke entstehen zu lassen: In Moskau hatte ein ZK-Plenum den Nachfolger Stalins als Generalsekretär des ZK der KPdSU gewählt, Nikita Sergejewitsch Chrustschow.

Ich saß derweil am Miusski-Platz und bereitete mich auf das Staatsexamen vor. Im Juli 1954 war alles überstanden, bei mir mit „Auszeichnung". Wie man weiß, interessiert die Note später kaum jemanden, aber man war damals natürlich stolz darauf.

Nach dreieinhalb Jahren Aufenthalt in Moskau ging es ans Packen. Wir, die zehn Absolventen des Drei-Jahres-Lehrganges, hatten uns in dieser Zeit reichlich mit Büchern eingedeckt. Ich hatte bei der Post rund einhundert Sperrholzkisten gekauft, in die wir die Bücher stapelten. Dann wurden die Kisten vernagelt, mit Draht verspannt und auf den Weg gebracht. Ich erhielt einen kompetenten Ausweis der Parteihochschule und machte mich auf den Weg zum Moskauer Zoll. Der Beamte empfing mich freundlich und wollte Auskunft über den Inhalt der so fachmännisch verschlossenen Kisten haben. Ich antwortete: „Bücher". Seine nächste Frage: „Was für Bücher?" Ich beschied ihn: „Vornehmlich politische". Da fragte er zielgerichtet: „Auch die Sowjetische Enzyklopädie?" Als ich dies etwas voreilig bestätigte, fiel mir ein, wohin die Frage zielte. Ich beeilte mich zu versichern, dass ich als Parteisekretär veranlasst hatte, in Band 5 eine bestimmte Seite herauszuschneiden und dafür eine in Band 11 als Anlage beigefügte Seite einzukleben. Damit war er zufrieden. Dahinter verbarg sich die Tatsache, dass in Band 5 ein Farbfoto mit Biographie von Berija enthalten war und in Band 11 die gleiche Seite ohne Bild und Angaben zu Berija nachgedruckt worden war. Ich war zwar ziemlich sicher, dass keiner meiner Studienkollegen sich dieser Mühe unterzogen hatte, konnte mir aber leicht vorstellen, was sich zugetragen hätte, wenn ich das nicht behauptet hätte: hundert Kisten entdrahten, Nägel ziehen, die Bücher „berichtigen" und dann alles wieder zusammenpacken.

Mancher nennt sein Studium in Moskau heute verlorene Zeit. Ich gehöre nicht dazu. Sicherlich haben wir manch Überflüssiges aus der Stalin'schen „Schatzkammer" studiert, aber die meiste Zeit stand für Selbststudium zur Verfügung. Wir hatten reichlich Gelegenheit, uns nicht nur mit Marx, Engels und Lenin, sondern auch mit Hegel, Feuerbach und vielen anderen bekannt zu machen.

Familie Eberlein gegründet

In Berlin war eine meiner ersten „Amtshandlungen" der Gang zum Standesamt. Wir holten endlich unsere Hochzeit nach. Erikas Studentenstipendium reichte zwar nicht für eine pompöse Feier, und mir fehlte sogar das nötige Kleingeld für einen Hochzeitsstrauß. Das führte zu Tränen. Aber dann gab es doch noch Blumen. Meine Mutter und mein Stiefvater, die damals mit meinem Bruder in einem stattlichen Haus am Müggelsee wohnten, arrangierten das Hochzeitsessen. Am Abend starteten wir mit einem Paddelboot unsere eher symbolische Hochzeitsreise. Sie führte uns ans andere Ufer des Sees. An einen Landgang war nicht zu denken, da wir nicht einmal das Geld für eine Flasche Selters in der Tasche hatten.

Die folgenden 45 Jahre bewiesen uns, dass weder Geld noch luxuriöse Hochzeitsreisen das Fundament „haltbarer" Ehen sind. Genau neun Monate nach der Hochzeit kam unsere Tochter Irina zur Welt, ein Jahr und neun Tage später folgte ihr Tochter Sonja, während Sohn Viktor im Januar 1960 seine Schwestern sehen und kennen lernen wollte.

Einige Worte zu meinem Stiefvater Willy Huhn. Meine Mutter und er hatten 1927 geheiratet, und 1928 wurde mein Bruder Klaus geboren. Exakt formuliert, wäre er mein „Halb- oder Stiefbruder“. Aber wir hatten schon als Kinder auf diese Bezeichnung verzichtet und es später dabei belassen.

Willy Huhn war als 42-Jähriger im Jahre 1943 noch zur Wehrmacht eingezogen worden, entkam dem Kessel um Königsberg und geriet am 20. April 1945 in amerikanische Kriegsgefangenschaft. Er kam in eines jener „Internierungslager“, in denen Tausende unter freiem Himmel vegetierten und unzählige durch Seuchen ihr Leben verloren, worüber heute kaum jemand mehr ein Wort verliert. Um sein Leben zu retten, meldete er sich zu einem Lehrgang, in dem Deutsche ausgebildet wurden, die bei der Verwaltung in der US-amerikanischen Besatzungszone Verwendung finden sollten. Im September 1945 wurde er mit einem „Diplom“ entlassen, das ihn als „Selected citizen of Germany“ („Ausgewählter Bürger Deutschlands“), auswies. Er verzichtete jedoch auf jegliche Tätigkeit in der US-Zone und trampte geradenwegs nach Berlin. Der Erste, den er hier traf, war Wilhelm Pieck und danach dessen Sohn Arthur, der im Magistrat von Groß-Berlin sozusagen Personalchef war. Das Gremium der vier Stadtkommandanten hatte eben beschlossen, eine Bankenaufsicht einzurichten, in die jede Besatzungsmacht einen Deutschen zu delegieren hatte. Arthur Pieck war froh, den Sowjets einen verlässlichen und bankerfahrenen Mann empfehlen zu können. Als die Alliierten 1947 eine Kommission bildeten, die die durch das Potsdamer Abkommen enteigneten Monopolbanken abwickeln sollte, benannte ihn die Sowjetische Militäradministration wiederum als ihren Vertreter. Allerdings kam die Kommission nie dazu, ihren Auftrag zu Ende zu führen, wobei fraglich ist, ob die Westalliierten je die ernste Absicht hierzu hatten. Willy Huhn wurde beauftragt, eine Zentralbank für die sowjetische Zone einzurichten, die später in die Deutsche Notenbank umgewandelt wurde.

Die Ursache für sein Ausscheiden aus der späteren Funktion eines Präsidenten der Deutschen Notenbank ist nicht restlos aufzuklären. Willy Huhn hatte den anfangs sehr skeptischen Sowjets vorgeschlagen, den durch Razzien nicht unter Kontrolle zu bringenden schwarzen Markt durch eine Art staatlichen „Schwarzhandel“ auszutrocknen. Er entwickelte das Konzept für die Handelsorganisation, die dann überall als HO bekannt wurde. Sie blieb mit ihren Preisen immer knapp unter denen des schwarzen Marktes und garantierte den Käufern, dass sie nicht betrogen wurden. Das Konzept erwies sich als Erfolg. Doch im Apparat gab es Neider. Ich will keine Namen nennen, aber Minister der eben gegründeten DDR-Regierung spielten dabei die entscheidende Rolle. Die Tatsache, dass er einen der erfahrensten bürgerlichen Währungsexperten für die Mitarbeit in der Bank gewann, lieferte dann den Vorwand für seine Entlassung. Im April 1950 fand eine Parteiversammlung der SED-Betriebsgruppe der Notenbank statt, in der er des „Trotzkismus“ beschuldigt wurde.

Mein Stiefvater hatte keine Wahl: Er musste sein Rücktrittsgesuch einreichen. Otto Grotewohl schrieb ihm: „Die Regierung der Deutschen Demokratischen Republik verbindet mit dem Dank für Ihre verantwortungsvolle Arbeit die besten Wünsche für die Wiederherstellung Ihrer Gesundheit.“ Willy Huhn wurde kaufmännischer Direktor in einem Chemiebetrieb, in dem er bis zu seinem durch einen ärztlichen Fehler verursachten Tod am 30. Januar 1955 tätig war.

In der Familie wurde nur selten über die Affäre gesprochen. Willy Huhn, 1919 Mitbegründer des Kommunistischen Jugendverbandes, hatte schon so manche Erfahrung in der kommunistischen Bewegung gesammelt. Er wusste, wie man in den zwanziger Jahren mit „Abweichlern“ umgegangen war, und beklagte sich nie. In dem Chemiebetrieb in Erkner erwarb er sich schnell Ansehen.

Den 17. Juni 1953 habe ich schon erwähnt, möchte aber noch ergänzen, was an diesem Tag in dem Betrieb geschah, den Willy Huhn leitete. Als zwei Unbekannte erschienen und zum Streik aufriefen, fanden sie zunächst Zustimmung. Willy Huhn blieb gelassen und meinte: „Also streiken wir. Aber könntet ihr uns wenigstens eure Gewerkschaftsbücher zeigen? Denn solange ich denken kann, ist es die Gewerkschaft, die zum Streik aufruft.“ Das erschien der Mehrheit der auf dem Hof Versammelten einleuchtend und sie wollten den Gewerkschaftsausweis sehen. Die beiden hatten aber keine und trollten sich. In dem Chemiebetrieb in Erkner wurde am 17. Juni 1953 nicht gestreikt.

Nachdem ich geheiratet und mich in Berlin wieder etabliert hatte, begab ich mich ins Zentralkomitee der SED zu dem für mich zuständigen Sekretär Fred Oelßner, der jedoch bald darauf „versetzt“ wurde. Er delegierte mich in die Redaktion „Neues Deutschland“. Ich sträubte mich mit Händen und Füßen, denn ich träumte davon, in einem Großbetrieb oder in einem Kreis als Parteisekretär zu arbeiten. Aber als „proletarisches Element“ sollte ich ins ND, in dem einige Zeit zuvor Rudolf Herrnstadt „ausgeschieden“ war. Der nach ihm amtierende Chefredakteur Heinz Friedrich fragte mich, welche Abteilung ich übernehmen möchte. Als einem der ersten Absolventen der Moskauer Parteihochschule standen mir alle Türen offen. Ein wenig irritiert über dieses großzügige Angebot, entschied ich mich für die Außenpolitik. Ich hatte ja vorher schon mal in diesem Bereich gearbeitet und mein Wissen in Moskau erweitern können. Friedrich, eine ehrliche Haut, gestand mir offenherzig: „Wir brauchen vor allem einen, der Prügel vertragen kann!“ Da er mich offensichtlich dafür prädestiniert hielt, wurde ich Leiter der Abteilung für Wirtschaftsfragen, die, wie ich schlussfolgerte, wohl besonders viel Kritik einstecken musste. Es war für mich ein vollkommen neues und unbekanntes Gebiet. Der Hintergrund waren aber die Probleme der Redaktion des ND mit dem zuständigen ZK-Sekretär für Wirtschaft, Gerhard Ziller, der nach Auseinandersetzungen über die DDR-Wirtschaftspolitik, einer Kritik an Walter Ulbricht und der späteren Beschuldigungen, er habe der „Schirdewan-Wollweber-Fraktion“ angehört, 1957 aus dem Leben schied.

Meinen Einstieg soll folgende Episode illustrieren. Nachdem ich den Redakteuren der Abteilung vorgestellt worden war, bestand meine erste Amtshandlung darin, eine Mitteilung des Verkehrsministeriums über Fahrplanänderungen abzuzeichnen, damit sie in die Setzerei gehen konnte. Am nächsten Tag rief die Pressestelle des Ministeriums aufgeregt in der Redaktion an, weil hinter der Zugangabe jeweils die Buchstaben „SMK“ standen, die ich für einen bahntechnischen Hinweis gehalten hatte. Es war aber nur die in Fernschreiben übliche Abkürzung für „Semikolon". Nie wieder habe ich irgendetwas unterzeichnet, was ich mir nicht erklären konnte.

Meine Kollegen unterstützten mich redlich, und ich fuchste mich langsam ein. Sehr bald erwies sich, dass es für mich nicht nur um Zeitungsmanuskripte oder Auseinandersetzungen mit Gerhard Ziller ging. Am Rande sei vermerkt: In den Debatten mit Ziller lernte ich auch Günter Mittag kennen.

Immer öfter holte man mich dann als Dolmetscher für Walter Ulbricht. Nicht nur sporadisch, wenn „Not am Mann" war, wie Wilhelm Pieck dies getan hatte, sondern nun wurde ich zu allen großen und auch kleinen, offiziellen und internen Reisen in die Sowjetunion als Dolmetscher und dann auch als Delegationssekretär eingesetzt.

Bei einer der ersten Delegationsreisen nach Moskau wurden wir vom Flugplatz auf die Leninberge gebracht und in eine der Villen einquartiert, die zu Stalins Zeiten errichtet worden und für Mitglieder des Politbüros und deren Familien gedacht waren. Von einem kleinen Garten und einer hohen Steinmauer umgeben, waren diese Villen nicht nur von der Außenwelt abgeschnitten, sie waren auch im Inneren äußerst ungemütlich, so dass alle vorgesehenen Mieter, bis auf Chrustschow und Mikojan, die große Familien hatten, den Umzug ablehnten. Deshalb wurden die Villen als Gästehäuser für ausländische Delegationen genutzt, wofür sie aber noch weniger geeignet waren.

Als man uns nach der Ankunft „eingewiesen" hatte, wurde es mir überlassen, die Delegation unterzubringen. Für Ulbricht und Grotewohl waren Schlafzimmer mit Bad und jeweils ein Arbeitszimmer vorhanden. Die anderen wurden zu zweit in einem Zimmer untergebracht. Als ich ihnen das im Raucherzimmer mitteilte, in dem sie warteten, versteckten sich einige demonstrativ hinter ihrer Zeitung, um Ablehnung zu demonstrieren. Was konnte ich tun? Ich „teilte ein" und wurde „Generalquartiermeister" tituliert. Edmund Weber, der für Ulbrichts Sicherheit Zuständige, und ich blieben übrig. Wir kampierten in der Bibliothek auf zwei Sesseln. Bald avancierte ich zum „Mann für alles", der nicht nur dolmetschte, sondern der vorsichtshalber auch stets einige Kranzschleifen für unverhoffte Kranzniederlegungen in der Tasche trug, der die Verbindung zu den mitreisenden Journalisten hielt, der notierte, was die Protokollbeamten auftrugen, und auch für die obligatorischen Geschenke für sowjetische Begleiter und Kraftfahrer, für den Wachschutz und Köche oder Zimmerfrauen zur Verfügung hatte. Damit keine Irrtümer aufkommen: Die Reisen nach Moskau, Leningrad, Gorki, Kiew, Riga, Nowosibirsk oder Uljanowsk waren damals noch von protokollarischer Zurückhaltung und Verzicht auf unnötigen Aufwand geprägt. Später, als Erich Honecker mit großer Begleitung westliche Länder besuchte, änderte sich da einiges.

Ich erinnere mich gut an die Anfänge der DDR, an unsere Improvisationen, vor allem aber an die Herzlichkeit, mit der man uns überall begegnete.

Erinnert wurde ich daran auch, als ich in den Memoiren des früheren Bundespressechefs und Bundesbevollmächtigten in Berlin Felix von Eckardts las. In seinem 1967 erschienenen Buch „Ein unordentliches Leben" schilderte er, wie es in der BRD bei Auslandsreisen zuging. Er beschrieb zum Beispiel seine Reise nach England, als er den Bundespräsidenten Theodor Heuss beim Besuch der englischen Königin begleitete. Vor dem Victoria-Bahnhof bestiegen sie fünf prachtvolle Kaleschen im Stil des XVIII. Jahrhunderts, jede vierspännig, mit Kutschern und Dienern in Hoflivree und weißen Perücken. Von Eckardt und van Scherpenbeck wurden von der Hofdame der Königin und dem Oberstallmeister begleitet. Im Buckingham-Palast wurden ihm fünf von den sechshundert Gemächern des Palastes, ein Butler und zwei Diener zur Verfügung gestellt. Im Wohnzimmer Nr. 1 lagen alle Einladungen, die jeweiligen Sitzordnungen und sogar die Kurzbiographien der Tischnachbarn. Der Butler begleitete Eckardt durch den Palast zum vorgegebenen Raum oder Saal.

Die Sitten und Bräuche im Sozialismus unterschieden sich eben von denen einer Monarchie, und ich bezweifle, ob bei solchem Zeremoniell überhaupt echte herzliche Atmosphäre aufkommen kann. Ich weiß darauf keine Antwort, denn ich war nie bei einem Besuch bei einer Königin zugegen. Mir genügte es, wenn ich fünf Minuten vor Beginn eines Essens in den Saal schlüpfte, um die Sitzordnung zu kontrollieren und eventuell den Volkskammerpräsidenten und stellvertretenden Vorsitzenden der LDPD Johannes Dieckmann oder den stellvertretenden Ministerpräsidenten und Vorsitzenden der CDU Otto Nuschke weiter vorn zu platzieren. Die beiden waren ebenso honorige wie erfahrene Politiker. Dieckmann war 1918 Mitglied der Deutschen Volkspartei geworden und in der Novemberrevolution Vorsitzender eines Soldatenrats. Er gehörte 1945 zu den Mitbegründern der LDPD in Dresden und war, bevor er Präsident der Volkskammer der DDR wurde, Minister für Justiz und stellvertretender Ministerpräsident des Landes Sachsens. Nuschke saß schon 1919 für die christlich-bürgerliche Deutsche Demokratische Partei in der Weimarer Nationalversammlung und bis 1933 im Preußischen Landtag. 1945 hatte er die CDU mitbegründet. Beide waren für die sowjetischen Protokollchefs nach ihren „Nomenklatur"-Regeln schwer einzuordnen: Nicht im Politbüro, nicht in der Revisionskommission. Also, so dachten sie, setzen wir sie irgendwo nach hinten ... Wenn ich kam und die Namensschilder nach vorn trug, ließen sich mich gewähren.

1955 waren wir zu einer größeren multilateralen Konferenz in Moskau. Diese wäre für mich beinahe mit einem Eklat zu Ende gegangen. In dem Abschlussdokument, das wir erst kurz vor der vorgesehenen Annahme in russischer Sprache erhielten, war an einer Stelle von den „Völkern der Sowjetunion, Polens ... und der DDR" die Rede. An diese Stelle wollte Otto Grotewohl anstatt „Volk der DDR" „Bevölkerung der DDR" setzen und wandte sich deshalb an den stellvertretenden Vorsitzenden des Ministerrats der UdSSR Molotow, der die Leitung der Konferenz inne hatte. Als Grotewohl seinen Einwand vorgetragen hatte, stellte Molotow die simple Frage: „Warum?", denn aus dem russischen Text war bei der Abkürzung DDR nicht ersichtlich, ob der Genitiv, „der DDR", oder der Nominativ, „die DDR" gemeint war. In diesem Moment vergaß ich meine Funktion und wollte Molotow von mir aus die Frage beantworten. Peter Florin, damals Leiter der Abteilung für internationale Verbindungen im ZK der SED, zupfte alarmierend an meinem Ärmel. Ich entschuldigte mich sogleich, und die Beratung nahm einen ungestörten Verlauf. Da Otto Grotewohl immer sehr akkurat war, rechnete ich mit einem ernsten Rüffel. In der Sitzungspause begrüßte Molotow nicht nur Walter Ulbricht und Otto Grotewohl per Handschlag, sondern nannte auch mich beim Namen. Da er offenkundig von jemandem informiert worden war, wer dieser vorlaute Dolmetscher war, fügte er hinzu, Hugo Eberlein sei ein guter Freund von ihm gewesen.

Diese Bemerkung bewahrte mich zwar vor Kritik, hatte für mich und vielleicht für andere in der Nähe stehende Konferenzteilnehmer aber auch noch eine viel weiter reichende Bedeutung. Zu diesem Zeitpunkt waren sowohl der Name Hugo Eberlein ebenso wie die Namen anderer Opfer der Stalin'schen Massenrepressalien und die Verfolgungen durch das NKWD überhaupt ein Tabuthema, nicht nur in diesen Kreisen, sondern auch in Politik und Geschichtsschreibung. Erst 1956, nach dem XX. Parteitag der KPdSU, begannen die Rehabilitierungen der damals unter falschen Beschuldigungen Repressierten und Hingerichteten. Erschreckende Brisanz erlangte die Bemerkung Molotows über meinen Vater für mich allerdings erst geraume Zeit später, als ich lange nach der offiziellen Rehabilitierung meines Vaters erfuhr, dass Molotow einer der konsequentesten Mitinitiatoren und aktivsten Organisatoren der Massenrepressalien war. So hatte er zum Beispiel in seinen Gesprächen mit dem Dichter Felix Tschujew, die von diesem 1991 in Moskau unter dem Titel „Einhundertvierzig Unterhaltungen mit Molotow" veröffentlicht wurden, offen zugegeben, dass er zu den strikten Verfechtern dieser Linie gehört und nie bedauert habe und nie bedauern würde, sehr rigoros vorgegangen zu sein. (S. 414/415.)

Am Rande: Mein Hinweis auf Grotewohls Akkuratesse soll kein falsches Bild von ihm entstehen lassen. Er war zwar genau, aber auch sehr kameradschaftlich und gesellig. Mit ihm habe ich das erste „Herrengedeck" meines Lebens getrunken. In einer freien Stunde in Moskau bat er mich, ihn bei einem Spaziergang im Stadtzentrum zu begleiten. Wir bummelten durch die damalige Gorkistraße in Richtung Majakowskiplatz. Aufmerksam betrachtete er die Gebäude und die Schaufensterauslagen. Als wir in die Nähe des ehemaligen Meyerhold-Theaters kamen, stellte er plötzlich die Frage, wie wir auf die andere Straßenseite gelangen könnten. Sofort stockte der gesamte Verkehr und wir überquerten ungehindert die Straße. Ich sah sein verdutztes Gesicht und seine unausgesprochene Frage: „Wie funktionierte das?" Er hatte nicht bemerkt, wie ich dem uns begleitenden Sicherheitsmann ein Zeichen gegeben hatte. Darauf hob dieser hinter Grotewohls Rücken den Arm, und der auf gleicher Höhe mit uns in der Straßenmitte pendelnde Milizionär stoppte augenblicklich den Autoverkehr. Grotewohl wechselte noch einmal die Straßenseite, um hinter das „Geheimnis“ zu kommen, doch er konnte es nicht lüften.

Wir kamen zum Stadtsowjet, einem historischen Gebäude, das man, wie bereits erwähnt, 1938 bei der Verbreiterung der Straße um zwanzig oder gar dreißig Meter verschoben hatte. Eine damals imponierende Leistung, deren Kosten übrigens nie enthüllt wurden. Auf dem Platz gegenüber steht das Denkmal von Juri Dolgoruki, dem Fürsten von Rostow-Susdal und späteren Großfürsten von Kiew, der wegen seiner Kämpfe um das südliche Pereslawl und Kiew den Beinamen „Juri mit dem langen Arm“ erhalten hatte. Er gründete 1147 die Stadt Moskau und veranlasste den Bau des Kremls. Als sich Otto Grotewohl nach der historischen Rolle von Juri Dolgoruki erkundigte, antwortete ich in meiner, von anderen zuweilen als respektlos empfundenen Art, dies sei der Begründer Moskaus, und über seine Rolle würden sich die Historiker streiten. Ich übersetzte den Beinamen etwas frei mit „Der Langfingrige“ und wiederholte den mir seit langem bekannten Scherz, man streite sich darum, ob er Taschendieb oder Frauenarzt gewesen sei. Grotewohl amüsierte sich köstlich und muss das nach unserer Rückkehr auch weitererzählt haben. Am Abend nahmen mich seine Begleiter aus dem Ministerrat beiseite und drohten mir mit einem Parteiverfahren wegen „Missachtung des Ministerpräsidenten“. Sie sahen die „Missachtung“ mit dem Tatbestand erfüllt, dass ich ihm die Moskauer Stadtgeschichte obszön geschildert hatte. Ich erwähne die Episode nicht, um mich als „DDR-Verfolgter“ aufzuspielen, aber mancher, der das liest, wird sich ähnlicher Erlebnisse erinnern und nicken: „So waren die Übereifrigen.“ An jenem Abend antwortete ich ihnen, indem ich mich schweigend auf dem Absatz umdrehte.

Nach dem Tode Otto Grotewohls im September 1964 wurden allerlei „Enthüllungen“ über ihn und seine politische Haltung publiziert. Für mich bleibt er ungeachtet all dieser Behauptungen eine integre Persönlichkeit. Er war ein brillanter Redner, der nicht nur geschliffen hochdeutsch sprach, sondern mit seinen ausgefeilten Argumenten die Zuhörer beeindruckte. Man spürte seine Geburtsstadt Braunschweig, wo bekanntlich das „reinste" Deutsch zu hören ist. Während seines Aufenthalts in Moskau sagte er eines Abends schmunzelnd zu mir: „Hiermit, Genosse Eberlein, erteile ich dir den Parteiauftrag, hochdeutsch zu sprechen!"

Grotewohls Anteil an der Entwicklung der DDR und der SED ist sehr hoch. Persönlich kann ich auch bezeugen, dass er nie ein untertäniger Gefolgsmann Walter Ulbrichts war. Er hatte stets seine eigenen politischen Vorstellungen und prüfte auch die Positionen der sowjetischen Seite, bevor er zu bestimmten Problemen seine endgültige Meinung formulierte.

Im Mai 1955 fand in Warschau die Konferenz statt, in deren Verlauf die Sowjetunion, die europäischen – so die damals geltende „Vokabel" – volksdemokratischen Staaten und die DDR den Vertrag über Freundschaft, Zusammenarbeit und gegenseitigen Beistand abschlossen, der die Bezeichnung Warschauer Vertrag erhielt.

Im September reiste ich mit einer Regierungsdelegation nach Moskau, wo ein Staatsvertrag zwischen der DDR und der UdSSR unterzeichnet wurde. Verschiedene Memoirenschreiber haben entdeckt, dass ein gespanntes Verhältnis zwischen der sowjetischen Seite und Ulbricht die Verhandlungen geprägt hätte. Der Staatsvertrag sei deshalb auch erst nach einer Veränderung der „Führungskader" unter Dach und Fach gebracht worden. Ich kann aus meinem persönlichen Erleben keine Bestätigung für diese Behauptungen liefern. Allerdings kann ich bezeugen, dass Chrustschow und Ulbricht extrem unterschiedliche Charaktere waren. Und das kann durchaus jemandem aufgefallen sein. Mir blieb es auch nicht verborgen.

Der XX. Parteitag und der Stalinismus

Vom 14. bis 25. Februar 1956 fand in Moskau der inzwischen Geschichte gewordene XX. Parteitag der KPdSU statt. Ich begleitete die Delegation der SED als Dolmetscher und Delegationssekretär. Es war der erste Parteitag ohne Stalin. Generalsekretär war nun Chrustschow.

Der Parteitag fand im Sitzungssaal des Obersten Sowjets statt. Der neue Kremlpalast wurde erst anlässlich des XXI. Parteitag eingeweiht. Die Delegationsdolmetscher saßen im danebenliegenden Katharinensaal und konnten am Lautsprecher den Parteitag verfolgen. In den Dolmetscherkabinen saßen sowjetische Übersetzer. Es blieb beim gewohnten Ritual. Über die „Direktive zum Fünfjahrplan und die Entwicklung der Volkswirtschaft" referierte Nikolai Bulganin, der im Januar 1955 Georgi Malenkow als Ministerpräsident abgelöst hatte. Nach Abschluss des Parteitages und der Wahlen zum Zentralkomitee und zum Präsidium des ZK wurde eine Geschlossene Sitzung angekündigt, zu der nur Ordentliche Delegierte zugelassen waren. Diese Ankündigung war nicht so ungewöhnlich, als dass sie Fragen aufkommen ließ.

Die Delegation der SED fuhr in ihr Domizil, einem Gästehaus des Ministeriums für Auswärtige Angelegenheiten. Inzwischen hatte Chrustschow begonnen, seine denkwürdige Rede zu halten. Da die verschiedensten Versionen darüber kursierten, wie die Delegation der SED den Inhalt dieser Rede erfuhr, will ich dies hier, so exakt ich kann, aus meiner Erinnerung beschreiben. Am Nachmittag des 25. Februar wurde Ulbricht aus dem ZK der KPdSU angerufen und darüber informiert, dass man ihm die Rede Chrustschows zustellen werde. Ich bekam Order, mich in seiner Nähe aufzuhalten, um sie sogleich übersetzen zu können. Der Mitarbeiter des ZK der KPdSU fuhr bald darauf vor und eröffnete uns, dass allein er befugt sei, die Rede Walter Ulbricht zu übersetzen. Dieser dürfe sich Notizen machen. Der schriftliche Text werde jedoch niemandem ausgehändigt. Man wunderte sich allgemein, aber es wurde dann so verfahren. Am späten Abend informierte Walter Ulbricht die Mitglieder der Delegation anhand seiner Aufzeichnung und schlug vor, dass eine Diskussion darüber im Politbüro in Berlin stattfinden solle. Schweigend ging man auseinander. Jeder hatte mit seinen eigenen Gedanken zu tun. Wie diese Diskussion im Politbüro verlief, weiß ich nicht.

Aus der zeitlichen Distanz wird diese Rede heute anders beurteilt als damals. Man bemängelt, dass sie halbherzig oder gar inkonsequent gewesen sei. Man moniert, dass Chrustschow sich auf die Person Stalins beschränkte und dadurch an der Oberfläche blieb. Niemand leugnet allerdings, dass die Anklagen gegen Stalin das Leben von Millionen Menschen betraf. Die Behauptung, dass es eine Geheimrede war, trifft nicht zu, denn sie wurde in allen Partei- und Komsomolversammlungen in der Sowjetunion verlesen. Auch in Polen und anderen Ländern wurde sie den Parteimitgliedern zugänglich gemacht. Die SED bildete eine unrühmliche Ausnahme. Dass sie bald darauf auch in die Hände westlicher Medien geriet, lässt mich vermuten, dass Chrustschow hierbei seine Hand im Spiele hatte. In der Auseinandersetzung mit Molotow, Malenkow, Kaganowitsch und Woroschilow, die die Veröffentlichung verhindern wollten, schuf er dadurch Tatsachen, die nicht mehr zu korrigieren waren. Diejenigen, die Chrustschow heute vorwerfen, nicht weit genug gegangen zu sein, lassen das politische Umfeld der Situation völlig außer Acht. Man bedenke: Chrustschow war politisch in der Stalinära aufgewachsen. Durch die Funktionen, die er in der Parteiführung ausübte, war er mitverantwortlich für die Vergangenheit, die nun aufgearbeitet werden musste. Er sah sich einer Mehrheit im Politbüro gegenüber, die sich aus unterschiedlichen Motiven gegen eine derartige Aufarbeitung stemmte und sich weigerte, mit der stalinistischen Vergangenheit zu brechen. Schließlich wusste er nicht nur um die Verbrechen, sondern kannte auch das innere Gefüge des noch immer existenten stalinistischen Machtapparates. Wäre überhaupt jemand zum damaligen Zeitpunkt schon fähig gewesen, die Wurzeln des Stalinismus – ein Begriff, der von Trotzki stammte – bloßzulegen und damit Reformen zur Evolution des Sozialismus in Gang zu setzen? Oder haben etwa diejenigen Recht, die heute behaupten, Chrustschow hätte mit dieser Rede den Untergang des Sozialismus eingeläutet?

Ich maße mir nicht an, hierauf eindeutige Antworten geben zu können, aber ich widerspreche der Feststellung von Hans Heinz Holz in den „Weißenseer Blättern“ (1/95), der Chrustschows Rede als „kleinbürgerliche Jammertirade“ charakterisierte und obendrein Stalins These vom zunehmenden Klassenkampf im Sozialismus verteidigte. Letzteres versuchte er damit zu begründen, dass die sozialen Widersprüche in der UdSSR gewachsen und der Klassenkampf härter geworden seien. Zudem habe eine Zersetzung der Kommunistischen Partei im Innern des Landes stattgefunden, eine Lähmung durch innerparteiliche Richtungskämpfe. Angesichts des Mangels an Unterstützung, der Einwirkung antisozialistischer Kräfte und des Verhaltens seitens der kapitalistischen Staaten sei die Umwandlung der Eigentums- und Produktionsverhältnisse nicht ohne repressive Gewalt durchzusetzen gewesen. So versucht Holz die Stalin'sche Repressionspolitik zu rechtfertigen. Dem widerspreche ich nachdrücklich.

Aus meiner Sicht hatte der XX. Parteitag der KPdSU allein schon dadurch historische Bedeutung erlangt, dass in der Sowjetunion erstmals öffentlich über die Untaten Stalins gesprochen wurde und die von ihm und seiner Umgebung veranlassten Repressalien verurteilt wurden.

Chrustschow sorgte dafür, dass sein Leichnam aus dem Mausoleum auf dem Roten Platz entfernt wurde, dass die nach ihm benannten Straßen, Plätzen und Städte umbenannt wurden und dass seine Denkmäler, Büsten und Porträts verschwanden. Was weit wichtiger war: Die Verbannten wurden zum großen Teil freigelassen, und viele – auch ich – glaubten, dass damit ein für allemal ein Schlussstrich unter dieses düstere Kapitel der Geschichte gezogen worden war. Aber die These, „Stalin ist tot, das Leben geht weiter!“, war falsch und so gefährlich, weil sie sich auf Bilderstürmerei beschränkte und die so dringend nötige sachliche Auseinandersetzung verhinderte. In Stalins Heimat Georgien blieben die Bilder übrigens vielerorts hängen ...

Es sollte aber auch nicht übersehen werden, dass Stalin nicht nur von Ulbricht und Gottwald, sondern ebenso von Churchill und Roosevelt, von de Gaulle und vielen anderen als Held gepriesen wurde. Schon aus diesem Grunde wäre damals eine öffentliche Auseinandersetzung über das „Phänomen Stalin“ dringend nötig gewesen. Es genügte nicht, Gesetzesverletzungen und Personenkult anzuprangern. Es ging um die Wurzeln des Übels. Diese wurden auch dadurch nicht sichtbar, dass man ihn in eine Reihe mit Iwan dem Schrecklichen oder Dschingis Khan stellte, was übrigens Hitler bereits getan hatte. Alfred Speer zitierte die Meinung Hitlers in seinen „Spandauer Tagebüchern“ mit den Worten: „Stalin ist nur ein aus der Tiefe der Geschichte zurückgekehrter Dschingis Khan ... Nach Kesselschlachten fanden wir Menschenknochen. Das sind Kannibalen, die, um sich nicht ergeben zu müssen, sich gegenseitig aufgefressen haben, Untermenschen ...“

Derlei, auf die primitivsten Instinkte spekulierende Propaganda, ist barbarisch und dumm und half in der Endkonsequenz nur, die Wurzeln des Stalinismus zu verschleiern.

Budu Swanidse, ein Neffe Stalins, schrieb in seinen Erinnerungen, die für eine Beurteilung der Person Stalins aufschlussreich sind: „Wir Georgier haben unser eigenes Gesetz ‚Zahn um Zahn, Auge um Auge, Leben um Leben‘ – das Gesetz der Chewsuren, das uns Rache auferlegt. Ob Revolutionäre oder Genossen, das Gesetz bindet uns. Kein Georgier verzeiht jemals eine Kränkung oder Beleidigung. Niemals!“

Der Feststellung, „Wir Georgier sind ein abergläubisches Volk und obendrein sehr fatalistisch, und ich bezweifle, dass mein Onkel eine völlige Ausnahme bildete“, widersprach Stalins Tochter Swetlana, die behauptete, dass ihr Vater nicht abergläubisch, aber durch und durch Fatalist gewesen sei. Dieses Zeugnis wird nicht nur durch den Tatbestand gestützt, dass er sich erst zehn Tage nach dem Überfall der Faschisten auf die Sowjetunion überhaupt zu Wort meldete, sondern vor allem auch durch eine Äußerung von Marschall Konjew, der Stalins eigene Einschätzung wiedergab. Marschall Konjew berichtete, dass Stalin ihn angerufen habe, als die deutsche Armee vor Wjasma stand, und er habe geschworen, er sei kein Abtrünniger, kein Verräter, er sei ein ehrlicher Mensch; sein ganzer Fehler bestehe darin, dass er der Kavallerie zu sehr vertraut habe, und er werde alles unternehmen, um die Lage zu korrigieren. Die Anspielung auf die Kavallerie, meinte Konjew, habe wohl Woroschilow gegolten.

An dieser Stelle wäre auch noch Marschall Wassilewski zu zitieren. Dieser gab zu bedenken, dass es ohne die Verhaftungen und Erschießungen von 1937/38 möglicherweise gar keinen Krieg mit Deutschland gegeben hätte. Was er damit meinte, deutete ein anderer sowjetischer Marschall an, der darauf verwies, dass Stalin mit der Vernichtung der eigenen militärischen Führung nicht nur die Rote Armee enthauptet, sondern Hitler auch noch zum Krieg gegen die Sowjetunion animiert habe.

Ohne die Ereignisse der Jahre 1937/1938 wäre das Jahr 1941 anders verlaufen.

Stalin wollte wohl als Georgier stets russischer als ein Russe sein. Diese oft geäußerte Vermutung ergänzt vielleicht den so schwer zu deutenden Charakter Stalins. Den Versuch einer Erklärung dafür liefert Stalins Frau Nadeshda Allilujewa, zu der er gesagt haben soll: „Der falsche Demetrius, der beste Zar, den Russland je gehabt hat, wurde vom Volk gestürzt und ermordet, weil er sich wie ein Ausländer benahm und es unterließ, den russischen Patriotismus zu pflegen."

Der Begriff „Stalinismus" wurde zu einem weiten Feld. Seit Trotzki wurden viele bedeutende Beiträge zu einer Definition geleistet. Er darf meiner Meinung nach nicht zum Schlagwort oder „Schlagetot"-Synonym verkommen. Die in Gang gekommene historische Aufarbeitung, die bereits viele Erkenntnisse zusammengetragen und verallgemeinert hat, muss fortgesetzt werden.

Ich teile den Standpunkt Valentin Falins, dass der Stalinismus weder eine Lehre, noch eine Ideologie ist, sondern ein System von Ansichten, Machtstrukturen und Praktiken, die mit marxistischen Auffassungen von Sozialismus und Demokratie unvereinbar sind. Theoretische Abhandlungen, die aus Stalins Feder stammen sollen, wie über Leninismus, über die nationale Frage, über ökonomische Probleme im Sozialismus oder über die Sprachwissenschaft, sind schon deshalb unbrauchbar, weil sie von falschen Ausgangspunkten ausgingen.

Ebenso schließe ich mich den Auffassungen an, die Gerhard Lozek in seinem in den „Beiträgen zur Stalinismus-Diskussion", trafo verlag, Berlin 1997, erschienenen Beitrag „Stalinismus – Ideologie, Gesellschaftskonzept – oder was?" geäußert hat. Er unterstreicht, dass der Stalinismus, obgleich er in seiner ausgeprägtesten Form in der Sowjetunion eng mit Stalins Wirken verknüpft war, nicht auf dessen Person, dessen Fehlverhalten und Fehlentscheidungen begrenzt ist. „Der Stalinismus", schreibt Lozek, „verkörpert ein im Widerspruch zu den Idealen des Sozialismus stehendes System diktatorischer, einschließlich terroristischer Herrschaftspraktiken in Staat und Gesellschaft, das sich – begünstigt durch die rückständigen gesellschaftlichen Bedingungen und Verhältnisse in Russland – mit der Installierung einer auf die Person Stalins konzentrierten politischen Machtausübung in der Sowjetunion in der zweiten Hälfte der 20er Jahre herausbildete und die weitere Entwicklung im Lande nachhaltig bestimmte; international beeinflusste der Stalinismus in verhängnisvoller Weise die kommunistischen Parteien sowie die nach 1945 entstandenen Staaten des ‚realen Sozialismus'."

Karl Mundstock ist in seinem bei Spotless gedruckten „Brief nach Bayern" den Angriffen auf Kommunismus, Sozialismus und Stalinismus literarisch so begegnet: „Man füge dem noch jede Menge zu Schlagworten degradierter Begriffe dazu, rührt alles in einen Topf, macht vergessen, woher der Stalinismus kam, wer ihn verschuldet hat, als er die noch nicht einmal getaufte Sowjetunion im Kindbett überfiel, sie fünf Jahre lang über damals ungeschützte Grenzen mit Interventionskriegen heimsuchte, ihr in einem Alter, wo Nachwuchs noch auf das Töpfchen geht, den Säbel ins Händchen drückte, ihr durch Hungerblockade, Embargo, Umzingelung und nachträglich weiter den kalten Krieg hindurch den Vorrang des Militärischen aufgezwungen hatte, von den Verursachern heuchlerisch als roter Militarismus verketzert, nach der Messerstechereimethode: ‚Verhaftet den Dieb, er hat meinen Dolch im Bauch.'"

Stalin hat sich nicht nur zur höchsten Instanz der Interpretation der Lehren von Marx, Engels und Lenin, sondern auch zu deren Verwalter und Fortsetzer erklärt. Unter dem von ihm installierten Terminus „Marxismus-Leninismus" erfolgte systematisch eine vulgäre Interpretation, Dogmatisierung, Entstellung und Verfälschung der Lehren der Klassiker sowie deren Ignorierung und Pervertierung in der Praxis. Hinsichtlich der Entwicklung der sozialistischen Gesellschaft zeigt sich die Tiefe des Bruchs zwischen Lenin und Stalin sehr deutlich am Schicksal der Neuen Ökonomischen Politik. Die von Lenin begründete und mit der NÖP praktisch eingeleitete Übergangsperiode zur Schaffung der Voraussetzungen für den Übergang zum Sozialismus unter den rückständigen Bedingungen der Sowjetunion wurde von Stalin mit den Mitteln von Terror und Kommandowirtschaft rigoros beendet, wobei er insbesondere bei der Kollektivierung der Landwirtschaft, die Lenin als freiwilligen Prozess betrachtete, zu drastischen Gewaltmethoden gegenüber der Bauernschaft griff.

Immer wieder trifft man auf die Meinung, das Stalin'sche Terrorsystem sei schon von Lenin begründet worden und habe im „Roten Terror" seine Anfänge. Hierbei wird ignoriert, dass der „Rote Terror" als Gegenmaßnahme gegen den „Weißen Terror" während des Bürgerkrieges und der Intervention eine zeitweilig erzwungene Maßnahme war, und dass, als Rostow 1920 von der Roten Armee eingenommen und der endgültige Sieg über Denikin bevorstand, der „Rote Terror" von Lenin offiziell als beendet erklärt und die Todesstrafe wieder aufgehoben wurde.

In diesem Zusammenhang möchte ich auf die gründliche und überzeugende Untersuchung von Hartmut Krauss über die Voraussetzungen und Wesenszüge des Stalinismus in den oben zitierten „Beiträgen zur Stalinismus-Diskussion" verweisen. Krauss hebt hervor, dass Lenin die revolutionäre Gewaltanwendung aus den realen Erfahrungen komplexer konterrevolutionärer Terror-, Sabotage- und Militäraktionen gerechtfertigt und praktiziert hat, der Stalin'sche Terror bei der Zwangskollektivierung und während der Massenrepressalien der 30er Jahre jedoch ganz andere Grundlagen hatte. „Unter dem Deckmantel missbräuchlich verwendeter und sinnentstellter revolutionärer Losungen, die aus einem disparaten historischen Kontext ‚zwangstransplantiert' werden, ist die Stalin'sche Gewaltpolitik integrales Mittel zur Etablierung eines neuen Herrschaftssystems."

Ich unterstreiche die Auffassung der Autoren dieses Bandes, dass der Stalinismus einem bösartigen Krebsgeschwür am Körper des Sozialismus gleicht, das weiter bekämpft werden muss, soll der Körper erhalten bleiben und sich (weiter)entwickeln.

Es ist müßig, hier die Ursachen der von Stalin und seinen Anhängern begangenen Grausamkeiten ergründen zu wollen. Doch es trifft meines Erachtens keinesfalls den Kern der Sache, wenn man Stalin nur als Menschen mit krankhaftem Geist charakterisiert, der als Georgier russischer sein wollte als ein Russe. Wollte er in die Geschichte eingehen, wie Iwan der Schreckliche (bzw. „der Gestrenge", wie der Beiname auch oft übersetzt wird) oder wie Peter der Erste? Beide hatten ihre Herrschaft auf Tausenden von Toten errichtet. Stalin mag geglaubt haben, dass in der Geschichte allein der Sieger zählt, nicht so sehr der Weg zum Sieg.

Sollte er solchen Gedanken gefolgt sein, verkannte er, dass er in einer anderen Zeit lebte.

Jean Elleinstein schreibt in seiner „Geschichte des Stalinismus", dass das Stalin'sche Phänomen eine, aber keineswegs die einzige Existenzform des Sozialismus gewesen sei. Es sei ein Produkt der spezifisch-historischen Umstände, der Rolle bestimmter Menschen und der besonderen nationalen Vergangenheit.

Über Demokratie

Stalinismus steht auch für politische Kulturlosigkeit, das Produkt eines in Russland historisch begründeten Demokratiedefizits. Mit simpler Gegenüberstellung seiner vulgären Auffassung vom Sozialimus und bürgerlicher Demokratie allgemein ignorierte Stalin demokratische Wertvorstellungen, die als eine Erbmasse der menschlichen Zivilisation zu sehen sind. Daran ändert auch der Tatbestand nichts, dass die bürgerliche Demokratie keineswegs den sozialen Bedürfnissen des Großteils der Menschen gerecht wird. Leider wurde die demokratische Substanz der Sowjets, so wie sie Lenin seinerzeit konzipiert hatte, nicht realisiert. Schon vor der Oktoberrevolution war für ihn „ein Sozialimus, der nicht die vollständige Demokratie verwirklicht, unmöglich". (Werke, Bd. 22, S. 145.) Und in seinem letzten Lebensjahr war er sehr besorgt um das Schicksal der Demokratie im Lande. Er sprach immer wieder davon, dass die Sowjetunion eine Kulturrevolution benötige, um eine Epoche der Demokratisierung einzuleiten. So mahnte er in seinem während seiner Krankheit diktierten Artikel „Lieber weniger, aber besser", dass man sich beim Aufbau eines neuen Apparats, „der wirklich den Namen eines sozialistischen, eines sowjetischen usw. verdient", die Kultur aneignet, die dazu notwendig ist, jene „Elemente des Wissens, der Bildung, der Schulung, von denen wir im Vergleich mit allen anderen Staaten lächerlich wenig haben". (Bd. 33, S. 475.). Das heißt, er betrachtete Sozialismus, Kultur und Demokratie als eng zusammengehörend.

Sicherlich sind Wertvorstellungen bei den Völkern unterschiedlich, aber es bleibt dennoch eine Tatsache, dass sich die Bürgerbewegungen 1989 von Leipzig bis Ulan Bator, von Peking bis Prag unter der Losung „Demokratie" entfalteten. Dabei waren die Vorstellungen und Forderungen in Leipzig und Berlin andere als in Peking oder Ulan Bator.

Wenn ich die Entwicklung der Demokratie in den letzten Jahrzehnten betrachte, so frage ich mich: Ist die Menschheit in ihrer Entwicklung stehen geblieben, oder ist das Ziel einer echten Demokratie zu weit gesteckt oder gar irreal? Möge das Ziel eines demokratischen Sozialismus in noch so weiter Ferne liegen – ich würde mein ganzes Leben ignorieren, würde den Sinn des Lebens leugnen, würde ich nicht an eine sozial gerechte und damit demokratische Zukunft glauben.

Demokratie beschränkt sich nicht auf allgemein-gesellschaftliche Verhältnisse, sie beginnt mit dem politischen Meinungsstreit innerhalb einer Partei und pluralistischer Entscheidungsfindung. Sie setzt auch ein Mehrparteiensystem voraus, in dem nicht die Zahl der Parteien und Bewegungen oder eine Quotierung und das Maß der Opposition den Grad der Demokratie bestimmen. In der SED verlor die innerparteiliche Demokratie in den letzten Jahren immer mehr an Gewicht, ausgehend von der zunehmend amputierten Kollektivität und Kollegialität in der Führung. Das war mit ein Grund für das Ende dieser Partei, wobei ich meine eigene Verantwortung dabei keineswegs ausklammern kann und will.

Aber Demokratie darf man auch nicht verselbstständigen, man muss sie in ihrer Wechselbeziehung zur Politik und Ökonomie sehen.

Die Zahlen der Nichtwähler – ob in der BRD oder in den USA – sind eklatante Zeichen für Politikverdrossenheit und damit für das Eingeständnis, dass diese so gepriesene Demokratie versagt oder sogar nicht akzeptiert wird. Die Tatsache, dass nicht nur die politischen Parteien, auch die Kirche oder die Gewerkschaften an einem Schwund an Mitgliedern leiden, dass insbesondere Jugendliche sich gegen jegliche Organisation sperren, offenbart das zunehmende Demokratiemanko.

Und ich gehöre auch nicht zu denen, die jede Demokratie in der DDR leugnen und die DDR als Unrechtsstaat abstempeln. Schiedskommissionen im Betrieb und Wohngebiet, die Struktur der Brigaden, Elternbeiräte in Schulen und andere Einrichtungen mehr waren demokratische Institutionen, die auch der Neu-BRD gut zu Gesicht stehen würden. Die Schiedskommissionen in Betrieben und Wohngebieten klärten vor Ort und durch Sachkundige unzählige Konflikte, ohne dass sich Anwälte und Richter damit befassen mussten. Wie oft wird heute darauf verzichtet, Recht klären zu lassen, nur weil damit für viele unerschwingliche Kosten verbunden sind? Gewissenhafte Historiker aus den alten Bundesländern entdeckten erst beim Lesen von Brigadetagebüchern die Bedeutung dieser Struktur in der Gesellschaft und kamen dahinter, dass Brigaden nicht nur gemeinsam feierten. Ein Werkdirektor, der auf Dauer die Meinung der Brigadiere ignorierte, wäre kaum vorstellbar gewesen.

Der DDR wurde Wahlfälschung vorgeworfen, betrieben, um die ominösen 99 Prozent zu erreichen. Es gilt nicht, diesen Fakt generell zu leugnen, aber es ist auch nicht zulässig, ihn als allgemeine Erscheinung zu deklarieren. Einige Worte zu meinen persönlichen „Aktivitäten" in dieser Frage als Bezirkssekretär der SED in Magdeburg. Man wird mir wohl glauben, dass ich elf Jahre, nachdem ich aus dieser Funktion schied, kaum Motive habe, die Wahrheit zu manipulieren. Bleiben wir bei den letzten DDR-Wahlen im Jahre 1989. Der Vorsitzende des Rates des Bezirks Magdeburg und ich haben über dieses Thema geredet und waren uns einig, keinerlei Manipulationen in unserem Bezirk zu dulden. Uns beiden war klar, dass dadurch nur politischer Schaden angerichtet werden konnte. Es gibt genug Zeugen dafür, dass ich diese Forderung vor den Kreissekretären der SED mit allem Nachdruck wiederholt und sogar angedroht habe, handgreiflich zu werden, wenn wir Manipulationen feststellen würden. Über 97 Prozent der Wähler stimmten damals im Bezirk für die Liste der Nationalen Front.

Es liegt auf der Hand, dass man mich fragt: Und wie konnte es überhaupt zu Wahlfälschungen kommen, wenn alle so konsequent dagegen vorgegangen sind? Und warum musstest du denn mit „Maßnahmen" drohen, wenn die Gefahr der Manipulation überhaupt nicht bestand? Das sind sehr berechtigte Fragen, und ich werde versuchen, Antwort darauf zu geben. Ich wiederhole: versuchen, denn eine rundum verbindliche Antwort gibt es nicht.

Hätte es im Bezirk Magdeburg bei der Wahl 1989 eine Wahlmanipulation gegeben und ich hätte den Kreissekretär, der sie zu verantworten hatte, nach seinen Motiven gefragt, hätte er mir mit Sicherheit geantwortet, dass er nicht der „Letzte“ im Bezirk sein wollte und deshalb die Zahlen ein wenig verändert habe. So wäre – ich setze diesen Gedanken fort – ein anderer „Letzter“ geworden, und der wäre möglicher Weise kritisiert worden. Vielleicht auch von mir. Nicht wegen der Zahlen, sondern wegen der möglicher Weise unzureichenden politischen Arbeit. Wir hielten die Wahlergebnisse für ein Spiegelbild unserer politischen Bemühungen. Der erste und gröbste Fehler war, dass sich die Partei um alles kümmerte und damit auch um Dinge, die sie, genau betrachtet, nichts angingen. Für den Ablauf der Wahl ist ein vom Staat eingesetzter Wahlleiter zuständig und sonst niemand. Dadurch kam es überhaupt nur dazu, dass der Ratsvorsitzende und ich darüber konferierten und anschließend den Kreissekretären „drohten“. Ich kann guten Gewissens von mir behaupten, dass ich keine schlaflosen Nächte gehabt hätte, wenn Magdeburg in der DDR „Letzter“ geworden wäre, aber begeistert wäre ich auch nicht gewesen. Man übersieht zuweilen, dass das Gerede von „der Partei“ einen kapitalen Fehler aufweist, nämlich den der Identifizierung aller für die Partei Agierenden mit dem Begriff „Partei“. Es gab Parteisekretäre in Betrieben, die hochgeachtet waren, es gab aber solche, die nur von denen geachtet wurden, die sich Vorteile davon versprachen. Die gleiche Erscheinung war in den Kreisen anzutreffen, wo „kleine Fürsten“ ihr Unwesen trieben und redliche Genossen versuchten, alle Probleme zu lösen. Landolf Scherzer schildert in seinem Buch „Der Erste“ den Tagesablauf eines Kreissekretärs, der rund um die Uhr alles in den Griff zu bekommen versucht. Und zwar nicht um irgendeines persönlichen Vorteils willen, sondern um seine Ideale zu verwirklichen. Was sich auf der Ebene der Kreise tat, war auch auf der Ebene der Bezirke zu beobachten und auch ganz oben, im Politbüro. Ich höre schon die nächste Frage: Und warum habt ihr das nicht geändert? Es wird immer schwerer, bündige Antworten zu finden – ganz abgesehen davon, dass ich mich nicht zu denen gesellen will, die alles lange vorher gewusst haben und nur das Pech hatten, dass ihnen niemand zuhörte. Aber auch da haben wohl Argumente wie „Stabilität“ für die nötigen Ausreden gesorgt …

Fakt bleibt, dass die „freien“ Wahlen, die uns die „Rückwende“ bescherte, an Anziehungskraft rapide verloren. Wenn oft ein Drittel der Wähler, zuweilen auch mehr, zu Hause bleibt und auf ihr Mitwirkungsrecht an der Demokratie verzichtet, ist das nicht gerade das überzeugendste Argument für diese Wahlen.

Dass wir unter Wahlkampf den täglichen Disput mit dem interessierten Wähler verstanden, kann niemand leugnen. Für uns waren Wahlen immer Zeiten harten Wahlkampfes, in dem ich täglich mit dem Wähler in Kontakt stand. Die Bevölkerung kannte unsere Sensibilität bei Wahlen. Besonders in dieser Zeit suchten die Wähler nach Lösungen für ihre Probleme, vornehmlich lokaler und kommunaler Natur, wohl wissend, dass vor Wahlen die Chancen, die meist absolut berechtigten Wünsche durchzusetzen, am größten waren.

Man möge mir die Frage erlauben, welche Antwort heute ein Kandidat für einen Wähler bereithält, der nur dann zur Wahl erscheinen will, wenn er nach fünf Jahren Arbeitslosigkeit endlich einen Job erhält? Die heutige Demokratie tut relativ wenig gegen soziale Missstände, Arbeitslosigkeit oder gar Obdachlosigkeit.

Wie man erst unlängst wieder erfuhr, kassieren die Parteien doch Millionenspenden. Wird derlei ruchbar, wird ein Untersuchungsausschuss eingesetzt. Glaubt jemand der Misere der Korruption Herr werden zu können, solange man Finanzaffären, Schwarzgelder und Geheimkonten in der Schweiz oder in Liechtenstein auf solche Untersuchungen bei Parteien oder Personen reduziert? Dabei spielt es keine Rolle, ob die CDU, Kohl oder Kanther, Schäuble oder Koch oder aber die SPD angeklagt werden. Es ist nicht einmal ein deutsches Problem. Sind nicht auch die EU-Kommissare betroffen, der Präsident Israels oder der italienische Ministerpräsident? Die Ursachen liegen im gesellschaftlichem System, in der Endkonsequenz in der Demokratie, die faktisch keine ist. Und wenn bei der Aufdeckung der Finanzmanipulationen der CDU noch mit einigem Stolz hervorgehoben wird, dass allein die Untersuchung ein Erfolg der Demokratie sei, so kann ich nur lächeln. Wer würde mir widersprechen wollen, wenn ich feststelle, dass die Treuhandanstalt die ostdeutsche Industrie in krimineller Weise ruiniert hat? Auch da hatte man einen Untersuchungsausschuss des Bundestages eingesetzt, der über Monate hinweg unter dem Vorsitz des heutigen Innenministers Schily tagte, Zeugen vernahm und Akten wälzte. Mit welchem Resultat? Mit gar keinem! Hin und wieder liest man, dass irgendwo ein Treuhandangestellter verurteilt wurde. Das sind die unteren Chargen, die ihren persönlichen Raubzug zu primitiv geführt hatten. Nirgendwo hat die Demokratie ihre Werte und ihre Kraft demonstriert, um die Verbrechen der Treuhand zu ahnden!

Neulich hat jemand behauptet, dass man in der DDR so etwas wie einen Parteispendenskandal einfach unter den Teppich gekehrt hätte. In der Bundesrepublik Deutschand würde so etwas aber in aller Öffentlichkeit behandelt. Ich gestatte mir zu fragen: Soll das ein Erfolg der Demokratie sein? Ist es nicht eher ein Kampf um die Höhe der Zeitungsauflagen und der Einschaltquoten?

Bliebe die Frage, ob es überhaupt „wahre Demokratie" geben kann in einer Gesellschaft, in der der Profit Maßstab aller Dinge ist. Sicher nicht.

Der Sozialismus aber wird, wenn er je wieder eine Chance erhält, als erstes die Frage der Staatsform völlig neu definieren und vor allem praktizieren müssen. Um es an einem Negativbeispiel zu erklären: Mit welchem Recht mischte sich Chrustschow in den wissenschaftlichem Streit über Genetik ein? Warum ergriff er ebenso wie bereits Stalin vor ihm Partei für den Scharlatan Trofim Lyssenko und negierte die Erkenntnisse des weltbekannten Biologen und Genetikers Nikolai Wawilow? Auf der Strecke blieben nicht nur Wawilow, die Entwicklung der Biologie und der Genetik in der Sowjetunion, sondern auch die Demokratie, wie sie im Sozialismus funktionieren sollte.

Jedem Wissenschaftler muss das Recht eingeräumt werden, Herkömmliches in Frage zu stellen. Es gehört sogar zu seiner Pflicht, denn nur so kann er Neues erkennen und begründen. Dadurch, dass in der Sowjetunion in den sechziger Jahren Wissenschaftszweige wie Kybernetik, Soziologie, Psychologie oder Informatik mit politischen Argumenten als bürgerlich-parasitär abgelehnt oder erst mit erheblicher Verspätung sanktioniert wurden, ist nicht nur wissenschaftlicher Spielraum in unzulässiger Weise eingeengt worden, auch die Entwicklung der Produktivkräfte wurde zurückgeworfen.

Bei der Analyse des „Stalin'schen Erbes“ muss auch an die in ihrer Wirkung verheerende These erinnert werden, wonach sich in einem sozialistischen Staat mit der Entwicklung des Sozialismus der Klassenkampf verschärfen würde. Damit wurden dann nicht nur Schauprozesse und Verfolgungen in der Sowjetunion, sondern später auch die Übertreibungen des Ministeriums für Staatssicherheit in der DDR gerechtfertigt. Das führte zu einer Eskalation eines Sicherheits- und Kontrollapparats, der in den Jahren des Kalten Krieges unumgänglich war, sich aber später verselbstständigte und jeglicher gesellschaftlichen Kontrolle entzog. Wenn ich dies feststelle, möchte ich zugleich betonen, dass in diesem Apparat viele ehrliche, unserer Sache ergebene Frauen und Männer arbeiteten, die sich strikt an die Gesetze der DDR hielten und seit Jahren deswegen moralisch und finanziell bestraft werden. Ich gebe zu, manchmal nach der „Rückwende“ geglaubt zu haben, dass die Zahl der Berichte dieser Institution maßlos gewesen sei. Als ich jedoch einem alten kanadischen Genossen begegnete, der mir den Stapel der Berichte zeigte, die der kanadische Geheimdienst über ihn angelegt hatte, war ich sprachlos. Er zeigte mir zum Beispiel einen Bericht über eine antifaschistische Veranstaltung in Toronto, die während des Krieges stattgefunden hatte. In dem Bericht war auch Stefan Heym genannt, der aus New York zu den kanadischen Genossen gereist war.

Noch ein Wort zum Thema MfS. Einmal, vor einer Reise einer Delegation in die UdSSR, bat ich Walter Ulbricht, die Zahl der uns begleitenden Mitarbeiter der Staatssicherheit reduzieren zu lassen. Ich hielt die Zahl der Begleiter für übertrieben hoch und hätte auch gar nicht gewusst, wie und wo ich sie in Moskau unterbringen sollte. Ulbricht gab mir zwar Recht, wies mich aber zugleich darauf hin, dass er in dieser Frage ohne Einfluss sei. Die Verantwortung dafür läge allein bei Erich Mielke. Bei einer anderen Gelegenheit erhielt ich von Erich Honecker die gleiche Antwort. Das waren keine Ausreden, sondern die Realitäten.

Diese Praxis stammte noch aus der Zeit der illegalen KPD, in der für Sicherheitsfragen ausschließlich die dafür zuständigen Organe verantwortlich waren, um niemanden bei eventuellen Verhören zu gefährden. Wenn ich heute allein den im Fernsehen erkennbaren Sicherheitsaufwand für einen US-amerikanischen Präsidenten beobachte, reduziert sich mein damaliges Problem zu einer belanglosen Episode. Selbst Jelzin wurde als „Privatperson" auf seiner Reise nach Israel zu einem Treffen der orthodoxer Kirchenoberhäupter von neunzig Sicherheitsbeamten begleitet. Dabei stelle ich nicht einmal die Frage, was ein Ex-Präsident von Russland und Ex-Politbüromitglied der KPdSU dort überhaupt zu suchen hatte.

Die Nachwehen des XX. Parteitages der KPdSU

Die Ereignisse nach dem XX. Parteitag sind bekannt. Hier sei nur an einiges erinnert. Im Juni 1957 schloss das Plenum des ZK der KPdSU Georgi Malenkow, Lasar Kaganowitsch und Wjatschesslaw Molotow als „parteifeindliche Gruppe" (eine Formulierung, die unüberhörbar an die Stalinzeit erinnerte) aus dem Zentralkomitee und dem Präsidium des ZK aus.

Chrustschows Schwiegersohn, Alexej Adshubej, damals Chefredakteur der „Iswestija", schrieb in seinem 1990 im Henschel-Verlag, Berlin, in deutscher Übersetzung erschienenen Buch „Gestürzte Hoffnungen": „Chrustschow spürte, dass sein Schlag zu stark gewesen war. Er wollte den Personenkult überwinden, aber nicht Hand an das System legen." In dieser Einschätzung steckt vielleicht ein Körnchen Wahrheit. Dennoch war ihm klar, dass das System grundlegende Reformen benötigte.

Im Grunde genommen hatte Nikita Chrustschow mit dem Plenum im Juni 1957 und mit seiner über die Feststellungen des XX. Parteitages hinausgehenden Rede auf dem XXII. Parteitag 1961 seine historische Mission erfüllt. In der Partei und im Lande war die Ablösung Molotows und seine Abschiebung auf eine bedeutungslose diplomatische Funktion nach Wien heftig diskutiert worden. Als Chrustschow in jener Zeit die DDR besuchte, begab er sich auch zum Stab der Sowjetarmee nach Wünsdorf. Auf einer Kundgebung im dortigen Stadion hielt er eine Rede.

Hier stellte er die These auf, dass es im Leben jedes Menschen eine Entwicklungskurve gäbe, die bei jungen Menschen steil nach oben führe, im reifen Alter auf diesem Niveau verharre, um dann nach unten abzusinken: Wörtlich: „Es ist für einen gewöhnlichen Sterblichen äußerst schwierig, das Überschreiten des Zenits selbst zu erkennen. Für einen Politiker, dem alle zum Munde reden, ist das doppelt schwer, ja sogar kaum möglich." Er sagte das, ohne den Namen Molotow zu erwähnen, aber jeder verstand, wen er meinte. Dann betonte er mit Nachdruck: „Ich verspreche euch, dass ich diesen Zeitpunkt nicht verpassen und rechtzeitig von meiner Funktion zurücktreten werde!"

Das war zweifellos ehrlich gemeint, doch auch Chrustschow erkannte zu diesem Zeitpunkt nicht, dass sein „Höhepunkt" bereits überschritten war.

Ein Wort noch zu Alexej Adshubej. Ich begriff nie, was Chrustschow bewog, dessen zügelloses Verhalten zu tolerieren. Viele konnten sich auch nicht erklären, wie er darauf kam, ihn ständig mit diplomatischen Missionen zu betrauen. Dazu zähle ich auch die Privataudienz beim Papst, wohlgemerkt aus der Sicht von damals, denn heute liefert es kaum mehr eine Schlagzeile, wenn zum Beispiel Fidel Castro den Papst besucht. Eine der gröbsten Entgleisungen leistete sich Adshubej wohl während eines Besuchs in der BRD. Sicherlich nicht mehr ganz nüchtern, erzählte er, Ulbricht leide an Kehlkopfkrebs. Dann gab er angebliche Details über das sowjetisch-deutsche Verhältnis zum Besten. Das führte zu einer verständlichen Verstimmung zwischen Berlin und Moskau. Chrustschow, der von Ulbricht zur Rede gestellt wurde, spielte die peinliche Affäre herunter und war nicht bereit, weiter darüber zu reden. Von Otto Gianni ist bekannt, dass Adshubej zum 27. Juli 1964 ein Treffen Chrustschows mit Kanzler Erhard vereinbart hatte. Dies wäre dann der entscheidende Anlass für die maßgeblichen Männer im militärisch-industriellen Komplex der Sowjetunion gewesen, Chrustschow abzulösen und durch den leichter steuerbaren Breshnew zu ersetzen.

Die Tragödie bestand darin, dass Chrustschow nicht einem Reformer Platz machen musste, sondern dem konservativen Breshnew, der am liebsten Stalin rehabilitiert hätte. Sicherlich mag manchem ein solches Urteil schon deshalb verwunderlich erscheinen, weil ich in früheren Jahren oft genug etwas ganz anderes gesagt und dabei nicht nur die Worte anderer übersetzt habe. Aber auch hier gilt: Viele Dinge sieht man mit dem Abstand von Jahrzehnten anders. Es bedurfte nicht nur der Jahre, sondern auch der „Wende", des Zwangs, die Niederlage geistig zu verarbeiten, sich selbstkritisch zu überprüfen, seine Fehler und die eigene Verantwortung zu erkennen, um zu neuen Standpunkten zu gelangen.

Der XX. Parteitag hatte nicht nur innenpolitische, sondern auch weitgehende internationale Auswirkungen. Die Ereignisse 1956 in Polen und in Ungarn waren direkte oder indirekte Folgen der Herausforderungen an alle kommunistischen und Arbeiterparteien, nicht nur ihr Verhältnis zu Stalin, sondern auch zur KPdSU zu überprüfen.

1956 kam es in Polen zu Arbeiterunruhen. Es entging auch niemandem, dass nach dem XX. Parteitag in Polen historisch begründete antirussische, nationalistische Stimmungen Auftrieb bekamen und die künftige Entwicklung beeinflussten. Die Tatsache, dass Chrustschow mit großer Begleitung nach Warschau reiste, um die Wahl Wladyslaw Gomulkas zum Ersten Sekretär des ZK zu verhindern, bewies, dass die alten Führungsmethoden des Kreml keineswegs überholt waren. Wladyslaw Gomulka war seit 1927 Mitglied der Kommunistischen Partei, hatte in Moskau studiert und war bis 1939 in Polen wiederholt in Haft. Während des Krieges war er aktiv in der kommunistischen Widerstandsbewegung tätig. 1942 wurde er Erster Sekretär der polnischen Arbeiterpartei und war von 1943 bis 1948 deren Generalsekretär. Im Herbst 1948 wurde er als „Nationalkommunist" aller Ämter enthoben und befand sich von 1951 bis 1955 in Haft. Nach seiner Rehabilitation im Jahre 1956 wurde er trotz der Einwände der KPdSU Erster Sekretär der Polnischen Vereinigten Arbeiterpartei. Ich hatte mehrfach Gelegenheit, Gespräche zwischen ihm und Ulbricht zu übersetzen. Er war leicht verletzlich und neigte wie viele Polen zu einem etwas übertriebenen Nationalstolz, wofür es genügend historische Motive gibt. Sachlich gab ich ihm im Innern in vielen Fällen Recht. So zum Beispiel, als er von der DDR eine Beteiligung an den Investitionen beim Aufschluss neuer Kohlengruben erwartete. Schließlich wollte die DDR einen Teil der zu erwartenden Fördermenge für die eigene Industrie nutzen. Ulbricht lehnte ab, Gomulka war empört. Geschlichtet wurde dieser Streit übrigens durch die Sowjetunion, die polnische Kohlenlieferungen an die DDR mit Kohlenlieferungen aus dem Donezkbecken nach Polen ausglich. Nach solchen oder ähnlich heftigen Disputen drückte der polnische Ministerpräsident Józef Cyrankiewicz Ulbricht oft demonstrativ herzlich die Hand, als wolle er sich für die Taktlosigkeit seines Ersten Sekretärs entschuldigen. Dabei hätte Cyrankiewicz weit mehr Anlass zur Germanophobie gehabt, denn er war von 1941 bis 1945 in den faschistischen Konzentrationslagern Auschwitz und Mauthausen eingekerkert gewesen.

In Ungarn war es, nachdem das Land Volksrepublik geworden war, im Zuge des Aufbaus der Grundlagen des Sozialismus zu Fehlern in der Wirtschafts- und Staatsführung sowie zu Verstößen gegen die Gesetzlichkeit gekommen. Ein wesentlicher Grund hierfür war der Stil, mit dem der Stalin nacheifernde Erste Sekretär der Partei der Ungarischen Werktätigen Mátyás Rákosi agierte. Dazu gehörte auch, den von Berija inszenierten Prozess gegen den ungarischen Innenminister László Rajk geradezu übereifrig bis zu dessen Hinrichtung im Jahr 1949 ins Werk zu setzen. Im Herbst 1956 führten Unruhen zu einem blutigen Aufstand, deren erste Opfer vor allem Kommunisten wurden. Nach der Niederschlagung des Aufstands durch militärisches Eingreifen der Sowjetunion im November 1956 wurde János Kádár, der 1951–1954 von Rákosi als angeblicher Titoist in Haft gesetzt worden war, Ministerpräsident und Erster Sekretär der neu formierten Ungarischen Sozialistischen Arbeiterpartei.

Der XX. Parteitag hatte eine Klammer gelöst, die nicht nur aus Ketten, Stacheldraht und Handschellen, sondern, symbolisch gesprochen, auch aus Parteidisziplin und Ordensspangen bestand und zudem mit der Vision des Kommunismus den sowjetischen Vielvölkerstaat zusammenhielt. Nun war Stalin tot. Das Idol war demontiert, aber es war eine Schweißnaht gerissen und ein Vakuum entstanden. Chrustschow hatte den entscheidenden Schritt zur Überwindung der von Stalin und seiner Umgebung angerichteten Schäden getan, doch im globalen Maßstab war es nur ein kleiner Schritt. Es fehlte das Programm, um das Vakuum auszufüllen. So drangen in den Hohlraum latent vorhandene, wenn auch in der Öffentlichkeit kaum bemerkte nationalistische Kräfte, die aufgrund sozialer Unzufriedenheit in der Bevölkerung Unterstützung fanden.

Es wird noch darüber zu reden sein, auf welche Weise Chrustschow, Breshnew, Andropow und Gorbatschow das Land, das „sozialistische Lager“ und die weltweite kommunistische Bewegung zusammenhalten wollten. Ihre Methoden waren sehr unterschiedlich, aber nie die eines Stalin. Jeder von ihnen fürchtete auf seine Weise, mit Stalin in einem Atemzug genannt zu werden, wiewohl dessen Schatten ständig über ihnen schwebte.

Es gehört meines Erachtens zum bitteren Erbe der Stalinära, dass weder in der KPdSU noch in der übrigen kommunistischen Bewegung die Voraussetzungen für ein neues Miteinander entstanden. Zwar regten sich in verschiedenen kommunistischen Parteien Kräfte, die nach eigenen Wegen suchten, zum Beispiel Palmiro Togliatti und Maurice Thorez. Doch auch die Beratungen der kommunistischen und Arbeiterparteien 1957 und 1960 in Moskau wurden nicht zum Forum für die fällige Debatte. Die Weltkonferenz 1957 verlief noch nach alten Mustern: Die KPdSU wurde durch Michail Suslow repräsentiert. Selbst Mao Zedong pries noch das Regime: „Jeder lebendige Organismus hat einen Kopf und für die kommunistische Weltbewegung kann das nur die KPdSU sein ... Wir Chinesen können höchstens eine Kartoffel in die Höhe werfen, allein die UdSSR ist imstande, Sputniks ins Weltall zu befördern!“

Die Chance, sich konstruktiv den Forderungen der Zeit zu stellen, wurde verpasst.

Der XX. Parteitag der KPdSU und die SED

Es ist logisch, dass der XX. Parteitag auch an der SED und der DDR nicht spurlos vorüberging. Es kam zu erregten Diskussionen um Stalin und über die Ereignisse in Polen und Ungarn. Das bewegte jedoch weniger die Arbeiter oder Bauern, dafür um so heftiger die Intelligenz. Bekannte Wissenschaftler und Hochschullehrer wie die Philosophen Robert Havemann, Wolfgang

Harich und Ernst Bloch, die Wirtschaftswissenschaftler Gunther Kohlmey, Fritz Behrens und Arne Benary meldeten sich zu Wort. Leider wurden die von ihnen und anderen aufgeworfenen akuten Probleme einer demokratischen Entwicklung von Staat, Partei und Gesellschaft, der Wirtschaftspolitik und des Planungssystems der DDR sowie der Rolle der Wissenschaften nicht in Diskussionen erörtert oder zu klären versucht, sondern meist in den Kontrollkommissionen der Partei oder sogar in Gerichtssälen behandelt. Das widersprach nicht nur der innerparteilichen Demokratie, sondern verhinderte auch eine dringend notwendige Meinungsbildung. Im Politbüro muss es auch zu Auseinandersetzungen über die Bedeutung des XX. Parteitages gekommen sein, denn das 29. Plenum der SED veröffentlichte eine Stellungnahme gegen Karl Schirdewan, das 30. sowohl eine gegen Karl Schirdewan als auch eine gegen Ernst Wollweber.

In seinem 1977 in Berlin, Verlag europäische Ideen, herausgegebenen Buch „Ein Traum, der nicht entführbar ist" bezeichnet Heinz Brandt Schirdewan als den von Moskau ausgesuchten „Ablösekader" für Ulbricht. Chrustschow habe jedoch nach den Ungarn-Ereignissen den Plan eines „glatten" Wechsels von Ulbricht zu Schirdewan wieder fallen lassen. In all den Gesprächen und Verhandlungen, die ich übersetzte, habe ich nie auch nur Symptome gespürt, die diese Version stützen könnten.

Es wäre interessant zu wissen, wer Heinz Brandt darüber informiert haben mag? Dagegen spricht auch, dass Ulbricht nach der Ablösung Franz Dahlems ausgerechnet Schirdewan zum Zweiten Sekretär des ZK wählen ließ und ihn obendrein als Mitglied der SED-Delegation zum XX. Parteitag der KPdSU vorschlug. Und selbst wenn dem so gewesen wäre, muss man sich fragen, warum Moskau später nicht die Ablösung Schirdewans und seine Versetzung ins Staatsarchiv nach Potsdam verhinderte? Das alles sind Fragen, die vielleicht eines Tages nach dem Studium der zeitgenössischen Dokumente und Unterlagen beantwortet werden können.

Als die deutschen Studenten der Parteihochschule während des Moskauer Parteitages Walter Ulbricht baten, sie über den Parteitag zu informieren, schickte er Karl Schirdewan. Dieser erwähnte Chrustschows „Geheimrede" jedoch mit keinem Wort.

In der Pause wandte sich Erich Honecker, damals einer der Studenten, mit einer persönlichen Bitte an Schirdewan. Dieser reagierte ziemlich heftig und verwies ihn an mich. Der grobe Umgangston unter zwei Mitgliedern der Parteiführung machte mich stutzig. War das nur eine Folge einer vielleicht privaten persönlichen Auseinandersetzung oder gab es da einen politischen Hintergrund?

Eines Abends lud mich Schirdewan ein, gemeinsam einen Spaziergang über den Arbat zu unternehmen. Unterwegs sprach er mit viel Achtung von meinem Vater und über die enge Freundschaft, die sie verbunden hatte. Ich war erfreut, aber auch überrascht. Was steckte dahinter? Das von Stalin gesäte Misstrauen saß so tief, dass sogar diese Sympathiebekundung bei mir misstrauische Hintergedanken auslöste.

In Berlin erklärte Walter Ulbricht auf einer Parteiaktivtagung lediglich, dass Stalin nicht mehr zu den Klassikern des Marxismus-Leninismus zu rechnen sei. Über Nacht wurde das relativ kleine, in der Stalinallee sogar etwas abseits stehende Denkmal Stalins weggeräumt, Straßen wurden umbenannt und die Straßenschilder entfernt. Stalinstadt erhielt kommentarlos den Namen Eisenhüttenstadt.

Ende März 1956 fand die 3. Parteikonferenz der SED statt, die nach einer relativ kurzen Wertung des KPdSU-Parteitages zur Tagesordnung überging. Es hieß, die Rede Chrustschows läge noch nicht vor. Dafür wurde sie ausgiebig in den Westmedien verbreitet und kommentiert. So wurde in der DDR eine Gelegenheit vergeben, über Grundfragen der Politik in der neuen Situation zu diskutieren. Man brauchte einen demokratischen Klärungsprozess, aber dieser ließ viel zu lange auf sich warten.

Was blieb, war eine Übersetzung der Neuauflage einer einbändigen „Geschichte der KPdSU", die nicht nur die Fragen des Leninismus stark vereinfachte, sondern auch längst überholte Thesen verkündete. Wussten wir es nicht besser oder wollten wir es nicht besser wissen? Wer kann darauf heute antworten?

Walter Ulbricht schien Mühe damit zu haben, einen Schlussstrich unter die Stalinära zu ziehen. Oder hat das Leben ihm Recht gegeben, dass die SED einer abrupten Auseinandersetzung nicht gewachsen gewesen wäre?

Im Januar 1958 wurde Karl Schirdewan bei Stimmenthaltung Otto Grotewohls und Fred Oelßners von seiner Funktion entbunden. Im Februar tagte das 35. Plenum des ZK, auf dem Erich Honecker in seinem Bericht die „Gruppe“ Schirdewan, Oelßner, Ziller, Selbmann, Wollweber und Wittkowski wegen „opportunistischer Auslegung“ des XX. Parteitages kritisierte. Das Plenum fasste die entsprechenden „Kaderbeschlüsse“. Walter Ulbricht hatte sich wieder durchgesetzt. Erich Honecker trat in seine Fußstapfen.

Auf der 3. Parteikonferenz war auch die Losung geprägt worden, „sich vom Gegner keine Diskussion über Fehler der Vergangenheit aufzwingen lassen“, ein sicher richtiger Gedanke, der in der Praxis jedoch manche nötige demokratische Aussprache verhinderte.

Leider kamen manche Fragen und die daraus resultierenden Zweifel erst viel später auf. Ich möchte nicht in Abrede stellen, dass nach Stalins Tod nicht jedes Misstrauen und auch nicht der Mangel an Zivilcourage überwunden war. Für mich möchte ich aber in Anspruch nehmen, dass ich mir eine kritische Haltung zur Umwelt bewahrt habe. Und die ging einher mit der festen Überzeugung, das Richtige zu tun, wenn ich den Beschlüssen der Partei folge.

Ökonomische Probleme des Sozialismus

Auch wenn ich einige Monate in der Wirtschaftsabteilung des „Neuen Deutschlands“ tätig war, entwickelte ich nicht den Ehrgeiz, die ökonomischen Prozesse und Probleme unserer Zeit zu analysieren und zu begutachten. Mir fehlte dazu die erforderliche Kompetenz. Meine Tätigkeit als Dolmetscher konfrontierte mich jedoch mit vielen Fragen, die mich bewegten. Und das waren oft ökonomische Fragen, weil sie im Mittelpunkt der Verhandlungen mit der Sowjetunion standen. Es ging dabei immer um konkrete aktuelle Probleme, theoretisiert wurde am Verhandlungstisch nie.

Als Walter Ulbricht 1964 nach dem Abschluss von Verhandlungen und der Unterzeichnung eines wichtigen Vertrages eine große Reise durch Sibirien unternahm, war auch ein Besuch im

Städtchen der Akademie der Wissenschaften bei Nowosibirsk vorgesehen. Das war ein beeindruckendes Erlebnis. Der berühmte Mathematiker, Initiator und Vorsitzende der Sibirischen Abteilung der Akademie der Wissenschaften der UdSSR, Michail Alexejewitsch Lawrentjew, erklärte anschaulich, dass seine Aufgaben weniger in der Forschung lägen als in der Übertragung von wissenschaftlichen Erkenntnissen in die Praxis. Die Industrie sei hundertprozentig „verplant", und so stünden ihm keine Kapazitäten für Null-Serien zur Verfügung. Es sei denn, es gelänge ihm, Mittel für eine eigene produktive Anlage in Moskau bewilligt zu bekommen. Diese Worte richteten sich nicht so sehr an Ulbricht als an den ihn begleitenden Andrej Kirilenko, der im Politbüro für Wirtschaftspolitik verantwortlich war. Der Vorsitzende der Staatlichen Plankommission Erich Apel und der Sekretär für Wirtschaft Günter Mittag, die Ulbricht damals begleiteten, verzichteten jedoch darauf, dieses für die sozialistischen Staaten allgemein gültige Problem mit Kirilenko zu diskutieren.

Später bestätigte mir Gerhard Schürer, der nach Erich Apels Tod den Vorsitz der Staatlichen Plankommission übernommen hatte, dass man die vorhandenen Kapazitäten lieber nur zu 90 oder 95 Prozent „ausgeplant" hätte, um Spielraum für nicht voraussehbare Situationen zu haben. Man habe sie aber gezwungen, hundert Prozent zu „verplanen", um eine ausgeglichene Bilanz zu präsentieren.

Als Walter Ulbricht wieder einmal eingeladen war, seinen Urlaub auf der Krim zu verbringen – Dolmetscher inklusive –, überraschte ihn Chrustschow beim Zwischenaufenthalt in Moskau mit dem Vorschlag, zusammen mit János Kádár weiterzufliegen. Er verschwieg, dass als Überraschung für die Gäste ein Besuch auf dem Kosmodrom in Baikonur vorgesehen war, wo sie den Start eines Sputniks miterleben sollten. Ich war durch die sowjetischen Begleiter unter dem Siegel der Verschwiegenheit eingeweiht worden. Unser Flugzeug landete aber nicht in Baikonur, sondern in Astrachan an der Wolga. War etwas schief gegangen? Ein großer Flussdampfer lag am Kai. Wir gingen an Bord. Viele Schaulustige hatten sich versammelt, und Chrustschow hielt vom Zwischendeck eine seiner temperamentvollen Reden. Als der Dampfer ablegte, schilderte der Parteisekretär von Astrachan mit euphorischen Worten, wie man eine Insel, die damals noch Fischer und Fischlagerhallen beherbergte, zum Erholungspark umgestalten wolle. Chrustschow unterbrach ihn, gab Order, das Schiff zu stoppen und wenden zu lassen. Den Parteisekretär herrschte er an: „Hole die Leute zusammen, und ich werde sie fragen, ob sie zuerst Wohnungen und dann den Kulturpark wollen oder ob es nach deinem Willen in umgekehrter Reihenfolge gehen soll!" Der Parteisekretär versicherte Chrustschow, er werde zuerst Wohnungen bauen lassen.

Dann ging die Fahrt weiter. Chrustschows praktischer Sinn hatte ihn wieder Punkte für seine Volkstümlichkeit sammeln lassen. Da die kurzfristig von ihm ins Programm aufgenommene Entenjagd, eines seiner Hobbys, nicht mit dem von ihm erhofften Ergebnis endete, stiegen wir wieder ins Flugzeug und flogen nach Kiew, wo er ergiebigere Jagdreviere kannte. Auf der Landstraße zu den Seen ließ Chrustschow die Autokolonne anhalten und stoppte persönlich entgegenkommende LKWs, um die Fahrer nach dem „wohin und woher" und nach ihren Problemen auszufragen. Im Laderaum eines LKW saßen Bäuerinnen, die den Wagen gechartert hatten und ihre Äpfel auf den Basar in der Stadt brachten, um sie dort zu verkaufen. Man ließ sie weiterfahren. Aber Nikita Sergejewitsch fluchte lauthals: „Die Bäuerinnen organisieren sich Schwarzfahrten, korrumpieren die Fahrer und den Vorsitzenden der Kolchose, unser Staat aber ist nicht imstande, den Obsthandel zu organisieren." Einen Ausweg wusste er allerdings auch nicht.

Letztlich ging es aber wohl weniger um den Handel als um die Preis- und Subventionspolitik. Zahlreiche Fragen der Landwirtschaft blieben in der Sowjetunion auch nach Stalins Tod noch ungelöst. Bereits auf dem Juli-Plenum 1953 hatte Anastas Mikojan moniert, dass der Aufkaufpreis für Fleisch pro Kilogramm bei 25 Kopeken und für Kartoffeln bei drei Kopeken lag. Der Bauer musste aber allein für Petroleum einen Rubel pro Liter bezahlen. Während der Erntezeit wurden Arbeiter und Wissenschaftler als Helfer mobilisiert, deren Gehälter, die zuweilen über tausend Rubel betrugen, liefen aber weiter. Die Steuern für die Bauern wurden bei einem Einkommen von 42 Milliarden Rubel auf vierzig Milliarden erhöht.

Nichts brachte eine stabile, dauerhafte Lösung, weder die von Chrustschow gepriesenen Agrarstädte noch das von ihm initiierte Neuland, in Ackerland verwandelter jungfräulicher Steppenboden in Kasachstan, auf dem vorübergehend die Getreideproduktion erweitert wurde. Auch mich begeisterten damals die Bilder der riesigen, bis zum Horizont reichenden Getreidefelder, die volle Regale und knuspriges Weißbrot versprachen. Erst als auch das kostspielige Neuland, das ja erst besiedelt werden musste, den Mehlbedarf nicht befriedigen konnte, wurde klar, dass die Zeit der extensiven Bewirtschaftung vorüber war. Man begriff, dass der einzige Ausweg in der Intensivierung der Produktion lag. Die heute vielerorts kolportierte Behauptung, das System der Kollektivwirtschaften sei die Ursachen allen Übels gewesen, ist oberflächlich und unbegründet. In den USA und anderswo haben sich Großwirtschaften bewährt. Und die materielle Interessiertheit ist auch in einer Genossenschaft zu realisieren. Der jährliche Rückgang der kleineren privaten Bauernwirtschaften in der BRD, der auch im Jahre 2000 zunehmen wird, bestätigt diese These.

Hätte die Sowjetunion die riesigen Kapitalien und materiellen Werte, die im Neuland investiert wurden, im erschlossenen und besiedelten Nichtschwarzerdegebiet eingesetzt, wäre das effektiver gewesen.

Ökonomische Probleme beschäftigten nicht nur die Sowjetunion, auch wenn ein Teil der wirtschaftlichen Schwierigkeiten der DDR in der UdSSR seinen Ursprung hatte.

Während der Urlaubswochen auf der Krim kam es oft zu Unterhaltungen zwischen Ulbricht und mir, wobei auch er ein guter Zuhörer war. Ich versuchte ihm zu erklären, warum ich aus rein persönlichen Erfahrungen gegen Subventionen für Kinderbekleidung und Kinderschuhe war. Meine Töchter, die offenbar nach dem Vater geraten waren, mussten schon frühzeitig Damenbekleidung und Damenschuhe tragen. Ich gab zu bedenken, ob man die Subventionssumme nicht als Kindergeld auszahlen sollte. Aber an Preisen wollte Ulbricht nicht rütteln. Bei Mieten diskutierten wir, ob man nicht – so mein Vorschlag – die niedrigen Mieten für eine festgelegte durchschnittliche Wohnfläche pro Person belassen, aber für die darüber hinausgehende

Wohnfläche höhere Mieten fordern sollte. Das war keine Erfindung von mir, ich hatte solche Vorschläge oft gehört. Aber auch da kam das „Nein!" von Ulbricht. Er wollte an den Preis- und Subventionsfragen nichts verändern.

Einmal äußerte ich mich gegen den Abriss der großen Markthalle, die einen eigenen Eisenbahnanschluss hatte und früher ganz Berlin als Großhandelsmarkthalle versorgt hatte: „Lasst die Halle stehen, denn dort bekomme ich alles, was ich sonst nirgends finde, vom Klingeldraht bis zu den Kartoffelsäcken." So konnte man mit Walter Ulbricht diskutieren, er ließ mich ausreden, schüttelte dann aber in der Regel den Kopf. In diesem Fall lautete sein Gegenargument: „Die neue Markthalle muss besser sein als die alte." Wir erörterten viele aktuelle Fragen, stritten, ob es richtig sei, noch bewohnbare Häuser abzureißen, um repräsentative Stadtzentren errichten zu können. Manches sprach dafür, weil es auch darum ging, eine gewisse Attraktivität zu schaffen, manches aber sprach dagegen. Es war oft eine Frage der Prioritäten.

Lasse ich mir heute diese und ähnliche Dispute durch den Kopf gehen und versuche dabei, eine gültige Antwort auf die Frage nach den Ursachen unserer ökonomischen Probleme zu finden, gerate ich oft wieder zu Stalin, denn der hatte noch 1952 die „Ökonomischen Problemen des Sozialismus in der UdSSR" formuliert. Darin hatte er nicht nur dem Wertgesetz eine regulierende Rolle im Sozialismus abgesprochen, sondern war vor allem bei der Auslegung der Preis- und Subventionspolitik von der falschen Prämisse ausgegangen, dass der Sozialismus lediglich eine kurze Übergangszeit darstelle. Demzufolge müssten die Preise ständig reduziert werden, um zum Zeitpunkt des Überganges zum Kommunismus bei einem Null-Preis anzulangen. Nach seiner These spielten steigende Subventionen in einer zentral gesteuerten Wirtschaft keine Rolle, da sie durch Umverteilungen ausgeglichen werden können. So wurden nicht nur in der Sowjetunion, sondern auch in der DDR zu bestimmten politischen Anlässen die Preise gesenkt. Das führte zwar im Augenblick zu einer Steigerung des Lebensstandards und wurde von der Bevölkerung begrüßt, aber kompetente Ökonomen ahnten, dass dieser Weg ins Abseits führen musste.

Es bleibt das Verdienst von Walter Ulbricht, dass er die Stalin widersprechende These verfocht, der Sozialismus sei eine länger andauernde Periode. Daraus resultierende Schlussfolgerungen in Bezug auf die Preis- und Subventionspolitik zog er jedoch nicht.

Die Tatsache, dass mit zunehmendem Konsum, mit einer Verbesserung der Wohnraumversorgung und mit wachsendem Nahverkehr die Subventionen stiegen und nicht mehr ausgeglichen werden konnten, wurde zwar von Ökonomen erkannt und angemahnt, aber von der Parteiführung sowohl unter Walter Ulbricht als auch unter Erich Honecker ignoriert. Dennoch bezweifele ich, dass die Bevölkerung widerspruchslos Preis- und Tariferhöhungen akzeptiert hätte. Man erinnert sich, welche Reaktionen in der Volksrepublik Polen dadurch ausgelöst wurden. Veränderungen von Preisen hätten mit gleichzeitiger Veränderung der Tarif- und Lohnpolitik einhergehen müssen. Wie man weiß, hatten die Gewerkschaften solche Vorschläge unterbreitet. Sie wurden von Honecker abgelehnt, ja nicht einmal zur Debatte gestellt. Und das, obwohl in einem Parteitagsbeschluss die Ausarbeitung eines neuen Tarifsystems gefordert worden war.

Im Verlauf der 3. Parteikonferenz wurde viel über die wirtschaftlichen Probleme des Übergangs zum Sozialismus und über die Wechselbeziehungen DDR-UdSSR gesprochen. Ulbricht verkündete, dass die DDR nicht mehr von der Entwicklung des sozialistischen Lagers zu trennen sei: „Darin liegt die wichtige Garantie für die weiteren Erfolge."

Im Bericht wurde zwar auf Lenin verwiesen, aber Lehren aus seiner Neuen Ökonomischen Politik wurden nicht gezogen. Im Gegenteil! Im Widerspruch zur Feststellung der KPdSU vom Juni 1953 wurde die Vergenossenschaftlichung forciert, was kleine Unternehmen in ihren möglichen Aktivitäten einschränkte. So schlug diese Parteikonferenz vor, dass Handwerker zur genossenschaftlicher Arbeit übergehen, Einzelhändler und Gewerbetreibende Kommissionsverträge mit dem staatlichen Handel abschließen und private Unternehmer eine staatliche Beteiligung aufnehmen können. Das sollte ausdrücklich auf freiwilliger Basis geschehen. Dem hatten die anderen Blockparteien zugestimmt. Bereits einen Monat vor der SED-Konferenz hatte auf

Initiative der CDU eine Zusammenkunft von acht Inhabern privater Industriebetriebe mit Vertretern der Regierung, des FDGB und der CDU stattgefunden, auf der die Form solcher Betriebe erörtert wurde. 1956 entstanden 144 Betriebe mit staatlicher Beteiligung, deren Anteil drei Prozent der Bruttoproduktion der Privatbetriebe betrug. 1969 gab es bereits über 5600 Betriebe mit staatlicher Beteiligung mit einem Anteil von nahezu neunzig Prozent der Bruttoproduktion der Privatbetriebe.

Der forcierten Vergenossenschaftlichung folgte die intensive Verstaatlichung. Sie lässt sich mit einer ganzen Reihe positiver Beispiele als gelungen belegen. So die Entwicklung des Betriebes für Zierkeramik Römhild in Thüringen oder des Polster-und-Schlafmöbel-Herstellers in Havelberg, deren Erzeugnisse auf dem Weltmarkt gefragt waren und der DDR attraktive Devisenerlöse brachten. Aber man muss dann auch die negativen Beispiele erwähnen. Der Magdeburger Betrieb für Damenmoden Bormann war mit seinen Produkten weit über die Grenzen der DDR hinaus bekannt. Mit der Verstaatlichung verlor er nicht nur seinen Namen, sondern büßte auch Profil und Qualität ein.

Betrachtet man die Auswirkungen dieser Maßnahmen mit der Brille des Statistikers, stellt sich heraus, dass 1970 5,7 Prozent des Nettoproduktes der Wirtschaft aus dem privaten und 8,7 Prozent aus dem so genannten halbstaatlichen Sektor kamen.

1961 weilte der sowjetische Kosmonaut German Titow mit seiner Frau Tamara in der DDR und besuchte auch Magdeburg, wo er früher als Militärflieger stationiert gewesen war. Aus diesem Anlass bot Herr Bormann, der nicht nur Unternehmer, sondern auch Mitglied des Vorstandes der Gesellschaft für deutsch-sowjetische Freundschaft war, an, bei einer Fernsehübertragung zehn Damenkleider vorzuführen und diese dann der Frau des Kosmonauten zu schenken. Hermann Matern, Mitglied des Politbüros, der Titow auf der Reise durch die DDR begleitete, lehnte das Angebot ab. Man wolle keine „Reklame für einen Kapitalisten" machen! Während German Titow bei seinen früheren Fliegerkameraden zu Gast war, ließ Bormann die Kleider Tamara Titowa in seinem Atelier vorführen und übergab ihr anschließend die Kollektion als Geschenk für sie und die anderen Kosmonautenfrauen.

Ich will mit der Erwähnung der Reaktion Materns nicht den inzwischen zur Gepflogenheit von Memoirenschreibern gewordenen „Enthüllungen" folgen, sondern nur deutlich machen, dass so mancher neue Schritt unserer Politik von den älteren, in den Arbeitskämpfen der zwanziger Jahre herangewachsenen Genossen nur schwer verstanden wurde. Das scheint mir eine dringliche Feststellung, denn jede Generation hat natürlich ihre eigenen Maßstäbe. Und das konstatiert hier jemand, der bereits die Schwelle zum neunten Lebensjahrzehnt überschritten hat.

Von den Borman-Modellen wieder zur Parteikonferenz, die – das soll bei aller Kritik nicht verschwiegen werden – eine positive Bilanz ziehen konnte. Der erste Fünfjahrplan war erfüllt, die Folgen des Krieges und der Spaltung Deutschlands waren zu einem Teil überwunden worden. Im märkischen Sand war mit Stalinstadt ein metallurgischer Komplex aufgebaut worden, der sich sehen lassen konnte. Die Energiewirtschaft, die chemische Industrie und der Maschinenbau kamen voran. Die Grundstoffindustrie war auf- oder ausgebaut worden. Eine stärkere Hinwendung zu arbeits- und intelligenzintensiven Zweigen wäre zwar aus heutiger Sicht effektiver und rationeller gewesen, aber einerseits konnte kein sozialistisches Land unseren Bedarf an Rohstoffen oder Halbfabrikaten decken, und andererseits fehlte uns für Einkäufe dieser Produkte auf dem Weltmarkt die Valuta. Hinzu kam, dass wir der in der UdSSR über lange Zeit gültigen These von der vorrangigen Entwicklung der produktionsmittelherstellenden Zweige unterlagen. Außerdem mussten wir den Importwünschen der UdSSR Rechnung tragen, denn von dort kamen die Rohstoffe, die wir so dringend brauchten.

Diese wirtschaftlichen Wechselbeziehungen zur Sowjetunion veranlassten uns zum Aufbau des Schwermaschinenbaus, der Werften und anderer Industrien, die in Westdeutschland über Traditionen verfügten und nicht voll ausgelastet waren. Da aber der Kalte Krieg auch in der Wirtschaft tobte, blieb uns nur die effektive, politische und ökonomische Kooperation mit den sozialistischen Ländern. Wir begaben uns also nicht aus Engstirnigkeit auf den Weg der so genannten Störfreimachung, sondern mit der festen Absicht zu überleben. Das belastete unsere Wirtschaft schwer.

Meines Erachtens besaßen die sozialistischen Länder damals alle Voraussetzungen zur Lösung der wirtschaftlichen Aufgaben: die Sowjetunion verfügte in den fünfziger und sechziger Jahren über eine weltweite Überlegenheit auf dem Gebiet der Kosmosforschung und der bemannten Raumfahrt, im Flugzeugbau und bei der friedlichen Anwendung der Kernenergie. Bei Letzterem soll jetzt ausgeklammert bleiben, wie man heute dazu steht und mit welcher Akribie die Anlagen gesichert wurden, was damals ohne ausgereifte Mikroelektronik, hochentwickelte Werkstoffe und solide Grundlagenforschung nicht möglich war. Mit ihren überlegenen Leistungen demonstrierte die Sowjetunion auch, dass sie über ein enormes geistig-intellektuelles Potential verfügte. Die Flüge des Sputniks und dann die bemannte Raumfahrt waren eine weltweite Herausforderung gegenüber den entwickelten kapitalistischen Ländern im friedlichen Wettstreit der Entwicklung von Wissenschaft und Technik. Der unverzeihliche Nachteil: Maßgebliche wissenschaftliche und technische Höchstleistungen wurden letztlich nur der Rüstung und der Weltraumforschung zugänglich gemacht. Da stand Stalin immer noch Modell.

Kurz nach dem Wiener Treffen 1961 mit John F. Kennedy erklärte Chrustschow, die Sowjetunion werde in den nächsten 15 Jahren die USA, die er in seiner zuweilen überzogen saloppen Art mit einem ausgelaugten Gaul verglich, im Nationaleinkommen überflügeln. Heute empfindet man das als schlechten Scherz, aber damals nahm der neue US-Präsident diese Redensart durchaus ernst und schwor, dass die Vereinigten Staaten ihre Vorherrschaft zurückgewinnen würden.

In der Endkonsequenz steckte aber in Chrustschows Ankündigung „einholen und überholen“ ein geistiger Kardinalfehler. „Einholen“ ging vom Hinterherhinken aus. Man suchte im quantitativen Wettlauf den Sieg. Der Volksmund erkannte die Situation und witzelte: „Warum wollt ihr den Kapitalismus denn überholen, wenn er vor dem Abgrund steht?“ Die Aspekte des Wettstreits zwischen Sozialismus und Kapitalismus hätten in stärkerem Maße die humanistischen Werte in den Vordergrund rücken müssen, ohne dabei die materiellen Bedürfnisse der Menschen zu ignorieren.

In diesem Zusammenhang fällt mir Anastas Mikojan ein, der im Politbüro der KPdSU für die Versorgung zuständig war. Auf dem XX. Parteitag der KPdSU überraschte er mit der Feststellung, dass im Sozialismus „die Nachfrage schneller steigen muss als das Angebot". Das war eine mehr als missratene Ausrede für die Versorgungsschwierigkeiten. Leere Regale können nie positive Aushängeschilder für den Sozialismus sein. Dabei war zu dieser Zeit in der UdSSR, vor allem natürlich in Moskau, das Angebot an Kühlschränken, Fernsehern und Bekleidung besser als in Ostberlin. In der Sowjetunion war der Einzelhandelsumsatz von 1940 bis 1960 trotz des Krieges um das 3,5-fache gestiegen.

In der DDR hatten die beiden Ökonomieexperten im Politbüro, Heinrich Rau und Bruno Leuschner, vor einem Wettbewerb gewarnt, der zu der unverständlichen Parole eskalierte: „Überholen ohne einzuholen!" Dabei hatte diese von Ulbricht verkündete Losung sogar einen sachlichen Hintergrund. Er wollte dazu animieren, ähnlich wie bei der Malimo-Technik technologische Stufen zu überspringen. Das war natürlich nicht in jedem Fall möglich, doch sollten dadurch richtungweisende Methoden initiiert werden, die qualitatives Überholen ermöglichten. Zwar wurde die „Tonnenideologie" kritisiert, aber in der Planerfüllung galten eben vornehmlich quantitative Maßstäbe. Qualitative Merkmale aber gaben den Ausschlag.

Man glaubte mit politischen Mitteln die ökonomische Entwicklung steuern zu können, verletzte damit aber den Gedanken von Marx, dass sich „in letzter Instanz die ökonomische Notwendigkeit durchsetzt und zur politischen Niederlage führt".

Wirtschaftliche Reformer wie Behrens und Benary fanden bei Ulbricht damals keine Unterstützung. Vor dem Forum der 30. Tagung des ZK der SED am 30. Januar 1957 erklärte er: „Unter den Bedingungen des Kampfes zwischen den zwei gesellschaftlichen Systemen in der Welt und besonders in Europa wird in jedem Fall von einer zersetzenden Kritik die Konterrevolution den Nutzen haben ... Ungarn lehrt: Es gibt keinen dritten Weg ... Im Zusammenhang mit den internationalen Ereignissen und Vorkommnissen im sozialistischen Lager, im Zusammenhang mit den verbissenen ideologischen Angriffen der Imperialisten in den letzten Wochen, sind bei uns bestimmte ideologische Schwankungen und Schwächen offener in Erscheinung getreten ... Das Wesen ihrer ,Theorien' besteht darin, die Rolle der Arbeiter- und Bauern-Macht herabzusetzen und den demokratischen Zentralismus zu beseitigen. Einige Genossen forderten eine übertriebene Dezentralisierung im Staats- und Verwaltungsapparat, eine Wendung der Orientierung auf die Spontanität der Massen in der Wirtschaft, welche durch Elemente der Marktwirtschaft und einige Reste der Planung geleitet werden solle. Die Notenbank soll die ausschlaggebende Funktion bei der Leitung der Wirtschaft übernehmen, und zwar auf der Grundlage des Wirkens der Marktgesetze von Angebot und Nachfrage. Ihren Höhepunkt finden diese Auffassungen in der Forderung, den Staat schrittweise absterben zu lassen und die Selbstverwaltung im gesellschaftlichen Leben und in der Wirtschaft an seine Stelle zu setzen.

Genosse Benary formuliert das wie folgt: ,Die Stalin'sche These, nach der die ständige Festigung des Staatsapparates und seiner Rolle in der sozialistischen Gesellschaftsordnung die entscheidende Triebfeder der gesellschaftlichen Entwicklung sei, kann nur für die erste Etappe der Übergangsperiode, in der die Vormacht der alten Produktionsverhältnisse gebrochen und die Grundlagen für den Sozialismus geschaffen werden, als richtig anerkannt werden. Nach Abschluss dieser Etappe, wenn die Voraussetzungen für den Ausbau der sozialistischen Produktionsverhältnisse stärker sind als die kapitalistischen, führt die Aufrechterhaltung der These von der entscheidenden Rolle des Staatsapparates zwangsläufig zur Aufrechterhaltung kanzleimäßig-bürokratischer, administrativer Methoden der Leitung der Wirtschaft ...' Die ganze Theorie des Genossen Benary zeigt, dass er mit der marxistischen Theorie auf Kriegsfuß steht ..."

Heute sieht man in den Ideen derjenigen, die angeblich mit Marx auf Kriegsfuß standen, echte Ansätze für ökonomische Reformen.

In diesem Jahr erschien in der FIDES-Verlags- und Veranstaltungsgesellschaft, Berlin, eine aufschlussreiche Analyse von Gerhard Kehrer, „Industriestandort Ostdeutschland". Sie enthält neben einer Einschätzung über den heutigen Stand der Industrieproduktion in den neuen Bundesländern auch eine Zusammenfassung der wichtigsten Ursachen des in seinen Dimensionen bisher einmaligen Zusammenbruchs der ostdeutschen Industrie.

In dieser Publikation wird festgestellt, dass die Industrie, die in der Volkswirtschaft der DDR mit 65 % des volkswirtschaftlichen Nettoproduktes und 93 % des Exports die dominierende Branche war, 1950 den Vorkriegsstand von 1936 überschritten und in der zweiten Hälfte der sechziger Jahre die Höhe der gesamten deutschen Industrieproduktion von 1936 erreicht hatte. Heute jedoch gehört Ostdeutschland im europäischen Wirtschaftsraum „zu den am schwächsten industrialisierten Regionen" und steht mit einem Beitrag von 15 % an den Wirtschaftsleistungen noch hinter der Industrie Irlands (25 %), Griechenlands (28 %), Portugals (32 %), Spaniens (34 %) oder Österreichs (32 %). Der Verfasser verweist auch auf ein deutliches Gefälle im Industrialisierungsniveau zwischen Polen und Tschechien einerseits und Ostdeutschland andererseits. Zu den Ursachen für den international beispiellosen Zusammenbruch der ostdeutschen Industrie zählt Kehrer 1. den Zustand der Industrie und Wirtschaft der DDR am Ende der achtziger Jahre als Resultat der vierzigjährigen zentralisierten Wirtschaftspolitik; 2. die überstürzte Einführung der D-Mark, die die ostdeutsche Industrie völlig unvorbereitet einem vernichtenden Aufwertungsschock aussetzte und ihr alle Märkte entzog, und 3. die fehlerhafte, auf Selbstheilungskräfte des Marktes setzende Wirtschaftspolitik im Transformationsprozess der ostdeutschen Wirtschaft in Verbindung mit dem auf schnelle Privatisierung gerichteten Umgang der Treuhandanstalt mit der ostdeutschen Industrie.

Ansätze für Reformen

Chrustschow setzte in seinem Denken Marktwirtschaft mit Kapitalismus gleich, einen dritten Weg gab es auch für ihn nicht. Konvergenz war in der SED ein verpönter Begriff. Mag es im Hinblick auf das oben Zitierte auch zweifelhaft klingen, aber zu Zeiten eines Nikita Sergejewitsch gab es Ansätze für aussichtsreiche Reformen. In seinem Scherz, „Dieser verfluchte Zar hat riesige Länder zusammengerafft, und ich soll sie jetzt verwalten", steckte mehr als ein Körnchen Wahrheit. Chrustschow versuchte den Prozess einer Dezentralisierung einzuleiten. Zwanzig zentrale Ministerien wurden abgeschafft, 105 regionale Wirtschaftsräte gebildet. Das Problem: Diese umfassende, komplizierte, Hunderttausende Menschen betreffende Reform hat er nicht mit ihnen, sondern faktisch gegen sie, rein administrativ durchsetzen wollen. Er scheiterte an seinem eigenen Charakter, oder lebte noch in den Gewohnheiten der Stalin'schen Machtpraxis, wie er sie ja selbst jahrelang ausgeübt hatte.

Ein einziges Beispiel für die Folgen: In der Ukraine stellte man kurzerhand die Mähdrescherproduktion ein, dafür lief der „Saporoshez" vom Band, um den Bedarf der Ukrainer nach einem PKW besser befriedigen zu können.

Chrustschow traf sich mehrfach im Jahr mit Ulbricht, aber nie verlor er ein Wort über die Reorganisation der Partei. Nie informierte er seinen „Kollegen" über die Beschlüsse, mit denen die faktische Zweiteilung der Parteiorganisationen in Industrie und Landwirtschaft stattfand. Ulbricht beorderte eine Delegation der SED unter der Führung von Honecker und des Sekretärs für Landwirtschaft des ZK der SED Gerhard Grüneberg in die Sowjetunion, um dort die neue Situation zu studieren. Im Bericht der Delegation wurden diese „Neuerungen" in der KPdSU keineswegs gutgeheißen.

Chrustschows spektakulärer Einsatz für den Maisanbau wurde oft belächelt. Er hatte in den USA Maisfelder mit für ihn sagenhaften Ernteerträgen kennen gelernt und war nun in seiner impulsiven Art bemüht, überall Mais „durchzusetzen". Dabei ignorierte er auch die Einwände der Fachleute, die auf die unterschiedlichen klimatischen Voraussetzungen verwiesen. Gelungene Beispiele im Kubangebiet, in Ungarn, aber auch in der Magdeburger Börde bestärkten ihn in seinem Vorhaben. Man taufte ihn „Kukurusnik" („Kukurusa" ist das russische Wort für Mais), aber das scherte ihn nicht. Für ihn sicherte der Mais die Fleischversorgung, und das wiederlegte alle anderen Meinungen. Als er die Maisfelder in der Börde besuchte, musste ich für die Fotografen als Modell herhalten: Der kleine Chrustschow zeigte auf den 1,93 m langen Eberlein: „So hoch muss der Mais, die Wurst am Stengel, wachsen, dann haben wir alle genug zu essen!" Also wurde in der DDR festgelegt, die Anbaufläche für Mais auf acht

Prozent der Anbaufläche zu erhöhen, eine Bestimmung, an die sich die Bauern allerdings nie gehalten haben.

Widerstand gegen Chrustschow kam insbesondere aus dem alten Machtapparat. Da war zum Beispiel der ehemalige Landwirtschaftsminister Iwan Alexandrowitsch Benediktow, den Chrustschow als Botschafter nach Indien geschickt hatte. In seinen Erinnerungen „Über Stalin und Chrustschow" betonte er später, dass jedes Element einer Wirtschaftsreform streng dem Planungsprinzip unterworfen sein muss. Er schrieb: „Insgesamt sind die Orientierungen auf Gewinn, die Aktivierung der Ware-Geld-Beziehungen, die Wiederbelebung der Marktfaktoren als Regulierungsgrundlagen der ökonomischen Entwicklung unter unseren Bedingungen äußerst schädlich und gefährlich." Es gab aber in der Sowjetunion noch viele Benediktows, bei denen der XX. Parteitag falsche Spuren hinterlassen hatte. Dabei hätte sich Chrustschow auf einen so reformwilligen Ökonomen und Politiker wie Alexej Nikolajewitsch Kossygin stützen können, aber auch ihn, von dem er dann 1964 auf dem Posten des Ministerpräsidenten abgelöst wurde, hatte er mit seinen schroffem Umgangsformen als Partner verloren.

In der DDR hatte sich Walter Ulbricht nach anfänglichem Zögern engagiert um Reformen bemüht, insbesondere auf wirtschaftlichem Gebiet. Zunächst ging es darum, die Ursachen dafür zu suchen, warum sich der Rückstand der sozialistischen Länder zu den entwickelten kapitalistischen Ländern vergrößerte. Einer der Gründe lag sicher darin, dass es zwar eine von Marx erarbeitete Theorie über die Ökonomie des Kapitalismus gab, eine fundierte theoretische Grundlage für die Entwicklung der Ökonomie des Sozialismus aber nie in der Öffentlichkeit diskutiert worden war. Das lag weder am wissenschaftlichen Potenzial der Sowjetunion noch andem der DDR. In der „Prawda" hatte sich zwar der Charkower Ökonom Liberman zu Wort gemeldet, aber eine öffentliche Aussprache kam nicht zustande. Alles deutete darauf hin, dass sich die Politik von der Wissenschaft nicht hineinreden lassen wollte. In der DDR waren immerhin mit der von der FDJ und den Erfinderschulen der Kammer der Technik arrangierten MMM, der Messe der Meister von Morgen, gewisse Freiräume für schöpferisches Denken geschaffen worden. Auf Ulbrichts Initiative wurde 1957 der Forschungsrat ins Leben gerufen, dessen Vorsitz der bekannte Chemiker Professor Dr. Peter Adolf Thießen übernahm und dem so kompetente Persönlichkeiten wie die Physiker Manfred von Ardenne und Max Steenbeck angehörten. Ihre Urteile wurden ernst genommen. Westliche Wirtschaftsmethoden wurden kritisch analysiert und nach möglichen Schlussfolgerungen für eine sozialistische Praxis durchforstet. So entstanden die Ansätze für wirtschaftliche Reformen, die als NÖSPL (Abkürzung für Neues Ökonomisches System der Planung und Leitung der Volkswirtschaft) bezeichnet wurden. „Strategische Arbeitskreise" wurden von Ulbricht ins Leben gerufen, die aber, da sie unabhängig vom Parteiapparat fungieren sollten, umstritten waren. An dieser Stelle muss ich Alexander Schalck-Golodkowski widersprechen, der in seinen Erinnerungen als Urheber des NÖSPL allein Apel und Mittag nennt, wobei Letzterer sich ja schon nach kurzer Zeit von dieser Autorschaft wieder lossagte.

In diesem NÖSPL waren marktwirtschaftliche Elemente enthalten. Ökonomischen Hebeln wurde ein breites Wirkungsfeld eingeräumt, aber es waren leider nur Ansätze, die man einerseits vervollständigen und andererseits auch politisch hätte fundieren müssen. Hinzu kam ein ernsthafter Widerstand aus Moskau, den der reformfeindliche Breshnew artikulierte. Denkfehler gab es auch in den eigenen Reihen. So wurden meines Erachtens die Wirkungen einer beizubehaltenden zentralen Planung überschätzt. Andere behaupten, dass mit dem NÖSPL eine Abkopplung vom Plan vorgesehen sei.

Ich begleitete Ulbricht, als dieser die Büros der Staatlichen Plankommission, des „Gosplan", in Moskau und deren EDV-Anlagen besuchte. Die auch mit westlicher Technik bestückten Computer waren in einem stattlichen Gebäude stationiert. Ulbricht und die sowjetischen Partner setzten darauf, dass mit der Weiterentwicklung der Mikroelektronik jede beliebige Menge von Kennziffern gespeichert werden könnte und mittels dieser Technik auch alle Kooperationsleistungen zentral zu steuern waren.

Es war ein Trugschluss, dem Ulbricht unterlag. Er hatte gehofft, mit der damaligen Technik die rund 8000 Hauptpositionen des Planungssystems oder gar die 100000 Positionen, die

die Statistische Zentralverwaltung benötigte, durch die Datenverarbeitung zu erfassen. Überzeugt von den Möglichkeiten der modernen Datenverarbeitung und den Fakten, die ihm westliche Prospekte vermittelten, wollte er in der DDR die Computertechnik entfalten. Das überschritt jedoch die Möglichkeiten der DDR. Einmal war Ulbricht zu einem Besuch in die Belorussische Republik und dort zur Jagd in die Beloweschskaja Pustscha eingeladen worden. Ich verfluchte zwar mein Los, nachts im offenen Jeep einen Jagdhund auf den Schoß nehmen zu müssen, der nach jedem Schuss in den Wald lief und mir dann meist ohne Beute, aber wassertriefend wieder auf die Knie kletterte. Doch ich ahnte, dass dieser Ausflug ein ganz anderes Ziel verfolgte. Ulbricht war nie ein passionierter Jäger, aber er sah in der Jagd eine Gelegenheit, mit dem sowjetischen Minister für Elektrotechnik und Elektronik ins Gespräch zu kommen. Tatsächlich unterbreitete dieser Ulbricht dann auch das Angebot, der DDR jede gewünschte Anzahl Computer vom Typ „Minsk" zu liefern, wenn die DDR dafür die Produktion und Zulieferung der peripheren Geräte übernahm. Ulbricht lehnte ab: „Wir brauchen für unsere großen Kombinate viel größere Rechner als euren ‚Minsk'!" Hinter dieser kühnen Aussage könnte nicht nur die Ablehnung des Computers gesteckt haben, sondern auch der verwegene Gedanke, die DDR könnte allein und autark die Mikroelektronik meistern. Oder erkannte Ulbricht damals die Grenzen der sowjetischen Mikroelektronik? Honecker gab viel später – zum einen von Mittag schlecht beraten und zum anderen durch die Embargo-Politik mit ihren Cocom-Listen gezwungen – grünes Licht für den Aufbau einer eigenständigen Mikroelektronik. Diese kostete die DDR 14 Milliarden Mark, davon die Hälfte in Valuta. Allein von 1986 bis 1990 wurden 2,5 Milliarden DM investiert.

Es gab noch ein anderes, allerdings aus früheren Jahren stammendes Beispiel gefährlicher subjektiver Entscheidung als Folge der Überschätzung der ökonomischen Möglichkeiten der DDR. Bei einem Besuch in Moskau bat der stellvertretende sowjetische Minister für Rüstungsindustrie um ein Gespräch mit Walter Ulbricht. In der Unterredung versuchte er ihm auszureden, in Dresden eine Flugzeugwerft zu errichten. Das Argument Ulbrichts, er wolle damit dem Flugzeugkonstrukteur Professor Brunolf Baade, der nach dem Kriege in der Sowjetunion tätig gewesen war, ein Betätigungsfeld bieten und verhindern, dass er in die BRD abwanderte, war rein politischer Natur. Der Minister beteuerte, dass das Projekt gegen US-amerikanische und sowjetische Flugzeughersteller chancenlos wäre, und schlug vor, in der Werft sowjetische Hubschrauber herzustellen. Die UdSSR würde die nötigen Unterlagen zur Verfügung stellen. Walter Ulbricht ließ sich nicht umstimmen. Auf tragische Weise gab die Praxis dem sowjetischen Minister später Recht. Professor Baade konstruierte zwar das erste deutsche Strahlverkehrsflugzeug, das als BB 152 oder B 152 bezeichnet wurde. Es wurden auch vier flugfähige Maschinen fertig gestellt. Als der Prototyp am 4. März 1959 nach einem 55-minütigen Probeflug im Landeanflug auf den Flughafen Dresden-Klotzsche infolge des Ausfalls aller vier Triebwerke abstürzte und vier Personen ums Leben kamen, wurde die Produktion eingestellt. Möglicherweise hatte fehlender Druckausgleich, der einer Unterbrechung der Kraftstoffzufuhr zuzuschreiben war, das Unglück ausgelöst.

Über „Minsk“ und BB 152 – man könnte auch noch die misslungene Kooperation mit der Tschechoslowakei im Automobilbau nennen – dürfen nicht die vielen positiven Erfahrungen der vom RGW organisierten Zusammenarbeit in Vergessenheit geraten. Man könnte viele Beispiele nennen, wenn auch, gemessen an den Möglichkeiten, nie ein Optimum erreicht wurde. Und das in einer Zeit, in der die Entwicklung der Produktivkräfte dringend einer solchen Koordination und Kooperation bedurfte.

Das ist keine neue Erkenntnis. Walter Ulbricht hatte schon auf der 23. Sondertagung des RGW im April 1969 gesagt: „Eine entfaltete sozialistische Arbeitsteilung zwischen unseren Ländern verlangt moderne, rationelle Formen des Zusammenwirkens. Heute sind diese Formen noch geradezu altmodisch. Wir stehen vor der Wahl: Entweder nutzen wir die politischen und ökonomischen Vorteile unseres Systems und erreichen einen hohen Stand der Arbeitsproduktivität, oder wir verzichten auf die entsprechenden Methoden internationaler Zusammenarbeit bei der Planung, Leitung und Forschung. Wer auf die Vorteile der Zusammenarbeit verzichtet, verzögert nicht nur den Sieg, sondern erleidet auch selbst Schaden. Es ist absurd zu glauben, dass man das Weltniveau innerhalb der Grenzen eines Landes erreichen kann. Ausgehend vom strategischen Ziel des Sieges des Sozialismus besteht die Aufgabe des RGW darin, die Produktivkräfte in unseren Ländern so zu entwickeln, dass es gelingt, eine Arbeitsproduktivität zu erreichen, die die der kapitalistischen Länder übertrifft."

Treffende Worte, die aber mit der Realität nicht in Einklang zu bringen waren. Das unterschiedliche Entwicklungsniveau der sozialistischen Staaten, der unterschiedliche Grad ihrer Industrialisierung, die Differenzen in der beruflichen Qualifikation der Werktätigen waren allerdings auch schwer zu überwindende Hemmnisse. So schränkte die Forderung Ulbrichts auf jener RGW-Tagung, dass „die Steigerung der Effektivität der einzelnen Volkswirtschaften nicht zu Lasten anderer verwirklicht werden darf", die Möglichkeiten von vornherein ein. Wenn festgestellt wurde, dass sich Breshnew allen Reformen verschloss und Ulbricht ihn mit dem NÖSPL „umgehen" wollte, waren seine Aussichten von vornherein nicht sehr groß, denn im Alleingang waren Reformen für die DDR nicht zu verwirklichen.

Von Kossygin war schon die Rede. Seine Reformen von 1965 – die Einführung der wirtschaftlichen Rechnungsführung, die Erweiterung der ökonomischen Rechte der Betriebe, die Tatsache, dass der Gewinn zum Grundkriterium der Betriebswirtschaft erhoben wurde – waren in der Zeit Chrustschows gereift und nicht etwa von Breshnew initiiert. Statt Chrustschows Mängel zu korrigieren, führte Breshnew wieder zentrale Ministerien mit allen früheren Kompetenzen ein.

Der Spielraum der DDR auf außenpolitischem Gebiet war sehr eingeengt, einmal durch die Blockadepolitik der Westmächte und zum anderen durch den Alleinvertretungsanspruch der BRD, das heißt den Anspruch, dass die Bundesrepublik Deutschland die Interessen aller Deutschen im Ausland vertritt. Erst als Adenauer nach langem Zögern 1955 der Einladung des Kreml folgte und nach Moskau reiste, um die diplomatischen Beziehungen zwischen der UdSSR und der BRD herzustellen, und sich die Sowjetunion im Gegenzug bereit erklärte, die noch in der Sowjetunion arbeitenden Kriegsgefangenen, einschließlich der noch inhaftierten deutschen Kriegsverbrecher, in die Bundesrepublik ausreisen zu lassen, war das Eis gebrochen.

Der Aufnahme der diplomatischen Beziehungen zwischen Moskau und Bonn folgte der Staatsvertrag der UdSSR mit der DDR, der im September 1955 von Otto Grotewohl und Walter Ulbricht in Moskau unterzeichnet wurde. Ein Friedensvertrag mit Deutschland stand nicht in Aussicht und so waren beide Seiten bemüht, der Nachkriegsentwicklung einen völkerrechtlichen Rahmen zu geben.

Als Dolmetscher engagiert

Meiner „Karriere" als Dolmetscher standen zuweilen kleine Hürden im Wege, die noch aus Stalins Zeiten stammten. Ich erinnere mich an eine multilaterale Begegnung der Ersten Sekretäre und Ministerpräsidenten der sozialistischen Länder in Moskau im Sommer 1955. Am Sonntag waren alle Teilnehmer zur alljährlichen Flugschau in Tuschino und zum anschließenden Teenachmittag eingeladen. Vor der Abfahrt eröffnete mir Ulbricht, dass bisher bei derartigen Begegnungen Dolmetscher nicht zugelassen worden wären und alle Gespräche in russischer Sprache geführt würden, unabhängig von den Sprachkenntnissen der einzelnen Teilnehmer. Er bat mich zu versuchen, diese „Bannmeile" zu durchbrechen. Im Vorraum zum Beratungssaal, in dem der Tisch gedeckt war, war ich der einzige Dolmetscher. An der Eingangstür standen zwei Zivilisten, die ich als Offiziere des MWD kannte. Ich bekannte ganz offen, dass ich die Absicht hätte, hineinzugehen. Ihre Reaktion war unmissverständlich: „Das ist verboten!" Auf meinen Einwand, dass sie ihre Befehle hätten und ich nun mal meinen, nahm einer von ihnen Rücksprache mit seinem Chef und ließ mich dann hinein. Verständlicherweise war an dem großen Tisch weder ein Stuhl noch ein Stehplatz für mich reserviert, und so pendelte ich von Ulbricht zu Grotewohl rund um den Tisch und übersetzte ihnen ein Gespräch, das vornehmlich Chrustschow führte. Unklar blieb, was die Anwesenden verstanden, da nur der Erste Sekretär der Mongolischen Revolutionären Volkspartei und Vorsitzende des Ministerrats der Mongolischen Volksrepublik Jumschagin Zedenbal und der Generalsekretär der Bulgarischen Kommunistischen Partei Todor Shiwkow die russische Sprachen beherrschten. Immerhin: Beim nächsten Mal gab es Stühle für Dolmetscher und später wurde auch ein Gedeck aufgelegt.

In belastender Erinnerung blieb mir eine Kundgebung im großen Stadion von Kiew mit Zehntausenden Zuhörern auf den Rängen und dem Rasen. Dort sollte auch Walter Ulbricht sprechen. Seine Rede hatte der Schriftsteller Otto Gotsche, der Ulbrichts persönlicher Referent war, geschrieben. Werner Albrecht sollte sie schriftlich ins Russische übersetzen. Wir hatten gemeinsam mit den anderen eine Fahrt auf dem Dnepr unternommen und verabredet, uns im Stadion zu treffen. Nach Reden eines Arbeiters, einer Bäuerin, eines Wissenschaftler und des Mitglieds des Politbüros Frol Koslow, wurde mir endlich der deutsche Text zugesteckt. Es waren über dreißig Seiten! Danach folgten einige handschriftliche, schlecht leserliche Seiten der Übersetzung. Das hieß, ich musste vom deutschen Text frei übersetzen. Erwähnt werden muss auch, dass es ein brütend heißer Tag war und die Sanitäter einiges zu tun hatten. Ulbricht trat ans Mikrofon und flüsterte mir noch rasch zu, dass er nur einige Worte sagen würde und ich dann weiter seine ganze Rede in russischer Sprache vortragen sollte. So verlief die Sache auch, aber sehr bald spürte Ulbricht, dass die Rede viel zu lang war und flüsterte mir zu, welchen Absatz ich jeweils auslassen sollte. Und das mitten während der „freihändigen" Übersetzung. Wir brachten seinen Auftritt jedoch zu einem guten Ende.

Ein besonderes Kapitel der deutsch-sowjetischen Beziehungen schrieb Nikita Sergejewitsch Chrustschow, der mit seiner ungezwungenen, volkstümlichen Art viele Menschen, auch solche, die der Sowjetunion – aus welchen Gründen auch immer – reserviert gegenüberstanden, in seinen Bann zog und begeisterte.

Es sei mir in diesem Zusammenhang gestattet, etwas längere Auszüge aus einer Sendung des NDR vom 30. März 1979 anlässlich des 20. Jahrestages der Gesamtdeutschen Arbeiterkonferenz in Leipzig zu zitieren: „Dieser Beifall ging endlos. Es waren über 1200 Kommunisten aus beiden Teilen Deutschlands, die Nikita Chrustschow Beifall spendeten. Wer Chrustschow aus jenen Jahren kennt, der weiß, sein Auftreten war nicht nur akustisch, sondern auch optisch ein Erlebnis. Chrustschow war ziemlich klein, aber sein Übersetzer, Eberlein, hatte Überlänge. Er überragte seinen Meister weit. Je mehr Chrustschow sich erwärmte, desto lauter wurde er, und Eberlein musste ebenfalls lauter werden. Wenn Chrustschow auf Hochtouren kam, brüllte er, und Eberlein musste ebenfalls brüllen. Es gab Abschnitte, da schrien die beiden gegeneinander an. Das waren die Höhepunkte, die gleiche Lautstärke, das gleiche Pathos, ja sogar die gleiche Gestik. Doch zu der Harmonie im Geiste kam der Kontrast der Gestalt. Der kleine Chrustschow und schräg über ihm, weit über seine Schulter gebeugt, der endlos lange Eberlein." Da er ja den Scherz liebte, verglich Chrustschow die Anhänglichkeit mancher an den Kapitalismus mit alten, ausgetretenen Latschen. So fuhr Peter Bender im Kommentar fort: „Der Spaß geht hier unmittelbar in Pathos über, in glaubhaftes Pathos. Und darin liegt das Bemerkenswerteste, ja sogar Erstaunliche dieser Rede. Hier wird Engagement spürbar, eine Überzeugungskraft, die aus Überzeugung stammen muss. Das gilt auch für Chrustschows Publikum. Der Beifall, den sie gaben, war echt. Er war wirklich stürmisch, wie es immer in den Zeitungen und Parteitagsprotokollen steht. Diese Leute gingen mit dem Redner mit. Sie jubelten, wenn er den Feind verspottete, und waren begeistert, wenn er die Wahrheit der Arbeiterklasse beschwor ..."

Der Autor schilderte die Atmosphäre richtig. Auch wenn nicht alle Anwesenden Kommunisten waren, so gab es unter den Westdeutschen viele Sympathisanten. Einige waren auch gekommen, um „Nikita" einmal hautnah erleben zu können. Doch so einfach, wie es aussah und wie es sich anhörte, war das Zusammenspiel mit Chrustschow für mich nicht. Als er im September 1957 mit Anastas Mikojan in die DDR kam, besuchte er zuerst die Stadt Leipzig. Wir kamen am späten Abend zum Gästehaus nahe dem ehemaligen Reichsgericht. Dort hatten sich viele Menschen versammelt. Paul Fröhlich, damaliger Bezirkssekretär der SED, hatte ein Mikrofon in den Weg stellen lassen, wohl wissend, dass Nikita nie „sprachlos" daran vorbeigehen würde. So war es dann auch. Er sprach aus dem Stegreif, ich wartete auf eine Pause, um nach der herkömmlichen Methode absatzweise zu übersetzen. Es wurde eine katastrophale Übersetzung. Das hat mir zwar niemand gesagt, aber ich selbst habe es so empfunden. Daher bat ich Ulbricht, mich von der Dolmetschertätigkeit zu befreien. Da ich kein Gehör fand, musste ich selbst mit meinen Fehlern fertig werden. Wie konnte diese Panne passieren, hatte ich doch bereits in vielen Sitzungen und Beratungen auch Chrustschow übersetzt und stets Lob geerntet? Die Erkenntnis, dass ich ihn bisher immer simultan übersetzt hatte, brachte die Antwort auf meine Frage. Chrustschow hätte von seinem Russischlehrer durchweg schlechte Noten erhalten. Es gab bei ihm weder Komma noch Punkt, ganz zu schweigen von Absätzen. Seine Gedanken übersprangen, überflügelten die Worte, Sätze blieben unvollendet, überlappten sich, ein oft nicht enden wollender Wortstrom quoll aus ihm heraus und begeisterte die Zuhörer nicht nur durch seinen Inhalt, sondern insbesondere durch die Impulsivität. Ihm gerecht zu werden, war nur dem möglich, der ihn kopierte, ihn so wieder- und weitergab, wie er war. Das verstieß zwar gegen alle Regeln und Praktiken des damaligen Dolmetschens, doch ich versuchte es und die Zuhörer haben es positiv aufgenommen.

Auch Chrustschow hat dieses Zusammenspiel akzeptiert und mir sogar Eigenwilligkeiten gestattet. Bei der bereits erwähnten Leipziger Rede sagte er unter anderem, dass die deutsche Frage zweitrangig sei. Ich stockte mit der Übersetzung und fragte ihn, ob er wirklich „zweitrangig" gesagt habe, ein Vorgang, den mir manch anderer Referent verübelt hätte. Nicht so Chrustschow, er schien mir sogar zufrieden und erläuterte daraufhin ausführlich und sehr überzeugend, dass sich die deutsche Frage dem weltweiten Friedenskampf unterzuordnen hätte.

Auf dem VI. Parteitag der SED flocht er in seine Begrüßungsansprache in freier Rede eine Passage über das Verhältnis zwischen den „Fritzen" in Ost und West ein. Der Begriff „Fritz" aber war im Kriege in der Sowjetunion zum Negativbegriff für Deutsche geworden. Da ich überzeugt war, dass Chrustschow weder die Bürger der DDR noch die der BRD verletzen wollte, machte ich daraus den Fritz im Westen und den Hans im Osten. Da sich die „Prawda"- und TASS-Korrespondenten auf diese „Berichtigung" nicht einließen, ich aber unterschiedliche Texte in Moskau und Berlin vermeiden wollte, musste ich gegenüber

Chrustschow Farbe bekennen. Er sanktionierte sofort meine Variante, was auch ein wenig das Verhältnis zwischen uns charakterisiert.

An dieser Stelle möchte ich einen längeren Auszug aus Franz Fühmanns „Die dampfenden Hälse der Pferde im Turm zu Babel“ einflechten:

„Der Xerxes und der Cäsar begegnen einander am Rande der großen Suppe, des Mittelmeeres, und da stehen sie nun, und dazwischen ein Dolmetscher, natürlich einer, der persisch und lateinisch quatscht. Denn der Xerxes kann nicht Lateinisch und der Cäsar nicht Persisch, und außerdem stammen beide aus verschiedenen Jahrhunderten, das erschwert die Verständigung zusätzlich ungeheuer. Also brauchen sie einen Dolmetscher.

‚Was', dachte Emanuel, ‚kann Xerxes schon sagen? Natürlich stellt er sich erst mal vor'. – ‚Ich bin', so brüllt er den Römer an, ‚ich bin der großmächtigste König der Könige! Ich bin Xerxes der Allergrößte, der Beherrscher der Perser, der Herr der Welt! Und wer bist du, du elender Wicht?'

Wie übersetzt nun ein Dolmetscher so einen Quatsch?

Er könnte ihn wörtlich übersetzen, aber das traut er sich nicht recht – der Cäsar könnte ihm ja eine reinhauen, wenn er so zu ihm redete. Doch da hatte er eine kühne Idee. Er sieht, dass die beiden auf den Krieg losmarschieren und ihre Soldaten verheizen wollen, und da denkt er: Vielleicht kann ich's verhindern. Ich stehe nun einmal zwischen den beiden. Und warum stehe ich zwischen ihnen? Weil sie meine Sprache brauchen! Diese zwei Sprachen sind meine Waffe! Mit der Sprache werd' ich ihre Pläne durchkreuzen!

Also dolmetscht er erst einmal sachlich und sagt zum Cäsar: ‚Das da ist der Xerxes, Großkönig der Perser, und er fragt dich, wer du bist.'

‚Ha!' brüllt der Cäsar, ‚ich bin der Cäsar, der größte Feldherr aller Zeiten, der Beherrscher des Römischen Reiches, das die Welt beherrscht!'

Und der Dolmetscher sagt zum Xerxes: ‚Das da ist Cäsar, der römische Feldherr!' Der Dolmetscher denkt, dachte Emanuel, dass nun die Kriegserklärungen kommen, und wirklich, da brüllte der Xerxes schon los: ‚Dein Reich gehört mir, ungläubiger

Hund! Wenn du dich nicht auf der Stelle unterwirfst, lasse ich sämtliche Römer schlachten!' – ,Was brüllt der so?' fragt nun Cäsar, und der Dolmetscher sagt: ,Er brüllt so, weil sein Volk an der Beulenpest leidet, und da fragt er, ob du nicht ein Heilmittel hast.'

,Er komme mir ja nicht zu nahe!' brüllt Cäsar, der doch eben noch in des Xerxes Land einzudringen dachte, ,er komme mir ja nicht zu nahe, sonst haue ich ihn kurz und klein!'

,Was antwortet dieser Wicht?' fragt Xerxes und der Dolmetscher sagt: ,Der Cäsar freut sich sehr, dass ihr nach Rom kommen wollt! In Rom herrscht nämlich grässlicher Aussatz, und da glaubt der Cäsar, wenn Fremde kommen, befällt der Aussatz vielleicht die.'

,Er komme mir nicht zu nahe!' brüllt der Xerxes, ,sonst haue ich ihn kreuzweise kaputt! Sag ihm, er soll sich erst unterwerfen, wenn der Aussatz erloschen ist!'

,Was hat er geantwortet?' fragt der Cäsar, und der Dolmetscher sagt: ,Er grüßt dich zum Abschied und wird jetzt gehen!' – Da brüllt der Cäsar: ,Er soll mir eine Karte schreiben, wenn die Beulenpest erloschen ist, dann komme ich und erobere sein Land!'

,Was brüllt der?' fragt der Xerxes, und der Dolmetscher antwortet: ,Er grüßt dich zum Abschied, größter Großkönig, und wird alles tun, was du verlangst.' Da nicken beide, Xerxes und Cäsar, und beide gehen voneinander und geben acht, dass sie der Atem des anderen nicht trifft, und da sie so auseinandergehen, denken beide: ,Dem hab ich's aber gezeigt, wer der Mächtige ist!' Und der Dolmetscher reibt sich die Hände und denkt: ,Ich bin doch eigentlich ein ganz Tüchtiger.'"

Das habe ich von mir nie gedacht. Aber aus Neugier für den Dolmetscher können auch Freundschaften erwachsen. So schildert Helmut Müller unsere Begegnung. Ältere Berliner Leser werden sich an ihn erinnern. Allen anderen sei erklärt, dass er viele Jahre „Zweiter" in der Berliner Parteiorganisation war. Verlässlich und oft nicht gerade verwöhnt durch seine „Vorgesetzten".

„Unsere erste Bekanntschaft war aus der Ferne, auf einer Kundgebung. Mit seiner Figur überragte er die Sprecher, deren Reden er übersetzte, beträchtlich. Seine markante Stimme füllte den Raum. Noch beeindruckender jedoch die Selbstverständlichkeit, mit der er die oft vertrackten, teilweise frei gesprochenen, mit russischem Witz und Volksweisheiten gespickten Reden von Nikita Chrustschow übersetzte. Das machte auf den Mann neugierig, mit dem ich das erste Mal im Zentralkomitee persönlich zusammentraf. Es ging um Fragen des innerparteilichen Lebens in Berlin. Beeindruckend seine ruhige, unkomplizierte, ja unkonventionelle Art bei ihrer Behandlung. Der Ton freundlich-verbindlich, fast intim. Das Gespräch nahm mich für ihn ein. Diese Begegnung – also ganz arbeitsmäßig – so wie mit hundert anderen Funktionären auch. Wodurch wurde daraus im Unterschied zu neunundneunzig anderen eine Freundschaft? Die Erklärung findet sich in der Persönlichkeit Werners, seinem Naturell. Er baut mit seiner natürlichen Art, der spürbaren Achtung vor seinem Partner, seiner ungekünstelten und aufrichtigen Offenheit Brücken. Hinter allem, was er sagt und tut, spürt man den Menschen. Weniger mit seiner körperlichen Größe, sondern vor allem mit der, auf seinem wahrlich nicht leichten Lebensweg erworbenen persönlichen Reife. Wie anders wäre es zu erklären, dass er von den dramatisch-tragischen Stationen auf diesem Wege mit einer Leichtigkeit und Unbeschwertheit erzählen kann, als handele es sich dabei nicht um Erlebnisse im eisig-kalten Sibirien, sondern um heitere Episoden aus der Sommerfrische am Schwarzen Meer. Nur wer weiß, was sich dahinter verbirgt, kann die politische und moralische Leistung ahnen, die er aufzubringen imstande ist. Nie war auch nur ein Anflug von Selbstmitleid über das ungerechte Schicksal zu hören, nie auch nur die Spur der Überhöhung seiner Rolle zu entdecken. Das kann nur ein wahrhafter Kommunist.

Sein schier unerschöpfliches Arsenal an Witzen und Anekdoten reizten so manches Mal unsere Lachmuskeln im Kreise unserer Familien. Aber nicht das ist das Wesentliche. Gewichtiger sind die vielen Gespräche über knifflige Dinge der Arbeit, der Gedankenaustausch über die Lage, über Erfahrungen bei Erfolgen und bei unserer Niederlage. Auch dabei die festzustellende Fähigkeit, auf einfache Weise tiefschürfende Überlegungen darzustellen und die Dinge, wie man so schön sagt, auf den Punkt zu bringen. Gerade im zurückliegenden Jahrzehnt war das nötig, wohltuend und kraftspendend."

Na, ein wenig hat Helmut meine „Rolle“ wohl doch „überhöht“, deshalb flugs zurück zu den Episoden meiner über den Rahmen des Dolmetschens hinausgehenden Tätigkeit.

In Vorbereitung des 40. Jahrestages der Oktoberrevolution war eine Partei- und Regierungsdelegation in die Sowjetunion eingeladen worden, der auch die Vorsitzenden der anderen Blockparteien angehörten. Wie ich schon erwähnte, hatten die sowjetischen Protokollverantwortlichen Walter Ulbricht und Otto Grotewohl oben auf ihrer Liste zu stehen, alle anderen rangierten unter „Begleitung“. Wir flogen mit zwei Maschinen vom Typ IL 14, die nach irgendwelchen Sicherheitsregeln im Abstand von zwanzig Minuten starten und landen mussten. In der zweiten Maschine saßen die Vorsitzenden der anderen Blockparteien, unter ihnen so bekannte Persönlichkeiten wie Hans Loch, Vorsitzender der LDPD und stellvertretender Vorsitzender des Ministerrats, Johannes Dieckmann, stellvertretender Vorsitzender der LDPD und Präsident der Volkskammer, Otto Nuschke, Vorsitzender der CDU, und Lothar Bolz, Vorsitzender der NDPD, stellvertretender Ministerpräsident und Außenminister. Bei der Landung wurden auf dem Flugplatz der rote Teppich und die Fahnen schon wieder eingerollt. Alle meine Mahnungen schlug man in den Wind. Auch die Unterkünfte waren meist getrennt, so dass ein Eklat drohte. In Riga stellte ich Ulbricht dann die Frage, ob er wisse, dass in der Delegation ein Aufstand drohe. Er hatte seit dem Abflug aus Berlin mit niemandem über derartige Fragen gesprochen und schlug vor, am Abend eine Beratung zu arrangieren, wobei er mich bat, die Verantwortung für alle Pannen zu übernehmen. Das habe ich denn auch getan, ohne Hemmungen, denn ich kannte schließlich die Zusammenhänge.

In Riga wurden wir mit der vom Zaren übernommenen Praxis konfrontiert, dass ein Schreiben, das man dem ersten Mann im Staate – in diesem Fall Nikita Chrustschow – übergab, fast immer positiv entschieden wird. Hunderte mit ihren Briefen in den Händen versuchten sich also Zugang zum „Allerheiligsten“ zu verschaffen. Ich werde die Szene nie vergessen, wie eine Frau, die bis zu Chrustschow vorgedrungen war, um die Begnadigung ihres zum Tode verurteilten Sohnes bat. Chrustschow umarmte sie, zeigte volles Verständnis für ihr Anliegen als Mutter, lehnte es jedoch ab, sich in Gerichtsverfahren einzumischen. Das möge als ein für europäische Verhältnisse normaler Vorgang gewertet werden, war jedoch nach der Stalinzeit eine ungewöhnliche Reaktion.

Eine peinliche Szene anderer Art erlebten wir am nächsten Tag in einem Freilichttheater. Das Präsidium saß auf einer riesigen Bühne in weiter Entfernung zur Rampe. Nach der Veranstaltung, auf der Chrustschow und Grotewohl gesprochen hatten, drängte eine Frau lauthals mit einem Brief in der Hand auf das Podium. Ein Sicherheitsmann erwischte sie am Rock, sie wollte sich losreißen und stand plötzlich im Unterrock. Das schien sie nicht weiter zu stören. Mit lauter Stimme fuhr sie fort, Nikita Sergejewitsch um Hilfe anzuflehen. Der rief erbost, man solle die Frau gefälligst nicht behindern und zu ihm lassen. Er konnte von seinem Platz aus nicht sehen, dass sie im Unterrock dastand. Ich behob die peinliche Situation, indem ich Chrustschow aufforderte, die Bühne zu verlassen, da die Veranstaltung schließlich beendet sei. Nachdem wir gegangen waren, stellte er mir am Ausgang die Frage, warum ich ihn von der Bühne gedrängt hätte. Meine aufklärende Antwort beruhigte ihn. Vielleicht habe ich damit dieser Frau Unrecht getan. Mir ging es darum, allen, insbesondere ihr, dieses unwürdige Schauspiel zu ersparen.

Nach Kiew begleitete uns Frol Romanowitsch Koslow, stellvertretender Ministerpräsident, den ich zuvor während einer Urlaubsreise durch die DDR begleitet hatte. Die Querelen mit dem Protokoll gingen weiter. Bei einer Galavorstellung im Schauspielhaus wurden die Vorsitzenden der anderen Blockparteien in der „Zarenloge“ so platziert, dass sie die Bühne gar nicht sehen konnten. In der Pause wollten sie verärgert das Theater verlassen. Ich musste nun nicht nur sie, sondern auch Ulbricht, der in der ersten Reihe saß und die missliche Platzierung der anderen Delegationsmitglieder gar nicht wahrgenommen hatte, beruhigen und den demonstrativen „Ausmarsch“ verhindern.

Der Gerechtigkeit halber muss ich aber auch feststellen, dass sich insbesondere Chrustschow sehr bemühte, mit den Vorsitzenden und Vertretern der anderen Blockparteien eine gutes Verhältnis herzustellen. Wenn er sie manchmal mit „Genosse“ ansprach, so wurde das von ihnen als eine Form der Anerkennung aufgefasst. Ich versuchte ihm bei solchen Begegnungen die jeweilige Parteizugehörigkeit zuzuflüstern, und er nahm das dankbar auf und reagierte dementsprechend.

Nach einer Veranstaltung in Bitterfeld wollte Chrustschow sich noch von dem deutschen Werkleiter des SAG-Betriebes, der nicht Mitglied der SED war, verabschieden und eilte auf ihn zu. Seinen Dank beantwortete Chrustschow scherzend mit der Bemerkung, dass, wenn es mit ihnen so weitergehe, er ihn beim nächsten Mal wohl als Kommunisten begrüßen könne. Der Werkleiter antwortete schlagfertig: „Nikita Sergejewitsch, genügt es nicht, wenn ich erst einmal Sozialist werde?“ Chrustschow wollte dem nicht widersprechen, ihm aber auch nicht das letzte Wort überlassen und entgegnete: „Sehr einverstanden, aber besprechen Sie das bitte sorgfältig mit Ihrer Gattin!“

Anzumerken sei in diesem Zusammenhang, dass Chrustschows lockere Umgangsformen, die in der DDR und in anderen Ländern angenehm auffielen, in der Sowjetunion oft als ungebührlich für den ersten Mann im Staate betrachtet wurden. Waren das auch noch Nachwehen der Stalinzeit?

Der Vorfall, bei dem Chrustschow mit seinem Schuh protestierend während einer UNO-Vollversammlung auf den Tisch klopfte, ist wohl der beste Beleg dafür.

Bei einer Reise 1964 nach Sibirien kamen wir in Omsk in die Parteileitung. Da sah ich auf dem Konferenztisch des Sitzungssaals einen Wimpel der Bundesrepublik Deutschland stehen. Ich ergriff ihn im Vorbeigehen und beförderte ihn unter den Tisch. Niemand verlor darüber auch nur ein Wort. Man übersah diesen Fauxpas einfach. Aber nach dem Gespräch nahm mich der Gebietssekretär beiseite und fragte mich nach meinem Vorgehen. Meine Antwort, dass es sich um das BRD-Symbol gehandelt habe, ließ er nicht gelten und holte zum Beweis eine alte sowjetische Enzyklopädie hervor, in der im Kapitel DDR weder Zirkel noch Ährenkranz die Fahne schmückte. Die DDR-Symbole waren damals eben noch nicht bis nach Sibirien gedrungen.

Je öfter ich als Dolmetscher tätig wurde, um so bekannter wurde ich. Ich wurde „Chefdolmetscher“ tituliert, obwohl das eigentlich gar nicht meine Tätigkeit war. Mit dieser ungewollten

Popularität zu leben fiel mir nicht leicht. Auf der Straße drehten sich die Leute nach mir um, wiesen mit Fingern auf mich, sprachen mich an. Selbst unsere Kinder wurden nach mir befragt. Kurzum, mir missfiel das, aber ich konnte es nicht ändern und musste sehen, wie ich es in Grenzen halten konnte.

Andererseits hatte die Dolmetschertätigkeit derart zugenommen, dass ich Ulbricht bitten musste, mir zu einer anderen Arbeit zu verhelfen, denn ich konnte meinen Aufgaben in der Redaktion nur noch nebenbei nachkommen. So schied ich aus dem „Neuen Deutschland" aus und wurde Mitglied der Agitationskommission beim ZK der SED, wo ich u. a. für die Beziehungen zu den in der DDR stationierten Truppenteilen der Sowjetarmee zuständig war. Damit war ich in den zentralen Parteiapparat zurückgekehrt.

Ich glaube, dass es angebracht ist, noch etwas mehr über diese Tätigkeit und diese Zeit zu berichten, wurde doch nach 1989 die Vergangenheit oft sehr global verurteilt. Das bezieht sich auf die ideologische Arbeit generell und die Widerspiegelung des realen Lebens in den Medien im Besonderen. Offenes Auftreten, polemische Auseinandersetzung mit Andersdenkenden, ideologische Arbeit, die auch Emotionen genügend Platz bot, war nicht nur für Chrustschow typisch. Auch in der Tätigkeit der Agitationskommission, für die zur damaligen Zeit Albert Norden und Horst Sindermann verantwortlich zeichneten, waren nicht Monologe gefragt, sondern oft standen heiße Debatten mit dem damaligen Vorsitzenden des Staatlichen Rundfunkkomitees Gerhart Eisler oder Hermann Axen, der zu jener Zeit Chefredakteur des „Neuen Deutschlands" war, auf der Tagesordnung. Streitgespräche zwischen den Mitgliedern der Agitationskommission beim Politbüro der SED Horst Sindermann und Emil Dusiska über Wirtschaftsfragen oder zwischen dem für Probleme der Landwirtschaft zuständigen Bruno Wagner, der für Fragen der Nationalen Front verantwortlichen Paula Acker oder Gerhard Kegel, der im ZK der SED auf dem Gebiet der Außenpolitik leitend tätig und dann mehrere Jahre Botschafter und Leiter der Ständigen Vertretung der DDR am Sitz der Vereinten Nationen in Genf war, über die verschiedensten Probleme wurden auf hohem Niveau ausgetragen. Die in diesen Disputen zu Papier gebrachten Gedanken forderten am nächsten Tag auch die Leser oder Hörer heraus.

Die Mitglieder dieser Kommission waren sozusagen Sprecher des Zentralkomitees. Sie äußerten sich nicht nur im Fernsehen und in Rundfunk, sondern standen auch in vielen öffentlichen Veranstaltungen Rede und Antwort. Sie brauchten keinen Redetext, beherrschten die Probleme, über die sie sprachen, und versuchten mit ebenso anschaulichen wie überzeugenden Argumenten den Verstand, die Vernunft, aber auch die Gefühle der Menschen anzusprechen.

Mir geht es nicht darum, unsere damalige Arbeit schön zu reden, sondern vielmehr darum, deutlich zu machen, dass sich im Laufe der Jahre oder Jahrzehnte Veränderungen nicht nur im Inhalt der Politik, sondern auch in der Art und Weise ihrer Darstellung und Erläuterung vollzogen haben. Statt polemischer Auseinandersetzung, anschaulicher Argumentation und geduldiger politischer Überzeugungsarbeit griff administrative Bevormundung und Gängelei der Medien um sich. Es kam zu einer Atrophie der lebendigen politisch-ideologischen Arbeit. Die Medien wurden von Schönfärberei beherrscht, die aus der schon erwähnten These geboren wurde, dass jede Fehlerdiskussion nur Wasser auf die Mühlen des politischen Gegners leiten würde. So verlor die Kommission ihren ursprünglich durch sachliche Auseinandersetzungen und Suche nach überzeugenden Argumenten bestimmten Charakter. Ich war übrigens inzwischen in die Abteilung Parteiorgane „versetzt“ worden, die für die politisch-organisatorische Arbeit in den Bezirken und Kreisen verantwortlich war. Meine Funktion als Dolmetscher behielt ich auch dort.

Bitterfeld kontra „Tauwetter“

„Tauwetter“ war der Titel eines 1954–1956 von Ilja Ehrenburg geschriebenen Romans über die Nach-Stalin-Zeit und wurde dann schnell zu einem politischen Begriff. Als in der Sowjetunion die Zeit des „Tauwetters“ begann, griff Alexander Solshenizyn zur Feder, um „Einen Tag im Leben des Iwan Denissowitsch“ zu schreiben. Dieses erste literarische Werk über die sowjetischen

Straflager erschien unter Protektion von Chrustschow 1961 in russischer Sprache. In diesem Buch schilderte Solshenizyn sein Leben und seine Leiden in den Jahren von 1945 bis 1956, die er in den Haftkellern des NKWD und im GULAG verbringen musste. Wegen dieses Buches und weiterer Publikationen, die er, da sie in der Sowjetunion nicht erscheinen durften, im Ausland herausgab, wurde Solshenizyn jedoch schon bald angegriffen, 1970 aus dem sowjetischen Schriftstellerverband ausgeschlossen und 1974 des Landes verwiesen. Erst 1990 wurde er rehabilitiert und erhielt seine sowjetische Staatsbürgerschaft zurück. Ich las das Buch in der Originalsprache. Das Thema interessierte mich verständlicherweise sehr. Was mir dabei auffiel und auch missfiel, war, dass er in seinem ergreifenden Bericht die vulgäre Ausdrucksweise der Kriminellen auch als Sprache der politischen Häftlinge verwendete. Vielleicht wollte er sich mit dieser Ausdrucksweise, die sich übrigens auch nicht in andere Sprachen übertragen ließ, mit dem Häftlingsmilieu identifizieren. Ich bin kein Literaturwissenschaftler und gebe nur meine Meinung als Leser wieder. Mit diesem Buch ebnete Alexander Solshenizyn den Weg für die so genannte Lagerliteratur.

Als Nikita Chrustschow bei einem Gespräch mit Walter Ulbricht auf der Krim versuchte, seinem Gast zu erläutern, warum dieses umstrittene Buch in der Sowjetunion erschienen war, widersprach Ulbricht sofort: „Bei uns wird keine Lagerliteratur veröffentlicht!" Chrustschow antwortete: „Ich habe ja gar nicht die Absicht, dich zu bewegen, es in der DDR zu veröffentlichen. Ich will nur versuchen dir zu erklären, warum ich es für richtig hielt, es in der Sowjetunion herauszubringen." Damit endete das Gespräch. Das Buch Solshenizyns wurde in der DDR auch nicht herausgegeben.

Der in russischer Sprache erschienene Roman von Dora Pawlowa „Das Gewissen", der das Leben in Leningrad nach Stalins Tod beschrieb, beeindruckte mich so stark, dass ich ihn ins Deutsche übersetzte und ein Drehbuch für einen Fernsehfilm verfasste. Er wurde jedoch nie gedreht. Das Thema der Bewältigung der stalinistischen Vergangenheit blieb unerwünscht.

1959 wurden in der DDR auf der ersten Bitterfelder Konferenz die kultur- und kunstpolitischen Ziele und Wege mit Künstlern, Arbeitern, Wissenschaftlern und Staatsfunktionären beraten. Hier entstand die Parole „Greif zur Feder, Kumpel!" und das Projekt einer engen Gemeinschaftsarbeit zwischen Künstlern und Werktätigen. Ich will die Auswirkungen, Erfolge und Übertreibungen nicht weiter kommentieren.

Auch in diesem Fall wäre es grundfalsch, würde man Fragen der Kunst und Kultur allein aus dem Blickwinkel einiger Verbote darstellen. Schließlich wurden in der DDR Filme geschaffen, die zu den Klassikern gehören. Wir erlebten Theateraufführungen, die Zuschauer aus der ganzen Welt anlockten. Es wurden Bücher geschrieben, die Millionenauflagen erlebten und in viele Sprachen der Welt übersetzt wurden. Traditionsensembles wie der Dresdner Kreuzchor, der Leipziger Thomaner-Chor, das Gewandhausorchester traten vor überfüllten Sälen auf. Es entstanden neue Gruppen wie der Wernigeröder Kinderchor. In diesem Zusammenhang sei auch an solche Bauten wie die Dresdner Semper-Oper und das Leipziger Gewandhaus, das Schauspielhaus in Berlin und die Staatsoper erinnert.

Die DDR hatte, gemessen an der Bevölkerung, das Land mit den meisten Museen und Bibliotheken und einer entwickelten Volkskunst. Die Arbeiterfestspiele wurden zu einer Tradition. Theater, Bücher, Kino und Konzerte waren für Jedermann bezahlbar, Brigaden genossen obendrein Vorzugspreise. Das Turn- und Sportfest in Leipzig war ein international bekannter Magnet, wäre vielleicht aber weniger pompös und aufwendig noch eindrucksvoller gewesen.

Eines Tages wurde ich sehr konkret in die Fragen der Kultur einbezogen. Walter Ulbricht hatte wohl eine Statistik in die Hände bekommen, aus der hervorging, dass sowjetische Filme in den Lichtspieltheatern der DDR schlecht besucht waren. So wurde wie so oft zur Lösung komplizierter Probleme eine Parteikommission für den gezielteren Ankauf sowjetischer Filme ins Leben gerufen. Ihr Leiter wurde der bekannte Publizist und Leiter der Kulturkommission beim Politbüro des ZK der SED, Alfred Kurella, zum Sekretär der Kommission wurde Werner Eberlein ernannt.

Als sich die Kommission, der Arbeiter, Bauern und Parteifunktionäre angehörten, konstituierte, hielt Kurella ein interessantes Referat über die Spezies des Films und den Unterschied zwischen der Funktion der Kinokamera und den Wahrnehmungen des menschlichen Auges. Danach erschien er nie wieder in diesem Kreis. Für die Arbeit war der Sekretär zuständig. Also reiste ich zusammen mit der Leiterin des Progress-Film-Export-Imports nach Moskau, wo man uns in fünf Tagen einige Dutzend Filme vorführte. Wieder in Berlin, informierte ich Ulbricht, dass wir eine Reihe hervorragender Filme eingekauft hätten, darunter „Der klare Himmel" von Grigori Tschuchrai. Jewgeni Urbanski spielte darin den Flieger Astachow, der, nachdem er aus deutscher Kriegsgefangenschaft in die Sowjetunion zurückgekehrt war, zunächst Repressalien ausgesetzt war, schließlich aber rehabilitiert wurde und wieder als Testpilot fliegen durfte. Eine realistische Schilderung mit einem optimistischen Ausklang. Der Streifen „Der Vorsitzende", in dem ein aus der Armee verabschiedeter Offizier den Vorsitz in einem heruntergekommenen Kolchos übernimmt, war ein in seiner Wahrheitstreue bestechender Film, den ich mit den besten Werken Sergej Michailowitsch Eisensteins verglich. Ulbricht sah mich erstaunt an und lehnte die Filme kategorisch mit der Bemerkung ab: „Wozu müssen wir hier das Schicksal sowjetischer Kriegsgefangener in der Sowjetunion zeigen?"

Ich verzichtete auf eine Antwort. Die Kommission, die mit so viel Eifer ins Leben gerufen worden war, hatte ihr Existenzrecht verloren. Ich ließ sie sanft einschlafen. Was heute als feige deklariert werden könnte, erschien mir damals mutig. So ändern sich die Zeiten und Ansichten.

Ulbricht setzte auf einen anderen sowjetischen Film, nämlich den von Galina Nikolajewa „Schlacht unterwegs". Es war ein Zweiteiler aus dem Produktionsmilieu, mit dem Helden Bachirew und einer Tina. Ich strich ihn im Drehbuch für das DDR-Publikum zu einem einteiligen Film zusammen. Er wurde kein Zuschauermagnet.

Über den Streit um den DEFA-Film „Das Kaninchen bin ich" sind inzwischen Bücher geschrieben worden. Er hatte sehr unterschiedliche Reaktionen ausgelöst. Mir gefiel er nicht, aber das will wenig besagen. Umstritten blieb der Tatbestand, dass sich die Teilnehmer einer erweiterten Tagung des Zentralkomitees den Film ansehen mussten und dann sein Verbot bestätigten. Wenn der im Film agierende Richter nicht eben die beste Figur abgab, reichte das nicht zum Verbot des Filmes. Der Film „Solo Sunny" von Konrad Wolf wurde auch heftig kritisiert, seine „Sonnensucher" kamen, angeblich aufgrund einer Intervention des sowjetischen Botschafters, gar nicht erst in die Kinos. Den Gipfel erreichte die Verbotsmethode bei dem verfilmten Bestseller von Erik Neutsch „Spur der Steine" mit Manfred Krug in der Hauptrolle. Der Leipziger Bezirkssekretär untersagte die Aufführung, der Hallenser gestattete sie, so dass die Leipziger in Scharen nach Halle fuhren. Später nahm man ihn überall aus den Kinos.

Das war damals die Praxis, und – ich gestehe – sie wurde auch von mir akzeptiert. Erst später wurde mir klar, dass sich die Partei damit Kompetenzen angemaßt hatte, die ihr überhaupt nicht zustanden und ihr den begreiflichen Widerspruch vieler Künstler und auch des Kinopublikums eintrug. Im Grunde genommen ging es weniger um Kunst als um Demokratie. Der Künstler wurde daran gehindert, seine Vorstellungen und Gedanken in Kunst umsetzen. Diejenigen, die die Kunst missbrauchen wollten, um gegen die neue Gesellschaftsordnung zu opponieren, waren entgegen damaligen Behauptungen eindeutig in der Minderheit und hätten die DDR sicher nicht gefährdet. Ein typisches Beispiel war für mich Stefan Heyms Buch „Fünf Tage im Juni". Es behandelte uns alle bewegende Gegenwartsprobleme, aber ich habe es – leider – erst drei Jahrzehnte nach seinem Erscheinen in die Hand bekommen. Nachdem ich es gelesen hatte, erkannte ich, dass die damalige Entscheidung ein fataler Fehler war.

Man soll sich hüten, Fehler gegeneinander aufzurechnen, weil meist Fehlrechnungen dabei herauskommen, aber ich will die heutige Situation nicht mit Schweigen übergehen. Der „Markt" hat die Funktion der Zensoren übernommen, zumindest beruft man sich darauf, wenn heutzutage unliebsame Texte in den Medien boykottiert werden. Das funktioniert jedenfalls besser als absurde Verbote.

Der 13. August 1961

In der DDR spitzte sich die innere Situation Ende der fünfziger Jahre nicht allein im kulturellen Bereich immer mehr zu. Die BRD trug das ihre dazu bei. Ärzte, Wissenschaftler, aber auch qualifizierte Fachkräfte, vornehmlich aus der Branche der Datenverarbeitung, wurden mit horrenden Vergünstigungen abgeworben. Welche Folgen das hatte, habe ich buchstäblich am eigenen Körper erlebt. Nach einem Kreislaufkollaps stürzte ich so unglücklich in der Wohnung, dass ich mit einer Gehirnerschütterung und doppeltem Kieferbruch in ein Krankenhaus eingeliefert werden musste. Zu diesem Zeitpunkt gab es in der DDR infolge der Abwanderung nach dem Westen ein bedeutendes Defizit an Ärzten. Ich hatte das Glück, dass sich ein bulgarischer Arzt fand, der die Operation so qualifiziert durchführte, dass nichts zurückblieb.

Die westlichen Medien ließen keine Gelegenheit aus, um die Stimmung in der DDR anzuheizen. Die Zahl derjenigen, die sich vor allem eine bessere wirtschaftliche Situation in der BRD erhoffte, wuchs. Das, was wir „Republikflucht" nannten, wurde durch die in Berlin vorhandene offene Grenze begünstigt. Eine Lösung musste gefunden werden. Sie war in der geteilten Stadt mit alliierter Machtverteilung nur im internationalen Rahmen zu finden.

Chrustschow hatte nicht nur in Gesprächen mit Ulbricht, sondern auch bei multilateralen Treffen das Thema Berlin aufgeworfen, fand aber für seine Idee, Ostberlin als Hauptstadt der DDR zu einem Schaufenster des Sozialismus zu machen, bei den Generalsekretären der Bruderparteien kaum Gegenliebe. Sobald die materielle Seite des Projekts ins Gespräch kam, das nicht allein mit sowjetischer Unterstützung zu realisieren war, stieß er auf eisiges Schweigen.

Die anderen gingen davon aus, dass es der Bevölkerung der DDR ohnehin bereits wirtschaftlich besser gehe als den Völkern der anderen Länder. Der Gedanke eines solchen Schaufensters wäre wohl auch für die DDR nicht sonderlich günstig gewesen, klagten doch schon genug Bürger des Landes über die Bevorzugung der Hauptstadt.

Chrustschow hatte 1958 erstmalig im Gespräch mit Ulbricht die Möglichkeit einer Grenzschließung erwogen. Damit möchte ich der Behauptung, die Juli A. Kwizinski in seinem 1993 im Siedler Verlag erschienenen Buch „Vor dem Sturm“ aufstellte, widersprechen, Walter Ulbricht habe Chrustschow im Juli 1961 gebeten, ihn bei der Grenzschließung zu unterstützen. Die Initiative dazu ging eindeutig von sowjetischer Seite, und zwar persönlich von Chrustschow aus. Dass sie auf Seiten der DDR und bei Ulbricht auf offene Ohren und willige Bereitschaft stieß, ist nicht zu leugnen. Das bestätigt auch der damalige BRD-Botschafter Kroll, der einen guten Kontakt zu Chrustschow und in ihm einen gesprächigen Partner hatte. In seinen Erinnerungen erwähnt er, dass 1958 ein Eingehen Adenauers und Bretanos auf die Verhandlungsangebote Chrustschows die Grenzschließung verhindert hätte.

1958 war ein bewegtes Jahr. Die Nahostkrise flammte auf, amerikanische und englische Truppen landeten in Syrien und Libanon.

Im Sommer fand die Außenministerkonferenz in Genf statt, die Außenminister der BRD und der DDR saßen am Katzentisch. Chrustschow plädierte für einen Friedensvertrag, Adenauer forderte die Wiedervereinigung.

Anfang 1958 erklärte Präsident Eisenhower, dass der Wert der Rüstungsaufträge von 36 Milliarden Dollar im Jahre 1957 auf 47,2 Milliarden im Jahre 1958 steigen würde. Zwischen 1950 und 1959 erhöhten sich die Umsätze der gesamten Industrie der USA um 54 Prozent, der elf größten Rüstungskonzerne aber um 183 Prozent.

Im März stimmte der Bundestag der Stationierung amerikanischer Atomwaffen auf deutschem Territorium zu.

In Berlin verlangte Chrustschow ultimativ, dass entweder ganz Berlin den Status einer Freien Stadt, einer besonderen politischen Einheit, erhält oder die UdSSR alle ihre diesbezüglichen Rechte an die DDR abtreten werde. Außenminister Gromyko warnte, Berlin könne ein neues Sarajewo werden.

Chrustschow besuchte Eisenhower in Camp David, Macmillan kam nach Moskau, Chrustschow reiste zu de Gaulle nach Paris, einzig Adenauer verweigerte die Gegeneinladung für seinen Besuch 1955 in Moskau. Das Eis des Kalten Krieges war nicht zu brechen.

Am 1. Mai 1960 wurde über der Ural-Stadt Swerdlowsk das amerikanische Spionageflugzeuge U 2 mit Pilot Powers abgeschossen, nachdem er Plessezk, den Startplatz für die Interkontinentalraketen SS 6, überflogen hatte.

Das Pariser Gipfeltreffen platzte. Die einen behaupteten, der Grund sei die Weigerung Eisenhowers gewesen, eine von Chrustschow geforderte Entschuldigung für den Flug der U 2 abzugeben, andere meinten, Chrustschow habe das Treffen auffliegen lassen, weil er Rücksicht auf Mao Zedong nehmen wollte, der in einer sowjetisch-amerikanischen Annäherung Nachteile für China witterte.

In den USA war im Januar 1961 John Fitzgerald Kennedy als jüngster Präsident in sein Amt eingeführt worden. Mit seinem erklärten Ziel, in Lateinamerika ein „zweites Kuba" zu verhindern, billigte er im April eine Invasion gegen Kuba, die in Playa Giron kläglich scheiterte.

„Die größte Bedrohung, der sich die USA gegenüber sehen", so erklärte im Oktober 1960 T. Coleman Andrews, der Präsident eines der größten US-Versicherungsunternehmen, „ist die Möglichkeit, dass Nikita Chrustschow mit einem Friedensplan hervortritt, der nicht zurückgewiesen werden kann. Er würde die größte Wirtschaftsdepression hervorrufen, die Amerika je gekannt hat, denn unsere Rüstungsindustrie sorgt jedes Jahr für fünfzig Milliarden Dollar Kaufkraft."

Am 14. April setzten die USA ihre Truppen in Deutschland in Gefechtsbereitschaft. Die UdSSR erteilte ihren Truppen in Deutschland einen analogen Befehl. Gromyko erklärte dem westdeutschen Botschafter Kroll: „Falls die Westmächte und die Bundesrepublik es wagen sollten, uns einen Krieg aufzuzwingen, so werden sie diesen Krieg mit allen seinen Konsequenzen bekommen."

Am 18. März fand in Westberlin ein demonstrativ-provokatorisches Treffen von Oberschlesiern statt.

Am 25. Juli erklärte der Verteidigungsminister der BRD Franz Josef Strauß in den USA, dass der zweite Weltkrieg noch nicht beendet sei, und forderte für die BRD taktische Atomwaffen und die Aufstockung der Bundeswehr von zwölf auf achtzehn Divisionen.

Am gleichen Tag beantragte Präsident Kennedy eine rigorose Steigerung der Rüstungsausgaben. Der Kongress erfüllte 24 Stunden später diese Forderung.

Bonn plädierte dafür, die BRD in die NATO zu integrieren, und billigte das militärische Plandokument MZ 70, das den Einsatz von Atombomben vorsah.

Diese wenigen Tatbestände belegen, dass die Grenzschließung am 13. August keineswegs eine Frage der Grenze zwischen Westberlin und der DDR war, sondern sich aus dem sich immer mehr zuspitzenden Verhältnis der beiden Weltblöcke ergab. Diese Blöcke standen sich auf beiden Seiten der deutschen Grenze gegenüber.

Am 3. und 4. Juni trafen sich Chrustschow und Kennedy in Wien. Chrustschow hat zur Charakterisierung Kennedys in einem internen Gespräch nicht sehr schmeichelhafte Worte gefunden. Er schien ihm mit seinen 44 Jahren zu jung, um als Repräsentant der Großmacht USA auftreten zu können. Als Chrustschow ihn über das Vorhaben an der Berliner Grenze in Kenntnis gesetzt hatte, stellte Kennedy drei Vorbedingungen, die die USA in Bezug auf Westberlin beanspruchten: 1. Die Freiheit der westberliner Bürger, ihr eigenes politisches System zu wählen; 2. die gesicherte Anwesenheit westlicher Truppen auf dem Territorium Westberlins und 3. den ungehinderten Zugang aus der BRD nach Westberlin.

Chrustschow stimmte dem zu. Der Weg für eine Grenzregelung schien geebnet. Im anschließenden Gespräch mit Ulbricht deutete er an, dass in Wien mit Kennedy Übereinstimmung erzielt wurde und er davon ausgehen könne, dass auch Adenauer eingeweiht wurde. Mit höchster Wahrscheinlichkeit werde es nicht zu einem Krieg um Westberlin kommen.

Chrustschow empfing in seiner Datscha in Pizunda am Schwarzen Meer den ehemaligen Hochkommissar der USA in Deutschland, McCloy, der sich anschließend weigerte, Moskauer Diplomaten über den Inhalt des Gespräches zu informieren.

Auch Chrustschow ging in seinen Gesprächen mit den Ersten

Sekretären der Bruderparteien nicht auf diese Begegnung ein, die man kaum als Privataudienz betrachten konnte.

Am 12. August beantwortete die BRD das Memorandum der UdSSR. Amtliche sowjetische Stellen werteten diese Antwort als Ausdruck einer unrealistischen Politik und des beharrlichen Willens, sich jeglicher Regelung zu widersetzen, die zur Festigung des Friedens in Europa führen könnte.

Bonn drohte der DDR mit Abbruch der Handelsbeziehungen.

Der in Moskau tagende Politisch-Beratende Ausschuss der Teilnehmerstaaten des Warschauer Vertrags forderte die Aufhebung des Besatzungsstatuts von Westberlin und die Schaffung einer neutralen entmilitarisierten Stadt.

Am 4. August 1961 fand eine Beratung der Ersten Sekretäre der Zentralkomitees der Bruderparteien in Moskau statt. Chruschtschow sprach von der aktuellen Notwendigkeit einer Regelung, die der DDR eine Grenzkontrolle zu Westberlin sichern müsse, ohne jedoch diese Maßnahme zu konkretisieren und ohne einen konkreten Termin zu nennen.

Walter Ulbricht erklärte, dass Westdeutschland hinsichtlich seiner ökonomischen Stärke und seines Lebensstandards der DDR überlegen sei, dass von dort Menschenhandel und Abwerbung betrieben würden und dass zu „gegebener Zeit" die Grenze nach Westberlin für Bürger der DDR nur noch mit besonderer Ausreisegenehmigung zu passieren sein werde. Eine Friedensregelung werde keine militärischen Maßnahmen auslösen, aber der Gefahr einer Kündigung des Handelsvertrages durch die BRD müsse ins Auge gesehen werden.

Alle anwesenden Ersten Sekretäre oder Generalsekretäre stimmten den Plänen des Warschauer Paktes über die Grenzkontrolle gegenüber Westberlin vorbehaltlos zu. Parallel zu dieser Sitzung führten die DDR-Minister für Verteidigung, für Staatssicherheit und für Verkehrswesen Verhandlungen mit ihren sowjetischen Partnern. Moskau ernannte Marschall Konjew zum Oberkommandierenden der sowjetischen Truppen in Deutschland.

Am 12. August 1961 lud Walter Ulbricht Mitglieder des Politbüros, des Präsidiums des Ministerrates und des Staatsrates in seine Sommerresidenz am Döllnsee ein. Ich hatte einen sowjetischen Lustspielfilm im Gepäck, um gegebenenfalls die Zeit bis zum Abendessen zu überbrücken, und sollte für alle Eventualitäten verfügbar sein. Ich wusste nicht, wer über die in Vorbereitung stehenden Maßnahmen informiert war. Alle unterhielten sich in angeregter sommerlicher Partystimmung, niemand ahnte Ulbrichts Absichten.

Nach dem Abendessen – das Geschirr war gerade abgeräumt worden – eröffnete er die Sitzung des Präsidiums des Ministerrates und des Staatsrates und verlas einen Beschlussentwurf über die Grenzschließung nach Westberlin. Eine Diskussion war nicht vorgesehen. Der Beschluss wurde vorbehaltlos angenommen. Die Zustimmung der staatlichen Organe war damit gegeben.

Als die Teilnehmer dieser Begegnung Döllnsee verließen, mussten sie sowjetische Panzerkolonnen passieren, die auf Berlin zurollten. In der Nacht zum 13. August sicherten Kampfgruppen die Grenze zu Westberlin, dahinter waren Truppenteile der Nationalen Volksarmee stationiert. Die sowjetischen Armeeeinheiten positionierten sich im Hintergrund.

Adenauer, der offenkundig von Präsident Kennedy informiert worden war, hatte sich in dieser Nacht nicht wecken lassen, allein der westberliner Bürgermeister Willy Brandt und eine Reihe Ost- und Westberliner, denen nunmehr der Weg zu ihrem Arbeitsplatz im anderen Teil Berlins versperrt blieb, waren direkt von der Maßnahme betroffen.

Die DDR feierte die Errichtung des „antifaschistischen Schutzwalles" als Erfolg, viele Bürger freuten sich, dass den „parasitären" Grenzgängern und den Westberlinern, die im Osten „schmarotzten", der Weg verschlossen war. Viele DDR-Bürger hofften, dass mit dieser äußeren Maßnahme Voraussetzungen für eine innere Konsolidierung und Demokratisierung gegeben seien. Eine Besserung der Arbeitsdisziplin, die Steigerung der Arbeitsproduktivität, umfangreiche Baumaßnahmen in Berlin und anderes mehr schienen ihnen Recht zu geben. Die Maßnahmen der Warschauer Vertragsstaaten am 13. August in Berlin fanden damals bei vielen DDR-Bürgern ungeteilte Zustimmung, auch wenn das mancher heute aus Unkenntnis oder wider besseren Wissens leugnet. Direkt Betroffene waren irritiert oder äußerten offene Ablehnung. Die Atmosphäre besserte sich nicht nur in Berlin. Nach dem 13. August erklärte Chrustschow in einem Gespräch mit BRD-Botschafter Kroll, dass es nur zwei Möglichkeiten von Gegenmaßnahmen gegeben hätte, eine Lufttransportsperre oder die Mauer. „Die erstgenannte hätte uns in einen ernsten Konflikt mit den Vereinigten Staaten gebracht, der möglicherweise zum Krieg geführt hätte. Das konnte und wollte ich nicht riskieren. Also blieb nur noch die Mauer übrig. Ich möchte ihnen nicht verhehlen, dass ich es gewesen bin, der letzten Endes den Befehl dazu gegeben hat. Ulbricht hat mich zwar seit längerer Zeit und in den letzten Monaten immer heftiger gedrängt, aber ich möchte mich nicht hinter seinem Rücken verstecken, dazu ist er auch zu schmal.“ Wer hier in Bezug auf Ulbricht etwas zu dick aufgetragen hat, Chrustschow oder Kroll, kann heute niemand mehr klären, aber als Zeuge kann ich bestätigen, dass Chrustschow der treibende Keil war.

Als etwas später die US-Amerikaner provokativ ihre Panzer an der Grenze in der Friedrichstraße auffahren ließen und sich sowjetische Panzer ihnen gegenüber positionierten, war es Chrustschow, der die Panzer der Sowjetarmee zurückziehen ließ.

Auch ich war von der Richtigkeit der Maßnahmen vom 13. August überzeugt, weil ich zu diesem Zeitpunkt allein darin eine außen- und innenpolitische Lösung zum Fortbestand der DDR sah. Heute glaube ich, dass der Fehler nicht in der militärischen Aktion bestand, sondern darin, dass die führenden Politiker die inneren Ursachen nicht analysiert hatten, die zur Grenzschließung führen mussten. Da keine reale Konzeption vorlag, mit deren Hilfe die Ursachen zu überwinden gewesen wären, die dann zum 13. August führten, schob man die Probleme vor sich her, ohne sie zu lösen. Die Opfer auf beiden Seiten der Grenze bedeuteten nicht nur für die betroffenen Familien und Freunde eine Tragödie und schmerzliche Trauer, sie strahlten auch politische Signale aus, die der DDR national und international erheblichem Schaden zufügten.

Am 28. August lud Chrustschow in Nishnjaja Oreanda auf der Krim seine ebenfalls im Urlaub weilenden Gäste zu einem Beisammensein ein, das sich bis in die späten Abendstunden hinzog. Anwesend waren Walter Ulbricht, Wladyslaw Gomulka, János Kádár und der Staatspräsident Ghanas, Kwame Nkrumah. Chrustschow sprach ausführlich über die Hintergründe der Grenzschließung in Berlin, über die Ursachen der Republikflucht und auch darüber, warum die BRD, die keine Reparationszahlungen zu leisten hatte, über einen höheren Lebensstandard verfügte als die DDR. Erstmalig erwähnte er auch die pünktlichen Reparationszahlungen der DDR und die Unnachgiebigkeit der BRD, Verhandlungen aufzunehmen.

Am 14. September formulierte der Oberkommandierende der Sowjetischen Streitkräfte in Deutschland, Marschall Iwan Konjew, in einem Schreiben an den Minister für Nationale Verteidigung der DDR, Heinz Hoffmann: „... Bei der Errichtung von pioniertechnischen Anlagen sind vorzusehen:

– Minenfelder, die nur so anzulegen sind, dass sie von beiden Seiten durch Drahtsperren gesichert sind;

– beim kombinierten Legen von scharfen und Scheinminen sind in wichtigen Richtungen die scharfen Minen in zwei Reihen und die Scheinminen in einer Reihe zu legen. In Nebenrichtungen sind die scharfen Minen in einer Reihe und die Scheinminen in zwei Reihen zu legen ...“

Kommentar überflüssig!

Im Oktober 1961 fand der XXII. Parteitag der KPdSU statt, auf dem Chrustschow, nun nicht mehr bedrängt von seinen Opponenten, die er 1957 aus der Parteiführung ausgeschlossen hatte, in seinem Rechenschaftsbericht bei seiner Abrechnung mit Stalin weit über seine Aussage auf dem XX. Parteitag hinausging. Damals ahnten weder Chrustschow, der – auch von mir – stark umjubelt war, noch die Parteitagsdelegierten und ausländischen Gäste, dass er mit diesem Parteitag seinen Höhepunkt überschritten hatte und es an der Zeit war, sein im Wünsdorfer Stadion formuliertes Versprechen umzusetzen.

In seinem Referat zum neuen Parteiprogramm sagte Chrustschow unter anderem, dass „unsere Generation ... im Kommunismus leben wird“. Der Sozialismus hat in der UdSSR „vollständig und endgültig gesiegt“, die Diktatur des Proletariats geht zum Staat des ganzen Volkes über. Chrustschow hatte sich mit den XX. und XXII. Parteitag zwar von der Person Stalins und dessen Verbrechen losgesagt, aber auch acht Jahre nach Stalins

Tod hatte er sich noch nicht von seinen falschen politischen Positionen gelöst.

Der Kardinalfehler von Chrustschow bestand nach meiner heutigen Meinung darin, dass er nicht definierte, was unter Sozialismus zu verstehen ist. Wäre das geschehen, hätte man erkennen müssen, dass, um dieses Ziel zu erreichen, nicht nur die Arbeitsproduktivität zu steigern war, sondern auch eine neue Qualität der Lebensweise erreicht werden musste und neue menschliche Werte anzustreben waren, dass es also nicht die Aufgabe einer einzigen Generation sein konnte, den Sozialismus zum Siege zu führen.

Am 7. Oktober war Anastas Mikojan prominentester Gast der Feierlichkeiten zum 12. Jahrestages der Gründung der DDR. Zuvor hatte der viel umjubelte sowjetische Kosmonaut German Titow der DDR einen Besuch abgestattet und im Wahlkampf für die im Herbst bevorstehenden Wahlen für die Volkskammer aktive Hilfe geleistet.

Im März 1962 besuchte Chrustschow Berlin. Nach einer Großveranstaltung in der Werner-Seelenbinder-Halle führte er abends in der sowjetischen Botschaft ein längeres Gespräch mit dem SPD-Politiker Erich Ollenhauer.

Zur Frühjahrsmesse kam Anastas Mikojan nach Leipzig. Der Dolmetscher Eberlein war ausgelastet.

Und die Uhr, sie läuft ...

Alle werden älter. Kein Mensch, unabhängig von seiner Funktion, bleibt davon verschont. Am 30. Juni 1963 wurde der 70. Geburtstag von Walter Ulbricht gefeiert. Neun Stunden strömten Gratulanten an diesem Sonntag in das Gebäude des Staatsrates.

War es ihr ehrlicher Wunsch, dem höchsten Repräsentanten der DDR zu gratulieren und ihm ihre Wünsche zu übermitteln? Es ist kaum anzunehmen, dass Freibier und belegte Brötchen der Anlass waren, sich stundenlang zur Gratulation anzustellen. Selbst die Initiative der Parteisekretäre hätte es nicht vermocht, Zehntausende Menschen an einem sommerlichen Sonntag auf den Marx-Engels-Platz zu bringen. Es würde heute sicherlich so manchem damals Beteiligten schwer fallen, eine plausible Antwort auf das „Warum“ zu geben.

Als einer der ersten Gratulanten fuhr Nikita Chrustschow in Niederschönhausen in einer SIL-Limousine, dem sowjetischen Geburtstagsgeschenk, vor das Schloss.

Während der langen Zeremonie im Gebäude des Staatsrates begaben sich die zahlreichen ausländischen Gäste auf eine Seenrundfahrt über die Berliner Gewässer. Gute Stimmung herrschte an Bord bei den Ersten Sekretären der Bruderparteien, die es sich nicht nehmen lassen wollten, gemeinsam mit Nikita Sergejewitsch dem Jubilar ihre Reverenz zu erweisen. Im Nachhinein gilt es allerdings festzustellen, dass zehn Jahre nach dem Tode Stalins die Risse in der kommunistischen Bewegung größer und tiefer geworden waren. Der Konflikt zwischen der Sowjetunion und der Volksrepublik China war offen zu Tage getreten. Auch der Versuch Ulbrichts, im November 1964 in der DDR-Botschaft in Moskau in einem Gespräch mit Tschou En-lai vermittelnd einzugreifen, misslang und fand noch dazu die Missbilligung des Kreml.

Auch Walter Ulbricht konnte sein Alter nicht mehr verbergen. So manchen Tag blieb er in seinem Sommersitz am Döllnsee, und der von ihm selbst gekürte „Kronprinz“ Honecker übernahm bereitwillig immer mehr Verantwortung. Alle Vorlagen oder Schreiben an den Ersten Sekretär passierten zunächst Honeckers Schreibtisch. In der Partei, aber auch in der Regierung bewertete man das als den natürlichen Lauf der Dinge, und nicht wenige waren von dieser Verjüngung angetan und erhofften sich wohl auch eine Lockerung der strengen Regeln.

Auch in Moskau billigte man diese Entwicklung, denn mit zunehmendem Alter begann Ulbricht sich auch auf internationalem Parkett immer stärker als Senior aufzuspielen und andere zu belehren, was nicht nur im Kreml mit Missbehagen registriert wurde. Aus meiner Sicht möchte ich anmerken, dass Ulbricht in der Sache meist Recht hatte, aber nicht immer den richtigen Ton fand, um mit dem jeweiligen sowjetischen Partner zu einer gemeinsamen Erkenntnis und Lösung zu kommen.

Selbst solche wichtigen Reformschritte wie das Neue Ökonomische System, das NÖS, nahm er im Alleingang in Angriff und verzichtete auf Integration. In diesem Fall mangelte es weniger an den richtigen Worten, sondern an Entscheidungen. Bei der Beratung der kommunistischen und Arbeiterparteien 1960 in Moskau hatte Ulbricht eindeutig formuliert: „Die sozialistische wirtschaftliche Integration der Staaten unserer Gemeinschaft wird zu einem entscheidenden Faktor der Beschleunigung des Fortschritts der nationalen Volkswirtschaften der sozialistischen Länder und im ökonomischen Wettbewerb des Sozialismus mit dem Kapitalismus. Die gegenseitige Abhängigkeit und feste Solidarität der sozialistischen Länder ist also eine objektiv wirkende Gesetzmäßigkeit ihres freiwilligen Zusammenschlusses als Gemeinschaft national souveräner sozialistischer Staaten." Leider wurden in der Praxis, aus welchen Gründen auch immer, diese Worte nur ungenügend umgesetzt.

Insbesondere in der Deutschlandpolitik gingen die Interessen auseinander. Die Sowjetunion betrachtete Deutschland immer als Domäne der sowjetischen Außenpolitik und war nicht bereit, auch nur einen Zoll dieses Anspruchs an die DDR abzutreten. Ulbricht, der der Sowjetunion jahrelang dieses Recht bedingungslos zugestanden hatte, bemühte sich, mit dem Erstarken der DDR und seiner eigenen Positionen eine relativ eigenständige Deutschlandpolitik zu betreiben. Er stellte jedoch nicht in Abrede, dass alle Schritte miteinander abgestimmt werden müssen, wobei er immer den ökonomischen Hintergrund im Auge hatte.

Am 17. April 1964 feierte Nikita Chruschtschow seinen 70. Geburtstag. Als Ulbricht mich bat, einen Vorschlag für ein Geschenk zu unterbreiten, schlug ich eine Spielzeugeisenbahn vor. Das wurde als Scherz ausgelegt. Es gab dafür aber ein überzeugendes Argument: Chrustschow liebte niemanden und nichts mehr in der Welt als seinen Enkel Nikita. Mit ihm verbrachte er jede freie Minute. Mit ihm würde er sicher auch öfter mit einer elektrischen Eisenbahn spielen und dabei an die DDR erinnert werden. Als ich dann noch erwähnte, dass wir ihm doch kein Planetarium schenken könnten wie seinerzeit Stalin zu dessen 70. Geburtstag oder eine Werkbank wie 1957 in Zerbst oder eine Stute wie in Langenweddingen, wurde mein etwas ausgefallener Vorschlag akzeptiert. Vielleicht auch, weil ich angeregt hatte, eine Platte als Unterlage für die Eisenbahn basteln zu lassen, auf der der Ural, seine Erdölquellen und eine Pipeline nach Schwedt angedeutet waren. Auf den Schienen rollten Waggons aus DDR-Produktion, zusammengekoppelt zu Güterzügen mit traditionellen Ex- und Importerzeugnissen. Die originelle Idee trug mir allerdings eine Rüge der Moskauer Protokollchefs ein, weil dadurch die Gratulationscour der ausländischen Delegationen aus dem starren Rahmen geriet: Das Politbüro spielte ausserhalb des Protokolls mit der DDR-Eisenbahn.

Zu diesem Zeitpunkt ahnte wohl niemand, dass Chruschtschows Uhr schon fast abgelaufen war. Die zahllosen Grußadressen und die schmeichelnden Botschaften klangen allerdings noch optimistisch und vielverheißend.

Im Juni besuchte Walter Ulbricht die Sowjetunion, um in Moskau einen neuen Freundschaftsvertrag zu unterzeichnen. In Berlin gab es zuvor einige Missstimmung, weil er die Reise nicht an der Spitze einer Partei- und Staatsdelegation bestritt, sondern als Vorsitzender des Staatsrates. Es rumorte im Gebälk. Der Delegation, die ihn schließlich begleitete, gehörte Honecker nicht an, dafür aber Erich Apel, Günter Mittag und Erich Mielke. Sie wurden auf ihrer Reise durch Sibirien von Andrej Pawlowitsch Kirilenko, dem ZK-Sekretär für Wirtschaftspolitik, begleitet. Es fanden zwar mehrere Gespräche mit Ulbricht, Apel und Mittag statt, doch trafen sie keine Vereinbarungen. So war es wohl nicht nur die Lust am Reisen, die Kirilenko mit Familie in seinem anschließenden Urlaub an die Ufer der Spree führte, wobei er nur von mir begleitet werden wollte. Fürchtete der Kreml, dass Ulbricht nicht mehr bereitwillig den Intentionen der KPdSU folgen würde und einen eigenen DDR-Weg einschlagen wollte? Sollte Kirilenko Ulbricht in einem Vier-Augen-Gespräch davon abbringen? Kirilenko kam bei seinem DDR-Trip auch an die Gestade der Elbe und war begeistert von Dresden und seinen Sehenswürdigkeiten. Er besuchte mit Frau und Tochter Erfurt und Potsdam. Doch das alles war wohl nur ein Präludium für das Gespräch mit Walter Ulbricht in dessen Wohnung in Wandlitz, bei dem es zu einem sehr offenen Meinungsaustausch kam. Kirilenko betonte, dass die Zusammenarbeit, insbesondere auf wirtschaftlichem Gebiet, sehr zu wünschen übrig ließ. Auch im

RGW erwarte die UdSSR eine intensivere Unterstützung und mehr Initiative von Seiten der Vertreter der DDR. Ich lasse dahingestellt, inwieweit Kirilenko Recht hatte. Auf alle Fälle widerspiegelte das Gespräch, dass er nach „Schuldigen“ für die zunehmenden wirtschaftlichen Schwierigkeiten der Sowjetunion suchte und den drängenden Forderungen Ulbrichts nach umfangreicheren Rohstofflieferungen begegnen wollte. Kirilenko erreichte sein Ziel nicht, Ulbricht blieb bei seiner Linie.

Der Sturz Nikita Chrustschows

Chrustschow vertrat immer offener den Standpunkt, dass in einem nicht auszuschließenden Krieg allein die Raketentruppen die Entscheidung herbeiführen würden. Er lehnte den Bau von Kreuzern oder Flugzeugträgern ab, da sie seiner Meinung nach lediglich als gute Zielscheiben für die Raketen der amerikanischen Atom-U-Boote dienen würden. Er plädierte dafür, die Landstreitkräfte rigoros zu reduzieren und allein den strategischen Raketentruppen größere Mittel zu bewilligen. Damit stieß er auf den hartnäckigen Widerstand der Armee und der für die Rüstungsindustrie Zuständigen.

Zu gleicher Zeit vertrat übrigens in den USA Admiral Radford analoge Positionen und schlug vor, die Zahl der US-Truppen im Ausland zu verringern. Da sich das vor allem auf die in der BRD stationierten Truppen bezog, rief dies den Widerstand Adenauers hervor, der nicht nur lange Briefe an Außenminister John Foster Dulles schrieb, sondern auch seinen Pressechef Felix von Eckardt in Bewegung setzte, um in persönlichen Gesprächen führende US-Politiker von den Radford-Plänen abzubringen, was schließlich auch gelang.

Das war verständlicherweise Wasser auf die Mühlen derjenigen in der Sowjetunion, die für weitere Rüstung plädierten. Sie wollten Chrustschow zwingen, von seinen Abrüstungsplänen Abstand zu nehmen. Wenn man später im Westen gegen die starke Truppenpräsenz der Sowjetunion in der DDR polemisierte, vergaß man wohlweislich, dass es Adenauer war, der mit seiner Attacke gegen den Radford-Plan eine Abrüstung der UdSSR in der DDR verhindert hatte.

Am 7. Oktober 1964 beging die DDR ihren 15. Jahrestag. Aus der Sowjetunion reiste eine Delegation unter Leitung von Leonid Iljitsch Breshnew an, der im Mai 1960 zum Vorsitzenden des Obersten Sowjets gewählt worden war.

Ulbricht hatte ihn und nur ihn persönlich an den Döllnsee eingeladen, wo beide zu Abend aßen. Danach entschuldigte sich Breshnew, ihm sei unwohl und er müsse sich hinlegen. Walter Ulbricht war empört und wollte von mir wissen, wie ich diese Taktlosigkeit bewerte. Ich versuchte ihn zu besänftigen und meinte, dass auch ein Vorsitzender gesundheitliche Probleme haben könnte. Der wahre Grund für Breshnews plumpen Versuch, einem Gespräch mit Ulbricht auszuweichen, offenbarte sich erst Tage später. Jedenfalls schlich ich an jenem Abend in Breshnews Zimmer und fragte ihn, wie er sich den weiteren Verlauf seines Besuchs vorstelle. Ich erfuhr, dass er sich für den nächsten Morgen mit Honecker zur Jagd verabredet hatte. Darauf würde er nun ja wohl verzichten müssen, da er ja bei Ulbricht wohne. Er hoffe nur auf Honeckers Verständnis. Ich verständigte Honecker, dieser sprach mit Ulbricht, erzielte Einvernehmen, und so konnte ich im Morgengrauen Breshnew wecken. Die Jagd fand statt. Der Friede schien wiederhergestellt. Doch die Episode ließ ahnen, wo die Sympathien und Antipathien lagen.

Der Jahrestag verlief zu voller Zufriedenheit. Breshnew machte einen Abstecher nach Dresden, wo die Kundgebung, auf der er sprach, wegen des schlechten Wetters in die Straßenbahnremise verlegt wurde.

Wenige Tage später wurde ich unerwartet zu Honecker gerufen, um ein Telefongespräch mit Moskau zu übersetzen. Am Apparat war Leonid Breshnew, der Honecker informierte – Ulbricht war am Döllnsee –, dass ein Plenum des ZK der KPdSU Chrustschow von seiner Funktion als Erster Sekretär entbunden und ihn, Breshnew, in diese Funktion berufen habe. Jetzt war absolut klar, warum er einem Gespräch mit Walter Ulbricht ausgewichen war. Niemand wusste, wie die ZK-Tagung ausgehen und vor allem, wie Chrustschow reagieren würde.

In einem Kommunique des ZK der SED hieß es unter anderem, dass die Ablösung Chrustschows einen Schock beim deutschen Volk ausgelöst habe. Nur wer die Interna kannte, wusste, wie diese Formulierung, die im Kreml Unwillen auslösen musste, zustande gekommen war.

An einem Montag war dieses Kommunique veröffentlicht worden. Am gleichen Tag hatte ich in Potsdam vor einigen Hundert sowjetischen Offizieren, die für die Öffentlichkeitsarbeit in ihren Einheiten verantwortlich waren, einen Vortrag über die Lage in der DDR zu halten. Dem folgte, wie üblich, eine Vielzahl von Fragen. Alle interessierte, wie wir Deutschen auf die Ablösung Chrustschows reagiert hatten. Da ich noch nicht über detaillierte Informationen verfügte, versuchte ich mich mit einem Scherz aus der Affäre zu ziehen, indem ich mit der Gegenfrage antwortete, welchen Chrustschow sie denn meinten. Auf das Gelächter der Anwesenden reagierte ich mit der Feststellung, dass es zwei Chrustschows gäbe: den einen, der oftmals die DDR besucht, der viel für die deutsch-sowjetische Freundschaft getan und dessen Ablösung einen Schock ausgelöst hat, und einen Nikita Sergejewitsch, der in Moskau viel Unmut ausgelöst hat, weil er ganze Ministerien verlegt und eigenwillige Entscheidungen getroffen hat, durch die es zu ernsten Versorgungsschwierigkeiten gekommen sei. Und ich schloss: „Aber diesen zweiten Chrustschow kennen wir Deutschen nicht."

Chrustschow, der geschworen hatte, rechtzeitig abzutreten, wurde nun des Voluntarismus beschuldigt und abgesetzt. Er verschwand von heute auf morgen von der politischen Bühne in die Anonymität. Der „kleine Pinja" hatte seine Schuldigkeit getan, und es wurde ihm nicht einmal simpler Dank ausgesprochen. Wollte man etwa auf dem von Chrustschow eingeschlagenen Anti-Stalin-Weg umkehren? Chrustschow hatte sich auch viele persönliche Feinde im Lande geschaffen. Es bedurfte erst der Breshnew-Periode und der mit ihr verbundenen Stagnation, um die Verdienste Chrustschows zu erkennen.

Es ist nicht zu leugnen, dass er ein sehr impulsiver, schwer berechenbarer Mensch war, der Reformen, die auf der Tagesordnung standen, ohne genügende Vorbereitung, ohne Analyse der Konsequenzen und Folgen, aus dem Stegreif heraus durchführen ließ. Bei einer Konsumgüterausstellung in der Moskauer Manege sah er Teppiche, die aus Chemiefasern hergestellt waren. Stehenden Fußes wollte er die Herstellung von Wollteppichen verbieten. In Magdeburg überraschte ich ihn, als er in der Toilette einen aus Kunststoff hergestellten Wasserhahn abschrauben wollte, weil er glaubte, mit diesen Hähnen in der Sowjetunion Hunderttausende Tonnen des raren Buntmetalls einsparen zu können. Es hätte eine Überschwemmung gegeben, wenn er den Hahn tatsächlich abgeschraubt hätte. Erst als ich ihm versprach, ihm einen solchen Hahn zu beschaffen, ließ er von seinem Vorhaben ab. Da wir wussten, wie sehr er sich für die Chemieindustrie und ihre Konsumgüter interessierte, schenkte ihm die DDR-Führung zu seinem 65. Geburtstag Wohnzimmerartikel, die aus der chemischen Industrie kamen, darunter auch festes wasserundurchlässiges Material für Übergardinen. Dabei handelte es sich um eine Neuheit: bedruckte Folie, unter dem Namen Igelit bekannt. Chrustschow war begeistert. Aus dem Gardinenmaterial wollte er sich Hosen zum Überziehen nähen lassen, damit er bei der Entenjagd trockene Füße behielt. Mit diesem Vorschlag hatte niemand von uns gerechnet. Ich wiederhole: Er war unberechenbar. Er war ein begeisterter Entenjäger, aber in der Schorfheide wollte er nicht auf einen Hirsch mit imposantem Geweih schießen: „Ein so schönes Tier soll nicht durch meine Hand getötet werden." Er war ein guter Schütze und ließ bei geselligen Zusammenkünften auf der Krim oder in der Nähe von Moskau gern Wurftauben-Schießwettbewerbe veranstalten. In der Regel traf er acht, neun oder gar alle zehn Tonteller. Auch Kádár kam auf gute Ergebnisse. Schlechter sah es bei Gomulka und Ulbricht aus. Aber warum müssen Politiker gute Jäger sein? Hochrangige Militärs versteckten sich bei solchen Schützenfesten meist hinter Bäumen, um nicht ob ihrer schlechteren Schießergebnisse von Chrustschow verspottet zu werden: „Wie sollen wir einen Krieg gewinnen, wenn unsere Generalität nicht einmal Wurftauben treffen kann?"

Chrustschow hatte festgestellt, dass der Parteiapparat immer größer und damit oft auch bürokratischer wurde. Im Dualismus mit dem Staatsapparat nisteten Probleme, aber er stellte nicht den Inhalt erforderlicher Reformen zur Diskussion. Nein, er setzte eine Untergliederung der Parteiorganisationen in Stadt und Land, in Industrie und Landwirtschaft durch, ein Vorhaben, das praktisch unmöglich durchführbar und theoretisch falsch war, das nicht nur zum Scheitern verurteilt war, sondern auch ihn selbst in der Partei in Verruf brachte. Mit seiner guten Absicht, die Partei enger an die Basis heranzuführen, erlitt er ein Fiasko. Dabei war das Thema höchst aktuell, denn in der Frage der „führenden Rolle" und des Wechselverhältnisses von Partei- und Staatsapparat musste eine Klärung herbeigeführt und der Dualismus zwischen ihnen überwunden werden.

Auch die Verlagerung des Ministeriums für Landwirtschaft aus Moskau ins Umland führte zu Durcheinander und musste schnell rückgängig gemacht werden. Chrustschow schuf sich ständig neue Feinde.

Anfang 1958 stationierten die USA an der Grenze zur UdSSR in der Türkei 15 „Jupiter"-Mittelstreckenraketen. Sowjetische Militärs reagierten mit dem Vorschlag, Mittelstreckenraketen auf Kuba zu installieren. Nikita Chrustschow stimmte dem riskanten Vorschlag zu. Hatte er die Tragweite dieses Beschlusses nicht erkannt, oder wollte er die Militärs nicht noch mehr erzürnen? Amerikanische Spionageflugzeuge entdeckten die im Bau befindlichen Startrampen auf der Karibikinsel und auch die sowjetischen Schiffe auf dem Ozean, auf denen die Raketenteile transportiert wurden. Die USA verschärften die bereits früher verhängte Seeblockade gegen Kuba, um die sowjetischen Schiffe zur Umkehr zu zwingen. In seinen Erinnerungen gestand US-Präsident Reagan: „Zur Zeit der Kubakrise besaßen wir zehnmal soviel Atomwaffen wie die Sowjets." Ein Kompromiss verhinderte katastrophale Folgen: Die UdSSR zog ihre Raketen aus Kuba ab, und die USA verpflichteten sich, Kuba nicht anzugreifen und ihre Raketen aus der Türkei abzuziehen. Chrustschow, eben noch in Verdacht, Vabanque spielen zu wollen, ging als nüchterner, großer Staatsmann aus dem Abenteuer hervor.

War er nicht auch im Recht, als er einseitige Abrüstungsschritte ging? Allerdings tat er das gegen den Willen seiner Militärs. Konnten ihm Offiziere und Generäle, die fürchten mussten, eines Tages als Folge der Abrüstung Vorsitzende einer Kolchose zu werden, freundschaftlich gesonnen sein? Und deshalb sorgten die maßgeblichen Männer jenes Apparats, den man im Russischen den „Militärisch-Industriellen Komplex" nennt, dafür, dass er abgelöst und der unscheinbare und farblose Breshnew im Politbüro als Kompromisskandidat auserkoren wurde. Alle glaubten, dass man mit ihm besser auskommen würde als mit Chrustschow.

Zuweilen, zum Beispiel in manchen Gesprächen Ulbrichts und Materns, aber auch in späteren Veröffentlichungen, wurde behauptet, das persönliche Verhalten Chrustschows sei auch Grund für den Zwist zwischen der Sowjetunion und China. Tatsächlich habe ich nicht nur einmal einen ausfallenden und beleidigenden Chrustschow erlebt, wenn es um China ging. Nach dem Parteitag in Bukarest beschimpfte er im Kreis der Ersten Sekretäre den chinesischen Vertreter Kan Chen, einen noch aus Zeiten der Komintern bekanntem Genossen, als „Dogmatiker". Aber es wäre aus meiner Sicht eine fatale Fehleinschätzung, wenn man Chrustschow die Schuld für das chinesisch-sowjetische Zerwürfnis aufladen wollte. Die Ursachen stehen auch in Zusammenhang mit den persönlichen Ambitionen Mao Zedongs. Eine wesentliche Ursache für den eskalierenden Konflikt sehe ich aber in der Weigerung Chrustschows, Mao Zedong Atombomben zu liefern. Auch die Reise Chrustschows 1958 nach China brachte keine Wende.

Chrustschow konferierte bei seinen Reisen nicht nur mit Politikern, sondern ließ auch nie eine Gelegenheit aus, ein „Bad in der Menge" zu nehmen. Dabei suchte er das Gespräch mit den Menschen, um ihre Probleme zu erkunden, und war in seiner Art volksverbunden. Oft ging seine Popularität aber auch zu Lasten der örtlichen Partei- und Staatsfunktionäre.

In Leipzig servierte man Chrustschow Tee aus Jenaer Henkelgläsern. Begeistert wollte er sich welche kaufen lassen. Seine Begleiter suchten vergebens einige Läden ab. Am Abend nannte er vor geladenen Gästen des sowjetischen Botschafters Ulbricht fast einen Betrüger, der ihm vorgegaukelt habe, in der DDR gäbe es solche Gläser. Gutwillige werteten es als derben Spaß, andere betrachteten es als einen skandalösen Zwischenfall.

Als ich Andrew und Annelies Thorndike nach Moskau begleitete, die für ihren Dokumentarfilm „Das russische Wunder" den Lenin-Orden erhalten sollten, erlebte ich, wie Chrustschow eine Rede hielt, die voll des Lobes gegenüber den Autoren des Films war. Dann aber kritisierte er mit peinlich scharfen und sogar ausfallenden Worten die zu der Veranstaltung geladenen sowjetischen Künstler. Sie sollten sich ein Beispiel an den Deutschen nehmen, wie man Kunstwerke schaffen müsse. Überzeugt hat er damit niemanden, dafür aber seine Distanz zu den Künstlern erheblich vergrößert.

Es gab auch noch einen weiteren, ganz anderen Chrustschow. Dafür ist folgende Begebenheit charakteristisch. Auf einer Landstraße in Lettland landete ein aus der Kolonne ausgeschertes Auto im Straßengraben und alle Wagen stoppten. Ich rannte zu dem verunglückten Fahrzeug und stellte fest, dass der Fahrer dieses Begleitfahrzeugs unverletzt geblieben war. Als ich Chrustschow davon informierte und sagte, dass wir weiterfahren könnten, widersprach er energisch: „Nein, wir sind hier genug Menschen, die zupacken und den Wagen wieder auf die Straße heben können." Das geschah dann auch. Es ist schwer zu sagen, ob ein anderer Staatsmann ähnlich reagiert hätte.

Chrustschow wurde in den westlichen Medien oft als eine bauernschlaue, burschikose Persönlichkeit dargestellt. Ich hatte zuweilen den Eindruck, dass er damit sein Spiel trieb. Er nutzte diesen Ruf als eine Art Freibrief, um bisweilen auch in vulgärer Weise Wahrheiten auszudrücken, die Staatsmänner im üblichen Umgang meiden. Er scheute sich auch nicht, Dinge abzuwehren, die ihm in einer Diskussion ungelegen kamen. Als Ulbricht ihn einmal bat, die Getreidelieferung an die DDR zu erhöhen, berief er sich auf Ernteerträge aus der Börde, die Otto Strube im volkseigenen Saatzuchtbetrieb in Schwaneberg bei Altenweddingen erzielt hatte, und sagte, dass die DDR bei solchen Erfahrungswerten doch noch Getreide exportieren könne. Auf solche Behauptungen reagierte Ulbricht nie, sah es aber gerne, wenn ich in die Polemik eingriff. Meinen Einwand, dass die Böden in der Börde die höchste Ackerwertzahl hätten, beantwortete Chrustschow mit der Ausrede, Bodenwertzahlen seien belanglos, obwohl er natürlich wusste, wie man zwischen Schwarzerde- und Nichtschwarzerdegebiet, zwischen Steppe und Salzböden unterschied. Er konnte durchaus ein Ignorant sein.

Seine Impulsivität hat ihn nicht selten in arge Verlegenheit gebracht. Eines Tages sprach Chrustschow auf einer Großkundgebung auf dem überfüllten Marktplatz in Halle und wurde stürmisch gefeiert. Mitten in der Nacht holte mich sein Begleiter aus dem Bett. „Soll ich vielleicht im Nachthemd kommen?“ Die Antwort lautete: „Er ist auch im Nachthemd!“ Ich kleidete mich in aller Eile an, und Chrustschow überraschte mich mit der Frage, ob seine Rede von irgendjemandem auf Band aufgenommen worden sei. Fernsehen war bei solchen Veranstaltungen damals noch nicht gegenwärtig. Da ich diese Frage aber nicht verneinen konnte, weil durchaus Rundfunkaufzeichnungen existieren konnten, gab er mir die Anweisung, alle Bänder einzukassieren und vernichten zu lassen. Ich gab seine Order an den Diensthabenden des MfS weiter und ging zu Bett. Ich konnte aber nicht einschlafen, da ich mir nicht erklären konnte, was hinter seiner Forderung steckte.

Ich rekapitulierte noch einmal seine Ausführungen und ahnte schließlich den Grund. Er hatte in seiner Rede, zwar nur nebenbei, aber deutlich Josip Broz Tito erwähnt und auf ihn gemünzt das russische Sprichwort erwähnt: „Den Buckligen kann nur das Grab gerade machen.“ Dabei hatte Chrustschow mehrfach beteuert, dass die Sowjetunion bereit und willens sei, den von Stalin vollzogenen Bruch mit Jugoslawien zu tilgen. Westzeitungen hatten im Mai 1955 genüsslich berichtet, Chrustschow und Bulganin seien in Belgrad von Tito kühl empfangen wurden. Beim Gegenbesuch in Moskau im April 1956 bereitete man Tito einen begeisternden Empfang. Die Behauptung, dass bei dem Vier-Augen-Gespräch die„Geheimrede“ für den XX. Parteitag besprochen worden sein soll, halte ich für unglaubwürdig. So weit ging das Vertrauen zueinander damals sicher nicht, aber Chrustschow weilte im Juli 1956 mit Malenkow und Mikojan bei Tito auf der Insel Brioni,und Tito besuchte Chrustschow im Oktober in Sotschi.

Chrustschow unternahm zwar alles, um wieder ein gutes Verhältnis zu Jugoslawien herzustellen, aber den persönlichen Abstand zu Tito konnte er nie überbrücken und hatte sich demzufolge wohl auch zu dieser unverantwortlichen Äußerung in Halle hinreißen lassen.

Für mich als Dolmetscher bot sich nie Gelegenheit, für Tito zu übersetzen, denn dieser sprach perfekt deutsch und russisch. Aber ich habe ihn öfter aus nächster Nähe erlebt und manchem Gespräch mit ihm beigewohnt. So vergesse ich nie, wie er Ulbricht einmal versicherte, dass Jugoslawien bei allen Differenzen im Ernstfall immer auf der Seite der sozialistischen Länder stehen würde.

Chrustschow konnte auch sehr humorvoll sein. Bei einer Fahrt auf einer DDR-Autobahn bat er mich, den Wagen anhalten zu lassen, da er austreten müsse. Es ist nicht einfach, eine so lange Autokolonne plötzlich auf der Autobahn halten zu lassen, aber ich gab seinen Wunsch an den Minister, der neben dem Fahrer saß, weiter. Dieser führte ein Telefongespräch, doch die Kolonne fuhr unentwegt weiter, bis endlich ein Parkplatz gefunden wurde und Chrustschow sich in die Büsche schlagen konnte. Als er „erleichtert" wieder erschien, erzählte er der versammelten Runde eine russische Anekdote: „Der Barin, der Gutsbesitzer, stellte bei einer Schlittenfahrt seinem Kutscher Iwan die Frage, warum das Austreten bei ihm immer so lange, bei Iwan aber jeweils nur wenige Minuten dauere. ‚Mein Herr', antwortete der Kutscher, ‚man muss die richtige Stelle kennen.' – ‚Iwan', antwortete der Gutsbesitzer, ‚zeigst du mir, wenn ich wieder einmal muss, die richtige Stelle?' – ‚Selbstverständlich, mein Herr', entgegnete Iwan. Als dieser Augenblick nun gekommen war und Iwan nun die richtige Stelle zeigen sollte, ließ dieser jedoch die Pferde traben und traben und der Herr geriet in Bedrängnis. ‚Iwan, wo ist die Stelle?', fragte er. Die Pferde trabten weiter bis das Fuhrwerk endlich hielt und Iwan auf Büsche zeigte. Keine zwei Minuten später erschien der Herr wieder aus dem Busch. ‚Ja, Iwan', sagte er, ‚es war wirklich die richtige Stelle!'"

Alle lachten, alle hatten den tieferen Sinn dieses harmlosen aber „an dieser Stelle" sehr treffenden Witzes verstanden, allein der Minister tat absolut unbeteiligt.

Und wieder der andere Chrustschow: Beim Besuch eines unermesslich großen Melonenfeldes in der nordkaukasischen Steppe, auf dem schon der Bauer, der die Bewässerung auf der ebenen Fläche regulierte, größte Hochachtung verdiente, beschimpfte Chrustschow die Bauern auf das Gröbste, obwohl ihm die Melonen vorzüglich mundeten. Es störte ihn, dass dem Bürger für Melonen, die mit Wasser getränkt wurden, genauso viel Geld pro Kilo abgefordert wurde, wie dem, der eine in der Trockensteppe gereifte kaufte, die einen höheren Zuckergehalt hat. Seine Überlegung war begründet, doch deswegen die Bauern zu beschimpfen war völlig abwegig.

Chrustschow soll auf seinen Auslandsreisen über 200000 Kilometer zu Wasser, zu Lande und in der Luft zurückgelegt haben. Damit hat er im Gegensatz zu Stalin, der es nur 1943 bis nach Teheran und 1945 bis nach Potsdam schaffte, das verschlossene Tor Sowjetrusslands geöffnet wie einst Peter I. im feudalen Russland. Man muss in diesem Zusammenhang auch seine Frau Nina Petrowna nennen, die mit ihrer natürlichen, zurückhaltenden Art die Menschen und die Medien für sich gewann.

Man soll Toten nichts Schlechtes nachreden, aber ich kann nicht umhin, an dieser Stelle die Frau Gorbatschows zu erwähnen. Raissa Maximowna, die von Reportern wegen ihrer stets sehr modernen westlichen Kleidung angesprochen wurde, antwortete darauf, dass sie schließlich die erste First Lady der Sowjetunion sei. Wer Nina Chrustschowa näher kannte, hätte ihr widersprochen, auch wenn Nina Petrowna nie auf die Idee gekommen wäre, sich als First Lady der UdSSR aufzuführen. Sie wurde als „Mutter Heimat“ anerkannt und geehrt.

Meine übermäßig ausführliche Charakteristik Chrustschows macht deutlich, dass ich ihn für eine außergewöhnliche Persönlichkeit der Geschichte hielt. Er hatte den Mut, Stalin zu stürzen. Und das ist ein enormes Verdienst. Er hatte Freunde, aber auch die Fähigkeit, Freunde zu vertreiben und sich Gegner und Feinde zu schaffen. Das erklärt, warum in der entscheidenden Sitzung des Zentralkomitees der KPdSU die Mehrheit für seine Ablösung votierte. Er leistete übrigens keinerlei Widerstand gegen diese Entscheidung. Hatte er 1957, als im Politbüro sieben Mitglieder – Malenkow, Molotow, Kaganowitsch, Woroschilow, Bulganin, Perwuchin und Saburow – gegen ihn stimmten und nur fünf – Suslow, Mikojan, Breshnew, Kiritschenko und Shukow – zu ihm hielten, mit einer eilig dank der Hilfe von Marschall Shukow und der Luftstreitkräfte zusammengetrommelten Sitzung des Zentralkomitees die Mehrheit für sich zu gewinnen vermocht, resignierte er 1964 und gab widerstandslos auf.

Für mich bleibt Nikita Sergejewitsch die schillerndste Persönlichkeit, der ich in meinem Leben begegnet bin.

Seine Ablösung wird oft mit dem Namen Breshnew verbunden. Ich persönlich sehe in Breshnew – wie schon erwähnt – keineswegs den Initiator des Machtwechsels. Chrustschow hatte ihn als Ersten Sekretär in Moldawien eingesetzt und dann in Kasachstan, im Neuland. Er hatte ihn ins Politbüro geholt und zum Präsidenten des Obersten Sowjet wählen lassen. Der Hintergrund war – auch das wurde bereits erwähnt – ein anderer. Chrustschow versuchte der friedlichen Koexistenz von Staaten unterschiedlicher Gesellschaftsordnung Raum zu schaffen. Die Annäherung an die USA, das Treffen in Camp David, die Abrüstung und die rigorose Reduzierung der Armee lösten den Widerstand aus, der seine Ablösung zur Folge hatte.

Chrustschow starb am 11. September 1971 im Alter von 77 Jahren. Beerdigt wurde er auf dem Nowodewitschij-Friedhof. Sein Grabstein ist von einem Bildhauer geschaffen, mit dem er ursprünglich in Fehde gelegen, sich dann aber wieder versöhnt hatte. Der wählte weißen und schwarzen Marmor und machte damit – bewusst oder unbewusst – die Widersprüchlichkeit dieser Persönlichkeit noch auf dem Friedhof transparent.

Zur sachlichen Bewertung der Chrustschow-Ära gehört natürlich auch, dass in den zehn Jahren seit Stalins Tod in der UdSSR 8500 neue Großbetriebe entstanden, die Stahlproduktion auf über 80 Millionen Tonnen im Jahr stieg und 410 Milliarden Kilowattstunden Energie erzeugt wurden. Die Industrieproduktion der UdSSR, die 1953 ein Drittel der Produktion der USA betrug, erreichte in zehn Jahren die Dimension von zwei Dritteln der USA-Produktion.

Auch wenn diese Zahlen nur extensives Wachstum widerspiegeln und die qualitativen Faktoren, die in der Zeit des Überganges zur intensiven Erweiterung der Produktion von ausschlaggebender Bedeutung waren, hier nicht berücksichtigt sind, so ist der Aufschwung nicht zu leugnen. Auch wenn die unter Chrustschow neu gebauten Wohnungen nicht dem gehobenen westlichen Standard entsprachen, es gab nirgends Slums, und die von Stalin übernommene Wohnungsnot wurde wenn nicht überwunden, so doch enorm abgebaut.

Im Oktober 1957 wurde mit dem Sputnik I das Zeitalter der Weltraumfahrt eröffnet und damit auch ein qualitatives Urteil über das Leistungsvermögen der sowjetischen Wissenschaft, Technik und Produktion sowie über den Entwicklungsstand der Kybernetik, der Steuerungstechnik und der elektronischen Industrie abgegeben. Ich saß mit unter den Gästen der Festveranstaltung zum 40. Jahrestag der Oktoberrevolution, als das erste Signal des Sputniks übertragen wurde, und habe die Begeisterung miterlebt, die in diesem Augenblick alle im Saal erfasste.

Als ich Anfang der sechziger Jahre zu einem Kongress der Dolmetscher und Übersetzer nach Lahti in Finnland fuhr, erregte ich mit meinem Miniradio, einem Geschenk Chrustschows, das kleiner als eine Streichholzschachtel war, viel Aufsehen. Im Westen kannte man noch nichts Vergleichbares.

Im Januar 1959 flog Lunik I mit einem Gewicht von 1472 Kilogramm knapp am Mond vorbei. Im September landete ein von Menschenhand geschaffener Himmelskörper auf der Mondoberfläche. Im Februar 1961 startete eine Marssonde, der 1963 eine Sonde zur Venus folgte.

Die von Andrej Nikolaijewitsch Tupolew konstruierte TU 104 war das erste Düsenpassagierflugzeug der Welt. Als die Turbopropmaschine TU 114 mit Nikita Chrustschow an Bord 1959 auf dem USA-Luftwaffenstützpunkt Andrews landete, waren die vorhandenen Gangways zu niedrig und es musste eine Spezialkonstruktion herangeschafft werden.

Zu seinem Nachfolger als Generalsekretär des ZK der KPdSU wurde also Leonid Iljitsch Breshnew gewählt, der nicht nur Chrustschow zur Persona non grata erklärte, sondern auch bestrebt war, Stalin zumindest indirekt zu rehabilitieren. Er bemühte sich, allen, die mit Chrustschow unzufrieden gewesen waren, Genugtuung zu verschaffen, und den im Staats- und Parteiapparat „Alteingesessenen" zu versichern, dass ihre Positionen ungefährdet seien. Die Notwendigkeit von Reformen sah er nicht, er wollte immer„Altes und Bewährtes" erhalten.

Diese Feststellung könnte manch einen verwundern, der mich als beflissenen Dolmetscher Breshnews erlebte. Der neue Generalsekretär hatte mich nahtlos „übernommen", als Dolmetscher anerkannt und den „Wolodja" geduzt. Aber das Leben zwingt nicht selten zur nachträglichen Korrektur einer Feststellung. Diese resultiert in diesem Fall aus erst später gesammelten Erfahrungen. Obendrein muss ich zugeben, dass ich einzelnen Beobachtungen nicht immer gleich gebührende Beachtung schenkte oder manches als persönliche Schwäche entschuldigte.

Mit der Wahl Breshnews wurden in Moskau die Doppelfunktion getrennt. Alexej Nikolajewitsch Kossygin, bis dahin Erster Stellvertreter des Ministerpräsidenten Chrustschow, wurde Chef der Regierung. Kossygin war schon zu Stalins Zeiten Volkskommissar und Stellvertreter des Vorsitzenden des Rats der Volkskommissare gewesen. Er war ein erfahrener Volkswirt, aufgeschlossen vor allem für Reformen, musste aber seine Bemühungen in dieser Hinsicht unter dem Druck des konservativen Breshnew spätestens 1965 beenden.

Wenn ich aus der Sicht des Dolmetschers die Charaktere Ulbrichts und Kossygins miteinander vergleiche, ergaben sich wenig Brücken. Kossygin wagte nie die Position des Generalsekretärs in Frage zu stellen. Kossygin war ein versierter und kompetenter Wirtschaftsfachmann und mochte die zuweilen unkritische, oftmals als Besserwisserei erscheinende Art Ulbrichts nicht. Vielleicht hatte er auch als Leningrader, der 1942 als Beauftragter des Staatlichen Verteidigungskomitees in der eingeschlossenen Stadt kämpfte, ein verständlich distanziertes Verhältnis zu uns Deutschen. Dem widersprach allerdings sein guter Kontakt zu Willi Stoph. Als wir einmal auf dem Flugplatz Wnukowo zu unserer Maschine gingen, fasste Kossygin Stoph am linken Handgelenk und sagte zu ihm: „Pobrossajem." Das ließe sich mit „würfeln" oder „knobeln" übersetzen, was jedoch dem in russische Bräuche Uneingeweihten nichts sagt. Auf mein Drängen nickte Stoph, obwohl er gar nicht wusste, worum es eigentlich ging. Kossygin löste seine goldene Schweizer Armbanduhr vom Handgelenk und tauschte sie gegen Stophs Ruhla-Uhr. Erst im Flugzeug konnte ich Stoph aufklären, dass ein solcher Tausch eine alte russische Geste der Freundschaft ist. Der materielle Wert der Uhren spielte dabei überhaupt keine Rolle.

Kossygin war relativ wortkarg, aber mit bissigem Humor ausgestattet. Bei einem Besuch in Berlin stellte er Ulbricht die Frage, ob der nächste Jahresplan der DDR schon fertig sei. Ulbricht bejahte die Frage mit unüberhörbarem Stolz. Darauf antwortete Kossygin trocken: „Unser Jahresplan ist bis auf den 31. Dezember auch fertig, es fehlt bloß noch dieser eine verfluchte Tag." Als sich Ulbricht bei anderer Gelegenheit in einem Pausengespräch negativ über den Kernphysiker Andrej Sacharow äußerste, der seit den sechziger Jahren eine Liberalisierung des sowjetischen Systems forderte, unterbrach Kossygin ihn heftig: „Der Vater unserer Wasserstoffbombe hat das Recht, sich über philosophische Fragen auch andersdenkend zu äußern!" Dem wäre noch hinzuzufügen, dass Sacharow in seinem Buch „Mein Leben" vermerkte: „Die Philosophie ist ein vages Gebiet, das ich immer nicht als etwas ‚Wahres' akzeptieren konnte, wobei ich mich aber dennoch sehr weit auf diesem Gebiet vorwagte."

Kein Platz für Kossygin

Im Januar 1963 fand der VI. Parteitag der SED statt, auf dem die Grundsätze eines ökonomischen Systems der Planung und Leitung der Volkswirtschaft der DDR beschlossen wurden. Erich Apel, Mitautor des von Ulbricht initiierten NÖS, übernahm die Leitung der Staatlichen Plankommission. Am 3. Dezember 1965 beging er Selbstmord. Über die Ursache kursierten mehrere Varianten, aber das tatsächliche Motiv wurde wohl nie richtig aufgedeckt.

In der BRD verkündete die SPD nach dem Godesberger Programm von 1959 im Jahre 1963 ihre These vom „Wandel durch Annäherung" gegenüber der DDR. 1966 wurde in der BRD die Große Koalition mit Kiesinger und Brandt gebildet.

Zur 800. Jubiläumsmesse besuchte eine große sowjetische Delegation unter Leitung Kossygins Leipzig. Obgleich er einige Gespräche mit Ulbricht hatte, überließ er die heißen Eisen dem Vorsitzenden der Plankommission Lomako, der seinen Gesprächspartner davon in Kenntnis setzte, dass sich „ein tiefer Wandel in den Wirtschaftsbeziehungen mit der UdSSR abzeichne, da die Sowjetunion durch ihre Rohstofflieferungen und aktuelle militärische Aufgaben unerträglich belastet sei". Für Rohstofflieferungen werde sie künftig eine Beteiligung an den erforderlichen Investitionen verlangen, die Lieferungen an Getreide und anderen landwirtschaftlichen Erzeugnisse werde sie reduzieren müssen.

Weit weniger problematisch waren da die Querelen, die durch die Unterbringung der Gäste entstanden. Trotz meiner Bedenken hatte Ulbricht das Ehepaar Kossygin und Frau Breshnewa im Hotel „Astoria“ am Bahnhof unterbringen lassen. Beim Abendessen reichten die Stühle an der Tafel nicht, und Kossygin verließ erbost den Saal, ohne etwas gegessen zu haben. Das Frühstück ließ er sich im Zimmer servieren und lud mich dazu ein. Auf meine unüberlegte Frage, wie er geschlafen habe, antwortete er sarkastisch: „Als ich in Leningrad noch Arbeiter in einer Textilfabrik war und manchmal in der Nachtschicht unter den dröhnenden Maschinen ein Nickerchen einlegte, schlief ich jedenfalls besser!“ Das Problem wurde gelöst, aber ich habe diese Antwort nie vergessen.

Lizenzen gegen die Jugend

1965, zwanzig Jahre nach Ende des Krieges, war auch in der DDR eine neue Generation herangewachsen, die sich nicht mehr für die Schuld der Väter am völkermordenden Weltkrieg verantwortlich fühlte. Man hatte ihr oft genug gesagt, dass sie die Gestalter der Zukunft sei, aber das reichte nicht, um mit den Problemen der Gegenwart zu Rande zu kommen. Das 11. Plenum der SED sollte Fragen der Jugend und der Kultur erörtern. Ulbricht erlag dabei der falschen Vorstellung, dass die Partei nicht mit der Jugend zu sprechen habe, sondern nur mit den für Jugendpolitik Verantwortlichen, also mit den Genossen im Zentralrat der FDJ, die für ihre „Beat-Politik“ zurückgepfiffen und zur Selbstkritik genötigt worden waren, und mit den Genossen im Kultur-, Bildungs- oder Hochschulministerium. Dank der irrig interpretierten „führenden Rolle der Partei“ war es Sache der Bezirks- und Kreisleitungen, Lizenzen für Musikgruppen zu kontrollieren. Mit der Anmaßung, über die Länge der Haare oder der Röcke zu entscheiden, wurden nicht nur Gegensätze geschaffen, wo keine zu sein brauchten, es wurde auch eine Niederlage programmiert, denn noch nie hat eine ältere Generation eine derartige sich immer wiederholende Auseinandersetzung mit der jüngeren gewinnen können. Aber die SED versäumte es, solche Lehren zu ziehen. Auf dem Gebiet der Kultur fällte das

Plenum sozusagen Urteile, gegen die kein Einspruch zugelassen wurde. Ungeliebte Filme und Bücher, Dramen und Kompositionen wurden auf eine Indexliste gesetzt. Die Diskussion auf dem Plenum wurde „ausgerichtet“, obwohl die Kandidatin des ZK, die Schriftstellerin Christa Wolf, und der Bildhauer Fritz Cremer Kluges und Bedenkenswertes äußerten. Die Parteiführung hatte den ideologischen Gärungsprozess in der Jugend und in den Kreisen der Künstler durch ihr rigides Vorgehen nur noch weiter angeheizt.

1968: Prag – Alexander Dubček

Die Situation im sozialistischen „Lager“ besserte sich nicht. Der Konflikt mit der chinesischen „Bruderpartei“ spitzte sich zu. Albanien war aus dem Warschauer Vertrag ausgeschieden. Rumänien betonte bei jeder bilateralen Beratung oder Konferenz seine unantastbaren nationalen Rechte. In der Tschechoslowakei drängten intellektuelle Kreise auf Veränderungen. Es waren Dissidenten, die nach neuen Wegen suchten, Sozialisten, die einen dritten Weg popularisierten, Bürgerrechtler, die die These vom menschlichen Sozialismus verbreiteten. Das Politbüro der Kommunistischen Partei schien uneins. Das erste Ergebnis der inneren Auseinandersetzungen war die Ablösung Antonin Novotnýs als Erster Sekretär. Alexander Dubček, Absolvent der Moskauer Parteihochschule und danach Erster Sekretär der Slowakischen KP, wurde Erster Sekretär der KPČ.

Im Februar 1968 jährten sich zum zwanzigsten Mal die Prager Ereignisse, in deren Verlauf der Präsident der Republik, Eduard Beneš, die vom kommunistischen Ministerpräsidenten Klement Gottwald vorgeschlagene Regierung bestätigt hatte. Im Juni des gleichen Jahres war er dann jedoch zurückgetreten und der Vorsitzende der KPČ, Klement Gottwald, zum Präsidenten gewählt. Nach dessen Tod im Jahre 1953 rückte Antonin Novotný an seine Stelle.

Die Parade der Kampfgruppen anlässlich des 20. Jahrestages in Prag nahm Dubček ab. Im Hintergrund stand der neu gewählte Staatspräsident Novotný. Dessen Amtsdauer endete bereits im März. Mit General Ludvik Svoboda, der aktiv am Befreiungskampf gegen die deutsche Wehrmacht teilgenommen hatte, folgte ihm eine im ganzen Lande populäre Persönlichkeit.

Doch noch schrieb man Februar, und im Hradschin fand eine Festveranstaltung statt, an der auch die ausländischen Gäste teilnahmen. Leonid Breshnew vertrat die KPdSU, Walter Ulbricht die SED. Die Veranstaltung verlief im üblichen Rahmen. Es fiel allerdings auf, dass das tschechoslowakische Fernsehen sie weder übertrug noch aufzeichnete.

Am Vorabend war es bereits zu heftigen Auseinandersetzungen mit den Gastgebern gekommen. Walter Ulbricht hatte eine hitzige Debatte mit dem für ideologische Fragen zuständigen Mitglied des Politbüros, in deren Verlauf er massive Kritik an der tschechoslowakischen Parteiführung geäußert und ihr Versagen bei der Lösung der innenpolitischen Probleme vorgeworfen hatte. Seine Diskussionspartner gaben ihm sogar in vielem Recht und schienen ziemlich ratlos, was die weitere Entwicklung betraf. Bei mir entstand der Eindruck, dass der desolate Zustand der Partei vor allem der Führungsschwäche der KPČ und Novotný persönlich zuzuschreiben sei. Leonid Breshnew äußerte sich ähnlich gegenüber Ulbricht. Gespräche, die ich mit Mitarbeitern des Parteiapparates hatte, bestätigten solche Auffassungen. Alle distanzierten sich von Novotný und seinem Führungsstil. Das erhärtete mein persönliches Urteil einer kontaktarmen, menschenscheuen Persönlichkeit.

Während einer Tagung des Politisch-Beratenden Ausschusses der Teilnehmerstaaten des Warschauer Vertrages Anfang März 1968 vereinbarten die Generalsekretäre und die Ministerpräsidenten der UdSSR, der DDR, Polens, Bulgariens, der Tschechoslowakei und Ungarns ein Treffen in der DDR. Dort sollte über die Situation in der ČSSR diskutiert werden. Die Zeit drängte. Über Nacht mussten Paul Markowski, Leiter der Abteilung Internationale Verbindungen beim ZK, und ich diese Begegnung in Dresden vorbereiten. Das war nicht leicht, weil es in der Stadt kaum Unterbringungsmöglichkeiten für diesen relativ großen Kreis gab.

Am 23. März traf Leonid Breshnew mit der KPdSU-Delegation als Erster in Dresden ein, und bald darauf versammelten sich alle Generalsekretäre und Ministerpräsidenten in der Residenz der sowjetischen Delegation. Erich Honecker wurde zum Flugplatz delegiert, um Alexander Dubček und seine Delegation abzuholen und in ihre Residenz nach Gohrisch zu begleiten. Das Gespräch zwischen Dubček und Honecker wurde während der einstündigen Fahrt auf Russisch geführt und von mir gedolmetscht. Dubček berichtete, dass sich die Situation in Prag und im Lande weiter zuspitzte und dass abgelöste und über Nacht arbeitslose Parteisekretäre ihn um Unterstützung gebeten hätten. Das klang alles hilflos und war mit unseren damaligen Vorstellungen von der Rolle der Partei schwer in Einklang zu bringen.

Das Auftreten Dubčeks bei der Dresdner Beratung demolierte das persönliche Bild, das ich vorher von ihm gewonnen hatte. Auf die vielfältigen Fragen seiner Konferenzpartner nach dem weiteren Weg der Partei und des Landes antwortete er mit einer Schnurre, wie ihm Prager Studenten eine Flasche Wodka geschenkt hätten, damit er seine Erkältung auskurieren möge. Ich begriff nicht, ob das ein ernst gemeinter Versuch war, seine Volkstümlichkeit zu demonstrieren, oder eine dürftige Schwejk-Imitation. Alle Angebote, weitere Schritten der Zusammenarbeit zwischen den sozialistischen Ländern zu unternehmen wurden von ihm und seinen Begleitern vorbehaltlos akzeptiert.

In der ČSSR spitzte sich die Entwicklung jedoch rapide zu. Aus diesem Grunde trafen sich Leonid Breshnew, Wladyslaw Gomulka, János Kádár, Todor Shiwkow und Walter Ulbricht am 8. Mai in Moskau, um die Situation zu erörtern. Nicolae Ceausescu hatte eine Teilnahme abgelehnt. Bei dieser Beratung wurde der Gedanke einer Intervention geboren. Allerdings war da von einer militärischen Operation noch nicht die Rede. In den Pausengesprächen wurde aber auch diese Variante erwähnt. Von nun an jagte eine Beratung die andere. Am 15. Juli trafen sich die Generalsekretäre erneut im gleichen Kreis in Moskau und verabschiedeten einen gemeinsamen Brief. Er war nicht an das Politbüro, sondern an das Zentralkomitee der KPČ gerichtet. Dies geschah in der Erwartung, man würde das Zentralkomitee zusammenrufen und dann zu dem Brief Stellung nehmen. In diesem Brief wurde vor der Gefährdung des Sozialismus in der ČSSR gewarnt, die Verteidigung der sozialistischen Ordnung in der

Tschechoslowakei zur Aufgabe aller sozialistischer Länder erklärt und wiederum Hilfe angeboten.

Bei allen Vorbehalten und Bedenken, die es vor allem bei János Kádár, aber auch bei Leonid Breshnew gegen einen militärischen Eingriff gegeben hatte, wurde nun diese letzte Möglichkeit von niemanden mehr ausgeschlossen. Der damalige polnische Verteidigungsminister und spätere Staatspräsident Wojciech Jaruzelski behauptete später in seinem 1992, im Piper Verlag, München, erschienenen Buch „Mein Leben für Polen", Walter Ulbricht sei der Initiator eines militärischen Eingriffs gewesen. Das kann ich nicht bestätigen. Es ist mir auch rätselhaft, was ihn zu dieser Behauptung bewogen haben könnte.

Zwischen Ende Juli und Anfang August 1968 fanden bilaterale Gespräche zwischen einer Delegation der KPdSU und dem Präsidium der KPČ in Cierna nad Tisou statt, die dann mit Vertretern der anderen Parteien am 3. August in Bratislava fortgesetzt wurden. Dubček empfing Ulbricht und die DDR-Delegation auf dem Flugplatz in Bratislava. Das erste Gespräch ging über Belanglosigkeiten nicht hinaus. Während der fruchtlosen Beratung konnte auch eine Redaktionskommission keine Übereinstimmung erzielen. Sie bat dann die Generalsekretäre, Einvernehmen über ein Abschlusskommuniqué zu erzielen. Als diese sich versammelt hatten, waren die meisten mit ihren Ministerpräsidenten erschienen. Dubček hatte einen Beraterstab an seiner Seite, junge Leute, die ihm zu jeder Formulierung ihre Meinung zuflüsterten. In der auf diese Weise zustande gekommenen gemeinsamen Erklärung wurde die internationale Pflicht der sozialistischen Staaten bekräftigt, die sozialistischen Errungenschaften zu unterstützen, zu festigen und zu verteidigen Dieses Dokument wurde von den westlichen Medien fortan als die Breshnew-Doktrin etikettiert.

Während der Unterzeichnung der Erklärung im Rathaus von Bratislava versammelte sich vor den Toren eine große Menschenmenge. Das Politbüromitglied der damaligen KPČ Smirkowski hielt vom Balkon des Rathauses eine flammende Rede, von der die ausländischen Gäste vorher nichts erfahren hatten. Sie wurde nicht einmal übersetzt. Man musste den Eindruck gewinnen, dass hier vollendete Tatsachen geschaffen werden sollten. Dabei konnte man sich offensichtlich auf die Stimmung breiter Teile der Bevölkerung stützen.

Am 12. August bemühte sich Ulbricht in einem persönlichen Gespräch mit Alexander Dubček in Karlovy Vary, das ein tschechischer Dolmetscher übersetzte, noch einen Ausweg zu finden. Es kam nichts dabei heraus.

Es gilt also festzustellen, dass langwierige Gespräche und Verhandlungen geführt wurden und immer die Absicht dominierte, eine politische Lösung dieser nun schon nicht mehr nur innenpolitischen Krise in der ČSSR zu finden. Eine Voraussetzung dafür wäre aber gewesen, dass in der ČSSR eine gründliche Analyse der gesellschaftlichen Situation im Lande und der Angebote der Opposition vorgenommen worden wäre. Dazu zähle ich die Ideen des damaligen stellvertretenden Ministerpräsidenten Ota Šík, der ein ökonomisches Reformmodell, einen Dritten Weg zu einem „menschlichen Sozialismus" entwickelt hatte. Am Rande sei vermerkt: Ota Šík hat Jahre später als Professor in den USA keinen Zweifel daran gelassen, dass sein Dritter Weg zur Restauration des Kapitalismus geführt hätte. Das wird allerdings selten erwähnt, wenn heute die damaligen Ereignisse erörtert werden.

Die Führungen der sozialistischen Staaten wiederum reduzierten ihre Analysen auf die unübersehbare Führungsschwächen der KPČ und leiteten daraus die Schlussfolgerung ab, dass die ČSSR das labilste Glied in der Kette der sozialistischen Staaten sei, auf das sich die Bemühungen des Gegners konzentrierten. Ich sah damals auch keinen anderen Ausweg als den, der dann beschritten wurde, und kam erst viel später zu der Erkenntnis, dass der „Prager Frühling" auch eine politische Chance geboten hätte, die nicht wahrgenommen wurde. Bei dieser Feststellung darf Šíks Hinweis auf die Rückkehr zum Kapitalismus allerdings nicht übersehen werden.

Am 21. August marschierten die Armeen des Warschauer Vertrages in Prag ein. Erst neulich las ich in dem doch so viel Wert auf historische Genauigkeit legenden „Spiegel" wieder einmal die Aussage eines „Kronzeugen", der dabei gewesen sein will, als die NVA-Panzer über die Grenze rollten. Wahrheit bleibt, dass entsprechend einer gemeinsamen Absprache die DDR lediglich mit einem Stabskommando beteiligt war. Alle waren sich durchaus klar darüber, was es bedeutet hätte, wenn Deutsche in Prag mit einmarschiert wären.

Im Gebäude des ZK hatten sich an jenem Abend Erich Honecker, Willi Stoph und Gerhard Grüneberg versammelt, um den Ablauf der Ereignisse und die Reaktion des Westens zu verfolgen. Mich hatte man eingeladen für den Fall, dass ein Dolmetscher gebraucht würde. Das hing wohl auch damit zusammen, dass ein beträchtlicher Teil der an der Operation beteiligten sowjetischen Einheiten zu der auf dem Territorium der DDR stationierten Westgruppe der Sowjetarmee gehörte. Die Nacht verlief ruhig.

Der Westen reagierte in seinen ersten Rundfunkmeldungen zurückhaltend. Eine Woche später trafen sich Leonid Breshnew, Wladyslaw Gomulka, János Kádár, Todor Shiwkow und Walter Ulbricht in Moskau, um weitere Fragen, die sich aus dem Einmarsch der Truppen ergaben, zu diskutieren. Das Schreiben aus der Tschechoslowakei, in dem die Bitte um militärische Hilfe ausgesprochen wurde, verlas Kossygin. Herumgezeigt wurde es nicht, und man erfuhr auch nicht präzise, wer es unterschrieben hatte.

Ich wiederhole mich, wenn ich feststelle, dass in der ČSSR damals zweifellos eine Situation entstanden war, in der oppositionelle Gedanken und Reformvorschläge auf fruchtbaren Boden fielen. Die Idee eines demokratischen Sozialismus fand in der Bevölkerung viele Anhänger. Eine echte politische Auseinandersetzung mit dieser Idee, ihren Wurzeln und Konsequenzen hätte sicher zu Erkenntnissen geführt, die den weiteren Verlauf der Entwicklung in den sozialistischen Ländern und in den kommunistischen und Arbeiterparteien nachhaltig beeinflusst hätten. Die eingeengte Sicht auf die Schwächen der politischen Führung um Dubček und die Aktivitäten des politischen Gegners verhinderten eine politische Lösung. Auch in diesem Fall fällt es selbst heute schwer, exakt sagen zu wollen, was man hätte wann tun sollen. Zum Beispiel kann nicht ignoriert werden, dass man in Prag den Austritt aus dem Warschauer Vertrag ins Auge gefasst hatte. Eine Forderung, die man damals nicht als „Reformidee“ betrachten konnte.

Die so genannte achtundsechziger Bewegung im Westen, ausgelöst insbesondere durch die USA-Aggression in Vietnam, war zwar antiamerikanisch, griff aber auch in Amerika um sich. Sie war begleitet von den Morden an John F. Kennedy 1963 und Martin Luther King 1968. Sie gab sich antimilitaristisch und friedenstiftend. Die achtundsechziger Bewegung war einerseits international, andererseits auch national und verfolgte besonders in den europäischen Ländern nationale Ziele. Sie wurde einerseits von der jungen Generation getragen, insbesondere von Studenten, fand aber auch bei älteren Angehörigen der Intelligenz Zuspruch und Unterstützung. Oft wird die Frage gestellt, ob man die Ereignisse 1968 in der Tschechoslowakei als eine Reflexion der achtundsechziger Bewegung betrachten kann. Ich glaube eher, dass die Bewegung in der Tschechoslowakei – die ja vor allem von Intellektuellen ausging und nach Wegen suchte, den Sozialismus zu reformieren – Einfluss auf die achtundsechziger Bewegung ausgeübt und sie auch vorangetrieben hat.

Wechsel oder Wende?

Acht Jahre nach ihrer letzten Beratung bereiteten die „kommunistischen und Arbeiterparteien" – ich verwende hier aus purer Gewohnheit immer den offiziellen Begriff, obwohl man das heute auch knapper formulieren könnte – ihre dritte Weltkonferenz vor. 1968 fanden in Budapest und Moskau fünf Sitzungen der Vorbereitungskommission statt, um ein „Hauptdokument über die Aufgaben des Kampfes gegen den Imperialismus" auszuarbeiten. Die Abwesenheit von Vertretern der chinesischen und japanischen Partei sowie von Parteien anderer Länder schränkten die Bedeutung der Konferenz und auch den Inhalt der Debatte ein.

Im Juni 1969 versammelten sich Vertreter von 75 Parteien in Moskau. Eine genaue Zählung ergab, dass 59 Parteien durch ihre Generalsekretäre vertreten waren. Es war logisch, dass der Konflikt zwischen der KPdSU und der KP Chinas dominierte, wobei sich einige Parteien – offen oder versteckt – weigerten, in Abwesenheit der Chinesen über deren Partei zu richten. Aber fast alle Diskussionsredner nahmen darauf Bezug. Sicher wäre es auch notwendig gewesen, der tschechoslowakischen Frage mehr Aufmerksamkeit zu widmen. Viele Diskussionsreden zu diesem Thema wurden von der Schablone beherrscht, dass es sich um einen rein konterrevolutionären Angriff gehandelt hatte, der von außen gestartet worden und dem mit dem Einmarsch der verbündeten Truppen ein Riegel vorgeschoben worden war. Die dringend erforderliche Auseinandersetzung über innere, hausgemachte Fehler und Ursachen blieb auch auf dieser Konferenz aus. Das galt auch für die Ausführungen des neuen Generalsekretärs der KPČ Gustav Husák.

Wie weit wir damals von den Voraussetzungen einer solchen Debatte entfernt waren, werde ich versuchen, an einem Beispiel zu erläutern. Während der Konferenz besuchte Walter Ulbricht ein unweit von Moskau gelegenes Kombinat für synthetische Baustoffe. Beim Abendessen hielt er eine Ansprache in freier Rede, die aber protokolliert wurde und in der er auf die Ereignisse in der ČSSR einging: „Was haben die Tschechen gemacht? Sie haben 1960 den Übergang zum Kommunismus proklamiert. Wir haben das abgelehnt. Sie haben die Bauern falsch behandelt, das ökonomische Planungs- und Leitungssystem nicht richtig entwickelt. In Fragen von Kunst und Literatur waren sie auf den Westen orientiert und haben kleinbürgerliche Literatur propagiert. Wir haben das bei uns nicht erlaubt. Auch bei uns gab es schlechte Filme. Wir haben sie dem ZK vorgeführt, und sie wurden einmütig abgelehnt. Die Tschechen haben zugelassen, dass die Massenmedien in die Hände der konterrevolutionären Kräfte fielen – und das musste schief gehen. Nach 1956 wurde also überall liberalisiert. Wir waren die Einzigen, die da nicht mitgemacht haben. Man hat uns als Dogmatiker verschrien, aber wir haben den Dogmatismus in der ökonomischen Theorie und in der Philosophie beseitigt ...“

Dieser knappe Auszug offenbart Ulbrichts eigene Position im Hinblick auf die Entwicklung in der DDR, bestätigt aber auch, dass er die Ursachen für die Prager Ereignisse allein bei der Parteiführung der KPČ suchte.

Deutlich wird auch, dass er sich Urteile über andere Parteien anmaßte, zu denen er sich als „Doyen“ der Generalsekretäre berufen fühlte. Diesen Rang maßte er sich selbst an. Dass er sich damit Unwillen im eigenen Politbüro, aber auch bei den Parteiführungen anderer Länder zuzog, schien er überhaupt nicht wahrzunehmen.

Und damit wären wir bei der in der DDR entstandenen Situation angelangt. Zum einen wurde nicht nur für Insider klar, dass ein Wechsel an der Spitze der Partei und des Staates aktuell geworden war. Zum anderen hatten Parolen des Westens wie „Der Spitzbart muss weg" immer wieder zur Folge, dass man sich vor Ulbricht stellte. Otto Gotsche, Schriftsteller und Sekretär des Staatsrates, formulierte damals die Situation mit den Worten: „Der Feind hat Hass und Hohn gespieen, und weil sie ihn hassen, lieben wir ihn!"

Doch diese Solidarität zu Ulbricht konnte den Lauf der Dinge nicht aufhalten. Übrigens hatte er ja auch seinen Nachfolger längst ausgesucht: Erich Honecker.

In den Büros, die man gemeinhin den „Apparat des ZK" nannte, wurde die Ablösung Ulbrichts allgemein begrüßt. Die durch den Personenwechsel wirksam werdende Verjüngung, so hoffte man, würde durch sorgsam bewahrte Gewohnheiten entstandene Hürden zur Seite räumen und Reformen ermöglichen. Auch im Politbüro sah man den Wechsel so.

Am 28. Juli 1970 fand eine Unterredung Erich Honeckers mit Leonid Breshnew statt. Es ging vor allem um das Verhältnis der DDR zur BRD und der SED zur SPD. Breshnew wurde sehr deutlich: „Die KPdSU ist gegen eine Annäherung an die BRD. Die Treffen Brandts und Stophs in Erfurt und Kassel sind negativ zu werten. Warum plädiert Walter für eine Zusammenarbeit mit Brandts SPD? Er kann nicht an uns vorbei regieren."

So drastisch offene Worte hatte ich nie zuvor von Breshnew gehört. Offenkundig ging es ihm nicht mehr nur um Fragen der Politik der DDR, sondern um das „Monopol" der UdSSR, die deutschen Fragen zu entscheiden. Im Hintergrund klang aber auch schon das Thema des personellen Wechsels an der Spitze der DDR an. Honecker musste es als unmissverständlichen Hinweis darauf empfinden, dass die KPdSU in ihm bereits den Nachfolger sah.

Einen Monat später fand in Moskau nach einer multilateralen Beratung ein Gespräch zwischen Leonid Breshnew und Walter Ulbricht statt, das vier Stunden dauerte. An dem anschließenden Mittagessen in der DDR-Residenz nahmen von sowjetischer Seite neben Breshnew die Mitglieder des Politbüros Kossygin, Podgorny, Kirilenko und Gromyko, die Sekretäre des ZK Katuschew und Russakow sowie der Leiter des Sektors DDR in der außenpolitischen Abteilung Martynow und von Seiten der DDR neben Ulbricht die Mitglieder des Politbüros Stoph, Honecker, Hager, Mittag und Axen sowie der Minister für Auswärtige Angelegenheiten Winzer teil. Eine hochkarätige Tafelrunde. Breshnew ergriff das Wort, äußerte sich über die Rolle Westberlins und über die Souveränität der DDR. Es waren Themen, die Ulbricht während der vorangegangenen Unterredung zur Sprache gebracht hatte. Breshnew ließ keinen Zweifel aufkommen, dass die Interessen der Sowjetunion gewahrt werden müssten. Dann kam er zu internen Fragen der Parteiführung. Er redete über Reibereien und Streit im Politbüro. Ohne auf inhaltliche Fragen einzugehen, beschwor er immer wieder die Bedeutung der Einheit, betonte seine Hochachtung gegenüber Walter Ulbricht und riet, weder im Politbüro noch im Zentralkomitee personelle Fragen zu debattieren. Klartext: Das ZK der KPdSU behielt sich vor, diese Frage in Moskau zu entscheiden.

In seiner Erwiderung versicherte Ulbricht, der gleichen Meinung zu sein. Die SED werde ihren VIII. Parteitag vorbereiten und eine Konzeption entwickeln, wie der Kapitalismus im Technologiebereich zu schlagen sei. Mit der serienmäßigen Herstellung technologischer Ausrüstungen müsse es gelingen, in Kooperation mit der Sowjetunion die USA zu überflügeln. Mit Hilfe der Wissenschaftsorganisation könnte man die Weltspitze überholen. Das war die erklärte Position Ulbrichts.

Im Hinblick auf die BRD sagte er, dass sich der Grundlagenvertrag gegen den Revanchismus richte und das Ziel verfolge, SPD-Mitglieder zu gewinnen. Damit unterschied er sich deutlich vom Standpunkt Breshnews.

In der „Personalfrage“ hatte Breshnew bei dem Essen eine klare Aussage vermieden und auch ganz andere Formulierungen gebraucht als im Gespräch mit Honecker.

Vom 9. bis 11. Dezember 1970 fand die 14. Tagung des ZK der SED statt, die vor allem in den ökonomischen Fragen weit von

Ulbrichts Positionen abwich. Es wurde faktisch sogar scharfe Kritik an seiner Wirtschaftspolitik geübt und auch die Frage der wirtschaftlichen Disproportionen und der Verschuldung gegenüber dem westlichen Ausland aufgeworfen. Das Zentralkomitee distanzierte sich von den Positionen Ulbrichts.

Am 21. Januar 1971 forderten dreizehn der einundzwanzig Mitglieder des Politbüros in einem Brief an Breshnew die Absetzung Ulbrichts, weil er die Vorbereitung des Parteitages behindere. Man wolle die Funktionen des Vorsitzenden des Staatsrates für immer von der Parteifunktion trennen. Die Entscheidung über die Führung in der DDR wurde also nach den damaligen Gepflogenheiten dem Generalsekretär der KPdSU übertragen. Der Begriff „führende Rolle" hatte auch internationale Dimensionen.

Hier wäre zu ergänzen, dass Ulbricht die Zusammensetzung des Politbüros 1965 verändert hatte. Auf sein Betreiben wurden nach dem Wirtschaftsexperten Erich Apel als Spezialist für Handelsfragen Werner Jarowinski, als Experte für Preisfragen Walter Halbritter sowie Günter Kleiber, fachkundig in Fragen der Datenverarbeitung, gewählt. So wollte er dem Politbüro mehr Kompetenz sichern. Die pragmatischen Wirtschaftsfragen drängten politisch-ideologische Fragen in den Hintergrund, das Politbüro übernahm Funktionen des Ministerrates. Damit wurde dem Dualismus der Administration Vorschub geleistet.

Für April 1971 war die 16. Tagung des Zentralkomitees geplant, auf der man den Führungswechsel vornehmen und Ulbricht zum – im Statut nicht vorgesehenen – Parteivorsitzenden wählen wollte. Zuvor sollte es noch zu einem Gespräch mit Breshnew kommen, das dieser jedoch hinauszögerte. Es hatte eigentlich während des XXIV. Parteitages der KPdSU Anfang April 1971 in Moskau stattfinden sollen. Die Delegation reiste nach Tscheljabinsk, wo die UdSSR ein riesiges Rohrkombinat errichtet hatte, um dem Röhrenembargo der BRD zu begegnen. Walter Ulbricht nahm an der Reise nicht teil. Er zog sich demonstrativ zurück, und man musste den Eindruck gewinnen, dass er seine im Politbüro gegebene Zusage, den Wechsel an der Spitze der Partei zu akzeptieren und als Vorsitzender zu fungieren, schon bereut hatte. Die Entscheidung im Politbüro war einstimmig gebilligt worden. Nun erhoffte er sich wohl Schützenhilfe aus dem Kreml.

Das Gespräch fand dann am 19. April in der Residenz der SED-Delegation auf den Leninbergen statt. Neben Ulbricht warteten Honecker und Stoph auf diese entscheidende Begegnung. Breshnew begab sich in Ulbrichts Arbeitszimmer, um mit ihm ein Vier-Augen-Gespräch zu führen, von dem er mich ausschloss. Er wollte vermeiden, dass ich Zeuge der Gespräche beider würde. So nahm ich nur an der Unterredung mit Honecker und Stoph teil, in dem Breshnew seine Zustimmung für die vorgesehene Personalveränderung bekundete und die neue Funktion eines Vorsitzenden auch gleich abwertete, da sie mit keinerlei Rechten verbunden sei. Breshnew begrüßte den Wechsel auch mit dem Hinweis, dass er darin einen natürlichen Übergang sehe, der als Vorbild für die anderen Parteien gelten würde. Er ging allerdings nicht auf seinen Vorgänger ein oder auf die Rolle, die er selbst bei dessen Ablösung gespielt hatte. Dann fand noch ein Vier-Augen-Gespräch mit Ulbricht im ZK der KPdSU statt, bei dem offenkundig Einvernehmen erzielt wurde.

Am 23. April beantragte Walter Ulbricht seine Entlastung, am 3. Mai billigte die 16. Tagung des Zentralkomitees sein Anliegen und wählte Erich Honecker zu ihrem Ersten Sekretär. Am 15. Juni sollte der Vorsitzende, Walter Ulbricht, den VIII. Parteitag der SED eröffnen. Kurz vor Beginn meldete er sich krank. Am Tag zuvor hatte er noch die TU 144, die auf dem Weg zur Pariser Flugschau in Berlin zwischengelandet war, besichtigt und angeregte Gespräche mit der Besatzung geführt. Die Maschine verunglückte übrigens bei einem Schauflug in Paris. Nichts deutete am Vorabend des Parteitages also auf Krankheit hin, die aber in diesem Alter auch sehr plötzlich auftreten konnte. Der Parteitag hätte ihm garantiert einen ehrenvollen Abgang bereitet. Wie vorgesehen, wurde er zum Vorsitzenden gewählt.

Walter Ulbricht war sein Leben lang politisch aktiv gewesen. Seit 1912 in der SPD, gehörte er zum linken Flügel und dann als Anhänger des Spartakusbundes zur Parteiorganisation der KPD in Leipzig. 1927 wurde er in das Zentralkomitee gewählt, übte ab 1929 die Funktion des Bezirksleiters Berlin-Brandenburg aus und ging nach der Machtergreifung der Nationalsozialisten in die Emigration, zunächst nach Paris, dann nach Moskau.

Am 30. April 1945 landete er mit einer Gruppe Genossen auf

einem Feldflugplatz an der Oder, um aktiv am Aufbau der neuen Ordnung in der sowjetischen Besatzungszone teilzunehmen. Mit der Zulassung der KPD durch die SMAD nahm er die Parteiarbeit auf, wirkte an der Vereinigung von KPD und SPD und der Gründung der SED mit und fungierte gemeinsam mit dem Sozialdemokraten Max Fechner als einer der beiden Stellvertreter der Parteivorsitzenden Wilhelm Pieck und Otto Grotewohl.

Mit Gründung der DDR und der Wahl Wilhelm Piecks zum Präsidenten und Otto Grotewohls zum Ministerpräsidenten wurde Ulbricht neben seiner Parteifunktion Stellvertreter des Ministerpräsidenten. Im Juli 1950 wählte man ihn zum Generalsekretär des Zentralkomitees, und damit an die Spitze der SED. Einundzwanzig Jahre übte er diese Funktion aus.

Ulbricht war kein Mann mit Charisma und auch kein begnadeter Rhetoriker, der Zuhörer faszinieren konnte. Mit seiner sächselnden Fistelstimme wirkte er eher negativ, und dennoch konnte er durch interessante Gedanken ein Auditorium fesseln. Er galt in der Partei als kompetent, maßte sich aber zunehmend auf allen möglichen Gebieten auch Kompetenz an, über die er nicht verfügte.

Er war auch kein humorvoller Mensch oder einer, der Charme ausstrahlte. Und doch beeindruckte er viele. Gerhard Zwerenz schrieb 1966 in einem Buch über Ulbricht, dass der im Vergleich zu Konrad Adenauer und Franz Josef Strauß „der in Aufstieg, Regierungsdauer und Resultat seines Wirkens erfolgreichste Politiker ist, wiewohl dies die meisten Deutschen nicht wahrhaben wollen“.

Immer nüchtern und sachlich, erreichte Ulbricht durch inhaltsreiche Gespräche, die nie banale Plattitüden enthielten, dass man ihm in jeder Phase zuhörte. Man spürte auch seinen ehrlichen Willen, niemandem etwas vorzugaukeln, sondern den Gesprächspartner für seine Ideen zu gewinnen. Ständig war er auf der Suche nach etwas Neuem. Er hielt keine Rede, in der er nicht mehrmals auf Neues aufmerksam machte, wobei er den Satz mit den Worten einleitete: „Das Neue besteht darin, dass ...“

Als ich ihn während eines KPdSU-Parteitages davon in Kenntnis setzte, dass der SED-Delegation eine Exkursion zum Besuch des Atomkraftwerkes nach Woronesh angeboten worden sei, stellte er prompt die Frage, ob dort ein Schneller Brüter sei. Meine Antwort, dass es noch nirgendwo ein derartiges funktionierendes Atomkraftwerk gäbe, erlosch sein Interesse, und er verzichtete auf die Reise, obwohl in Woronesh der Prototyp jenes Atomkraftwerks zu besichtigen war, das später bei Stendal installiert werden sollte.

In der Regel war Ulbricht aufgeschlossen für interessante Vorschläge, aber oft war seine Meinung vorgefasst und sein Standpunkt dann kaum mehr zu erschüttern. Geselligkeit war ihm fremd, wenn sie ihm keinen greifbaren Nutzen versprach. Er rauchte nicht und trank auch nur, wenn das Protokoll es forderte oder wenn er glaubte, er könnte so einer Erkältung vorbeugen. Begeistert trieb er Sport bis ins hohe Alter. Im Sommer schwamm er viel und spielte gern Volleyball. Im Winter war er ein eifriger Skilangläufer. Obwohl selbst nicht sonderlich gesellig, mied er nie eine muntere Gesellschaft, bei der ich zuweilen Witze erzählte. Wenn sie nach seinem Empfinden gewisse Grenzen überschritten, warf er mir einen missmutigen Blick zu. Dass man ihn als einen trockenen und nüchternen Typ charakterisieren muss, ändert nichts daran, dass er sich mit seiner unermüdlichen Arbeit auch international viel Anerkennung erworben hatte.

Bei Besuchen in Moskau galt die erste Frage dem Spielplan der Theater. Dabei interessierte ihn weniger das „Bolschoi" oder die Oper, sondern vielmehr die Sprechbühne, obwohl er dabei stets auf meine Hilfe angewiesen war. Wenn es eine interessante Neuinszenierung gab, zum Beispiel im Theater an der Taganka, war er sofort bereit, dorthin zu gehen. Selbst der Einwand, dass dieses Theater an der Peripherie von führenden sowjetischen Genossen gemieden würde, war für ihn kein Grund, auf den Besuch zu verzichten. Es mag merkwürdig klingen, aber so wenig er bereit war, künstlerische Experimente in der DDR zu dulden, so sehr interessierten ihn die in der UdSSR.

Ich habe ihn auch mehrere Jahre im Urlaub in die Sowjetunion begleitet und dabei unzählige persönliche Gespräche mit ihm geführt. Er war immer bereit zuzuhören, ganz gleich ob es sich um meine kritische Meinung zu den Ausbildungsmethoden an der Parteihochschule handelte oder – wie bereits geschildert –

meine negative Haltung zur Preispolitik, zur Mietenfrage oder zum Abriss der noch bewohnbaren Häuser am Alexanderplatz. Allerdings begegnete er meiner Kritik meist ablehnend, fest überzeugt davon, dass er mit seiner Meinung Recht habe. Nach dem Tode Stalins verstand er es, in der Parteiführung seinen Standpunkt durchzusetzen und alle Opponenten aus dem Politbüro zu entfernen.

Mit einem Lebensabend im zweiten Glied kam er nicht zu Rande. Er hatte neben der Politik kaum Interessen, ganz zu schweigen von einem Hobby, mit dem er seine nunmehr reichliche Freizeit hätte ausfüllen können.

Als Breshnew nach dem VIII. Parteitag einen Jagdausflug in die Schorfheide unternahm, schickte Walter Ulbricht seine Frau Lotte, um ihn in seine Wohnung einzuladen. Ich begleitete ihn. Als wir zu später Stunde in Wandlitz ankamen, sorgte Frau Lotte dafür, dass ich draußen blieb. Sie erklärte, dass es ihm gesundheitlich nicht sonderlich gut gehe und sie darum die Übersetzung übernehmen würde, wofür sie mich um Verständnis bat. Weder die Ulbrichts noch Breshnew ließen je etwas über dieses Gespräch verlauten.

Ulbricht, den ich selbst erst 1948 kennen lernte, war 1945 nicht vergleichbar mit dem Ulbricht von 1953 oder 1961 und dieser wiederum nicht mit dem von 1965 oder 1968. Nicht weil er vielleicht ein sich ständig wandelnder Opportunist war, sondern weil er sich während seiner politischen Laufbahn änderte. Zum einen bedingt durch zunehmendes Alter, zum anderen beeinflusst durch die veränderten Machtpositionen. Diese Feststellung trifft für die politischen Funktionäre aller Couleur auch in der Gegenwart zu. Der gern als Dogmatiker abgestempelte Ulbricht setzte sich im Alter von siebzig Jahren vehement für wirtschaftliche Reformen ein, pries nicht mehr vorurteilslos sowjetische Leistungen, sondern interessierte sich auch für die technische Entwicklung in den USA, bezog im deutsch-deutschen Verhältnis neue Standpunkte, womit er, wie schon erwähnt, den Unwillen des Kreml heraufbeschwor.

Walter Ulbricht beschäftigte sich intensiv mit der Geschichte der deutschen Arbeiterbewegung und setzte seine Ansichten auch im Widerspruch zu manchem Historiker durch, so z.B. über den

Charakter der Januar-Ereignisse 1919, wie er von Prof. Rudolf Lindau gesehen wurde.

Abschließend will ich anmerken, dass ich mein sicher von vielen als kritisch empfundenes Urteil selbst als objektiv bewerte. Man könnte einen Widerspruch zu unserem subjektiven Verhältnis vermuten. Walter Ulbricht hatte unbegrenztes Vertrauen zu mir als Dolmetscher, hat mir die Organisation der Delegationsreisen übertragen, hat mich oft genug spüren lassen, dass er meine Tätigkeit schätzte, demonstrierte auch bei internen Reisen und Gesprächen ein hohes Maß an Vertrauen zu mir und hat mich sogar vor einem SED-Parteitag in einem sehr persönlichen Gespräch bewegen wollen, eine Funktion in der Parteiführung zu übernehmen. Ich wollte in der zweiten Reihe bleiben und nannte Werner Lamberz als den Genossen, der kompetenter als ich die Aufgaben zu lösen in der Lage sei. Also: Persönlich hatte ich nicht den geringsten Anlass, negativ über die Person Ulbricht zu urteilen. Ein Rückblick aus dem Abstand von 25 Jahren gebietet es aber, eigene Überlegungen zur Vergangenheit in Betracht zu ziehen.

Der VIII. Parteitag der SED im Juni 1971, den Ulbricht ursprünglich eröffnen sollte, beriet die „weitere Gestaltung der entwickelten sozialistischen Gesellschaft in der DDR“ und wählte Erich Honecker zum Ersten Sekretär des ZK der SED.

War dieser Parteitag wirklich der Wendepunkt, zu dem er deklariert wurde? Es ist unumstritten, dass Veränderungen sicht- und spürbar wurden. Der Wohnungsbau wurde zu Gunsten geplanter repräsentativer Bezirkszentren in den Vordergrund gerückt. Die verkündete „Einheit von Wirtschafts- und Sozialpolitik“ wirkte sich vor allem in sozialen Maßnahmen für kinderreiche Familien aus. Auch Honeckers Aussagen zur Kulturpolitik ließen aufhorchen und hoffen. Der Begriff „Wende“ ist seit 1989 für mich mit negativen Vorzeichen versehen, deshalb will ich ihn hier nicht gebrauchen. Brachte die neue Führung nach 1971 wirklich Veränderungen? Man spürte oft, dass Erich Honecker der „Ziehsohn“ Ulbrichts war und dessen Führungsmethoden übernommen hatte.

Walter Ulbricht war in den Klassenauseinandersetzungen der Weimarer Republik politisch gewachsen und gereift. Er hatte wichtige Jahre seines Lebens in der Sowjetunion der Stalinära verbracht. Das hatte auch seinen Arbeitsstil und seine Umgangsformen in der Partei geprägt. Weder nach dem Tode Stalins noch nach den XX. und XXII. Parteitag der KPdSU war er willens oder imstande, mit den Gewohnheiten rigoros zu brechen. Vielleicht war das nicht nur politisch, sondern auch menschlich für ihn nicht zu verkraften. Spätestens also sein Nachfolger wäre verpflichtet gewesen, diesen historisch auf der Tagesordnung stehenden Schritt zu gehen.

Inzwischen war die DDR in eine komplizierte innen-, aber auch außenpolitische Situation geraten. 1970 wurden weder Pläne noch die Investitionsvorhaben realisiert. Bei der Energieerzeugung und bei den zur Verfügung stehenden Rohstoffen waren Disproportionen entstanden. Die Forderungen des VIII. Parteitages, vier Prozent Zuwachs des Nationaleinkommens zu erzielen, um den Lebensstandard um vier Prozent steigern zu können, erwiesen sich als nicht real. Das Vorhaben, bis 1990 drei Millionen Wohnungen zu bauen, um das Wohnungsproblem als soziale Frage zu lösen, beantwortete jedoch nicht die Frage, was denn eigentlich unter „sozialer Frage" zu verstehen war. Die Preise für den Grundbedarf sollten konstant bleiben, die Akkumulationsrate wurde auf zwanzig Prozent reduziert, die produktive Akkumulation ging dann bis 1987 auf 9,6 Prozent zurück. Die Subventionen wuchsen bis 1988 auf siebzig Milliarden Mark und umfassten dreißig Prozent des Staatshaushaltes. Der Kaufkraftüberhang betrug jährlich zwei bis drei Milliarden Mark, was sich im Warenangebot immer deutlicher widerspiegelte.

Dazu kam 1973 die rapide Erhöhung der Rohstoffpreise, bei Erdöl von 36 Valutamark pro Tonne auf 193, bei Getreide von 131 auf 317 Valutamark pro Tonne. 1970 kostete ein Barrel Erdöl auf dem Weltmarkt 2,50 Dollar, 1980 41 Dollar. Um Heiz- und Dieselöl sowie Benzin exportieren zu können, wurden 14 Milliarden Mark in ein großes Programm gesteckt, mit dem die Umstellung auf Braunkohle erreicht werden sollte. Die Förderung von Braunkohle musste deshalb von 250 auf 310 Millionen Tonnen erhöht werden. Da der Abraum rapide zunahm, stiegen die Förderkosten. 1982 reduzierte die UdSSR die vertraglich vereinbarte Menge an Erdöllieferungen von 19 auf 17 Millionen Tonnen. Der

Ausfall dieser zwei Millionen Tonnen verringerte die Valutaeinnahmen um 450 Millionen Valutamark. Mit den Milliarden Dollar, die die OPEC-Staaten kassierten und den westlichen Banken anboten, wurde das Kreditembargo gegen die sozialistischen Länder aufgehoben und 1983 auch der spektakuläre Strauß-Kredit für die DDR initiiert.

Die Veränderungen der Rohstoff- und Erdölpreise hatten aber noch einen anderen, nicht minder verhängnisvollen Aspekt. Die Sowjetunion und Breshnew persönlich schworen auf den Goldesel, der ihnen als Exportland zur Verfügung stand, eskalierten den Rohstoffexport und übersahen oder vernachlässigten zumindest den in den westlichen Industriestaaten sich immer schneller vollziehenden Übergang von der extensiven zur intensiven Beschleunigung der Produktion. In der Welt vollzog sich eine Revolution des Wertschöpfungssytems, die wissenschaftlich-technische Revolution begann. Deren Dimensionen wurden aber von der Führung der UdSSR nicht erkannt, wenn man von der Rüstungsindustrie und der Weltraumforschung absieht. Breshnew geriet hoffnungslos in die Defensive, und der Westen nutzte das, um sowohl eine ökonomische als auch eine ideologische Offensive gegen den Sozialismus zu starten. So begann faktisch eine neue Etappe in der Entwicklung des Kapitalismus und sein Übergang zum Neoliberalismus. Alles Fragen, die sicherlich von Wissenschaftlern erkannt, aber nicht in der Partei und erst recht nicht in der Öffentlichkeit diskutiert wurden.

Damit begann in den siebziger Jahren der von Breshnew zu verantwortende Niedergang des Sozialismus.

Generations- oder Politikwechsel?

Erich Honecker war in sehr jungen Jahren, in der Zeit der Auseinandersetzungen der späten zwanziger Jahre, zur Kommunistischen Partei gestoßen und hatte sich aktiv in der illegalen Tätigkeit gegen den aufkommenden Faschismus engagiert. Er wurde wegen seiner politischen Überzeugung und seiner politischen Tätigkeit zu zehn Jahre Zuchthaus verurteilt, die er bis zur Befreiung durch die Sowjetarmee im Zuchthaus Brandenburg verbüßte.

Honecker war neunzehn Jahre jünger als Ulbricht. Schon das verschaffte ihm Sympathien. Viele Menschen, nicht nur Kommunisten und Sozialdemokraten, knüpften an seine antifaschistische Vergangenheit und sein Alter große Hoffnungen. Viele trauten ihm neue Ideen und Unternehmungsgeist zu. Die sowjetische Parteiführung hatte diese Wahl initiiert, und auch andere Bruderparteien setzten auf ihn.

Im Frühjahr 1972 wurde Honecker von Breshnew zu Gesprächen und zur Jagd nach Sawidowo bei Moskau eingeladen. Auf dem Wege dorthin machten wir einen Abstecher nach Selenogorsk, dem sowjetischen Zentrum für Mikroeletronik. Es war eine Stadt, deren Existenz fast geheim gehalten wurde. Was wir dort sahen, imponierte uns. Allerdings war nicht zu übersehen, dass diese technische Höchstleistungsindustrie fast nur für die Weltraumfahrt und die Rüstung tätig war. Die Geheimnistuerei war eine Hinterlassenschaft der Stalinzeit. Die Auswirkungen der Produktionsbeschränkung auf diese Zweige der Industrie mussten aber ernste Folgen haben, denn sie hemmte die allgemeine volkswirtschaftliche Entwicklung in extremer Weise.

In Sawidowo verbrachten Breshnew und Honecker eine Woche. Honecker zog zur Jagd, Leonid Iljitsch, zu jener Zeit noch sehr lebenslustig, frönte währenddessen anderen privaten Vergnügungen. Gemeinsam ging man in die Sauna und genoss Wobla, Stockfisch mit Bier. Abends standen neue sowjetische Filme auf dem Programm. Den wenigen politischen Gesprächen mangelte es – aus meiner bescheidenen Sicht – an Substanz. Diese Feststellung hat nichts damit zu tun, im Nachhinein erklären zu wollen, dass man Recht gehabt hat. Ich war schon damals ziemlich enttäuscht. Nicht etwa, weil sich beide – was allerdings verblüffend war – geradezu strikt daran hielten, die Namen Chruschtschow und Ulbricht zu vermeiden, sondern weil Breshnew den Hauptteil der Gespräche den außenpolitischen Fragen, insbesondere der Friedens- und Sicherheitskonferenz, widmete und die innenpolitische Entwicklung, insbesondere die ökonomische Situation, nur kurz gestreift wurde. Von Reformen war überhaupt nicht die Rede.

Wären von diesen Gesprächen andere Impulse ausgegangen, hätte Breshnew eine kritische Wertung geäußert, wäre es in der

DDR vermutlich zu Veränderungen gekommen. So aber fühlte sich Honecker in seiner Politik der SED bestätigt und kehrte ermutigt und selbstbewusst nach Berlin zurück.

Aus heutiger Sicht betrachtet, lag der Hauptmangel des VIII. Parteitages darin, dass man nicht endlich mit alten Bräuchen gebrochen hatte und Honecker seine Konzeption der „Einheit von Wirtschafts- und Sozialpolitik", die auf dem Parteitag so stürmisch bejubelt wurde, zuvor nicht mit kompetenten Ökonomen und Soziologen erörtert hatte. Sicherlich wären da schon Mängel und Schwächen deutlich geworden, die viel später – oder zu spät – von einem Teil der Führung erkannt, von Honecker aber bis zum Schluss ignoriert wurden. Leider wurde auch unter Honecker ein ausgiebiger Streit über Pläne und Projekte nicht zur Praxis in der Partei. Zugegeben: Heute lässt sich das leicht zu Papier bringen. Diese Einsicht datiert auch bei mir nicht aus dem Jahr 1971, sondern keimte erst zwanzig Jahre später. Und zugegeben auch: In diesen zwanzig Jahren war ich ein verlässlicher Gefolgsmann Erich Honeckers. Ich erwarte keine Blumen, weil ich das heute bekenne, aber ich versichere ebenso offenherzig, dass ich nie Widerstand geleistet habe in diesem Land, das manche heute als das Domizil der Nischen darstellen.

Konkret verbarg sich hinter der „Einheit von Wirtschafts- und Sozialpolitik" viel Positives. Auf der grünen Wiese entstanden geräumige Plattenbausiedlungen, billig im Bau und in Rekordzeit errichtet. Zehntausende Bürger freuten sich über ihre neuen Wohnungen, für die Zentralheizung, warmes Wasser und billige Mieten charakteristisch waren. Die Preise für die Artikel des täglichen Bedarfs, vor allem für Lebensmittel, waren niedrig, gleiches galt für Dienstleistungstarife. Es war ein Programm, das Zustimmung fand. Arbeit, Brot und ein menschliches Zuhause waren schließlich Forderungen, die die deutsche Arbeiterklasse seit Jahrzehnten auf ihre Fahnen geschrieben hatte. Die SED ging nun daran, sie zu verwirklichen, und fand damit nicht nur im eigenen Lande Beifall. Auch das internationale Echo war beachtlich.

Allerdings hatte das Programm einen Pferdefuß. Niemand kann heute aber mit Sicherheit sagen, ob man ihn sah oder nur nicht sehen wollte. Dem Plan fehlten, perspektivisch gesehen, die materiellen Fundamente. Es wurden Subventionen benötigt, die allein 1971 rund zwei Milliarden Mark betrugen. Diese Summe konnte damals ohne größere Probleme umverteilt werden. Auch in der BRD steckten und stecken Subventionen im Staatshaushalt. Was dort für den Produzenten subventioniert wurde, galt in der DDR dem Konsumenten. Das Argument leuchtete ein und überzeugte. Und doch war im Grunde damit auch ein Fehler vorprogrammiert. Die Hoffnung, dass dieses dem Wohle des werktätigen Menschen dienende Programm zu moralischen Stimuli führen würde, Energien und Initiativen freisetzen, höhere Leistungen und höhere Arbeitsproduktivität auslösen würde, erfüllte sich nicht. Die Summe der Subventionen für stabile Verbraucherpreise und Tarife nahm rund zwanzig Prozent des Staatshaushaltes in Anspruch und stieg mit der Konsumtion und der Pro-Kopf-Wohnfläche bis 1989 auf 55 Milliarden Mark. Die Arbeitsproduktivität hielt damit nicht Schritt. Sie erreichte zum Beispiel nur 65 Prozent der in der BRD erreichten Leistungen, wobei der blanke Vergleich dieser Zahlen das Risiko in sich birgt, die Brutalität der Ausbeutung zu akzeptieren. Auch die Tarifpolitik bedurfte einer rigorosen Reform, weil dies die Voraussetzung für Preisveränderungen gewesen wären. Aber eine solche Reform setzte nicht nur eine neue Konzeption voraus, sondern erforderte auch ausgiebige Diskussionen und offene Gespräche mit allen Betroffenen. Auch da wären simple Vergleiche nutzlos, denn heute gibt es genügend Beispiele, dass Arbeitnehmer ohne jeden Widerstand einwilligen, auf einen Teil ihres Lohns zu verzichten, wenn ihnen nur der Arbeitsplatz für einen gewissen Zeitraum garantiert wird.

Es gab damals noch viele andere Fragen. Zum Beispiel die nach der Basis für eine Produktivitätsberechnung. In den volkseigenen Betrieben oder Kombinaten standen nicht nur die mit der Produktion direkt verbundenen Arbeiter und Angestellten auf der Lohn- und Gehaltsliste. Man fand dort auch die Redakteure der Betriebszeitung und des Betriebsfunks, die Verkäuferin aus der Betriebsverkaufsstelle und die Friseuse, den einen oder anderen Partei- und FDJ-Sekretär, den Vorsitzenden der Veteranen-BGL, Spieler einer Fußballmannschaft und das oft vielköpfige Kollektiv der Betriebsklubhäuser und der Kindertagesstätten. Lohn und Gehälter, die man ihnen allen zahlte, mussten die Produktivitätskriterien belasten. Deshalb mussten, wie bereits erwähnt, alle Vergleichsziffern der Arbeitsproduktivität hinken. Vieles hinkt, wenn man es oberflächlich vergleicht. Dass heute im so genannten Beitrittsgebiet Kindertagesstätten und Schulen zu Dutzenden geschlossen werden, wird zwar von den Medien mitgeteilt, aber mit der Analyse und Veröffentlichung der Hintergründe dieser fatalen Entwicklung geht man sparsam um. Der Grieche Aischylos schrieb schon vor zweieinhalbtausend Jahren: „Hohes Menschenglück, das sich vollendet, bringt Kinder hervor und stirbt nicht ohne Erben." Brecht formulierte es knapper: „Das Kind ist das Teuerste, was die Nation hat." Glaubt man den beiden, scheint es derzeit um das „Menschenglück" nicht allzu gut bestellt zu sein, und ob wir jetzt in einer Gesellschaft leben, in der das Kind das Teuerste der Nation ist, erscheint auch fraglich.

Doch zurück zu den Mängeln des achtunggebietenden, aber wohl zu groß geratenen Programms der SED. Die Tatsache, dass es in der DDR keine Arbeitslosigkeit gab, dass jeder Schulabsolvent einer Lehrstelle sicher sein konnte, dass jedem aus der Haft entlassenen Straftäter ein Arbeitsplatz zugewiesen werden musste, waren Leistungen, die wohl auch für die BRD nachahmenswert gewesen wären. Aber auch das kostete viel Geld, am Ende mehr, als das Land hatte, obwohl es niemanden gab, der Gewinn in Liechtenstein deponieren konnte.

Von den Summen, die die rohstoffarme DDR auf dem Weltmarkt verlor, war schon die Rede. Nur noch zwei Zahlen zur Erinnerung: 1975 forderte die UdSSR von der DDR für ihre Erdöllieferungen 5,5 Milliarden Mark, von 1976 bis 1980 waren es 37 Milliarden Mark mehr.

Im Dezember 1974 handelten der Vorsitzende der sowjetischen Plankommission Baibakow und der Außenhandelsminister Patolitschew in Berlin ein Kompromiss aus: Preisverhandlungen sollten künftig jährlich auf der Basis der Weltmarktpreise stattfinden. Die sich daraus für die DDR ergebende Preiserhöhung sollte erst fünf Jahre später in Kraft treten. Das hatte zur Folge, dass die sowjetischen Erdölpreise von 1976 bis 1985 unter dem Weltmarktniveau lagen, dafür aber von 1986 bis 1990 um 16 Milliarden Mark darüber. Die UdSSR gewährte der DDR einen Kredit in Höhe von 6,1 Milliarden Mark mit einem Zinssatz von zwei Prozent und einer Laufzeit von zehn Jahren.

1979 warf Breshnew Erich Honecker in einem Gespräch die wachsende Westverschuldung der DDR vor. Er warnte vor einer Abhängigkeit vom Westen und sparte nicht mit Kraftausdrücken. Von „Ruin“ und „Bankrott“ war die Rede.

Damals kam auch das mir durchaus einleuchtend erscheinende Argument auf, dass die politische Führung willkürlich am Ministerrat und an der Plankommission vorbei in Wirtschaftsabläufe eingreife und damit Disproportionen heraufbeschwöre. Schon Marx hatte davor gewarnt, die Ökonomie mit politischen Hebeln zu beeinflussen.

Nachdem die DDR in der Marktwirtschaft „angekommen“ war, ließ uns der ehemalige Minister Rexrodt wissen: „Wirtschaftspolitik findet in der Wirtschaft statt.“ Die Praxis der Gegenwart hat bestätigt, dass die Wirtschaft keinerlei Interesse daran hat, soziale Probleme zu lösen. Arbeitslosigkeit und Armut wuchsen, die Obdachlosigkeit nahm zu, aber nach dem „Anschluss“ der DDR hat sich die Zahl der Millionäre in Westberlin vervielfacht. Gibt es einen dritten Weg? Hans-Peter Martin stellte in seinem Buch „Die Globalisierungsfalle“, das 1996 im Rowohlt-Verlag erschien, in Bezug auf die Gegenwart fest, dass die vornehmste Aufgabe demokratischer Politik „die Instandsetzung des Staates und die Wiederherstellung des Primats der Politik über die Wirtschaft sein muss“. Es gibt genügend Beispiele dafür, wie emsig das bereits praktiziert wird, und die ständigen Beteuerungen, die Regierung Kohl sei nicht käuflich gewesen, lässt ahnen, dass dem nicht so war.

Zurück in die Vergangenheit: Der Kreml stellte die Weichen auf Annäherung an Bonn. Die Signale wurden von der bundesdeutschen Koalition aufgegriffen. Am 12. August 1970 unterzeichneten Brandt und Scheel, Kossygin und Gromyko im Katharinensaal des Kreml den Moskauer Vertrag über die Grundlagen der Normalisierung ihrer gegenseitigen Beziehungen, der am 17. Mai 1972 zusammen mit dem Warschauer Vertrag vom Bundestag bei 230 Enthaltungen bestätigt wurde. Die CDU/CSU blieb bei ihren Positionen. Am 3. Juni wurde das Vier-Mächte-

Abkommen über Berlin (West) besiegelt und damit war der Weg frei für den Grundlagenvertrag BRD-DDR.

Während des traditionellen Krim-Treffens im Juli 1972, das nicht mehr wie zu Chrustschows Zeiten bilateral, in der Regel unter vier Augen, durchgeführt wurde und einer Palette galt, die bei rein privaten Themen begann und bei der großen Politik endete, setzte Breshnew unerwartete Zeichen. In einem nun größeren Kreis forderte er, sekundiert übrigens von Kádár, das Verhältnis zu Bonn aufzuwerten. Erich Honecker verhielt sich sehr reserviert.

1973 erfolgte die diplomatische Anerkennung der DDR durch 73 Staaten. Die DDR hatte die 24 Jahre währende, durch die Bonner Hallstein-Doktrin reglementierte Isolierung überwunden. Die BRD musste ihren Alleinvertretungsanspruch zu Grabe tragen. Es ist in den letzten Jahren viel Geschichte „aufgearbeitet" worden, aber kaum ein Historiker hat sich intensiver mit dieser Doktrin beschäftigt, obwohl im Archiv des Auswärtigen Amtes Berge von Dokumenten zu finden sind, die die absurdesten Weisungen des Amtes an ihre Botschafter enthalten, wenn irgendwo die Gefahr zu drohen schien, dass man von der DDR Kenntnis nahm. Und vergessen wir nicht: Diese Befehle galten den „Schwestern" und „Brüdern".

Europa in Bewegung

Die anderen sozialistischen Staaten begrüßten das neue Verhältnis zur BRD, auch weil sie darauf hofften, nun eigene Wege gehen zu können und nicht mehr auf das deutsch-deutsche Verhältnis Rücksicht nehmen zu müssen. Sie strebten nicht nur eine politische Normalisierung der Beziehungen an, sondern – einige sogar vordergründig – eine Belebung der wirtschaftlichen Beziehungen. Allerdings achtete die UdSSR genau darauf, dass ihre Vormachtstellung nicht in Gefahr geriet. Angesichts der neuen Situation änderte auch Honecker seine Haltung gegenüber der BRD. Während er, die Aversion Breshnews zu den Treffen Brandts und Stophs in Erfurt und Kassel respektierend, eine gewisse Distanz wahrte, wurde er in Vorbereitung der gesamteuropäischen Konferenz für Sicherheit und Zusammenarbeit aktiv. Die neue Situation würde die gleichberechtigte Teilnahme der DDR an der Konferenz gewährleisten. Hinzu kam, dass er selbst dieses internationale Dokument mit unterzeichnen würde. Das weckte auch persönliche Ambitionen.

Die Idee dieser europäischen Sicherheitskonferenz unter Teilnahme der USA und Kanadas gewann an Resonanz. Westliche Politiker, ursprünglich sehr zurückhaltend gegenüber diesem Projekt, spürten, dass ihnen die Gegenargumente ausgingen. In dieser Situation wurde der so genannte „Korb drei" erfunden. Fragen der Sicherheit und Zusammenarbeit dominierten das geplante Vertragswerk, aber dieser „Korb" bot die Möglichkeit, die vom Osten nicht sonderlich geschätzten Themen der Menschenrechte zu betonen. Man formulierte Forderungen der zwischenmenschlichen Beziehungen, des freien Reiseverkehrs und der Medienrechte, die mehr und mehr in den Vordergrund gedrängt wurden. Die sozialistischen Staaten, ursprünglich die Initiatoren dieser Konferenz, gerieten durch diese Verschiebung der Schwerpunkte zeitweilig in eine Defensivposition, da man ihre Zurückhaltung gegenüber dem „Korb drei" geschickt ausnutzte, um ihnen Unterdrückung der Menschenrechte vorzuwerfen. Die Sowjetunion stützte sich auf das Argument, internationale Regelungen und Abkommen könnten nicht als nationale Gesetze fungieren. Sie müssten also durch nationale Gesetze gestützt werden. Das war offenkundig auch die Position von Leonid Breshnew und Andrej Gromyko, denn beide übten Druck auf Honecker aus, der sich plötzlich im Kreise seiner „Amtsbrüder" ziemlich allein gelassen fühlte. Die meisten glaubten wohl, dass der Problemkreis – bedingt vor allem durch das Thema „Reisefreiheit" – eine vornehmlich deutsch-deutsche Frage war, die sie nicht unmittelbar berührte. Neue Vorschläge wurden nicht mehr gemacht, zu Kompromissen war auf allen Seiten keine große Bereitschaft zu entdecken. Alle wähnten sich am Ende eines langen und schließlich verheißungsvollen Weges.

Die Unterzeichnung der Schlussakte von Helsinki, in der die territorialen und politischen Ergebnisse des Zweiten Weltkrieges fixiert wurden, war denn auch ein großer Erfolg für Europa und für die Welt, wenn man bedenkt, dass zwei Weltkriege von Europa – noch konkreter: von Deutschland – ausgegangen waren. Die andere Seite der Helsinki-Medaille wurde schon erwähnt. Die Fragen der Freizügigkeit, des visafreien Reiseverkehrs und der Kommunikation weckten bei vielen DDR-Bürgern Hoffnungen und rangierten in ihren Köpfen weit vor den Vertragsparagraphen, die den Fragen der Sicherheit und der Zusammenarbeit der Staaten galten.

Die durch den Vertrag ausgelöste Veränderung im Denken vieler Menschen führte in der Politik der Parteien der sozialistischen Länder kaum zu Reaktionen. Auch die SED blieb bei ihrer Schwarz-Weiß-Darstellung der Welt. Dem immer häufiger in den Vordergrund drängenden Begriff „Demokratie", der natürlich auch in Helsinki nicht sonderlich präzise ausgedeutet und bestimmt worden war, wurde nach altem Schema, ohne auf die neuen Bedingungen gründlicher einzugehen, der Begriff der angeblich immer überlegenen sozialistischen Demokratie gegenübergestellt.

Ich ertappe mich oft bei dem Gedanken, dass den Parteien der sozialistischen Länder eine Persönlichkeit fehlte, die imstande gewesen wäre, dem praktizierten Sozialismus neue Wege zu weisen, die zu den Ufern eines demokratischen Sozialismus hätte führen können.

Wenn ich schon den Begriff der „Wende" akzeptiere, so sehe ich sie nicht im Jahr 1989, sondern schon Mitte der siebziger Jahre. Die Stagnation der Breshnew-Ära, die korrekter als die Periode des Niedergangs des Sozialismus zu charakterisieren wäre, wurde 1974 besonders transparent, als Breshnew seinen Schlaganfall erlitt. Konservatismus und Dogmatismus prägten das Geschehen. Dabei wäre es unkorrekt, die Schuldfrage auf Breshnew oder Gorbatschow zu reduzieren. Man kann weder Geschichte personifizieren noch die Verantwortung des Einzelnen leugnen.

Vielleicht wurde auch alles deshalb zu deutlich, weil in den siebziger Jahren im Westen die wissenschaftlich-technische Revolution zur sprunghaften Steigerung der Produktivität führte, die relativen Wohlstand, Vollbeschäftigung und hohe Wachstumsraten zur Folge hatte. In der Sowjetunion wurde ein ideologischer Streit geführt, ob diese wissenschaftlich-technische Revolution tatsächlich eine Revolution oder nur ein Umschwung sei. Und: Die wissenschaftlich-technische Revolution war mit einem enormen Kapitalbedarf verbunden, der in den – gemessen an den USA-Maßstäben – technisch unterentwickelten sozialistischen Ländern an unüberwindbare Grenzen stieß.

Diese Jahre wurden auch durch ein Umdenken in ökologischen Fragen gekennzeichnet. Grüne und Umweltbewahrer gewannen an Gewicht und fanden besonders unter der kritischen Jugend Gehör.

So stießen sich objektive und subjektive Ursachen im Raum. Der warnenden Stimme Lenins, der nicht nur in Bezug auf die Person Stalins gemahnt hatte, nicht zu viel Macht in den Händen eines Generalsekretärs zu konzentrieren, hätte man sich wenigstens nach Stalins Tod erinnern müssen. Übermäßiger Ehrgeiz und krankhafte Eitelkeit sind gefährliche menschliche Charaktereigenschaften. Sie konnten bei einem so mächtigen Politiker, wie es Breshnew war, fatale Folgen haben. Es gab keinen Orden, keine Auszeichnung, keinen Titel, keinen Rang, auf den er nicht reflektierte. So wurde ihm der Rang eines Marschalls verliehen, er wurde gleich mehrfacher „Held der Sowjetunion". Alle befreundeten Staaten hefteten ihm alle verfügbaren Orden an die Brust. Im Westen beschenkte man ihn mit Nobelkarossen. Manchmal kutschierte er persönlich Honecker zum Flughafen. Ich verhehle nicht, dass mir eine Fahrt mit einem Berufskraftfahrer dagegen wie ein gemütlicher Ausflug erschien.

Bei der Konferenz in Helsinki missfiel Breshnew, dass er „nur" als Generalsekretär teilnehmen konnte. Er wollte dort als „Präsident" auftreten. Das Politbüro leistete in diesem Fall Widerstand. Im Sommer 1976 besuchte er Honecker in dessen Feriendomizil auf der Krim und überredete ihn, die Funktion des Vorsitzenden des Staatsrates der DDR zu übernehmen. Honecker sah sich mit dem Problem konfrontiert, dass er seinerzeit, um Ulbrichts Ablösung zu erwirken, dafür gesorgt hatte, dass das Politbüro einen Beschluss fasste, wonach die höchste Partei- und Staatsfunktion voneinander zu trennen waren. Nun sollte dieser Beschluss wieder rückgängig gemacht werden, und zwar nur, um Breshnew bei seinen Ambitionen Schrittmacherdienste zu leisten. Im Oktober wurde Erich Honecker Vorsitzender des Staatsrates. Wenig später wählte man Breshnew zum Vorsitzenden des Präsidiums des Obersten Sowjets der UdSSR.

Im Dezember 1979 marschierten Einheiten der Sowjetarmee gegen den Willen des Generalstabs in Afghanistan ein. In Moskau wurde argumentiert, dass schon das Königreich Afghanistan in den zwanziger Jahren enge, auch militärische Beziehungen zum benachbarten Sowjetrussland unterhalten habe, dass die Gefahr der Errichtung US-amerikanischer Stützpunkte in Afghanistan bestehe und dass befreundete afghanische Politiker und Parteien um militärische Hilfe gebeten hätten. Die Moskauer Vorwände hielt die UNO nicht davon ab, den sowjetischen Einmarsch zu verurteilen. Die Kosten der Operation überforderten den ohnehin stark strapazierten sowjetischen Haushalt. Die Nachrichten über in Afghanistan gefallene Soldaten, die Bilder der als Krüppel heimkehrenden Verletzten blieben nicht ohne Auswirkungen auf das innenpolitische Klima. Die Talfahrt der Sowjetunion beschleunigte sich immer mehr.

Die Toten und die Lebenden

Der Tod Anastas Iwanowitsch Mikojans am 21. Oktober 1978 war einer Moskauer Zeitung nur einige Zeilen wert. Ich hatte ihn, wie bereits geschildert, durch meine Tätigkeit als Dolmetscher kennen gelernt. Wir waren uns näher gekommen und führten manches Gespräch miteinander. Ich lernte seinen Sohn, Fliegergeneral einer in der DDR stationierten Einheit, und dessen sympathische Frau kennen. Man hatte mich eingeladen, in seiner Einheit einen Vortrag zu halten, dem eine lebhafte Diskussion folgte. Später besuchte uns das Ehepaar in Berlin. Das erwähne ich nur, um deutlich zu machen, dass mich einiges mit Anastas Mikojan verband, der zwar sechzehn Jahre jünger war als Stalin, aber wie dieser ein Priesterseminar in Tiflis besucht hatte. Als Student schloss er sich der revolutionären Bewegung an, nahm aktiv am Kampf gegen deutsche und türkische Interventen im Kaukasus teil. Er war 54 Jahre Mitglied des ZK der KPdSU, vierzig Jahre Kandidat oder Mitglied des Politbüros und 27 Jahre Stellvertreter des Vorsitzenden des Ministerrates der UdSSR. Nach seinem Tode aber hielt man sein Leben nicht für belangvoll genug, um ihm wenigstens einige Worte des Gedenkens zu widmen. Vielleicht hatte es Meinungsverschiedenheiten mit ihm gegeben, vielleicht war man in nicht allem mit ihm einverstanden – Mikojan war kein einfacher Mensch, er hatte einen typischen „kaukasischen“ Charakter –, aber er hatte viel für die Sowjetunion getan. Er war ein rühriger Parteifunktionär zwischen Baku und Nishni Nowgorod gewesen, hatte als Volkskommissar für Versorgung, für Binnen- und Außenhandel seine Arbeit geleistet, fungierte als Vorsitzender des Komitees für die Versorgung der Roten Armee und organisierte im Mai 1945 auch die Versorgung in der sowjetischen Besatzungszone. Die Liste ließe sich verlängern. Und dann gab es kaum ein Wort an seinem Grab!

Ich erwähne Mikojan, könnte aber auch Trotzki oder Chrustschow, Leo Flieg, Hugo Eberlein oder viele andere nennen. Keineswegs nur etwa aus persönlichen Gründen bewegt mich auch verallgemeinernd für die SED und die DDR die Frage, warum wir nicht vernünftig mit unseren „Vorfahren“ umgehen konnten? Mich stört absurde Glorifizierung ebenso wie Verdammung. Ohnehin entscheidet in der Endkonsequenz die Geschichte darüber, ob ein Politiker als erfolgreiche politische Persönlichkeit einzuordnen ist oder negativ bewertet oder gar verurteilt wird. Dabei kann es auch durchaus widersprüchliche Urteile geben, was wir ja heutzutage ständig erleben. Die Distanz zwischen dem „Helden“ und dem „Übeltäter“ reduziert sich oft auf eine Daumenbreite, und irritiert fragen sich die auf die Medien Angewiesenen, wem sie denn glauben sollen. Nehmen wir zum Beispiel Fidel Castro. Die Attribute, die ihm in den USA zugedacht werden, stempeln ihm zum „Verbrecher“. Man wirft ihm vor, dass in dem von ihm regierten Kuba die Todesstrafe noch nicht abgeschafft wurde. Und diese Anklagen werden von Leuten formuliert und verbreitet, in deren Land unzählige zum Tode Verurteilte in den Zuchthäusern schmachten und dann fast mit den gleichen Gerätschaften vom Leben zum Tode befördert werden, wie sie schon vor achtzig Jahren in Gebrauch waren, oder mit der „modernen“ Giftspritze.

Der Fall Castro belegt, wie sehr man sich vor globalen Urteilen hüten sollte. Ein wenig anders sind die charakterlichen Bewertungen zu sehen. Ich muss aus meinen Erfahrungen feststellen, dass bei vielen Staatsmännern und Funktionären, mit denen ich zu tun hatte, die Jahre der Macht zu Charakteränderungen führten. Beim einen mehr, beim anderen weniger ausgeprägt. Muss man sich mit diesem „Naturgesetz“ abfinden, das ja in allen Ländern gilt? Es betraf Konrad Adenauer ebenso wie Helmut Kohl, Breshnew oder König Hussein. Wird eines Tages eine Gesellschaft imstande sein, so wirksame demokratische Kontrollinstanzen zu schaffen, die im Interesse des Bürgers und der Gemeinschaft auch Einfluss auf das Verhalten einer leitenden Persönlichkeit nehmen?

Ich kam zu diesem Thema durch den würdelosen Abschied, den man Mikojan bereitet hatte. Einen Menschen, der sich redliche Verdienste um sein Heimatland erworben hatte, über Nacht zur Persona non grata zu stempeln, halte ich für kulturlos. Geschichte will sachkundig aufgearbeitet werden, schon weil die junge Generation aus Erfolgen oder Fehlern gleichermaßen lernen sollte. Aber das sind eben nur fromme Sprüche. Denn wie heute die Geschichte der DDR aufgearbeitet wird, grenzt an kriminelle Verleumdung und die Vokabel „kulturlos“ reicht da keineswegs aus.

Es geht nicht darum, ob man Chrustschow und Mikojan an der Kremlmauer hätte beisetzen sollen. Auf dem Nowodewitsche-Friedhof haben sie eine wohl ungestörte letzte Ruhe gefunden. Es blieb nur die Frage, warum nicht einmal wir Sozialisten in der Lage sind, bestimmte Phasen unserer eigenen Geschichte mit mehr Weisheit zu betrachten.

Von einem Vergleich mit der BRD kann nicht die Rede sein. Weder Chrustschow noch Ulbricht haben wie Kohl oder Schäuble Schmier- oder Schwarzgelder kassiert oder auf Schweizer Anderkonten überweisen lassen. Dabei ist nicht zu leugnen, dass sich Kohl und Schäuble Verdienste um ihre Partei erwarben, wie immer man diese aus unserer Sicht auch bewerten mag, denn ihre Partei entwickelte bekanntlich oft beträchtlichen Eifer, wenn es gegen die Arbeiter ging. Und man kann sie auch nicht losgelöst von den Kreisen betrachten, aus denen sie stammen. Es gibt hinreichende Belege für die Verknüpfung zwischen dem Großkapital und den Tischen, an denen die Ministersessel stehen. Und wenn die Akten über den dubiosen Verkauf der volkseigenen Leuna-Werke durch undurchschaubare Treuhandmanager über Nacht plötzlich verschwinden und irgendein völlig überlasteter Staatsanwalt nebenbei den Auftrag erhält, sie wiederzubeschaffen, illustriert das die Gesellschaft, in die wir geraten sind, drastischer als ein paar alberne Redensarten über diese oder jene Persönlichkeit.

Kehren wir noch einmal zu dem grundehrlichen Kommunisten Mikojan zurück. Er hatte seit 1919 mit Lenin zusammengearbeitet und war übrigens neben Stalin nicht der einzige Kaukasier in der Führung der damaligen Russischen Kommunistischen Partei. Zur Führungscrew gehörten auch Ordshonikidse und Kirow, der als Russe in der politischen Arbeit im Kaukasus gereift war, sowie später noch Berija.

Wenn ich ihn auch kontaktarm genannt habe, so muss ich da unser persönliches Verhältnis ausnehmen. Er war ein geduldiger und interessierter Zuhörer, der durch seine Fragen mehr über Deutschland und die Deutschen erfahren wollte, über Sitten und Gebräuche oder über die Erziehung der Kinder, über die Berufsausbildung in der DDR, über Gebiete, die in Russland vernachlässigt wurden. Er war der DDR gegenüber stets zu mehr Kooperation bereit und auch, sofern es möglich war, zu größeren Rohstofflieferungen, wenn damit der wachsende Bedarf an Gebrauchsgütern in der Sowjetunion besser abgedeckt werden konnte. Als Dolmetscher hatte ich so meine Probleme mit ihm, da er mit einem so starken armenischen Akzent sprach, dass es bisweilen anstrengend war, sein Russisch zu verstehen. Als ich ihn einmal in Berlin in die sowjetische Botschaft begleitete, wo er vor den Mitarbeitern sprach, saß ich mit im Saal. Sicher im Scherz baten mich die sowjetischen Genossen neben mir zu dolmetschen. Aber dies verriet, welche Schwierigkeiten Russen hatten, ihn zu verstehen. Chrustschow hat diese Schwäche Mikojans hin und wieder genutzt, um seine Späße zu treiben. Manchmal bediente man sich im Kreml auch Mikojans und eines alten Brauchs, um Komplikationen zu vermeiden. Wenn man verhindern wollte, dass sich unliebsame Gäste während des Essens mit einem Trinkspruch zu Wort meldeten, nutzte man die kaukasische Sitte, einen „Tamada“ zu benennen. Das war eine Art Ehrenvorsitzender einer Tischrunde, der bei festlichen Anlässen allein das Recht hat, Trinksprüche auszubringen. Auf so manchem Kremlempfang übernahm Mikojan diese Rolle. Er beherrschte dieses Metier meisterhaft und umschiffte geschickt alle Klippen.

Als die Karibikkrise ausbrach, war es Mikojan, der nach Kuba flog, obwohl kurz zuvor seine Frau gestorben war. Er musste die bestimmt nicht einfachen Gespräche mit Fidel Castro führen, den Chrustschow vergessen hatte, über den Abzug der sowjetischen Raketen von Kuba zu informieren.

Zuweilen traten die heimischen Sitten Mikojans allerdings auch auf erschreckende Weise zutage. Als er eines Tages in Leipzig weilte, reiste der Sohn mit seiner Frau aus Mecklenburg an. Er bat mich, seinen Vater zu informieren, was ich auch tat. Mikojan sagte mir, dass ich seinen Sohn hereinlassen möge. Die Schwiegertochter blieb im Vorraum. Als ich ihm zu verstehen gab, dass Deutsche kaum Verständnis dafür aufbringen würden, wenn er die Schwiegertochter vor der Tür warten ließe, bat er beide herein. Eine belanglose Episode zwar nur, aber sie demonstrierte, wie tief nationale Bräuche verwurzelt sind und wie verfehlt die Absicht ist, sie mit einem Dekret aufheben zu können.

Leider wurde nur ein Band der Memoiren Mikojans veröffentlicht. Sie enden in den zwanziger Jahren. Die weiteren Aufzeichnungen wurden, wie mir seine Schwiegertochter einmal verriet, gleich nach seinem Tode archiviert. Man kann nur hoffen, dass sie eines Tages den Historikern und der Öffentlichkeit zugänglich gemacht werden.

Die nationale Frage schwelte

Um die Vorgeschichte des multinationalen Staates etwas aufzuhellen, möchte ich dieses Kapitel mit einigen Auszügen aus dem 1997 im Verlag Schönigh in Paderborn erschienenen Buch von Helmut Altrichter „Russland 1917“ beginnen: „Neben Russen, Polen und Georgiern fehlten den meisten Völkern, wie den Finnen, Esten, Litauern, Weißrussen und Ukrainern bis weit in das 19. Jahrhundert, ja bis 1917 ein Nationalbewusstsein, sie waren ‚Bauernvölker‘ geblieben. Bei den Finnen waren die Schweden die Oberschicht, der Adel, die estnischen und lettischen Bauern waren von Deutschen dominiert. In Litauen, Weißrussland, im nördlichen und westlichen Teil der Ukraine war die adlige Oberschicht geprägt von der polnischen Sprache und Kultur, der übrige Teil war ‚russifiziert'.

In Minsk gaben 1897 bei der Volkszählung neun Prozent der Bürger weißrussisch als ihre Muttersprache an, über 51 Prozent aber jiddisch, 25,5 Prozent russisch und 11,4 Prozent polnisch. In Kiew sprachen 22,3 Prozent ukrainisch, aber 54,5 Prozent russisch. In Kischinjow sprachen 17,6 Prozent moldauisch, 27 Prozent russisch und 45,9 Prozent jiddisch. Diese Zahlen bezogen sich auf die Städte und administrativen Zentren.

Transkaukasien war eingeklemmt zwischen osmanischem und russischem Reich, in dem es eine Schutzmacht sah. Es gab keine administrative Einheit, weder sprachlich noch religiös, und somit auch kein einheitliches Nationalbewusstsein. Die Georgier waren ein christliches Bauernvolk mit eigener adliger Oberschicht. Armenische Kaufleute und Unternehmer, neben dem Klerus, die neue Oberschicht, lebten in den Städten, die armenische Bauernschaft in Abhängigkeit von muslimischen Herren. Jerewan war um die Jahrhundertwende ein kleines Städtchen mit nicht einmal 30000 Einwohnern. Die größte Bevölkerungsgruppe in Transkaukasien bildeten die Tataren, Muslime, denen man erst unter der Sowjetmacht ihren eigentlichen Namen Aserbaidshaner offiziell zuerkannte. Die übrigen Völker waren Avaren, Balkaren, Darginer, Kabardiner, Nogaier, Inguschen, Tscherkessen, Abchasen, Karatschaier, Juden, um nur die größten zu nennen.

Tiflis, georgisch Tbilissi, war nicht nur Zentrum Georgiens, 29,5 Prozent der Einwohner waren 1897 Armenier und damit die stärkste Einwohnergruppe, gefolgt von Russen, und erst an dritter Stelle rangierten die Georgier. Tiflis war die Metropole von Transkaukasien, dort lebten Tataren, Polen, Juden, Ukrainer, Perser, Griechen. Die Volkszählung erfasste vierzig weitere Sprachgruppen. Die ländliche Bevölkerung zählte dagegen 44,3 Prozent Georgier und nur 7,5 Prozent Russen."

In Litauen und Lettland bildeten sich mit der Februarrevolution 1917 Arbeiter- und Soldatenräte. Eine Einheit der lettischen Schützen wurde im Oktober als bolschewistische Eliteeinheit zum Schutz des Smolny, des Sitzes der Sowjetmacht, eingesetzt und diente bei der Überführung des Rates der Volkskommissare von Petrograd nach Moskau als Schutzkonvoi.

Noch einige Gedanken zu Tschetschenien. Ich wollte zu diesem Thema die 2. Ausgabe der Großen Sowjetischen Enzyklopädie zu Rate ziehen, doch vergebens. In der zu Stalins Zeiten herausgegebenen Edition ist diese autonome Republik nicht vermerkt, weil 1944, als alle 440000 Tschetschenen nach Kasachstan ausgesiedelt wurden, ein „Gebiet Grosny" innerhalb der RSFSR gebildet wurde. Unter dem Begriff „Grosny" wird in Band 13 dieser 50bändigen Enzyklopädie, die im Juni 1952 in Druck gegeben wurde, ein Gebiet mit vornehmlich russischer Bevölkerung charakterisiert, in deren Steppenrayons Nogaier leben. Tschetschenen wurden überhaupt nicht erwähnt. Die kehrten erst nach dem XX. Parteitag 1956 in ihre Heimat zurück. Über die Geschichte wird einige Auskunft gegeben: 1818 war an dieser Stelle eine russische Festung mit dem russischen Namen „die Furchterregende" als Bollwerk vor den Bergen des Kaukasus und ihren Völkern errichtet worden. 1870 wurde die Festung in eine Gebietsstadt umgewandelt und 1893, mit Beginn der Erdölförderung, an eine Eisenbahnlinie angeschlossen. Grosny entwickelte sich zu einem für Russland wichtigem Industriegebiet und erlangte nach 1956 unter Chrustschow als Tschetschenisch-Inguschetische Autonome Republik in der Russischen Föderation seine nationale Eigenständigkeit.

Genug der Historie. Als die Kampfhandlungen der Abchasen, die um ihre nationale Souveränität rangen, gegen die Georgier begannen, die dann von russischen Truppen geschlichtet werden sollten, fiel mir eine Begebenheit aus den sechziger Jahren ein.

Damals weilte Ulbricht an der kaukasischen Schwarzmeerküste, in der Autonomen Abchasischen Republik, im Urlaub und wurde vom Ersten Sekretärs des ZK der KP Georgiens, Mshawanadse, eingeladen, die Hauptstadt Tiflis zu besuchen. Ulbricht reiste in einem an den normalen Personenzug angekoppelten Salonwagen. Auf einer Station stieg ein Mann zu, der sich als Stellvertreter des Ministerpräsidenten der Georgischen Republik, der die autonome Republik der Abchasier unterstand, vorstellte und sich als ein gebildeter Mensch erwies. Beim Essen aber weigerte er sich, den abchasischen Wein zu trinken. Es musste georgischer sein. Da wurde mir erst klar, dass er nicht in Abchasien, sondern auf georgischem Territorium zugestiegen war. Im Grunde eine Nebensächlichkeit, die keiner Erwähnung wert wäre, wenn nicht die nationalen Konflikte in den letzten Jahren so blutige Ausmaße angenommen hätten.

Die Ursachen dieser Konflikte mögen tiefer liegende Wurzeln haben, religiöser oder ethnischer Natur sein, aber die sozialen Probleme und die staatliche Instabilität bleiben die ausschlaggebenden Faktoren dieser Auseinandersetzungen. Dazu kommen als nicht unwesentliche Faktoren die immensen ausländischen Interessen, sowohl ökonomische als auch strategische. Dass diese Konflikte nicht in der Stalinzeit ausbrachen, ließe sich mit Terror und GULAGs erklären.

Aber auch unter Chrustschow und Breshnew war diese nationale Zwietracht nicht zu entdecken, wenn sie vielleicht auch unterschwellig seit Jahrzehnten, wenn nicht gar Jahrhunderten, schwelte. Sie brach erst unter Gorbatschow aus, als es mit Perestroika und Glasnost nicht zu den angepeilten Reformen kam, sondern der Abbau der Macht der Partei und des Staates ein Vakuum entstehen ließ, in das nationaler Zwist und Konflikte passten. Die blutigen Auseinandersetzungen entfalteten sich auf den Trümmern der zerfallenden Sowjetunion.

Noch ein kurzer Rückgriff auf die Geschichte. Katharina II., geborene Prinzessin von Anhalt-Zerbst, die Ehefrau von Peter III., die nach der Palastrevolte 1762 den Thron bestieg, ließ nach den Krim-Kriegen das so genannte „Neurussland" und das Wolgagebiet um Saratow mit Deutschen, Serben und Bulgaren besiedeln. Sie machten das Land urbar, fanden ein neues Zuhause und gelangten zu relativem Wohlstand. Fast zweihundert Jahre später, mit Beginn des Zweiten Weltkrieges, ließ Stalin eine Million Wolgadeutsche gewaltsam nach Sibirien und Kasachstan umsiedeln. Heute, über fünfzig Jahre danach, drängen die Nachfahren dieser zweimal Umgesiedelten, meist der deutschen Sprache kaum noch mächtig, in die Bundesrepublik Deutschland, wo sich die wenigsten von ihnen heimisch fühlen.

Die Krimtataren kämpfen heute noch, fünfzig Jahre nach ihrer Vertreibung, um ihre Heimkehr, obwohl die meisten von ihnen weitab von der Krim geboren wurden. Die armenischen Karabachen wurden 1921 von Stalin, dem damaligen Volkskommissar für Angelegenheiten der Nationalitäten, in die Aserbaidshanische Republik eingegliedert. Siebzig Jahre später brach der Konflikt aus, der das Unrecht beseitigen sollte. Die Religion ist nur ein Element dieses nationalen Zwists. Schließlich haben Moslems, Rechtgläubige und Christen in den siebzig Jahren der Sowjetmacht relativ gutnachbarschaftlich auf kaukasischem Boden zusammengelebt. Die blutigen Vorfälle in Sumgait, in Aserbaidshan, Berg-Karabach, in Tadshikistan und Usbekistan, in Abchasien und Moldawien brachen erst mit dem Zerfall der Sowjetunion aus. Dabei wäre es sicher falsch, würde man antirussische Bestrebungen an die Spitze der Ursachen setzen. Die einheimischen nichtrussischen Nationalitäten und Völkerschaften lebten in der Sowjetunion materiell zumindest relativ besser als die Russen. Der Wein- und Obstanbau, das Klima, das ständig viele Erholungssuchende anzog, schuf zusätzliche Einnahmequellen, die den Russen nicht zugänglich waren.

An der Spitze regierten in Partei und Regierung Einheimische, auch wenn im zweiten Glied Russen standen und Moskau das Zepter nie aus der Hand gab.

Der Krieg in Tschetschenien ist schon deshalb von niemandem zu rechtfertigen, weil weder politische noch nationale Konflikte in unserer Zeit mit militärischen Mitteln zu lösen sind. Auch wenn zu dem Zeitpunkt, da ich diese Zeilen schreibe, ein russischer „Sieg" wahrscheinlich scheint, bin ich überzeugt, dass damit kein einziges Problem gelöst wird. Ich persönlich gehe noch weiter: Es gibt für mich keine gerechten oder ungerechten Kriege mehr, weil in der Gegenwart weder politische noch soziale, weder ökonomische noch religiöse Probleme mit Gewalt, mit kriegerischen Mitteln zu lösen sind. Ich weiß, wie gewagt diese Feststellung ist, wenn ich nur an Kuba denke oder an den beispiellosen Überfall der NATO auf Jugoslawien. Dass dieser Überfall auch ein Teil der Bemühungen war, den Ring der NATO um Russland zu verengen, leugnet kaum jemand. Das Bündnis mit der Ukraine, das Angebot an Georgien und Aserbaidshan, Mitglied der NATO zu werden, fordert das russische Militär zu Gegenmaßnahmen heraus. Es erhebt sich die Frage, ob man das „gerecht" nennen darf. Fest steht nur, dass all diese politischen und militärstrategischen Überlegungen zu Lasten der Bevölkerung gehen.

An den Schluss gehört wohl noch die Feststellung, dass nationale und religiöse Konflikte keine russische Besonderheit sind. Sie zerrütten das ehemalige Jugoslawien, treiben Iren gegeneinander, entzweien Flamen und Wallonen, lassen Tamilen zu den Waffen greifen. Die Liste ist endlos. Und im gleichen Atemzug sind EU und ASEAN, NAFTA und APEK zu nennen, die den Prozess der wirtschaftlichen Integration und Konzentration auf der Basis der Globalisierung vorantreiben. Diese führt dazu, dass alle beteiligten Länder einen Teil ihrer Souveränität abtreten müssen, was wiederum den Widerstand nationaler Kräfte auslöst. Das Zünglein an der Waage wird die soziale Frage sein, nämlich, ob mittels einer Integration soziale Probleme zu lösen sind. Der nicht allein in der Dritten Welt gepredigte Glaube, heranreifende oder schon über Jahrzehnte schwelende nationale Fragen mit Gewalt lösen zu können, ist ein fataler Irrglaube. Allein in Schwarzafrika wurden im 20. Jahrhundert fünfzig Nationalstaaten gebildet, darunter solche wie Nigeria, das 250 Völker und Stämme vereint, oder Äthiopien mit siebzig Ethnien und Sprachen.

Das Unheil besteht meiner Meinung nach darin, dass Gewalt stets nur mit Gewalt beantwortet wird. Und da an dieser Gewalt auch noch die Rüstungsindustrie mit Riesengewinnen partizipiert, eskaliert in dieser Welt allerorts Gewalt, und ein Ende ist nicht in Sicht. Es kann schon deshalb nicht in Sicht sein, weil sich die Aktionäre der Rüstungsindustrie dagegen auflehnen würden. Und nicht nur die, wie der Fall Elf Aquitaine in Frankreich bewies. Diesen Konzern schuf sich der Staat, um seine aggressive Außenpolitik besser durchsetzen zu können.

Probleme schwelen auch in Europa

Am 7. Oktober 1979 hatte der greise Breshnew – er war kaum noch imstande, sich zu artikulieren – zum 30. Jahrestag der DDR Berlin einen Besuch abgestattet. Meine Aufgabe bestand also weniger darin, zu dolmetschen, als darauf zu achten, dass er nicht völlig zusammenbrach. Sein Leibarzt, Minister Tschasow, sah das nicht so ernst. Dennoch hinterließen diese Tage bei mir eine deprimierende Erinnerung: Der Mann an der Spitze eines der mächtigsten Staaten der Welt war ein Wrack und gar nicht mehr fähig, es zu regieren. Wo lagen Sinn und Motiv, so zu tun, als wäre er gesund?

Es war jene Zeit, als mein 60. Geburtstag bevorstand. Stunden, in denen gefeiert, aber auch Stunden, in denen nachgedacht werden sollte, denn ich rechnete fest damit, dass ein neuer Lebensabschnitt bevorstand. Mit diesem Tage hätte ich als anerkanntes Opfer des Faschismus mein Leben als Rentner fortsetzen können. Schon damals reizte es mich, meine Erinnerungen zu Papier zu bringen.

Über dreißig Jahre hatte ich im Parteiapparat in verschiedenen Funktionen gewirkt, hatte Freude an der Arbeit verspürt und, so glaube ich, auch Erfolge verbuchen können. Aber mit der Zeit änderte sich die Situation. Die Arbeit bereitete nicht mehr die Freude von einst. War das nur Nostalgie, allgemeine Müdigkeit, oder spielten da noch andere Faktoren eine Rolle? Es ging ja nicht nur mir so. Der „Apparat", wenn mir diese im Grunde kalte und seelenlose Bezeichnung erlaubt sei, hatte auf eine Wende gehofft und sah sich getäuscht. Die Agitationskommission trug kaum mehr guten Gewissens diesen Titel. Der Solopart hatte die Diskussion ersetzt. Die Genossen in den Medien, von denen die meisten erfahrene Journalisten voller Ideen waren, empfanden das als Gängelei.

In der Wirtschaftskommission waren die Zustände nicht besser, vielleicht sogar schlechter. Günter Mittag praktizierte als Sekretär des ZK und Chef dieser Kommission eine totale Herrschaft. Die ihm unterstellten Abteilungen und ihre Leiter wurden zu Erfüllungsgehilfen degradiert. In der Abteilung Parteiorgane liefen die Fäden aus der Parteibasis und den Bezirksleitungen zusammen. Es mangelte also nicht an Informationen, aber es fehlte an einer konstruktiven Rückkopplung. Die Parteiorganisationen warteten meist vergeblich auf Antworten, auf die sie in ihrer politischen Arbeit angewiesen waren.

Der „Frust", ein neues Modewort, ging auch an mir nicht vorüber. Obwohl ich mich noch gesund und bei Kräften fühlte und mir die Aufgaben als Dolmetscher und als Delegationssekretär –

auch wenn sie oft kräfte- und nervenzehrend waren – nach wie vor Freude bereiteten, war das im Büro, also an meinem eigentlichen Arbeitsplatz, immer weniger festzustellen. Der Frust zeigte seine Wirkung. Als Mitglied der Zentralen Revisionskommission wollte ich noch den X. Parteitag der SED absolvieren, um dann endgültig die Segel zu streichen.

Doch es kam alles ganz anders. Nicht nur als überzeugter Genosse, vor allem als langjähriger Parteiarbeiter galt die Parteidisziplin für mich in doppeltem Maße. Also widersprach ich auch nicht, als die neue Situation heraufzog.

Zunächst wurde entschieden, dass ich wieder als Sekretär der Delegation fungieren sollte, die zum XXVI. Parteitag der KPdSU reisen sollte. Es wäre mein siebenter Parteitag im Kreml gewesen. Doch zuvor, im Sommer 1980, erschütterten Streiks und Demonstrationen Polen. Sie eskalierten zu gewalttätigen Auseinandersetzungen und forderten sogar Menschenleben. Die Grundfesten der sozialistischen Ordnung gerieten in Gefahr. Die sich als „unabhängig" bezeichnende Gewerkschaftsbewegung „Solidarnocs" fand unter den Arbeitern viel Zulauf. Übertriebene Investitionen in der Grundstoffindustrie, die der Erste Sekretär der PVAP, Edward Gierek, mit der Prognose begründete, „Wir bauen ein zweites Polen auf", führten zu höherer Auslandsverschuldung und rigorosen Preissteigerungen bis hin zum Brot. So war eine komplizierte innenpolitischen Lage entstanden. Bei einem Besuch in Warschau antwortete der im Zentralkomitee für die Organisationsarbeit zuständige Sekretär Babiuch, der später Ministerpräsident wurde, dem SED-Sekretär Paul Verner auf die Frage nach der Zukunft mit dem lapidaren Satz: „Wir wissen, was wir unserem Volk zumuten können." Bald darauf löste Stanislaw Kania Edward Gierek als Ersten Sekretär ab.

Im Dezember versammelten sich die Generalsekretäre der Teilnehmerstaaten des Warschauer Vertrags in Moskau, um die Lage zu beraten. Von einem Eingreifen wurde während der Beratung nie gesprochen, obwohl später aufgefundene Dokumente belegen, dass auch diese Variante durchgespielt worden war. Ich persönlich war froh über die allgemeine Zurückhaltung am Konferenztisch. Militärische Operationen hätten in Polen starke und gefährliche antirussische Stimmungen ausgelöst.

In Moskau berichtete der neue Generalsekretär Kania über die Lage im Lande und in der Partei. Ich hatte nicht den Eindruck, dass dieser Mann imstande sein würde, die Probleme zu lösen. Es fehlte ihm wohl auch eine entsprechende Konzeption. Da man die Hauptursachen in der wirtschaftlichen Misere sah, versprachen die Teilnehmer der Beratung den Polen solidarische Hilfe.

Die UdSSR stellte 1980 Waren im Wert von 690 Millionen Dollar zur Verfügung und gewährte einen Kredit von 1,1 Milliarden Dollar. Die DDR lieferte kurzfristig Nahrungsmittel und Industriewaren im Werte von 300 Millionen Mark und gewährte unentgeltliche Hilfe in Höhe von 250 Millionen Valutamark. Doch selbst mit Millionen wäre die Situation nicht zu meistern gewesen, weil man es versäumte, die Ursachen der inneren Krise in Polen zu analysieren. Vergleiche verboten sich von selbst, denn niemand war bereit, eigene Fehler oder Mängel einzugestehen, weil das zu Konsequenzen in Richtung Reformen geführt hätte.

Die Ereignisse in Polen waren nicht mit der Situation in der DDR vergleichbar. Gingen in Polen vornehmlich protestierende Arbeiter auf die Straße, wuchs in der DDR die Unzufriedenheit unter der Intelligenz. Mögen die Sympathien oder Antipathien zum Bänkelsänger Wolfgang Biermann sehr unterschiedlich verteilt gewesen sein, die Weigerung der DDR-Regierung, ihn nach einem Besuch in der BRD wieder einreisen zu lassen, löste in Kreisen der Intelligenz Unruhe und Proteste aus, während sich Arbeiter und Bauern kaum angesprochen fühlten. Der Protest der Künstler ging über die Person Biermanns hinaus. Er wurde mehr zum Vorwand für die Unzufriedenen. Es ging weniger um seine Texte, als um die künstlerische Freiheit, auch Dinge aussprechen, artikulieren zu dürfen, mit denen man nicht einverstanden war. Die Wahl der künstlerischen Mittel sollte dem Künstler überlassen bleiben. Ich war weder Freund noch Fan von Biermann. Gerüchte – und mögen es nur solche gewesen sein – über ihn und seinen Lebenswandel weckten keine Sympathie bei mir, aber die Haltung der Staatsmacht erschien mir unangemessen. Allerdings geriet ich später mit dieser Ansicht in Zweifel, als ich las, was er nach dem Selbstmord des PDS-Bundestagsabgeordneten Professor Riege schrieb: „Ja, meine dunkle Dame. Sie haben richtig gelesen und gut verstanden. Nicht Lili Marleen: An der Laterne ... sondern Egon Krenz an die Laterne. Dies ist ein bescheidener Vorschlag zum Selbstmord und ein behutsam ausgewogenes Lob der Lynchjustiz." Und er „begründete" die Lynchjustiz auch noch „sozial": „Es würden Wohnungen frei für Asylanten. Die Gesellschaft würde Milliarden an Pensionen und Renten sparen. Unser reiches Land könnte das so gesparte Geld an die ärmsten Völker vergeben." Viel Zynismus, mehr als wohl selbst ein „Dichter" ungerügt in Anspruch nehmen kann. Geschrieben und verbreitet immerhin in einem Land, in dem laut Verfassung die Würde des Menschen unantastbar sein soll. Aber damit bin ich der Zeit weit voraus. „Schuld" daran ist Biermann, dessen Ausweisung damals so viele Gemüter erregte und auch bei mir Zweifel keimen ließ.

Andererseits: Es werden heute oft Namen von Künstlern genannt, die mit der DDR-Ordnung in Konflikt gerieten und in den Westen gingen, was in den meisten Fällen bedauernswert war. Selten oder nie genannt werden die Namen derer, die der DDR treu blieben und ihr weltweit Ansehen als ein den Künsten dienender Staat verschaffte. Da wären viele zu nennen. Ich begnüge mich mit einigen und ordne sie vorsichtshalber nach dem Alphabet, um nicht in Verdacht zu geraten, eine „Rangliste" zu präsentieren: Theo Adam, Horst Drinda, Walter Felsenstein, Helga Hahnemann, Wolf Kaiser, Inge Keller, Kurt Masur, Gisela May, Peter Schreier.

Kaum habe ich diese Liste niedergeschrieben, entdecke ich schon ihre katastrophalen Mängel. Warum habe ich Ernst Busch, Fritz Cremer und Erwin Geschonneck nicht genannt? Und und und!

Am 23. Februar 1981 war in Moskau der XXVI. Parteitag eröffnet worden. Es ging um den Fünfjahrplan 1981-85 und die Wege zu einer dynamischeren Entwicklung der Volkswirtschaft, zur Beschleunigung des wissenschaftlich-technischen Fortschritts, um das Lebensniveau des Volkes zu steigern. Alles gute und richtige Vorsätze, aber die Praxis zeigte eine andere Seite. Die Versorgung der Bevölkerung verschlechterte sich, die Unzufriedenheit wuchs. Steigende statistische Zahlen konnten nicht über die faktische Stagnation hinwegtäuschen. Im Vergleich zu den entwickelten kapitalistischen Industriestaaten musste Rückschritt – wenn auch nicht in offiziellen Verlautbarungen – konstatiert werden.

Leonid Breshnew hinterließ – ich muss es so sagen – den Eindruck eines senilen Greises, der von Ärzten für diesen Parteitag noch einmal halbwegs präpariert worden war. Bei den Gesprächen mit Honecker las er jedes Wort vom Papier ab. Und neben und hinter ihm stand unablässig Konstantin Tschernenko, der auf seinen 70. Geburtstag zuging.

So bot der Parteitag nicht den geringsten Anlass, auf Reformen hoffen zu können. Man glaubte offenkundig, die Rolle einer Weltmacht auf Lebenszeit gepachtet zu haben. Blieb nur die Frage: Wessen Lebenszeit war da gemeint? Die der meisten Mitglieder des Führungsgremiums war nur noch kurz bemessen. Was sollte den Erben übergeben werden? Die Fragen in und außerhalb des Landes häuften sich. In meinem engeren Kreis wurden sie lebhaft diskutiert, in der Öffentlichkeit aber verdrängt. Manche, vor allem Erich Honecker, sahen in den Fehlern, die Moskau zu verantworten hatte, die eigene Politik bestätigt. Man sonnte sich in der Vorstellung, dass es in der DDR keine vergleichbaren Mängel gab. Ein – wie man heute weiß – verhängnisvoller Trugschluss. Es war nicht nur mein Problem, dass sich mit dem Verschwinden der Sowjetunion als Muster und Modell Ratlosigkeit ausbreitete. Der Wunsch nach Reformen bewegte alle, aber nirgendwo gab es greifbare Vorstellungen.

Ich folge den alten Gewohnheiten des Parteiarbeiters, dessen Kalender von Parteitag zu Parteitag zählte. Im April 1981 fand der X. Parteitag der SED statt. Er bekräftigte die Einheit von Wirtschafts- und Sozialpolitik und beschloss zehn Schwerpunkte der ökonomischen Strategie für die achtziger Jahre. Nicht einer bot einen Ansatz für Reformen. Dabei ließ der durch die weiter niedrig gehaltenen Verbraucherpreise zunehmende Kaufkraftüberhang immer größere Probleme entstehen. Die niedrigen Preise erhöhten die Kaufkraft, der aber kein entsprechendes Warenangebot gegenüberstand. Um dieses Missverhältnis zu korrigieren, wurden Kredite aufgenommen und Waren gekauft. Dadurch wuchs die Auslandsverschuldung. Da die Exporte in Länder mit frei konvertierbarer Währung nachließen, nahm die

Schuldenlast weiter zu. Dies sind zwar nur „Peanuts" im Vergleich zu den heutzutage üblichen Schulden, aber da niemand in der DDR daran dachte, „Tafelsilber" zu verkaufen, wie es heute jede Kreisstadt tut, musste man mit den Schulden leben und auskommen und nach Reformen suchen, die uns davon hätten befreien können.

Diese damals im Ansatz, heute aber weitaus schärfer erkannte Lage hätte meine Absicht, sich nach vierundvierzig Arbeitsjahren ins Rentnerdasein zurückzuziehen, erhärten müssen. Aber der Mensch denkt und – wer lenkt einen Kommunisten? Der Parteitag wählte mich zum Mitglied des Zentralkomitees, und ich akzeptierte, weil ich nicht als „Deserteur" aus der Parteiarbeit ausscheiden wollte. Die Frage, ob ich auch zugestimmt hätte, wenn ich geahnt hätte, was auf mich zukommen würde, ist rein hypothetisch. Und da wir alle nur Menschen sind, will ich auch hinzufügen: Vielleicht reizte mich auch die Tatsache, dass ich nun Mitglied des Zentralkomitees war, das mein Vater faktisch mitbegründet hatte.

Warum wurde ich überhaupt gewählt? Rentner gab es doch schon genug in diesem Gremium. Honecker, der die Liste der zu wählenden Mitglieder des Zentralkomitees selbst festlegte, bevor sie dann vom Politbüros bestätigt und vom Parteitag durch die Wahl gebilligt wurde, hatte wohl die Absicht, mich zum Abteilungsleiter zu ernennen. Es kam aber alles ganz anders.

Im Kreml ging das Licht aus und an

1982 erlebte ich meinen Geburtstag in Nikaragua, wohin ich mit einer Parteidelegation zu Konsultationen gereist war. Helmuth Schieferdecker erinnerte sich daran: „Mit Günther Hempel und unseren Geburtstagsblumen überraschten wir Werner noch bei der Morgentoilette. So nahm er unsere Glückwünsche splitternackt entgegen. Darüber haben wir noch manchmal herzhaft gelacht."

Einen Tag später starb Leonid Breshnew. Honecker reiste also ohne mich zur Beisetzung. Wir begaben uns in Managua in die sowjetische Botschaft, um unseren Kondolenzbesuch abzustatten. Wir waren die Einzigen. Der Botschaftsangehörige nahm mit Staunen zur Kenntnis, dass ich russisch sprach, und staunte noch mehr, als ich ihm erzählte, dass ich Breshnew persönlich gekannt hatte. Kurz darauf erschien der Botschafter und wir führten ein längeres Gespräch. Allerdings nicht über Breshnew, sondern über die politische Lage in Nikaragua. Kein weiterer Kondolenzbesucher störte unser Gespräch, das mehr ein Monolog meinerseits war. Ich kam nicht dahinter, ob mich der Botschafter aushorchen wollte oder ob er wirklich keine Ahnung von der Arbeit der Partei im Lande hatte.

Die Niederschrift dieser Episode erinnert mich an ein Verhör beim Landgericht Berlin. Dort bereitete man den Prozess gegen mich als Mitglied des Politbüros vor und wollte wissen, ob ich vor 1989 schon einmal im Westen gewesen sei. Der Staatsanwalt war sicher ehrlich bei seiner Frage. Es war einfach seine Vorstellung, dass ich höchstens zwischen Berlin und Moskau gependelt war, vielleicht mit gelegentlichen Zwischenaufenthalten in Warschau. Wenn ich hier jetzt über meine Antwort Auskunft gebe, bin ich mir des Risikos bewusst, das ich gegenüber den Lesern eingehe, die im Urlaub höchstens an den bulgarischen Goldstrand reisen konnten. Tatsache ist, dass ich in Delegationen und als Gast befreundeter Parteien Richtung Osten bis Pjöngjang und Ulan Bator gereist und westwärts bis Havanna und Grenada gekommen war. Ich weilte in Helsinki und Amsterdam, in Buenos Aires, Athen, Frankfurt/Main, Paris, Wien, Panama, Luxemburg und Costa Rica. Dass ich dort nicht in Touristenhotels logierte, soll auch erwähnt werden. Ich bummelte nicht sehr oft über breite Avenuen, sondern war Gast in Arbeitervierteln, die kein Tourist zu sehen bekommt. Ich saß auch seltener in Nobelrestaurants als in kleinen Spelunken und erlebte den Abgrund zwischen Reich und Arm, zwischen Luxus und Hunger vor Ort.

Noch einmal zurück zum Tod Breshnews. Selten hat der Tod die Menschen so gleichgültig gelassen. Das schreibt einer, den der Verstorbene vertraulich „Wolodja" genannt hatte.

Der Niedergang der UdSSR und mit ihr des Sozialismus begann in den siebziger Jahren und geht auf Leonid Breshnews Konto. Natürlich ist die Frage nicht unbegründet, wie ein Gesellschaftssystem an den Fehlleistungen eines einzigen Mannes zugrunde gehen kann.

Seine persönlichen Schwächen – bei all seinen Verdiensten zum Beispiel auf dem Gebiet der Abrüstung – waren in gewisser Hinsicht typisch für sein Auftreten. Es war für alle Beteiligten zum Beispiel hochnotpeinlich, als er bei einem Besuch in der Schorfheide vor „versammelter Mannschaft“ Honecker die Frage stellte, warum sein Freund und ständiger Begleiter, Konstantin Tschernenko, immer noch keinen Karl-Marx-Orden bekommen habe. Man beeilte sich, einen zu überreichen. Diese Episode offenbart zum einen seine Eitelkeit und zum anderen seine Überzeugung, zwischen Elbe und Pazifischem Ozean nach Belieben herumkommandieren zu können. Beide Eigenschaften ließen gar keinen Raum für Überlegungen und Beratungen, wie man den Problemen der Gegenwart beikommen sollte.

Der US-amerikanische Politologe und Politiker Zbigniew Brzezinski urteilte 1988 in seinem Buch „Das gescheiterte Experiment“: „Die Hauptschuld trägt nach meiner Erkenntnis Leonid Breshnew, in dessen Regierungszeit der Anteil der Sowjetunion am Bruttosozialprodukt der Welt von 15,3 Prozent (USA zum gleichen Zeitpunkt: 22,7 Prozent) auf 14,7 gesunken, während der der USA auf 28,5 Prozent gestiegen ist.“ Und weiter spricht er davon, dass „die gemischten Gefühle (der Sowjetmenschen) zur Entstalinisierung den Nährboden für Breshnew bildeten. Sicherlich wäre eine offene Auseinandersetzung über den Stalinismus auf Widerstand gestoßen, den man aber mit überzeugenden Argumenten ohne weiteres hätte überwinden können, was Breshnew ja gar nicht beabsichtigte.“

1977 musste Podgorny zurücktreten, um auf dem Posten des Präsidenten Platz für Breshnew zu schaffen. 1980 starb der Vorsitzende des Ministerrats der UdSSR Kossygin, der 75jährige Nikolai Tichonow, der wie Breshnew aus Dnepropetrowsk kam, übernahm die Funktion des Ministerpräsidenten. Im Januar 1982 starb Michail Suslow, der Ideologe im Politbüro, der in sowjetischen Kreisen auch „Königsmacher“ genannt wurde. Er hatte als „zweiter Mann“ erheblichen Einfluss auf Personalentscheidungen, was einmal mehr deutlich wurde, als Juri Andropow nominiert wurde. Andrej Kirilenko, zuständig für die Wirtschaftspolitik, trat zurück, der Verteidigungsminister Dmitri Ustinow, Vertreter des militärisch-industriellen Komplexes im Politbüro, zählte mit seinen 74 Jahren längst zur Altherrenriege. Mit dem Tode Breshnews bahnte sich ein Wandel an.

Die Weltöffentlichkeit reagierte auf die Nachricht vom Ableben Breshnews gelassen. Schlagzeilen lieferte die Nachricht, dass ein Außerordentliches Plenum des ZK Juri Andropow zum Generalsekretär der Partei gewählt habe. Man war sichtlich überrascht, dass der ehemalige Vorsitzende des Komitees für Staatssicherheit zum Generalsekretär gewählt worden war. Das hatte meines Erachtens zwei gewichtige Gründe: Andropow hatte bereits 1937, mit dreiundzwanzig Jahren, seine politische Laufbahn als Gebietssekretär des Komsomol in Karelien begonnen. Im Kriege nahm er am Partisanenkampf teil und begann nach der Befreiung 1944 in Petrosawodsk mit der hauptamtlichen Parteiarbeit, die er von 1953 bis 1957 als Botschafter der UdSSR in Ungarn unterbrach. Ich lernte ihn damals bei der Vorbereitung und Durchführung der ersten Weltkonferenz der kommunistischen Parteien kennen, bei der er als Abteilungsleiter für Internationale Beziehungen im Zentralkomitee ein gewichtiges Wort mitzusprechen hatte. Fünf Jahre später stieg er zum Sekretär des ZK auf. Er wurde als eine lautere und gerechte Persönlichkeit allgemein geschätzt. Man erwartete von ihm, dass seine internen Kenntnisse es ihm gestatteten, der unter Breshnew blühenden Vetternwirtschaft ein rigoroses Ende zu bereiten. Diese begann bei Breshnews Tochter und ihren Männern und galt auch für seinen alkoholkranken Sohn.

Die meisten Menschen in der Sowjetunion verbanden mit dem Namen Andropow große Hoffnungen. Dass Schieber und korrupte Bürokraten um ihr Schicksal bangten, gereichte Andropow nur zur Ehre.

Die Führung der SED begrüßte seine Wahl, auch weil er immer sein gutes Verhältnis zur SED und DDR betont hatte. Das galt übrigens auch für mich. Er stand mit mir auf Du und Du. Das erste Gespräch Honeckers mit Andropow nach dessen Wahl war von Sachlichkeit und einer nüchternen Atmosphäre bestimmt, wie ich sie in den vielen Jahren meiner Tätigkeit als Dolmetscher selten erlebt hatte. Auf meine Frage an seine MWD-Begleiter, wie er auf das von Honecker als Geschenk gedachte Meißener Porzellan reagiert habe, erhielt ich die Antwort, dass sie es gar nicht auspacken durften, sondern ungesehen an ein Altersheim weitergegeben hatten. Als ich das Honecker ein wenig schadenfroh mitteilte, tat er, als hätte er es überhört.

Andropow setzte Honecker davon in Kenntnis, dass er Vorstellungen habe, wie die innenpolitische Situation zu verändern sei. Viel wichtiger aber schien ihm die Frage, wie die Arbeit des RGW zu reorganisieren sei. Er bat Honecker, Gedanken und Vorschläge zu diesem Thema zu Papier zu bringen. Es ging vor allem um eine effektivere Tätigkeit des Rates.

Damit hatte Andropow seinen Finger auf den schwächsten Punkt unserer Gemeinschaft gelegt. Ob seine Schlussfolgerungen bis zu einem mehr marktwirtschaftlichen Sozialismus gelangt wären und ob er bereit gewesen wäre, ökonomische Reformen durch politische zu ergänzen, vermag ich nicht zu sagen. Aber wie er diese Frage stellte und zur offenen Diskussion aufforderte, lässt es vermuten.

Bei einer Debatte wären Wirtschaftsexperten und Politiker an diesem Thema nicht vorbeigekommen. Ob die SED zu dieser Auseinandersetzung einen effektiven Beitrag geleistet hätte, ist leider zu bezweifeln, da sich Honecker in der Wirtschaft überhaupt nicht auskannte und unbegreiflicherweise allein das Urteil Günter Mittags gelten ließ.

Der stand dem RGW sehr skeptisch gegenüber, weil er davon ausging, dass die DDR auf Grund ihres industriellen Entwicklungsstandes im RGW immer der Gebende sein würde und andere Länder die Nutznießer. Seine Meinung tendierte zu bilateralen Abkommen. Diese Überlegung wiederum musste zwangsläufig zur Abhängigkeit der DDR von der BRD führen und zu Praktiken, mit denen die Cocom-Bestimmungen umgangen werden konnten.

Es war Andropow nicht vergönnt, seine Reformgedanken zu realisieren. Sein früher Tod beendete den gerade anlaufenden Prozess. Das Unheil eskalierte noch, weil er nie darüber nachgedacht hatte, wer ihm folgen könnte. Um sich ungestört den strategischen Herausforderungen widmen zu können, hatte er alle organisatorischen Fragen dem Sekretär des ZK Konstantin Tschernenko überlassen, den er – mit Verlaub – als „Bürovorsteher" von Breshnew übernommen hatte.

Das aber löste letztlich eine fatale Folge aus: Die Altherrenriege des Politbüros wählte Tschernenko zum Generalsekretär. Das Motiv für diese katastrophale Entscheidung dürfte der Kampf der um die Führung rivalisierenden Gorbatschow, Romanow und Grischin gewesen sein. Ich muss aber vermuten, dass sich alle Beteiligten über die Tragweite im Klaren waren. Ustinow, der Repräsentant des mächtigen industriell-militärischen Komplexes im Politbüro, soll die Wahl mit den Worten empfohlen haben: „Wählen wir Konstantin, er ist der Beste für uns!" Das Zentralkomitee stimmte in gewohnter Weise der Entscheidung des Politbüros zu. Ich bin mir ziemlich sicher, dass so manches Mitglied dieses Gremiums skeptisch dabei war, aber die Gewohnheit besiegte alle Zweifel. Augenzeugen erzählten mir, dass Tschernenko später in den Sitzungssaal getragen wurde, bevor die Mitglieder des Politbüros eingelassen wurden. Die Sitzungen dauerten oft nur einige Minuten. Der Abgang erfolgte in umgekehrter Reihenfolge. Es fällt heute noch schwer, sich vorzustellen, dass eines der damals mächtigsten Länder der Welt von einem todkranken Greis regiert wurde.

Ein Jahr und einen Monat dauerte dieser „Vorsitz". Am 10. März 1985 starb Tschernenko im Alter von 74 Jahren. Dieses eine Jahr zählte aber, weil es verging, ohne dass Reformen in Angriff genommen wurden. Das Renommee der Sowjetunion sank weiter, vor allem bei ihren Freunden. Der politische Gegner gab nicht zu erkennen, wie groß seine Begeisterung war, aber sie dürfte immens gewesen sein. Die UdSSR war in der Breshnew-Ära bereits in einen solchen wissenschaftlich-technischen Rückstand und dadurch natürlich auch in politischen Verzug geraten, dass man im Weißen Haus und anderswo zufrieden sein konnte. Eine grundsätzliche Veränderung in der Führung des Landes war unter Andropow nicht auszuschließen. Aber ehe es dazu kam, fielen die Würfel wieder zu Ungunsten der Sowjetunion.

War dieses unselige Personalkarussell eine sowjetische Spezifik oder wo lagen seine Wurzeln? War eine Partei wie die KPdSU nicht imstande, Führungspersönlichkeiten hervorzubringen, die in der Lage waren, das Land aus der Stagnation herauszuführen? Wohlgemerkt ein unglaublich rohstoffreiches, mit geistigen Potenzen gesegnetes Land! Lag alles am System? Viele neigen dazu, diese Erklärung als gängigste zu offerieren. Dann müssten sie allerdings auch die Frage beantworten, wie China trotz des Personenkults um Mao Zedong, trotz der unsäglichen Kulturrevolution und solcher politischen Eskapaden wie der „Großen Sprünge“ Persönlichkeiten wie Tschou En lai, Liu Shaoqi und Deng Xiaoping hervorbringen konnte. Männer, die große Reformen einleiteten und das Land, das sich das Ziel gestellt hatte, mit seinem Bruttosozialprodukt eines Tages die USA zu überflügeln, erfolgreich in die Gegenwart führten.

Und wer sich bei der Suche nach einer Antwort auf die Frage nach den Gründen des sowjetischen Personalkarussells doch lieber auf das System berufen möchte, der kann nicht umhin, zur Kenntnis zu nehmen, dass das andere System – ich schrieb schon darüber – von einer schockierenden Korruptionsaffäre in die nächste stolpert. Der Europagedanke wurde bejubelt, das „Vereinte Europa“ gefeiert, aber kaum war der Rat der Kommissare der EU berufen, schrillten bereits die Alarmglocken, die signalisierten, dass Minister des Kontinents käuflich sind. Man muss sich doch hypothetisch fragen: Wohin ist diese Welt geraten, wenn Politiker in höchsten Rängen von Italien bis Korea, von Japan bis in die USA, von Lateinamerika bis in die BRD und eben auch in Russland vor Gericht stehen, weil sie das eigene Bankkonto höher einstuften als den Eid, den sie geleistet hatten?

Die erste Hälfte des vorigen Jahrhunderts prägten noch Persönlichkeiten wie Lenin, Roosevelt oder Churchill. Mit dem Zusammenbruch des Kolonialsystems traten Persönlichkeiten wie Nehru, Gandhi, Nasser, Lumumba und Sékou Touré ins Rampenlicht. Auch heute kann man noch Persönlichkeiten finden: Mandela, Castro, Rabin, Arafat.

Günter Reimann, 1933 aus Deutschland emigriert, heute bekannter Ökonom in den USA, schreibt in seinem 1994 im Kiepenheuer-Verlag erschienenen Buch „Ohnmacht der Mächtigen“: „In den Ländern des westlichen Kapitalismus gibt es ebenfalls eine Tendenz zur Herausbildung bürokratisch staatlicher Organisationen, die den führenden Staatsmännern Macht und Autorität gegenüber allen Klassen gewähren soll. Diese Konzentration staatlicher Macht verwandelt die Führer in Leiter staatlicher

Bürokratien, deren Eigengesetze sich ihnen aufdrängen. Deswegen leben wir im Zeitalter mittelmäßiger Persönlichkeiten, die an der Spitze des Staates als große Staatsmänner und Führer auftreten. Die Entwicklung der gesellschaftlichen Verhältnisse steht stets im Widerspruch zu den Vorstellungen der staatlichen Führer.“ Das ist zumindest eine Antwort auf die vielen Fragen.

Ende und Anfang

Als Honecker seinen Antrittsbesuch bei Juri Andropow machte, fungierte ich das letzte Mal als Dolmetscher. Mit der Wahl ins ZK endete ein Abschnitt meines Lebens, der mich fast drei Jahrzehnte geprägt hatte. Ich war mit vielen Persönlichkeiten der Weltpolitik zusammengetroffen, auch mit solchen, deren Bedeutung heute anders eingeschätzt wird. Ich hatte in vertraulichen Gesprächen erlebt, dass Politik selten so gemacht wurde, wie man es als Zeitungsleser glauben mochte. Und ich hatte diese Persönlichkeiten aus nächster Nähe kennen gelernt.

Als Mao Zedong 1957 auf der Weltkonferenz Friedrich Ebert ansprach: „Na, Dickerchen, wer bist du denn?“, geriet ich in arge Schwierigkeiten. War der chinesische Dolmetscher, der die Frage ins Russische übersetzte, etwas leichtfertig mit den Vokabeln umgegangen, oder war das der Umgangston des großen chinesischen Führers? Vorsichtshalber habe ich es jedenfalls freundlicher formuliert, schon um Ebert nicht zu schockieren. Jener Dolmetscher Maos verschwand dann auch sehr plötzlich, weil er, wie man mir anvertraute, in einer Übersetzung ins Russische das Wort „Arsch“ gebraucht hatte und damit die sowjetischen Gesprächspartner derart düpierte, dass man um seine Ablösung bat.

Ho Chi Minh wäre nie ein beleidigendes Wort über die Lippen gekommen. Der 1890 in einer patriotischen Gelehrtenfamilie Geborene, hatte seine politische Tätigkeit in Frankreich begonnen. 1930 gehörte er zu den Mitbegründern der KP Indochinas und wurde nach der erfolgreichen Augustrevolution 1945 zum Staatspräsidenten gewählt, ein Amt, das er bis zu seinem Tode 1969 ausübte. Ho Chi Minh, der sich in den Widerstandskämpfen gegen die französischen Kolonialisten und dann gegen die USA-Aggressoren auszeichnete, bewegte sich im Kreis der politischen Spitzenfunktionäre stets ungezwungen, war immer zum Scherzen aufgelegt und wenn in diesen eher frauenlosen Runden ein weibliches Geschöpf auftauchte, übertraf er alle anderen durch sein galantes Auftreten. Dazu gehörte nicht selten ein dezent hingehauchter Kuss.

Den Präsidenten der Koreanischen Volksdemokratischen Republik, Kim Ir Sen oder Kim Il Sung, wie er später genannt wurde, habe ich nie bei internationalen Treffen erlebt. Seine seltenen Auslandsreisen führten ihn stets nur in ein Land und damit zu einem Gastgeber. Der Personenkult um ihn, den ich einmal im Urlaub in Nordkorea erlebte, übertraf meine gewiss nicht kargen „Erfahrungen" mit dem Stalinkult. Offenbar spielte hierbei auch die asiatische Mentalität eine Rolle. Wie groß sein Anteil an der nationalen Befreiung seiner Heimat von den japanischen Besatzern tatsächlich war, hat man nie so recht erfahren. Es wurde ihm jedenfalls vieles zugeschrieben, was wohl übertrieben war. Die Menschen in diesem Lande lebten mit diesem Kult, zumal er, da es damals keine Versorgungsprobleme gab, mit sozialer Geborgenheit verbunden war, wie sie dies nie zuvor erlebt hatten.

Ich glaube, dass Personenkult auch objektive nationale, historische und soziale Wurzeln hat. Dazu kam, dass die nationale Isolation den Menschen die Möglichkeit nahm, Vergleiche zu anderen Ländern zu ziehen.

Walter Ulbricht hat nach dem XX. Parteitag mehrfach versichert, dass es einen Personenkult, wie um Stalin, in der DDR nicht gebe und nicht geben könnte. Als Chrustschow bei einem Treffen später einmal die „Pekinger Volkszeitung" herumreichte, auf deren Seiten mehr als ein Dutzend Mao-Fotos prangten, löste das bei den Ersten Sekretären Gelächter aus, das hämisch klang. Daran erinnerte ich mich später, als wir die Messeausgaben des „Neuen Deutschlands" mit den vielen Fotos von Honecker sahen. Der Rekord soll bei 121 Bildern gelegen haben. 121 Bildern, auf denen Honecker jeweils an einem anderen Stand zu sehen war. Vor allem junge Menschen überrascht solch Unfug mehr als irgendein falscher Beschluss über Wirtschaftspläne. Sie fragen: Wie kann man 121 Honeckerbilder in eine Zeitung bringen? Wer waren die Parteifunktionäre, die das anwiesen, und wer die Redakteure, die diese Weisung befolgten? Warum war wenigstens nicht ich einer, der protestierte? In meinem Fall ist das sogar ein Familienfall. Ich gehörte zu denen, die diese Anweisung zumindest billigten, und mein Bruder saß im Redaktionskollegium des „Neuen Deutschlands". Nein, ich habe niemanden angerufen und interveniert, und er hat mich nicht einmal angerufen und gefragt, was der Schwachsinn soll. Der Leser will aber wissen, warum wir nicht interveniert hatten, und unsere aufrichtige Antwort lautet: „Weil wir uns daran gewöhnt hatten." Und natürlich auch, weil man uns sagte, dass jene Konzerne, die den Mut aufbrachten, Honecker an ihrem Stand mit Sekt zu bewirten, auch ein Bild davon in der Zeitung sehen sollten. Man glaubte oder, besser gesagt, man redete sich ein, dass eine solche Illustration dem internationalen Renommee der DDR diene.

Dass ungeachtet von Ulbrichts Beteuerungen, man pflege keinen Personenkult in der DDR, die Leuna-Werke und ein Stadion in Berlin nach ihm benannt wurden, spricht nicht für ihn. Allerdings wurde später ein Beschluss gefasst, nach dem weder Gebäude noch Institutionen nach lebenden Persönlichkeiten benannt werden durften. Daraufhin verloren die Leuna-Werke den Namen Ulbrichts, bekamen ihn aber nach seinem Tode wieder.

Der Personenkult hatte viele Gesichter. Nach Stalin und Mao änderten sich Umfang und Formen, sein Wesen wurde aber nie ausgerottet. Und wir lebten damit. Ich akzeptierte sogar vieles, weil ich den äußeren Bruch mit der Vergangenheit für vollzogen hielt.

Ich saß Hunderte Male neben oder hinter führenden Funktionären der DDR und der Sowjetunion im offenen oder geschlossenen Auto und fuhr mit ihnen durch kilometerlange Spaliere begeisterter Menschen. Unterstellen wir, dass Schulklassen und Büroangestellte an die Straßenränder „delegiert" worden waren, die Begeisterung, die ich erlebte, konnte nicht kommandiert worden sein. Einmal fragte mich Chrustschow, ob ich bemerkt hätte, dass ihm besonders ältere Frauen zujubelten. Er gab selbst die Antwort: „Diesen Frauen steckt noch der Krieg in den Gliedern. Sie haben vielleicht sogar Mann oder Sohn verloren und sehen in mir einen derjenigen, die für Frieden sorgen können und auch wollen."

Die Freundschaft zur Sowjetunion war bei allen Problemen der Vergangenheit auch Ausdruck der Abkehr von der Vergangenheit, war die Zuversicht, dass Gegenwart und Zukunft in Gemeinsamkeit zu meistern sind. Völkerfreundschaft war keine Worthülse, sondern eine realistische Hoffnung. Wem das zu plakativ klingt, der sollte es meinetwegen anders formulieren, aber den Kern dieser Behauptung nicht in Frage stellen. Dabei will ich nicht leugnen, dass der eine oder andere Staatsmann oder Parteifunktionär in dieser Hinsicht nicht gerade als Propagandist auftrat. Nicolae Ceausescu, der 1965 nach dem Tode des Ersten Sekretärs der Rumänischen Arbeiterpartei, Gheorghe Gheorghiu-Dej, dessen Nachfolge antrat, warb schon durch sein Auftreten kaum für unsere Idee. Gheorghiu-Dej war volksverbunden, umgänglich und galt als ehrlicher Freund der Sowjetunion. Ceausescu dagegen folgte dem nationalistischen Ministerpräsidenten Maurer und bemühte sich ständig, die besondere Rolle Rumäniens zu demonstrieren. Ich habe das im Zusammenhang mit seinem Auftreten bei einer Tagung und der schlagfertigen Antwort Kossygins bereits erwähnt. Kossygin galt immer als der Mann, der am ehesten mit dem Außenseiter zurechtkam. Während der obligatorischen Krim-Sommertreffen versuchte Ceausescu so manches Mal, seinen nationalistischen Standpunkt durchzusetzen. Die Regel bürgerte sich ein, dass die Sitzung unterbrochen wurde und Breshnew, meist sekundiert von Kossygin, mit ihm ein wenig spazieren ging. Die anderen Teilnehmer der Tagung verfolgten das Schauspiel teilnahmslos, da sie wussten, dass Ceausescu nach spätestens zwanzig Minuten an den Tisch zurückkehrte und die Beratung fortgesetzt wurde, als sei nichts geschehen. So manches Projekt im RGW, das die Gemeinsamkeit fördern sollte, scheiterte an der halsstarrigen Haltung Ceausescus. Ein Potentat, wie er im Lehrbuch der alten Geschichte steht. Deshalb verstand auch niemand so recht, welche Verdienste gewürdigt wurden, als man ihm 1989 den Karl-Marx-Orden überreichte. Ohnehin wurden diese Ordenszeremonien von der Bevölkerung kaum zur Kenntnis genommen. In diesem Fall wurden aber sogar Fragen laut, zumal man in Moskau in der

Ordensverleihung das Symptom für eine Liaison zwischen Berlin und Bukarest witterte. Die Antwort war simpel, er war siebzig Jahre alt geworden.

Da ich einmal dabei bin, meine aus vielen Begegnungen gewachsenen Chrakterskizzen der führenden Männer des sozialistischen Lager preiszugeben, will ich auch einige Worte über Gustav Husák sagen, der nach den Augustereignissen 1968 zum Ersten Sekretär der KP der Slowakei und im April 1969 zum Ersten Sekretär der KPČ gewählt wurde. Er hatte ein sehr schweres Erbe anzutreten. Seit 1933 Mitglied der KPČ, wurde er nach der Befreiung Mitglied des ZK und Abgeordneter der Nationalversammlung. 1950 geriet er in irgendeinen absurden Verdacht und wurde aller Funktionen enthoben. 1963 rehabilitierte man ihn. So war er 1968 der Mann mit einer für alle Seiten akzeptablen Vergangenheit. Er verstand es, Ausgleich und Konsens zu suchen. Er gehörte zu jenen, die sich nie nach vorn drängten, aber immer ihren Standpunkt vertraten. Er sprach übrigens gut Deutsch, so dass ich in seiner Gegenwart arbeitslos war und höchstens um Hilfe gebeten wurde, wenn er mit einem russischen Wort eine Lücke schließen oder das Gespräch in russischer Sprache fortsetzen wollte. Ich habe ihn immer sehr geschätzt.

Das gleiche galt für János Kádár, der auch immer sachlich seine Position vertrat, die nicht selten von der allgemeinen abwich. Aber auch er wusste, wie man zum Konsens gelangt. Kádár war schon neunzehnjährig in der illegalen KP tätig, wurde 1944 von den Faschisten verhaftet und nach der Befreiung Mitglied des Politbüros. 1951 verhaftete man ihn unter irgendeinem Vorwand, sperrte ihn ein, rehabilitierte ihn aber später. 1956, als die Ungarische Sozialistische Arbeiterpartei neu formiert wurde, war er daher der Mann der Stunde. Kádár suchte intensiv den Weg zu Reformen. Sehr behutsam, Schritt für Schritt, immer das Einvernehmen des „großen Bruders" beachtend, von Chrustschow erst lächelnd, dann rügend der Entwicklung des „Gulaschkommunismus" bezichtigt, suchte er einen eigenen, ungarischen Weg.

Von ganz anderer Art ist Fidel Castro, für den ich allerdings nie übersetzt habe, da ich mit meinem „Nur-Russisch" nicht gefragt war. Ich habe ihn aber oft bei den internationalen Begegnungen in Moskau beobachtete. Er fiel in der Runde auf, da er sich von den anderen in seinem Auftreten abhob. Würde er nicht höchste Achtung verdienen, könnte man ihn einen „stolzen Spanier“ nennen. Aber die Worte erschöpfen nicht den Eindruck, den er hinterließ. Wenn sich die hohe Runde am Abend zu einem Empfang begab, war es Sitte, dass sich die Ersten Sekretäre drängten, um dem Gastgeber die Hand zu schütteln. Da fehlte auch Ceausescu nicht. Allein Castro blieb stehen, wo er stand, sprach mit diesem oder jenem und nahm von der Schlange der Händeschüttelnden keinerlei Notiz. Er stellte sich, in ein Gespräch verwickelt, abseits, bis die anderen ihren Auftritt beendet hatten. Was blieb dem Gastgeber anderes übrig – in den meisten Fällen, an die ich mich erinnere, war es Breshnew –, als sich zu Castro zu begeben und ihn zu begrüßen? Kuba war zwar von der Sowjetunion abhängig, aber das demonstrierte Castro nicht durch devote Haltung.

Das blanke Gegenteil war der Erste Sekretär der Mongolischen Partei, Jumschagin Zedenbal, der als Sohn eines Araten in Irkutsk Wirtschaftswissenschaften studiert hatte. Er arbeitete zunächst als Lehrer, stieg dann zum Finanzminister auf und wurde 1940 und nach dem Krieg, 1948, erneut Generalsekretär. Er sprach gut, aber mit erheblichem Akzent russisch und war nicht leicht zu verstehen. Einen Dolmetscher lehnte er ab. Da er mit einer Russin verheiratet war, wurde, so erzählte man jedenfalls, in der Familie nur russisch gesprochen, was die Bevölkerung mit Unmut registriert haben soll. Dazu kam, dass seine Frau ihn öfter überredete, ihn nach Moskau, auf die Krim oder in ihre Heimatstadt zu begleiten, was die Aversion noch steigerte. Zedenbal konnte sich aber dennoch bis 1989 an der Macht halten, da jeder Mongole um die Abhängigkeit des Landes von der Sowjetunion wusste und dies innerhalb der Familie Zedenbal personifiziert sah.

Und weil ich einmal begonnen habe, Vergleiche zwischen den verschiedenen Funktionären anzustellen, fahre ich damit fort: Der Bulgare Todor Shiwkow ähnelte Zedenbal in mancher Hinsicht. Eine Parallele bestand schon darin, dass beide aus Ländern kamen, in denen die Landwirtschaft überwog. Zwar hatte die DDR der Mongolei eine Teppichfabrik, ein Fleischkombinat und eine Druckerei geliefert, doch das waren noch keine Grundlagen für einen Industriestaat. In Bulgarien begünstigten Boden und Klima die Landwirtschaft. Aber damit waren dennoch keine Gewinne wie in der Industrie zu erzielen. Schiwkow startete heftige Angriffe gegen die Preispolitik des RGW, der Industriegüter höher bewertete als landwirtschaftliche Erzeugnisse. Er tat es vergeblich. Deshalb machte Bulgarien große Anstrengungen, um das Land zu industrialisieren, und bemühte sich besonders um die Bereiche der Elektronik und der Gentechnologie. Zedenbal und Shiwkow waren beide lebenslustig, immer zum Scherzen und Lachen aufgelegt. Auch Shiwkow sprach russisch, und beide galten als verlässliche Gefolgsleute der KPdSU. Widerspruch war von ihnen nicht zu erwarten.

Dem Albaner Enver Hoxha sollte ich einmal bei seiner Ankunft auf dem Berliner Ostbahnhof eine Rede, die er in albanisch hielt, deren Text man mir aber in russischer Sprache übergeben hatte, übersetzen. Damit hatte ich zwei Probleme. Das erste bestand darin, den Rhythmus der Rede Hoxhas einzufangen, die entsprechenden Passagen in dem russisch vorliegenden Text schnell herauszufinden und in der Übersetzung ins Deutsche ungefähr einzuhalten. Das zweite hing damit zusammen, dass es in Strömen goss und der mit Kopierstift geschriebene Text schneller zerfloss, als ich ihn vortragen konnte.

Empfang der Kosmonauten in Berlin

Über meine Dolmetschertätigkeit zu schreiben und die sowjetischen Kosmonauten nicht zu erwähnen ist unmöglich. Ich bin vielen von ihnen begegnet, habe sie begleitet, betreut und natürlich für sie übersetzt. Bei vielen wurde eine Freundschaft daraus. Ich besuchte sie privat im Sternenstädtchen und könnte seitenlang über sie erzählen. Doch ich werde mich kurz fassen. Als Erster kam das Juri-Gagarin-„Double“ German Titow, der als zweiter Mensch ins Weltall flog, in die DDR. Das war im Herbst 1961, kurz nach der Grenzschließung, im Vorfeld der Wahlen. Er war nicht nur ein exzellenter Jagdflieger, den man zum Kosmonauten qualifiziert hatte, sondern auch eine sehr gebildete Persönlichkeit, mit der man sich über vieles unterhalten konnte. Er war geistreich und hatte Humor.

Nachdem wir uns näher gekommen waren, verriet er mir eines Tages unter vier Augen, dass sein Gleichgewichtsorgan während des Fluges im All versagt hatte und er dadurch in beträchtliche Schwierigkeiten geraten war. Daraufhin habe man im Ausbildungszentrum den großen Schleudersitz konstruiert, um jeden Anwärter testen und eine Wiederholung dieser unvorhergesehenen Probleme vermeiden zu können.

Mit Valentina Tereschkowa

Auch Walentina Tereschkowa verbarg mir nicht, dass sie sich niemals zu diesem Flug entschlossen hätte, wenn sie gewusst hätte, was ihr im so menschenfeindlichen Kosmos bevorstand.

Natürlich waren Probleme, Schwierigkeiten und Pannen, die in der ersten Phase solcher Projekte nicht ausbleiben können, nicht der allgemeine Gesprächsstoff. Aber zuweilen war schon die Rede davon. Die ersten Raumflüge bleiben für alle Zeiten sowjetische Pionierleistungen, denen die Welt Beifall zollte. Dies bewog die USA-Administration, ein Offensivprogramm auszuarbeiten, um den Vorsprung der UdSSR im All aufzuholen und möglichst als erste Nation eine Landung auf dem Mond zu vollbringen.

Der erste Mensch im Weltall war Juri Gagarin. Er war ein äußerst sympathischer Mann, der sich seiner Rolle in der Welt wohl bewusst war, deshalb aber nicht „abhob". Er konnte sich in jeder Gesellschaft bewegen und über alles plaudern. Eines seiner größten Probleme war, mit den unzähligen Frauen zu Rande zu kommen, die ihm nachliefen. Er war nicht nur der erste Mann im Kosmos, sondern auch ein attraktiver Typ, der Sexappeal ausstrahlte, und damit der Traum vieler Frauen, keineswegs nur gleichaltriger. Wo er auftauchte, war er umschwärmt und wurde eingeladen, und oft machte die holde Weiblichkeit wenig Hehl daraus, dass sie ihn verführen wollte. Er bewohnte im Sternenstädtchen mit seiner Familie – einer sehr sympathischen und gebildeten Frau und den Kindern – eine für unsere damaligen Maßstäbe ganz normale Wohnung, die für Moskauer Verhältnisse allerdings recht komfortabel eingerichtet war. Die zahllosen Geschenke, die er überall in der Welt erhielt, wanderten ins Museum, nur wenige schmückten das Wohnzimmer.

Bei einem Besuch in Moskau lud mich German Titow zur Hochzeit seiner Schwester ein. Da sich der stimmungsvolle Abend, zu dem auch Kosmonauten erschienen waren, die ich noch nicht kannte, bis in die späte Nacht hinzog, tauchte das Problem meiner Rückkehr auf. Im Fuhrpark war kein Wagen mehr. Also lud man mich ein, bei den Titows zu übernachten. Ganz im Vertrauen – und sollte jemand von Ihnen meiner Frau begegnen, so reden Sie mit ihr bitte nicht darüber –: Man steckte mich mit zwei Kosmonautenfrauen ins Ehebett der Titows.

Um deren und natürlich auch meinen guten Ruf zu wahren, bettete man mich mit dem Kopf dorthin, wo die Frauen ihre Füße hingestreckt hatten. Dennoch gab es am nächsten Morgen am Frühstückstisch einige anzügliche Bemerkungen.

Bei jenem Besuch, den Titow der DDR abstattete, wurde er von seinem Arzt, dem Wissenschaftler Wladimir Jasdowski begleitet. Man arrangierte in Berlin, im Roten Rathaus, eine Zusammenkunft mit Mitgliedern der Akademie der Wissenschaften. Ahnungsvoll hatte ich die Veranstalter gebeten, einen fachkompetenten Dolmetscher heranzuholen. Irgendjemand muss mich für ein Genie gehalten haben und die Frage nach dem Dolmetscher mit dem Hinweis beantwortet haben: „Einen Übersetzer? Wir haben doch den Eberlein!" Das Treffen begann, ich ahnte nichts Böses, bis man mir plötzlich eröffnete, dass ich die Gespräche übersetzen sollte. Hätte nicht der Physiker Robert Rompe, der perfekt russisch sprach, im Präsidium gesessen, wäre ich kaum über die Runden gekommen, denn es fielen Worte, die ich nie zuvor im Leben gehört hatte.

Während einer Reise Walentina Tereschkowas durch die DDR wurde sie vom Chef der Ausbildungsgruppe der Kosmonauten, Fliegerpilot Kamanin, begleitet. Er war der Erste, der mit dem Titel „Held der Sowjetunion" ausgezeichnet worden war, als er sich bei der dramatischen Rettungsaktion der so genannten Tscheljuskin-Expedition im nördlichen Eismeer hervorgetan hatte. Jetzt stand sein 60. Geburtstag bevor, wie ich erfuhr.

Da das einzige größere Zimmer im Hotel von Valentina bewohnt wurde, veranlasste ich kurz vor der Abfahrt zu einer Veranstaltung, in diesem Zimmer eine großzügige Geburtstagstafel zu decken. Unterwegs informierte ich sie darüber und hörte zu meiner Überraschung eine unerwartete Antwort: „Der kann mich mal ...!" Was tun? Ich musste all meinen Charme aufbringen und mit „Waletschka" viel Süßholz raspeln, um die Party noch über die Bühne zu bringen. Ob sie mir das nachtrug und mich deshalb in Schwierigkeiten bringen wollte, weiß ich bis heute nicht, aber lange nach Mitternacht, als wir bereits einige Gläser Wein und Wodka geleert hatten, bestellte Valentina zum Abschluss Pellkartoffeln. Sie hat sie auch bekommen, und der für mich denkwürdige Abend fand einen harmonischen Ausklang.

Die Himmelsstürmerin Tereschkowa war am Ende irdisch geblieben.

Nicht unterschlagen darf ich den Kosmonauten Alexej Leonow, der 1965 während eines 26-stündigen Raumfluges als erster Mensch aus der Raumkapsel stieg und zwölf Minuten frei im Raum flog. Mögen sich solche Zahlen heutzutage nicht sehr im-

Fernsehdiskussion mit Kosmonauten

ponierend ausnehmen, damals waren es Sensationen, die weltweit Schlagzeilen lieferten. Auch in Leonow lernte ich einen echten Kumpel kennen, und wir verbrachten manch stimmungsvolle Stunde.

Ich habe eine Weile überlegt, ob ich hier ein Zitat des „Stern" einfüge, und habe mich dann entschlossen, es zu tun. Es stammt aus einem Magazin vom Juli 1963: „Chrustschow wird besser übersetzt als Kennedy. Einer durfte in Berlin Nikita Chrustschow ins Wort fallen, wann immer er wollte. Der Ostblock-Herrscher fügte sich lächelnd. Freilich liebt der rote Herr derartige Unterbrechungen nur durch seinen Übersetzer, den Zwei-Meter-Hünen Werner Eberlein. ‚Chrustschows Schatten' ist stets die getreue deutsche Stimme seines Herren aus Moskau. Auf ihn kann sich der Sowjetmensch verlassen. Mit ihm erlebt er keine so misslichen Pannen, wie sie John F. Kennedy mit Dolmetscher Robert Lochner bei seinem Deutschland-Trip jüngst widerfuhren.

Chrustschow hat für seine Reden einen lautgerechten Lautsprecher. Wie er räuspert, wie er spuckt, hat Eberlein dem Kreml-Boss trefflich abgeguckt. Flüstert der Chef, säuselt der Übersetzer. Brüllt Nikita, tönt Eberlein simultan. Chrustschow kann gewiss sein, dass er sowohl im Wortlaut als auch im Tonfall unverändert auf die deutschen Zuhörer weitergereicht wird.

Nicht so erging es Kennedy. Was der Besucher aus dem Weißen Haus in wohlformulierten Worten ausdrückte, wurde vom Dolmetscher lieblos heruntergeleiert, er interpretierte den Präsidenten auch falsch ... Solcherart Sorgen hat Chrustschows deutschsprachiger Sprüchemacher nicht. Der Kreml-Chef spricht langsam, benutzt schlichte Bilder und lässt sich in seinen Sätzen beliebig oft unterbrechen, so dass der Dolmetscher wie ein Simultan-Übersetzer wirkt. Durch dieses System der Gleichzeitigkeit von Rede und Übersetzung geht nichts vom ursprünglichen Schwung Chrustschows verloren. Der Zuhörer hat den Eindruck, er verstehe den Redner selbst."

Schluss mit den Komplimenten. Sicherlich hat mir eine gewisse Flexibilität geholfen, den Deutschen Chrustschow relativ original nahe zu bringen. Wenn er das russische Sprichwort gebrauchte, dass verloren ist, was von der Fuhre fällt, übersetzte ich es mit: „Was vom Karren fällt, ist futsch!" Diese Version entsprach durchaus der Ausdrucksweise Chrustschows und war demzufolge „typischer", als wenn ich das russische Sprichwort original übersetzt hätte.

Arge Erfahrungen habe ich im Fernsehen gesammelt. Als die erste politische Sendung nach Moskau übertragen werden sollte, bat man mich aus Moskau, die Rede Ulbrichts ins Russische zu übertragen. Ich saß allein im Studio, hatte den Text in der Hand und sah kein Problem, als plötzlich mitten während der Übersetzung das Telefon auf dem Tisch zu klingeln begann. Ich nahm ab, übersetzte weiter und hörte eine Stimme aus Moskau, die mich auf Russisch bat, zur Konzertleitung umzuschalten. Man hatte mir das Gespräch ins Studio vermittelt, weil niemand im Hause Russisch sprach. Ich fuchtelte verzweifelt mit den Armen, bis endlich jemand von der Regie aufmerksam wurde und hereinkam. Ich schrieb, ständig weiter übersetzend, auf einen Zettel, dass man die Sendung auf die Konzertleitung umschalten solle. Daraufhin schrieb mir der Kollege aus der Regie einen freundlichen Zettel, ich möge doch in Moskau rückfragen, was sie unter der Konzertleitung verstehen? Schließlich kam noch alles ins Lot, aber ich auch ins Schwitzen.

Ein anderes Mal war ich eingeladen, die Übertragung einer Moskauer Veranstaltung anlässlich des Jahrestages des Überfalls Hitler-Deutschlands auf die Sowjetunion zu übersetzen. Wieder allein im Studio, begann ich mit der Übersetzung einer Kundgebung im Kreml. Es sprachen Vertreter der verschiedensten Bevölkerungsgruppen. Ich übersetzte eine Stunde. Es gab kein Problem. Nach zwei Stunden hatte ich aber den dringenden Wunsch, das Studio kurz zu verlassen. Da kein Ersatzmann in Sicht war, war ich gezwungen, weiter zu reden. Nach zweieinhalb Stunden war das Ende der Veranstaltung immer noch nicht abzusehen. Es sprach gerade die Mutter der jungen Partisanin Soja Kosmodemjanskaja, die bei einer Operation im Hinterland von den Deutschen gefangen genommen, gefoltert und hingerichtet worden war. Den lang anhaltenden Beifall, den ich voraussah, konnte ich dann endlich nutzen, um das Mikrofon für kurze Zeit allein zu lassen. Als ich wieder ins Studio hastete, sah ich auf dem Bildschirm schon Nikita Chrustschow reden, stülpte mir die Kopfhörer über und formulierte aus den wenigen Worten, die ich gehört hatte, schnell einen zusammenhängenden Satz. Erst später erfuhr ich, dass er gerade erst zu sprechen begonnen hatte. Nach 225 Minuten war mein Übersetzungsmarathon beendet. Eine Eintragung ins Guinness-Buch der Rekorde hat niemand beantragt.

Noch eine letzte Episode aus meiner „Fernsehkarriere". Am 1. Mai war es üblich, ab acht Uhr die Parade auf dem Roten Platz in Moskau und die Ansprache zu übertragen. Ich dolmetschte. Gegen Mittag folgte dann eine Sammelsendung aus Moskau, in der jeweils zehn oder fünfzehn Minuten die Demonstrationen der Bevölkerung aus Warschau, Budapest, Prag, Sofia, Bukarest und Berlin gesendet wurden. Alle Übertragungen wurden in russischer Sprache kommentiert, so dass ich sie ins Deutsche oder die Übertragung aus Berlin ins Russische übersetzen musste. Als ich mir einmal – wieder allein im Studio – vor Beginn der Sendungen aus den befreundeten Hauptstädten die Kopfhörer aufsetzte, hörte ich eine angenehme männliche Stimme: „Diese Leitung ist belegt vom Deutschen Fernsehfunk!“ Dieser Hinweis wiederholte sich ständig. Die Sendung begann, auf dem Fernsehschirm liefen die Bilder, aber im Kopfhörer war lediglich die mir langsam schon nicht mehr angenehm klingende Stimme zu vernehmen, die dabei blieb, dass die Leitung vom Deutschen Fernsehfunk belegt sei. Um es kurz zu machen. Ich habe die Sendung über eine Stunde lang aus dem Berliner Studio kommentiert, erzählte den Zuschauern vom schönen Wetter in Bukarest, von János Kádárs Rede in Budapest und vieles andere mehr. Dabei wurde ich ständig von dieser nun inzwischen entnervend monotonen Stimme begleitet. Als ich mich hinterher beschwerte, entschuldigte sich Heinz Adameck, damals Chef des Deutschen Fernsehfunks, tröstete mich aber mit dem Hinweis, dass die Zuschauer nichts davon bemerkt hätten. Das war mir nur ein geringer Trost.

Meine höchste Wertung als Dolmetscher

Mein prominentestes Lob als Dolmetscher stammt aus Leningrad. Anfang der sechziger Jahre begleitete ich eine SED-Delegation mit Albert Norden und Horst Sindermann. Tagsüber wurden Gespräche im legendären Smolny geführt. Am Abend besuchten wir ein Theater, in dem der nicht nur in der Sowjetunion bekannte Schauspieler Nikolai Tscherkassow auftrat. An jenem Abend spielte er einen Atomwissenschaftler, der, versehentlich verstrahlt, mit der Gewissheit leben muss, dass der Unfall sein baldiges Lebensende zur Folge haben wird. Wie in dieser Situation weiterleben? Wie die verbleibenden Tage gestalten? Nach der Aufführung fand ein Gespräch mit dem Intendanten, der allerdings kaum zu Wort kam, und dem wortgewaltigen Tscherkassow statt. Ich saß in der relativ kleinen Runde hinter Tscherkassow und übersetzte simultan. Es ging nicht nur um den tieferen Sinn des damals aktuellen Stückes, sondern auch um die Frage, ob das Theater dem Zuschauer solche Fragen beantworten kann. Meist redete Tscherkassow. Er beantwortete Fragen, polemisierte und argumentierte. Nach einer Stunde unterbrach er seinen Wortschwall, da er erst in diesem Augenblick wahrnahm, dass seine Zuhörer ihn gar nicht verstanden, sondern auf den Dolmetscher angewiesen waren, der die ganze Zeit über seine Ausführungen ins Deutsche übertragen hatte. Er wandte sich nun an mich und begann mich auszufragen, wie eine solche Simultanübersetzung möglich sei, ob man nicht den Satzbau verändern müsse und was ihn sonst noch interessierte. Wieder waren die anderen nur die Zuhörer. Die Tatsache aber, dass ich eine Stunde lang übersetzt hatte, ohne dass er den Dolmetscher wahrgenommen hatte, war für mich persönlich das höchste Lob.

Das Attentat

Wir erreichen die nächste Passage meiner Biographie. Im Juni 1983 rief mich Erich Honecker zu sich und eröffnete mir freimütig, er habe ein Attentat auf mich vor. Ich saß ihm gegenüber, und er berichtete von seiner letzten Reise in die Sowjetunion, von all denen, die mich grüßen ließen, wie sehr er bedaure, dass ich ihn nicht mehr begleitete und noch manches andere mehr. Ich wartete gespannt auf das „Attentat". Plötzlich rückte er damit heraus, dass ich im Bezirk Magdeburg eingesetzt werden sollte.

„Was soll ich in Magdeburg?", war meine verdutzte Frage. – „Du wirst dort Erster Sekretär der Bezirksleitung!"

Ich überlegte keine Minute: „Nein! Dazu bin ich zu alt!" Die versteckte Prophezeiung: „Magdeburg wird für deine Perspektive gut sein", habe ich erst viel später verstanden. In diesem Augenblick antwortete ich: „Ich habe eine Perspektive und die ist die eines Rentners!" – „Dazu bist du noch zu jung", entgegnete Honecker, „und gesund bist du auch. Das Politbüro ist der Meinung, dass du dich in Magdeburg zur Wahl stellen sollst."

In diesem Augenblick erfasste ich nicht, dass Honecker niemandem, schon gar nicht einem „Jüngeren", das Recht zugestand, aus Altersgründen auszuscheiden, da er, wie ich später begriff, wohl fürchtete, dass man eines Tages auch an ihn solchen Maßstab anlegen könnte.

Mein Freund Professor Moritz Mebel, international anerkannter Spezialist für Nierentransplantationen, erinnerte sich unlängst noch aller Einzelheiten jenes Tages. „In einer der Pausen während der Sitzungen des ZK-Plenums stand ich am Imbisstisch und unterhielt mich, als plötzlich der ‚Lange' – so nannten wir ihn alle – an meiner Seite auftauchte. Erst dachte ich, er hätte irgendeinen neuen Witz zu erzählen, denn niemand konnte ihm in dieser Hinsicht das Wasser reichen. Aber nichts von einem Witz. Er entschuldigte sich für die Störung und zog mich beiseite. Etwas bleich im Gesicht sagte er mir, dass ihn Honecker aufgefordert habe, er solle als Erster Sekretär der Bezirksleitung nach Magdeburg gehen. Es kam für ihn wie ein Blitz aus heiterem Himmel. Er habe dem Generalsekretär erwidert, dass er in diesem Jahr 64 Jahre alt würde und Honecker habe lächelnd geantwortet: ‚Das ist ein Beschluss des Sekretariats des ZK.' Ich konnte mir denken, was im Kopf meines Freundes vor sich ging. Er beugte sich zu mir herunter. Das hatte er schon getan, als er noch mein Pionierleiter in der Karl-Liebknecht-Schule gewesen war und eine vertrauliche Sache besprechen wollte. Jetzt wartete er offensichtlich auf ein Wort von mir. Ich sah zu ihm auf und sagte: ‚Du musst und wirst es schaffen.'"

Man kann heute darüber urteilen, wie man will. Man kann orakeln: „Was wäre geschehen, wenn ..." Man kann Überlegungen anstellen, wie sich mein weiteres Leben gestaltet hätte, wenn ich bei meinem Nein geblieben wäre. All diese Erwägungen wären utopische Fabuliererei, denn ich sagte nicht nein. Warum? Ganz unverblümt: Ich war seit meiner Jugend zu Parteidisziplin erzogen worden. Das wiederum heißt nicht, dass ich immer und zu allem ja sagte, aber dass ich immer zur Verfügung stand, wenn versichert wurde, ich würde dringend gebraucht. Vielleicht hat man das irgendwann auch ausgenutzt, aber selbst das würde ich nicht bereuen, denn unser Zusammengehörigkeitsgefühl – wenn ich dieses Wort statt des Begriffs Parteidisziplin verwende – hat uns erfolgreich durch viele Täler gelangen lassen. Darum erscheint es mir auch müßig, zu grübeln, ob ich heute anders gehandelt hätte. Und: Am Tag, nachdem ich die Entscheidung akzeptiert hatte, betrachtete ich sie bereits als eine Herausforderung, mich noch einmal zu beweisen. Und zwar nicht so sehr als ein geeigneter Funktionär, sondern als Genosse, der eine komplizierte Aufgabe zu lösen versucht. Ich will hier nicht vorgreifen, mir aber doch die Bemerkung erlauben, dass ich mich heute nicht des Eindrucks erwehren kann, als ginge es einigen mehr um die Diäten als um die Sache.

Mir jedenfalls ging es damals nicht ums Gehalt. Meine Rente hätte ausgereicht, die relativ bescheidenen Bedürfnisse meiner Familie zu befriedigen. Mir ging es auch nicht um Ruhm und Ehre. Meine „Triumphe" hatte ich als Dolmetscher gefeiert. Ein geruhsamer Platz in der 1968 vor dem Verfall bewahrten „neuen" Laube, in einem zum Park verwandelten Seegrundstück hatte ich mir schon öfter mal ausgemalt. Übrigens: Diese Laube stand auf einer Gemarkung, die zu Wandlitz gehört. So geriet ich unwillkürlich in den Verdacht, mich in „Wandlitz" angesiedelt zu haben, noch bevor ich eine „wandlitzreife" Funktion bekleidete. Aber auch über das andere Wandlitz wird noch zu schreiben sein.

Bevor ich nach Magdeburg aufbrach, machte ich mich ein wenig in der Geschichte kundig. Ich las, dass der Ursprung des Namens etwas mit „Magd", also „Mädchen", und „Buru", dem slawischen Wort für „Heide" zu tun habe: Mädchen auf der Heide. Bekanntlich bilden die klugen und die törichten Jungfrauen ein Spalier an einem Eingang zum Magdeburger Dom, und der Magdeburger Bildhauer Heinrich Apel hat sie noch einmal neben dem Rathaus verewigt.

Schon bald nach meiner Ankunft vergaß ich jedoch Jungfrauen und Stadtgeschichte und befasste mich intensiv mit der Gegenwart. Mein Vorgänger in der Funktion des Bezirkssekretärs, der die Leitung der Parteihochschule in Berlin übernehmen sollte, stimmte nach einiger Bedenkzeit dem Funktionswechsel zu. In den Sitzungspausen des Plenums des Zentralkomitees, auf dem dieser Beschluss zu bestätigen war, wurde der Wechsel lebhaft diskutiert. Die Veröffentlichung des Beschlusses der Magdeburger Bezirksleitung hatte allerlei Fragen ausgelöst. Zum Beispiel, ob diese Praxis nun zur Gewohnheit werden sollte? Andere monierten, dass es doch wohl ein Armutszeugnis für die SED sei, wenn sie in einem Bezirk wie Magdeburg keinen jüngeren Genossen finden könnte. Das erwähne ich hier nur, weil ich deutlich machen möchte, dass die Herausforderung für mich wuchs.

Es gab keinen großen Abschied von Berlin, keinen großen Familienrat vor dem Aufbruch. Meine Frau und die Kinder waren irritiert, weil sie fest daran geglaubt hatten, dass das Familienoberhaupt nach 46 Arbeitsjahren das Recht erworben hatte, ein geruhsames Rentnerdasein zu führen.

Blieb noch die Frage, wie mich die Magdeburger aufnehmen würden. Um es gleich vorweg zu sagen: Sie haben mich wie einen Genossen aufgenommen und es mir somit leicht gemacht, die ersten Hürden zu nehmen.

Ein paar Zeilen Statistik: Magdeburg war mit 11510 Quadratkilometern der zweitgrößte Bezirk der DDR, zählte 1,25 Millionen Einwohner. Auf 730000 Hektar landwirtschaftlicher Fläche waren 90300 Beschäftigten im größten Agrarbezirk tätig. Und nun ein Erster Sekretär, der gerade mal Rüben- von Kartoffelkraut unterscheiden konnte.

1983 konnte der Magdeburger Schwermaschinenbau auf eine rund 150-jährige Tradition zurückblicken. Begonnen hatte alles mit dem Dampfmaschinen- und Dampfkesselbau für die Elbeschifffahrt. Polte und Wolf, Krupp und Junkers waren die dominierenden Betriebe, die 1946 in SAG-Betriebe verwandelt wurden. Wer weiß heute noch, dass dies die Abkürzung für Sowjetische, später Staatliche Aktiengesellschaft war? Die Werke konzentrierten ihre Produktion zu fast 100 Prozent auf Reparationslieferungen in die UdSSR. So war Magdeburg mit 65000 Maschinenbauern zum Zentrum des Schwermaschinenbaus avanciert.

Schließlich galt Magdeburg mit 343 km Grenze zur BRD als größter Grenzbezirk. Dass das aus vielen Gründen alles andere als eine normale Grenze war, muss ich nicht betonen. Dazu ließe sich sehr viel sagen. Was man in den letzten Jahren in den Gerichtssälen hörte, in denen Offiziere der Grenztruppen verurteilt wurden, dürfte bei einer sachlichen Geschichtsaufarbeitung kaum Bestand haben. Ich habe bereits beschrieben, wie es zum Mauerbau gekommen war, und könnte vor jedem Gericht als Kronzeuge dafür auftreten, dass die sowjetischen Generale an dieser Grenze das letzte Wort hatten. Dass sie heute in dem Land leben, dass die DDR an die BRD verhökerte, mache ich ihnen nicht zum Vorwurf. Sie haben sich in der Vergangenheit einige Male zu Wort gemeldet und ihre Bedenken gegenüber den Urteilen geäußert, das spricht für sie.

Neue Maßstäbe

Ich nahm an, dass es im Politbüro oder zumindest im Sekretariat des Zentralkomitees ein Gespräch über meine Aufgaben geben würde, wenigstens aber eine Aussprache mit den zuständigen Sekretären für Industrie und Landwirtschaft. Doch nichts tat sich. Ich erfuhr lediglich den Termin der Bezirksleitungssitzung, auf der ich kandidieren sollte, und auch den erst so spät, dass mir gerade Zeit blieb, meinen Koffer zu packen. Das war meine erste Lektion darüber, dass Industrie und die Landwirtschaft strikt zentral geleitet wurden. Später lernte ich noch hinzu, dass sich die ZK-Sekretäre Mittag und Grüneberg die Erfolge gutschrieben, während Misserfolge auf die Konten der Minister, Kombinatsdirektoren, LPG-Vorsitzenden oder Bezirkssekretäre gingen.

Die Bezirksleitungssitzung dauerte nicht lange. Horst Dohlus begründete im Namen des Zentralkomitees den Vorschlag zur Versetzung des bisherigen Ersten Sekretärs an die Parteihochschule und danach meine Kandidatur. Ich wurde einstimmig gewählt und konnte mit der Arbeit beginnen. Als ich mein Büro betrat, prangte hinter dem Schreibtischsessel ein überlebensgroßes, noch dazu nicht sehr gelungenes Schwarz-Weiß-Porträt Honeckers. Ich hatte in all den Jahrzehnten im ZK nie das Bild des Generalsekretärs in meinem Arbeitszimmer zu hängen. Doch es hätte falsch verstanden werden können, wenn ich als erste Amtshandlung das Bild hätte entfernen lassen. Mir half ein Zufall. Als ich eines Tages das Vorzimmer, in dem Elke residierte, betrat, stand dort ein gutes Lenin-Gemälde, das ich sogleich gegen das Honecker-Porträt austauschte. Ich muss aber gestehen, dass ich später an einer anderen Wand ein Bild kleineren Formats anbringen ließ, das Honecker im Gespräch mit Magdeburger Bürgern zeigte. Das war mein Kompromiss.

Zur Übergabe der Amtsgeschäfte blieben nur wenige Stunden,

Nachdenklich

denn der bisherige Sekretär musste nach Berlin zu seiner Amtsübernahme. Er zählte mir die Namen der Kreissekretäre im Dutzend auf, charakterisierte einige von ihnen, aber ich konnte die Hinweise nicht speichern und wollte auch meine eigenen Erfahrungen sammeln.

Womit beginnen? Am ersten Wochenende musste ich eine dicke Mappe mit Vorlagen für die Sekretariatssitzung durcharbeiten. Ich sollte Standpunkte zu Fragen äußern, von denen ich nicht die geringste Ahnung hatte. Ich wollte und konnte auch nicht als Besserwisser auftreten. Also blieb mir nichts anderes übrig als zuzuhören. Ich ließ die anderen reden, was mir auch half, mir eine erste Meinung über das Kollektiv zu bilden, dem man mich als Berliner vor die Nase gesetzt hatte.

Beim Studium der Tagesordnung der Sekretariatssitzung wurde mir klar, dass, analog der Praxis in Berlin, viele Detailfragen zu erörtern waren. Ich nahm mir vor, mich am Anfang auf Hauptfragen zu konzentrieren, um mich nicht zu verzetteln. Im Vordergrund stand die Landwirtschaft, wegen deren Zustands der Bezirk gerügt worden war. Dann folgte der Schwermaschinenbau, der von den vierzig Milliarden Industrieinvestitionen – einschließlich der Kosten für den Bau des Kernkraftwerks Stendal – nur klägliche 2,48 Milliarden zugewiesen bekommen hatte. Und dann ging es um die Parteiarbeit im Bezirk, die an und für sich das Kernstück des Parteilebens sein sollte. Die Parteiorganisation umfasste damals 168 000 Genossen einschließlich der „Nur-Parteimitglieder", wie sich später herausstellte. Der Maßstab, den Berlin bei der Bewertung des Bezirks Magdeburg anlegte, waren die ökonomischen Kennziffern, die Planerfüllung in Stück und Tonnen, in Zentnern und Metern. Da bei der Planerfüllung das gesellschaftliche Klima eine entscheidende Rolle spielte, nahm ich mir vor, meine Aufmerksamkeit als Erstes der Betriebsatmosphäre, dem produktiven und dem innovativen Kollektivgeist zu widmen. Das klingt heute, da man in solchem Fall von „Teamwork" reden würde, alles ein wenig antiquiert, aber die Atmosphäre jener Zeit lässt sich nicht durch moderne Vokabeln „aufarbeiten". Ich musste Kontakte knüpfen und Begegnungen und Gespräche mit denen suchen, die an der Spitze von großen Kollektiven standen. Dabei sollten Begegnungen mit Arbeitern, Bauern, Genossen und Parteilosen nicht versäumt werden. Ich wollte um keinen Preis als Administrator auftreten, sondern meine Vorstellung vom Parteifunktionär realisieren. Dazu musste ich als erstes um mich herum eine Atmosphäre des Vertrauens schaffen. Und dann strebte ich an, dass die Probleme, ihre Ursachen, ihre möglichen Lösungswege auf dem Tisch ausgebreitet und diskutiert wurden.

Die ersten Schritte musste ich in meiner engsten Umgebung tun, also im Sekretariat der Bezirksleitung und in der Bezirksleitung. Natürlich beobachtete man dort, wie ich mich verhielt, wie ich reagierte. Aber ich spürte bald, dass es kaum Vorbehalte gab und demzufolge auch keine Distanz. Und doch war da etwas: Nach der Wahl hatte ich mit bester Absicht sinngemäß versichert, dass ich keine radikalen Veränderungen im Sinn habe und „wie bisher weitermachen" wollte. Das sprach sich schnell herum und fand ein negatives Echo. Man hatte von mir Veränderungen erwartet. Und nachdem das zu mir durchgedrungen war, grübelte ich, wie ich damit beginnen konnte. Vielleicht wird diese Situation transparenter, wenn ich einen Magdeburger an dieser Stelle zu Wort kommen lasse: Uwe Trostel.

„Ich war seit 1979 Vorsitzender der Plankommission beim Rat des Bezirkes Magdeburg und hatte demzufolge drei ‚Chefs': den Ersten Sekretär der Bezirksleitung der SED, den Vorsitzenden des Rates des Bezirks und schließlich den Vorsitzenden der Staatlichen Plankommission in Berlin. Kein einfaches Leben, wie jeder verstehen wird. Bei Treffen des Sekretariats der BL mit ausländischen Gästen stellte mich Werners Vorgänger in der Regel mit den Worten vor: ‚Und das ist derjenige, der die größten Schwierigkeiten bei der Umsetzung der Beschlüsse der Partei auf wirtschaftlichem Gebiet verursacht und an den gegenwärtigen wirtschaftlichen Problemen Schuld hat.' Das war nicht gerade eine Empfehlung, die man mit Vergnügen anhörte.

1979 war der damalige Erste Sekretär, Alois Pisnik, nach einem von Günter Mittag ersonnenen, mich oft an die mittelalterliche Inquisition erinnerndes Verfahren abgesetzt worden. Wir waren überzeugt, dass der zentrale Partei- und Regierungsapparat Material gegen unseren Bezirk sammelte.

Alois' Nachfolger kam bald. Er hatte im ZK irgendeine hohe Funktion bekleidet und führte sich mit einer für mich als Mann des Staatsapparats schockierenden Botschaft ein, die er mehrfach wiederholte: ‚Also, Genossen, die Lage ist doch so: wir in der Partei schuften Tag und Nacht, wir begeben uns auf Neuland, wir arbeiten wie wahre Pioniere die komplizierten weiteren Schritte aus, und die im Staatsapparat brauchen alles nur noch umzusetzen. Dabei erweisen sie sich selbst bei dieser nun ja wahrlich unkomplizierten Aufgabe als unfähig.'"

Wenn man das heute liest, könnte man zu dem Schluss gelangen, dass die Männer um Mittag Kandidaten für Nervenheilanstalten waren, denn selbst der abgebrühteste Boss aus der Marktwirtschaft würde nicht auf die Idee kommen, sich so irgendwo einzuführen. Deshalb zitiere ich das mit dem ausdrücklichen Hinweis darauf, dass derlei möglich war, aber keineswegs die Regel.

Weiter mit Trostel: „Nachdem jener Sekretär dann sah, dass vieles bei uns besser als in anderen Bezirken funktionierte, hat er die Arbeit des Rates sogar gelobt. Aber dennoch musste er wegen unerträglichen Größenwahns schließlich gehen, und damit kam für uns alle die Frage auf, wie wird sich der Neue benehmen? Wie steht er zum Rat des Bezirkes?

Die Frage beantwortete sich schnell. Schon in den ersten Sekretariatssitzungen, die kurz und sachlich abliefen, spürte ich, dass dieser Sekretär Achtung vor den Leistungen anderer hatte. Das bekundete er nicht mit leeren Floskeln und auch nur, wenn es angebracht war. Und es zeigte sich noch ein anderer unschätzbarer Vorteil seiner Persönlichkeit: Er konnte geduldig zuhören; er bestand nicht auf einer vorgefassten Meinung, er war sachlichen Argumenten zugänglich und – eine von mir in dieser Funktion selten erlebte Eigenschaft – sogar bereit, seine Meinung zu korrigieren.

In trockenen Sommern stieg im Bezirk die Zahl der Waldbrände regelmäßig in einem beängstigenden Ausmaß an. Ich informierte darüber das Sekretariat. Auf die mit vernehmlicher Ungeduld in der Stimme geäußerte Frage nach den Schuldigen antwortete ich vielleicht zu spontan und gar nicht nach dem Geschmack von Werner: ‚Die Freunde sind schuld!' Jeder Waldbrand wurde sorgfältig dokumentiert, auch hinsichtlich seiner Entstehungsursache, und sogar kartiert, und das waren bis zu 98 Prozent ‚Manöver'. Als Werner die Unterlagen studiert hatte, ließ er sich auf dem Direktapparat mit dem Kommandierenden der sowjetischen 3. Stoßarmee verbinden. Nach freundlicher Begrüßung fragte Werner unvermittelt – das verstand ich ohne Dolmetscher

–, wie lange die Sowjetarmee noch brauchen würde, um die Kiefernwälder der Altmark völlig abzubrennen. Das Gespräch wurde abgebrochen, und bald darauf erschien der Kommandeur mit zwei oder drei Offizieren und beteuerte schon an der Türschwelle mit Tabellen in der Hand die Unschuld seiner Soldaten. Ja, räumte er ein, es könne ein paar Ausnahmen gegeben haben, aber die anderen Brände seien durch deutsche Pilzsammler verursacht worden, die undiszipliniert im Walde rauchten.

Werner ließ die Karten der Sperr- und Manövergebiete auf dem Tisch ausbreiten und wies dann auf die eingetragenen Brandstellen: ‚Hier, sieh mal, da kommen nur deine Leute rein, denn da stehen eure Wachen und verjagen unsere Pilzsammler. Aber gerade dort hat es am meisten gebrannt. Und hier habt ihr nicht mal unsere Feuerwehr hereingelassen. Sie ist – hier ist sogar die Uhrzeit vermerkt – angerückt und nach zwei Stunden, als fast alles abgebrannt war, wieder losgefahren.‘ Der Kommandeur war inzwischen rot vor Zorn im Gesicht und herrschte die ihn begleitenden Offiziere an, warum sie ihn falsch unterrichtet hatten. Dann entschuldigte er sich bei Werner, was ihm nicht leicht fiel. Danach hat es im Sommer nur noch ‚normal‘ gebrannt.

Werner ist ein fröhlicher Mensch. Er liebt Witze, und ich glaube allen, die in jener Zeit behaupteten, er sei nebenbei ein erfolgreicher Erfinder politischer Witze. So verwundert es auch nicht, dass er sich über die Eröffnung einer neuen Spielstätte des Kabaretts ‚Die Kugelblitze‘ freute und Konzepte machte, wie die Eröffnung festlich begangen werden könnte.

Das neue Gebäude war eine Idee Magdeburger Architekten, die es kühn in den Block Leiterstrasse mitten im Stadtzentrum platziert hatten. Die alte Spielstätte, der Kristallpalast, war baufällig und musste gesperrt werden. Ich war längst nicht so begeistert von dem Kabarett, nicht aus politischen, sondern aus Gründen der Planung. Da eine solche Kulturinvestition schon das allererste ‚Streichkonzert‘ in der zentralen Plankommission nicht überstanden hätte, musste ich es irgendwie im ‚Plan komplexer Wohnungsbau‘ unterbringen, deutlicher formuliert, dort verstecken.

Dann geschah Folgendes: Am Vorabend des 1. Mai berichtete die Aktuelle Kamera über die Inbetriebnahme eines neuen Krankenhauses im Bezirk Potsdam. Ein Mitarbeiter der Abteilung Planung im ZK argwöhnte, dass es sich um einen ‚Schwarzbau' handelte. In dem Beschluss, den das Sekretariat des ZK hierzu fasste, hieß es sinngemäß, dass die Potsdamer Genossen disziplinarisch zur Verantwortung zu ziehen seien. Außerdem sollte der Beschluss, wie das ständig der Fall war, in allen Bezirken ausgewertet werden. Die Plankommission sollte dafür sorgen, dass in den Plänen zum komplexen Wohnungsbau keinerlei Zweckentfremdung geduldet würde. Natürlich hatte ich während der ganzen Dienstberatung nur noch das Kabarett vor Augen. Wenn schon ein Krankenhaus solche Folgen auslöste, wie würde man da bei der Entdeckung eines Kabaretts verfahren?

Ich meldete mich mit dem Ratsvorsitzenden bei Werner an, um eine geeignete Formulierung für die Staatliche Plankommission zu beraten. Er war mit unserem Vorschlag einverstanden. Der Humor verließ ihn auch in dieser kniffligen Situation nicht. Er grinste, als er vorschlug, bei der nächsten Sekretariatssitzung folgenden Beschluss mündlich einzubringen:

1. Alle bisher geplanten Feierlichkeiten anlässlich der Inbetriebnahme des Kabaretts ‚Die Kugelblitze' werden ersatzlos abgesetzt.

2. Für die Bauarbeiter und alle an diesem Vorhaben direkt Beteiligten wird die erste Vorstellung gegeben. Sie steht unter dem Motto: Wegen Eröffnung geschlossen."

So weit Uwe Trostel. Was mich angeht, so hatte ich in meinem bisherigen Leben so manche Hürde nehmen müssen und erinnerte mich, wie ich in der Regel zum Erfolg gekommen war. Mein Fazit lautete: Kollektivität und Kollegialität nicht als Losung, sondern als Anleitung zum Handeln. Und als Prinzipien folgte ich weiter meinen menschlichen Erfahrungen: Ehrliches Zugehen auf den Anderen, ihm Vertrauen entgegenbringen, den Partner nie spüren lassen, dass er eine mindere Funktion bekleidet, und immer die Gemeinsamkeit suchen. Das erwies sich dann auch als ein Schlüssel zu Herz und Hirn der Magdeburger. Der erste Sekretär im Bezirk war nun mal nach der „Hierarchie" eine Führungsperson. Das akzeptierte jeder Genosse, aber auch die Mehrzahl der Bürger. Falsch aber wäre gewesen, das den anderen spüren zu lassen. Autorität entsteht nur durch Vertrauen. Anerkennung kann nicht verordnet werden, sie muss wachsen. Ich dachte oft darüber nach und achtete darauf, dass dies die Richtschnur meines Handelns blieb.

Sehr bald spürte ich, dass die Menschen, mit denen ich zusammenkam – und ich suchte ständig nach Kontakten –, sich mir gegenüber aufgeschlossen und freundschaftlich verhielten. Es waren sehr oft kompetente, in ihrem Fachbereich anerkannte Persönlichkeiten, die Hilfe brauchten, um die von ihnen angestrebten Veränderungen in die Wege leiten zu können. Sie suchten nach einem eigenständigen Spielraum für ihr eigenverantwortliches Handeln.

Der LPG-Vorsitzende oder der Leiter eines Staatsgutes bedurfte keiner Ratschläge oder Empfehlungen von mir. Wenn er fachlichen Rat suchte, wandte er sich an einen Agronomen und nicht an den Parteisekretär, es sei denn, dieser war ein kompe-

Im Gespräch mit Landwirten und LPG-Vorsitzenden

tenter Landwirt. Er brauchte sachliche, meist einfach materielle Hilfe oder Unterstützung bei der Überwindung bürokratischer Hemmnisse. Da ein Bezirkssekretär nur sehr bedingt über materielle Werte verfügte, bestand meine Hilfe in erster Linie darin, den wirtschaftlich denkenden LPG-Vorsitzenden freie Bahn zu schaffen und sie von administrativen Zwängen so weit wie möglich und zu verantworten war, freizuhalten. Es ging darum, ihnen schöpferische Freiräume zu schaffen. Die Praxis, so glaube ich heute behaupten zu können, hat mir Recht gegeben. Die Erträge der Felder stiegen nicht nur, weil vielleicht das Wetter die Landwirtschaft begünstigte. Es waren die kreativen Kräfte der Bauern, die auf dem Feld und im Stall für bessere Ergebnisse sorgten. Und die hätten noch weitaus besser sein können, wenn die ökonomische Kraft der DDR gereicht hätte, mehr und produktivere Maschinen einzusetzen und rechtzeitig die nötigen Ersatzteile zur Verfügung zu stellen. Wie viel Kraft und Aufwand war oft erforderlich, um die vorhandene Technik in Gang zu halten. Dabei hatten wir im Bezirk das Schönebecker Traktoren- und Dieselmotorenwerk, in dem auch Feldhäcksler hergestellt wurden. Es waren zwei große Betriebe, die gegen den Rat und das Wissen der Fachleute und unseren Willen durch eine zentrale Order fusioniert werden mussten. Die Details werden den Leser heute, da von diesem Doppelwerk so gut wie nichts übriggeblieben ist, kaum noch interessieren. Aber ich will wenigstens erwähnen, dass dort die Produktion von Ersatzteile im Wert von zweihundert Millionen Mark geplant war und dieser Plan in der Regel auch erfüllt wurde. Das deckte allerdings nicht den Bedarf. Und so mussten Genossenschaften die aufwendige und vor allem unökonomische Aufgabe übernehmen, sich zum Teil selbst mit Ersatzteilen zu versorgen oder verschlissene Technik zu regenerieren. Das Problem entstand durch die zu lange Laufzeit der Traktoren, deren Ersatzteilbedarf sprunghaft anstieg. Die Kapazität des Werkes war voll ausgelastet. Eine Erweiterung scheiterte an der limitierten Zahl der Getriebe. Möge dieses eine Beispiel nur deutlich machen, dass es nicht an einem maroden Maschinenpark lag – was wiederum nicht heißen soll, dass nicht manche Maschinen hätten erneuert werden müssen – oder an der mangelnder Arbeitsbereitschaft in den Betrieben.

Die Landwirtschaft der DDR hatte sich in den Genossenschaften gut entwickelt. Jahrelang auf vornehmlich sowjetische Importe angewiesen, konnte sich die DDR von den siebziger Jahren an nicht nur selbst mit Nahrungsmitteln versorgen, sondern stieg zum Exportland für landwirtschaftliche Erzeugnisse auf. Wenn ich mich daran erinnere, fällt mir vieles ein. Im Magdeburger Fleischkombinat rollte alle zehn Sekunden eine Schweinehälfte vom Fließband. Aber für die Tiere musste auch das Futter beschafft werden. Schwer erarbeitete Dollar flossen für Futtergetreide und Ölkuchen, Sojaschrot und Fischmehl auf den Weltmarkt. Die westdeutschen Fleischimporteure wussten um unsere Sorgen und drückten die Preise. Mancher westdeutsche Millionär verdankte sein Vermögen dem Fleiß auch der Magdeburger Arbeiter und Bauern.

Und jeder Bauer war materiell an den Erfolgen beteiligt, ein materielles Interesse des Einzelnen war vorhanden. Einer der Gründe dafür, warum sich so mancher „Ossi"-Bauer, selbst wenn er 1960 nicht ganz freiwillig einer LPG beigetreten war, heute standhaft weigert, sich freiwillig dem gnadenlosen Kampf der „freien" Marktwirtschaft allein auszusetzen.

Ich könnte beim Leser langsam in Verdacht geraten, mich selbst zu widerlegen. Hatte ich nicht versichert, dass ich mich in meiner neuen Funktion vor allem davor hatte hüten wollen, mich als Fachmann aufzuspielen? Und jetzt schreibe ich pausenlos über Produktionszahlen und Effektivität, als hätte ich Ahnung davon. Deshalb ein offenes Wort zwischendurch: Es stellte sich heraus, dass ich mich auf meine alten Tage doch noch dafür interessieren musste, wie viel Milch eine Kuh täglich gibt. Und auch noch für vieles andere mehr. Und ich will auch nicht darauf verzichten, Ihnen und mir darüber Rechenschaft abzulegen, was sich in diesem Bezirk getan hat. Und zwar nicht, um etwa meine Verdienste zu preisen, sondern um meine Hochachtung gegenüber all denen zu bekunden, die trotz aller Schwierigkeiten den Problemen zu Leibe rückten. Um dabei reich zu werden? So reich, dass sie eines Tages andere für sich arbeiten lassen könnten und sich selber auf Segeljachten zu vergnügen? Die Frage stellen, heißt sie zu beantworten. Und ich stelle und beantworte sie, weil ungeachtet aller Redereien und Medienmühen alle, die daran beteiligt waren, auf ihr Leben stolz sein können. Sagen wir: Sie haben nicht umsonst gelebt!

Ich kehre zurück zu Milchleistungen und Hektarerträgen. Ich verzichtete darauf, jedes Mal, wenn die Rede davon war, zu sagen, ich hätte nicht die geringste Ahnung davon. Ich hörte zu, lernte und stieg bald dahinter, worum es ging. Ich konnte die zentralen Vorgaben über die Stückzahl der Kühe nicht ändern, aber ich dachte darüber nach und grübelte, ob nicht für die zentralen Erfassungsorgane allein die Milchleistung ausschlaggebend gewesen wäre. Weniger Kühe mit mehr Milch hätten sich positiv auf die Futtersituation ausgewirkt. Ich entdeckte, dass sich mein Verhältnis zum Wetter änderte. Morgens erkundigte ich mich erst einmal nach der zu erwartenden Niederschlagsmenge, horchte herum, in welchem Kreis wie viel Millimeter Regen niedergegangen waren, und lernte, dass Magdeburg hinter der Regenscheide des Harzes liegt.

Es sind das Tatsachen, die man nicht ignorieren kann, wenn man sich mit den Behauptungen auseinandersetzt, die DDR sei an ihren Unzulänglichkeiten gescheitert. So vergleicht man zuweilen west- und ostdeutsche Erträge in der Landwirtschaft, ohne dabei unterschiedliche Bedingungen in Rechnung zu stellen. Tatsächlich waren die Zuckerrübenerträge in Westdeutschland höher als in der DDR, obwohl die Börde über gute Böden für den Zuckerrübenanbau verfügte. Niemand bedachte aber bei dem Vergleich dieser Ziffern, dass die Bördebauern das geerntete Blatt als Futtersilage nutzten, während der westdeutsche Bauer das Rübenblatt als Gründünger unterpflügte.

Viel Zeit habe ich auch bei Debatten mit Betriebsfunktionären verbracht. Ich wollte weder Kontrolleur noch Administrator sein. Mir lag viel am Vertrauen der Partner. Mein Freund Norbert Kulik erinnerte sich: „Das war in Magdeburg im Jahr 1984. Ein halbes Jahr zuvor war ich als Zweiter in der FDJ mitverantwortlich für Jugendfragen. Ich erinnere mich, dass eines Vormittags mein Telefon klingelte: ‚Hier ist Werner.‘ – ‚Welcher Werner?‘, fragte ich zurück. – ‚Werner Eberlein, hast du mal Zeit für mich?‘

Natürlich hatte ich. Kurze Zeit später saß ich bei ihm, und er fragte mich: ‚Ist dir Michail Lermontow ein Begriff?‘ Ja, er war mir ein Begriff, ich hatte dies und jenes von ihm gelesen.

‚Wollen wir nicht einmal sein Thema ‚Ein Held unserer Zeit' diskutieren? Es auf unsere Zeit beziehen, bei euch mit deinen Mitstreitern?'

Wir wollten. Fortan nannten wir diese bald regelmäßig stattfindenden Treffen die ‚Spinnstunden'. Da wurden auch heiße Themen in nicht druckreifer Form diskutiert. Wir haben einfach unsere Gedanken fliegen lassen. So manche Aktion und Idee wurde da geboren und auf den Weg gebracht.

Wir nutzen das auch in der heutigen Zeit noch. Neudeutsch heißt das Brainstorming und ist ein wichtiges Element zur Strategiefindung und Teamarbeit.

Doch unser Gespräch war damals mit der Vereinbarung eines ersten Termins für eine ‚Spinnstunde' nicht beendet.

‚Warst du in letzter Zeit mal im Theater?' – ‚Hast du dieses – er nannte einen Titel, auf den ich mich nicht mehr besinne – Stück gesehen?' – Ich hatte – zufällig. – ‚Wie fandst du es? Toll, was?'

‚Na ja', antwortete ich und rettete mich in ein paar belanglose Floskeln, denn mir hatte es nicht gefallen. Werner war es nicht entgangen. Er wollte es genau wissen: ‚Hat es dir nun gefallen oder nicht?'

‚Nein, es hat mir nicht gefallen, weil …'

Werner daraufhin: ‚Ist in Ordnung – ich wollte nur erfahren, ob du deinen Standpunkt auch verteidigst.'

Wenig später wurde ich zum Ersten Bezirkssekretär der FDJ in Magdeburg gewählt. Von Werner lernte ich, zu einer eigenen Meinung zu stehen, für sie zu streiten – dafür das Wissen des Kollektivs oder Teams zu nutzen und so eine Akzeptanz für das gemeinsam erdachte Vorgehen zu erreichen." So weit der FDJler.

Eine andere Herausforderung war für mich der Schwermaschinenbau. Ich wusste seit meinen sibirischen Jahren, wie man eine einfache Drehbank bediente und notfalls auch, wie man sie reparierte. Aber Schwermaschinenbau? Hallen, die bis zum Himmel zu reichen schienen. Nach dem deutsch-französischen Krieg 1870/71 hatte Magdeburg manchen Francs aus der französischen Reparationskasse eingestrichen, Goldstücke, mit denen nicht nur die Maschinenschmieden finanziert wurden, sondern auch die

Im Gespräch mit Stahlgießern von SKET

Stadt verändert wurde. Vornehmlich natürlich im Zentrum und in den Villenvierteln. Die armseligen Hinterhäuser und Mietskasernen der Proleten wurden dabei nicht bedacht.

Nach dem Zweiten Weltkrieg wurde Produktion, wie bereits erwähnt, auf die Bedürfnisse der Sowjetunion orientiert. Der Magdeburger Arbeiter war halbwegs zufrieden: statt der Kriegs- wieder Friedensproduktion, ein sicherer Arbeitsplatz, und die bekanntlich in verschiedenen Stufen vergebene Lebensmittelkarte war auch nicht die schlechteste.

Und nun stand ich vor Walzgerüsten, Großarmaturen, Schiffs-Dieselmotoren, Baggern und Ölpressen, hörte zu, was man mir erzählte, und schwor mir, mich damit zu befassen. Man zeigte mir Verseilmaschinen für Lichtwellenleiter, Drahtziehmaschinen, die mit einer mit bloßem Auge nicht wahrnehmbaren Geschwindigkeit einhundert Meter pro Sekunde rotierten. Als nächstes führte man mir Faltenbalgschrägspindelventile für Kernkraftwerke vor. Ich hatte Mühe, den Begriff nachzusprechen. Die Einrichtung einer zentralen Fertigung rotationssymmetrischer Teile auf Basis NC-gesteuerter Werkzeugmaschinen wurde erörtert. Von der Technischen Universität „Otto von Guericke“ war die Rede. Ich nickte.

Nächstes Feld: Das Bauwesen. Die Palette reichte vom Wohnungsbau, über den Industrie- und Landbau bis zum Spezialbau, der mit von der Partie war, als der Fernsehturm in Berlin hochbetoniert wurde. Man präsentierte mir glaubwürdige Statistiken: Seit 1971 hatten fünfzig Prozent der Bürger des Bezirks eine neue Wohnung erhalten. Aber das war kein Ruhekissen: Obwohl der durchschnittliche Wohnraum pro Kopf 26,5 Quadratmeter betrug und jährlich sechstausend Wohnungen neu gebaut wurden, mussten fünftausend Wohnungen jährlich abgerissen werden. 60000 Wohnungsanträge lagen noch auf den Schreibtischen der Ämter. Und dann das Problem der Mietpolitik. 120000 Mark kostete eine Wohnung, sechshundert Mark kamen jährlich durch die Miete ein. Es ließ sich im Kopf ausrechnen, dass 200 Jahre vergehen mussten, damit sich die Wohnung „rechnete“. Ganz zu schweigen von den 4173 Mark, die jährlich für Betriebs- und Instandhaltungskosten pro Wohnung aufgewendet werden mussten. Durch diese Bilanz mit roten Dauerzahlen bereicherte sich niemand, aber das war auf die Dauer nicht finanzierbar. Ich habe nie eine Antwort darauf erhalten, ob Mittag oder Honecker sich je darüber den Kopf zerbrochen haben, aber ändern wollten sie daran nichts. Um keinen Preis. Sollten sie gefürchtet haben, dass es Proteste geben würde, wenn man die Mieten normalisierte, so wäre es eine unbegründete Furcht gewesen. Einen Staat, dessen Sozialpolitik sich mit der der DDR vergleichen wollte, wird es nicht geben.

Man war damals stolz auf den neuen Stadtbezirk Olvenstedt. Dass sich die Situation seitdem dort geändert hat, kann man der DDR nicht auch noch anlasten. Man war stolz auf die Sanierungen am Hasselbach-Platz, weil es die ersten Schritte im dringend erforderlichen innerstädtischen Bauen waren. Wenn Gäste aus Berlin, auch aus dem Politbüro, kamen, zeigte ich ihnen auch, was an Problemen noch vor uns lag: die Hinterhäuser in der Hegelstraße. Leider hat Erich Honecker meine Einladung, sich nicht nur aus schriftlichen Berichten und Kurzvisiten bei der „Staatshasenjagd“ mit Magdeburg und den Magdeburgern vertraut zu machen, nicht angenommen, vielleicht weil Mittag die „Marschroute“ für Honeckers Reisen in die Bezirke festlegte. Ich will nicht in den Chor derer einstimmen, die alle Schuld bei denen „da oben“ sahen. Ich kann es schon deshalb nicht tun, weil ich ja selber ziemlich „weit oben“ saß. Aber solche Besuche hätten vielleicht zu kon struktiven Gesprächen vor Ort geführt, bei denen darüber hätte geredet werden können, was der Bürger unter „Lösung des Wohnungsbauprogramms als soziales Problem“ verstand und ob es real war zu hoffen, dass diese Vorstellungen bis 1990 zufriedenstellend gelöst würden. Anmerken möchte ich allerdings, dass Magdeburg damals keinen einzigen Kandidaten für eine Laufbahn als Obdachloser hatte, geschweige denn einen Obdachlosen.

Magdeburg galt auch als wichtiger Energielieferant, dessen Bedeutung sich noch beträchtlich erhöhen sollte, wenn die geplanten und bereits in Angriff genommenen vier 1000 MW Druckwasserreaktoren vier 1000 MW Turbogeneratoren in dem Kernkraftwerk bei Stendal trieben. Ich bin heute gegen die Nutzung von Atomkraft, aber das ist mit dem Abstand zu damals zu erklären und mit den Erkenntnissen, zu denen ich seitdem gelangt bin. Trotzdem tut es mir weh, wenn ich im Fernsehen zusehen muss, wie das nie in Betrieb genommene Kraftwerk heute in die Luft gesprengt wird. Wir – das heißt im Klartext, die Bürger der DDR – hatten rund zwölf Milliarden Mark in dieses Projekt investiert. In einem vertraulichen Gespräch deutete mir der sowjetische Sicherheitsexperte an, dass er nach dem Unglück in Tschernobyl zwar keine Garantie mehr für das KKW in Greifswald übernehmen würde, aber hoch und heilig schwören könnte, dass die Sicherheitsvorkehrungen in Stendal höchsten Anforderungen genügten. Sie würden auch Prüfungen entsprechen, wie sie im westlichen Ausland üblich seien. Heute interessiert das niemanden mehr, aber wissen sollte man es dennoch.

Da die Sowjetunion nicht bereit oder vielleicht auch nicht imstande war, den Bedarf der DDR an Erdgas zu befriedigen, suchten wir bei uns auch noch nach Erdgas. Die Bohrungen an der Elbe zeitigten jedoch nur mäßige Erfolge. Die in 3500 Meter Tiefe fündig gewordenen Sonden förderten zwar dreizehn Milliarden Kubikmeter Erdgas jährlich, wurden aber, wie der Fachmann sagt, „überfahren“, also über das normale Maß hinaus ausgebeutet. Die Folgen waren absehbar. Die örtlichen Spezialisten schimpften wegen der entsprechenden Weisungen auf die „Zentrale". Diese erinnerte an die Fehlmengen aus der Sowjetunion. Der Kreislauf war oft entnervend und hatte weder mit dem Gesellschaftssystem noch mit dem Wissen und Können der DDR-Experten zu tun. Also musste die alte Magdeburger Großgaserei pro Tag 2,5 Millionen Kubikmeter Gas produzieren und mit 676000 Tonnen Steinkohlenkoks fünfzig Prozent des jährlichen DDR-Bedarfs decken.

Zu den Aufgaben des Bezirkssekretärs gehörte es bekanntlich auch, regelmäßig „Rechenschaftsberichte" vorzutragen. Vielleicht wirft mir mancher Leser heute noch vor, dass sie unerträglich lang waren. Nein, ich will mich deswegen heute nicht entschuldigen – einige Parteifunktionäre haben sich inzwischen für so vieles entschuldigt, dass ich mich nicht noch ganz hinten in dieser Schlange anstellen will –, sondern nur erklären, dass es zur Gewohnheit geworden war, die wichtigsten Betriebe und Bereiche, die Organisationen und Institutionen in diesem Bericht zumindest zu erwähnen. Es kann kein Zweifel daran aufkommen, dass sich in der DDR schon lange die Kompetenzen verschoben hatten. Denn eigentlich hätte der Parteisekretär seinen Rechenschaftsbericht auf die politische Arbeit beschränken sollen und in meinem konkreten Fall der Vorsitzende des Rates des Bezirkes als „Regierung". Aber es war nun einmal so, wie es war: Die „führende Rolle" der Partei wurde auch in diesem Fall demonstriert. Darum mussten die Zuhörer in Delegiertenkonferenzen stundenlang Berichte anhören. Andererseits war das ja im Grunde die Information für die „Aktionäre" der volkseigenen Betriebe, und die sollte gründlich erfolgen. Deshalb hatten die tüchtigen Frauen der sieben Konfektionsbetriebe im Bezirk, diejenigen, die die Halberstädter Würstchen produzierten, die Arbeiterinnen und Arbeiter des Staßfurter Fernsehgerätekombinats, die Haldenslebener Zier- und Sanitärkeramiker, die Wernigeröder Elektromotorenwerker, diejenigen, die den hochprozentigen Schierker Feuerstein brannten, deshalb hatten die Radsatzarbeiter, Walzwerker und Kalikumpel einen Anspruch, erwähnt zu werden. Und nicht zu vergessen: Die Hasseröder Bierbrauer. Die gab es nämlich damals auch schon!

Bei dieser Aufzählung stoße ich noch auf ein anderes Beispiel: In Burg stand die einzige Knäckebrotfabrik der DDR, deren Produktion aber nicht reichte, um den Bedarf zu decken. Also erwartete man vom Bezirkssekretär eine Antwort darauf, wie diese Lücke geschlossen werden konnte. Die Fabrik arbeitete rund um die Uhr, der Ofen und die durch den Ofen führenden Fließbänder wurden Montag früh angeblasen und in der Nacht zum Sonnabend abgeschaltet. Die Reserven lagen also bei Null, wenn wir nicht Wochenendarbeit hätten einführen wollen. Das war aber nicht realisierbar, da die Maschinen und Öfen die entsprechenden Wartungs- und Reparaturarbeiten brauchten. Heute erfahren wir in der Marktwirtschaft jeden Tag, dass es keine Grenzen gibt, wenn es um die „schwarzen Zahlen" geht, die man auch auf ein Wort reduzieren könnte: Profit.

Ein „kluger" Kopf hatte mir damals empfohlen, vorzuschlagen, den Knäckebrotausschuss zu reduzieren und auf diese Weise Reserven zu erschließen. Das war jedoch eine Fehlanzeige, da der Teig beim Ausrollen immer über den Rand geriet und der Betrieb für diesen „Abfall" mehr Geld kassierte als für das Knäckebrot, denn der Bruch wurde in einer Schokoladenfabrik verwertet.

Das größte Problem aber war ein ganz anderes, und das bewog mich, hier noch einmal auf das fehlende Knäckebrot in der DDR zurückzukommen, obwohl ich weiß, dass das heute niemanden mehr bewegt. Schließlich sind die Regale in den Supermärkten mit Knäckebrot vollgestapelt. Einen Teil der Produktion aus Burg mussten wir damals in die ČSSR exportieren. Ja, mussten, denn auch mit den damit erzielten Kronen finanzierte die DDR den nicht unbeträchtlichen Tourismus der DDR-Bürger in die ČSSR. Das berührt das Thema Auslandsreisen. Es ist nicht wahr, dass Reisen nicht in gewünschtem Maße erlaubt wurden, weil man fürchtete, die Touristen kämen nicht zurück. Das Hauptproblem war die Frage, wie man ihre Reisen finanzieren sollte. Als ich unlängst mit einem Schriftsteller darüber diskutierte, meinte er schlicht: „Da hätte man doch einen Weg finden können." Ich erzählte ihm, dass wir uns die Köpfe zerbrachen, wie in Burg mehr Knäckebrot herzustellen sei, damit wir mehr davon in den DDR-Läden anbieten könnten. Der einfachste Weg wäre gewesen, den Export in die ČSSR zu drosseln, aber dann hätte der Tourismus in die ČSSR reduziert werden müssen. Oder wir hätten eine weitere Backlinie importieren und installieren müssen. Doch auch dafür fehlten die Devisen.

Um zu Devisen zu kommen, „hätte man doch einen Weg finden können". Der Satz geht mir oft durch den Kopf, weil er so leicht dahingesagt worden war.

Noch einmal zurück zu dem Thema: War es eigentlich Aufgabe des Parteisekretärs, sich um Kronen für die in die ČSSR reisenden Touristen zu kümmern und um die neue Backlinie in einem Knäckebrotwerk? Ich will nicht die falsche Auslegung der „führenden Rolle der Partei" rechtfertigen, aber wird nicht auch heute in der Marktwirtschaft, in der der Staat angeblich nirgendwo in die Wirtschaftsmechanismen eingreift, verdächtig oft, die „führende Rolle" des Eigentums ignoriert?

Der Philosoph Robert Steigerwald hat in einem interessanten Vortrag zum Thema „Kapitalistisches Eigentum und bürgerliche Demokratie – oder einige Mystifikationen" gesagt: „Jede Politik ist an ökonomische Grundlagen gebunden. Und da staatliche Maßnahmen immer auch finanzielle Aufgaben stellen, ist staatliches Handeln uneingeschränkt möglich entweder unter Berücksichtigung des durch die Parlamentarier repräsentierten Volkswillens oder entsprechend dem Willen der Wirtschaftsmächtigen, der mittels konjunkturpolitischer Ratschläge der Wirtschaftswissenschaft der Öffentlichkeit kundgetan wird ... Schon der Einsatz von Steuermitteln, die doch der parlamentarischen Kontrolle unterstehen, um private kapitalistische Unternehmen anzukurbeln, ist vom Prinzip her eine Entmachtung des Parlaments, zumindest erfordert das die Bereitschaft der Parlamentsmehrheit, den Wünschen des Kapitals, statt jener des Volkes zu entsprechen."

Ich denke da an die so bejubelte Rettungsaktion des Holzmann-Konzerns. Mit welchem Recht, mit wessen Ermächtigung hat die Bundesregierung die vom Bürger gezahlten Steuern an die – verwenden wir hier ruhig den Begriff – „marode" Konzernkasse überwiesen? Um Arbeitsplätze zu retten? Und wer beweist mir, dass die gleiche Summe nicht bei gefährdeten Mittelständlern mehr Arbeitsplätze gesichert hätte?

Als ich bei Steigerwald las, dass etwa 750 Minister und hohe Staatsfunktionäre etwa 2000 Funktionen in Aufsichtsräten und Vorständen von Konzernen innehaben, war mir klar, dass die Behauptung, Politik und Wirtschaft seien strikt getrennt, nur eine Phrase ist. Ganz zu schweigen von den ans Tageslicht geratenen „Honoraren", die die Konzerne mit allen möglichen Begründungen an Politiker überwiesen haben, und den „Hinweisen" an Staatsanwälte, gewisse Festnahmen „auszusetzen".

Im Gespräch mit DKP-Funktionären

Ich gebe zu: Uns fehlte es an Devisen und Kapazitäten. Ich gestehe: Dadurch pausenlos zur Suche nach Auswegen genötigt, haben wir auch falsche gewählt und Fehler begangen. Aber an Moral hat es uns nicht gemangelt. Nur ist Moral eben kein Faktor für Bilanzen.

Mit der Distanz von über zehn Jahren betrachtet, waren sicherlich manche Probleme „hausgemacht", aber die DDR hing eben, bedingt durch die westliche Embargopolitik, an der Nabelschnur der UdSSR. Die Schwermaschinenbaukombinate lieferten hervorragende Maschinen, die in vielen Fällen auch höchsten westlichen Ansprüchen gerecht wurden. Für den Weltmarkt fehlte ihnen manchmal die modernste elektronische

Steuerung, die aber durch das Embargo unerreichbar war. Hinzu kam, dass die großen Steuerungsschränke aus Teltow nicht in der nötigen Zahl geliefert werden konnten.

Wir suchten gemeinsam mit dem Kombinat SKET nach Auswegen und fanden sie gemeinsam. Ein altes Wohnhaus neben dem Betriebsgelände wurde abgerissen, nachdem den Mietern neue Wohnungen zugewiesen worden waren. Schon im ersten Jahr konnten in der neu entstandenen Produktionsstätte 100 000 Leiterplatten montiert werden. Um keine Irrtümer aufkommen zu lassen: Administration wird nur dann zum Hemmschuh, wenn sie ausufert und sich um ihrer selbst willen betätigt. Parteiarbeit ist ein erforderliches gesellschaftliches Anliegen, um bei der Begegnung mit Menschen deren Probleme kennen zu lernen und mit ihnen gemeinsam Lösungswege zu finden. Das festzustellen ist weder Nostalgie noch Rechtfertigung vergangener Zeiten, denn auch heute sollte im Mittelpunkt der Parteipolitik der Mensch stehen, seine heutigen und seine morgigen Bedürfnisse.

Die von mir ausgiebig erörterte „führende Rolle der Partei" wurde von vielen Bürgern auf besondere Art interpretiert: Der eine brauchte einen Telefonanschluss, beim anderen regnete es durch das Dach, und der Dachdecker hatte keinen kurzfristigen Termin parat, dem Dritten war der Ausreiseantrag abgelehnt worden, der Vierte brauchte eine neue, größere Wohnung, weil die herangewachsene Tochter ein eigenes Zimmer benötigte. Die Liste ließe sich beliebig fortsetzen. Das ist kein Vorwurf: Der Bürger ging davon aus, dass derjenige, der die Führung beansprucht, das auch beweisen soll. So mancher Besucher klingelte sogar abends an meiner Haustür, um mir persönlich sein Anliegen zu unterbreiten. Berief ich mich darauf, dass für dieses oder jenes Problem die staatlichen Organe zuständig seien, wurde das als Ausflucht abgetan: „Wir wissen, welche Kompetenz Sie im Bezirk haben!"

Ich wollte dem Dualismus, der in der Zentrale in Bevormundung und Gängelei gegenüber dem Ministerrat ausartete, im Bezirk nicht folgen, fand aber dabei anfangs nicht einmal Unterstützung im Rat des Bezirks oder im Sekretariat der Partei. Zu sehr hatte sich die bisherige Praxis eingebürgert, dass alle Fragen des Bezirkes allein im Sekretariat der Bezirksleitung zu entscheiden sind. Ich glaube, dass es nach dem personellen Wechsel in der Leitung des Rates des Bezirks Schritt für Schritt gelungen ist, im engen Zusammenwirken mit den staatlichen Organen deren Wirksamkeit zu erhöhen.

Dazu kam der Kontakt zu den Massenorganisationen und befreundeten Parteien. Die Vorsitzenden der Gewerkschaften und des Jugendverbandes waren im Sekretariat der Bezirksleitung vertreten. Mit den anderen galt es, ständigen Kontakt zu halten. Alle wichtigen Entscheidungen der Bezirksleitung wurden mit den Vorsitzenden der CDU, der LDPD, der NDPD, der DBD debattiert und ausdiskutiert. Nicht minder wichtig waren die Massenorganisationen von der integrierenden Nationalen Front bis zum Demokratischen Frauenbund, von der Sportorganisation DTSB bis zur Gesellschaft für deutsch-sowjetische Freundschaft, von der Kammer der Technik bis zum Verband der Kleingärtner, von der Volkssolidarität bis zu den Konsumgenossenschaften und dem Anglerverband. Sie sollten weniger ein Podium für große Reden, als ein Medium für Meinungsforschung und gegenseitige Verständigung sein. Offenherzigkeit war gefragt, denn die Schönfärberei in den Medien konnte kein Maßstab sein, wobei die „Magdeburger Volksstimme“ sich bemühte, realistischer zu sein.

Manche Kritiker der DDR, die niemals Einblick in das rege gesellschaftliche Innenleben dieser Organisationen hatten, behaupten gern, dass diese Vereine und Verbände von den DDR-Bürgern als „Fluchtburgen“ genutzt wurden und die Republik in eine Nischengesellschaft verwandelten. Ich behaupte das Gegenteil, denn in diesen Organisationen konnten die Bürger nicht nur ihren Interessen und Hobbys nachgehen, sondern schufen mit ihrem Engagement auch jenes solidarische Klima, dem heute so mancher nachtrauert.

Mischte sich die SED-Bezirksleitung ein? Oftmals ist es nützlich, wenn ein Außenstehender um seine Meinung gebeten wird, dieser Außenstehende kompetenten Leuten Denkanstöße vermittelt, wenn eine Parteileitung Einfluss auf Personalentscheidungen nimmt, die Bezirksleitung Gespräche und Konferenzen speziellen Themen organisiert und dadurch eine Atmosphäre schafft, die mit der Gesellschaft harmoniert. Als eine Zuckerrübenkrankheit die Rübenerträge minderte, trommelte der Landwirtschaftssekretär Rübenbauern, Wissenschaftler und Agronomen zusammen, um nach einer Lösung zu suchen. Das war eine Initiative, die insbesondere von den Bauern begrüßt wurde, denn es ging ja nicht nur um Ernteerträge, sondern auch um ihr Einkommen.

Das Sekretariat der Bezirksleitung nahm regelmäßig den Bericht einer Kreisleitung entgegen. Als die Kreisleitung Magdeburg Nord eingeladen war, nahm ich vorher an einer Versammlung in einer Hausgemeinschaft teil, die ihren Keller in einen Klubraum umgestaltet hatte. Ich fuhr einige Stunden eher dorthin, um mich in der Gegend umzusehen, und ging in ein paar Geschäfte. Kreissekretär Wolfgang Pohl war dabei. In der Aussprache hielt niemand mit seiner Meinung zurück. Nach Ende der Diskussion trat eine Verlegenheitspause ein. Man zögerte, mir auf der Party Bier und Schnaps anzubieten. Da ich kein Abstinenzler bin, wurde der Tisch eingedeckt, auch mit den längst vorbereiteten belegten Brötchen. Im Verlauf des Abends erzählte man mir, dass im Haus auch ein Alkoholiker wohne, dem man den Zutritt zur Versammlung verwehrt hatte. Aber vorher hatte man seine Fenster mit geputzt. So erfuhr ich, dass man anlässlich meines Besuches im ganzen Haus die Fenster geputzt hatte, und das erboste mich. Man hielt mir entgegen: „Wenn deine Frau Besuch erwartet, putzt sie auch die Fenster!“ Dem konnte ich nicht widersprechen und wechselte das Thema.

Der Leiter der Bezirksverwaltung des MfS zeigte mir eines Tages eine Fotografie des maroden Daches der Superphosphathalle im Chemiebetrieb Fahlberg-List. Ja, auch mit solchen Problemen befasste sich die Staatssicherheit, und zwar sehr oft und auch erfolgreich. Es wurde viel Schaden vermieden.

Ich meldete mich beim Werkleiter dieses Betriebes an. Als ich ihm vorschlug, die Halle gemeinsam zu besuchen, schlug er die Hände über dem Kopf zusammen. Dann setzte er seine ganze Energie darein, mir diesen Besuch auszureden. Wir gingen. In der Halle erklärte er mir, dass weder er noch der Generaldirektor des Kombinats in Wittenberg über die für die Dachsanierung nötigen Investitionsmittel verfügten. Mit Hilfe des für Investitionen zuständigen Staatssekretärs in der Staatlichen Plankommission konnte ein Teil der fünfhundert Millionen Mark, die jährlich für das Kernkraftwerk Stendal bewilligt, aber nach dem Stand der Dinge nicht verbraucht wurden, zu Fahlberg-List „umgebucht" werden. So weit – so gut. Aber es blieb die Frage, warum der Werkleiter nicht zu mir gekommen war, um gemeinsam einen Ausweg zu suchen? Fehlte es am Vertrauen zu mir oder fürchtete er, dass der Besuch bei mir eine unangenehme „Bumerang"-Reaktion Günter Mittags auslösen könnte? Da waren noch mehr Fragen: Warum hat das MfS und nicht der Parteisekretär darauf aufmerksam gemacht? Oder: Hatte man sich etwa mit diesem Zustand abgefunden und würde ihn im Ernstfall nach „oben" schönreden? Viele Fragen an viele Menschen. Ich betone „Menschen", die eben alle auch nur Menschen waren.

Nach so manchem Betriebsbesuch riefen mich am nächsten Tag Arbeiter an, sowohl Genossen als auch Parteilose, und steckten mir, dass mich der Werkleiter falsch informiert und der Parteisekretär geschwiegen hätte. Das brachte mich in Harnisch, und ich stellte die Betroffenen zur Rede. Ich hörte viele Ausreden, erfuhr aber nie, was sie zu ihrer Schönfärberei veranlasst hatte. Ich schob es auf die übertriebene Zentralisierung und die Alleinherrschaft des ZK-Sekretärs Günter Mittag. Dessen unduldsamer Führungsstil förderte Unaufrichtigkeit. Ich will hier keineswegs alle „Schuld" auf Mittag abwälzen, aber seine Praktiken führten eben dazu, dass die Unaufrichtigkeit zunahm. Die aber konnten wir bei unseren Sorgen am wenigsten gebrauchen.

Dem Besuch im Betrieb und der Unterhaltung am Arbeitsplatz, die logischerweise am Hochofen oder am Fließband, an der Walzstraße oder auf der Förderbrücke keinen ausgiebigen Gedankenaustausch zuließ, schloss sich in der Regel ein Gespräch mit der Leitung an oder aber abends eine Runde mit einer Brigade in einer Kneipe. Die war zugegebenermaßen oft ergiebiger als das Gespräch mit der Werks- oder Kombinatsleitung. Im Armaturenkombinat empfingen mich die Arbeiter mit der mir zunächst unverständlichen Bemerkung, dass es ihnen lieber gewesen wäre, wenn ich sie an einem Regentag besucht hätte. Dann hätte ich nämlich ihre „Tropfsteinhöhle" kennen gelernt. Ihr Argument habe ich bis heute nicht vergessen, auch schon deshalb, weil es das heutzutage weit verbreitete Geschwätz über das Desinteresse der DDR-Arbeiter tangiert: „Wir können uns Regencapes umhängen, aber wie reagieren die neuen elektronisch gesteuerten Maschinen auf Platzregen?“ Das Glasdach war undicht, und der Kombinatsdirektor schwor Stein und Bein, dass alle seine Bemühungen um Flachglas bisher ergebnislos verlaufen waren. Ich glaubte es ihm. Wir kümmerten uns gemeinsam darum und schafften es: Das Dach konnte abgedeckt werden.

Im Gelatinewerk Calbe/Saale drohte das Absatzbecken überzulaufen und gefährdete einen Eisenbahndamm. Ein Bagger wurde gebraucht, just einer von dem Typ, wie sie im Dimitroff-Werk in Magdeburg produziert wurde. Aber sie rollten dort vom Band gleich zu den Waggons, auf denen die Exportgüter verladen wurden. Der zuständige Mann in der Plankommission sah ein, dass wir den Bagger dringend brauchten. Er strich einen aus dem Exportplan, und der wurde nach Calbe verladen.

Ich könnte noch einige solcher Beispiele schildern, aber das könnte den Leser vielleicht wirklich glauben lassen, die DDR-Wirtschaft wäre total marode gewesen. Also verzichte ich auf die Beispiele und versichere, dass ich die obenstehenden nur aufführte, um anzudeuten, dass wir, das heißt der Erste Sekretär und die mit ihm arbeitenden Genossen, selten im guten Anzug erschienen, wenn eine neue Kaufhalle eröffnet, eine Maschine in Gang gesetzt oder ein Grundstein gelegt wurde. Denn wir mussten meist durch die Gegend hasten, um noch etwas ungemein Wichtiges zu regeln. Vielleicht haben wir uns um zu viel gekümmert. Doch ein solcher Vorwurf würde mir keine schlaflosen Nächte bereiten. Heute, da ich im neunten Lebensjahrzehnt angelangt bin, lese, höre, sehe ich, wie die Marktwirtschaft „funktioniert“. Ein Betrieb ist marode? Na und, da geht er eben Pleite, wird geschlossen, und die Belegschaft wird in die Arbeitslosigkeit entlassen. Was mich erbost, sind die schlauen Reden derer, die nie einen DDR-Betrieb von innen gesehen haben, nie mit Arbeiterinnen und Arbeitern geredet haben, sie aber hemmungslos als „faul“ und „dumm“ beschimpfen. Vor einiger Zeit saß ich neben einem bayrischen Ehepaar in der Dresdner Semperoper und geriet in der Pause mit ihm in einen heftigen Streit darüber, ob die Oper zu DDR-Zeiten oder nach der „Wende“

errichtet worden war. Die beiden nannten mich einen Unverbesserlichen, nur weil ich schwor, dass sie noch von Honecker eingeweiht worden war. Solche Debatten widerspiegeln nicht nur Unwissen, sondern haben einen eindeutig politischen Hintergrund. Die DDR soll „delegitimiert" und diffamiert werden. Der sozialistische Versuch DDR ist gescheitert, aber die Menschen, die ihn erlebten oder sogar mitgestalteten, sind nicht in die Kolonne derer zu zwingen, die „Nieder mit der DDR!" schreien, wenn Herr Gauck ein Zeichen gibt.

Heute sind die DDR-Betriebe zum größten Teil verschwunden. Am meisten bedauerte ich jene Arbeiter, die einst Werke errichtet hatten und sie dann wieder abreißen mussten. Ich werde wohl die wenigsten von jenen je wieder treffen, denen ich während meiner Magdeburger Jahre begegnet bin. Nicht die Frauen an der Fließstraße im Konfektionsbetrieb, die während der Arbeit kaum Zeit hatten, hochzuschauen und zu grüßen, und die ich in ihrer wohlverdienten Pause nicht mit meinen Fragen behelligen wollte. Nicht die Männer an den Hochöfen, die in mancher Schicht unterbesetzt, kaum Zeit fanden, um in Ruhe ihr Mittagessen einnehmen zu können. Auch nicht die Verkäuferin, mit der ich mich über das Warenangebot und die Klagen der Kunden unterhielt, oder den Gießer in Rothensee, den Kalikumpel in Zielitz, den Müllfahrer in Magdeburg, den Schiffer auf der Elbe oder den Fleischer in Halberstadt, die Arbeiterin in der Burger Schuhfabrik oder die Arbeiter im Walzwerk Ilsenburg. Ja, es waren auch Bummelanten unter ihnen, aber auch mit solchem Urteil will ich vorsichtig sein, weil vielleicht die Materialzufuhr an ihrem Arbeitsplatz nicht funktionierte und sie deswegen sauer waren.

Ich werde sie alle nicht wieder sehen, aber ich behalte sie in bester Erinnerung. Sie haben mitgewirkt an diesem ersten Versuch, in Deutschland eine neue Gesellschaftsordnung zu errichten. Es gab dafür weder Bedienungsanleitungen noch Lehrbücher, es gab keine Regelwerke, und niemand wusste Antworten auf die vielen Fragen, die wir hatten. Dass manche glaubten, sie wüssten auf alles eine Antwort, will ich nicht leugnen. Mich wird man in deren Kreis nicht gesehen haben. Und noch eine Bemerkung: Dass wir von den meisten unserer Landsleute im

Westen Deutschlands, unseren Brüdern und Schwestern, weder Beifall noch Hilfe erwarten konnten, lag auf der Hand. Dass man zum Beispiel mit einem gefälschten Brief unseren ersten Handelsvertrag mit Schweden kündigte, gehörte auch nicht gerade zu den guten Sitten.

Ich bestätige offen heraus: Wir haben uns in der Bezirksleitung viel mit Produktionsfragen beschäftigt. Und dabei habe ich oft an Lenin gedacht, der gesagt hatte, dass „der Wirtschaftsplan das zweite Parteiprogramm“ sei.

Man sollte auch nicht verschweigen, dass ein wichtiger Hebel für die materielle Interessiertheit, der Lohn, nur eine bedingte Rolle spielte, da ein Großteil des Einkommens über die so genannte „zweite Lohntüte“ realisiert wurde und damit kaum von der Leistung abhängig war. Die darin enthaltenen Zuschläge, Prämien, vom Betrieb mit finanzierten Ferienplätze und anderes mehr waren nicht leistungsgebunden, wurden als sozialistische Selbstverständlichkeit entgegengenommen, minderten aber das Prinzip der materiellen Interessiertheit.

Heute behauptet mancher aus dem Kreis derjenigen, die schon immer eine lange Liste der DDR-Fehler in einer Innentasche zu stecken hatten, die DDR hätte nur bestimmte Preise und Tarife erhöhen müssen – mehr als fünfzehn oder zwanzig Pfennige für die Straßenbahnfahrt, mehr als fünf Pfennige für das Brötchen, mehr als achtzig Pfennige oder eine Mark für den Quadratmeter Wohnraum –, um ihre finanziellen Probleme lösen zu können. Ich glaube nicht, dass die Bevölkerung Preissteigerungen widerspruchslos hingenommen hätte. Als in Magdeburg die Straßenbahntarife um nur fünf Pfennige heraufgesetzt werden sollten, gab es einen derartig starken Widerspruch, dass man die geplante Preisänderung zurücknahm. Die Preiserhöhung hätte sicher nicht zu solchen Ausschreitungen wie an der polnischen Küste geführt, aber man reagierte eben auf den Widerspruch. Heute erleben wir, wie in dem Staat, in dem wir angelangt sein sollen, die Tarife gegen den Willen der Gewerkschaften herabgesetzt werden. Und wir sehen, dass es funktioniert. Und das gilt auch für die Preiserhöhungen. Ein paar Protestdemonstrationen, vielleicht eine Bürgerinitiative, die ihre gesammelten Unterschriften vorlegt, und bald darauf kann man die neuen Preise zahlen oder Auto fahren, das Fahrrad benutzen beziehungsweise laufen.

Ich will dieses Kapitel „Rechenschaftsbericht“ nicht schließen, ohne noch einmal zu betonen, dass die Parteiarbeit aller Genossen ein breites Spektrum umfasste. Es ging keineswegs nur um die Produktion. Wir diskutierten und berieten in der Technischen und in der Pädagogischen Hochschule, in der Medizinischen Akademie, saßen mit Lehrerinnen und Lehrern zusammen, trafen uns mit Sportlern, Künstlern und Parteisekretären aus Wohnparteiorganisationen.

Mit der „Wende“ wurden in der DDR bekanntlich nicht nur die Bezirke aufgelöst und die Länderstrukturen wieder hergestellt, es wurden auch die Kreise administrativ neu gegliedert. In diesem Zusammenhang lohnt es sich, an die Veränderung der Territorialstruktur im Bezirk Magdeburg 1987 zu erinnern, als die beiden Kreise Kalbe/Milde und Tangerhütte, die jeweils weniger als 20000 Einwohner zählten, aufgelöst und andere Kreise neustrukturiert wurden. Zunächst war eine Arbeitsgruppe des Rates des Bezirkes gebildet worden. Die Kreisleitungen und Räte

Bezirksleitungssitzung

der Kreise befragten Einwohner nach ihren Meinungen. Neue Stellenpläne wurden ausgearbeitet, um jedem Mitarbeiter der aufzulösenden staatlichen und gesellschaftlichen Organisationen und Institutionen einen neuen Arbeitsplatz zu sichern. Einwohnerversammlungen und regelmäßige Sprechstunden aller Abgeordneten wurden organisiert, die Erfassung und Auswertung aller Hinweise, Vorschläge und Kritiken veranlasst. Nach der Eingliederung der DDR in die BRD erlebten die Bürger, wie die neue Ordnung solche Umwandlungen vollzog.

Und zum Thema Demokratie will ich noch einige Zahlen zitieren: Die Konfliktkommissionen in den Betrieben, in den Wohngebieten und Genossenschaften konnten 85 Prozent der Streitfälle mit Beschlüssen beendigen, nur fünfzehn Prozent wurden den Gerichten übergeben. 1960 fanden in der DDR 350000 Veranstaltungen mit sieben Millionen Teilnehmern statt, auf denen das Arbeitsgesetzbuch diskutiert wurde. 2,5 Millionen Bürger beteiligten sich an Aussprachen zum Erlass des Staatsrates der DDR über Aufgaben und Arbeitsweise der Organe der Rechtspflege. Fünftausend Vorschläge wurden zum Gesetz über das Bildungssystem, 12454 Vorschläge wurden 1968 zur neuen Verfassung und über 4000 zum Zivilgesetzbuch unterbreitet.

Man möge heute über die SED urteilen, wie man will. Der Untergang der DDR gibt genügend Anlass für eine sehr kritische Analyse. Aber nicht nur meine sechsjährige Praxis im Bezirk Magdeburg als Erster Sekretär, sondern auch meine vierzigjährige Tätigkeit als Parteiarbeiter in der SED geben mir das Recht zu wiederholen, dass bei allen Fehlern und Mängeln in dieser DDR eine Gesellschaft existierte, in der es weder Obdachlose noch Arbeitslose, weder Sozialhilfeempfänger noch eskalierende Kriminalität gab. Die DDR als „Unrechtstaat" zu diffamieren weitet in der Endkonsequenz nur den Graben zwischen Ost und West.

Der Leser könnte abwinken: Der Parteisekretär hat gut reden. Und was sagt der Bürger? Ich halte Artikel im Magazin „Der Spiegel" nicht für allzu kompetente Zeugnisse, habe mir aber eine Umfrage aufgehoben. Sie wurde am 3. Juli 1995 veröffentlicht, also bei Halbzeit des ersten Jahrzehnts nach dem Untergang der DDR. In der Überschrift las man: „Eine Spiegel-Umfrage brachte eine überraschend starke, dabei durchaus differenzierte DDR-Nostalgie an den Tag."

Hier einige Zitate: „In der DDR ließ es sich trotz allem besser leben, als es jetzt auf den Bildschirmen und in den Zeitungen dargestellt wird. Darüber ist sich eine Zweidrittelmehrheit der Ostdeutschen (64 Prozent) einig: Zu negativ sind die vielen Berichte darüber, wie es einst in der DDR zuging. Und wenn die Ostdeutschen Bilanz ziehen, steht auf vielen Gebieten die DDR besser da als die Bundesrepublik. Das war nicht immer so. Vor fünf Jahren sogar umgekehrt. Damals galt die DDR ihren einstigen Bürgern nur in wenigen Punkten als der bessere Staat."

Der Spiegel beauftragte das Bielefelder Emnid-Institut, die erste umfassende empirische Untersuchung über DDR-Nostalgie durchzuführen. In drei Etappen lief die Umfrage in der Zeit von Mitte April bis Mitte Juni. Beteiligt waren 1000 Männer und Frauen, repräsentativ für die erwachsene Bevölkerung in den neuen Bundesländern.

Bei den meisten Fragen genügte ein Kreuz als Antwort, weil man nur zwischen mehreren vorformulierten Möglichkeiten wählen musste. Beispiel: Zählen Sie sich zu den Gewinnern der Wiedervereinigung oder zu den Verlierern oder weder zu den einen noch zu den anderen?

Lediglich bei zwei Fragen baten die Emnid-Interviewer darum, Urteile in eigenen Worten niederzuschreiben:

„Wenn Sie zurückdenken an die Zeit der DDR, was ist Ihre negativste Erinnerung?" Und: „Was ist Ihre positivste Erinnerung?"

Eine Frau schrieb hierzu wörtlich über ihr Leben im ehemaligen Arbeiter-und-Bauern-Staat: „Das eingesperrt sein das war schon schlimm, im Fernsehen sah man, was los war in der Welt Und jeden Tag das triste einerlei hier bei uns. Nichts gab es richtig zu kaufen, aber man hatte keine Angst das der Mann arbeitslos werden kann das man aus der Wohnung fliegt das die Kinder nicht in den Kindergarten gehen können und so war das schon alles geregelt + geordnet + billig. Es gibt überall Licht und Schatten."

Das Institut kennt alle Namen und Adressen der Befragten, bewahrt sie aber getrennt von den Fragebögen auf. Niemand kann

Namen und Antworten zusammenbringen. Wie die Frau, die sich an Licht und Schatten erinnerte, hielten sich auch etliche andere nicht strikt an die beiden Fragen. Oft füllten sie das Blatt, das ihnen übergeben wurde, bis an den Rand.

An ihrer Schrift, ihren Fehlern und ihrem Stil war meist zu erkennen, dass sie selten schreiben. Aber was sie hier vielleicht zum ersten Mal notierten, hatten sie vermutlich oft bedacht und besprochen.

Eine Friseuse schrieb: „Ich wäre gern gereist, hätte mich besser gekleidet und versucht, mich als Friseuse selbständig zu machen. Das war alles nicht möglich. Die Versorgung im Modebereich, mit Obst, techn. Gerät und das Reiseangebot waren schlimm. Wir hatten beide Arbeit, schönes Trinkgeld, und unser Sohn war gut betreut im Kindergarten und Schule/Hort. Ausgehen war billig. Ich war zufrieden und kannte keine Ängste. Die Arbeitslosigkeit meines Mannes (3x nach der Wende) hätten wir in der DDR nicht erlebt."

Und eine ebenfalls berufstätige Mutter: „Wir bekamen für unser Geld nicht viel, mussten hinter allem hinterher rennen. Schlimm war, dass wir alles gesagt bekamen, brauchten uns keine Gedanken machen. Wir konnten nicht reisen, obwohl ich das jetzt auch nicht tue, weil mir das Geld fehlt. Der Staat war sehr sozial. Ich hatte Arbeit, konnte meine Kinder einen schönen Beruf lernen lassen. Der Zusammenhalt unter den Bekannten, Nachbarn, Arbeitskollegen war sehr gut." ...

Da stand dann auf ein und demselben Blatt beieinander, was nicht zusammenpasste und doch zur DDR gehörte. Beispiele: „Es gab immer nichts. Aber: Das Leben war sicherer. – Die Bespitzelung. Aber: Die Menschen waren netter zueinander. – Die Mauer. Aber: Alle hatten Arbeit. – Stasi. Aber: Ferienlager. – Schlange stehen. Aber: Es war alles einfacher. – Nicht reisen dürfen. Aber: Die Jugend hatte mehr vom Leben. – Der Verfall der Städte. Aber: Es gab keine Bettler. – Nicht sagen dürfen, was man dachte. Aber: Soziale Sicherheit. – Freiheitsberaubung. Aber: Wenig Kriminalität."

Nicht alle Befragten äußerten sich über negative Erfahrungen. Einige schwiegen sich hierüber aus oder schrieben Sätze wie: „Ich wüsste keine." – „Für mich hatte die DDR nichts Schlimmes."

Dann Antworten auf die Frage nach den „positivsten Erinnerungen“:

Es war alles ruhiger, geordneter. Jeder hatte Sicherheit. – Es gab keine Miethaie. – Man konnte sich auf Nachbarn und Freunde verlassen, was nicht mehr der Fall ist, da jeder nur an sich denkt. – Beruflicher Stress war geringer. – Man brauchte sich nicht um so viele Dinge kümmern. – Es gab damals nicht solche erbitterten Konkurrenzkämpfe wie heutzutage. – Für die Kinder wurde viel mehr getan. – Wenn man Hilfe brauchte, wurde einem geholfen. – Irgendwie lief alles mehr in Ruhe ab. – Billige FDGB-Reisen. 1. Kinderfreundlich. 2. Jeder hatte Arbeit. 3. Jeder war sozial abgesichert. – Keine Mutter brauchte sich um ihre Arbeit Sorgen zu machen. – Man kannte keine Überfälle am Tage in der Stadt. – Kollegialität im Arbeitsprozess. – Die Kinder hatten es sehr schön. Kindergarten, Ferienlager und viele Veranstaltungen in der Schule. Jugendklubs. – Jeder hatte sein Auskommen. – Ohne Angst vor dem nächsten Tag. – Das Leben war ruhig, kein Stress. – Für jeden Menschen wurde eine Arbeitsstelle geschaffen, ob nötig oder nicht. – Man konnte Tag und Nacht ohne Angst durch die Parks, Felder, Wälder und einsame Straßen gehen. – Die Schule war nicht so anstrengend. – Fast alle waren gleich. – Jeder hatte Arbeit bis zur Rente sicher. – Das Kumpelhafte zwischen Leitung und Belegschaft im Betrieb. – Billige Scheidung. – Bus und Kino waren billiger. – Polizei und Justiz gingen härter gegen Kriminalität vor. – Keine Staus auf den Straßen. – Einfache Art der Steuern und Sozialversicherung. – Die Jugend war disziplinierter. – Kultur war für alle erreichbar. – Alle hatten Arbeit, was man so Arbeit nannte. – Die Bürokratie war nicht so extrem wie heute. – Niedrige, stabile Mieten, für jeden bezahlbar.

Und hier Antworten auf die Frage nach den „negativsten Erinnerungen“:

Die Lauferei beim Einkaufen, das Anstehen, wenn man mal was haben wollte. – In den Urlaub musste man sich Zwiebeln und teils sogar Kartoffeln mitnehmen, weil man nichts bekam. – Eine Wohnung zu bekommen, war nur über Beziehungen möglich. – Es ging alles zu extrem nach Plan. – Bevorzugung der SED-Genossen in allen Lebensbereichen. – Die Partei hatte immer Recht. – Bummelanten wurden durchgefüttert. – Bei Reisen in die BRD starke Kontrolle (Hunde). – Man konnte keine eigenen Entscheidungen treffen, alles wurde vorgegeben. – Nicht mal einen Sack Zement bekam man ohne Beziehungen. – Jahrelang auf eine Wohnung warten, war für Kinderreiche besonders schlimm (8 Kinder). – Schlechte Versorgung mit Babynahrung. – Schießen auf Menschen. – Als DDR-Bürger im östlichen Ausland nur Mensch 2. Klasse mit seinem Geld. – Politische Zwangserziehung bereits in Kinderkrippen und Kindergärten. – Machtlosigkeit gegenüber den staatlichen Organen. – Der Hochmut der Handwerker. – Die kleine DDR musste die große Sowjetunion versorgen. – Trennung von Verwandten im Westen. – Die ständige Bespitzelung. – Es gab wenig Obst und Fleisch. – Materialmangel im Krankenhaus. – Niedrige Renten. – Keine Aufstiegschancen ohne in der Partei zu sein. – Es gab keine großen schlimmen Sachen, es waren die Kleinigkeiten. – Das Schlimmste war die Lüge, mit der wir gelebt haben. Wenn man die Zeitung aufmachte, da war von Erfolgen und Planerfüllung zu lesen, und jeder wusste, dass das nicht stimmte. – Die Vereinnahmung von Kindern durch den Staat. – Dass man seine Westverwandtschaft sterben lassen musste. – Auf einen Trabi musste man 14 Jahre warten, und er war sehr teuer …

Dass der Sozialismus ein zum Scheiten verurteiltes System war, meinten nur wenige (19 Prozent). Weitaus die meisten (79 Prozent) waren immer noch der Gegenmeinung „Die Idee des Sozialismus ist gut, aber die Politiker waren unfähig, sie zu verwirklichen.“ … Sogar die Idee des Kommunismus war noch immer einer erheblichen Minderheit (26 Prozent) sympathisch …

Zu dieser Minderheit gehöre ich, obwohl ich nicht zu den von Emnid Befragten gehörte.

Gorbatschow und die Perestroika

Meine feste Absicht, mit dem XI. Parteitag der SED endgültig aus der hauptamtlichen Parteiarbeit auszuscheiden und mich meinen Memoiren zu widmen, rückte in weite Ferne, als mir Honecker im November 1985 eröffnete, dass ich vom ZK als Kandidat in das Politbüro gewählt werden sollte. Ich war zunächst sprachlos. Ich wusste gut genug, dass die Lösung vieler bezirklicher Probleme beim Politbüro lag. Könnte ich mit meiner Position Einfluss auf Entscheidungen dieses Gremiums nehmen? Sollte ich versuchen, aus dieser Situation das Beste für den Bezirk zu machen? Und dann: Wie hätte man eine Ablehnung aufgenommen? Hätte man Verständnis für mich gezeigt oder das als Desertion ausgelegt? Viele Fragen und keine Antwort. Am Ende nickte ich, wurde gewählt und begann darüber nachzudenken, wie ich mich am klügsten in diesem Kreis verhalten sollte.

Die weitere Entwicklung wurde aber wieder einmal in Moskau entschieden. Am 10. März wurde nach dem Tode des altersschwachen und kranken Konstantin Tschernenko der 54-jährige Michail Sergejewitsch Gorbatschow zum Generalsekretär der KPdSU gewählt. Ich hatte ihn 1966 in Berlin als Leiter einer KPdSU-Delegation kennen gelernt. Ein sympathischer, aufgeschlossener Genosse, der reges Interesse für die DDR-Landwirtschaft, ihre Struktur und Leitungsmethodik und große Diskussionsfreudigkeit bekundete.

Zu seinen Lebensdaten: 1950 kam er aus Stawropol zum Rechtsstudium an die Lomonossow-Universität nach Moskau und wurde Kandidat der KPdSU. 1955, nach Abschluss des Studiums, wurde er Sekretär des Regionalkomitees des Jugendverbandes Komsomol, 1962 Erster Sekretär des Stadtkomitees der KPdSU in Stawropol, sechs Jahre später Landwirtschaftssekretär im Regionalkomitee und 1970 Erster Sekretär des Komitees, 1971 Mitglied des Zentralkomitees.

Die kranken Andropow und Suslow verbrachten regelmäßig ihre Kur in Kislowodsk, am Fuße des Kaukasus, im Gebiet Stawropol gelegen, betreut von Gorbatschow, der nicht nur mit seiner Redseligkeit, sondern auch mit guten, sogar den in der UdSSR besten Ernteergebnissen auf guten Böden und unter günstigen klimatischen Bedingungen zu imponieren verstand. 1978 holte ihn Andropow nach Moskau, um in der Funktion des Landwirtschaftssekretärs im ZK den Entwurf einer dringend gebotenen Landwirtschaftsreform auszuarbeiten. Im darauffolgenden Jahr wurde er Kandidat und ein Jahr später Mitglied des Politbüros. Eine steile Karriere, die nicht nur durch die dramatische Lage in der sowjetischen Landwirtschaft bedingt war. 1981 wurden 155 Millionen Tonnen Getreide geerntet, 64 Millionen Tonnen mussten importiert werden. Das 1982 unter Regie von Gorbatschow durchgeführte Mai-Plenum zur Reform der Landwirtschaft billigte zwar erhebliche Investitionssummen – 35 Prozent des Staatshaushaltes wurden in die Landwirtschaft gesteckt –, aber die Erfolge blieben aus, weil es eine Reform von oben war. Man schaffte Agrar-Industrie-Komplexe, Industrie-Agrar-Ausschüsse und ganz oben das Agrarindustrielle Komitee. Diese „Reform“ war nie bis an die Basis gelangt und hat demzufolge auch zu keinen Veränderungen geführt, die etwa den Begriff Perestroika (Umgestaltung) verdient hätte. Gorbatschows himmelstürmender Aufstieg wurde durch die immer krassere Überalterung des Politbüros begünstigt. Gefragt war eine personelle Perestroika und konstruktive Reformen.

Im April 1985 fand das berühmte April-Plenum des Zentralkomitees statt, auf dem Gorbatschow seine Rede mit der Orientierung auf „Beschleunigung“ hielt. Wohin diese Beschleunigung steuern sollte, blieb unklar. Im Juni folgte die Konferenz zum wissenschaftlich-technischen Fortschritt und danach eine weitere mit Veteranen der Stachanow-Bewegung. Am Jahresende aber verbuchte die Industrie lediglich eine Steigerung der Arbeitsproduktivität von 1,4 Prozent (und die Industrieproduktion war gegenüber dem Vorjahr sogar um 0,3 Prozent gesunken). Das waren 3,9 Prozent weniger als im Vorjahr. Der lautstark verkündete Kampf gegen das Übel Alkoholismus fand vor allem bei den Frauen ein positives Echo, aber auch bei den Schwarzbrennern. Der Handelsumsatz sank um 15 Prozent, die gesunkenen Einnahmen bei der Alkoholsteuer rissen große Löcher in den Staatshaushalt.

Im Juli trat Wladimir Romanow, der Andrej Kirilenko als Wirtschaftssekretär abgelöst hatte, zurück und Andrej Gromyko räumte seinen Platz als langjähriger Außenminister für Eduard Schewardnadse. Im September traten Ministerpräsident Nikolai Tichonow und Planungschef Nikolai Baibakow zurück, Nachfolger wurden der Sekretär des ZK Nikolai Ryshkow und Talysin. Aus Stawropol kam Murachowski und wurde Erster Stellvertreter des Vorsitzenden des Ministerrates. In Moskau löste Boris Jelzin den langjährigen Stadtsekretär der KPdSU Wiktor

Grischin ab. Gorbatschow schaffte sich neue Führungsgremien. Auf dem Parteitag wurden 147 Mitglieder des ZK, also fast die Hälfte – mit ihrem Einvernehmen – nicht wieder gewählt.

Alle Welt blickte nach Moskau, alle Welt wusste, dass nur noch grundlegende Reformen das Land aus Stagnation und Niedergang retten konnten.

Vom 25. Februar bis 6. März 1985 tagte in Moskau der XXVII. Parteitag der KPdSU, und alle waren gespannt auf die Rede Gorbatschows, dem internationale Anerkennung und Sympathie entgegengebracht wurde – wenn auch mit höchst unterschiedlichen Vorzeichen.

Er rechnete mit Breshnew und der Stagnation ab, legte die inneren Probleme des Landes offen dar, verkündete verhaltene Liberalisierung und sprach sehr vage vom „Markt". Er nannte große Zielsetzungen, insbesondere in der Konsumgüterindustrie, die ihre Produktion bis zum Jahre 2000 verdoppeln sollte, und äußerte weitläufige ökonomische Vorstellungen, ohne jedoch das „Wie" präzise zu definieren.

Der Parteitag war die Geburtsstunde der als revolutionäre Umwandlung charakterisierten Perestroika und Glasnost, über die Gorbatschow später in seinen Erinnerungen allerdings sagte: „Die erste Phase der Perestroika von 1985 bis 1988 war eine Periode von Versuch und Irrtum." Noch fand dieser damals jedoch nicht erkannte Irrtum bei den Delegierten begeisterte Zustimmung. Als Teilnehmer des XXVII. Parteitages der KPdSU konnte ich die veränderte Stimmungslage gut erkennen. Man glaubte den Rubikon überschritten zu haben. Die Diskussionsredner griffen in scharfen Worten zentrale staatliche Behörden an, schoben ihnen die Schuld an allen Missständen zu und stellten rigorose Forderungen, vornehmlich materieller Natur. An einem Abend saß ich mit der Delegation aus Donezk, dem Partnerbezirk von Magdeburg, bei einer Tasse Tee beisammen. Ein anderes Getränk war ja auch gar nicht zu erwarten. – Ich brachte zum Ausdruck, dass es zwar schön sei, wenn alle frei und ungezwungen reden könnten und die Kritik, die sie äußerten, zweifelsfrei auch berechtigt sei, dass aber meist nur Forderungen gestellt würden und sich niemand bereit erklärt, die Quellen zur Deckung dieser Forderungen zu benennen. Das stimme mich skeptisch. Das für mich an diesem Abend Erstaunliche bestand darin, dass mir niemand widersprach. Die Glasnost beendete allgemeines Schweigen und Lobhudelei, fatale Beschönigung und frisierte Kritik, sie brach einen Stau und löste eine Flutwelle aus, die alles Alte, Überlebte fortspülen sollte. Da sie aber nicht in konstruktive Bahnen, nicht in produktive Ufer geleitet wurde, spülte sie auch fruchtbares Schwemmland fort, auf dem Neues hätte gedeihen können. Gorbatschow wollte mit der Glasnost Bürokratie und Zentralisation von unten aufsprengen, wollte wie Mao „die Kommandostellen detonieren lassen", aber er schuf nicht die Keime für das Neue. Die Glasnost führte anstelle einer inhaltlichen Auseinandersetzung mit der Vergangenheit zu einer destruktiven Polarisierung der schöpferischen Kräfte. Glasnost schien ein Demokratiemanko ausgleichen zu können, schuf aber mangels gesellschaftlicher Regulative Freiräume für Demagogen und rückwärts gerichtete Kräfte.

Perestroika – ein schönes Wort, in dem man alle seine Wünsche, Hoffnungen, Vorstellungen, Visionen unterbringen konnte, ein Begriff, der in allen Sprachen der Welt Platz fand, und ihr Autor – oder war Gorbatschow gar nicht der Erfinder, sondern nur das Sprachrohr? – wurde im In- und Ausland über den grünen Klee gelobt. Unendliche Hoffnungen waren mit ihm verknüpft. Hoffnungen der verschiedensten Art. Das westliche Kapital hoffte auf radikale Reformen im Sinne einer Restauration der Marktwirtschaft und der Öffnung des riesigen sowjetischen Marktes. An eine Auflösung der Sowjetunion dachte damals noch niemand.

Der Sowjetbürger hoffte vor allem auf die Lösung der sozialen Probleme von der Versorgung bis zur Wohnungsfrage. Er spekulierte darauf, dass mit dem Bruch der von Breshnew zu verantwortenden Stagnation einer unbürokratischen Vorwärtsentwicklung Bahn gebrochen würde. Viele Sympathisanten in den befreundeten Ländern hofften mit Gorbatschows Perestroika den Weg für anstehende Reformen in ihren Staaten ebnen zu können.

Ich hatte meine Probleme mit der Perestroika, hatte vor allem Schwierigkeiten mit ihrem Inhalt und damit, in ihre „Konstruktion" einzudringen. Dass nach den verfluchten Jahren der

Stagnation eine Reform überfällig oder, wie Gorbatschow es formulierte, „dringend notwendig" war, bezweifelte niemand. Aber Begriffe wie „Entideologisierung" – von Marx als Vokabel bürgerlicher Politiker bezeichnet – oder die Aussage, dass allgemeinmenschliche Werte (wie definiert man die?) vor Klasseninteressen rangieren, konnte ich nicht einordnen. Aber vielleicht mussten bei der Überwindung des Rückstandes wirklich vollkommen neue Wege beschritten werden.

Doch nicht Dogmatismus, mit dem ich mich nicht identifizieren wollte, nein, die nüchterne Betrachtung des sowjetischen Alltags drängte meine Gedanken in eine andere Richtung und löste Bedenken aus.

Der visionären Perestroika fehlte eine ökonomische Konzeption, obwohl Gorbatschow den bekannten Ökonomen Abel Aganbegjan aus Nowosibirsk nach Moskau geholt hatte. Der Mann neben Gorbatschow, Wadim A. Medwedjew, stellt in seinen Aufzeichnungen die Frage: „Hatte Gorbatschow mit Beginn der Perestroika ein Programm?" Und er antwortet: „Nein, er konnte es auch nicht haben, die Perestroika begann erst 1987 mit dem ZK-Plenum über Ökonomie." Und dann interpretiert er die Perestroika als neues Denken, als neue Philosophie der modernen Entwicklung. Der von Albert Einstein aus der Konsequenz der Erfindung der Atombombe geprägte Begriff von einem „neuen Denken" wurde in einen anderen, nicht genauer definierten Zusammenhang gestellt und zum Schlagwort degradiert.

Die Sowjetunion brauchte eine politische Lösung ihrer Probleme, aber diese wurden einerseits durch illusionäre Vorstellungen über die Lebensbedingungen unter den Bedingungen der Marktwirtschaft erschwert, andererseits behinderte ein chaotischer, konzeptionsloser Übergang zur Marktwirtschaft und die Verschärfung der sozialen Konflikte eine politische Lösung.

Die Differenzen in den Auffassungen zur Perestroika in der Führung veranlasste Gorbatschow, mehrmals die Zusammensetzung des Politbüros zu ändern. Die Macht wurde in den Händen eines Präsidenten konzentriert, dem ein Sicherheitsrat zur Seite stand, der neben der Regierung, dem Obersten Sowjet und dem Kongress der Volksdeputierten agierte. Das Ziel war der Abbau der Überzentralisation gegenüber den Republiken, Regionen und Gebieten. Aber tatsächlich führten die Maßnahmen zu einem Erstarken der zentrifugalen Kräfte, die durch bis dahin nur unterschwellig wirkende nationale Befindlichkeiten befördert wurden und durch zunehmende soziale Spannungen bis zu blutigen Auseinandersetzungen eskalierten. Alma Ata, Sumgait, Berg-Karabach und Abchasien waren die ersten Schauplätze solcher Auseinandersetzungen. Erst 1988 berief Gorbatschow ein ZK-Plenum zur nationalen Frage ein. Es war schon zu spät. Lenin hatte das als Nachtrabpolitik charakterisiert.

Auf dem Rückflug vom Parteitag gewann ich den Eindruck, dass die erste Euphorie über die Verjüngung der Führungsriege im Kreml bei Honecker verflogen war. Offensichtlich hatte er seine Probleme mit der Bewertung des Parteitages. Mittag machte aus seiner negativen Haltung kein Hehl. War für Erich Honecker der fast spontane Ablauf zu ungewöhnlich gewesen? Oder war es die Fehleinschätzung, dass die aufgeworfenen Probleme in der DDR nicht anstanden? Oder lehnte er generell Reformen ab? Diese Fragen kamen auf, aber sie bewegten mich noch nicht allzu sehr.

Noch eine Sprosse höher auf der Leiter

Während des Fluges nach Berlin eröffnete mir Honecker, dass ich, wie bereits erwähnt, auf dem XI. Parteitag zum Mitglied des Politbüros gewählt werden sollte. Ich nahm es wortlos zur Kenntnis, wusste, ehrlich gestanden, auch nicht, wie ich darauf reagieren sollte. Mit 66 Jahren und nun „Neuling aus der Provinz“ war ich eigentlich kein Spitzenkandidat für die Verjüngung des Gremiums. Die Flugzeugkabine war auch nicht der richtige Ort für Diskussionen, aber auch auf der Erde verzichtete ich darauf, die Frage noch einmal aufzuwerfen. Damit hatte ich mich endgültig entschieden. Ich war Mitglied des obersten politischen Gremiums geworden, und als die BRD-Oberen darangingen, die von Kinkel ausgerufene „Delegitimierung“ der DDR mit allen verfügbaren Mitteln zu betreiben, geriet ich auf die Anklageliste. Ein Urteil der Ärzte zwang jene, die Urteile der „Sieger“ über die „Verlierer“ sprachen, mich von dieser Liste zu streichen, obwohl sie im Fall des schwer krebskranken Erich Honecker bereits demonstriert hatten, wie sie ihre eigene Verfassung und die darin garantierte Würde des Menschen ausdeuten.

Ich packte 1985 also zum ersten Mal meine Mappe, um an einer Sitzung des Politbüros teilzunehmen. Die Vorbereitung auf diese jeweils Dienstags stattfindende Zusammenkunft nahm für mich den halben, zuweilen auch den ganzen Sonntag in Anspruch. Bis zu zweihundert Seiten Beschlussvorlagen zu Dutzenden von Themen waren zu lesen. Danach versuchte ich mir eine Meinung zu bilden. Die Mitgliedschaft in diesem Kollegium, in dem es durchaus nicht allzu kollegial zuging, bescherte mir als erstes ein Begleitkommando, formiert aus zwei Offizieren der Staatssicherheit und drei Kraftfahrern. Wir verstanden uns vom ersten Tag an gut, auch wenn die „Mannschaft" die dienstlich vorgegebene Distanz zu wahren hatte. Jedenfalls schränkte sie meinen Bewegungsspielraum ein, und es dauerte eine Weile, bis ich mich an die „Schatten" gewöhnt hatte. Das Kuriose war, dass sie mich nach Feierabend – ich gehörte nie zu denen, die mit Vorliebe halbe Nächte im Büro verbrachten – allein ließen. Für den Abend und die Nacht war der Leiter der Bezirksbehörde des MfS zuständig. Wir kannten uns gut, und deshalb kam er gar nicht erst auf die Idee, das Vorstadthaus, in dem ich wohnte, etwa von Posten umstellen zu lassen. Faktisch konnte jeder Bürger abends bei mir klingeln und, oft bei einem Kognak, seine Probleme an den SED-Mann bringen. Der mir als Politbüromitglied zur Verfügung stehende Volvo erwies sich auf der Fahrt nach Berlin als ungemein praktisch, weil ich unterwegs die Zeit nutzen, lesen und Notizen machen konnte. Bei Besuchen in Betrieben und LPG war er dagegen eher störend, weil er nicht nur bei den Autofans begreifliche Neugier auslöste. Die einen wollten über die Drehzahl informiert werden, die anderen über die Pferdestärken. Manche machten auch bissige Bemerkungen. Da ich ja meine Fahrten nicht als Volvo-Werbemanager unternahm, sondern als Parteifunktionär, sann ich nach einem Ausweg. Ich schlug vor, mir für diese „Dienstfahrten" einen „Lada" zur Verfügung zu stellen. Das wurde abgelehnt, und die dafür Zuständigen waren sich ziemlich sicher: „Der wird sich auch daran gewöhnen!" Daraufhin ließ ich bei meinem nächsten Betriebsbesuch den Volvo weit vor dem Werk in einer abgelegenen Querstraße parken und machte mich zu Fuß auf den Weg. Einer der „Begleiter“ musste in Berlin Bericht erstatten, wie es zu dieser Programmänderung gekommen war, und ich bekam postwendend den gewünschten „Lada“.

Doch zurück zur eigentlichen Arbeit. Sie änderte sich nicht allzu sehr. Ich hatte mich in Magdeburg um alles zu kümmern. Ich könnte hier die Liste der Probleme, die mir schon ziemlich lang geraten war, immer noch erweitern. Die Pfeiffersche Stiftung, eine kirchliche medizinische und karitative Einrichtung mit mehreren Kliniken und Bettenhäusern, musste mit einer viel zu kleinen Küche auskommen. Alles in allem wurden Millionen gebraucht. Es fehlte an den nötigen Investitionsmitteln, wir mussten welche suchen und fanden sie. Damals war ja immer noch die Rede von der steinreichen BRD, die solche Sorgen nicht kannte. Moderne Betriebe, hohe Löhne, schnelle Autos, volle Kassen. Ich betrachte die heutige Situation keineswegs mit Häme, aber niemand wird mir verübeln, dass mich manches heute an die damalige Situation erinnert. Wenn ich zum Beispiel die Summen für die Medikamente an den Apothekenkassen lese und mir der Begriff der „zweiten Lohntüte“ wieder einfällt. Ganz zu schweigen von den irren Gewinnen, die die Pharmakonzerne dadurch machen.

Wieder nach Magdeburg. Ein neues Gebäude für die Akademie der Wissenschaften wurde gesucht, in dem Professor Mathies Hirnforschung betrieb. Es fehlte eine neue Importanlage für Mineralwolle, die für die Plattenbauten benötigt wurde. Der Kinderanorak kam in Mode, für seine Herstellung musste das Kinderbekleidungswerk ausgebaut werden. Inzwischen waren rund fünfzig Prozent der Produktionsmittel „jünger“ als zehn Jahre. Betriebe wurden mit westdeutscher oder japanischer Technik ausgerüstet. Im Walzwerk Ilsenburg wurde die Walzstraße von Siemens-Computern gesteuert, im Fernsehgeräte-Werk bestückten japanische Automaten das Fließband. Wenn ich das hier aufliste, dann nur, um nachträglich klarzustellen, was in diesem Land alles geschaffen wurde. Die Devisen für die Anlagen mussten ja erst erwirtschaftet werden, bevor sie ausgegeben werden konnten. Und um das ganz unmissverständlich zu sagen: Die Bezirksleitung der Partei nahm nicht einen einzigen Dollar ein. Ich bilanziere hier nicht unsere oder etwa gar meine Tätigkeit, sondern die der Werktätigen der DDR, die inzwischen zu Arbeitnehmern oder Arbeitslosen mutiert sind. Die Zahl derer, die sich erfolgreich und auf Dauer selbständig machen konnte, ist gering.

Mir fällt noch dies und das ein: Die bis 1988 an die UdSSR gelieferten 3500 Schiffe, 50000 Schiffsdieselmotoren, 45000 Erntemaschinen, 5000 Raupendrehkräne, 3000 Hafenkräne, 75000 Reisezug- oder Kühlwaggons kamen auch nicht aus allzu maroden Betrieben. Das Magdeburger Schwermaschinenkombinat SKET lieferte vierzig komplette Walzwerke und 7500 Drahtziehanlagen allein an die Sowjetunion. Vierzig Prozent des sowjetischen Zements wurde auf DDR-Anlagen produziert.

Aber es blieben tonnenweise Probleme. Einerseits strahlte die sinkende Produktion in der Sowjetunion auf die Handels- und Lieferbedingungen der DDR aus, und zum anderen schlugen wir uns mit dem „hausgemachten“ Problem der eingeschränkten Rechte der Kombinate herum. Zentral wurde durch Verfügung Günter Mittags jedes im Angebot fehlende Erzeugnis der Kontrolle der Staatlichen Plankommission zugeordnet, womit die SPK nicht nur überfordert, sondern auch von ihrer eigentlichen Aufgabe isoliert wurde. Diese Überzentralisation war ein Hemmschuh und führte dazu, dass die Plankommission statt zu planen, verteilte und bei wirtschaftlichen Feuerwehr- und Rettungseinsätzen ihre Kräfte verschliss.

Mit dem XI. Parteitag verbanden viele große Hoffnungen. Parteimitglieder und Parteilose erwarteten einen Generationswechsel in der politischen Führungsmannschaft. Sie hofften auf einschneidende Reformen im besten Sinne einer Perestroika. Sie glaubten daran, dass mit Altem gebrochen und ein neuer Weg eingeschlagen würde. Je seltener die Partei den Begriff „Perestroika“ benutzte, um so höher wucherten die Vorstellungen, dies wäre ein Wundermittel gegen alle Probleme, das die Dogmatiker nicht mochten.

Der Parteitag gewann auch nicht durch die Anwesenheit vieler ausländischer Genossen, voran Michail Gorbatschow. Die Bilanz der fünfzehn Jahre der Honecker-Ära sah im geschönten Zahlenspiegel recht attraktiv aus, hielt aber den Vergleich zur harten Realität und dem Urteil vieler Bürger nicht stand. Bei aller Betonung der Mikroelektronik und der großen Anstrengungen auf diesem Gebiet kam selbst im großen Saal des Palastes der Republik keine allzu optimistische Atmosphäre auf. Zu viele kannten die Wahrheit, wussten inzwischen, dass der DDR der Mega-Chip in der Herstellung 534 Mark kostete, auf dem Weltmarkt aber zum Preis von sechs DM gehandelt wurde. Aber auch diese Vereinfachung ist unkorrekt. Dass wir das Fahrrad – also den Chip – allein erfinden mussten, lag daran, dass man uns mit der Cocom-Liste noch immer ausgrenzen konnte. Ich las neulich, dass Helmut Kohl bei einem Besuch in Bitterfeld eine hochmoderne Steueranlage zu sehen bekam, die auf dem Umweg über Schweden aus der BRD in die DDR gelangt war. Er wahrte nicht einmal so viel Contenance, den Mund zu halten oder sich im Stillen darüber zu ärgern, dass Schalk-Golodkowski auch in diesem Fall der größere Fuchs gewesen war, sondern erklärte laut und unbeherrscht: „Wie konnte das passieren? Darüber muss ich mit den Amerikanern reden!" Das trug sich wohlgemerkt nach dem „Beitritt" der DDR zu. Das Thema war längst erledigt, aber es erboste ihn immer noch.

Man hatte zündende Ideen von diesem Parteitag erwartet, neue Konzeptionen für die Volkswirtschaft, Varianten für mehr Freizügigkeit im Reiseverkehr und träumte von einer Konsumgüterproduktion, die das Warenangebot deutlich steigerte.

Diese und andere Fragen, die den Delegierten besonders am Herzen lagen und die von niemandem mit einer Formel zu beantworten gewesen wären, wurden überhaupt nicht erwähnt. Die Folge war unausbleiblich sinkendes Vertrauen. Innerhalb der Partei wuchs die Unzufriedenheit. Die Hauptaussage, „Alles geht so weiter!", verstärkte das Unbehagen, denn die meisten Parteitagsdelegierten wussten, dass es so nicht weiter gehen konnte. Aber auch in mir wuchsen Zweifel und Missbehagen. Ich sah keinen Raum für Konstruktivität. Erwarteten meine Genossen und Freunde von mir als neu gewähltem Mitglied des Politbüros nicht Aktivitäten?

Ein guter Freund machte aus seinem Herzen keine Mördergrube: „Werner, du hast nicht nur mich bitter enttäuscht, wir haben erwartet, dass du im Politbüro mit der Faust auf den Tisch schlagen und sagen wirst: ‚So geht es nicht weiter!'" Ich musste einräumen, dass es zwar nicht meine Art sei, mit der Faust zu agieren, dass mir aber die Antwort auf die Frage „Wie weiter?" fehlt.

Darüber zu diskutieren hätte die Bereitschaft Erich Honeckers vorausgesetzt, denn kein Weg führte an ihm vorbei. Und er tat so, als sei da kein Handlungsbedarf.

Und die anderen? Und ich? Man wirft dem damaligen Politbüro heute Feigheit vor. Es saß dort mancher, der in seinem Leben viel Mut bewiesen hatte. Vielleicht zählt mich der eine oder andere auch dazu. Also: Wo blieb unsere Zivilcourage? Auch ich brachte sie nicht auf. Das gestehe ich, auch wenn die tieferen Ursachen nicht allein im subjektiven Bereich zu suchen sind. Ich habe wirklich Tage, Wochen, Monate darüber nachgedacht und konstatiere heute, dass die Ursache im System lag, das sich etabliert hatte und an das wir uns gewöhnt hatten.

Eine der Ursachen für den Aufschwung der Bürgerbewegung, des Neuen Forums, war nicht nur die Konzeptionslosigkeit des Politbüros, sondern vor allem dessen Schweigen, und Sprachlosigkeit.

Warum verschloss sich die Führung der SED und vornehmlich Honecker allen Reformen? Das ist eine Frage, die sich auch an mich richtet. War es tatsächlich die aus einer gewissen Distanz zur Bevölkerung resultierende Imagination, dass es den Werktätigen gut ging? Das ließ sich behaupten, wenn man den Lebensstandard mit dem in Irkutsk oder Ulan Bator verglich. Die DDR-Bürger verglichen jedoch das Warenangebot in Magdeburg beispielsweise mit dem in Hannover, was durch die West-Fernsehreklame leicht fiel. Oder war es der ausgeprägte Mangel an Erkenntnissen, mit welchen Mitteln und Methoden der sich zusehends vergrößernde Abstand zum westlichen technologischen Entwicklungsstand zu überbrücken sei? Bewirkte diese Distanz nicht auch eine gesellschaftliche Distanz, besonders bei Jugendlichen? War es die Einsicht, dass die von vielen geforderte Reisefreizügigkeit nach Spanien oder Italien, natürlich auch in die BRD mit den Voraussetzungen, die unsere Ordnung bot, nicht zu realisieren wäre? War es nur Starrsinn, oder war wirklich die materielle Seite dieses Problems mit unserer nicht konvertierbaren Mark nicht lösbar? Ich habe gerade diese Frage schon am Beispiel des Burger Knäckebrots zu erklären versucht. Und mir kommt auch die vom Spiegel zitierte Antwort eines Befragten in den Sinn: „Wir konnten nicht reisen, obwohl ich das jetzt auch nicht tue, weil mir das Geld fehlt."

Heute schleppen BRD-Touristen, darunter so mancher Ossi, der über das nötige „Kleingeld" verfügt, im Jahr über einhundert Milliarden DM ins Ausland, und allein ein florierender Export sorgt dafür, dass diese Gelder wieder zurückfließen. Nein, der Außenhandel der DDR, eingeengt durch Kreditboykott und Embargopolitik, durch erzwungene Dumpingpreise und Lieferverpflichtungen im Rahmen des RGW, konnte diese Aufgabe nicht meistern. Möge die Problematik noch so diffizil sein, aber ein Reisegesetz im politischen und ökonomischen Einvernehmen mit der BRD hätte viel früher in Angriff genommen werden sollen, obwohl die Konsequenzen nicht überschaubar waren. Bonn führte beständig die „Brüder und Schwestern im Osten" im Mund, tat aber nur sehr wenig für sie, wenn es darum ging, etwa zu helfen. Es war wohl auch keine Hilfe von dieser Seite zu erwarten. Diesen Schluss muss man aus der Aktivität der Treuhand ableiten.

Meine Mitgliedschaft im Politbüro änderte in keiner Weise mein Verhalten. Ich blieb nach wie vor, wie die anderen auch, stumm, äußerte mich nur zu Fragen der Parteiarbeit oder des Bezirkes Magdeburg. Was wäre mir passiert, wenn ich nicht geschwiegen hätte? Natürlich gar nichts. Allenfalls hätte man mich aus dem Politbüro exmittiert. Das hätte ich überlebt. Es hätte mich aber auch mit der Frage konfrontiert, wie solche Opposition mit meinem bisherigen Leben in Übereinstimmung zu bringen wäre. Heute zu klagen, dass niemand in diesem Gremium zu keiner echten Diskussion kam, könnte den Verdacht entstehen lassen, ich möchte den anderen die Verantwortung für die „stille Runde" zuschieben.

Gorki hat einmal geschrieben: „Die wesentlichste Eigenschaft eines kultivierten Menschen sollte das Verantwortungsbewusstsein vor den Erben und Fortsetzern seiner Arbeit, den Kindern, sein." In diesem Punkt haben wir zweifellos versagt.

Manche Fragen wurden vielleicht im kleineren Kreis des Sekretariats oder der Wirtschaftskommission unter Führung von

Mittag oder aber in den Duos Honecker – Mielke, Honecker – Mittag, Honecker – Herrmann erörtert. Aber die Atmosphäre im Politbüro, vor allem das Verhältnis Honecker – Stoph, entsprach nicht dem in der Partei gängigen Begriff von Kollektivität und Kollegialität. Es könnte der Verdacht aufkommen, ich suche in Günter Mittag so etwas wie das „Schwarze Schaf", aber er war für die Wirtschaft zuständig und sein Stil im Umgang mit allen anderen bot kaum Chancen, Probleme zu lösen. Sein Verhalten gegenüber den Ministern, die ihm faktisch gar nicht unterstanden, wurde von einer Praxis bestimmt, die weder Diskussionen noch eigene Entscheidungen duldete. Er kommandierte die Wirtschaft wie ein schlechter Feldwebel, erließ Weisungen und Anordnungen, die die These von der „führenden Rolle der Partei" fatal missbrauchten. Als ich Erich Honecker einmal unter vier Augen darauf hinwies, reagierte er überhaupt nicht und ging auch später mit keinem Wort darauf ein.

Immer wieder die gleiche Frage: Warum schwiegen wir in diesem Kollektiv, obwohl wir doch etwas zu sagen hatten? Diese Frage ist aus heutiger Sicht, mit heutigem Wissen und heutigen Erkenntnissen einfach nicht zu beantworten, so sehr ich mich um eine plausible Antwort bemühe. Wer von Angst spricht, malt einen nicht vorhandenen Teufel an die Wand, denn mir drohte im Verweigerungsfall höchstens eine Entlassung in die Rente, in ein von mir und der Familie erwünschtes Dasein. Meine damalige Haltung ist allein mit meinem damaligen Verständnis von Parteidisziplin und Verantwortungsbewusstsein, aus meiner Haltung zum Kollektiv der Bezirksleitung und der mir verbundenen Parteiorganisation zu verstehen.

Auch das nicht nur von uns, auch vom politischen Gegner strapazierte Freund-Feind-Verhältnis trug zur Verhärtung meiner Position bei. Jede Kritik wurde augenblicklich von den Medien der anderen Seite in Schlagzeilen verwandelt, in denen immer wieder die Vokabeln „Krise", „Zusammenbruch" und „Widerstand" auftauchten. Fast jeden Tag können wir heute erleben, wie Politik durch das Flankenfeuer der Medien realisiert wird. Das Stichwort „Kosovo" möge genügen.

Ich stelle das nur fest, um zu bekräftigen, dass die Macht der Medien groß war und ist.

Ich versicherte bereits, dass es mir fern liegt, die Schuld einer Person zuzuordnen. Ich war in dieser Mannschaft und will mich nicht davonstehlen. Ich hatte ein gutes Verhältnis zu Erich Honecker, auch wenn es mit den Jahren, besonders nach dem XI. Parteitag, abkühlte. Mir liegt es auch fern, alle Schuld an der Niederlage Gorbatschow zuzuschieben, auf den ich noch einmal zu sprechen kommen werde. Er hat uns verkauft und leugnet das auch gar nicht. Er hat sich sogar engagieren lassen, um mitzuhelfen, die Bodenreform vielleicht doch noch rückgängig machen zu können.

Nein, es geht mir immer wieder um unser Verhalten. Eine Parteiorganisation aus dem Maschinenbau Stendal hatte sich in einem Brief an das Zentralkomitee über die Versorgungssituation in der Stadt beschwert. Ich verabredete mit dem Parteisekretär meine Teilnahme an der nächsten Mitgliederversammlung in dem Werk. Allerdings fuhr ich nicht erst zum Schichtwechsel nach Stendal, sondern schon am Vormittag. Ich ging durch die Läden, unterhielt mich mit Verkäuferinnen und Verkäufern und Verkaufsstellenleiterinnen und -leitern, um mir selbst ein Bild machen zu können. In der Versammlung ging es weniger um Brot, Wurst oder Fleisch als um raren Kochschinken, um Rinderfilet und dann um die Preis- und Subventionspolitik der Partei. Meine provokatorische Frage, ob man etwa für teureres Brot plädieren würde, wurde bejaht, und man fügte sogar hinzu: „Die Subventionen bezahlst nicht du, sondern wir!“ Hatten sie Recht? Ja! Als im Politbüro eine Diskussion über einen Brief des Vorsitzenden der Plankommission, Gerhard Schürer, zu diesem Thema stattfinden sollte, brach Erich Honecker sie ab. Manchmal hatte ich den Eindruck, er wollte niemandem gestatten, sein DDR-Bild zu verunzieren. Es war ein blankes und leuchtendes Bild, und das war vielleicht entstanden, weil er seine harten Jugendjahre im Saarland als Maßstab gewählt hatte.

Das Verbot der sowjetischen Zeitschrift „Sputnik“, die im Bezirk kaum Abonnenten hatte, das Verbot sowjetischer Filme, für die sich die Zuschauer kaum interessierten, lösten eine Reaktion aus, die in gar keiner Relation zum Anlass stand. Es waren Signale allgemeiner Unzufriedenheit. Man wollte sich über die Dinge selbst ein Urteil bilden und sich die Meinung nicht vorschreiben lassen. Mein Problem bestand darin, dass auch das Politbüro erst aus den Zeitungen davon informiert wurde. Auch ich konnte mir also kein eigenes Urteil bilden. Ich konnte nur irgendwelchen, von Übereifrigen beantragten unsinnigen Parteistrafen entgegenwirken.

Eine Gruppe der christlichen Jugend in der Pfeifferschen Stiftung hatte mich zu einer Aussprache über aktuelle Probleme eingeladen. Während der Begegnung wurde ich auch mit Fragen zum Thema Staatssicherheit und mit Namen Inhaftierter konfrontiert. Ich hatte keine Ahnung davon. Das turbulente Gespräch widerspiegelte die spürbare Veränderung der Haltung vieler Menschen zu Partei und Staat.

Die Initiative zum Besuch der Pfeifferschen Stiftung war vom Bischof von Magdeburg, Dr. Christoph Demke, ausgegangen, zu dem ich ein gutes Verhältnis geknüpft hatte. Wir haben mit ihm auch im häuslichen und familiären Milieu Gespräche geführt, die nicht nur dem persönlichem Kennenlernen, sondern auch dem gegenseitigem Verständnis dienten.

Als Ungetaufter zur Welt gekommen, in der Schule als „Dissident" vom Religionsunterricht befreit, akzeptierte ich in Moskau den „Verband der streitbaren Atheisten" und traf in Sibirien erstmals mit Gläubigen und verbannten Nonnen persönlich zusammen. Nun saß ich in Magdeburg mit einem klugen, auch menschlich sympathischen Bischof und seiner liebenswerten Frau Christine am Tisch und setzte mich sachlich mit ihren Anschauungen auseinander.

An einem Montag, an dem sich Hunderte – nicht nur Gläubige – in seinem Dom versammelten, rief er mich in der Bezirksleitung an. Volkspolizei stände vor den Toren, und er schlage mir vor, dass die Kirche die Verantwortung für die Sicherheit selbst übernehme.

Es fiel mir nicht leicht, die Verantwortlichen der Volkspolizei zu bewegen, sich einige Straßen weiter zurückzuziehen. Immerhin waren die Absichten der Verantwortlichen der Volkspolizei überlegt, und ihre damaligen Aktivitäten waren nicht mit den hektischen Prügeleien der Polizei heute zu vergleichen. Und als der Bischof mich im Oktober 1989, als die Demonstration eskalierte, anrief und fragte, ob mit Gewaltanwendung zu rechnen sei, konnte ich ihn beruhigen. Es würde keinerlei Gewaltanwendung geben, wenn die andere Seite keine Gewalttätigkeiten begehen würde.

Mir war bekannt, dass die Bezirksbehörde der Volkspolizei den Befehl gegeben hatte: „Keine Munition am Mann!" Damit sollte auch jede mögliche Überreaktion eines Einzelnen verhindert werden. Die Idee, einige Hundertschaften der Kampfgruppen mit Schlagstöcken auszurüsten, führte dazu, dass sich Einzelne weigerten, weil sie nicht bereit waren, auf ihre Kollegen einzuschlagen. Dies nur als Detail zur Kennzeichnung der Atmosphäre. Die Angehörigen der Kampfgruppen waren bereit, die DDR und ihre Betriebe zu verteidigen, aber allein der Gedanke, sich mit einem Kumpel prügeln zu müssen, löste doch Bestürzung aus. Mit Gewalt war in der DDR kein Problem zu lösen. Inzwischen habe ich bei den traditionellen Luxemburg-Liebknecht-Kundgebungen im Januar in Berlin allerdings mit ansehen müssen, wie brutal die Polizei in die Menge prügelte und hinterher behaupten ließ, man habe gegen unerlaubte „Symbole" einschreiten müssen. Die Folge war, dass der Polizeipräsident vor dem Innenausschuss des Abgeordnetenhauses versicherte, alles sei nach Recht und Gesetz verlaufen. Danach ging man zur Tagesordnung über. Ich schreibe das nicht, um die eine Situation gegen die andere aufzuwiegen, sondern nur, um festzustellen, dass wir uns in dieser Hinsicht nichts vorzuwerfen haben.

Das „Neue Forum" gewann immer mehr Anhänger. Oder waren es nur Mitläufer? Wir wollten in dieser Situation nicht schweigen, obwohl die in Berlin agierende Parteiführung keine Silbe äußerte. Tag für Tag, Abend für Abend gingen wir zu überfüllten Aussprachen, organisierten Versammlungen und versuchten, die Initiative wieder in die Hand zu bekommen. Aber die allgemeine Stimmung verschlechterte sich zusehends. Beim Besuch der Reparaturhalle in einer LPG diskutierte ich mit Arbeitern. Wir führten ein angeregtes, durchaus freundschaftliches Gespräch. Als ich weiterging und einem Schlosser begegnete, der mir laut und höchst unfreundlich seine Meinung kund tat, kamen die Kollegen dazu, mit denen ich eben geredet hatte. Ihre Stimmung war wie ausgewechselt. Einer, mit dem ich mich noch Sekunden vorher gelassen unterhalten hatte, griff mich gehässig an, und ich hatte Mühe, die Situation nicht entgleisen zu lassen. Das bewegte mich allerdings weniger als die Frage, wie es so urplötzlich zu einem derartigen Sinneswandel kommen konnte. Rational war der nicht zu erklären.

Die Bürgerbewegung „Neues Forum“ lud mich ein, auf dem Domplatz an einer Veranstaltung teilzunehmen. Ehe noch eine Diskussion begann, las man Auszüge aus einer Parteiinformation des Zentralkomitees über die Bürgerbewegung vor. Darin wurden die Anhänger des „Neuen Forums“ zu kriminellen Feinden abgestempelt. Diese parteiinterne Information war nicht dem Politbüro vorgelegt worden. Sie widersprach den Erfahrungen der Bezirkssekretäre, die besagte, dass mit diesen Bürgern, die dem Sozialismus keineswegs feindlich gesonnen waren, ein nützlicher Dialog möglich war. Ich kannte diese Information, erfuhr aber nie, wer sie „verabschiedet“ hatte. Tausende pfiffen mich aus. Ich war sehr erschrocken, dass sich nicht die geringste Chance bot, mit ihnen zu reden, und reagierte kopflos. Die Fragen, die man dann stellte, beantwortete ich unklug. Heute bin ich mir sicher, dass die Reaktion die Gleiche gewesen wäre, auch wenn ich überlegtere Antworten gegeben hätte. Mir wurde klar, dass sich der Missmut gegen die SED richtete. Und als Mitglied des Politbüros stand ich in dieser Stunde als einer ihrer führenden Repräsentanten auf dem Magdeburger Domplatz. Dieses Erlebnis gehört zu den bittersten meines Lebens.

Der Ruf „Wir sind das Volk!“ wollte zunächst nur den Willen artikulieren, den Sozialismus zu verbessern. Zur Aufarbeitung der Geschichte gehört aber auch sachliche Akribie. Deshalb zitiere ich hier ein Dokument, das völlig in Vergessenheit geraten zu sein scheint. Ich fand es unlängst in den „Weißenseer Blättern“, die bekanntlich von der Kirchlichen Bruderschaft herausgegeben werden: „Der Aufruf ‚Für unser Land‘ zur Bewahrung der Eigenständigkeit der DDR ist von Stefan Heym gestern während einer internationalen Pressekonferenz in Berlin verlesen worden. Der von Christa Wolf in seiner Endfassung erarbeitete Appell hat folgenden Wortlaut: ‚Unser Land steckt in einer tiefen Krise. Wie wir bisher gelebt haben, können und wollen wir nicht mehr leben. Die Führung einer Partei hatte sich die Herrschaft über das Volk und seine Vertretungen angemaßt, vom

Stalinismus geprägte Strukturen hatten alle Lebensbereiche durchdrungen. Gewaltfrei, durch Massendemonstrationen hat das Volk den Prozess der revolutionären Erneuerung erzwungen, der sich in atemberaubender Geschwindigkeit vollzieht. Uns bleibt nur wenig Zeit, auf die verschiedenen Möglichkeiten Einfluss zu nehmen, die sich als Auswege aus der Krise anbieten. Entweder können wir auf der Eigenständigkeit der DDR bestehen und versuchen, mit allen unseren Kräften und in Zusammenarbeit mit denjenigen Staaten und Interessengruppen, die dazu bereit sind, in unserem Land eine solidarische Gesellschaft zu entwickeln, in der Frieden und soziale Gerechtigkeit, Freiheit des Einzelnen, Freizügigkeit aller und die Bewahrung der Umwelt gewährleistet sind. Oder wir müssen dulden, dass, veranlasst durch starke ökonomische Zwänge und durch unzumutbare Bedingungen, an die einflussreiche Kreise aus Wirtschaft und Politik in der Bundesrepublik ihre Hilfe für die DDR knüpfen, ein Ausverkauf unserer materiellen und moralischen Werte beginnt und über kurz oder lang die Deutsche Demokratische Republik durch die Bundesrepublik Deutschland vereinnahmt wird. Lasst uns den ersten Weg gehen. Noch haben wir die Chance, in gleichberechtigter Nachbarschaft zu allen Staaten Europas eine sozialistische Alternative zur Bundesrepublik zu entwickeln. Noch können wir uns besinnen auf die antifaschistischen und humanistischen Ideale, von denen wir einst ausgegangen sind. Alle Bürgerinnen und Bürger, die unsere Hoffnung und unsere Sorge teilen, rufen wir auf, sich diesem Appell durch ihre Unterschrift anzuschließen. Berlin, den 26. November 1989."

Auch Hans-Jochen Tschiche, der in Magdeburg an der Spitze des „Neuen Forums" stand und später Fraktionsvorsitzender der Bündnis 90/Grünen im Landtag Sachsen-Anhalt war, schreibt in seinem Buch „Nun machen Sie man, Pastorche!" (Mitteldeutscher Verlag, 1999), dass es nicht Sinn und Zweck der damaligen Bewegung war, die Macht zu übernehmen, dass sie es sich lediglich zur Aufgabe gemacht habe, die „Mächtigen" zu kontrollieren.

Man mag diese Aussage mit unterschiedlicher Auffassung beurteilen, aber Herr Tschiche räumt sehr realistisch ein, dass das „Neue Forum" den Sozialismus zwar reformieren, aber nicht abschaffen wollte, doch fehlte für eine Reform auch ihm ein brauchbares Konzept.

Diese Erinnerung scheint mir vonnöten, weil ja heute weltweit die Version verbreitet wird, die Bevölkerung der DDR habe im Sturmlauf den Sozialismus beseitigt, und weil auch so mancher Linke heute glauben machen will, für den Sozialismus in der DDR könne man sich höchstens entschuldigen. Damals sah man das unbestritten anders.

Eine Dompastorin schrieb mir Wochen nach der Kundgebung auf dem Domplatz einen bitterbösen Brief, sie hätte von einem Kommandeur gehört, ich hätte zu Angehörigen der Kampfgruppen gesagt: „Heute wird mit diesem Mob Schluss gemacht!" Das stimmte nicht. Wer mich kennt, der weiß, dass solche Aufforderungen nicht einmal meinem Wortschatz entsprechen, ganz zu schweigen von meinen politischen Auffassungen. Der Brief der Pastorin bewies mir aber, dass damals auch Kräfte am Werk waren, die nur danach trachteten, die Stimmung aufzuheizen. Die Pastorin hatte sich hingesetzt und mir ihren empörten Brief geschrieben. Tausende haben dies und sicher auch manches anderes über meine Reaktionen „gehört", was ihre Wut wachsen ließ. Das ist menschlich durchaus verständlich. Vor allem aber wuchs durch solche Parolen die Gefahr gewalttätiger Auseinandersetzungen. Auch die Frage muss gestattet sein, ob es nicht Kräfte gab, denen daran gelegen war? Deshalb gelten meine Achtung und mein Respekt allen, die in diesen Stunden kühlen Kopf bewahrten, obwohl das oft nicht einfach war.

Ich habe in Magdeburg so manches Gespräch mit Kabarettisten geführt, dabei viel gelernt und mich immer bemüht, ihren oftmals natürlich provokativen Gedanken zu folgen. Was meinen Humor angeht, so haben die Kabarettisten manchen Witz von mir gehört und vielleicht verwendet. Ich musste mich auch ihrem Argument beugen, dass das Publikum nicht nur Kalauer über Adenauer hören, sondern die DDR-Wirklichkeit humorvoll kritisch reflektiert sehen und hören wollte. Wer ehrlich ist wird zugeben müssen, dass der Parteisekretär, der sich rund um die Uhr bemühte, Missstände zu beseitigen, nicht immer vor Freude an die Decke sprang, wenn Kabarettisten Mängel, die er eben mit oft großen Schwierigkeiten aus der Welt geschafft hatte, noch immer scharfzüngig kritisierten. Zugegeben: Nicht alle Partei- und Staatsfunktionäre schätzten solchen Humor. Man erzählte sich, dass Paul Fröhlich, vor langen Jahren Bezirkssekretär in Leipzig, ein Leipziger Kabarett schließen ließ. Das kann keine Lösung sein, offenbart aber, zu welchen Irrwegen die Macht verleiten kann. Das Thema „Umgang mit der Macht" ist ein weites Feld und würde genug Stoff für ein ganzes Buch liefern. Und das würde keineswegs 1989 enden ...

Noch einmal zurück zum Kabarett. Als die Magdeburger „Kugelblitze" im Sommer 1989 den Satz „Honecker muss weg!" in ihrem Programm hatten, führte ich ein Gespräch mit dem Regisseur und Autor Hans-Günther Pöhlitz. Seine „Begründung" für diese Forderung war, dass es unerträglich sei, in jeder Kneipe oder gar Toilette das Bild des Staatsratsvorsitzenden hängen zu sehen. Ich widersprach ihm in diesem Punkt nicht. Aber er bekundete keine Bereitschaft, den Text zu verändern. Die folgenden Ereignisse haben das Problem auf ihre Art entschieden.

Der Ordnung halber muss ich erwähnen, dass ich staunend eines Tages in der Zeitung las, dass jemand wegen Verächtlichmachung des Bundespräsidenten verurteilt worden sei. Galt es nicht als „Markenzeichen" für die Bundesrepublik, dass man dort über die Staatsführung sagen durfte, was man wollte? Im Gegensatz zur DDR ...

Ich blätterte im Strafgesetzbuch, das heute bei uns gilt, und fand im Paragraph 90: „Wer öffentlich, in einer Versammlung oder durch Verbreiten von Schriften den Bundespräsidenten verunglimpft, wird mit Freiheitsstrafe von drei Monaten bis zu fünf Jahren bestraft." Und der Paragraph 90 a droht demjenigen Strafen bis zu drei Jahren an, der „die Bundesrepublik Deutschland oder eines ihrer Länder oder ihre verfassungsmäßige Ordnung beschimpft oder böswillig verächtlich macht, oder die Farben, die Flagge, das Wappen oder die Hymne der Bundesrepublik Deutschland oder eines ihrer Länder verunglimpft".

Als ich an der Versammlung einer Abteilungsparteiorganisation im SKET teilnahm, stellte man mir die Frage nach der wirtschaftlichen Konzeption des Politbüros. Ich verwies auf Maßnahmen zur Dezentralisierung, auf größere Rechte für die Kombinate, zum Beispiel beim Export. Das waren Maßnahmen, die dem Anliegen der Betriebe entsprachen und die in einigen Kombinaten für den 1. Januar 1990 vorgesehen waren.

Schon als ich diese Antwort gab, wurde mir klar, dass das zwar richtige Schritte waren, nur eben nicht umfassend genug, um die ökonomischen Probleme zu lösen. Sehr stolz war ich deshalb nicht auf diese „Vertretung" des Politbüros. Trotz des Beifalls, mit dem ich verabschiedet wurde, war ich nicht ganz sicher, ob die Genossen mich durchschaut hatten.

Ich gestehe: Mir fehlte in diesem Augenblick der Mut, frank und frei zu erklären, dass das Politbüro keine strategische Konzeption hatte.

Das wiederum soll nicht heißen, dass das Politbüro die Dinge laufen ließ, wie sie liefen. Zum Beispiel hatte es alle Industriebetriebe verpflichtet, neben ihrer normalen Produktion Konsumgüter herzustellen. Als Vorgabe waren fünf Prozent des Volumens ihrer Warenproduktion vorgesehen. Diese Entscheidung erweiterte zwar das Konsumgüterangebot, verteuerte aber in vielen Fällen die Gestehungskosten dieser Erzeugnisse. Es war ein Versuch, den Kaufkraftüberhang abzubauen und das Angebot zu erweitern. Zugleich war es aber auch ein Schritt in die Richtung der Selbsttäuschung, was jedoch das Engagement zahlreicher Betriebe nicht abwerten soll.

1987 wuchs im Bezirk zwar der Umfang des Einzelhandelsumsatzes um 280 Millionen Mark, aber allein an Zinsen für die Sparguthaben der Bevölkerung mussten 250 Millionen Mark gezahlt werden. Wenn man hinzurechnet, dass nur die SKET-Arbeiter pro Jahr für 850000 Überstunden 4,5 Millionen Mark erhielten, wird die Eskalation des Kaufkraftüberhangs noch verständlicher.

Heute ist das alles einfacher, denn die Unternehmer haben eine simple Alternative zu offerieren: Entweder unbezahlte Überstunden oder Entlassung. Auf solche Ideen konnte dieses Politbüro nicht kommen. Und wenn ich dieser Tage las, ein führender Funktionär der Linken habe ein Plakat der DKP „Mehr Arbeit statt mehr Profit" mit dem Hinweis gerügt, ohne Profit gäbe es keine Arbeit, fürchte ich, dass uns das Ignorieren aller Erkenntnisse der marxistischen Klassiker auch nicht weiterbringen kann.

Ein anderes der vielen Probleme betraf Vorkommnisse im Zusammenhang mit der Stationierung sowjetischer Truppen. Tatsächlich waren im Bezirk nicht nur die 3. Stoßarmee der Westgruppe der Sowjetarmee mit über 50000 Mann, sondern auch noch Divisionen einer anderen Armee mit über 25000 Mann stationiert. Diese Zahlen sollen nur eine Vorstellung von den Risikofaktoren vermitteln, die täglich wirksam werden konnten. Unfälle mit Armeefahrzeugen, unvorhergesehene Ereignisse, mit denen jede Armee der Welt leben muss, sorgten ständig für Konflikte. Hinzu kam, dass viele Soldaten aus mittelasiatischen Unionsrepubliken nicht einmal die russische Sprache beherrschten, was die Ausbildung an der modernen Militärtechnik enorm erschwerte. Und dann kamen viele der Soldaten aus abgelegenen Dörfern und saßen nun am Lenkrad schwerer LKWs auf viel befahrenen Chausseen und Straßen der DDR.

Ich verfügte glücklicherweise nicht nur über die nötigen Sprachkenntnisse, um meinen Standpunkt klarzumachen, sondern auch über genügend Kenntnisse der Mentalität meiner Partner, um mich durchzusetzen. Und da fiel auch manches sehr kritische Wort. Das schließt ein, dass wir ein gutes Verhältnis pflegten. Als die Armeeführung mich eines Tages fragte, ob wir nicht imstande wären, in einer Garnison die Bügel der Soldatenbetten zu eloxieren, fanden wir eine Lösung. Im Gegenzug erklärte sich die Armee bereit, uns zu helfen, und räumte mit ihrer schweren Technik die letzten Ruinen in der Stadt weg, was die Bevölkerung lebhaft begrüßte.

Eine weitere Frage hatte die üppigen Einkäufe der Frauen der sowjetischen Offiziere zum Inhalt. Sie reduzierte sich vor allem darauf, dass hierdurch das bei manchen Artikeln ohnehin knappe Angebot noch weiter eingeschränkt wurde. Doch diese Frage fand kaum Beifall.

Politisch lagen die sowjetischen Offiziere im Hinblick auf Gorbatschow und die Perestroika auf einer Wellenlänge mit mir. Die meisten Offiziersfamilien besaßen in ihrer Heimat keine eigene Wohnung und lebten bis zur nächsten Versetzung in den Kasernen aus den Koffern. Ihr Verhältnis zur Abrüstung war logischerweise von der Erkenntnis beeinflusst, dass die Perestroika ihnen nicht nur Arbeitslosigkeit, sondern auch Perspektivlosigkeit bescheren würde. Unter diesen Offizieren waren kaum Freunde der Perestroika zu rekrutieren. Die Generale in Wünsdorf, dem Sitz des Stabes der Westgruppe, ließen mir manche Notiz und manchen Artikel aus sowjetischen Quellen zukommen, die sich kritisch mit den neuen Verhältnissen in der Sowjetunion auseinandersetzten. Ich glaube, man hoffte darauf, dass ich diese Informationen Erich Honecker übermitteln würde.

Magdeburg war nicht nur Grenzbezirk. Durch den Bezirk verlief auch die größte und am stärksten frequentierte Transitstrecke zwischen Berlin-West und Niedersachsen. Zur Illustration einige Zahlen. 1987 reisten rund 100000 Bürger des Bezirks Magdeburg in die BRD, und 1988 waren es nicht weniger. 47 von ihnen blieben in der BRD.

Lässt diese Zahl den Schluss zu, dass die DDR schon früher die Grenze hätte öffnen sollen? Ich erwähnte bereits die finanzielle Seite dieses Problems. Der DDR-Bürger erschien faktisch als Bettler in der BRD, angewiesen auf das Empfangsgeld und die mehr oder minder lieben Verwandten. Das konnte keine Lösung sein.

Was den Transitverkehr betraf, so hatten die Grenzer den reibungslosen grenzüberschreitenden Güter- und Personenverkehr zu sichern. Um eine Vorstellung vom Umfang dieser Aufgabe und zugleich von der Dimension des „Eisernen Vorhangs" zu vermitteln, möchte ich hier wiederum ein paar Zahlen anführen. Ich weiß allerdings sehr wohl, dass DDR-Bürger Zahlen schließlich nur noch mit Unmut lasen, weil sie zu oft für politische Zwecke herhalten mussten. 1987 passierten allein im Transitverkehr 5.255.143 Kraftfahrzeuge den Grenzübergang Marienborn. Dazu kamen 276 Militärkolonnen. 15.658.430 Frauen, Männer und Kinder reisten in diesem Jahr im grenzüberschreitenden Verkehr. Die Zahl kam der Bevölkerungszahl der DDR nahe. Auf der Autobahn rollten in jedem Moment rund um die Uhr ungefähr 6000 Fahrzeuge von und nach Westdeutschland, das heißt, es befanden sich ständig etwa 12000 westdeutsche oder westberliner Bürger auf den Straßen unseres Bezirks.

Der 40. Jahrestag der DDR war ihr Schwanengesang. In seiner Rede auf der Festveranstaltung im Palast der Republik ging Erich Honecker mit keinem Wort auf die brennenden Probleme des Landes ein. Einzelne Korrekturen am Text hätten auch nichts geändert. Während der Festveranstaltung versammelten sich vor dem Palast der Republik in Berlin Protestierende, die von der Volkspolizei auseinander getrieben wurden. Als aus dem abendlichen Fackelzug Rufe zur Tribüne schollen: „Gorbi, Gorbi!", musste das nicht nur als Affront gegenüber Honecker empfunden werden. Es waren wohl auch weniger Rufe, die dem Gast galten, sondern schlicht das Synonym für „Reformen".

Bei der Begegnung Gorbatschows mit den Mitgliedern des Politbüros in Niederschönhausen ging der Gast auf die angespannte Lage in der Sowjetunion ein. Die Ausführungen Honeckers ließen erkennen, dass er die Situation ignorierte oder völlig überfordert war. Er wirkte arrogant und schuf sich damit keine Freunde. In Aufzeichnungen und Erinnerungen an diese Zusammenkunft wurde mehrfach darauf verwiesen, dass Gorbatschow Honecker und das Politbüro gemahnt habe: „Wer zu spät kommt, den bestraft das Leben!" Dieser Satz stimmt zwar seinem Sinn nach, ist aber so nicht gesagt worden. Gorbatschow selbst bekräftigte in seinen Erinnerungen, wie dieser Satz ins Protokoll einging, nämlich: „Wenn wir zu spät kommen, bestraft uns das Leben." Da er im Unterschied zu Honecker sehr selbstkritisch zur inneren Lage in der UdSSR gesprochen hatte, konnte man diese Aussage auf ihn beziehen, obwohl sich alle Anwesenden angesprochen fühlten. Ich glaube, in dieser Frage ausnahmsweise für alle damals Anwesenden sprechen zu können, mit Ausnahme Honeckers. In seinem neuen Buch „Wie es war" widerlegte sich Gorbatschow selbst. Als er laut Protokoll sagte, dass eine „Wende vollzogen werden muss", dass „ein Beschluss über politische Veränderungen zu fassen ist", dass „mutige Beschlüsse erforderlich sind und die Chance nicht vertan werden darf", bezog sich das nicht auf die augenblickliche Situation, sondern auf die Vorbereitung des XII. SED-Parteitages, den Honecker früher einberufen wollte, und zwar im Frühjahr 1990. Das heißt, auch

Gorbatschow sah im Oktober noch nicht das im November eintretende Ende der DDR.

Am 10. und 11. Oktober fand nach mehrmaliger Vertagung im Politbüro endlich – für mich erstmalig – eine Generaldebatte zu aktuellen Problemen statt. Alle redeten ausführlich, niemand unterstützte die Position Honeckers. Aber es fand sich auch keiner, der ihn zum Rücktritt aufforderte. Erst in der nächsten Aussprache mit den Bezirkssekretären wurde Honecker vom Ersten Sekretär in Potsdam, Günther Jahn, gedrängt zurückzutreten. In der nächsten Sitzung des Politbüros wurde er dann auf Antrag Willy Stophs abgelöst und danach auch Günter Mittag und Joachim Herrmann aus dem Politbüro ausgeschlossen. Die 9. Tagung des Zentralkomitees bestätigte diese Entscheidungen. Zum Generalsekretär der SED wurde Egon Krenz gewählt. Das ist alles hinlänglich bekannt. Ich wiederhole es nur der Vollständigkeit halber.

Es galt damals die Gepflogenheit, dass der Generalsekretär aus dem Kreis des Politbüros gewählt wurde. Egon Krenz hatte Honecker schon einige Male für längere Zeit vertreten. Im Sommer 1989 hatte sich Honecker zum ersten Mal von Mittag vertreten lassen. Dies geschah mit der Maßgabe, während seines Krankenhausaufenthalts keinerlei grundlegende Entscheidungen zu treffen. Ich unterstützte die Wahl von Krenz. Er ist in den letzten zehn Jahren, besonders in dem gegen ihn inszenierten politischen Prozess, noch gereift und hat sich große Sympathie nicht nur bei Genossen erworben. Seine Verurteilung zu sechseinhalb Jahren Haft demonstrierte nicht nur die Negation justiziablen Rechts, sondern auch den inhumanen Charakter des „Rechtsstaates“ BRD.

Nach der Wahl von Egon Krenz erklärte eine Reihe weiterer Mitglieder des Politbüros nach längeren Gesprächen ihren Rücktritt, so auch Willi Stoph, dessen Platz als Vorsitzender des Ministerrates Hans Modrow einnahm.

Am 9. November wollte ich mit Familie und Freunden meinen 70. Geburtstag feiern. Am Morgen gratulierte mir das „neue“ Politbüro. Dann begann die ZK-Tagung. Die im Politbüro diskutierten Vorschläge über das Reisegesetz, mit dem die Ausreise nach dem Westen vereinfacht und unbürokratisch für jeden Bür-

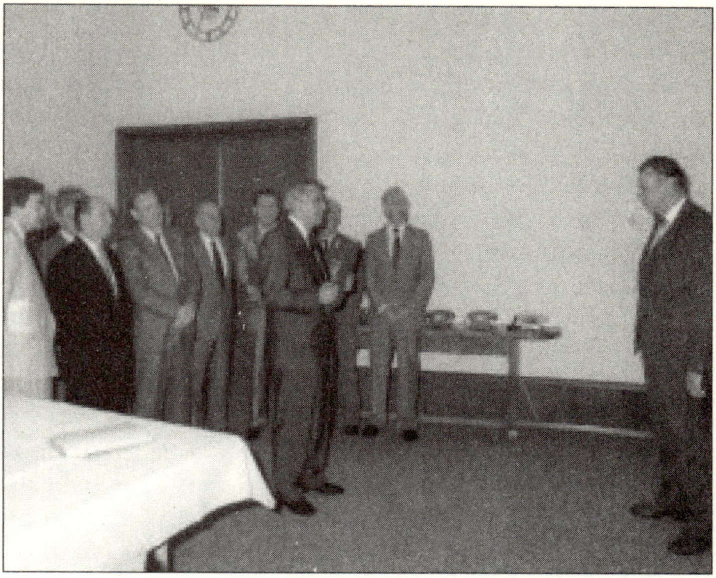

70. Geburtstag, 9. November 1989, mit Egon Krenz und Politbüro

ger geregelt werden sollte, waren mehrmals als unbefriedigend zurückgewiesen worden, bis sie am 9. November bestätigt wurden. Die folgenden Turbulenzen an der Grenze ahnte niemand voraus. Sie lassen sich nicht nur mit der von niemandem autorisierten Bemerkung Schabowskis in der Pressekonferenz erklären, sondern wohl eher mit der endlosen Debatte über dieses sensible Problem. Am Abend warteten die Geburtstagsgäste vergeblich auf mich. Der Sekt floss an der Grenze, die uns überrumpelnden Ereignisse ließen mir keine Zeit zum Feiern.

Meine Freunde

Es bleibt für mich ein erfreuliches Phänomen, dass auch in den folgenden zehn Jahren kein einziger unserer Freunde unseren Kreis verließ. Im Gegenteil, er wuchs noch. Nur aus alter Gewohnheit nenne ich den ehemaligen Abteilungsleiter im Zentralkomitees als ersten. Die Runde ist „bunt": Ein parteiloser Star-Schauspieler, eine parteilose Floristin, ein Professor für Philosophie, ein Gärtnermeister, ein Funktionär der SPD, eine Professorin für Mikrobiologie, eine Zahnärztin, ein Professor für Agrarwissenschaften, ein ehemaliger Diplomat, ein ehemaliger Bezirksbaurat, ein Oberst der NVA. Sollte die Liste vollständig sein, würde sie noch einige Absätze länger.

Manche meiner Freunde habe ich als Zeitzeugen bereits zu Wort kommen lassen. Viele hatten für mich zum 80. Geburtstag die Geschichte unserer Freundschaft zu Papier gebracht. Einige sollen hier noch kurz zitiert werden.

Professor Sonja Mebel: „August 1957. Annemarie hat Geburtstag. Meine Stimmung ist unter Null. Mein Vater ist vor wenigen Wochen gestorben. Ich fühle mich einsam in dieser Stadt, in diesem Land. Vor ein paar Monaten sind wir erst aus Moskau zurückgekommen. Nach Hause? Sind nicht meine Freunde und Erinnerungen zurückgeblieben? Bei Annemarie versammeln sich die Gäste. Werner zeigt uns voller Stolz die Fotos seiner beiden Töchter, langbeinige Geschöpfe mit zerschundenen Knien. Werner wird unwillkürlich Mittelpunkt der kleinen Gesellschaft. Ob es um aktuelle Politik geht oder um Witze, man hört ihm zu. Es ist seine menschliche Wärme, der man sich nicht entziehen will. Mich überkommt das Gefühl: ich gehöre hierher, ich bin zu Hause, bin keine Fremde. Das erste Mal seit meiner Rückkehr aus der UdSSR war ich froh und unbeschwert. Das war der Beginn unserer Freundschaft mit dem Langen und seiner Erika."

Klaus-Dieter Baumgarten, ehemaliger Kommandeur der Grenztruppen der DDR, General i. R.: „Ich konnte zu deinem Ehrentag nicht kommen, da ich noch immer in der Justizvollzugsanstalt Düppel II einsitze. Ich möchte in dieser Stunde nicht verschweigen, dass du in meinen Augen immer ein Vorbild warst. Wir jüngeren Genossen sahen in dir immer einen jener nicht zu erschütternden Kommunisten, die uns Kraft gaben, den Weg, für den wir uns entschieden hatten, bis zum Ende zu gehen. Ich erinnere mich auch so mancher Stunde, da wir gemeinsam an der Grenze weilten, gemeinsam, der Parteifunktionär und der Offizier."

Usha aus Indien: „Meine erste Begegnung mit dir liegt mehr als dreißig Jahre zurück. Nie werde ich den Augenblick vergessen, wie ich – noch viel kleiner als ich es heute bin – einem freundlichen Riesen in die Arme lief. Ich war schon damals überzeugt, dass in diesem großen Mann ein ebenso großes Herz schlägt. Du gabst mir mit deiner Familie die Nestwärme, die ich als kleine Inderin – 10000 Kilometer von meiner Heimat entfernt – so bitter brauchte. Alles, was ich als junges Ding mit mir herumschleppte, vom Liebeskummer bis zu den Zeugnissen, konnte ich bei euch abladen."

Dr. Christoph Demke, Bischof i. R.: „... Dass Sie so gefährliche Zeiten bestanden haben und nun – wie man so sagt – mit biblischem Alter zurückblicken auf die ‚Begegnungen', erfüllt uns mit Staunen und Dankbarkeit und Respekt, wenn wir uns auch häufig fragen, wie Sie dieses und jenes verarbeiten, heute sehen usw. Ich hoffe, Sie können bei einigermaßen Gesundheit zusammen mit ihrer Frau einen festlichen Tag im Kreise ihrer Kinder und Enkel und ihrer Freunde begehen, ohne Bitterkeit, zu der vielleicht dieser Tag manchen Anlass geben kann. Ich staune immer noch, dass trotz der Abwesenheit von Politik an diesem Abend vor zehn Jahren – und zwar auf allen Seiten einschließlich Moskaus – es ohne Katastrophe abgegangen ist, Gott sei Dank! Das man nun meint, es müssten auch an diesem Tage gerade die politischen Großköpfe reden, ist schon ärgerlich ..."

Bernd und Jutta Felgendreher: „Wie fing sie eigentlich an, die Freundschaft zwischen den Deutschen Ost und uns, den Deutschen West, mit den nun allerdings schon annähernd zehn Jahren Prenzelberger Erfahrungen? Am Anfang stand – ich gebe es zu – die unverhohlene Neugier des mit dem Tross der westdeutschen Journaille in die seinerzeit noch real existierende DDR eingeflogenen Schreiberlings auf ‚den Eberlein'. Natürlich konnte ich – dem Sozialdemokratismus seit früher Jugend hoffnungslos verfallen und auch studierter Zeitgeschichtler – die Eberleins in der Geschichte der organisierten deutschen Arbeiterbewegung theoretisch einordnen. Das Bild des Menschen, der sich hinter den uns zugänglichen gedruckten Daten einer offenkundig ungeheuer wechselvollen und spannenden Biographie oder der erzählten Geschichte der Zeitzeugen verbarg, blieb einigermaßen diffus und ambivalent: Honecker-Spezi und unerschütterlicher Parteisoldat oder aber reformorientierter Hoffnungsträger mit Berliner Herz und Schnauze? Der Job bescherte mir dann endlich den persönlichen Kontakt. Nach dem Wechsel zur ‚Magdeburger' Volksstimme war in der Sonntagsausgabe viel Platz für Porträts spannender Zeitgenossen aller Genres. Und geradezu begeistert unterstützte die Kollegenschaft meinen Vorschlag, den langjährigen früheren Herausgeber ins Blatt zu heben (die Begeisterung von Chefredakteur und Hamburger Verlag hielt sich eher in Grenzen). Schon die Vorgespräche zur eigentlichen ‚Story' waren für mich als politischer Journalist faszinierend: Da saß ich einem Mann gegenüber, der alle (westdeutsch geprägten) Klischees von den Betonköpfen im Politbüro ad absurdum führte: klug, belesen, und nachdenklich, von kritisch-analytischem Verstand, witzig und warm, ohne jedweden Drang zur Selbstdarstellung und doch ausgestattet mit geradezu charmantem Charisma. Ein Satz aus den stundenlangen Gesprächen hat sich mir damals und bis heute unauslöschlich eingeprägt. ‚Ich war kein Liebknecht und habe nicht mit der Faust auf den Tisch gehauen', war deine Antwort auf meine vielleicht provozierende Frage, warum du dich nicht der unübersehbaren, unaufhaltsamen Erosion deiner DDR entgegengestemmt hast. Das ‚leider' schwang mit dieser Bemerkung, blieb aber unausgesprochen. Ich darf und will es aber heute bewusst hinzusetzen. Deine Werte und Grundüberzeugungen hast du auch unter schwierigsten Bedingungen niemals aufgegeben. Das sage ich, das sagen wir, mit Achtung und Respekt. Und das bestärkt mich erst recht in meiner Kritik an einer Denkrichtung auch bei einer Minderheit in meiner Partei, der SPD, die ich nicht nachvollziehen mag: Das ist nachholender Antikommunismus mit Ausgrenzungsstrategien. Deshalb mag ich auch die Pharisäer nicht, die in westlichen Lehnstühlen Predigten darüber verbreiten, wie die DDR-Geschichte und DDR-Biographien nicht nur zu interpretieren, sondern auch zu bewerten sind. Willy Brandts hoffnungsvolles Wort zur Wiedervereinigung wird ja da und dort aus Enttäuschung umgestellt: Seht, wie auseinander wächst, was zusammengehört. Wir jedenfalls sollten in unserer freundschaftlichen Beziehung nicht nachlassen, dem Originalzitat auch weiterhin zu einem Stück Wirklichkeit zu verhelfen."

Dietmar Gersten, Gärtnermeister, und Bärbel Loechel-Gersten, Floristin: „Ich, Dietmar, komme aus einem kleinen verträumten Ort im Erzgebirge. Nach der Lehre als Gärtner rief mich die ‚Fahne' nach Strausberg. Schon ziemlich am Ende meiner Dienstzeit erhielt unsere Kaserne den Namen ‚Hugo Eberlein'. War der Anlass auch ernst, so wurde doch anschließend fröhlich gefeiert. Ich äußerte dir gegenüber den Wunsch, in Berlin bleiben zu dürfen. Das Wichtigste an dieser Unterhaltung war für mich die Einladung zu euch nach Hause – damit begann für mich ein völlig neuer Lebensabschnitt. Ich bezog in Berlin ein Zimmer, bekam in der Gärtnergenossenschaft einen Arbeitsplatz und war in dieser für mich neuen Welt schon glücklich. Mit einem neuen Ausbildungsjahr kam auch der Lehrling Wolfgang Loechel. Ich war sein Lehrfacharbeiter. Seine Eltern hatten einen kleinen Gartenbaubetrieb." Bärbel: „Eines Tages verabredete sich Dietmar mit mir am Alex. Er tat sehr geheimnisvoll. Ich war etwas früher am Treffpunkt, versteckte mich und sah ihn mit einem riesigen Strauß ankommen. Was sollte ich mit den Blumen, was wollte Dietmar wirklich – na, ich ging auf ihn zu, da erklärte er mir, dass wir nun zu guten Freunden fahren, weil die Frau heute Geburtstag hat. Die Hausfrau kam auf mich zu, umarmte mich: ‚Du bist also die Bärbel!' Dann erschien ein baumlanger Mann, nahm mich in die Arme: ‚Willkommen bei uns!' Für mich war das alles zu viel. Alle Anwesenden schienen mich gut zu kennen. Sicher hatte Dietmar vorher viel erzählt. Mit der Zeit freute ich mich, in eure Familie aufgenommen worden zu sein."

Dietmar: „Ein Jahr später kamen wir zu deinem Geburtstag. Draußen war es ungewöhnlich kalt. Unter den Gästen waren auch hohe Offiziere des Regiments ‚Hugo Eberlein'. Unten in den Fahrzeugen saßen die Kraftfahrer und warteten. Da machte meine Bärbel den Vorschlag, dass die Männer da unten frieren würden und sicher Hunger hätten. Das Resultat war, dass die Kraftfahrer abwechselnd nach oben kamen, sich aufwärmten und aßen. Wie stolz war meine Bärbel, dass sie als Kleinkapitalistentochter deutsche Offiziere zu solidarischem Verhalten bewegt hatte."

Horst Ballentin, ehemaliger Stadtbezirksbaudirektor und Ruth: „‚Du kennst den Eberlein?' Nicht oft, aber immer öfter, wie man heute zu sagen pflegt, wurde ich danach gefragt. Ob ich ihn kenne, denn wer kennt schon jemanden richtig? Es fing vor 33 Jahren an. Wir wohnten in unmittelbarer Nachbarschaft. Unsere Kinder schlossen im zarten Alter von zwei und drei Jahren in der Buddelkiste ewige Freundschaft. Am Tage der Einschulung der beiden Sprösslinge 1966 kam die Freundschaft der Eltern hinzu. Der erste gemeinsame Wodka wurde getrunken. Dann kamen Silvesterfeiern, Konzert- und Kinobesuche, Gartenpartys, Aufbaueinsätze im Wohngebiet. Wir haben keine große Politik gemacht, sondern verdreckte Flächen gesäubert, ein wenig für Ordnung gesorgt, unbezahlt."

Professor Manfred Buhr, ehemaliger Direktor des Zentralinstitutes für Philosophie der Akademie der Wissenschaften der DDR: „Meine Wertschätzung für Werner gründet sich darauf, dass er durch seinen Lebensweg mit Marx weiß: Die Geschichte ist gründlich und macht viele Phasen durch, wenn sie eine alte Gesellschaft zu Grabe trägt, wobei die letzte Phase einer weltgeschichtlichen Gestalt die Komödie ist. Deshalb ist für W. E. diese letzte Phase kein orientierungsloser Bruch, keine vergangenheitsverklärende Flucht ins Faktische und damit Stillstand der Geschichte, sondern eine Zeit intensiver Besinnung auf den Weg zur menschlichen Emanzipation. Dies für W. E. festzuhalten bedeutet Anerkennung, weil er mit sieben Jahrzehnten mit Sokrates sagen könnte: Der Winter will eine Decke haben, das Alter unangefochten sein. Allein W. E. mischt auf seine Art weiter mit, greift ein. In dieser ruhig-unruhigen Lebenskonstante bin ich W. E. begegnet – und so soll es noch viele Jahre bleiben, um der ‚jungen' Generation Haltung, Vorbildlichkeit und aus dem Geschichtsprozess resultierende Treue (nicht Reue!) weiterzugeben. Anmerkung aus gegebenen Anlass frei nach Georg Foster: ‚Lassen wir die Ausschweifung etlicher missgeleiteter Bauern, Richter, Minister, Beamten und den Mutwillen der unmündigen Jugend auf Universitäten und Fernsehkanälen sowie Presseorganen unberührt; sie sind der Geschichte zu klein. Wenn die Pest im Lande ist, wer würde nicht des Arztes spotten, der Mückenstiche für Pestbeulen hielte? Im Übrigen muss man nicht höher fürzen wollen, denn der Arsch ist, denn das Nationalkostüm der Menschheit ist die Nacktheit, was für jeden und alle Menschen absolut gilt.'"

Mira Fruck-Ismailowa, ehemalige Dozentin am Institut für Internationale Beziehungen in Babelsberg: „Ich kann mich nicht einmal erinnern, wann und wo alles begann. Ich glaube, dass von den ersten Tagen meines Aufenthalts auf deutschem Boden du immer in meinem Leben warst. Das rührt vielleicht daher, dass uns gemeinsam deutsch-sowjetische Wurzeln verbinden oder der Glaube an die Siegesgewissheit unserer Idee. Aber das sind alles große Worte, im Leben ist alles einfacher. Für mich bist und bleibst du der – wie man im Russischen sagt – Mensch mit dem großen Buchstaben. Die Freundschaft mit dir und deiner Familie half und hilft mir auch weiterhin, die mitunter komplizierten Peripetien im Leben zu überwinden."

Meine Peripetie

November 1989. Der Tag für meinen endgültigen Abschied kam akkurat 41 Jahre, nachdem man mich bei der Partei eingestellt hatte. Ich wollte meinen Arbeitsplatz sauber hinterlassen. Es zeichnete sich ohnehin ab, dass er kaum wieder besetzt würde. Da waren aber noch personelle Veränderungen in der Bezirks- und den Kreisleitungen Magdeburgs zu realisieren. Als immer noch amtierender Bezirkssekretär wurde ich in das neue Politbüro gewählt. Wieder kam ein jäher Wechsel. Da der in der gleichen ZK-Sitzung vorgeschlagene Kandidat für die Funktion des Vorsitzenden der Zentralen Parteikontrollkommission nicht gewählt wurde, ein bis dahin im Zentralkomitee einmaliger Vorgang, musste ich – musste ich? – in die Bresche springen und wurde einstimmig zum Vorsitzenden der ZPKK gewählt.

Wer würde die Nachfolge im Bezirk antreten? Viele Fragen und keine Antwort. Die turbulente Gegenwart ließ keine Zeit für langes Bedenken. In Magdeburg trat nach längerer, hitziger Debatte das Sekretariat der Bezirksleitung zurück, und am nächsten Tag wurde in der schnell einberufenen Bezirksleitungssitzung ein neues Sekretariat und der Sekretär von Magdeburg-Nord, Wolfgang Pohl, zum Ersten Sekretär gewählt. Ich wusste die Funktion in guten Händen.

Vor dem Gebäude der BL hatte sich eine größere Menschenmenge versammelt. Wir stiegen auf ein provisorisches Podium, ich verkündete die Ergebnisse der BL-Sitzung, beantwortete einige Fragen und verabschiedete mich, begleitet von Beifall. Als

Wolfgang Pohl zum Mikrofon griff, musste ich die Tribüne verlassen. In Berlin wartete meine neue Funktion auf mich. Dass die weitere Entwicklung für Wolfgang, der dann von der neuen Führung nach Berlin geholt wurde, einen so bitter dramatischen Verlauf nahm, ist kein Ruhmesblatt in der Geschichte der Partei. Er wurde vor Gericht gezerrt, verurteilt und sah sich über Nacht von allen verlassen.

Ich wurde in meiner neuen Funktion täglich mit Hunderten Briefen und Hunderten Anrufen konfrontiert, die Parteiverfahren gegen Mitglieder und Kandidaten des Politbüros und des ZK forderten. Ich sollte Honecker aus der Partei ausschließen. In der SED gärte es, Schuldige wurden gesucht, täglich neue gefunden. Was tut da ein Vorsitzender der Zentralen Parteikontrollkommission?

Ja, was tun? Der Schuldige oder die Schuldigen an der Situation, an der Niederlage des realen Sozialismus, am Zerfall der Partei sollten benannt, ihre Schuld geahndet werden. Das war allerdings nur nach dem Statut in die Wege zu leiten. Das forderte zum Beispiel, mit jedem Betroffenen eine Aussprache zu führen. Die Anträge mussten begründet werden. Und all dieser Trubel wurde täglich durch „sensationelle" Schlagzeilen über Privilegien der führenden Funktionäre angeheizt. Dem einen wurde die Aneignung eines Jagdhauses angelastet, dem anderen eine Nobeldatsche.

Das Ziel der Kampagne wurde erreicht: die Parteiführung wurde als eine Clique „entlarvt", die Parteimitglieder und Parteilose betrogen und hintergangen hatte. Im Hintergrund wurden bereits jene angeworben, die das DDR-Eigentum verhökern, das Land „platt machen" sollten. Und dafür brauchte man im Vordergrund die nötige Stimmung.

Eine meiner ersten Aufgaben war also, mit Erich Honecker das vom Statut geforderte Gespräch vor dem beantragten Ausschluss aus der Partei zu führen. Ich hatte Jahrzehnte mit Honecker zusammengearbeitet und hatte ein gutes persönliches Verhältnis zu ihm. Das stelle ich als Erstes fest, um deutlich zu machen, wie schwer mir diese Aussprache fallen musste. Ich hatte Respekt vor seiner kommunistischen und antifaschistischen Vergangenheit. Er hatte sich unserer Idee verschrieben und ist ihr treu geblieben bis zu seinem tragischen Ende in Chile. Die Zeit wird kommen, in der sachliche Historiker seinen Platz in der Geschichte ohne Hass bestimmen.

Und sie werden auch nicht die Reden derer ignorieren können, die ihn als Staatsoberhäupter oder Ministerpräsidenten besuchten oder einluden. Es würde genügen, die Reden, die gehalten wurden, als er 1987 in die BRD eingeladen worden war, und die Anklageschriften der Staatsanwälte vor dem Moabiter Gericht nacheinander kommentarlos abzudrucken, um deutlich zu machen, wie sich die „Sieger" aufführten, assistiert von amoklaufenden Medien.

Das alles hindert uns nicht daran, Fragen zu stellen, die wir faktisch auch an uns selbst richten. Hat Honecker nicht erst mit zunehmendem Alter versagt? War es Inkompetenz oder Charakterschwäche, die ihn veranlassten, sich falschen Freunden zuzuwenden? Lag die Hauptverantwortung für die Entwicklung nicht im Kreml?

Der Chefarzt des Regierungskrankenhauses erklärte mir, dass Erich Honecker derzeit nicht „vernehmungsfähig" sei. Ich rief Honecker an und teilte ihm mit, dass ein Parteiverfahren gegen ihn eingeleitet sei. Ein Gespräch sei vonnöten. Er antwortete nur: „Gut." Hatte er mich nicht verstanden? Am nächsten Morgen rief er an und fragte mich, ob ich nicht zu ihm kommen könnte. Ich fuhr nach Wandlitz in das Haus, in dem bald darauf eine importierte Badewannenarmatur hundertmal fotografiert wurde und als Beweis dafür herhalten musste, dass er im Luxus gelebt habe.

Er sagte mir, dass er Mühe habe, sich zu konzentrieren, und mir deshalb seine Stellungnahme vorlesen werde: „Ich übernehme die volle Verantwortung für die entstandene Lage, die um so stärker ins Gewicht fällt, da ich die Funktionen des Generalsekretärs, des Vorsitzenden des Staatsrates und des Nationalen Verteidigungsrates über lange Zeit ausübte ... Der gegen mich und andere erhobene Vorwurf, die kritische Einschätzung der ernsten Lage in der Partei und im Land nicht geteilt zu haben, trifft zu. Dies tat ich in Verkennung der realen Lage und aus heutiger Sicht fälschlicherweise aus der Sorge, dass Differenzen im Politbüro in einer angespannten Situation die Einheit der Partei gefährden würden. Ich sehe die Ursache meiner Fehleinschätzung darin, dass ich das reale Leben im Lande in der letzten Zeit nicht unmittelbar wahrnahm. Ich täuschte mir etwas vor und ließ mich oft bei Besuchen im Land täuschen."

Er verwahrte sich gegen den Vorwurf des Macht- und Amtsmissbrauchs: „Zu keiner Zeit meiner Tätigkeit in Partei und Staat sind meine Handlungen mit diesen Vorwürfen in Verbindung zu bringen ... Die eingetretene Krise in der DDR, die großen Disproportionen in der Volkswirtschaft und in Verbindung damit aufgetretenen Begleiterscheinungen in der Versorgung wurden in den Oktobertagen immer offensichtlicher. Es bedurfte erst der friedlichen Massenproteste der Bevölkerung, der Willensbekundungen vieler politischer Organisationen, des Wirkens kirchlicher Kreise und des wachsenden Drucks in der eigenen Partei, um die Erneuerung des Sozialismus auf die Tagesordnung zu stellen, mit dem Ziel, den Sozialismus in der DDR mit mehr Demokratie und neuer Dynamik zu erreichen."

Zum Abschluss sagte er: „Ich war und bin für eine Erneuerung der Gesellschaft, habe aber zunehmend Zweifel, ob dieser Prozess in die richtige Richtung läuft ..." Es kam danach zu keinem Gespräch. Meine Fragen, insbesondere nach der Rolle Mittags, beantwortete er nicht. Meine Mission war beendet. Wir verabschiedeten uns. Ich habe ihn nie wieder gesehen.

Auf der außerordentlichen Tagung des ZK am 3. Dezember 1989 wurde Erich Honecker aus dem Zentralkomitee und aus der Partei ausgeschlossen.

Ich hatte Erich Honecker bereits 1950 als FDJ-Sekretär während des Deutschland-Treffens der Jugend kennen gelernt, als ich die sowjetische Delegation unter Leitung des späteren Botschafters Kotschemassow betreute. Als Honecker 1971 Walter Ulbricht als Generalsekretär ablöste, stand ich auf der Seite des 19 Jahre Jüngeren und – wie mir damals schien – für diese Funktion prädestinierten Mannes.

Im Auftrag der ZPKK führte ich weitere Parteiverfahren durch. So gegen Günter Mittag, der in unserem Gespräch arrogant und abweisend war. Selbst in dieser für ihn misslichen Lage blieb er sich selbst charakterlich treu.

Dem Verfahren war eine vierstündige Aussprache mit den Leitern der wirtschaftspolitischen Abteilungen vorausgegangen. Die Hauptvorwürfe lauteten: „Seit Beginn der siebziger Jahre hat die DDR ökonomisch über ihre Verhältnisse gelebt. Es wurde mehr Nationaleinkommen verbraucht, als durch eigene Leistung erwirtschaftet wurde ... Bereits zu diesem frühen Zeitpunkt warnten Wissenschaftler und Parteieinrichtungen das damalige Politbüro vor dem eingeschlagenen Kurs der Wirtschaftspolitik ... Diese Position wurde massiv zurückgewiesen ... Günter Mittag erklärte, das sei Kapitulantentum, das die Partei von einem erfolgreichen wirtschaftlichen Weg abhalten solle ...

Nach Rückkehr Mittags 1976 aus dem Staatsapparat als Sekretär des Zentralkomitees in den Parteiapparat wurde in seiner Hand eine nicht mehr zu verantwortende Machtfülle konzentriert. Seine negativen Charaktereigenschaften in Verbindung mit dieser Machtkonzentration führten zu erheblichen politischen und ökonomischen Schäden für die Partei, die gesamte Gesellschaft und die Wirtschaft der DDR.

Mit der Bildung einer Wirtschaftskommission und einer Zahlungsbilanzgruppe beim Politbüro wurden durch Günter Mittag Instrumente geschaffen, um die Regierung von allen strategischen Entscheidungen immer mehr abzukoppeln. Er hatte maßgeblichen Anteil daran, dass die Aufnahme von finanziellen Mitteln bei kapitalistischen Banken und Unternehmen und ihre Fälligkeiten einschließlich ihrer absoluten Höhe dem Politbüro, den wirtschaftspolitischen Abteilungen des Zentralkomitees und der Regierung der DDR nicht bekannt waren und somit keiner Nachprüfbarkeit und Kontrolle unterlagen ...

Dieser praktizierte Voluntarismus war Ursache dafür, dass der Volkswirtschaftsplan Jahr für Jahr zunehmend weniger durchgängig bilanziert war, durch operative Entscheidungen zusätzliche Belastungen organisiert wurden und die volkswirtschaftlichen Disproportionen eskalierten ...“

Mittag wurde aus dem Zentralkomitee und aus der Partei ausgeschlossen.

In einem schriftlich an den Parteitag gerichteten Bericht hieß es unter anderem, dass die vom 10. ZK-Plenum beauftragte Zentrale Parteikontrollkommission bei der konsequenten Aufdeckung des ganzen Ausmaßes von Machtmissbrauch, Korruption und Privilegien von ehemaligen Mitgliedern des Politbüros und weiteren Funktionären der Partei ihre Aufgabe nicht erfüllt habe.

Diese Feststellung will ich nicht besonders kommentieren. Es handelte sich um einen Zeitraum von drei Wochen, und die Mittel und Möglichkeiten der ZPKK waren beschränkt. Zeit kosteten auch die Gespräche mit Hunderten erboster Genossinnen, Genossen und Parteiloser, die sich in diesen Tagen mit der strikten Forderung an mich persönlich wandten, diesen oder jenen Genossen oder auch alle ehemaligen Mitglieder des Politbüros auszuschließen. Oft wurde diese Forderung ohne jegliche Begründung erhoben. Sollten wir etwa mit einem Rundumschlag dem entsprechen, um uns selbst zu entlasten? Waren nicht nach dem nun einmal geltenden Statut mit jedem Beschuldigten Gespräche zu führen, in denen die Anschuldigungen präzisiert werden mussten, um Rede und Antwort zu stehen? Letztlich hatte ich das zu entscheiden.

Die Partei steckte in einer tiefen Krise, sie drohte auseinander zu brechen. Und in dieser Situation eine simple Generalabrechnung? Wo wäre der Versuch geblieben, in diesen Verfahren die Ursachen für die Krise zu erforschen?

Ich blieb dabei, mich nach dem Statut zu richten und hektische Massenverurteilungen zu vereiteln. Nach der Forderung der damals noch zwei Millionen Mitglieder fand im Dezember 1989 der Parteitag in der Berliner Dynamo-Sporthalle statt. Ich wollte als ordentlicher Delegierter daran teilnehmen und fuhr zur Kreisdelegiertenkonferenz nach Wanzleben. Man stellte mir manche kritische Frage, wählte mich aber mit 87,3 Prozent der Stimmen zum Delegierten. In bewegter Atmosphäre wurde auf dem Parteitag faktisch das Ende der SED besiegelt und die PDS aus der Taufe gehoben.

Ich musste, obwohl ich die Funktion des Vorsitzenden der ZPKK nur drei Wochen ausgeübt hatte, einen schriftlichen Bericht vorlegen, der ohne Diskussion zur Kenntnis genommen wurde. Die ZPKK wurde aufgelöst und eine Schiedskommission unter Leitung von Günther Wieland gewählt. Es war – wie man sich erinnert – ein turbulenter Parteitag. Mancher, der damals scharfe Reden hielt, hat uns inzwischen längst verlassen. Ich will keine Namen nennen, weil mir bei keinem ein Urteil über seine Motive zusteht. Aber ich denke, dass es doch nützlich ist, daran zu erinnern. Zum Abschluss des Parteitages fand noch einmal eine Zusammenkunft der Magdeburger Delegation statt, auf der auch ich Rede und Antwort stehen musste. Meine Abschiedsworte wurden zustimmend aufgenommen. Mit Händedruck und besten Wünschen wurde ich verabschiedet und begab mich dann – ziemlich allein mit mir und meinen nicht gerade optimistischen Gedanken – auf nächtlicher Straße in die Wohnung unserer Tochter, unserem Berliner Zuhause. Am nächsten Tag waren noch einige Formalitäten im Gebäude des Zentralkomitees zu erledigen. Dann nahm ich meinen Resturlaub und ab 1. Januar 1990 war ich endlich Rentner.

Die Talfahrt in Moskau

In seinen Aufzeichnungen „Die letzten Jahre einer Weltmacht. Der Kreml von innen“ geht der Gorbatschow-Berater Anatolij Tschernajew davon aus, dass Gorbatschow während des XXVII. Parteitages mit der Perestroika noch ehrlich Reformen anstrebte, obwohl zu diesem Zeitpunkt westliche Politiker und Medien schon unverhohlen darauf spekulierten, dass mit diesen Reformen der Restauration des Kapitalismus Tür und Tor geöffnet würde.

In einem Gespräch mit Präsident Bush soll Gorbatschow die Frage gestellt haben, wie die Sowjetunion nach den Vorstellungen der USA aussehen solle. Darauf die Antwort Bushs: „Wir wollen, dass sie ein demokratischer Staat mit Marktwirtschaft ist, der in die westliche Wirtschaft integriert wird.“

Tschernajew konstatierte, dass die Begegnung mit Kohl 1988 in Moskau in einer Atmosphäre „des längst vollzogenen Bruchs mit dem Marxismus-Leninismus“ seitens Gorbatschows verlief. Sein Besuch 1989 in Bonn legte den Grundstein für den „Einigungsprozess Deutschlands“: „Das Fazit für die Ostdeutschen lag auf der Hand: Die Sowjetunion verhindert die Einigung nicht mehr, also kann man handeln ... Dass die Wiedervereinigung friedlich verlief ..., verdanken wir vor allem Gorbatschow und Bush.“

Der Kohl-Vertraute Horst Teltschik bestätigt in seinem Buch „329 Tage", dass Gorbatschow am 10. Februar 1990 endgültig grünes Licht für die deutsche Einheit gab. Dafür habe Kohl ihm Lieferungen von 100000 Tonnen Fleisch und 20000 Tonnen Butter zugesagt: „Er hat die DDR weit billiger verkauft, als es selbst die BRD für möglich hielt."

Diese Feststellung ist nie dementiert worden. Damit muss als historisch gesichert gelten, dass wir schlicht verhökert worden sind. Ist das der Krise in der DDR zuzuschreiben oder der Krise in Moskau?

Wjatscheslaw Daschitschew, deutschlandpolitischer Berater mehrerer sowjetischer Regierungen, offenbarte 1994: „Im April 1987 wurde ich zum Vorsitzenden des wissenschaftlich-konsultativen Beirats bei dem Amt ‚Sozialistische Länder Europas' im Außenministerium ernannt ... Im Mai 1987 beschloss ich, auf die Tagesordnung der nächsten Sitzung des Beirats die Besprechung des Standes und der möglichen Entwicklung der deutschen Frage zu setzen ... Die Sitzung wurde mehrmals verschoben und fand endlich am 27. November 1987 statt. Ein Diskussionsbeitrag wurde von mir verfasst und im Juni 1987 in 30 Ausfertigungen den Beiratsmitgliedern sowie dem ZK und dem Außenministerium vorgelegt. Ich ging in meinem Beitrag ... davon aus, dass die DDR den politischen, wirtschaftlichen und sozialen Wettbewerb mit der Bundesrepublik verloren habe und daher die weitere Diskreditierung der in der DDR herrschenden politisch-ideologischen Ordnung unvermeidbar sei, was das Problem der nationalen Vereinigung in einem ganz neuen Lichte darstellen werde. Die Teilung Deutschlands und die fortdauernde Existenz von zwei deutschen Staaten betrachtete ich als eine gefährliche und für die Interessen der Sowjetunion schädliche Entwicklung Europas ... Für die Sowjetunion ... wäre sie eine unerträgliche wirtschaftliche, moralische und politische Bürde. Diese Spaltung stünde als eine Barriere auf dem Wege zur Beseitigung der Ost-West-Konfrontation. Unter bestimmten Verhältnissen könne sie auch zu einer Gefahr für die Perestroika werden."

In dem von Daschitschew erarbeiteten Dokument waren sechs Varianten zur „deutschen Wiedervereinigung" enthalten.

Schewardnadse in seinen Memoiren: „Aber zu dem Zeitpunkt,

als diese Prognose gemacht wurde, schien es unmöglich zu sein, solch eine Frage auf der prinzipiellen Ebene aufzuwerfen. Zu tief war in unserem Bewusstsein die Überzeugung verwurzelt, dass die Existenz von zwei Deutschland die Sicherheit des Landes und des ganzen Kontinents zuverlässig gewährleistet."

Die ersten Überlegungen für den „Beitritt" stammen also bereits aus dem Jahr 1986.

Zurück ins Jahr 1990. Am Tag nach der Übereinkunft Gorbatschows mit Kohl übergab Gorbatschow der Agentur TASS eine Erklärung, in der er bestätigte, dass der Einigungsprozess ausschließlich Sache der Deutschen sei, die sie schnell untereinander regeln werden. Am 4. Mai begrüßte Außenminister Schewardnadse in Bonn die deutsche Einheit als gesetzmäßigen Prozess und stellte dafür Kreditforderungen in Höhe von 20 Milliarden DM. Kohl bürgte für fünf Milliarden unter der Voraussetzung, dass die UdSSR den Ergebnissen der 4+2-Verhandlungen zustimme: „Geschäft auf Gegenseitigkeit." Die BRD übernahm für die DDR die Stationierungskosten der Sowjetarmee für 1990 in Höhe von 1,25 Milliarden DM.

Am 15. Juli reiste Kohl nach Moskau. Gorbatschow empfing ihn mit der Bemerkung, nicht über Gewinner und Verlierer zu reden. Deutschland wurde die volle Souveränität zugesprochen. Kohl wiederholte seine Fragen, weil er nicht glauben wollte, dass er alles erreicht, alles bekommen habe, was er wollte. Dafür versprach er 225000 Tonnen Fleisch und 60000 Tonnen Butter, deklariert als „Hilfeleistung".

Am nächsten Tag flog man in Gorbatschows Heimat, nach Stawropol, von dort mit dem Hubschrauber in den Kaukasus nach Archys, wo man bis in die Nacht hinein gemütlich beisammen saß. Am nächsten Tag offerierte Helmut Kohl acht Fragen, die Gorbatschow alle zustimmend abnickte. Die Sowjetunion gab – ohne Absprache mit der DDR – ihre Zustimmung zum vereinten Deutschland, zur NATO bis an die Oder.

Valentin Falin hat in seinem Buch „Konflikte im Kreml", das 1997 im Blessing-Verlag erschien, folgendes formuliert: „Die Abmachungen von Archys sind in vieler Hinsicht einzigartig. Über das Schicksal der DDR, immerhin ein Mitglied der Vereinten Nationen, wurde ohne Beteiligung der Republik, in

Abwesenheit ihrer Vertreter, entschieden. Die UdSSR setzte alle mit der DDR geschlossenen Verträge und Abkommen außer Kraft, wobei sie in den meisten Fällen die darin vorgesehenen Verfahren schlicht ignorierte.

Die Liquidierung der DDR und die Ausdehnung des Geltungsbereichs der NATO auf ihr Gebiet gab einen Vorgeschmack auf das Ende des osteuropäischen Verteidigungssystems. Aber vor Archys gab es darüber keine Konsultation mit den Verbündeten des Warschauer Vertrages. Sie erhielten von der sowjetischen Führung keinerlei Informationen zur Sache. Die Vereinbarungen von Archys hoben mit einem Federstrich und ohne Vorgespräche mit den jeweiligen Partnern die Verantwortung der vier Großmächte für Deutschland und die ihr zugrunde liegenden Völkerrechtsakte auf, ... die Beschlüsse von Archys sind rechtlich angreifbar."

Und noch etwas offenbart Falin: Die weitgehenden Entscheidungen von Archys wurden nicht nur hinter dem Rücken der DDR abgesprochen, sie wurden auch am eigenen Politbüro der KPdSU und dem Ministerrat der UdSSR vorbei getroffen. Wie kam es, dass sich in Krisensituationen der erste Mann einfach dem Führungskollektiv entziehen konnte? War es die Angst, dass ihm so weitgehende Konsequenzen verweigert worden wären? Waren es persönliche Ambitionen Gorbatschows, selbstherrliche Entscheidungen von größter innen- und außenpolitischen Bedeutung allein fällen zu wollen und zu können? War es das viel gepredigte, aber nie überwundene Demokratiemanko? Oder war es eine viel tiefer wurzelnde Systemfrage?

Ich habe zuvor Breshnew negativ charakterisiert, möchte aber im Zusammenhang mit der Preisgabe der DDR durch Gorbatschow an Breshnew erinnern, der zum 15. Jahrestag der DDR erklärte: „Nur kurzsichtige Politiker, die völlig den Realitätssinn verloren haben, von der Art gewisser Herren an den Ufern des Rheins, können sich Hoffnungen auf irgendwelche Beschlüsse und Handelsabkommen auf dem Rücken der DDR machen. Nein, meine lieben Freunde, das wird niemals geschehen. Erwartet das niemals von uns!"

Und BRD-Botschafter Hans Kroll schildert in seinen 1967 erschienenen „Lebenserinnerungen eines Botschafters" ein Gespräch mit Chrustschow, in dem dieser versicherte: „Wir sind auch für Milliarden nicht bereit, die DDR zu verhökern!"

Der Oberste Sowjet der UdSSR lehnte im September 1990 in Abwesenheit von Gorbatschow den Antrag ab, den für zwanzig Jahre geschlossenen „Vertrag über Freundschaft, Zusammenarbeit und gegenseitigen Beistand mit der DDR" von 1975 aufzuheben. Die Geschichte ist bis heute darüber hinweggegangen.

In der „großen" Welt aber wurde Gorbatschow als Held und Hoffnungsträger gefeiert. Er wurde mit dem Nobelpreis gekürt. 1989 wählte ihn die amerikanische Zeitschrift „Time" nicht nur zum „Mann des Jahres", sondern zum „Mann des Jahrzehnts". Gail Sheely schrieb, dass Gorbatschow die Welt verändert habe, er habe die DDR verkauft, um die Wirtschaft des eigenen Landes zu retten. Zbigniew Brzezinski ordnet den Untergang des Kommunismus „in letzter Instanz" Michail Gorbatschow zu.

Als Reformer, Vater der Perestroika und Hebamme der „Wiedervereinigung" bejubelt, als Abtrünniger, Verräter und Antikommunist verschrien, verschwand Gorbatschow als Bankrotteur der UdSSR in der Versenkung. Sein Vabanque-Versuch, sich noch einmal wählen zu lassen, endete mit einem absoluten Fiasko.

Die zentralistische Planwirtschaft wurde aufgehoben, neue Leitungsstrukturen nicht geschaffen. Der Rückgang der Produktion – 1990 um zehn Prozent – verringerte bei steigendem Geldumlauf um zwanzig Prozent das ohnehin bescheidene Warenangebot. Lohn- und Gehaltsaufbesserungen für Ärzte, Lehrer und andere sehr niedrig entlohnte Berufe waren zu begrüßen, aber verstärkten um ein Weiteres den Kaufkraftüberhang und die Inflation.

Alexander Jakowlew, seinerzeit Gorbatschows zweiter Mann und einer der Hauptakteure, mehr noch, einer der Geburtshelfer der Perestroika, stellte in seinen Erinnerungen fest, dass „der Vater der Perestroika seine Kinder verraten hat" und dass „die sechs Jahre der Perestroika an den Oktober 1917 erinnern, als alle Werte der Vergangenheit in Abrede gestellt wurden".

Die sozialen Widersprüche, die abgebaut werden sollten, wuchsen. Die Perestroika wurde zur „Katastroika", wie es im Volksmund hieß.

Valerij Iwanowitsch Boldin, der das Büro des Präsidenten der UdSSR leitete und über zehn Jahre als Berater des Generalsekretärs tätig war, schildert Gorbatschow in seinem Buch „Sturz des Postaments“ als einen machtgierigen und mit Intrigen vertrauten Menschen, als Reformator und Verräter, der selbst Vertraute wie Hemden wechselte und fallen ließ: aus den Augen, aus dem Sinn. Er kümmerte sich ehrgeizig um die ihm in der „Prawda“ zugewiesene Zeilenzahl, um die ihm im Kreml zur Verfügung gestellten Räume, ließ – im krassen Gegensatz zu seinen Vorgängern – aus- und umbauen, neue Diensträume, neue Ausstattungen und neue Datschen anlegen. Er schuf auch neue Privilegien für sich und seine Frau, die nicht nur in der Familie, sondern auch in der Partei und im Volk unverstanden und verhasst war und über vieles, was auf den Tisch von Gorbatschow gehörte, eigenwillig entschied, Gorbatschow bevormundete und gängelte.

Boldin müsste es wissen. Man soll über Tote nichts Schlechtes sagen, und Raissa Maximowna ist unter tragischen Umständen in Deutschland an Leukämie gestorben. Aber eine Wertung des Michail Sergejewitsch ist ohne Raissa unvollständig. Sie war eine gebildete und kluge Frau, die erheblichen Einfluss auf ihren Mann hatte. Aber sie wollte – wie sie selbst bekundete – die erste „First Lady“ in Russland sein und kopierte dabei in Russland unbekannte westliche Manieren.

Gorbatschow selbst glaubte nach seinen Worten an Wunder: Wunder der Perestroika, Wunder der Marktwirtschaft und auch an ein Wunder der westlichen Hilfe und Kredite.

Als Reformer und Demokrat an die Macht gekommen, stieg er zum machtvollen Präsidenten auf und ebnete Boris Jelzin den Weg. Als Jelzin am 23. August 1991 seinen Ukas über die Stornierung der Tätigkeit der KPdSU erließ und ihren Generalsekretär vor den Augen von Millionen Fernsehzuschauern demütigte, beugte sich Gorbatschow und erklärte am 24. August seinen Rücktritt als Generalsekretär. Er empfahl dem Zentralkomitee, sich selbst aufzulösen, und den Territorial- und Betriebsorganisationen, über ihr weiteres Schicksal selbst zu entscheiden.

Diese Tatsachen verurteilen nicht nur die Haltung Gorbatschows, sie begründen auch die weitere Entwicklung oder – treffender – den Niedergang der Sowjetunion. Selbst wenn man von einer notwendigen innerparteilichen Reform der KPdSU ausgeht, das rigorose Verbot der Partei löste eine Klammer, die – wie immer man das Einparteiensystem in der UdSSR auch bewertet – dieses Land zusammengehalten hatte. Mit dem Verbot entstand ein Vakuum. Es wuchsen nicht nur die sozialen Spannungen. Separatismus und Nationalismus breiteten sich aus. Nationale Bestrebungen weiteten sich – durch soziale Spannungen zusätzlich angeheizt – zu blutigen Konflikten aus.

Im Dezember 1991 wurde in der Beloweshskaja Pustscha das Schicksal der UdSSR besiegelt. Am 25. Dezember trat Gorbatschow als Präsident zurück. Zwei Tage später zog Boris Jelzin in dessen Räumlichkeiten im Kreml ein.

Im Nachhinein hat Gorbatschow die Verantwortung für den Niedergang und den Zerfall der Sowjetunion den Putschisten im Herbst 1991 angelastet, die subjektiv die Einheit der Union erhalten und einem Zerfall zuvorkommen wollten, objektiv aber den separatistischen Plänen eines Jelzin Vorschub geleistet haben.

Am 12. Dezember 1992 hielt Gorbatschow in der Universität Mexiko eine Rede, in der er unter anderem sagte: „Die Vorstellung von der Welt als einer Dichotomie von Sozialismus und Kapitalismus muss überwunden werden. In der Praxis geschieht das im Grunde genommen bereits. Wenn wir die historischen Erfahrungen bedenken, die von einer wachsenden Vielfalt der menschlichen Gesellschaft zeugen, dann glaube ich, dass man überhaupt nicht mehr auf die Errichtung einer sozial homogenen Gesellschaft orientieren kann. Auf jeden Fall hat es den Sozialismus als System in unserem Lande nicht gegeben."

1999 wurde Gorbatschows Buch „Wie es war. Die deutsche Wiedervereinigung" veröffentlicht. Allein der Untertitel gibt Anlass zur Polemik. Welche Wiedervereinigung? Des Kaiserreichs oder der Weimarer Republik in ihren Grenzen oder des Nazireichs in seinen Grenzen? Warum ignoriert dieser Staatsmann die Verträge von Jalta und Potsdam? Weil er das Tor für eine Angliederung des einst mit der Sowjetunion verbündeten Ostens Deutschlands an die BRD weit geöffnet hat? Er behauptet, dass die Lösung der deutschen Frage erst mit der Perestroika möglich wurde, um damit die sehr fragwürdigen Lorbeeren für sich einzuheimsen. Er fragt, was geschehen wäre, wenn die DDR marktwirtschaftliche Reformen durchgeführt hätte, verschweigt aber wohlweislich, dass diese Ansätze, die mit dem NÖSPL in der DDR auf den Weg gebracht werden sollten, von seinen Vorgängern im Kreml liquidiert wurden.

Ich habe nicht nur vierzehn Jahre in der Emigration in der Sowjetunion gelebt, und sie wurde mir – ich habe ausführlich begründet warum – trotz aller Widrigkeiten zur politischen Heimat. Ich habe dreißig Jahre als Dolmetscher an bedeutenden internationalen Treffen teilgenommen und viele prominente und weniger bekannte Persönlichkeiten kennen gelernt. Ich habe einige Kapitel Geschichte des 20. Jahrhunderts hautnah miterlebt. Das gibt mir vielleicht das Recht, Gorbatschow zu widersprechen.

Ich habe in meinen Ausführungen keinen Zweifel daran gelassen, dass ich ein kritisches Verhältnis zu unserer Vergangenheit habe, dass die Prophezeiung Chrustschows vom endgültigen Sieg des Sozialismus falsch war. Aber daraus den Schluss abzuleiten, dass es in der UdSSR keinen Sozialismus gab, fordert dazu heraus, ihm die „rote Karte" zeigen. Man kann die Geschichte nicht „umreden" und auch nicht umschreiben. Dass er eine hoch dotierte Einladung nach Westberlin annahm, um sich dort als Zeuge für die Behauptung feiern zu lassen, dass die Bewahrung der Ergebnisse der Bodenreform nicht zu den Bedingungen des 4+2-Vertrages gehörte, wiegt nicht minder schwer und lässt den Verdacht aufkommen, dass er wie ein Filmschauspieler alle Rollen zu spielen bereit ist, wenn nur entsprechende Gagen garantiert werden.

Das genügt zum Kapitel Gorbatschow. Er hat mit seiner Politik den Schlusspunkt unter den Sozialismus und die KPdSU gesetzt und auch unter den Versuch, auf deutschem Boden eine sozialistische Gesellschaft zu schaffen. Damit niemand sogleich „aber" ruft, will ich hinzufügen, dass bei diesem Versuch Fehler unterlaufen waren.

Querschnittsgelähmt

Der nachfolgende Abschnitt ist sehr persönlich. Er befasst sich mit meiner Gesundheit und wird im Grunde genommen nur der Vollständigkeit halber angefügt. Er könnte obendrein den Leser ermüden, weil in ihm medizinische Protokolle zitiert werden und es eigentlich nicht sehr geschätzt wird, über Krankheiten zu reden.

Im Januar 1990 wollte ich in einem Berliner Krankenhaus die seit längerer Zeit anstehende Implantation eines Herzschrittmachers vornehmen lassen, die mit zunehmenden Herzrhythmusstörungen notwendig geworden war. Das liest sich in der Krankengeschichte so: „Im Januar 1990 Implantation eines Herzschrittmachers wegen AV-Block II. Grades. Entfernung des Pacemakers im April 90 wegen Infektion des Sondenkanals mit nachfolgender Abszessbildung an der rechten Lungenspitze. Trotz intensiver antibiotischer Therapie gelang es nicht, den Abszess völlig zu sanieren. Eine operative Behandlung wurde von den Thoraxchirurgen abgelehnt. Im März 90 begannen intermittheftige radikuläre Schmerzen in beiden Armen mit Sensibilitätsstörungen des rechten Armes, gefolgt von distalbetonten Paresen. Seit Anfang August 90 entwickelte sich eine Querschnittssymptomatik mit ausgeprägter Parese der Beine. Entsprechend dem neorad. Befund wurde der Patient am 24.8.90 operiert, ... am 31.10.90 wurde der HWS im Halo Yoke System ruhig gestellt. ... Chefarzt Dr. med. Knopf.“

Zu deutsch: Eine Vereiterung des Herzschrittmachers führte zu einer inkompletten Querschnittslähmung. Nach einer operativen Entfernung eines vereiterten Wirbels wurde mir ein Stahlring auf den Kopf geschraubt, vier Metallstäbe verbanden diesen Ring mit einer starren Plasteweste, so dass zwar die vereiterte Wirbelsäule stillgelegt, ich aber absolut bewegungslos ans Bett gefesselt war. Im Dezember wurde ich dann, den Rücken vollkommen wund gelegen, mit diesem Gestell im Rollstuhl nach Hause entlassen. Nachdem ich endlich von diesem Halo-Yoke-Folterwerkzeug befreit war und meine Frau sich um den Rücken kümmern konnte, begann ich in der Reha-Klinik Sommerfeld sehr energisch mit täglichem, weit über die Empfehlungen hin-

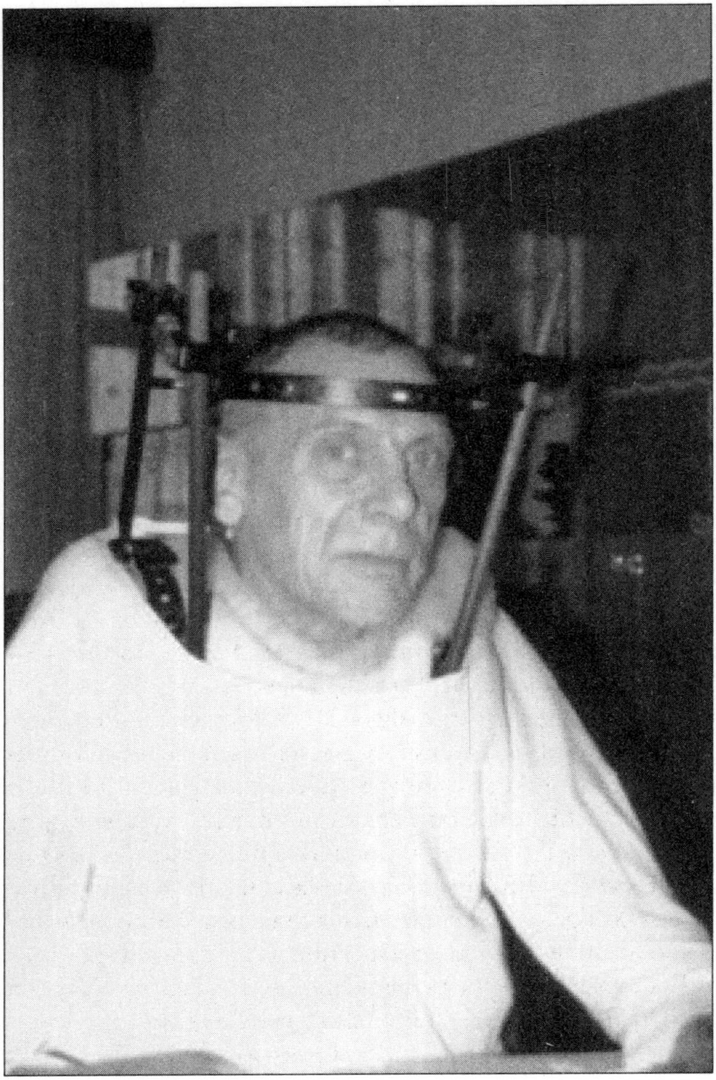

Nach der Operation, 1990

ausgehendem Training. Ich hatte mir in den Kopf gesetzt, den Ärzten zu beweisen, dass ich entgegen ihrer Prognosen nicht den Rest meines Lebens im Rollstuhl verbringen würde. Vielleicht hat mir nicht nur der Wille, sondern auch die Lebens- und Überlebenserfahrung aus Sibirien geholfen, als erstes auf den Rollstuhl zu verzichten und mich zu einer Gehhilfe zu „steigern".

Im Krankenhaus hatte ich mit tatkräftiger Unterstützung meines Bruders begonnen, meine Lebenserinnerungen auf Band zu sprechen. Nun zu Hause, ausgerüstet mit einem kleinen Computer, versuchte ich mit einem Finger der noch intakten linken Hand – was mir bei den Großbuchstaben oder der Zeichensetzung usw. erhebliche Probleme bereitete – den Text in diesen Computer zu hämmern.

Doch die relative Idylle wurde am 29.02.1996 jäh unterbrochen, als mir ein Briefträger drei Aktenordner mit der 1246 Seiten langen Schwurgerichtsanklage übergab: „Das frühere Mitglied des Politbüros des Zentralkomitees sowie kurzzeitig Vorsitzender der Zentralen Parteikontrollkommission der SED, früherer Erster Sekretär der Bezirksleitung Magdeburg der SED, Mitglied des Nationalen Verteidigungsrates und Abgeordneter der Volkskammer der ehemaligen DDR, Werner Ernst Eberlein, ... wird ... angeklagt, Menschen getötet zu haben, ohne Mörder zu sein." – „Die Angeschuldigten Eberlein, ... haben sich wegen gemeinschaftlicher Beihilfe zum Mord durch Unterlassen gem. §§ 112 Abs. 1, 22 Abs. 2 Nr. 3, 9 StGB/DDR strafbar gemacht." Rechtsanwältin Roswitha Baier-Sieslack und dann auch Rechtsanwalt Wolfgang Pfaff erwiesen mir dankenswerterweise sowohl menschliche als auch juristische Hilfe.

Ende November 1996 besuchte ich in Giessen Professor Dr. Dr. H. G. Lasch, der mich nach einer Untersuchung zu weiteren Untersuchungen an die Justus-von-Liebig-Universität überwies. Prof. Dr. H. Tillmanns, Direktor des Zentrums Innere Medizin, konnte deutliche Aortenklappensklerose, koronare Herzkrankheit und einiges mehr diagnostizieren, so dass „stärkere körperliche und auch emotionale Belastungen vermieden werden" müssten. Das Gutachten übergab das Landesgericht Berlin an das Institut für Rechtsmedizin der Freien Universität

Berlin, in dem ich im Januar 1998 „exploriert und körperlich untersucht“ wurde.

Prof. Dr. med. Dr. h.c. Volkmar Schneider bestätigte in seinem ärztlichen Gutachten eine koronare Herzerkrankung mit Belastungsangina und Herzrhythmusstörungen usw. „Aus gutachterlicher Sicht handelt es sich um eine Multimorbidität im hohen Lebensalter. Es muss ärztlicherseits befürchtet werden, dass Herr Eberlein aufgrund seiner kardinalen Vorschädigungen und seiner Gebrechlichkeit einen Herzanfall vor, während oder nach der Hauptverhandlung erleiden kann, der tödliche Folgen haben könnte. Bei dieser grenzwertig konsolidierten Krankheitssymptomatik ist Herr Eberlein nicht fähig, eine Hauptverhandlung ohne unzumutbare Risiken für Leben und Gesundheit durchzustehen. Die Verhandlungsfähigkeit von Herrn Eberlein ist somit nicht gegeben.“ Dieses eindeutige Gutachten veranlasste die Strafkammer 32 – Schwurgericht – des Landgerichts Berlin am 2. April 1998, in der Strafsache gegen Werner Ernst Eberlein zu beschließen: „Der Haftbefehl des Kammergerichts in Berlin vom 12. März 1997 sowie der Beschluss des Kammergerichts in Berlin vom selben Tag zu Punkt 1. und 2. – 4 Ws 18/97 – werden, soweit sie den Angeschuldigten Eberlein betreffen, aufgehoben.“ Bei all dem Leid mit der Gesundheit und in der Auseinandersetzung mit der Justiz blieb doch die Freude, dass in dieser fürwahr komplizierten Situation nicht nur meine Familie, auch alle unsere Freunde unerschütterlich zu mir standen.

Reminiszenzen

Schabowski, Mittag und andere besonders Eifrige versicherten schon wenige Tage oder Wochen nach dem 9. November 1989, dass sie die Entwicklung vorausgesehen hätten. Sie wussten auf jede Frage eine Antwort, wussten alles besser und präziser. Sie hatten nur Tage gebraucht, um sich auf die neue Zeit einzustellen. Sie beeilten sich, ihre eigene Vergangenheit als unverzeihlichen Irrtum zu verdammen, als hätten sie Jahrzehnte hindurch als kritische Betrachter dahingelebt und auf die große Chance gewartet, sich – und ihren Charakter – zu offenbaren. Andere brauchten länger, um die Umwälzungen zu verstehen, um ihre eigene Vergangenheit, ihre eigene Identität in neuer Umwelt zu begreifen und ihren Platz in der neuen Gesellschaft zu bestimmen. Noch andere haben über Jahre hinweg die so genannte Wende nicht verkraftet, sind bis heute nicht „angekommen".

Ich gehöre zu denen, die Jahre brauchten. Nicht um den eigenen Standort zu bestimmen, der war politisch klar und eindeutig, aber um die eigene Rolle in diesem geschichtlichen Prozess zu „erforschen", um die eigene Verantwortung herauszufinden und zu Papier bringen zu können. Eben auch um meinen Platz in dieser BRD definieren zu können. Ich freue mich über jeden, der, ohne seine politischen Positionen preisgeben zu müssen, in dieser Gesellschaft einen Platz gefunden hat, der ihm ein erträgliches Auskommen sichert. Ich selbst habe da nicht nur politische Probleme. Ja, wir leben in dieser BRD und müssen uns in ihr einrichten. Die Ehrenrente als Opfer des Faschismus wurde gestrichen. Die Miete in unserer Zweizimmerwohnung hat sich seit 1990 verzehnfacht. Die Rente meiner Frau reicht nicht einmal aus, um die ständig steigende Miete zu begleichen. Wir hungern und dürsten nicht, aber schon ein Buch oder etwa ein Theaterbesuch würden den Etat unserer Haushaltskasse überziehen. Ich jammere nicht, aber wir haben unsere Probleme mit den „blühenden Landschaften" und dem Versprechen, dass es „keinem schlechter gehen soll".

Mit dem Abstand von zehn Jahren erscheint der Herbst 1989 nüchterner, deutlicher, ist frei von Emotionen. Zehn Jahre sind im Leben eines Menschen eine geraume Zeit, für mich war es vor allem Zeit zum Nachdenken. Worüber? Über die Frage, warum ich unter den unterschiedlichen historischen Bedingungen so und nicht anders gehandelt habe und welche Schlüsse daraus zu ziehen sind.

Die DDR, vierzig Jahre meine Heimat, besteht nicht mehr, die Sowjetunion, 1934 für mich zur politischen Heimstatt geworden, hat sich aufgelöst. Der Sozialismus, für den ich siebzig Jahre lebte und kämpfte, ist gescheitert.

Warum? Wo liegen die Ursachen? Hätte sich die Mehrheit der Menschheit nicht mit dem Ziel, eine sozial gerechtere Welt zu errichten, identifizieren müssen? Diese Mehrheit war doch von dem immer weiter auseinander klaffenden Gegensatz zwischen

Arm und Reich direkt betroffen. Das hehre Ziel der Gerechtigkeit hätte doch Millionen Menschen mobilisieren müssen. Warum distanzierten sich in den achtziger Jahren immer mehr Menschen vom Sozialismus, der im Oktober 1917 in Russland, im damaligen Petrograd, aus der Taufe gehoben wurde, der so vielen Angriffen äußerer und innerer Feinden erfolgreich widerstanden hatte, in dessen Namen 1945 die Siegesfahne auf dem Reichstag gehisst wurde und der in der Nachkriegszeit Anhänger in Afrika, Asien und Lateinamerika fand?

Diese Fragen sind – ich weiß das natürlich – hundertmal gestellt und hundertmal beantwortet worden. Bis jetzt fand ich aber keine rundum gültige Antwort. Deshalb betrachte ich auch meine Antwort nur als bescheidenen Versuch.

Erste Feststellung: Man sollte nicht global über siebzig Jahre UdSSR oder vierzig Jahre DDR urteilen. Man muss die verschiedenen Etappen unterscheiden, auch wenn man den Streit über eine solche Periodisierung den Historikern überlassen sollte. Ich habe versucht darzustellen, dass die Periode 1945-1952 nicht gleichzusetzen ist mit der Periode 1953-1961 oder 1961-1971 und die wiederum nicht mit 1971-1989. Das Verhältnis der Menschen zur DDR und zum Sozialismus war Veränderungen unterworfen. Findet man deren Motive?

Mir geht es nicht darum, wieder einmal Fehler aufzulisten, die nicht zu leugnen sind. Es geht mehr darum, die Ursachen aufzudecken, die zu den Fehlern geführt haben, wobei es zu unterscheiden gilt, ob die Fehler zeitbedingt und objektiv oder aber selbstverschuldet und subjektiver Natur waren. Ich will nicht in der Vergangenheit wühlen, sondern versuchen, Lehren für die Zukunft zu erschließen. Mir liegt es fern, jemanden belehren zu wollen. Ich möchte mich aussprechen und eventuell Denkanstöße vermitteln, Stoff für Diskussionen liefern, befruchten doch gerade Widersprüche die Suche nach einer plausiblen Antwort.

Ich weiß, dass ich mir damit eine Aufgabe aufgebürdet habe, der ich kaum gewachsen sein werde, und dennoch möchte ich nicht davon lassen. Mein physisches Handicap versperrt mir den Weg in Archive. Mein Wissen reicht in keiner Weise aus, um sich einer so komplexen Aufgabe zuzuwenden. Doch das Thema bedrängt mich, auch weil damit ein Teil meines eigenen Lebenswegs verbunden ist, den ich nicht einfach verdrängen kann.

Je heftiger der politische Gegner den so genannten Realsozialismus angriff, desto intensiver mehrten sich auch die Stimmen von Menschen, die dem Sozialismus wohlgesonnen waren. Sie waren der Meinung, dass nicht alles, was wir seinerzeit als Sozialismus bezeichneten, wirklicher, wahrer Sozialismus war. Und ich muss zustimmen, dass sich Rosa Luxemburg oder meine Eltern den Sozialismus anders vorgestellt hatten. Um aber die Streitfrage zu beantworten, müsste man sich erst einmal über den Begriff „Sozialismus" oder „demokratischer Sozialismus" verständigen. Man müsste dabei auch die Formulierungen aus den Thesen der Programmkommission der PDS zur Grundlage weiterer Diskussionen machen.

Eine Niederlage hat nicht nur eine negative Seite, die die Betroffenen belastet. Sie kann auch lehrreich sein. Und eine nüchterne Analyse gebietet Schlussfolgerungen für die Zukunft. Friedrich Engels brachte im Dezember 1886 in einem Brief an die amerikanische Sozialistin Florence Kelley-Wischnewetzky zum Ausdruck, dass es „keinen besseren Weg zur Klarheit theoretischer Erkenntnisse" gibt, als „durch die eigenen Fehler lernen, durch Schaden klug werden". Und im August 1887 schrieb er an Friedrich Adolph Sorge bezüglich der amerikanischen Arbeiterbewegung: „... ich müsste meine Amerikaner schlecht kennen, wenn sie uns nicht alle in Erstaunen setzen durch die Großartigkeit ihrer Bewegung, aber auch durch die Riesenhaftigkeit ihrer Böcke, die sie schießen und vermittelst deren sie sich endlich zur Klarheit durcharbeiten werden."

Ob die zukünftige Generation das akzeptiert, hängt von der Überzeugungskraft der Argumente ab, aber auch davon, ob die Schlussfolgerungen, die gezogen werden müssen, mit ihren eigenen Lebenserfahrungen in Einklang zu bringen sind. Gerhard Branstner äußerte in seinem 1997 in Berlin, Verlag am Park, erschienenen Buch „Revolution auf Knien" den Gedanken, dass „der Sozialismus eine Niederlage erlitten hat, weil er nicht als Alternative zum Kapitalismus angetreten ist, sondern oftmals als Nachahmung des Kapitalismus. Die Alternative lautete: ein humanistisch-moralisches System gegen ein materiell-kommerzielles. Die Zukunft des demokratischen Sozialismus liegt gerade in der Ablehnung der Ware Mensch und der Förderung von zwischenmenschlichen Beziehungen. Es geht nicht um eine Gegenüberstellung von Kollektiv und Individuum, sondern um die Förderung der Persönlichkeit im und mit Hilfe des Kollektivs, um die Rolle des Menschen in der Gesellschaft."

Das zu Ende gegangene 20. Jahrhundert war ein Jahrhundert der Konflikte und Konfrontationen: Erster Weltkrieg, Oktoberrevolution, Bürgerkrieg, Zweiter Weltkrieg, Zusammenbruch des Kolonialsystems, Kalter Krieg, Zusammenbruch des Sozialismus. Warum hat der Sozialismus, obwohl er nach dem Kriege nicht nur in Osteuropa, sondern auch in Asien Fuß gefasst und Verbündete in Afrika und Amerika gefunden hatte, mit der Unterstützung der Alliierten den heißen Krieg gewonnen, dann aber den kalten verloren?

Das Wettrüsten der zwei Welten auf Erden und im All hatte zu einem sehr kostspieligen und gefährlichen Gleichgewicht der Kräfte geführt, in dem sich eine Dritte Welt eröffnen konnte. Mit Beendigung dieser Konfrontation entfalteten sich zentrifugale Kräfte, vielerorts kam es zu blutigen Auseinandersetzungen.

Die Profite der Rüstungsindustriellen, einschließlich der deutschen, wuchsen maßlos. Millionen Flüchtlinge, Hunderttausende Tote, mit dem Tod gesäte Minenfelder, Not und Elend in „Friedenszeiten".

Die DDR ist in einem solchen Spannungsfeld 1949 entstanden, groß geworden und im Spannungsfeld zwischen der BRD und der UdSSR auch untergegangen, zum Glück ohne Blutvergießen.

Von Adenauer über Brandt und Schmidt bis Kohl wurden die Bürger der DDR mit Redensarten von den „Brüdern und Schwestern" und mit Versprechungen abgeworben. Vom Ostbüro der SPD bis zu dem von der CDU initiierten „Gesamtdeutschen Ministerium" blieb nichts unversucht, diese DDR, die sich der Macht der deutschen Banken und Monopole entzogen hatte, zu untergraben, was nicht ohne Folgen blieb. Und SPD-Kanzler Schröder hat zwar die „neuen" Länder zur Chefsache erklärt, aber bislang hat das für die Menschen im Osten Deutschlands nicht die erwarteten Ergebnisse gebracht.

Für die SED war die UdSSR nicht nur Befreierin vom Hitlerfaschismus, sondern auch sozialistischer Pionier, Vorreiter. Dennoch behielt die von Anton Ackermann geprägte These vom besonderen deutschen Weg zum Sozialismus ihre Gültigkeit, auch als Stalin die SED zwang, sich von ihr loszusagen. Übte Ulbricht blinden Gehorsam oder hätte sich die SED von der UdSSR und der KPdSU distanzieren können? Hat nicht Rumänien Eigenständigkeit auch gegenüber der UdSSR bewiesen? Hat nicht auch Ungarn Reformen eingeleitet, die Chrustschow als „Gulaschkommunismus" abwertete? Die DDR war weder mit Rumänien noch Ungarn zu vergleichen. Sie galt als Vorposten des Sozialismus an der Nahtstelle der beiden Systeme und nahm daher eine besondere Stellung ein. Hier duldete der Kreml keine Eigenwilligkeiten. Als Ulbricht solchen Eigensinn bekundete, organisierte Moskau seinen Sturz. So sieht man zuweilen eine der Ursachen der Niederlage des Sozialismus in der bedingungslosen Gefolgschaft zur Sowjetunion, insbesondere zu dem Zeitpunkt, da in der UdSSR der Abstieg des Sozialismus begann. Aber gab es denn für die DDR eine Alternative? Und wenn, welche wäre das gewesen?

Felix von Eckardt, langjähriger Chef des Presseamtes von Konrad Adenauer, beschreibt in seinen Erinnerungen die Nachkriegssituation: „Den Russen hatte man genügend Zeit gelassen, eine eigene wirksame Atombombe zu entwickeln. Nur unmittelbar nach Kriegsende hätten die Amerikaner, mit der Bombe im Hintergrund, die Verhältnisse auf dieser Welt in einer vernünftigen Form regeln, also die Russen mit ihrem kommunistischen Einfluss auf ihr eigenes Territorium zurückdrücken können ... Präsident Roosevelt lebte und starb in dem Glauben, dass die ‚Großen Vier', USA, Großbritannien, Russland und Frankreich, der Welt eine friedliche Entwicklung garantieren könnten. Roosevelt war zweifellos ein bedeutender Mann, doch von Russen und Kommunisten verstand er nicht das Geringste ..." Und der Autor dieser Gedanken war engster Ratgeber und Redenschreiber für Adenauer. Unabhängig vom sowjetischem Besatzungsrecht nach 1945 und von der sowjetischen Truppendislozierung in der DDR, welche Wahl, welche Alternative hatte denn die Sowjetische Besatzungszone bzw. dann die DDR, der nicht nur Adenauer und Globke, sondern auch Heuss und Hallstein mit ihren Konzepten gegenüberstanden? Wir waren „Feindesland“, weil wir Großgrundbesitzer und Großkapitalisten enteignet und die Vorherrschaft des Finanzkapitals gebrochen hatten. Adenauer hatte sich dem Westen verschworen und die BRD als Brückenkopf gen Osten, als Bastion gegen den Kommunismus empfohlen. Dafür wurde Westdeutschland in die Europäische Verteidigungsgemeinschaft, in die Montanunion, in die NATO und den Brüsseler Pakt aufgenommen. Welcher Platz blieb in diesem Krisenpoker der DDR? Die Welt lebte in einem atomaren und militärischen Gleichgewicht. Jeder Versuch, diese Kräftekonstellation einseitig zu verändern, musste das Risiko eines atomaren Krieges heraufbeschwören. Die kleine DDR wurde zum Zünglein an der großen Weltwaage, aber wohin sich das Zünglein neigte, wurde in Moskau entschieden. Der Kreml unterband Kontakte mit dem Westen, verfolgte argwöhnisch jede Initiative in dieser Richtung. Jeder Versuch einer Konvergenz wurde verteufelt, jeder Ansatz zu einem „dritten Weg“ wurde verweigert. Erst mit dem Niedergang der UdSSR, erst mit der Perestroika und der damit verbundenen Anbiederung an den Westen, lockerten sich sehr allmählich auch die Moskauer Zügel für die DDR.

Der Sozialismus hat eine Niederlage erlitten, aber wer ist der Sieger? Der Kapitalismus? Nein, der Kapitalismus ist in diesem Zweikampf nur übriggeblieben, gewonnen haben nicht die Bürger; höchstens einige Nachlassverwalter, Banken und Treuhänder, Liquidatoren, die Rüstungsindustrie und Neumillionäre haben ihren Nutzen gezogen. Wurden Kriege und Arbeitslosigkeit, Hunger und Obdachlosigkeit, Armut und Wohnungsnot, Kinderarbeit und andere Übel abgeschafft oder wenigstens eingedämmt? So mancher Bürger der ehemaligen DDR sagt heute, dass es ihm materiell noch nie so gut gegangen sei, er könne, sofern das notwendige Geld vorhanden ist, in aller Herren Länder reisen, trotzdem aber trauere er der Vergangenheit nach, da die materiellen Werte menschliche verdrängt haben.

Andere sagen, dass in der ökonomischen Auseinandersetzung die Marktwirtschaft gewonnen habe. Das stimmt, wenn man das Angebot in den Läden oder Supermärkten zum Maßstab aller

Dinge erhebt. Aber, wenn man schon den Begriff „gewonnen" verwendet: Wer hat denn nun wirklich gewonnen? Die CDU mit Schweizer und Schwarzgeldkonten oder die ungenannt bleiben wollenden Geldgeber? Haben die 2,7 Millionen Bezieher von Sozialhilfe oder hat der mit 60 Millionen DM in der Tasche abgehalfterte ehemalige Chef von Mannesmann gewonnen? Hat sich die Marktwirtschaft, an deren Elementen es in der DDR mangelte, nicht aus einem ökonomischen Kriterium und einer wirtschaftlichen Kategorie immer mehr auch zu einem moralischen Begriff gewandelt? Prägen doch die Gesetze der Marktwirtschaft unser Verhalten, unser Gebaren, unser Zueinander. Der Begriff „sozial" als Attribut der Marktwirtschaft wurde ersatzlos und heimlich gestrichen. Nicht Vernunft und Menschsein bestimmen den Lebenswandel in dieser kommerzialisierten Gesellschaft, sondern Ellenbogen und Robustheit. Geld und Gewinn wurden zur Lebensmaxime. In diesem Sinne ist die alles beherrschende Marktwirtschaft unmoralisch und unästhetisch. Laut Duden ist die Ästhetik die Wissenschaft von den Gesetzen der Kunst, insbesondere vom Schönen, das Schöne, Schönheit. Die uns beherrschende Marktwirtschaft dagegen ist der Ausbund des Hässlichen, der Skrupellosigkeit, der Menschenfeindlichkeit. Gewonnen hat nicht der Mensch, sondern der Börsenspekulant und der Immobilienmakler mit menschlichem Antlitz, der Gerichtsvollzieher, dessen Arbeitsplatz auf lange Zeit gesichert ist, und der Großunternehmer. Verloren haben die aus der Arbeit Ausgegrenzten und viele Rentner, die ohne Lehrstelle verbliebenen Jugendlichen und die Arbeitslosen. Und das sind Millionen.

Stellt man sich den Fragen der Vergangenheit, muss man auch eine Antwort finden, warum die über zwei Millionen Mitglieder zählende SED nicht erst mit dem Parteitag im Dezember 1989 ihr Dasein beendete, sondern bereits im Herbst, als die Agonie des Politbüros begann. Die Hinwendung zur Administration nahm schon unter Walter Ulbricht ihren Anfang, als die Festlegung getroffen wurde, alle wichtigen Entscheidungen der staatlichen Organe vorher von den Leitungsorganen der SED beschließen zu lassen. Damit wurde die politische und organisatorische Funktion der Partei der administrativen untergeordnet. Die Aufnahme von Fachleuten für Handel, Preise und für Datenverarbeitung in das Politbüro zielten in die gleiche Richtung. Und das wurde zur Gewohnheit. In der Krisensituation im Herbst 1989 nahm die Partei unter dem Druck der Bürgerbewegung und der Forderung, die „führende Rolle“ aufzugeben, gegenüber den staatlichen Organen diese Rolle nicht mehr wahr. Angesichts der Tatsache, dass auch die KPdSU ihre Führungsrolle nicht mehr ausüben konnte oder wollte, entstand nicht nur Ungewissheit hinsichtlich der weiteren Entwicklung, sondern auch Leerlauf. Dies veranlasste viele Mitglieder, der Partei zu kündigen. Dazu kam, dass ein Großteil der Mitglieder auf Reformen wartete, für die es bei Honecker keine Bereitschaft gab. Die Unzufriedenheit galt dem ganzen Politbüro, das in Schweigen verharrte. Und auch die reformwilligen Mitglieder hatten keine präzise Konzeption zur Lösung der innen- und außenpolitischen Probleme, geschweige denn zur Neubestimmung der Aufgaben der Partei unter diesen neuen Bedingungen.

Manchem in der PDS erscheint heute die SED als Klotz am Bein, drängt doch der politische Gegner die PDS in die SED-Ecke. Und er wäre nicht mehr Gegner, wenn er darauf verzichten würde. Das wiederum lässt manchen in der PDS offensichtlich glauben, dieser Gegner wäre eines Tages freundlicher, wenn man nur energisch genug die SED-Tür, aus der ja die PDS eines Tages kam, zunagelt. Ich bin Mitglied der PDS und froh über die Erfolge der Partei bei Landes-, Bundestags- oder Europawahlen. Dabei glaube ich aber, dass diese Erfolge auf ihrer Rolle als Oppositionspartei beruhen, als Partei, die zu den gegenwärtigen Machtverhältnissen in Opposition steht. Der Wandel einer Oppositionspartei zum Mitglied einer Regierungskoalition ist den Grünen nicht sonderlich bekommen und sollte uns eigentlich eine Lehre sein. Dem widerspricht in keiner Weise der Tatbestand, dass die PDS dort, wo die Wähler ihr Verantwortung übertragen, diese auch im Interesse der Wähler wahrzunehmen hat. Dabei bietet für meine Begriffe das Beispiel Sachsen-Anhalt, wo man derzeit das Tolerieren gegenüber der regierenden SPD übt, größere Spielräume. Und ich muss mir, auch wenn es als egoistisch betrachtet werden könnte, die Frage erlauben, ob nicht die seinerzeit zaghaft begonnene Toleranz gegenüber Andersdenkenden einen günstigen Nährboden für das auch heute in der Partei umstrittene Tolerieren bildet. Sicherlich wird die Diskussion über die Thesen zur Überarbeitung des PDS-Programms eine Antwort auf die Frage des Charakters der Partei und ihrer Beteiligung an der Macht geben, die man im Interesse der Zukunft nicht überhören sollte.

Bei jedem Versuch der Klärung der Schuldfrage werden in erster Linie Namen wie Gorbatschow oder Honecker, Breshnew oder Ulbricht genannt. Ich will weder die Verantwortung des einen oder anderen noch meine eigene reduzieren. Aber genauso wenig wie man den Sieg der Sowjetunion im Zweiten Weltkrieg allein Stalin zuordnen kann, genauso wenig darf man die Schuld an der Niederlage des Sozialismus auf eine Person beschränken. Ich habe nicht wenige „Machthaber" über Jahrzehnte begleitet und kann bezeugen, dass sie sich nicht allein durch ihr zunehmendes Alter, sondern eher durch ihren Machtzuwachs wandelten. Macht ist die schlimmste Droge unserer Zeit.

Macht ist zur Führung eines Staates, einer Organisation oder einer Institution unerlässlich. Es geht hierbei aber nicht um Macht schlechthin, sondern immer um die geistige und moralische Fähigkeit der ausgewählten Person, diese Macht zu gebrauchen oder zu missbrauchen. Und wer ist der Richter über Verhalten und Fehlverhalten? Wer legt die Maßstäbe und Machtkriterien fest und übt die Kontrolle aus?

Mögen das rückblickende Schlussfolgerungen sein, sie können jedoch auch auf die gegenwärtige Situation Anwendung finden. Die sich allerorts zuspitzende politische, soziale und ökonomische Situation führt bei zunehmender staatlicher Labilität dazu, dass sich immer mehr Machthaber in weitere Machtkonzentration flüchten. So hatte ein Boris Jelzin mehr Macht in seinen Händen konzentriert, als es jemals ein Zar oder ein Stalin hatten. Man könnte an diese Stelle auch Namen westlicher Politiker setzen.

Mancher mit dem Sozialismus Sympathisierende meint, dass das große Ziel zwar gut gewesen sei, aber die Menschen, die es hätten realisieren müssen, waren nicht fähig dazu. Denn in seinem Wesen, in seiner Grundhaltung seien sie negativ eingestellt. Das bestreite ich. Mein Leben hätte sich ganz anders gestaltet, wenn mir in schwierigen Situationen nicht immer freundschaftlich gesonnene Menschen zur Seite gestanden und geholfen hätten. Der Fehler lag nicht in den Menschen, sondern in der Illusion, den Menschen kurzfristig zu einem sozialistischen Bürger, einem gereiften Menschen zu machen, was man darunter auch verstehen mag.

Ein Irrtum bestand darin, dass zu viel administriert wurde und man zu wenig auf die eigene Losung „plane mit, arbeite mit, regiere mit" geachtet hat. Eine neue Gesellschaftsordnung kann nicht mittels Ukas und Dekret geschaffen werden, sie muss organisch von unten Wurzeln schlagen und wachsen. Macht muss nicht nur erkämpft und besetzt, nicht nur abgesichert, sie muss täglich mit demokratischen Mitteln neu erworben werden.

Wir erleben in den letzten zehn Jahren eine radikale Veränderung der menschlichen Beziehungen, der gesellschaftlichen Verhältnisse. Wir erleben tagtäglich, wie kompliziert das „Zusammenwachsen" der Deutschen in Ost und West ist. Auch wenn in diesem Fall die Vermutung nahe liegt, dass manche Bonner Politiker, die sich brüsten, die Mauer niedergerissen zu haben, in Wirklichkeit daran interessiert sind, den Graben noch tiefer auszuheben, um mit der DDR und ihren Funktionären Schuldige an der von ihnen verursachten Misere anklagen zu können.

Die Kardinalfrage einer jeden Gesellschaftsordnung ist, nach Marx, das Eigentum. Doch die in Sowjetrussland und später in der DDR praktizierte Verstaatlichung führte nicht zu dem von Marx vorgezeichneten Ergebnis.

Im Jahre 1847 charakterisierte Engels in seinen „Grundsätzen des Kommunismus", die er als Skizze für das Programm des Bundes der Kommunisten geschrieben hatte, den Übergang zum Sozialismus als stufenweises Fortschreiten. In dieser Arbeit stellte er 25 Fragen. Die 17. lautet: „Wird die Abschaffung des Privateigentums mit Einem Schlage möglich sein?" Und er antwortete: „Nein, ebenso wenig wie sich mit *einem* Schlage die schon bestehenden Produktivkräfte so weit werden vervielfältigen lassen, als zur Herstellung der Gemeinschaft nötig ist. Die aller Wahrscheinlichkeit eintretende Revolution des Proletariats wird also nur allmählich die jetzige Gesellschaft umgestalten und erst dann das Privateigentum abschaffen können, wenn die dazu nötige Masse von Produktionsmitteln geschaffen ist."

Engels warnte hier also vor übereilten Schritten bei der Überführung des Privateigentums in gesellschaftliches. Er vertrat die Meinung, dass es nicht um seine sofortige Abschaffung gehen kann, sondern zunächst um eine Einschränkung desselben, dass das zur Macht gelangte Proletariat erst die Bedingungen hierfür schaffen muss.

Daran haben sich weder die UdSSR noch die DDR gehalten. Nicht die Vergenossenschaftlichung, sondern die Verstaatlichung führte mit der Zeit zu einer Entfremdung. Der Weg der Vergenossenschaftlichung beschränkte sich auf Landwirtschaft, Handel und Handwerk, wobei die gebotene Freiwilligkeit nicht immer eingehalten, zum Teil sogar erheblich verletzt wurde. Aus heutiger Sicht bestand seinerzeit in der DDR keine gesellschaftliche Notwendigkeit, vom noch verbliebenen privaten Einzelhandel zum Kommissionshandel, von noch verbliebenen Privatunternehmen zu staatlicher Beteiligung überzugehen. Ebenso wenig war es erforderlich, in der Landwirtschaft den in der Sache richtigen Übergang zu Genossenschaften so schnell wie möglich zu einer hundertprozentigen Vergenossenschaftlichung zu führen.

Als weitere und nicht letzte Ursache des Untergangs des Sozialismus muss der kostspielige und ressourcenverschlingende Rüstungswettlauf gesehen werden. Vierzig Prozent des Staatshaushaltes der UdSSR, zwanzig Prozent ihres Bruttosozialproduktes, achtzig Prozent des Forschungspotentials nahm der militärisch-industrielle Komplex für sich in Anspruch. Die DDR und die anderen sozialistischen Länder waren zwar nicht gleichermaßen belastet, aber die Sicherheit beanspruchte auch bei ihnen enorme Mittel, selbst wenn heute die Frage berechtigt ist, ob bei aller nicht zu unterschätzender Gegnerschaft der Aufwand für Sicherheit nicht übertrieben war. Hat sich diese Relation verändert? Heute verausgaben die Militärs in nur vier Stunden so viel, wie dem Weltkinderhilfswerk in einem Jahr zur Verfügung steht. Und die USA erhöhen nicht nur im eigenen Lande die Rüstungsausgaben erheblich, sie verlangen auch, insbesondere von ihren Partnern in der NATO, weitere zusätzliche Ausgaben für die Rüstung und finden im derzeitigen Verteidigungsminister Scharping einen eifrigen Fürsprecher.

Gab es den von Ota Čík proklamierten Dritten Weg? Reformansätze in der UdSSR und in der DDR wurden abgewürgt. Reformen in Jugoslawien und Ungarn führten auch nicht an die führenden Länder heran. War der Sozialismus nicht reformfähig? Ich glaube schon, dass er reformfähig gewesen wäre. Echte Reformansätze, wie die NÖP oder NÖSPL, konnten ihre positiven Auswirkungen nicht unter Beweis stellen, abgesehen davon, dass jede ökonomische Reform auch gesellschaftlich abgesichert werden musste. Die Gegenwart demonstriert, dass die Ursachen für einen Niedergang des Sozialismus tiefer sitzen. Auch der heutige Kapitalismus, der reformiert aus den Krisen 1914 oder 1929 oder 1945 hervorgegangen ist, erweist sich in seiner heutigen Praxis als nicht reformierbar. Die im Blair-Schröder-Papier von Anthony Giddens vorformulierte Neuausgabe eines „Dritten Weges" verspricht keinerlei Chancen auf dringend erforderliche soziale Veränderungen, auch wenn SPD-Politiker die Frage der sozialen Gerechtigkeit ständig im Munde führen. Die erst in Bonn, dann in Berlin angekündigte Steuer- und Lohnreform, die Bildungs- und Gesundheitsreform sind im Grunde genommen demagogische Feigenblätter für einen rigorosen Sozialabbau, für den Ausstieg der BRD aus einem Sozialstaat. Die ungeheuerliche Verschuldung der öffentlichen Hand in Höhe von über zwei Billionen D-Mark – in den USA beziffert sie sich auf über vier Billionen Dollar – soll auf die kleinen Steuerzahler abgewälzt werden. Im Vergleich hierzu sei gesagt, dass die Auslandsverschuldung der DDR sich auf knapp 15 Milliarden Mark belief. Das ist ein Zehntel dessen, was die BRD jetzt jährlich allein an Zinszahlungen verausgaben muss. Die Behauptung, dass der Sozialismus an der Planwirtschaft gescheitert sei, ist unrichtig, denn auch jeder Großbetrieb oder Konzern, ob in der BRD oder in den USA, plant seine Produktion, seinen Absatz usw. Gescheitert ist die Überzentralisation und die Praxis der Politiker, die der Planung Funktionen zuordneten, die ihr wesensfremd waren.

Unter dem Gesichtspunkt „Reminiszenzen" geistern unendlich viele Gedanken durch meinen Kopf, doch ich möchte mit diesen wenigen Gedankensplittern, selbst wenn sie unvollständig und nicht in die Reihe gebracht sind, schließen, auch wenn die Vergangenheit mich nicht loslässt.

Quo vadis Menschheit?

Es ist jedoch nicht Nostalgie, die mich bedrängt. Ich möchte aus der Erkenntnis des Vergangenen den Blick nach vorn richten, in die sehr verschwommene, noch undurchsichtige Zukunft. Die Zeiger meiner Lebensuhr rücken mit meinen achtzig Jahren auch gegen die Zwölf. Und daher ist für mein persönliches Leben in dieser Hinsicht eigentlich nur von Belang, ob ich mein Leben vertan, einer nicht zu realisierenden Illusion gewidmet oder aber doch Vorarbeit für eine – wenn auch ferne – Zukunft geleistet habe. Ich habe in den letzten Jahren viele Bücher in Bibliotheken ausgeliehen und eifrig gelesen. Zum Beispiel Che Gueveras „Eroberung der Hoffnung", John Kennath Galbraith' „Streit der Systeme" und seine „Geschichte der Wirtschaft", Carl Friedrich von Weizsäckers „Wohin gehen wir?" und Denis Meadows „Grenzen des Wachstums", Robert Heilbronners „Kapitalismus des 21. Jahrhunderts" und Eric J. Hobsbawms „Zeitalter der Extreme", Alexander Demandts „Ende der Weltreiche" und Claus Koch „Gier des Marktes", Ossip Flechtheim „Ist die Zukunft noch zu retten?" und Rainer Wagner „Zukunft des Geldes", Samuel P. Huntingtons „Kampf der Kulturen" und Paul Kennedy „In Vorbereitung auf das 21. Jahrhundert", Alvin Toflers „Die Zukunftschance", Theo Löbsacks „Die letzten Jahre der Menschheit" und Rolf Peter Sieferles „Epochenwechsel".

Und dennoch kann ich die alles und viele bewegende Frage „Quo vadis, Menschheit?" nicht beantworten. Ich habe diese Bücher mit großem Interesse, aber auch mit dem gebührend kritischem Abstand gelesen und mir Notizen zu aufschlussreichen Gedanken, Zusammenhängen gemacht, auf die ich hier aufmerksam machen möchten. Darunter waren auch Zahlen, die dem Leser vielleicht bekannt sind oder ihn langweilen könnten. Trotzdem möchte ich auf einige nicht verzichten. Denn sie schärfen das Bewusstsein, dass die Menschheit so wie bisher nicht weiterleben kann. Das rund um den Globus dominierende Umsichgreifen politischer Abstinenz und einer Politikverdrossenheit sind Widerspiegelungen der Perspektivlosigkeit, des Fehlens einer Zukunftsvision, sind Zeichen der Moral des „In-den-Tag-Hineinlebens", einer „Nach-mir-die-Sintflut"-Ideologie.

Welche Partei bekennt sich zu einer Zukunft? Welche Partei hat ein Konzept für die Zukunftsgestaltung? Man verspricht nur ein besseres Heute und ignoriert das Morgen. Ich kann dem Gedanken von Alexander Demandt nicht folgen, dass die Menschheit am Ende ihrer Geschichte angelangt ist, obwohl ich die Worte von Anand T. Hingorani, Weggefährte Mahatma Gandhis, sehr ernst nehme: „Die Welt ist nicht mehr zu retten. Die Menschheit bessert sich nicht. Sie geht ihren eigenen Weg, Schritt für Schritt ihrem Untergang entgegen!" Ich setze darauf, dass die Menschheit einen Weg aus der Zivilisationskrise finden wird. Aber ich gebe zu, dass es dafür nicht sonderlich viel Anhaltspunkte gibt. Trotz der ergebnislosen Gipfel in Rio de Janeiro und Kyoto, in Berlin und Seattle, trotz der Widerstände der USA und Japans sollte die Menschheit aus dem ökologischen Desaster, aus der Umweltsackgasse herauskommen und sich nicht selbst vernichten. Ich glaube nicht daran, dass religiöse Fragen und kulturelle Konflikte soziale Widersprüche übertünchen und verdrängen werden. Im Gegenteil, soziale Konfrontation verschärft kulturelle Widersprüche, spitzt sie zu bis zu blutigen Auseinandersetzungen. Auch die zum Teil grausige Gegenwart widerlegt in keiner Weise Karl Marx.

Valentin Falin schreibt dazu in dem oben zitierten Buch: „Das XX. Jahrhundert wird sich von früheren Epochen auch dadurch unterscheiden, dass die apokalyptischen Legenden und Prophezeiungen des Altertums in greifbare Nähe gerückt sind. Die Menschheit hat es heute in der Hand, den atomaren Winter ausbrechen zu lassen oder das Höllenfeuer zu entfachen, auf Bestellung das Klima des Mars oder des Merkurs auf die Erde zu holen. Unserem Planeten den Sauerstoff abzudrehen, ihm den Ozonschild oder das Trinkwasser zu nehmen ist kein Problem mehr. Daran arbeiten die Menschen seit langem und nicht ohne Erfolg.

Die Urheber der Perestroika könnten in diesem Trauergesang für sich eine eigene Zeile beanspruchen."

Der US-amerikanische Ökonom Lester Thurow schrieb 1996 in „Zukunft des Kapitalismus": „Ohne einen sozialen Konkurrenten wird der Kapitalismus stets der Versuchung bestehen, seine inneren Defizite zu ignorieren. Diese Versuchung ist schon in den hohen Arbeitslosenraten in der industriellen Welt zu erkennen. Es kann daher nicht überraschen, dass in dem Maße, wie die Bedrohung durch den Sozialismus gestorben ist, das Niveau der Arbeitslosigkeit, das toleriert wird, um die Inflation zu bekämpfen, ebenso angestiegen ist, wie sich die Ungleichheit der Einkommen und Vermögen rapide vergrößert und das ‚Lumpenproletariat', das aus dem ökonomischen System herauskatapultiert wird, zugenommen hat. Genau dies waren die Probleme zu der Zeit, da der Kapitalismus geboren wurde. Sie sind Bestandteil des Systems. Sie führten zur Entstehung des Sozialismus, des Kommunismus und des Wohlfahrtsstaates."

In diesem Sinne äußerte sich auch der bekannte milliardenschwere amerikanische Finanzmakler George Soros, den man keineswegs verdächtigen kann, mit dem Sozialismus zu sympathisieren, und der sich seinen Ruf, Philanthrop zu sein, Millionen Dollar kosten ließ. 1998 schrieb er in seinem im Fischer-Verlag, Frankfurt am Main, erschienenen Buch „Die Krise des globalen Kapitalismus": „Das Eindringen der Marktideologie in Bereiche, die jenseits von Wirtschaft und Ökonomie liegen, hat zweifellos zerstörerische und demoralisierende Folgen für die Gesellschaft. Selbst wenn Marktkräfte nur uneingeschränkte Geltung für den rein ökonomischen und finanziellen Bereich erhalten, produzieren sie Chaos und können letztlich sogar den Sturz des demokratischen kapitalistischen Weltsystems herbeiführen ... Heute laufen wir erneut Gefahr, aus den Lektionen der Geschichte die falschen Lehren zu ziehen. Dieses Mal geht die Gefahr nicht vom Kommunismus aus, sondern vom Marktfundamentalismus ... Er strebt nach Abschaffung des kollektiven Entscheidungsprozesses und will ein Primat der Marktwerte über alle politischen und sozialen Werte ... Zur Zeit besteht ein krasses Ungleichgewicht zwischen den individuellen Entscheidungsprozessen auf den Märkten und den kollektiven Entscheidungsprozessen in der Politik ...

Es gibt zwei vorherrschende Tendenzen: den Marktfundamentalismus und die internationale Konkurrenz um das Kapital. Meine Voraussage für die Zukunft lautet: Das kapitalistische Weltsystem steht unmittelbar vor seiner Auflösung ... Das kapitalistische Weltsystem wird seinen eignen Defekten erliegen, wenn nicht dieses Mal, dann bei nächster Gelegenheit ... Die endgültige Krise wird politischer Natur sein ... Es wird ein Ungleichgewicht zwischen der politischen und der ökonomischen Sphäre erzeugt, und das internationale Kapital unterliegt keinerlei politischen Kontrolle. Vor allem deshalb betrachte ich das kapitalistische Weltsystem als eine verzerrte Form der offenen Gesellschaft."

Diese besorgten Worte eines prononcierten Vertreters der kapitalistischen Gesellschaftsordnung bestätigen, dass einzelne Soziologen und Ökonomen, Demographen und Ökologen, Meteorologen und Biologen, Friedensforscher und Regionalwissenschaftler an der Schwelle zum 21. Jahrhundert bemüht sind zu prognostizieren, was das nächste Jahrhundert der Menschheit bescheren wird. Aber für dieses Problem liefert uns auch Marx keine fertigen Rezepte. Der Mensch der Gegenwart, insbesondere der Wissenschaftler, auch derjenige, der den Marxismus nicht als eine Wissenschaft betrachtet, ist aufgefordert, Marx weiterzudenken. Obwohl die Wissenschaft sich heutzutage imstande erklärt, in Jahrtausende, in Lichtjahrzehnte zurückzublicken und den Menschen immer neue Einblicke in die Vergangenheit zu gewähren, geht der Blick nach vorn kaum über wenige Jahrzehnte hinaus. Es wird verkündet, dass eine lineare Entwicklung in Finsternis, Chaos, Ausweglosigkeit oder im Abgrund enden wird. Es müsste Aufgabe der Politiker, nicht der Futurologen sein, die Quintessenz der prognostischen Forschung zu artikulieren. Aber diese scheuen die Frage nach der Perspektive wie der Teufel das Weihwasser. Man artikuliert Gesetzesvorlagen mit zwei- bis dreijähriger Laufzeit, aber jede weitere Zukunftsaussicht mündet in hohlen Versprechungen oder leeren Redensarten. Würde man die Wahrheit über die Perspektive äußern, so hieße das, dem Wähler reinen Wein einzuschenken. Damit aber würde man seine Wählergunst verspielen. Das hieße einzugestehen, dass mit dieser Politik und diesen Politikern die anstehenden Probleme nicht zu lösen sind.

Schickt man der düsteren Prognose für das 21. Jahrhundert die Bilanz des 20. voraus, so fällt diese sehr widersprüchlich aus. Die Menschheit hat viel neues Wissen erschlossen, viel Neues erforscht, ist in die Materie und ins Weltall vorgedrungen. Aber ist

Mit Gerhard Schröder.

der Mensch wirklich klüger, besser, friedvoller geworden oder haben ihn nicht zwei Weltkriege und Kalte-Kriegs-Konfrontation, Bürgerkriege und Marktwirtschaft schlechter, gewalttätiger, habgieriger werden lassen? Ist er durch die Niederlage des Sozialismus einer Zukunft beraubt worden, die vielen Menschen Motivation und Lebensinhalt bedeutete? Manch einer, dessen Blick nach vorn durch Perspektivlosigkeit verschleiert ist, richtet ihn unwillkürlich immer wieder in oder sogar nur noch in die Vergangenheit und sucht in solchen Erscheinungen wie Faschismus und Monarchismus, Fundamentalismus und Sektierertum einen Ausweg. Die um sich greifende Gewalt ist beredtes Zeugnis geistiger Leere. Vielerorts wird Gewalt mit Gewalt beantwortet und so eskaliert diese. Politiker und Parlamentarier, ob in New York oder Berlin, versuchen mit polizeilichen oder militärischen Mitteln vergeblich, die Gewalt einzudämmen. Allein für Silvester 1999 wurden in Berlin 8500 Polizeibeamte aufgeboten, ohne dass auch nur der geringste Versuch unternommen wurde, die sozialen, politischen und ethnischen Wurzeln des Hangs zur Gewaltanwendung bloßzulegen und Wege zu dessen Überwindung zu suchen.

In den USA verschanzen sich Politiker hinter der Laissez-faire-Formel. In der BRD verkrochen sich Kohl und Co. jahrelang hinter dem „Weiter-so!"-Slogan. Wenn Schröder heute verkündet, „Weiter so, aber besser!", so spekuliert er darauf, dass ein Teil der Wähler ihm seine Stimme geben wird, weil er fürchtet, seinen – ihn von Bürgern anderer Länder unterscheidenden – relativen Wohlstand aufs Spiel zu setzen. Da wurden und werden nicht nur blühende Landschaften versprochen, sondern auch eine Halbierung der Massenarbeitslosigkeit, Rente ab sechzig Jahre, Lehrstellen und Arbeitsplätze für die Jugend und vieles mehr. Reformen werden verkündet, in Wirklichkeit aber wird Sozialabbau betrieben.

Trotz negativer politischer Erscheinungen kann die rasante Vorwärtsentwicklung der Welt im letzten Jahrhundert nicht geleugnet werden, obgleich dieses Voranschreiten auf den einzelnen Kontinenten sehr unterschiedlich ausgefallen ist. Es hat sich in Asien anders vollzogen als in Afrika, in Lateinamerika anders als in Europa, ein Tatbestand, der aus perspektivischer Sicht einer gründlichen Analyse bedarf, offenbart er doch ein ins 21. Jahrhundert reichendes Konfliktpotenzial.

Gebührt in einer Bilanz der politischen Entwicklung die Vorrangstellung, so kann man die technische nicht ignorieren, hat sie doch die Veränderungen nicht nur der Produktivkräfte wesentlich beeinflusst, sondern generell das Leben der Menschen. Das Waschbrett zu Hause und die handbetriebene Wäschemangel in der Drogerie wurden von der vollautomatischen Wasch-, Trocken- und Bügelmaschine abgelöst. Doch zugleich übertragen 600 Millionen Fernsehgeräte in der Welt Bilder, die zeigen, wie in Afrika Frauen und in Asien Männer an schlammigen Flüssen ihre eigene und fremder Leute schmutzige Wäsche bis zum heutigen Tag noch immer mit Knüppeln bearbeiten, um sie zu „reinigen". Nachdem zu Weihnachten 1920 die erste Rundfunksendung aus Königs Wusterhausen übertragen und nur von wenigen empfangen wurde, überlagern heute Hunderte Sender die Ätherwellen, empfangen von anderthalb Milliarden Rundfunkgeräten. Die in den zwanziger Jahren in Schellack gepresste „Stimme seines Herren“ wurde in den neunziger Jahren durch wundersame Hi-Fi-Anlagen und CDs kompensiert.

Das von Carl Benz 1885 konstruierte dreirädrige Kraftfahrzeug, seit 1895 als luftbereiftes Vierradfahrzeug in Betrieb, verdrängte die Pferdekutsche und ist hundert Jahre später in einer Zahl von über vierzig Millionen zu einer Belastung des Straßenverkehrs nicht nur in Deutschland geworden. Und niemand weiß, wie aus diesem Dauerstau herauszukommen ist.

Jeder durchschnittliche deutsche Haushalt verfügt heute über vierzig elektrische Geräte. Im „modernen“ Haushalt erspart der Geschirrspülautomat einerseits das aufwendige Tellerwaschen und Abtrocknen. Andererseits vertreibt dieser Automat die Tellerwäscher aus den Restaurants und vergrößert so die Zahl der Arbeitslosen. Immer mehr Jugendliche können mit dem Computer besser umgehen als mit Federhalter oder Bleistift. Sind die Kinder dadurch aber klüger als die Eltern? In meiner Kindheit gab es auf jedem U-Bahnhof mindestens sechs Beamte, heute wird nicht nur der Zugbegleiter, sondern auch der Zugführer durch moderne Technik ersetzt.

Man könnte diese Aufzählung beliebig fortsetzen. Aber sie lässt zugleich die Frage aufkommen, ob die Menschen dank dieser technischen Entwicklung besser, zufriedener, gesünder, freundlicher geworden sind? Zweifelsohne hat die neue Technik die Hausarbeit vereinfacht und beschleunigt. Sie hat stärkere Kommunikation und neue Formen der Freizeitgestaltung ermöglicht. Mit der neuen Technik werden aber auch Freiräume geschaffen, die es zu besetzen gilt. Herzschrittmacher, mit dem ich ausnahmsweise schlechte Erfahrungen gemacht habe, und Bypässe können so manches Leben verlängern. Durch Knie- oder Hüftprothesen, mit denen meine Frau gute Erfahrungen sammelte, werden viele Menschen von zum Teil unerträglichen Schmerz befreit. Das sind anerkennenswerte Wunder der Medizin, aber lebt der Mensch dadurch gesünder? Das gilt es zu bezweifeln. Steigen einerseits die Kosten für das Gesundheitswesen, wird andererseits rigoros an Mitteln für Schul- und Amateursport gespart und der Gesundheit der Kinder geschadet. Welch Widersinn in einer so hochgebildeten Gesellschaft!

Die Arbeit hat auf vielen Gebieten ein neues Gesicht, die Arbeitsproduktivität hat vorher nie gekannte Höhen erreicht, die Qualität der Arbeit hat sich erheblich gewandelt. In vielen Entwicklungsländern grassiert Kinderarbeit. In Indien verrichten 44 Millionen Kinder Sklavenarbeit. Ein Rückfall in vergangene Jahrhunderte. In Deutschland wurden 1996 zwei Milliarden Überstunden geleistet bei fast vier Millionen Arbeitslosen, eine Seuche, die nicht nur Deutschland überrannt hat. Nun verspricht man sich vom Übergang von der Industrie- zur Dienstleistungs- und weiter zur Informationsgesellschaft ein Allheilmittel gegen Massenarbeitslosigkeit und hofft auf Millionen neuer Arbeitsplätze. Es bleibt dahingestellt, ob dieser Übergang in eine neue Qualität der Arbeit auch zu qualitativ neuen menschlichen Beziehungen führt. Auch hier sind Zweifel angebracht. Futurologen und Soziologen haben errechnet, dass in wenigen Jahrzehnten zwanzig Prozent der Erwerbsfähigen imstande sein werden, hundert Prozent der Menschen ausreichend mit Nahrungsmitteln, Konsumgütern und Dienstleistungen zu versorgen. Ob es nicht klüger wäre, sich den Kopf darüber zu zerbrechen, wie man nicht nur die Arbeitsuchenden in Deutschland und Europa mit Arbeitsplätzen versorgen, sondern auch die Nachfrage der Arbeitslosen in Afrika, Asien und Lateinamerika befriedigen könnte? Verharrt man bei der jetzigen Zwanzig-Prozent-These, müsste das dazu führen, dass immer mehr Beschäftigung anstelle von Arbeit tritt. Freizeit bekommt dann ganz andere Dimensionen und Funktionen. Kultur und Sport benötigten dann viel größere Freiräume, und zwar nicht nur für den Betrachter und Zuschauer, sondern in weit größerem Maße als bisher für den aktiven Mitgestalter. Sozialer und kultureller Abbau sind nicht nur schwere aktuelle Vergehen, sondern Verbrechen an zukünftigen Generationen.

Dennis Meadows warnte 1972 in seinem Buch „Die Grenzen des Wachstums“, das den Club of Rome bekannt machte und aufhorchen ließ, vor einem zukunftsgefährdenden Wachstumsfetischismus. Ist dieser Kassandraruf heute, 25 Jahre danach, trotz der von Donella Meadows in ihrem Buch „Jenseits der Grenzen“ (des Wachstums) geäußerten Warnung verhallt? Haben die Jahre die Meadows bestätigt? Oder verdrängt der Mensch den Ruf der Vernunft und unterliegt der noch tragfähigen Unvernunft? Schauten die Europäer oder US-Amerikaner nicht wie das Kaninchen auf die Schlange, wenn sie die acht, zehn und mehr Prozent Wachstum des Bruttoinlandsprodukts der asiatischen „Tiger"-Staaten vor Augen hatten? Oder trugen Bankzusammenbrüche in Thailand und Japan, in Malaysia und Südkorea, auf den Philippinen oder in Russland zur Ernüchterung und Besinnung bei? Man sagt, das 20. Jahrhundert sei das amerikanische Jahrhundert gewesen. Wird die Globalisierung das 21. Jahrhundert bestimmen? Sollten Kotkin und Kishimoto Recht bekommen, die vor der japanischen Krise lauthals verkündeten: „The third Century: America's Resurgence in the Asian Era"? Oder wird die Meinung des umstrittenen Professor Samuel Huntington Wirklichkeit werden, der das nächste Jahrtausend als europäisches deklariert hat? Wird die Auseinandersetzung Europa – USA mit einem Erfolg der Europäischen Union enden?

Zur Debatte steht nicht nur die Frage, wie Asien mit seiner Bevölkerungsexplosion diese Entwicklung zu gestalten vermag oder wie die USA diesen Abstieg verkraften und überwinden werden, sondern zugleich auch die Frage, wie Europa diesen Integrationsprozess meistern will. Hat doch die ökonomisch starke, Bundesrepublik gezeigt, welche Schwierigkeiten sie hatte und noch immer hat, sich die in Industrie und Landwirtschaft nicht schlecht ausgerüstete ehemalige DDR einzuverleiben. Afrika, in den fünfziger Jahren Kontinent der Hoffnung, wurde zum Objekt der Konfrontation mit Bürgerkriegen und Millionen Flüchtlingen. Verarmt und hochverschuldeten ist dieser Kontinent heute zum Rohstofflieferanten für kapitalistische Industrieländer degradiert. Die Entwicklungsländer geraten immer mehr in einen Teufelskreis. Sie müssen ihre natürlichen Ressourcen wie Gold und Diamanten, Uran und Buntmetallerze, Wälder und Fischgründe übermäßig ausbeuten, um die überlebensnotwendigen Milliardenkredite zurückzuzahlen. Sie sind gezwungen, der eigenen Bevölkerung Lebensmittel zugunsten des Devisenerlöses zu entziehen oder mit Billigimporten die eigene Landwirtschaft zugrunde zu richten. Das 21. Jahrhundert steht mit seinen Problemen unerbittlich vor unserer Haustür. Niemand mehr kann diese Probleme heute ignorieren oder verdrängen.

Im Juli 1944 wurde auf der Konferenz in Bretton Woods die Weltbank, die Internationale Bank für Wiederaufbau und Entwicklung, ins Leben gerufen. Ihr Ziel bestand darin, die wirtschaftliche Entwicklung der Mitgliedsstaaten und des Lebensstandards der Völker zu unterstützen. Ende 1945 entstand der Internationale Währungsfond IWF zur Förderung der internationalen Zusammenarbeit in Währungspolitik und Zahlungsverkehr. Damit sollte eine neue Weltordnung eingeleitet werden. US-Finanzminister Morgenthau prophezeite die „Schaffung einer dynamischen Weltwirtschaft, in der die Völker aller Nationen ihre Entwicklungsmöglichkeiten in Frieden verwirklichen können ... und sich zunehmend der Früchte des materiellen Fortschritts erfreuen, auf einer Erde, die mit unbegrenzten natürlichen Reichtümern gesegnet ist".

Die Weltwirtschaft ist seitdem um das Fünffache, der Welthandel um das Zwölffache gewachsen. Der riesige Kontinent Afrika ist jedoch mit nur zwei Prozent an diesem Welthandel beteiligt.

Der Kreis derer, die Anteil am materiellen Fortschritt in dieser mit Reichtümern gesegneten Welt haben, ist – entgegen dem Wunschtraum Morgenthaus – nur relativ klein.

Der UNO-Sozialgipfel in Genf hat im Jahre 2000 empfohlen, die Zahl der „extrem Armen", d.h. der Menschen, die mit einem US-Dollar pro Tag auskommen müssen, auf anderthalb Milliarden halbiert werden soll. So soll 2015 „nur" noch jeder vierte Erdenbewohner extrem arm leben. 25 der 48 am schwächsten entwickelten Länder verzeichnen Anfang des 21. Jahrhunderts nur 0,1 Prozent des Welteinkommens. In den wohlhabenden Ländern, zum Beispiel in Deutschland, ist das Durchschnittseinkommen 23 mal höher als in Entwicklungsländern, obwohl es auch in diesem reichen Deutschland Millionen Arme gibt. Achtzig Prozent der Weltbevölkerung leben in Entwicklungsländern, denen nur fünfzehn Prozent des weltweiten Bruttosozialproduktes zur Verfügung stehen. In der Welt gewinnt das Finanzkapital immer mehr an Gewicht und Macht.

Die Einkommen aus Arbeit schrumpfen, es wachsen die Einnahmen aus Kapital. Investiertes Kapital bringt weniger Gewinn, denn spekulatives. Der tägliche (!) Geldumschlag an den Börsen beziffert sich auf über eine Billion Dollar. Das Bruttosozialprodukt pro Kopf der Bevölkerung beträgt in Indien oder China im Jahr rund dreihundert Dollar.

Man schreibt und spricht viel über illegal in Deutschland beschäftigte Bauarbeiter aus Polen und Albanien, der Türkei und Serbien, die verhaftet und ausgewiesen werden, aber ob ihres Hungerlohnes, der weit unter dem Tarif liegt, immer wieder neu angeworben werden. Dabei hat grenzüberschreitende Arbeit viel größere Dimensionen. Qualifizierte Softwareproduzenten in Indien verdienen elfmal weniger als deutsche und gelten trotzdem in Indien als relativ gutbetucht. Siemens und andere Konzerne lassen sich die Ergebnisse auf der Datenbahn problemlos überspielen. Und der Versuch, das Problem mit Hilfe einer Green-Card-Regelung zu lösen, offenbart schon allein das nicht zu bestreitende Bildungsdilemma in Deutschland. Zeiss importiert Rohglas aus Malaysia, weil dort der Stundenlohn vierzehnmal geringer ist als in Deutschland. Zwei Beispiele von Hunderten oder gar Tausenden, die ein Dilemma verdeutlichen, das großen sozialen Sprengstoff in sich birgt.

Das 20. Jahrhundert hat vielen Menschen einen enorm gestiegenen Wohlstand gebracht, das allgemeine, das durchschnittliche Lebensniveau ist gestiegen, aber die „Bereicherung“ fand zu Lasten einer parallel laufenden Verarmung statt. Zwanzig Prozent der Erdenbewohner verfügen über achtzig Prozent der Einkommen.

Das ärmste Fünftel der Weltbevölkerung hatte 1996 einen Anteil von 1,4 Prozent am Weltreichtum gegenüber 2,3 Prozent vor dreißig Jahren. Von 23 Billionen Dollar des globalen Bruttoinlandproduktes entfallen nur fünf auf die Entwicklungsländer. Können die einen ihre elementaren Bedürfnisse nicht befriedigen, sehen sich andere als Opfer eines wahnsinnigen Konsumfetischismus.

Die Bundesrepublik Deutschland, die zu den reichsten Staaten der Welt gehört, zählte Anfang 1998 110000 Millionäre, zugleich aber neben 800000 Obdachlosen fast drei Millionen Sozialhilfeempfänger. 3,5 Millionen Menschen leben von Arbeitslosenhilfe. In der reichen Bundesrepublik leben am Ende des Jahrhunderts also rund zehn Prozent der Bevölkerung an und unter der Armutsgrenze. Das ist nicht nur eine Schande, das ist auch ein alarmierendes Signal für einen 1998 von Kanzler Schröder heilig versprochenen Politikwechsel in Richtung sozialer Gerechtigkeit, auf den die Bürger auch im Jahre 2000 vergeblich warten. Oskar Lafontaine hat nicht nur als Minister, sondern auch als Vorsitzender der SPD enttäuscht das Handtuch geworfen. In seinem Buch „Das Herz schlägt links" eröffnete er einen Blick hinter die Kulissen des politischen Machtkampfes. Der soziale Sprengstoff häuft sich in prekärer Weise, er ist im 21. Jahrhundert allein mit einer politischen Alternative zu entschärfen.

Ich bin weder Prophet noch Futurologe, dennoch bewegt mich das Zukunftsthema als Mensch, Vater und Großvater. Daher möchte ich die nackten und brutalen Zahlen und Tatsachen in dieser kompakten, anklagenden Form weiterreichen. Denn sie schreien nach einer Veränderung der gesellschaftlichen Verhältnisse, sie fordern eine Alternative heraus.

Hatte Malthus Recht?

1798 prophezeite der englische Geistliche und Nationalökonom Thomas Robert Malthus in seinem „Essay on the Population" der Menschheit ihre Ohnmacht, den durch eine Überbevölkerung drohenden Entwicklungsproblemen gewachsen zu sein. Das Gleichgewicht könne nur durch eine natürliche Auslese erhalten bleiben, bei der die Schwachen durch Krankheit und Krieg, durch Seuchen und Hungertod ausgemerzt werden und nur die Starken überleben. Anfang des Jahrhunderts wird immer deutlicher, dass mit der Umweltverschmutzung zum Beispiel die Zeugungsfähigkeit der Männer und die Gebärfähigkeit der Frauen abnimmt, dass reaktionäre Thesen des Vatikans und der deutschen Gesetzgebung – siehe Paragraph 218 – eine humane Geburtenkontrolle verhindert. Haben die seither vergangenen zweihundert Jahre Malthus widerlegt? Oder feiern heute Neomalthusianer eine Renaissance?

Im Alten Testament heißt es über den Menschen: „Und Gott segnete sie und sprach zu ihnen: seid fruchtbar und mehret euch und füllet die Erde und macht sie euch untertan und herrschet über die Fische im Meer und über die Vögel unter dem Himmel und über alles Getier, das auf Erden kriecht." (Das erste Buch Mose, Kapitel 1, 28.)

Im 18. Jahrhundert zählte die Weltbevölkerung eine Milliarde Menschen und vermehrte sich alle 75 Jahre um 250 Millionen. Heute braucht sie für einen solchen Zuwachs drei Jahre. In jeder Sekunde kommen drei Menschenkinder zur Welt, in zehn Sekunden eine Schulklasse. Aber 35000 Kinder sterben täglich an Hunger, Gewalt und heilbaren Krankheiten.

Hundert Jahre nach Malthus zählte die Erde zwei Milliarden Bewohner. Fünfzig Jahre später – vier Milliarden, 1999 – 6 Milliarden. Im Jahre 2100 soll die Zehn-Milliarden-Grenze überschritten werden. Doch nicht nur diese absoluten Zahlen lassen Bedenken aufkommen hinsichtlich der Tragfähigkeit der Erde und mehr noch der ungleichen Verteilung und des Lebensraums. Demographische Statistiken widerspiegeln sehr anschaulich heranreifende Probleme. 1950 zählte Afrika halb soviel Einwohner wie Europa. 1985 zogen diese beiden Kontinente mit 480 Millionen gleich. Im Jahre 2025 werden es in Afrika dreimal mehr sein, oder werden die 2,5 Millionen AIDS-Kranken diese Prognose ad absurdum führen?

Aus der Tatsache, dass sich die Einwohnerzahl Europas sich von 729 Millionen im Jahre 2000 auf unter 200 Millionen im Jahre 2025 reduzieren wird, ergeben sich in den nächsten Jahrzehnten natürliche Probleme. Im afrikanischen Kenia sind 52 Prozent der Einwohner jünger als fünfzehn Jahre. Diese Bevölkerungsexplosion ist zweifellos eine Folge mangelnder oder nicht vorhandener Geburtenregelung. Hundert Millionen Frauen der Welt würden Verhütungsmittel nehmen, wenn sie ihnen zugänglich wären. In Afrika sind 2,5 Prozent der Bevölkerung älter als 65 Jahre. In den Ländern der Organisation für wirtschaftliche Zusammenarbeit und Entwicklung OECD sind es 15 Prozent.

Das sind Zahlen, die zu denken geben müssten. China wie auch Indien werden im Jahre 2025 je 1,5 Milliarden Einwohner zählen. Die rigorose Bevölkerungsplanung in China wird jedoch zu einer gefährlichen Überalterung, mit allen sich daraus ergebenden sozialen und ökonomischen Problemen führen. Nicht nur in Russland widerspiegelt die Statistik ein ethnisches Problem. In solchen muslimischen Staaten wie Algerien, Sudan und Iran hat sich die Bevölkerungszahl in den letzten zwanzig Jahren verdoppelt. In Israel leben 340 Einwohner auf einem Quadratkilometer, im Gaza-Streifen sind es pro Quadratkilometer 3000 Palästinenser. Malthus' These erwirbt heute in ganz anderen politisch ethnischen Dimensionen neue Ereiferer.

Im 18. Jahrhundert führte die relative Bevölkerungsexplosion in Europa zur Auswanderung nach Übersee. Von 1850 bis 1930 sind fünfzig Millionen Europäer ausgewandert. Ende des Jahrhunderts entfallen 96 Prozent des Bevölkerungszuwachses der Erde auf Länder der Dritten Welt, die sie ohne fremde Hilfe nicht ernähren und unterhalten können.

Aber die BRD reduziert ihre Entwicklungshilfe von – der UNO versprochenen – 0,7 Prozent des Bruttosozialprodukts auf 0,27 Prozent. Wohin sollen die Menschen der Entwicklungsländer auswandern, sperren sich doch alle Industrieländer gegen ihre Aufnahme. Wird Europa eine neue Mauer bauen oder angesichts der sich vollziehenden Bevölkerungsentwicklung umdenken und neue Positionen beziehen müssen?

Es wird viel von Überproduktion und Absatzschwierigkeiten gesprochen und geschrieben. Wäre es nicht besser, über großzügige Kredite an Entwicklungsländer nachzudenken, mit denen riesige Absatzmärkte erschlossen werden könnten, als diese Märkte mit Zinslasten und Rückzahlungen ständig schrumpfen zu lassen?

Asylanten, hinter diesem Begriff verbergen sich verfolgte Menschen, denen man als Ausdruck der Nächstenliebe Asyl gewährt. Heute wird dieser Begriff immer mehr zu einem politischen Testfall. Wäre es seitens der Bundesrepublik nicht besser und richtiger, der Türkei die militärische Hilfe für ihren Krieg gegen die Kurden zu verweigern, um so zu vermeiden, dass Menschen aus ihrer Heimat flüchten müssen? Als der Krieg in Afghanistan ausbrach, sind sechs Millionen Afghanen geflüchtet. Als sich der Krieg abschwächte, sind vier Millionen wieder in ihre Dörfer und Städte zurückgekehrt. Sicherlich sucht jeder Mensch ein besseres Leben, er sucht es zu allererst in seiner Heimat. Und wenn sich schließlich dort kein Ausweg zeigt, dann sucht er die Ferne, sucht er das Glück in der Fremde.

1996 tagte in Istanbul Habitat II und beriet Fragen der Urbanisierung. Die Einwohnerzahl von Istanbul ist in zwanzig Jahren von zwei auf zehn Millionen gewachsen. Mexiko-Stadt oder Sao Paulo wuchsen in fünfzehn Jahren um acht Millionen Menschen. Zwanzig Millionen Menschen ziehen jährlich vornehmlich aus sozialen Gründen in die Städte. Von 1950 bis 1990 vergrößerte sich die Stadtbevölkerung weltweit von 200 Millionen auf zwei Milliarden. Im Jahre 2025 werden es drei Milliarden sein, fünfzig Prozent der Weltbevölkerung. Bereits 1990 gab es auf der Erde zwei Städte mit mehr als zwanzig Millionen Einwohnern, Städte, die mehr Einwohner als Schweden, Finnland, Norwegen und die Schweiz zusammen zählen. Auch dieser Entwicklung sind Grenzen gesetzt, für sie muss ebenfalls eine Neuordnung geschaffen werden.

Im Juli 2000 fand in Berlin eine Weltkonferenz zur Zukunft der Städte „Urban 21“ statt, ohne – trotz des beträchtlichen Aufwandes – Lösungswege angeboten zu haben. Dabei schreien allein in Berlin zehntausende leerstehende Wohnungen bei Tausenden Obdachlosen nach einer sozial gerechten Lösung.

Wird das 20. Jahrhundert der Kriege durch ein Jahrhundert des Friedens abgelöst?

Das 20. Jahrhundert wird in die Geschichte eingehen als Jahrhundert der verheerendsten Weltkriege und der mörderischsten lokalen Kriege, die Hunderte Millionen Tote, Krüppel, Verwundete, Flüchtlinge und Vertriebene verursacht haben. Man möchte hoffen und glauben, dass das 21. Jahrhundert von einem Krieg verschont bleibt, der bei rasant weiter entwickelter Waffentechnik unübersehbare Folgen bis zur Auslöschung der menschlichen Gattung haben könnte. Aber noch rotieren die Werkbänke in der Rüstungsindustrie, die mit einer Billion Dollar im Jahr viermal mehr als Ende des Zweiten Weltkrieges und 25-mal mehr als Anfang des Jahrhunderts verschlingt. Der griechische Philosoph Heraklit, der 500 Jahre vor unserer Zeitrechnung lebte, verkündete: „Der Krieg ist der Vater aller Dinge, aller Dinge König.“ Ob er vor zweieinhalbtausend Jahren mit diesem Spruch Recht hatte, möchte und kann ich nicht beurteilen. Heute aber dürfte er nur noch im Geschichtsunterricht, im Pentagon, auf der Hardthöhe bzw. im NATO-Stab eine Rolle spielen. Im Ersten Weltkrieg 1914–1918 waren fünf Prozent der Getöteten Zivilisten, im Zweiten Weltkrieg 48 Prozent, im Koreakrieg 84 Prozent und in Vietnam 92 Prozent. Das sind Zahlen, die mahnen. Aber die Regierung der Bundesrepublik, die einerseits eine rigorose Sparpolitik auf ihre Fahnen geschrieben hat und das Sozialbudget konsequent beschneidet, verhält sich andererseits gegenüber der Rüstungsindustrie sehr großzügig. 1980 beliefen sich die Militärausgaben auf 110 Dollar pro Kopf der Weltbevölkerung. Seitdem sind sie ständig im Wachsen begriffen. Anstelle des mit Stückpreis von neunzig Millionen Mark zu teuren „Jäger 90" bestellte Minister Rühe 180 „Eurofigther 2000" zu einem Preis von dreißig Milliarden DM, und auch Minister Scharping will von Einsparungen nichts hören. Unter dem Druck der Weltöffentlichkeit beschwor Minister Kinkel, dass die BRD keine Personenminen mehr herstellen werde, verschwieg aber wohlweislich, dass deutsche „intelligente" Minen weiterentwickelt und produziert werden, zu einem weit höherem Stückpreis versteht sich. Welch eine Perversion, der auch ein Minister Fischer nicht zu Leibe rückt! Der dem menschlichen Geist zugeordnete Begriff „Intelligenz" wird menschenmordenden Waffen verliehen. Millionen Gelder werden für Minenopfer bereitgestellt, für ihre Prothesen. Aber Milliarden sind erforderlich, um die noch in der Erde verborgenen hundert Millionen Minen zu entschärfen, die in Kambodsha und Moçambique, in Bosnien und Angola das Leben und die Gesundheit unschuldiger Menschen bedrohen. Milliarden, die angeblich nicht vorhanden sein sollen. Gleichzeitig aber werden Milliarden DM in Aufklärungssatelliten investiert, von denen nicht einmal bekannt ist, wen und was sie aufklären sollen. Im USA-Haushalt sind, nach Beendigung des Kalten Krieges und des Wettrüstens, immer noch nur 0,5 Prozent der Mittel für den Umweltschutz vorgesehen, während 65 Prozent für Forschung und Entwicklung neuer Militärtechnik veranschlagt werden.

Die Konfrontation der beiden feindlichen Systeme ist beendet. Niemand glaubt an die Gefahr eines großen Krieges, ausgenommen der allmächtige militärisch-industriellen Komplex, der nicht bereit ist, seine Machtpositionen abzutreten. Nationale Konflikte und Stammesfehden können sich immer wieder zu kriegerischen Handlungen auswachsen, weil profitsüchtige Waffenlieferanten sie mit Kriegsgerät spicken. Und deutsche Waffenhändler stecken CDU-Politikern Schmiergelder zu.

1996 registrierte die Welt 25 Regionalkriege, 1999 waren es nicht weniger. Und die Bundesrepublik Deutschland bekundet, ob mit CDU- oder SPD-Kanzler, ihre Bereitschaft, alle militärischen Aktionen der NATO in Kosovo oder sonst wo zu unterstützen. Man kümmert sich nicht um die Ursachen dieser blutigen Konflikte, um bei ihnen anzusetzen und die Menschheit von der Geißel der Kriege zu befreien. Kriegsgewinnler tätigen ihre Waffengeschäfte. Die entwickelten Länder verkaufen ihre ausgesonderten Waffen. So verkauft die BRD die Waffenbestände der DDR-Volksarmee. Die Bundesrepublik liefert Panzer an die Türkei, U-Boote an Südafrika usw. Die Rüstungsindustrie floriert, und Politiker begründen das mit dem verlogenem Argument, dass sonst andere Länder diese Lieferungen übernehmen und in Deutschland Arbeitsplätze verloren gehen würden. Jedem Land, das sich nicht dem Diktat der USA oder NATO beugt, wird mit Bombenschlägen gedroht. Nach den Bomben werden Hilfsorganisationen mobilisiert und Spendenaktionen organisiert. Humanitäre Hilfe ist lobenswert. Sie wird aber nicht die Wurzeln ausrotten, die immer neue Kriege provozieren und neue Tote bescheren.

In Deutschland lieferten vierhundert Gramm Plutonium, die per Flugzeug aus Moskau nach München transportiert wurden, Schlagzeilen. Die Verhaftung der Männer und die Beschlagnahme des Waffenschmuggelgutes waren richtig. Doch wer redet schon über die 257 Tonnen (!) waffenfähiges Plutonium, die das amerikanische Worldwatch-Institut in den Arsenalen der immer noch militärischen Großmächte registriert? Was zählen da schon die 34 Tonnen waffenfähiges Plutonium, die – wie die Präsidenten Putin und Clinton in Moskau vereinbarten – von Russland und den USA vernichtet oder der zivilen Nutzung zugeführt werden sollen. Fünfzig Tausend atomare Sprengköpfe, siebzig Tausend Tonnen chemischer Kampfstoffe, eintausenddreihundert Tonnen angereichertes Uran und vieles andere mehr ist zum

Einsatz bereit. Atom-U-Boote und atomgetriebene Flugzeugträger durchfurchen die Weltmeere. Hohe militärische Dienstgrade mit dem ominösen Koffer begleiten ihren Präsidenten, dem es überlassen bleibt, den Befehl zum Einsatz der atomwaffenbestückten Interkontinentalraketen zu erteilen, obwohl Präsident Jelzin lauthals verkündete, dass keine Rakete auf NATO-Ziele gerichtet sei ... Man muss sich das vorstellen: die neue russische Rakete SS X 27, die auf die 10000 km lange „Reise" durch die Lüfte geschickt werden soll, wiegt 47 Tonnen. Wer soll Adressat dieser SS X 27 sein?

Was hat sich nach dem mit riesigem Aufwand betriebenen Golfkrieg in der Welt verändert? Was hat der Kriegseinsatz ob in Afghanistan, in Somalia oder in Jugoslawien der Menschheit gebracht? Den Frieden nicht! Vielleicht bessere Positionen des US-amerikanischen militärisch-industriellen Komplexes oder der Rüstungslobby.

Wird sich im 21. Jahrhundert die Vernunft durchsetzen und die Wurzeln der Menschenvernichtung ausrotten, oder wird der profitsüchtige militärisch-industrielle Komplex weiter Oberwasser behalten? Nach dem Zweiten Weltkrieg schworen Millionen Menschen, dass sie bereit seien, alle Strapazen des Lebens auf sich zu nehmen, wenn sie damit den Ausbruch eines neuen Krieges verhindern könnten. Die Osterfriedensmärsche mobilisierten Tausende Deutsche, die Weltfriedensbewegung aktivierte mit ihren weltweiten Aktionen Millionen, die Antikriegskampagne, ausgelöst durch den Vietnamkrieg der USA, erfasste nicht nur Amerikaner, sondern Menschen aller Kontinente. Und trotzdem muss man sich fragen, warum am Ende des Jahrhunderts Kriege, wenn sie lokaler Natur sind und die Menschen des eigenen Landes nicht direkt von ihnen betroffen sind, eher gelassen hingenommen werden. Diese Frage wird im 21. Jahrhundert ganz vorn auf der Tagesordnung stehen müssen. Dafür spricht zum Beispiel die Tatsache, dass sich immer neue Länder der Kriegsproduktion zuwenden, dass ein „modernes" U-Boot heute dreißigmal mehr Vernichtungskraft besitzt als alle im gesamten Zweiten Weltkrieg über Deutschland abgeworfenen Bomben, dass neuartige Waffen auch neue Anwendungsmöglichkeiten mit sich bringen, dass die NATO territorial nach Osten expandieren und an die Grenzen Russlands heranrücken will. Die Erfahrungen des 20. Jahrhunderts lehren, dass die gesellschaftlichen Verhältnisse geändert werden müssen, um dem Menschen ein Leben in Frieden zu sichern. Gefragt sind politische Alternativen, die von der Masse der Menschen akzeptiert werden und mobilisierend wirken.

Kann die Erde noch alle Menschen ernähren?

Der Welternährungsgipfel in Rom von 1996, an dem offizielle Gesandte von 194 Staaten teilnahmen, vertreten durch achtzig Staats- und Regierungschefs, hat großzügig verkündet, dass die Zahl der Hungerleidenden bis zum Jahre 2025 auf 420 Millionen (!) zu halbieren sei. 420 Millionen Hungerleidende als Zielsetzung, das ist der höchster Ausdruck der Hilflosigkeit, ein Alarmzeichen für dringend gebotene gesellschaftliche Veränderungen. Ich begrüße jede Solidaritäts-, Sammel- und Spendenaktion für arme Kinder und Hungerleidende, so auch die Tatsache, dass in einem Jahr in der BRD zehn Milliarden DM an Spenden gesammelt wurden. Das darf jedoch nicht darüber hinwegtäuschen, dass damit jedem Hungerleidenden nur ganze fünf DM zugute gekommen sind. Das grausame Schicksal der Bedürftigen kann mit Spenden gemildert, nicht aber behoben werden. Das Unheil muss an der gesellschaftlichen Wurzel gepackt werden.

Gipfeltreffen zur Sozialproblematik, zur Frauenfrage, zum Schutz der Umwelt und andere mehr demonstrieren einerseits Sorge und Aktivitäten, andererseits aber die Ohnmacht, das Problem bei der Wurzel packen zu können.

Die Weltbevölkerung braucht eine jährliche Steigerung der Getreideernte von 28 Millionen Tonnen, um mit dem Bevölkerungszuwachs von 1,7 Prozent Schritt und den Ernährungsstand stabil zu halten. Bauern und Landwirte erzeugten 1996 2700 Kalorien Nahrungsmittel für jeden Erdenbürger, für den mit 2500 Kalorien die Lebensgrundlage gesichert ist. Doch selbst angesichts dieser für sechs Milliarden Menschen ausreichenden Versorgungslage sterben jährlich vier Millionen Menschen an Unterernährung, 800 Millionen leiden Hunger, 1,3 Milliarden fristen ihr Leben in Armut. Das sind mehr Menschen als vor zweihundert Jahren die Erde bevölkerten.

Ex-USA-Präsident Reagan erklärte seinerzeit, dass die Welt 28 Milliarden Menschen ernähren könnte, wenn alle Länder die US-amerikanische Agrotechnik übernehmen und entsprechende Ernteerträge erzielen würde. Dies schien auf den ersten Blick schlüssig zu sein: Ein afrikanischer Bauer produziert kraft seiner ökonomischen und technischen Bedingungen sechshundert Kilogramm Getreide pro Jahr, der nordamerikanische Farmer aber achtzig Tonnen. Reagan verschwieg aber nicht nur die klimatischen und Bodenverhältnisse, sondern auch die ökologischen Folgen beziehungsweise Schäden, die amerikanische Farmer verursachen. 1975 wurden in den USA 725000 Tonnen Insekten- und Unkrautgift versprüht. Die Landarbeiter in Lateinamerika werden mit Insektiziden und Pestiziden vergiftet, nur damit wir in Europa maden- und fäulnisfreies Obst essen können. – Der Stickstoffdüngerverbrauch ist in der Welt von 1950 bis 1986 von fünf Kilo pro Kopf auf 26 Kilo gestiegen, wobei es für die Produktion von einer Tonne Stickstoff einer Tonne Erdöl bedarf. Aber ohne Agrochemie könnte die Welt nicht einmal fünf Milliarden Menschen ernähren.

Anfang des Jahrhunderts hat ein Bauer zur Herstellung von zehn Kalorien Nahrungsmittel eine Kalorie Energie verbraucht. Ende des Jahrhunderts benötigt der Landwirt zehn Energiekalorien, um eine Kalorie Nahrungsmittel zu erzeugen. Wie lange kann dieser Weg noch weiter verfolgt werden? Obwohl nur 25 Prozent der Erdoberfläche landwirtschaftlich genutzt wird und noch freie Flächen urbar gemacht werden könnten, reduzieren sich gleichzeitig immer mehr landwirtschaftlich genutzte Flächen durch Bebauung und Verwüstung. Prognosen besagen, dass die weltweite Anbaufläche pro Kopf der Bevölkerung von 0,25 Hektar 1950 auf 0,15 im Jahre 2000 zurückgehen wird. In China leben 27 Prozent der Weltbevölkerung, aber dem Land stehen nur sieben Prozent der landwirtschaftlichen Nutzfläche der Erde zur Verfügung. Noch haben die USA und Westeuropa einen Überschuss an landwirtschaftlichen Erzeugnissen. Wie lange noch und kann damit der wachsende Bedarf abgedeckt werden?

Die Getreideproduktion stieg in der Welt von 1950 bis 1984 dank dem Einsatz von Kunstdünger um das 2,6fache, das heißt, schneller als prozentual die Zahl der Erdenbewohner wuchs. Seit 1985 ist diese Zahl in der Relation zum Bevölkerungszuwachs jedoch rückläufig.

Ist die Erde noch tragfähig?

Die Entwicklung wird weitergehen, aber die Wege sind nicht geklärt, Ökologen streiten mit Biologen, Meteorologen mit Chemikern und ein Ende ist nicht in Sicht. Die Gentechnik oder Gentechnologie versprechen wundersame Steigerungsmöglichkeiten, Hybridreis bringt eine dreifache Ertragssteigerung, aber wer kennt den Preis?

Die Menschen haben im zu Ende gehenden Jahrhundert riesige Anstrengungen unternommen, um sich die Natur zu unterordnen und mussten erkennen, dass sie damit der Umwelt, der Ökologie und ihrer eigenen Zukunft immer stärker geschadet haben. Es bestätigten sich die Worte von Friedrich Engels, dass für jeden menschlichen Sieg über die Natur sich diese an uns rächt. Ob die Wasserkraftwerke am Nil oder Jenissej, an der Wolga oder am La Plata, am chinesischen Jangtsekiang oder am indischen Narmada, ob die 443 Kernkraftwerke in der vornehmlich industriellen Welt die vorübergehend vom Menschen benötigte Energie schaffen, der Nutzen wird zu einem Preis erkauft, welcher von zukünftigen Generationen zu begleichen ist.

Der leichte Atommüll strahlt „nur" sechshundert Jahre, der schwere zehntausend Jahre. Man kann verschiedene Dinge aus unterschiedlichen Blickwinkeln betrachten. In der BRD streitet man sich um den Zeitpunkt des Ausstiegs aus der Atomenergie, gleichzeitig will man aber Kernkraftwerke exportieren.

Die USA verbrauchen vier Milliarden Tonnen Sauerstoff im Jahr. Die amerikanische Pflanzenwelt liefert jedoch nur die Hälfte. Nun kennt der natürliche Sauerstofftransport keine Grenzen, aber die wichtigsten Produzenten, die Regenwälder und die Taiga, werden rigoros abgeholzt. Jahrtausende waren 37 Prozent der Landoberfläche bewaldet, im letzten Jahrhundert ist diese Fläche auf 26 Prozent geschrumpft. Dabei absorbiert ein Hektar Wald 5,5 Tonnen Kohlenstoff. In der Welt beträgt aber die jährliche Emission sechs Milliarden Tonnen. Nicht nur Holz- und Zellulosekonzerne wildern in den Wäldern, auch der Landlose, der sozial Ausgestoßene sieht sich gezwungen, mit Brandrodung ein Stück Acker zum Überleben zu schaffen.

Der Umweltgipfel in Rio de Janeiro beschloss, zur Wahrnehmung der Überlebenschance und der Zukunftsfähigkeit den Primärenergieverbrauch und CO_2-Ausstoß bis zum Jahre 2050 um 85 bis 90 Prozent zu reduzieren. Diese praktisch kaum vorstellbare Vorgabe ist nicht einfach auf Länder und Völker umzurechnen. 1996 verbrauchten zwanzig Prozent der Weltbevölkerung achtzig Prozent der weltweiten Ressourcen. Somit ist die ökologische Frage auch eine zutiefst soziale. Danielle Mitterand sagte, dass „wir im Endstadium eines Systems angekommen sind". Wenn alle Erdenbewohner durchschnittlich so viel CO_2-Ausstoß verursachen würden wie die Deutschen, wäre die Menschheit bereits ausgestorben.

Als in der damaligen Sowjetunion der Ob nicht mehr ins Nordmeer münden, sondern durch den Irtysch rückwärts in die mittelasiatische Wüste fließen sollte – ein Projekt, das ob seiner grandiosen Dimensionen erst zurückgestellt und dann aufgegeben werden musste –, als von den mittelasiatischen Flüssen Syr Darja und Amu Darja in der Praxis Bewässerungskanäle abgeleitet und Wüstenländereien in ertragreiche Baumwollfelder umgewandelt wurden, spendete die Weltöffentlichkeit spontanen Beifall und zollte Anerkennung. Fünfzig Jahre später hat der von diesen Flüssen gespeiste seinerzeit fischreichste Aralsee vierzig Prozent seiner Wasserfläche und sechzig Prozent seines Volumens eingebüßt, die Salzwüste ringsherum hat sich um 27 000 Quadratkilometer vergrößert. Fragen der Ökologie sind zu Lebensfragen der Menschheit geworden.

Im 19. Jahrhundert schöpfte der Mensch täglich 25 bis 30 Liter Wasser aus Brunnen, Seen oder Flüssen. Ende des 20. Jahrhunderts stieg der Verbrauch pro Kopf auf 300 Liter, den Industrieverbrauch eingerechnet auf siebenhundert Liter. Ein Großteil des kostspielig aufbereiteten Trinkwassers, ob in Amerika oder Europa, wird als Toilettenspülung verbraucht, aber zehn Prozent der Weltbevölkerung hat keinen Zugang zu sauberem Trinkwasser.

Der Russe besingt seinen „herrlichen Baikal, heiliges Meer". Keiner würde ihn als See bezeichnen, obwohl der Baikal sehr wohl ein Binnengewässer ist, auch wenn von immensen Dimensionen: 636 Kilometer von Süden nach Norden, 80 Kilometer von Ost nach West, 1637 Meter misst seine tiefste Stelle. Er enthält mehr Wasser als die größten fünf nordamerikanischen Seen zusammen.

Das ist ein Fünftel des gesamten Süßwasservorrates der Erde. Die Flüsse Amazonas, Ganges, Mississipi, Nil, Kongo, Lena, Donau und Rhein müssten ein Jahr lang fließen, um den Baikal zu füllen. Würde man seinen Inhalt über die gesamte Erdkugel verteilen, würde er diese zwanzig Zentimeter hoch mit Wasser bedecken. Gut ein halbes Jahrhundert könnte er allein die Weltbevölkerung mit Trinkwasser versorgen. Hätte Boris Jelzin dies bei Klaus Bednarz in der „Ballade vom Baikalsee“ nachgelesen, hätte er der Idee anheimfallen können, dass das Baikalwasser ihm aus der wirtschaftlichen Misere hätte heraushelfen können.

Bei Köln ist der Grundwasserspiegel von 1900 bis 1964 um zwei Meter und in den folgenden dreißig Jahren um acht Meter gesunken. Saudiarabien kann dank seiner Erdölfelder und seinem enormen Energieaufwand heute noch seine unterirdischen Wasserreserven anzapfen und einen Überschuss an Getreide und Viehprodukten liefern. Aber im Jahre 2007 sind diese Wasservorräte erschöpft – was dann?

Mögen diese Zahlen und Tatsachen belegen, dass Ökologie nicht nur ein Spielfeld der Grünen ist, sondern eine zutiefst politische Frage und somit auch eine Frage nach einem solchen gesellschaftlichen System, das sich als fähig erweist, diese schicksalsträchtige Zukunftsfrage zu lösen.

Und wie weiter?

Wäre ich imstande, diese Frage relativ schlüssig und überzeugend zu beantworten, könnte ich mich zu den Anwärtern auf den Friedensnobelpreis zählen. Dennoch sind Überlegungen im Sinne von Denkanstößen zulässig, und meine Zeilen mögen als solche verstanden werden.

Die Menschheit braucht eine Antwort auf die Frage, wie es im 21. Jahrhundert weitergehen soll. Möge eine Vorausschau mit Risiken behaftet sein, aber das größte Risiko ist die Verdrängung, das Ignorieren der Zukunftsproblematik.

Regierende Politiker scheuen verständlicherweise die sich aufdrängende Aussage, dass die heute gesellschaftsbestimmende Marktwirtschaft mit ihrer Kapital- und Profitdominanz nicht imstande ist, die anstehenden Probleme zu lösen. Also wäre es Aufgabe der Opposition, die Zukunftsfrage auf die Tagesordnung zu setzen. So mancher linke Politiker meidet aber das Thema Perspektive, weil er einerseits glaubt, daß die praktischen Fragen der Gegenwart das entscheidende Thema sein müssen, andererseits die Vergangenheit noch nicht befriedigend bewältigt ist.

Der demokratische Sozialismus als Alternative hat nicht nur strategische Bedeutung, er braucht als heutige Vision eine überzeugende und motivierende Konzeption. Die Menschheit steht an der Jahrhundertwende vor der Entscheidung, den in das Chaos und den Untergang führenden Weg fortzusetzen oder einen neuen Weg, den Weg zum demokratischen Sozialismus, einzuschlagen, der ein Zurück in die Vergangenheit ausschließt.

Der politisch konservative Politiker versucht mit allen ihm zur Verfügung stehenden Mitteln eine sozialistische Zukunft mit einer fehlerhaften Vergangenheit in den sozialistischen Ländern zu diffamieren. In dieser Auseinandersetzung wird nicht der ideelle Streit, nicht der sachliche Diskurs gesucht, sondern die persönliche Attacke und Verunglimpfung gepflegt. Die politische Kultur hat Ende des Jahrhunderts ihren Tiefstand erreicht, ein Tatbestand, der bei vielen Menschen politische Abstinenz, Politikverdrossenheit fördert.

Es wäre eine Illusion zu glauben, dass sich im 21. Jahrhundert ein Wundertäter fände, der alle Schäflein dieser Welt unter seine Schirmherrschaft nehmen könnte. Es wäre eine Irrtum, da-rauf zu hoffen, dass zu dieser Zeit alle Menschen gleich sein werden. Kein Gott, kein Kaiser noch Tribun werden eine solche Gleichheit, gleiche soziale Gerechtigkeit für alle Menschen per Ukas oder Dekret schaffen. Aber real ist für alle Menschen gleichermaßen die Aufgabe, sich diese Zielsetzung zu Eigen zu machen, sich mit ihr zu identifizieren, sich für sie zu engagieren. Soziale Gerechtigkeit bedingt politische, ökonomische und kulturelle Gerechtigkeit, Zielsetzungen, die einen Prozess voraussetzen, der Generationen andauern wird.

Kraft der wissenschaftlich-technischen Revolution Mitte des

20. Jahrhunderts und dem Übergang von der extensiven zur intensiv-erweiterten Produktion und der damit verbundenen enormen Steigerung der Produktivität trat die Menschheit in eine neue Phase ein, die gleichzeitig auch einen rapiden Anstieg der Massenarbeitslosigkeit und den Übergang von einer Industrie- zu einer Dienstleistungsgesellschaft mit sich brachte. Ende des Jahrhunderts beginnt eine neue technologische Revolution oder Transformation, mit der die Maschine, der von Menschen geschaffene Automat, menschliches Denken, intellektuelle Funktionen übernehmen wird. Im 19. Jahrhundert dominierte die physisch-manuelle Arbeit, im 20. die industrielle Produktion, im 21. Jahrhundert wird die geistige Arbeit dominieren. Es verändert sich nicht nur der Charakter der Maschine, es verändert sich auch das Verhältnis des Menschen zur Maschine und somit zur Arbeit. Es verändert sich der Charakter der Klassen, es entstehen neue Produktionsverhältnisse und damit neue gesellschaftliche Beziehungen. Dieser Prozess stellt nicht nur bestehende ökonomische Verhältnisse wie die heute praktizierte Marktwirtschaft, sondern auch politische Machtorgane infrage und wird dementsprechend von neuen politischen Anforderungen und Konstellationen flankiert, die insbesondere den linken politischen Kräften eine große Herausforderung sein werden.

Es gibt Anfang des 21. Jahrhunderts nicht nur zum bestehenden, sondern teilweise auch noch florierenden Kapitalismus nur eine Alternative: den Demokratischen Sozialismus, der in sich alle zivilisatorischen Errungenschaften der Vergangenheit aufnimmt und sich imstande zeigt, alle geschichtlich überholten gesellschaftlichen Verhältnisse zu überwinden.

Demnächst wird dieses Manuskript, unter das ich jetzt den Schlusspunkt setze, die Druckerei als Buch verlassen, und ich werde zu meinem 81. Geburtstag mit Freunden und Genossen darauf anstoßen. Ich weiß nicht, wie viel Monate oder gar Jahre mir noch vergönnt sind, in dieser Welt zu verweilen, aber ich bin mir sicher, dass ich diesen demokratischen Sozialimus nicht mehr erleben werde, bin jedoch genauso überzeugt, dass ich ihn bis zu meinem Lebensende leben werde.

Personenregister

Inhalt

Siegfried Wenzel

Was war die DDR wert?

Und wo ist dieser Wert geblieben?

Versuch einer ökonomischen Abschlußbilanz

Fast zwanzig Jahre nach dem Beitritt der DDR zur BRD gibt es noch immer keine Abschlußbilanz der DDR-Wirtschaft. Siegfried Wenzel, einst stellvertretender Vorsitzender der Plankommission, zeichnet ein differenziertes Bild der ökonomischen Situation der endachtziger Jahre und tritt mit analytischer Schärfe dem politisch motivierten Klischee von der »DDR-Pleite« entgegen.

Die ökonomische Situation der DDR, die Aktiva und Passiva eines Staates, dessen Entwicklung von der Politik der Supermächte abhängig war, ist noch immer nicht abschließend erläutert, vorliegende Teiluntersuchungen sind zudem nicht selten aus politischen Gründen verzerrt. War die DDR 1989 wirtschaftlich am Ende? Eine emotional aufgeladene Diskussion ersetzt nicht die sachliche Analyse der Ausgangssituation. Die Auflösung des in der DDR praktizierten Wirtschafts- und Gesellschaftsmodells sowie die gewaltigen Transformationsprozesse und deren Hauptinstrument, die Treuhand und ihre Nachfolgeeinrichtungen, unterzieht der Autor einer scharfen, kritisch-bilanzierenden Betrachtung. Das Buch liefert auch für Laien und Nichtökonomen aufschlußreiches Material und erklärt allgemeinverständlich komplizierte Zusammenhänge und Prozesse.

300 Seiten, brosch., 14,90 EUR
ISBN 978-3-360-00940-1

DAS NEUE BERLIN

Hans Bentzien

Warum noch über die DDR reden?

Sophies Fragen

Die Diskussion über das, was die DDR war, über Errungenschaften und Verfehlungen, über die historische Bewertung, über die Darstellung ihres Alltags reißt nicht ab, ist auch Thema in der Schule. Hans Bentzien stellt sich den Fragen seiner Enkeltochter. Seine Antworten sind die eines Zeitzeugen, der seine persönlichen Erfahrungen sachlich und fundiert in historische Zusammenhänge zu stellen weiß.

In den Medien ist die DDR fast täglich Thema, doch für viele der Nachwachsenden ist sie schon ferne Geschichte. Zwischen bruchstückhaftem Wissen, Brandmarkungen, Ostalgie und einander widersprechenden Auskünften fällt eine Positionierung schwer. Hans Bentzien, als DDR-Kulturminister, Fernsehmann und Publizist ein Protagonist des untergegangenen Staates, hat sich von seiner Enkeltochter befragen lassen. Warum gingen so viele DDR-Bürger in den Westen? Wieso wurde alles in Moskau entschieden? Was ist verordneter Antifaschismus? War der Sozialimus ein Experiment? Warum gab es nicht schon 1945 die deutsche Einheit? Gab es im Sozialismus Gleichheit?

Das Buch vereint Fragen und Antworten, die sich der Geschichte widmen und in die Gegenwart zielen.

192 Seiten, brosch., 12,90 EUR
ISBN 978-3-360-01964-6

DAS NEUE BERLIN

ISBN 978-3-360-00988-6

2. Auflage dieser Ausgabe

Umschlaggestaltung: Jens Prockat, unter Verwendung
eines Fotos von Lotti Ortner
Druck und Bindung: CPI Moravia Books GmbH

Ein Verlagsverzeichnis schicken wir Ihnen gern:
Das Neue Berlin Verlagsgesellschaft mbH
Neue Grünstr. 18, 10179 Berlin
Tel. 01805/30 99 99 (0,14 Euro/Min.)

Die Bücher des Verlags Das Neue Berlin
erscheinen in der Eulenspiegel Verlagsgruppe.

www.das-neue-berlin.de